Zugelassen als Lehrbuch für den katholischen Religionsunterricht an Gymnasien, Gemeinschaftsschulen, Integrierten Sekundarschulen, Gesamtschulen mit gymnasialer Oberstufe, Gesamtschulen und Integrierten Gesamtschulen in:
Baden-Württemberg, Berlin, Brandenburg, Hessen, Mecklenburg-Vorpommern, Niedersachsen, Nordrhein-Westfalen, Rheinland-Pfalz, Saarland, Sachsen, Sachsen-Anhalt, Schleswig-Holstein und Thüringen durch die Ortsbischöfe von Aachen, Berlin, Dresden-Meißen, Erfurt, Essen, Freiburg, Fulda, Görlitz, Hamburg, Hildesheim, Köln, Limburg, Magdeburg, Mainz, Münster, Osnabrück, Paderborn, Rottenburg-Stuttgart, Speyer, Trier und Vechta (Offizialat).

1. Auflage 1 5 4 3 2 1 | 26 25 24 23 22

Alle Drucke dieser Auflage sind unverändert und können im Unterricht nebeneinander verwendet werden.
Die letzte Zahl bezeichnet das Jahr des Druckes.

Herausgeber: Prof. Dr. Dr. Norbert Brieden; Prof. Dr. Markus Tomberg
Autorinnen und Autoren: Prof. Dr. Dr. Norbert Brieden; Uta Martina Hauf; Marcus Hoffmann; Dr. Matthias Müller; Anne Sand; Uta Sanio; Dr. Tobias Voßhenrich
Beratung: Leibniz-Institut für Bildungsmedien | Georg-Eckert-Institut; Serdar Özsoy

Entstanden in Zusammenarbeit mit dem Projektteam des Verlages.

Gestaltung: Kognito Gestaltung GmbH, Berlin
Umschlaggestaltung: Ernst Klett Verlag GmbH
Titelbild: ShutterStock.com RF, New York (iulias)
Satz: Fotosatz Herbert Buck, Kumhausen
Druck: PASSAVIA Druckservice GmbH & Co. KG, Passau

Printed in Germany
ISBN 978-3-12-007257-7

9 783120 072577

Leben gestalten
Oberstufe

Qualifikationsphase

Unterrichtswerk
für den Katholischen Religionsunterricht

Herausgegeben von Prof. Dr. Dr. Norbert Brieden und
Prof. Dr. Markus Tomberg

Erarbeitet von
Prof. Dr. Dr. Norbert Brieden
Uta Martina Hauf
Marcus Hoffmann
Dr. Matthias Müller
Anne Sand
Uta Sanio
Dr. Tobias Voßhenrich

Ernst Klett Verlag
Stuttgart · Leipzig · Dortmund

So arbeiten Sie mit Leben gestalten

Bildeinstiegsseite
Am Anfang jedes Kapitels bekommen Sie durch ein Bild einen ersten Eindruck, was Sie in diesem Kapitel erwartet.

Ins Gespräch kommen
Hier haben Sie Gelegenheit, auf verschiedenen Wegen in die Erarbeitung des Themas einzusteigen und dabei auch einzubringen, was Sie schon wissen oder fragen möchten.

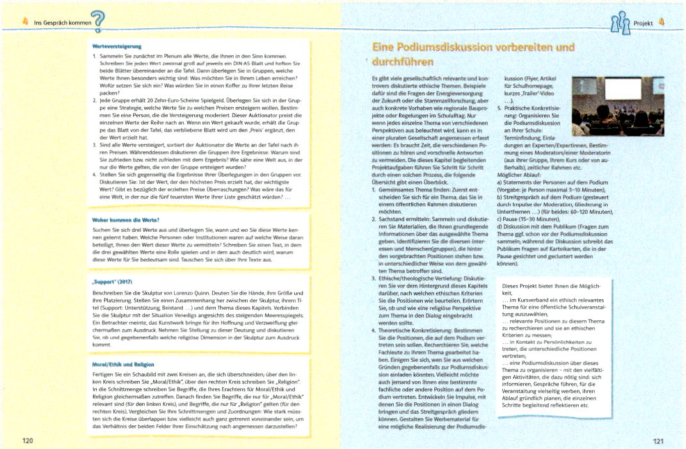

Projekt
Auf dieser Seite wird ein Projekt angestoßen, das Sie begleitend zu jedem Kapitel erarbeiten können. So können Sie Einsichten und Kompetenzen erproben, vertiefen und individuelle Lernwege ausprobieren.

Thematische Einheiten
Auf diesen Seiten lernen Sie die einzelnen Themen des Kapitels kennen. Sie finden hier Texte, Infokästen, Hintergrundinformationen zu Autoren, Bilder, Suchbegriffe, Hashtags und Arbeitsaufträge.

Querverweise auf andere Seiten im Band

Informationen zum Autor

Suchbegriffe

Aufgaben

Leben gestalten

Auf dieser Seite wird Ihnen eine Person vorgestellt, die es sich in besonderer Weise lohnt kennenzulernen.

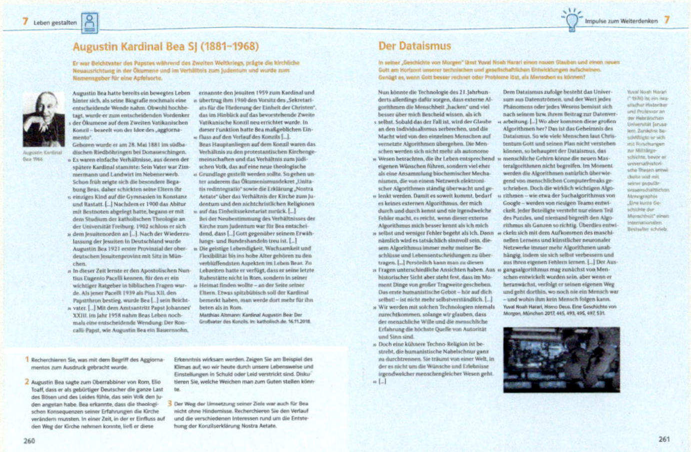

Impulse zum Weiterdenken

Hier finden Sie ein Werk der bildenden Kunst oder Literatur, welches Sie noch einmal zum Nachdenken anregen soll.

Im Gespräch bleiben

Hier reflektieren Sie am Ende des Kapitels, was Sie Neues kennengelernt haben und ob Sie Bekanntes in einem anderen Licht sehen. Mithilfe der Abschlussaufgabe können Sie festhalten, was Sie gelernt haben, um mit anderen zu diesem Thema im Gespräch bleiben zu können.

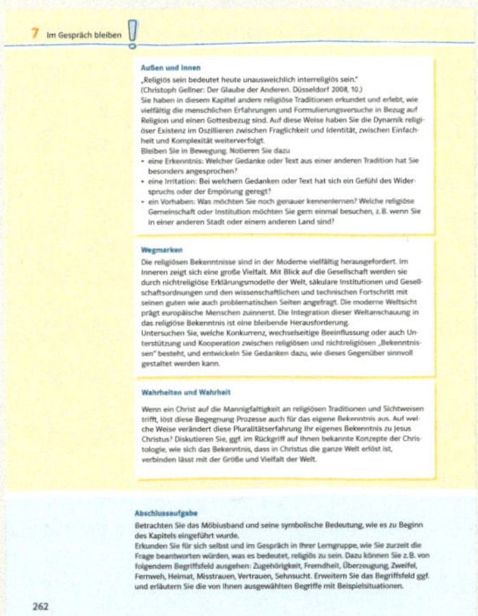

Symbole und Abkürzungen

→	Querverweise in der Randspalte verweisen auf thematisch passende Texte innerhalb des Buchs.
#	Hashtags finden Sie unter den Texten. Sie besitzen informierende, kommentierende und vernetzende Funktion.
(Globus-Symbol)	Suchbegriffe in der Randspalte dienen Ihnen am Ende jeder thematischen Einheit als Hilfe zur weiteren thematischen Suche im Internet.
(Projekt-Symbol)	Die Projektaufgabe als letzte Aufgabe einer thematischen Einheit stellt einen Rückbezug zum jeweiligen Projekt des Kapitels dar und bietet Ihnen die Möglichkeit bis zum Abschluss des Kapitels an Ihrem Projekt weiterzuarbeiten.
KKK	Katechismus der Katholischen Kirche
GS	Gaudium et Spes, Dokument des Zweiten Vatikanischen Konzils
LG	Lumen Gentium, Dokument des Zweiten Vatikanischen Konzils

Inhaltsverzeichnis

3 Mehr als nur genug. Die Botschaft Jesu/s

4 Mehr als gut: Verantwortung spüren

5 Mehr als ein altes Gebäude? Nachdenken über die Kirche

6 Mehr als notwendig: Gott denken, erfahren und ansprechen

7 Mehr als du wahr*nimmst. Das Religiöse und die Religionen

Anhang

Liebe Schülerin, lieber Schüler,

„Religion" ist ein außergewöhnliches Fach. Es ist das einzige Unterrichtsfach, das im Grundgesetz der Bundesrepublik Deutschland verankert ist. Es bezieht mit der Kirche einen nichtstaatlichen Partner in die Schule ein: Wer „Religion" unterrichtet, braucht eine kirchliche Unterrichtserlaubnis, die sogenannte „Missio canonica" bei katholischen, die „Vocatio" bei evangelischen Lehrkräften. Schulbücher tragen einen kirchlichen Genehmigungsvermerk. Und zugleich, auch das ist im Grundgesetz festgelegt, wird niemand zur Teilnahme am Unterricht gezwungen. „Religion" ist ein besonderes Fach, und es lohnt, darüber nachzudenken.

Geschichtlich betrachtet stammt der Religionsunterricht aus einer Zeit, als Schule und Unterricht ausschließlich kirchlich verantwortet wurden. Sachlich sprechen bis heute viele Argumente für ein Unterrichtsfach Religion. Die Fähigkeit, mit Religion(en) umzugehen, ist in einer pluralen, d. h. in sich vielfältigen Gesellschaft unverzichtbar. Die Schule muss ihren Beitrag dazu leisten.

Der konfessionelle Religionsunterricht in der Mitverantwortung der Kirchen kann dabei besonders wirksam sein. Denn die Auseinandersetzung mit Religion(en) ist komplex. Niemand kann das Phänomen Religion in einer exakten, für alle und alles geltenden Definition fassen. Wer über Religion redet, muss sich zum Phänomen Religion positionieren und angeben, was Religion überhaupt sein soll.

Religion hat es mit „Transzendenz" zu tun. Das bedeutet, dass Religionen die Alltagserfahrungen übersteigen (transzendieren) und Grenzen überwinden. Wer die Welt religiös betrachtet, nimmt eine Perspektive des „Mehr als…" ein. Was „Religion" sein kann, hängt deshalb aber immer auch von der Erfahrung und Auffassung derer ab, die sich mit ihr beschäftigen. Von diesen immanenten, d. h. innerweltlichen Perspektiven geht sie aus, begegnet dann aber einer anderen, transzendenten Realität. Sie kommt uns fremd vor, denn wir können sie nicht selbst erzeugen.

Das Lernen und Arbeiten im Religionsunterricht ist deshalb nie nur ein äußerliches Zur-Kenntnis-Nehmen von Sachverhalten. Man kann Religion nicht allein anhand von Dokumenten, der Wahrnehmung von Gottesdiensten, dem Anschauen von Riten und Bräuchen und auch nicht in der Diskussion ethischer Grundsätze angemessen erfassen. Das Entdecken von Religion braucht ebenso die Entdeckerin, den Entdecker: es braucht Sie.

Und das hat Auswirkungen auf das Lernen im Religionsunterricht. Natürlich geht es da um Wissenserwerb. Wie Menschen gut und richtig leben können, welche Botschaft Jesus von Nazaret gebracht hat, wie man mit der Bibel umgeht und noch vieles mehr kann und soll man lernen. Aber bereits die Frage nach dem guten und richtigen Leben zeigt: sie braucht Zustimmung. Was andere für richtig halten, muss sich in Ihrem Leben erst bewahrheiten. Lernen im Religionsunterricht zielt deshalb auf *konfessorische Kompetenz*. Damit ist die Fähigkeit gemeint, sich mit guten, vernünftigen Gründen zu religiösen Traditionen zu verhalten, ihnen zuzustimmen und beizupflichten, sie aber auch ablehnen zu können. Und das geht nur, wenn dazu – durchaus kritisch – eine konkrete Tradition als Ausgangspunkt gewählt wird.

Falsch verstanden wäre das Fach, wenn Sie sich genötigt fühlten, etwas, das Sie nicht akzeptieren können, einfach hinnehmen, gar glauben zu müssen. Kritisches Hinterfragen, die Suche nach vernünftigen Gründen und auch eine gute Portion Skepsis gehören vielmehr zur Reflexion gerade der christlichen Tradition von Anfang an dazu!

Der Religionsunterricht lädt Sie ein, die Weltdeutungsperspektive der Religionen zu entdecken – und deren Lebensrelevanz auszuprobieren. **„Leben gestalten" will Sie und Ihre Lehrerin oder Ihren Lehrer dabei unterstützen.** Der Titel des Unterrichtswerks, das Sie in Händen halten, betont: Religionsunterricht dient Ihnen.

Die Reflexionsangebote und Denk- und Erfahrungsherausforderungen des Buches unterteilen sich in sieben Kapitel. Im *ersten Kapitel* geht es um den Menschen und um die Fragen, die uns alle immer wieder umtreiben. Es geht um den bedrohten Ort des Menschlichen in der Welt und das angesichts eines Gottes, der Rettung verheißt. Es geht darum, was uns zu Menschen macht und Menschen sein lässt.

Das *zweite Kapitel* nimmt in den Blick, dass wir nie nur im Jetzt und aus dem Vergangenen, sondern auf Zukunft hin existieren. Sie ist, gewissermaßen, so etwas wie eine Heimat der Religion: Gerade das Christentum lebt nicht nur aus der Erinnerung an Gottes Handeln in der Geschichte, sondern in der Hoffnung auf die Vollendung der Welt.

Diese Hoffnung gründet, so die christliche Überzeugung, in Person und Botschaft Jesu. Das *dritte Kapitel* ist der Beschäftigung mit beidem gewidmet. Es fragt nach der Relevanz der Reich-Gottes-Predigt für damals, heute und morgen in einer pluraler und säkularer gewordenen Welt. Mit dem Prozess der Säkularisierung (Verweltlichung) ist hier gemeint, dass vor der zunehmenden Bedeutung der menschlichen, immanenten Perspektiven die Perspektive der Transzendenz, des „Mehr als", des Ganz-Anderen, kurz: der Perspektive Gottes verblasst.

In dieser Welt sind – oft unter Zeitnot – Entscheidungen zu treffen, die moralisch relevant sind. Die ethischen Reflexionen, die das *vierte Kapitel* anstoßen will, fragen dabei nicht nur nach dem guten und richtigen Tun, sondern auch nach der Rolle von Religion, religiösen Geboten und Traditionen für die Begründung ethischer Urteile.

Das *fünfte Kapitel* untersucht Auftrag, Funktion und Krise der Kirche in der Gegenwart vor dem Hintergrund ihrer Tradition. Braucht es sie überhaupt noch, diese altehrwürdigen Institutionen? Sind sie reformierbar? Sind sie vielleicht sogar für moderne Gesellschaften – überlebenswichtig?

Denn die Gottesfrage, die das *sechste Kapitel* intensiv in den Blick nimmt, ist auf Akteure angewiesen, die sie, die Gottesfrage, wachhalten. Wenn sie aber gestellt wird, wird sie zu einer der Fragen, an der sich auch entscheidet, wer wir Menschen sind. Und das, obwohl sie – gerade heute – in einer Vielstimmigkeit aufgegriffen und bedacht wird wie wohl selten in der Geschichte.

Das abschließende *siebte Kapitel* untersucht deshalb das Phänomen und die Herausforderungen, die die religiöse Pluralität mitbringt. Brauchen Menschen Religion – und haben Religionen eine Zukunft? Leisten sie einen guten Beitrag zur Gestaltung der Welt? Es sind die ganz großen, ganz grundsätzlichen Fragen, die dieses, aber auch alle anderen Kapitel in den Blick nehmen. Eine Antwort? Leben gestalten macht Vorschläge; welche die Ihre wird, entscheiden Sie.

Die Kapitel sind einheitlich aufgebaut. Sie beginnen mit einer *Bildseite* sowie mehreren Angeboten zum *Ins-Gespräch-Kommen*. Schließlich bringen Sie alle bereits umfangreiches Wissen, Meinungen oder Erfahrungen mit, denen der Unterricht Raum geben soll. Jedes Kapitel macht Ihnen dann einen Vorschlag für die Arbeit an einem gemeinsamen *Projekt*.

Auf den nächsten Seiten finden Sie *thematische Arbeitseinheiten*. Durchnummerierte Texte, Bilder und Grafiken bieten Ihnen Gelegenheit, sich zu informieren, zur Auseinandersetzung und Diskussion, zu Zustimmung und Widerspruch. Jede dieser Einheiten schließt mit Arbeitsaufträgen. Den Schluss jedes Kapitels bilden wieder drei besondere Angebote. Die *„Leben-gestalten"*-Seite stellt Ihnen eine Kurzbiographie vor. *Impulse zum Weiterdenken* bieten Ihnen verschiedene Angebote für weiterführende Überlegungen. Und die Seite *Im Gespräch bleiben* greift auf die Erfahrungen zurück, die Sie bei der Arbeit mit dem Kapitel gemacht haben, und verbindet sie mit den Überlegungen des Einstiegs.

Religion gibt es nicht ohne die Menschen, die sie leben und gestalten. Zu ihnen treten Sie auch mit diesem Buch in eine Beziehung! Deshalb finden Sie auf den Themenseiten **verschiedene Beziehungsangebote:** Zum ersten zu jedem Text die vollständigen *bibliographischen Angaben*. Die korrekte Zitation ermöglicht es Ihnen, den (ungekürzten) Originaltext zu recherchieren. Eine Einordnung der Positionen erleichtern aber auch knapp gehaltene *bio-*

graphische Hinweise zu den Autorinnen und Autoren. Oft zeigen Ihnen auch Autorenporträts, mit wem Sie es zu tun haben.

Weil viele Themen facettenreich sind und sich erst in der Pluralität der Perspektiven erschließen, rücken *Querverweise* weitere Aspekte eines Themas in Ihr Blickfeld. Eine Auswahl an *Suchbegriffen* kann Sie unterstützen, ein Thema durch eine Internetrecherche zu vertiefen. Die Suchbegriffe sind dabei noch einmal unterteilt: Zunächst finden Sie solche Begriffe, die sich eng an die Themen der Materialien anschließen. Dann – nach einer Leerzeile – finden Sie Begriffe, die über das Thema hinausgehen und weitere verwandte oder vertiefende Sachverhalte erschließen können.

Und dann sind da noch *#Hashtags*. Im Internet haben sie eine doppelte Funktion: sie verweisen und gliedern, sie kommentieren aber auch. Die Hashtags in Leben gestalten kommentieren, ironisch oder vertiefend. Sie werden aber auch ausdrückliche oder assoziative Querverbindungen zwischen Texten und Kapiteln entdecken. Und genau dazu laden diese Hashtags Sie ein: Zu denkerischen Umwegen und zu Entdeckungsreisen. Zu überraschenden Perspektiven. Zu Ihrem ganz eigenen Weg durch das weite Feld der Religion.

Damit sind Sie am Zug. Leben gestalten kann Ihnen nur Angebote machen – entdecken und ausprobieren müssen Sie selbst. Dass Sie das in einer Lerngruppe tun, ist dabei von besonderer Bedeutung. Denn mehr als Texte und Bilder ermöglichen Mitmenschen es Ihnen, sich zu positionieren, Ihren Weg zu suchen, die Bedeutsamkeiten der Themen zu erproben. Das, was Sie sich *gemeinsam erarbeiten*, sollten Sie auch gemeinsam dokumentieren. Dazu können Sie arbeitsteilig ein Glossar mit Erläuterungen zentraler Begriffe aus Religion und Ethik erstellen. Oder sie arbeiten gemeinsam an einem Wiki. So entstehen Texte, die tatsächlich Ihre Texte sind, die Ihr Verständnis und Ihre Bewertungen wiedergeben!

Religion ist ein außergewöhnliches Fach. Es lebt in ganz verschiedenen Beziehungen. Und es verweist darüber hinaus: „Es muss doch mehr als alles geben" – wie die Theologin Dorothee Sölle eines ihrer Bücher über Gott betitelt hat. Bei der Wahrnehmung und Erprobung solcher Mehr-als-Perspektiven will Sie Ihr Unterrichtswerk „Leben gestalten" begleiten und inspirieren. Wir hoffen, dass es Sie zu interessanten Entdeckungen führt und Erfahrungen im Umgang mit Religion(en) ermöglicht.

Viel Freude bei der Arbeit wünschen Ihnen
Autorenteam und Herausgeber

1 Suchen Seh(n)en Spiegeln – Was macht den Menschen zum Menschen?!

Mathias Waske, Waskes Iphigenie II., 1981

Sehnsuchtswesen

Das Bild von M. Waske greift ein bekanntes klassizistisches Gemälde auf, das Iphigenie, eine Figur aus der griechischen Mythologie (im Vordergrund) darstellt, die traditionell die Sehnsucht des Menschen verkörpert. Betrachten und interpretieren Sie das Bild von M. Waske unter dem Aspekt der Sehnsucht. Was sagt es über den Menschen und seine Sehnsüchte aus? Verfassen Sie in Form von fünf bis zehn Hashtags zentrale Aussagen oder Gedanken, die Ihnen hierzu kommen.

Zeitreise

Die Entstehung der Erde reicht etwa 4,6 Mrd. Jahre zurück, eine zeitliche Dimension, die in menschlichen Kategorien nur schwer vorstellbar ist. Würde man die gesamte Erdgeschichte mit einem 24-Stunden-Tag gleichsetzen, würde der moderne Mensch gegen 23:59:56 Uhr, also vier Sekunden vor Mitternacht, als neue Art die Bühne der Geschichte betreten und anfangen, die Erde nach seinen Ideen und Bedürfnissen zu gestalten. Ist das für Sie a) besorgniserregend, b) ein Wunder, c) nicht weiter interessant, d) der normale Gang der Natur? Nehmen Sie spontan Stellung und tauschen Sie sich untereinander begründend aus.

Beziehungswesen

Angenommen, Sie würden durch außergewöhnliche Umstände für unbestimmte Zeit auf einer einsamen Insel stranden und hätten die Wahl: Wären Sie dort lieber ganz alleine oder mit jemandem, den Sie überhaupt nicht leiden können? Wie würden Sie sich entscheiden?

Fragebogen

Der Schweizer Schriftsteller Max Frisch (1911–1991) hat mehrere Tagebücher verfasst und darin zu verschiedenen Themen des Menschseins Fragebögen erstellt. Einer von ihnen dreht sich um das Thema Hoffnung. Nehmen Sie zu folgenden seiner Fragen spontan Stellung.

- Können Sie ohne Hoffnung denken?
- Wenn Sie jemanden in einer unheilbaren Krankheit wissen: machen Sie ihm dann Hoffnungen, die Sie selber als Trug erkennen?
- Was bekräftigt Sie in Ihrer persönlichen Hoffnung: a) Zuspruch, b) die Einsicht, welchen Fehler Sie gemacht haben, c) Alkohol, d) Ehrungen, e) Glück im Spiel, f) ein Horoskop, g) dass sich jemand in Sie verliebt?
- Muss eine Hoffnung, damit Sie in ihrem Sinn denken und handeln, nach Ihrem menschlichen Ermessen erfüllbar sein?

Frei sein

Eine zentrale Frage des Menschseins ist die Frage nach seiner Freiheit. Entscheiden Sie sich: Welchen der folgenden Orte bzw. Situationen würden Sie ganz spontan eher das Adjektiv ‚frei' oder ‚unfrei' zuordnen: *Bett, Schule, Zuhause, Bücherei, Disco/Club, Sport/Training, erstes Date, Kloster, Facebook, Führerscheinprüfung, Haustier?* Vergleichen und diskutieren Sie Ihre Assoziationen im Anschluss.

Warentest: Guter Rat oder billiger Spruch? – Lebensweisheiten zum Menschsein auf dem Prüfstand

Auf vielen Postkarten und in zahlreichen Ratgebern finden sich Weisheiten, Sprüche oder Ratschläge, die Menschen dabei helfen wollen, die richtige Einstellung in ihrem Leben zu finden und glücklich zu sein. Doch was steckt wirklich hinter diesen Weisheiten? Sind die „klugen Sprüche“ wirklich klug? Inwiefern wird in ihnen deutlich, was Menschsein ausmacht?

Unterziehen Sie solche Einstellungen zum Menschsein einem eigenen „Warentest“. Recherchieren Sie Beispiele solcher „Lebensweisheiten“, die Ihnen gefallen, und stellen Sie eine (vorläufige) Bestenliste zusammen. Ergänzen Sie im Laufe der Arbeit an diesem Kapitel weitere Sprüche, denen Sie im Buch und sonst wo begegnen. Prüfen Sie diese anhand folgender Leitfragen. Im Verlauf des Kapitels können Sie weitere Fragen formulieren und diese dann auch in einem Leitbegriff bündeln.

- Haltbarkeitsdatum
  Kann diese Lebenseinstellung auf Dauer überzeugen oder wird sie eher punktuell Bedeutung haben?
- Preis-/Leistungsverhältnis
  Was ist zur Umsetzung dieses Mottos zu leisten? Auf was muss oder soll ggf. verzichtet werden? Wie viel Ausdauer und Energie kostet es, diesen Ratschlag umzusetzen in Hinblick auf den zu erwartenden Ertrag?
- Nebenwirkungen
  Wertet diese Einstellung oder dieses Verhalten bestimmte Personen, Anschauungen oder Situationen ab? Fördert sie Misstrauen oder könnte mir oder anderen auch in irgendeiner Weise schaden?
- Zielgruppe
  Kann diese Glücksweisheit oder Einstellung universal und prinzipiell gelten, wenn sich alle Menschen daran halten? Wer wird von so einer Haltung evtl. ausgeschlossen oder nicht bedacht?
- Gebrauchswert
  Hat der Spruch einen praktischen und realistischen Gebrauchswert, z. B. in konkreten Alltagssituationen? Bietet er wirklich eine konkrete Handlungsorientierung oder ist er schwer auf die Lebenspraxis zu übertragen?
- Sprachliche Form
  Ist der Spruch sprachlich gut formuliert? Wirkt er ansprechend, ist er leicht einprägsam? Klingt er zeitgemäß oder evtl. zu geschwollen?
- Legalität
  Ist dieses Prinzip bzw. diese Einstellung mit den geltenden Gesetzen gut vereinbar bzw. der Demokratie förderlich?

Bei diesem Projekt können Sie
… eine Vielfalt unterschiedlicher Lebenseinstellungen und Ratschläge miteinander vergleichen;
… diese auf ihre konkreten Konsequenzen hin durchdenken;
… überprüfen, welche Denkweise(n) Sie persönlich teilen oder ablehnen;
… beurteilen, ob es sich dabei wirklich um tragfähige Lebenseinstellungen oder eher um wohlklingende warme Worte handelt.

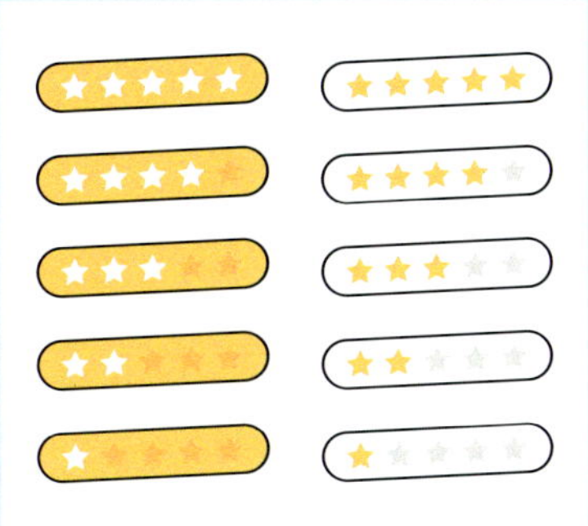

Menschenbild
Identität
Sinnfrage
Patchwork-Biografie
Bewusstsein

Was macht den Menschen zum Menschen?

Was macht den Menschen zum Menschen? Welche Eigenschaften oder Merkmale charakterisieren ihn und verraten etwas darüber, was es eigentlich heißt, Mensch zu sein? Im Alltag machen wir uns über Fragen wie diese nur selten bewusst Gedanken. Trotzdem haben wir in unzähligen Situation – oft auch unbewusst – bestimmte Bilder und Ideen von „Menschsein" im Kopf und richten unser Handeln und Denken nach ihnen aus.

→ Gott ist Mensch geworden: S. 91.

→ Zum Menschsein gehören Werte: S. 122.

ist in 4 sozialen Netzwerken angemeldet

schreibt einen Blog über die Cafés der Stadt

möchte später noch selber Medizin studieren

hat neulich mit ihrem Roller eine Beule an ein fremdes Auto gefahren

ist bisher 5x in ihrem Leben umgezogen

ist ein bisschen in ihren Chef verliebt

möchte später zwei Kinder haben

ist seit zwei Jahren mit ihrem Freund zusammen

zahlt im Jahr 12 453 € Steuern an den Staat

mag keine Schokolade

mag schnelle Autos

arbeitet als medizinische Assistentin in einer Praxis

besucht 1x pro Woche ihre Oma im Pflegeheim

Lisa

wählt „die Grünen"

macht 2x pro Woche Yoga

Einzelkind, Eltern leben getrennt

muss Tabletten gegen eine Erkrankung an der Schilddrüse nehmen

raucht seitdem sie 16 ist

hat 2 Geschwister

ist getauft und glaubt an Gott, geht aber wenig in die Kirche

ist in einem sozialen Netzwerk angemeldet

wird meist „Con" genannt

hat sein Studium abgebrochen und arbeitet als DJ

hört am liebsten Electro

spricht drei Sprachen

wiegt 91 kg, ist 185 cm groß

betreut im Sommer ein Jugendcamp

hat einen Ohrring am linken Ohr

ist Linkshänder

wurde in seiner letzten Beziehung betrogen

hat zwei Spielekonsolen und eine E-Gitarre

ist jetzt verheiratet, will keine Kinder

Connor

sein Vater ist Engländer, seine Mutter Deutsche

hat eine statistische Lebenserwartung von 78 Jahren

hat sein Auto verkauft

ist ungeduldig

hat den Kontakt zu seinen Geschwistern abgebrochen

hat Angst vorm Arzt

#soundnichtanders

M 1 Sammlungen individueller Charakteristika zweier Menschen im Vergleich. Typisch weiblich? Typisch männlich? Typisch europäisch? Typisch 21. Jahrhundert? Oder: Typisch menschlich?

M 2 Bilder vom Menschen – Vorstellungen vom Menschsein

M 3 Ich und Bewusstsein

Wer vor einem Spiegel steht, steht vor einem Rätsel. Ein Mensch sieht sich selbst. Aber wer ist das eigentlich: „Ich"? [...] Da es mich nun einmal gibt und ich mich auf dieser Welt vorfinde, stellt sich sofort eine weitere Frage: Was soll ich eigentlich hier? Gibt es irgendwo einen Auftrag für mich? Wozu lebe ich eigentlich? Macht das Sinn, was ich hier tue? Dazu gesellt sich schnell eine dritte Frage: Seit wann gibt es mich eigentlich? Seit meiner Geburt? Gut! Aber im Bauch meiner Mutter gab es mich doch auch schon. Also gab es mich, seit die genetischen Erbinformationen meines Vaters mit dem genetischen Erbmaterial meiner Mutter verschmolzen sind und meine eigene, absolut einmalige und unverwechselbare Erbsubstanz entstand. Aber dann bleibt die Frage: Wo war ich eigentlich eine Stunde vorher? Kann ich mir wirklich vorstellen, dass es einen Moment gab, in dem es mein „ Ich" noch nicht gab? Und von einer Minute auf die andere existiert plötzlich mein „Ich"? Zum Schluss stellt sich die letzte Frage: Wo ist das „Ich" der demenzkranken Urgroßmutter im Pflegeheim? Und wo ist ihr „Ich" fünf Minuten später, nachdem ihr Herz aufgehört hat zu schlagen [...]? Es ist egal, ob wir Menschen als Jäger und Sammler mit Pfeil und Bogen oder mit Laptop und Börsengeschäften unser Überleben sichern – diese Fragen sind seit Jahrtausenden die gleichen geblieben: Wer bin ich? Wo komme ich eigentlich her? Und wo gehe ich später mal hin?

Matthias Hülsmann, Theologisches Basiswissen, Loccum 2016, S. 51–52.

#SpiegleinanderWand

Matthias Hülsmann (* 1963), evangelischer Pfarrer und Religionspädagoge.

1 Differenzieren Sie die Charakteristika der beiden Personen **M 1** im Hinblick auf ihre Aussagekraft zu den Eigenheiten der ‚Spezies Mensch': Welche Aspekte sagen eher viel, wenig oder gar nichts darüber aus?

2 Erstellen Sie über sich selbst eine entsprechende Infografik, die Sie als Person in Ihrer Individualität zeigt. Vergleichen Sie anschließend Ihre Grafiken und diskutieren Sie miteinander, welche(r) der Aspekte in besonderer Weise Ihre Individualiät hervorhebt bzw. erkennen lässt.

3

a) Arbeiten Sie aus **M 2** und **M 3** die dargestellten Menschenbilder heraus.

b) Diskutieren Sie, welche Bedeutung unterschiedliche Vorstellungen von Menschsein bzw. Menschenbilder haben können und wie bzw. worauf sich diese auswirken.

Untersuchen Sie Menschenbilder in den von Ihnen ausgesuchten Glücks- und Sinnsprüchen im Blick auf deren Voraussetzungen bzw. Zielvorstellungen.

Max Scheler
Arnold Gehlen
Naturwesen
Kulturwesen

Anthropologie: Der Mensch auf der Suche nach sich selbst

Was ist der Mensch? Was macht ihn aus? Diese Fragen ziehen sich durch die Jahrhunderte der Geschichte. Aus den verschiedenen Wissenschaften und Weltanschauungen gab bzw. gibt es folglich eine beinahe unüberschaubare Fülle von Antworten, auch innerhalb der einzelnen Wissenschaftsdisziplinen. Während man lange nach dem einen unterscheidenden Merkmal suchte, geht man heute anders vor …

→ Gibt es das überhaupt: das eine Selbst? S.250

M 1 Aussagen über den Menschen aus verschiedenen Wissenschaftsdisziplinen.

M 2 Älteste Dokumente des Homo Sapiens: Jagdszene einer Höhlenwandmalerei in Indonesien, etwa 40 000 Jahre alt.

Als eigene wissenschaftliche Disziplin, die sich im engeren Sinne mit dem Wesen des Menschen auseinandersetzt, bildet sich die sog. „Anthropologie" (gr. Anthropos = Mensch und Logos = Lehre) erstmals ab dem 16. Jahrhundert heraus. Dabei kommen bis heute innerhalb der Anthropologie unterschiedliche Disziplinien zusammen: Mal rücken eher naturwissenschaftliche Betrachtungsweisen, mal eher philosophische oder geisteswissenschaftliche Überlegungen in den Vordergrund. Die Besonderheit der Anthropologie liegt nicht zuletzt darin, dass der Mensch hier zeitgleich Objekt und Subjekt seiner eigenen Forschung ist. Er ist Fragender und Befragter zugleich. Das ist zu berücksichtigen, will man anthropologische Aussagen richtig deuten und bewerten.

M 3 Ein naturwissenschaftlicher Blickwinkel: Die evolutionäre Entwicklung

Heute wird angenommen, dass die Wiege der Menschenaffen und die der Menschen zwar in Afrika stand, sich der Zwischenschritt von den Menschenaffen zu den Großen Menschenaffen, den Hominiden, aber in Eurasien und nicht in Afrika vollzog. [...]

Die **Australopithecinen**, 4,5 bis 1 Mio. Jahre vor uns, waren ca. 140 cm groß, besaßen etwa 500 ccm Hirnvolumen und waren bipede [d. h. zweibeinige] Hominiden [...]. Die aufrechte bipede Fortbewegung verschaffte den Australopithecinen einen größeren Überblick über ihre Umgebung, setzte die Hände frei zur Mitnahme von Nachwuchs, ermöglichte besseres Sammeln und transportieren von Nahrung, bot bei der afrikanischen Hitze eine geringere der Sonne zugewandte Körperoberfläche und war unter Verrechnung von Gewicht und Bewegungsgeschwindigkeit schlicht energetisch günstiger als die vierbeinige Fortbewegung. [...]

Die [später folgende] Gattung Homo (Mensch) wird dann, grob gesehen, in die vier folgenden Chronospezies [d. h. in ihrem Aussehen ähnliche Arten eines Zeithorizontes] gegliedert:

1. Der **Homo habilis**, ca. 2,5 bis 1,2 Mio. Jahre vor uns, hinterließ die ältesten Stein- und Knochenwerkzeuge und besaß ein Gehirnvolumen von 570 bis 800 ccm. Die Herstellung vergleichbarer artefizieller Werkzeuge findet sich bei den rezenten Menschenaffen offenbar nicht.

2. Der **Homo erectus**, ca. 1,8 bis 0,3 Mio. Jahre vor uns, mit 750 bis 1300 ccm Gehirnvolumen war bereits ein Feuer nutzender effizienter Großwildjäger. [...] Die frühesten Vertreter dieses Menschentyps besiedelten schon vor rund 1,75 Millionen Jahren Eurasien. [...]

3. **Homo sapiens neanderthalensis**, ca. 350tsd. bis 30tsd. vor uns, besaß ein dem heutigen Menschen sicher vergleichbares Gehirnvolumen von 1300 bis 1700 ccm. [...] Dieser Menschentyp besaß bereits ein soziales Gewissen wie die Funde in Shanidar (Irak) und La Chapelle (Frankreich) belegen, die auf die Pflege allein nicht mehr lebenstüchtiger Individuen hindeuten. Es scheint, dass der Neandertaler auch musikalisch war; denn es wurden Pfeifen aus durchbohrten Fingerknochen und Höhlenbärenknochen mit Löchern gefunden, gewissermaßen spielbare Intrumente. Außerdem vollzog der Neandertaler bereits Bestattungen wie an den Funden in La Ferrassie, Le Moustier und La Chapelle nachweisbar ist.

4. Der **Homo sapiens sapiens** schließlich [...] trat ca. 200000 bis 100000 vor uns erstmals auf. Die bislang ältesten fossilen Funde stammen aus Herto im heutigen Äthiopien und sind ca. 160000 Jahre alt. Dieser moderne Homo sapiens besitzt ein Gehirnvolumen zwischen 1000 und 2000 ccm, im Mittel ca. 1300 ccm. Er schuf 35000 bis 20000 Jahre vor unserer Zeit die Höhlenmalereien, die ersten vollplastischen Darstellungen (Venus von Willendorf) und Musikinstrumente (Knochenflöte von Isturitz), er ist Urheber der Klingenkulturen und der landwirtschaftlichen Revolution.

Ulrich Lüke, Das Säugetier von Gottes Gnaden, Evolution, Bewusstsein, Freiheit, Freiburg ²2006 S. 140–141.

Affenmensch
Lucy
Charles Darwin
Evolutionstheorie
Gregor Mendel
Neandertaler
Homo Sapiens

Ulrich Lüke (*1951), lehrte Philosophie und Fundamentaltheologie in Aachen.

M 4 Entwicklung der Gattung *Homo* – zum Teil zeitlich überschneidend und im Bezug auf die geographische Ausbreitung nicht immer eindeutig

M 5 Geisteswissenschaftliche Blickwinkel: Der Mensch als Kulturwesen

Wir sehen [...], wo wir auch hinblicken, den Menschen über die Erde verbreitet und trotz seiner physischen Mittellosigkeit sich zunehmend die Natur unterwerfen. Es ist dabei keine „Umwelt", kein Inbegriff natürlicher und urwüchsiger Bedingungen angebbar, der erfüllt sein muss, damit „der Mensch" leben kann, sondern wir sehen ihn überall, unter Pol und Äquator, auf dem Wasser und auf dem Lande, in Wald, Sumpf, Gebirge und Steppe „sich halten". Und zwar lebt er als „Kulturwesen", d.h.

Descartes
Dualismus
Leib-Seele-Problematik
Kulturwesen
Mängelwesen
Weltoffenheit
Determinismus
Materialismus
Achsenzeit

Arnold Gehlen (1904–1976), bedeutender deutscher Philosoph und Anthropologe.

von den Resultaten seiner voraussehenden, geplanten und gemeinsamen Tätigkeit, die ihm erlaubt, aus sehr beliebigen Konstellationen von Naturbedingungen durch deren voraussehende und tätige Veränderungen sich Techniken und Mittel seiner Existenz zurechtzumachen. Man kann daher die „Kultursphäre" jeweils den Inbegriff tätig veränderter urwüchsiger Bedingungen nennen, innerhalb deren der Mensch allein lebt und leben kann. Irgendwelche Techniken der Nahrungsbeschaffung und -zubereitung, irgendwelche Waffen, Organisationsformen gemeinsamer Tätigkeit und Schutzmaßnahmen vor Feinden, vor der Witterung usw. gehören daher zu den Beständen auch der primitivsten Kultur, und „Naturmenschen", d.h. kulturlose gibt es überhaupt nicht. Der Mensch [...], er wäre in jeder natürlichen Umwelt lebensunfähig, und so muss er sich eine zweite Natur, eine künstlich bearbeitete und passend gemachte Ersatzwelt [...] erst erschaffen und er tut dies überall, wo wir ihn sehen. Er lebt sozusagen in einer künstlich [...] von ihm ins Lebensdienliche veränderten Natur, die eben die Kultursphäre ist.

Arnold Gehlen, Anthropologische Forschung. Reinbek, 1961, S. 47–48 f.

Frank Surral (* 1966), evangelischer Theologe.

Genderforschung

Judith Butler

M 6 Geschlecht als Kultur

Auch die sexuelle Natur des Menschen, seine Geschlechtlichkeit, ist bereits kultivierte Natur. Vor allem der moderne Feminismus [...] hat die wichtige Einsicht befördert, die sich in der deutschsprachigen Unterscheidung zwischen sex als dem biologischen Geschlecht und *gender* als dessen kultureller Ausprägung widerspiegelt. Diese Unterscheidung ist in hohem Maße ethisch relevant. Was den Mann oder die Frau ausmacht, ihre jeweilige Funktion in der Familie und in der Gesellschaft, lässt sich nicht aus der Natur ableiten. Es wird jeweils im Zuge der Sozialisation erlernt und ist entsprechend veränderbar.

Frank Surall, Ethik der Lebensformen, in: Wolfgang Huber u.a. (Hg.) Handbuch der Ev. Ethik, München 2015, 454 ff.

Regine Kather (* 1955) lehrt Philosophie in Freiburg.

#jungenrosamädchenblau

M 7 Sein Wesen ist seine Kultur: Vom Wohnen ... bis zum Geschlecht

M 8 Der Mensch – keine Körpermaschine

Wenn, wie viele Forscher über ‚Künstliche Intelligenz' glauben, der menschliche Geist genauso funktioniert wie ein hochentwickelter Computer, dann würde er sich irgendwann technisch erzeugen und programmieren lassen.

Lassen sich die menschlichen Verhaltensweisen aus physiologischen Prozessen, aus genetischen und neuronalen Mechanismen erklären? Oder kann man umgekehrt die existentiellen Dimensionen des menschlichen Lebens erörtern, ohne dessen Genese und biologische Grundlagen zu berücksichtigen? Beide Alternativen sind in ihrer Einseitigkeit unbefriedigend. Ein bloßes Nebeneinander von biologischen und philosophischen Theorien wäre unzureichend: Menschen leben als Individuen mit anderen Menschen gemeinsam inmitten der Ordnung der Natur. Außerdem wirken physische und psychische Prozesse ineinander. Körperliche Störungen können das psychische Befinden verändern; aber auch umgekehrt kann die Bedeutung eines Ereignisses körperliche Störungen verursachen. Das menschliche Leben vollzieht sich nur im Zusammenspiel von leiblichen und geistigen Prozessen. [...] Leitet man das menschliche Verhalten aus einer gradweisen Steigerung der Fähigkeiten von Tieren ab, dann übersieht man, dass für Menschen dasselbe gilt wie für alle anderen Arten: Es genügt nicht, nur einzelne Fähigkeiten zu betrachten und miteinander zu vergleichen; Lebewesen sind, naturwissenschaftlich gesprochen, ‚offene Systeme'. Das spezifisch menschliche Spektrum des Verhaltens erklärt sich daher erst aus dem Zusammenspiel aller Fähigkeiten.

Sprachlich vereinfacht nach: Regine Kather, Weltoffenheit und symbolische Intelligenz, in: Matthias Koßler/Reinhard Zecher (Hg.), Von der Perspektive der Philosophie, Hamburg 2002, 233 f.

M 9 Reduktionistische Betrachtungsweisen

Es liegt nahe, dem Menschen mit reduktionistischen Methoden und Gedankengängen derart zu Leibe zu rücken, dass das spezifisch Menschliche auf der Strecke bleibt. Typische Formulierungen dieses Denktyps sind: Der Mensch ist nichts anderes als ein komplizierter Primat ... nichts anderes als ein spezieller Säuger, ein spezielles Wirbeltier ... nichts anderes als ein vielzelliges Organsystem, ein Organismus ... nichts anderes als eine hochkomplexe Ansammlung von Zellen. [...] Am Ende dieser reduktionistischen Ableitungsfolge bestimmt sich die menschliche Ganzheit aus dem, was von Atomen oder gar subatomaren Bestandteilen zu sagen ist. [...] Ohne nur im Geringsten bestreiten zu wollen, dass der Mensch all das ist, ein Primat, ein Organsystem, ein hochkomplexes Ensemble von Molekülen und Atomen etc., so ist doch mit Entschiedenheit festzuhalten, dass er mehr als nur das ist. Das Ganze ist eben mehr als die Summe seiner Teile.

Ulrich Lüke, Das Säugetier von Gottes Gnaden. Evolution, Bewußtsein, Freiheit, Freiburg [2]2006, S. 27–29.

Ulrich Lüke (* 1951), Professor für Philosophie und Fundamentaltheologie.

M 10 Auf der Suche nach Erklärungen für menschliches Verhalten

"I have serious doubts about the theory of evolution."

#NaturKultur
#Kulturnatur

Die Diskussion darüber, ob Homo sapiens als *Natur-* oder vielmehr als *Kultur*wesen gesehen und verstanden werden muss, wurde bzw. wird in der Anthropologie besonders intensiv diskutiert. Im Kern geht es dabei um die Frage, ob alle menschlichen Verhaltensweisen und Fähigkeiten letztlich durch die biologisch-materialen Grundlagen determiniert sind (und der Mensch damit dem funktionalen Gang der Evolution folgt), oder ob es gerade das Kennzeichen des modernen Menschen ist, dass er die Eingebundenheit in die Natur hinter sich gelassen hat und sich vor allem durch seine Kultur bestimmt. Obwohl inzwischen ein breiter wissenschaftlicher Konsens darin besteht, dass der Mensch stets aus beiden Richtungen betrachtet werden muss, kehrt die Debatte gelegentlich wieder zurück – etwa wenn neue Ergebnisse z. B. der Hirnforschung für Schlagzeilen sorgen.

1

a) Gewichten Sie die Aussagen der unterschiedlichen Disziplinen M 1 in einer Rangfolge: Welche halten Sie persönlich für besonders plausibel und bedeutsam für die Frage nach dem Wesen des Menschen?

b) Diskutieren Sie Ihre Einschätzungen.

c) Zeigen Sie an Beispielen aus M 1 auf, wo verallgemeinernde Rückschlüsse von Einzelaussagen auf die Menschheit insgesamt problematisch sein können.

2

a) Arbeiten Sie in Form einer Übersicht zentrale Aspekte der evolutionären Entwicklung des Menschen heraus M 2–M 4.

b) Zeigen Sie auf, inwiefern hier Natur und Kultur ineinandergreifen.

3

a) Stellen Sie die Position Gehlens zur Bedeutung der Kultur für Menschen dar M 5.

b) Nehmen Sie Stellung zur These, dass es den Menschen als reines „Naturwesen" gar nicht gibt M 5–M 7.

4 Erklären Sie anhand zentraler Textzitate aus M 8 und M 9, weshalb der Mensch insgesamt nur als Natur- *und* Kulturwesen angemessen zu verstehen ist.

5 Beschreiben und deuten Sie die Karikatur M 10.

6 Wählen Sie eines der drei Bilder M 2, M 7 oder M 10 als Anlass für einen kreativen Text (z. B. aus der Perspektive einer Höhlenmalerin, des Mädchens, seiner Puppe, eines der beiden Tiere ...), um zur Frage nach dem Wesen des Menschen Stellung zu nehmen.

Der Mensch im Vergleich zum Tier

Dass der Mensch ohne seine natürlich-biologische Seite nicht zu denken ist, seine diversen Fähigkeiten aber wie kein anderes Lebenswesen nutzt, um seine Welt selber zu gestalten, ist an vielen Beispielen nachvollziehbar. Nicht zuletzt auf Grund der in den letzten Jahren hinzugewonnenen Erkenntnisse aus der Verhaltensforschung mit Tieren, stellt sich dennoch die Frage, woran eine moderne Anthropologie denn am ehesten Unterschiede festmacht, die die Lebensweise des Menschen erklären. Welche Merkmale tragen in besonderer Weise dazu bei, dass der Mensch sich vom Tier unterscheidet und eine ‚anthropologische Differenz' erklärbar wird?

M 1 Wie viel Tier steckt wirklich im Menschen?!

M 2 Die Stellung des Menschen in der Evolution

Günter Rager (* 1938) lehrte als Anatom und Philosoph in der Schweiz und Deutschland.

anthropologische Differenz
Speziesismus
Human-Animal Studies
Evolution

Wenn wir über die Stellung des Menschen in der Evolution sprechen, dann werden wir [...] nicht um den Vergleich mit der Tierwelt herumkommen. Dieser Vergleich soll aber keinesfalls wertend gemeint sein. Wenn wir feststellen werden, dass wir Menschen über bestimmte Fähigkeiten verfügen, die uns gegenüber den Tieren überlegen machen, so dürfen wir daraus nicht den Schluss ziehen, dass wir über Tiere wie über Objekte verfügen dürfen. Wir sollten uns ferner vor Augen halten, dass wir kaum in der Lage sein dürften, abschließende Urteile über die Tiere zu fällen, weil wir den Erlebnisraum der Tiere nur ansatzweise kennen und wegen der mangelhaften Kommunikationsmöglichkeiten auch nicht besser kennen können. Wir wissen nicht, was Elefanten erleben, wenn sie ihre Totenrituale ausüben, welche Stimmungen und Gefühle Delphine haben, wenn sie mit Menschen in Kontakt treten oder sie vor dem Ertrinken retten, oder wenn wir bei Schimpansen Zeichen von Trauer feststellen.

Missing-Link-Theorie
Hominisation
Kortex

Neurobiologische Aspekte

Obwohl die Unterschiede in der genetischen Ausstattung zwischen Primaten und Menschen nur geringfügig sind, weist die Struktur des menschlichen Gehirns erhebliche Differenzen zu dem Gehirn von Primaten auf. Von diesen Unterschieden seien hier einige genannt: Im Vergleich zum Schimpansen hat das Gehirn des Menschen ein erheblich größeres Volumen und Gewicht. [...] Viele Funktionen sind auf beiden Hemisphären repräsentiert, so z. B. das Sehen, das Hören, die Somatosensorik [d. h. die Empfindungen, die durch Reizung der Körpersensoren wie z. B. der Haut ausgelöst werden] und die Motorik. Eine Reihe anderer Funktionen wie etwa die Sprache oder das musikalische Vermögen sind jedoch nur auf einer Hemisphäre angelegt. [...]

„Beim Menschen sind die funktionalen Asymmetrien zwischen linker und rechter Kortexhälfte viel ausgeprägter als beim Menschenaffen. [„Kortex“ ist das Fachwort für die Großhirnrinde. Auf ihm liegen die meisten Neuronen, das sind die Nervenzellen.] Die Repräsentation gewisser Funktionen in nur einer Kortexhälfte schafft im Kortex insgesamt Raum für mehr spezifische Leistungen.“ Das menschliche Gehirn ist auch charakterisiert durch eine intensive Vernetzung von Neuronen, Neuronenpopulationen und Hirngebieten.

„Die Verbindungen und neuronalen Rückkopplungsschleifen zwischen Kortexfeldern und motorischen Zentren sind schon bei Primaten deutlich umfangreicher als bei anderen Säugern. Beim Menschen vermehrten sich die internen Verdrahtungen der motorischen Netzwerke noch einmal um eine Größenordnung.“

M 3 Die Sonderstellung des Homo Sapiens?

Geistige Fähigkeiten

Sucht man nun nach geistigen Fähigkeiten, die den Menschen vor allen Tieren auszeichnen, dann denkt man zuerst an die *kognitive Intelligenz*. [...] Zu den elementaren kognitiven Fähigkeiten gehört die Sinneswahrnehmung. Auf dieser Ebene werden wir nicht selten von bestimmten Tierarten übertroffen, so z. B. von den Hunden beim Riechen oder von den Greifvögeln beim Sehen. Einige Tierarten verfügen über Wahrnehmungs- und Kommunikationsmöglichkeiten, die wir Menschen nur mit technischen Hilfsmitteln implementieren können, so z. B. das Aussenden und Empfangen von Ultraschall bei Fledermäusen und Walen. Bei den höheren kognitiven Fähigkeiten aber ist der Mensch den Tieren in der Regel überlegen. Zu diesen Fähigkeiten rechnen wir vor allem Erkennen, Erinnern, begriffliches Denken, musikalisches Verstehen, Ideenbildung, Planen, Vorstellungen von Vergangenheit, Gegenwart und Zukunft und das Erkennen des sittlich Guten.

Mit dem Frontalhirn, in dem auch wesentliche Elemente der Motorik beheimatet sind, hat auch die *motorische Intelligenz* erheblich zugenommen und dies in engem Zusammenhang mit den ausführenden Organen, vor allem der Hand. Die herausragenden motorischen Fähigkeiten werden deutlich, wenn wir Pianisten beobachten, deren Finger in schwierigsten raumzeitlichen Folgen in die Tasten greifen, oder an Feinmechanikern, die eine Uhr zusammensetzen, oder an Malern, die mit dem Pinsel in der Hand die feinsten Gebilde in präziser Linienführung zu Papier bringen. Affen können das nicht.

Seit jeher sind Anthropologen und Neurowissenschaftler davon überzeugt, dass die *Sprache* zu den herausragenden Eigenschaften des Menschen gehört und ganz wesentlich seine Sonderstellung begründet. Die Sprache befähigt den Menschen zur Bildung von Begriffen und Kategorien. Mit der Sprache entsteht das konzeptuelle Selbst des Menschen, das sich aus der Gebundenheit in die Gegenwart befreien und mit anderen Menschen in einer ganz neuen Weise kommunizieren kann. Bei der Sprache hat man wie bei anderen menschlichen Eigenschaften nach Vorstufen in der Tierwelt gesucht.

Dabei ist zwischen sensorischem und motorischem Sprachvermögen zu unterscheiden. Es ist gelungen, Schimpansen und Bonobos so zu trainieren, dass sie bis zu einem gewissen Grad Sprache verstehen. Ganz anders sieht es aus beim Sprechen, dem motorischen Aspekt der Sprache. [...] Artspezifische Vokalisationen eines Schimpansen sind „etwas grundsätzlich anderes als die Sprache des Menschen. Ohne motorischen Kortex gibt es keine Sprache, wohl aber sämtliche artspezifische Laute eines

→ Brauchen Tiere eine Ethik? S. 152 f.

→ Ethische Prinzipien werden verglichen S. 134–139

M 4 Menschen schaffen Kultur: Aufführung einer Operette

Primaten. Schimpansenvokalisationen sind daher keine evolutiven Vorläufer menschlicher Sprache“. Nur beim Menschen stehen die Kommandoneurone der Kehlkopfmuskulatur [...] unter direkter Kontrolle eines motorischen Kortex. [...]

Weitere geistige Fähigkeiten des Menschen, die ihn aus der Tierwelt herausheben, können hier nur kurz erwähnt werden. Die Fähigkeit zum *Ich- oder Selbstbewusstsein* charakterisiert den Menschen in ganz besonderer Weise. Zwar sind Menschenaffen in der Lage, sich in einem Spiegel zu erkennen. Das ist aber nur ein bescheidener Anfang von Selbst-Bewusstsein. Zum menschlichen Selbst-Bewusstsein gehören auch das *autobiographische Gedächtnis*, das Zeitbewusstsein und die Sprache. Das autobiographische Gedächtnis versetzt uns in die Lage, uns mit unserer Vergangenheit zu identifizieren. Das *Zeitbewusstsein* ermöglicht es uns, nicht nur in die Vergangenheit zurückzuschauen, sondern auch unsere Zukunft zu planen, und zwar nicht nur für unser persönliches Leben, sondern auch für die Gesellschaft und die Menschheit im Ganzen. Dem *Wissen, dass jedes Leben mit dem Tod zu Ende* geht, verdanken wir viele kulturelle Leistungen von Einzelnen oder ganzen Gesellschaften. [...]
Gefühle und Emotionen begleiten unser Denken und beeinflussen die Begründungen für unser Handeln. Wir sind jedoch diesen Gefühlen nicht einfach ausgeliefert, sondern befähigt, sie zu *kontrollieren* und langfristigen Zielen unterzuordnen. In den Aktivitäten der Neuronennetze des frontalen Kortex haben auch das Bewusstsein von Schuld und Verantwortung ihre neuronale Basis. Schuld und Verantwortung sind nicht bekannt in den Naturwelten der Tiere, aber unerlässlich für die menschliche Gesellschaft. [...]
Wir können nur deshalb an unsere Verantwortung appellieren und ethische Prinzipien für unser Handeln aufstellen, weil wir *freie Wesen* sind.
Wir haben uns nicht nur von den Zwängen der Natur stärker als andere Lebewesen befreien können, sondern wir sind auch frei in der Selbstbestimmung zum Guten. Freiheit beinhaltet aber auch die Möglichkeit, ethische Prinzipien zu missachten und sich von niedrigeren Trieben und Interessen leiten zu lassen. Das hat sehr oft in der Menschheitsgeschichte zu Katastrophen geführt.
Seit Jahrtausenden spielt die *Religion* eine entscheidende Rolle für das menschliche Handeln. Sie hat die Lebensentwürfe einzelner Menschen wie auch ganzer Gesellschaften und Kulturen wesentlich mitgestaltet. Auch hier sehen wir eine entscheidende Differenz zur Tierwelt.
Mit der Entwicklung dieser neuen geistigen Vermögen ist der Mensch über die natürliche Evolution hinausgewachsen. [...] Er ist zum Urheber der menschlichen Kultur geworden,

M 5 Jährlicher Gedenktag an die Bombardierungen, Zerstörung und Opfer des Zweiten Weltkrieges in Dresden die jetzt den weiteren Fortgang der Evolution in entscheidender Weise mitbestimmt.

Natürliche und kulturelle Evolution

Die vom Menschen geschaffene *kulturelle Evolution* geht über die natürliche Evolution hinaus und mit wesentlich schnellerem Schritt voran als diese. [...] Die enormen wissenschaftlich-technischen Fortschritte ermöglichen es uns, bewusst die Werkzeuge der natürlichen Evolution bis hin zur Genmanipulation einzusetzen. Wir sind in der Lage, die Grenzen unserer Erde zu verlassen und in das Weltall vorzustoßen. Wir sind dabei, die letzten Einheiten der Materie zu erforschen. Allerdings laufen wir dabei auch Gefahr, das System der Natur empfindlich zu stören und uns damit selbst in eine Situation zu bringen, aus der es dann vielleicht keinen Ausweg mehr gibt.

Die kulturelle Evolution hat auch in vielen anderen Bereichen große Fortschritte erzielt, wie z. B. Musik, bildende Kunst, Geisteswissenschaften, Rechtssysteme, Ökonomie und gesellschaftliche Strukturen. Diese Fortschritte gehen weit über die natürliche Evolution hinaus. Sie sind aber nur dann wirklich human, wenn sie in Freiheit. Würde und Verantwortung erreicht werden.

Günter Rager, Mensch sein. Grundzüge einer interdisziplinären Anthropologie, Alber Verlag, Freiburg/München 2017, 104–112.

#ichunddu

M 6 Von der natürlich zur kulturellen Evolution – und noch weiter?!

M 7 Definition

Ein Hund
der stirbt
und der weiß
dass er stirbt
wie ein Hund
und der sagen kann
dass er weiß dass er stirbt
wie ein Hund
ist ein Mensch

Erich Fried, Warngedichte, Frankfurt 1980, S. 134.

Erich Fried (1921–1988) war ein österreichischer Lyriker, Übersetzer und Essayist.

kulturelle Identität

Selbstbewusstsein

→ Zur Vertiefung bzw. Ergänzung der kulturellen Entwicklung vgl. S. 126 f.

1 Erläutern Sie die im Foto **M 1** karikierten Zusammenhänge und formulieren Sie, welche Fragen die Darstellung aufwirft.

2

a) Beschreiben und deuten Sie die Darstellung des modernen Menschen in **M 3**.

b) Stellen Sie Bezüge zu den Ausführungen Ragers **M 2** her.

3 Arbeiten Sie mithilfe von **M 2**–**M 5** die spezifischen Faktoren und Fähigkeiten heraus, die die Unterschiede in der Lebensweise von Mensch und Tier begründen. Erstellen Sie dazu eine erklärende Gesamtübersicht (z. B. in Form einer Mindmap o. ä.).

4 Erklären Sie, inwiefern die in **M 4** und **M 5** dargestellten Szenen spezifisch menschliche Handlungen zeigen.

5 Reflexionen über die anthropologische Differenz laufen Gefahr des Speziesismus, d. h. Tiere vorschnell nach menschlichen Kategorien zu betrachten und so abzuwerten.

a) Vergleichen Sie vor diesem Hintergrund die Ausführungen Ragers mit der Definition des Menschen im Gedicht von Erich Fried **M 7**.

b) Nennen Sie Bezüge und diskutieren Sie, inwiefern die herausgearbeiteten Differenzen zwischen Mensch und Tier einen anthropozentrischen Ansatz unterstreichen oder hinterfragen.

6 Nennen Sie konkrete ethische Fragen und zukünftige Herausforderungen, die sich aus der kulturellen Evolution ergeben **M 2**, **M 3**, **M 6**.

🌐 Hirnforschung
Willensfreiheit
Determinismus
Autonomie
Inkompatibilsmus
Libet-Experiment
Bereitschafts-potenzial

Der Mensch, das freie Wesen! Wirklich?!

Wer den Menschen verantwortlich machen möchte für sein Tun, geht davon aus, dass er auch anders hätte handeln können – sein Wille also frei sei. Wie passen dazu aber Ergebnisse aus der Hirnforschung, die nahezulegen scheinen, die Willensfreiheit sei lediglich eine Illusion? Sind es statt unseres Willens neuronale Prozesse, die unser Handeln unbewusst bestimmen, noch bevor wir eine bewusste Entscheidung treffen?

M 1 Freier oder unfreier Wille?

Philip Hübl (* 1975) lehrt Philosophie in Berlin.

Morgens in der Küche. Im Kühlschrank stehen zwei Marmeladen – Himbeere und Aprikose. Vor dem Kühlschrank stehe ich, habe Hunger und nehme die Himbeermarmelade, weil ich heute ein Brot mit Himbeermarmelade essen will. Aber frei entschieden habe ich mich dazu nicht. Denn der Wille ist nicht frei – das haben Neurobiologen festgestellt. [...]

[Oder ist es nicht doch so:] Dazu habe ich mich frei entschieden. Denn der Wille ist frei. Davon geht ein Teil der Philosophen aus. Und er bleibt dabei, auch wenn Neurobiologen sagen, dass die Willensfreiheit das Ergebnis festgelegter Aktivitäten im Gehirn ist.

Julia Decker, Mein Wille geschehe?, in: Fluter: Alles ist möglich – Das Freiheits-Heft (BpB), H. 15, 2005, S. 9.

Julia Decker arbeitet als Wissenschafts-journalistin in München.

M 2 Das Libet-Experiment: Wie das Gehirn entscheidet

Bestimmte Experimente haben gezeigt, dass es vorbewusst angebahnte Entscheidungen gibt. Das gilt den Deterministen als Argument, es gebe keinen freien Willen. [...]

Wenn man in sich hineinschaut, erscheint der Prozess der Entscheidungsfindung nicht sonderlich rätselhaft. Man überlegt, wägt ab, berechnet die Tragweite seiner Entscheidung, schwächt sie ab, entscheidet um oder hält an der ursprünglichen Idee fest. Und dann handelt man. An dieser Selbstverständlichkeit, mit der sich die Handlungsplanung und -ausführung in der Innenschau zeigt, hegte der US-amerikanische Hirnforscher Benjamin Libet in den Siebziger- und Achtziger-Jahren des letzten Jahrhunderts starke Zweifel.

John-Dylan Haynes (* 1971) ist Professor am Bernstein Center for Computational Neuroscience der Charité Berlin.

„Geeignete Aktivitäten von Nervenzellen können gewiss den Inhalt oder sogar die Existenz des subjektiven Erlebens beeinflussen", stellt Libet in seinem Buch „Mind Time" fest, um darauf zu fragen: „Gilt auch das Umgekehrte? Können unsere bewussten Absichten wirklich die Aktivitäten der Nervenzellen beim Vollzug eines freien Willensaktes beeinflussen oder steuern?" [...]

Philip Hübl [erläutert Libets Experiment]: „Libet hat Versuchspersonen gebeten, den Finger zu bewegen, und sie sollten sich gleichzeitig merken, wann sie den Ruck gespürt haben, den Finger zu bewegen. Und zwar haben sie auf eine Uhr geschaut und sollten sich den Zeigerstand der Uhr merken – das war ein Punkt, der sich ziemlich schnell gedreht hat: Wann habe ich den Ruck verspürt, den Finger zu bewegen? Dann hat er gemessen, wann sie tatsächlich den Finger bewegt haben und hat rausgefunden: Der Ruck, den Finger zu bewegen, dieses Gefühl, jetzt will ich den Finger bewegen, hat 300 Millisekunden stattgefunden, bevor sich der Finger tatsächlich bewegt hat.

Gleichzeitig hat er noch Hirnströme gemessen, das Bereitschaftspotential, und hat herausgefunden, eine halbe Sekunde vorher – also noch einmal 200 Millisekunden vor dem Ruck – hat sich schon eine typische Veränderung dieser Hirnaktivität ergeben. Das ist dann viel diskutiert worden, weil es so wirkt, als würde das Hirn entscheiden, wann sich der Finger bewegt, und 200 Millisekunden später haben wir dann als Personen den Eindruck, wir würden den Finger bewegen wollen, aber in Wirklichkeit ist alles schon entschieden."

John-Dylan Haynes [kommentiert Libets Experiment]: „Das ist natürlich paradox! Wie kann es denn sein, dass mein Gehirn weiß, wie ich mich gleich entscheiden werde, noch bevor ich selber das Gefühl habe, dass ich mich entschieden habe? Damit hat er eines der wichtigsten Experimente zur Erforschung der Willensfreiheit im Gehirn begründet."

[Als Konsequenz forderte] 2004 der Neurowissenschaftler vom Frankfurter Max-Planck-Institut für Hirnforschung, Wolf Singer:

„Wir sollten aufhören, von Freiheit zu sprechen." Denn: „Verschaltungen legen uns fest." Der Bremer Hirnforscher Gerhard Roth folgerte aus dem Nachhinken des Bewusstseins in den Libet-Versuchen: „Das Ich ist eine Instanz, die hartnäckig ihren Produzenten leugnet. […]"

Matthias Eckoldt, Neue Erkenntnisse zur Willensfreiheit. Wie das Gehirn entscheidet. Sendung im Deutschlandfunkkultur vom 10.11.2016: https://www.deutschlandfunkkultur.de/neue-erkenntnisse-zur-willensfreiheit-wie-das-gehirn.976.de.html?dram:article_id=371055

M 3 Der Mensch: Determiniert?

M 4 Hirnmessung mit fMRT bestätigt Libet?

John-Dylan Haynes: „Es gab auch ganz viele Diskussionen, ob man diesen Libet-Versuchen wirklich trauen kann. Ein Aspekt ist beispielsweise, dass die Hirnaktivität 200-300 Millisekunden vor der bewussten Entscheidung auftritt. Da waren sich einige Forscher nicht so ganz sicher, ob diese Zeitspanne nicht zu kurz ist. […]

Eine andere Frage war, dass sich die Probanden nur für die Bewegung der Hand entscheiden konnten und ihnen keine Alternativen für Handlungen zur Verfügung standen.

Es war auch unklar, was andere Hirnregionen machen. Er hat nämlich Messungen mit dem EEG gemacht. Damit misst man Hirnströme auf der Oberfläche des Skalps, aber damit bekommt man nur motorische Hirnsignale, also die tatsächlich mit dem Abschluss der Bewegung zu tun haben. […]"

Das Haynes-Lab im Bernstein-Center Berlin setzt […] auf die beiden Wunderwaffen der zeitgenössischen Hirnforschung: Die funktionelle Magnetresonanztomografie, die wegen des ihr zugrundeliegenden physikalischen Prinzips auch oft als Kernspin bezeichnet wird, sowie die mathematische Analysis der Muster neuronaler Aktivität. Die beiden Verfahren hängen eng zusammen.

Das fMRT macht sich die Tatsache zunutze, dass sich die Neurone die benötigte Energie in Form des Sauerstoffs aus den Blutgefäßen holen. Das Blut verändert in Abhängigkeit von der Sauerstoffkonzentration seinen Magnetisierungsgrad, der wiederum mit der Magnetresonanztomographie gemessen werden kann. Somit liefert das fMRT ein Muster der Neuronen-Aktivität im Hirn. Dieses Muster kann dann mit mathematischen Verfahren ausgewertet werden. Mit einiger Übung können die Neurowissenschaftler auf diese Weise Muster für bestimmte Gedanken herauslesen. Brain-Reading lautet der Fachausdruck.

Jeder Gedanke bildet im Zusammenspiel der 86 Milliarden Neurone ein komplexes Muster. Da es sich von Mensch zu Mensch unterscheidet, muss der Computer auf die individuelle Gedankenwelt des Probanden trainiert werden.

John-Dylan Haynes: „Dann haben wir ein Experiment gemacht, wo Probanden in einem Kernspintomographen liegen. Die Probanden konnten sich immer wieder in neuen Durchgängen aussuchen, ob sie sich für eine linke oder eine rechte Taste entscheiden. Und dann mussten sie die drücken.

Und wir haben auf dem Bildschirm, den sie sehen konnten, eine Reihe von Buchstaben, die zufällig angeordnet waren, gezeigt. Und zwar jede halbe Sekunde gab es einen neuen Buchstaben. Damit haben wir messen wollen, wann die Probanden sich entscheiden.

Wir haben sie nämlich gebeten, die sollen uns sagen, welcher Buchstabe auf dem Bildschirm zu sehen war, als sie sich entschieden haben. Jetzt hatten wir also die Hirnaktivität. Wir hatten die Entscheidung. Und wir wussten, wann sie sich entschieden haben. Da kam folgendes raus:

Die Entscheidung fiel üblicherweise eine halbe Sekunde bis eine Sekunde vor der eigentlichen Bewegung. Aber wir fanden Hirnaktivität, die schon sehr früh angezeigt hat, wie sich jemand gleich entscheiden würde. Und zwar bis zu sieben Sekunden. Das heißt, das Gehirn hat Informationen über eine Entscheidung, die jemand erst sieben Sekunden später glaubt zu fällen.

Matthias Eckoldt (* 1964) arbeitet als Wissenschaftsautor in Berlin.

Das klingt natürlich paradox. Wir haben dann alle möglichen Tests noch gemacht, ob wir dem Ergebnis trauen konnten. Aber es schien solide zu sein. Man muss allerdings ganz klar sagen: Diese Vorhersage ist nicht perfekt. Das an sich ist schon interessant. Wir konnten statistisch sauber überzufällig die Entscheidung vorhersagen, aber wir konnten sie nur mit 60–70 % vorhersagen."

[...] Sieben Sekunden vor dem bewussten Entschluss für eine Handlung hat das Hirn bereits über die Handlung entschieden. Dieses spektakuläre Ergebnis der Versuche von John-Dylan Haynes und seinen Mitarbeitern gibt Rätsel auf. Zu kontra-intuitiv scheint das zeitlich dramatische Hinterherhinken des Bewusstseins. [...]

Matthias Eckoldt, Neue Erkenntnisse zur Willensfreiheit

M 6 Vielfältige Entscheidungen auf dem Lebensweg

M 5 Veto-Potential: Ein freier Unwillen?

John-Dylan Haynes entwickelte mit seinem Team ein neues Experiment, um zu untersuchen, ob das Bewusstsein in der Lage ist, die in den unbewussten Strukturen des Hirns angelegten Entscheidungen aufzuhalten.

Wenn es einen solchen Mechanismus gibt, so die Überlegung, könnte er auch eine Erklärung für die Vorhersagerate von nur 60 bis 70 Prozent bei den vorigen Versuchen sein. [...]

John-Dylan Haynes: „Nehmen wir mal an, wie aus dem Western, Sie müssen ein Duell absolvieren. Dann ist die Aufgabe, die man selber hat, zu ziehen so schnell wie möglich, ohne dass es vorhergesagt werden kann. Der andere muss versuchen, mich vorherzusagen und ich muss versuchen, möglichst unvorhersagbar zu sein. Dann kann ich gewinnen.

So ein Spiel haben wir mit Leuten gespielt. Wir haben die gebeten, einen Knopf, der auf dem Fußboden stand, mit dem Fuß zu treten. Den Probanden wurde auch ein Licht gezeigt. Das Licht konnte grün oder rot sein. Wenn das Licht grün war, und sie haben den Knopf gedrückt, dann konnten sie gewinnen.

Wenn sie aber den Knopf getreten haben, und das Licht war rot, dann haben sie verloren. Das wäre jetzt nicht weiter schwierig für die Probanden, aber wir haben ihre Hirnaktivität gemessen und haben die unbewusste Entscheidung, jetzt gleich den Knopf zu treten, ausgelesen und dann dieses Signal benutzt, um das Licht auf rot zu schalten, damit er den Durchgang verliert.

Wenn die Maschine gewinnt, ist der Mensch vorhersagbar, wenn die Maschine nicht gewinnt, ist der Mensch nicht so gut vorhersagbar."

Das Duell läuft also so: Das Licht schaltet von rot auf grün. Der Proband entschließt sich dazu, auf den Knopf zu treten, um die Runde zu gewinnen. Aufgrund der charakteristischen vorbewussten Signale in seinem Hirn aber registriert der Computer die Entscheidung, den Knopf zu treten, bevor sie dem Probanden bewusst wird und schaltet das Licht auf rot.

Wenn der Proband trotzdem auf den Knopf tritt, kann er die im Unbewussten initiierte Handlung nicht mehr aufhalten. Er verliert den Durchgang und die Menschheit ihren Anspruch auf den freien Willen, denn dann scheinen alle Entscheidungen im Hirn bereits besiegelt zu sein, bevor sie bewusst werden.

Schafft es der Proband hingegen, nicht auf den Knopf zu treten, ist das Ich doch Herr im eigenen Haus und hat die letzte Entscheidungsgewalt. Wer also wird siegen im Duell?

„Es war so, dass die Maschine schon gewonnen hat, aber in ganz vielen Fällen hat die Maschine nicht gewonnen. Wenn man sich das ganz genau anschaut, stellt man fest, dass die Probanden, nachdem das Gehirn die vorbereitende Aktivität getroffen hat, die Bewegung noch anhalten können. Sie können also die Entscheidung noch abbrechen. Das widerspricht

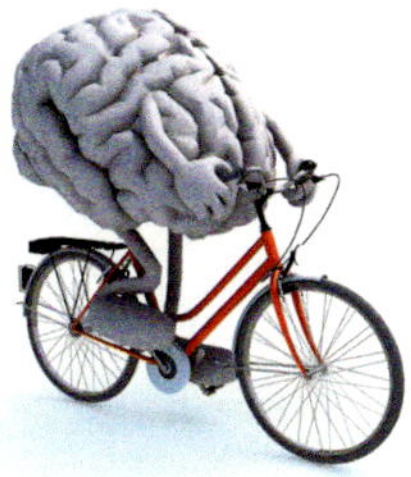

M 7 Wer handelt?

der Interpretation des Libet-Experimentes, nach dem dieser Prozess wie so eine Dominokette ist, wo man nicht mehr eingreifen kann. Stattdessen sieht es eher so aus, dass wir diesen Prozess anhalten können. Wir haben also noch bis zu einem ganz späten Zeitpunkt Kontrolle darüber. In meinen Augen bedeutet das, dass dieses klassische Libet-Experiment seine Relevanz verloren hat für die Frage der Willensfreiheit. […]"
Die Experimente von John-Dylan Haynes […] zeigen, dass wir vorbewusst angebahnte Entscheidungen zumindest aufhalten können. Insofern verfügen wir, wenn nicht über einen freien Willen, in jedem Fall doch über einen freien Unwillen.

Matthias Eckoldt, Neue Erkenntnisse zur Willensfreiheit

M 8 Zur Deutung des Libet-Experiments

Wir wissen aus eigener Erfahrung, wie komplex und langwierig Willensbildung sein kann. Denken Sie zum Beispiel an Ihre Berufswahl, Ihre Partnerwahl oder an andere wichtige Entscheidungen in Ihrem Leben. Entscheidungen sind in der Regel ein Prozess, der sich über längere Zeit erstreckt. […] Wenn Entscheidungen aber ein Prozess sind, der sich über längere Zeit erstreckt, dann könnte auch das Auftreten des Bereitschaftspotentials bei den Versuchspersonen in Libets Experiment von bewussten Vorentscheidungen abhängen. Der von Libet protokollierte Entschluss wäre dann nur der letzte Schritt eines Entscheidungsprozesses.
Dieser Prozess begann mit der Einwilligung der Versuchspersonen, den Anweisungen des Versuchsleiters zu folgen. […]
Gehirne sind keine Personen und treffen auch keine Entscheidungen. Nicht mein Gehirn entscheidet, sondern ich. Nicht meine Hand oder mein Mund grüßen jemanden, sondern ich. Nicht meine Augen oder mein Gehirn sehen etwas, sondern ich als ganzes Lebewesen. Nervenzellen langweilen sich nicht, Neuronenverbände ärgern sich nicht und limbische Systeme verlieben sich nicht. Wir als ganze Personen denken, fühlen, wollen, entscheiden, handeln und verlieben uns. […] Auf der Ebene des Gehirns gibt es weder Freiheit noch Unfreiheit, sondern nur physikalische Aktivitätsmuster und chemische Prozesse.

Hans Goller, Sind wir bloß ein Opfer unseres Gehirns? In: Stimmen der Zeit. H. 7 2005, S. 451–454.

Wolfgang Prinz (* 1942) lehrte Psychologie und Kognitionswissenschaften an der Universität Leipzig.

Hans Goller SJ (* 1942) lehrte Philosophie an der Universität Innsbruck, mit den Fachgebieten Psychologie, Philosophische Anthropologie und Theologie.

#Binichich?

1 Deuten Sie die Illustrationen **M 3** und **M 6** hinsichtlich der Frage nach Willensfreiheit **M 1**.

2

a) Arbeiten Sie die Ergebnisse des Libet-Experiments heraus und stellen Sie dieses anschaulich dar **M 2**.

b) Der Psychologe Wolfgang Prinz hat das Ergebnis des Libet-Experiments auf die Formel gebracht: „Ich will, was ich tue". Erläutern Sie diese Formel und verbinden Sie sie mit den Aussagen von Singer und Roth in **M 2**.

c) Erklären Sie mit Bezug auf die Experimente **M 2**, **M 4** die Sichtweise des Determinismus **M 3**.

3

a) Das zweite Experiment von Haynes stellt die Ergebnisse von Libet in Frage. Erklären Sie, inwiefern es eher für eine Freiheit des Willens spricht **M 5**.

b) Konkretisieren Sie an Beispielsituationen, wann bzw. wo im Leben Menschen eher oder weniger von ihrer Willensfreiheit im Sinne Gollers Gebrauch machen **M 6**–**M 8**.

4

a) Arbeiten Sie die Einwände und Kritikpunkte heraus, die gegen die Deutung des Libet-Experiments erhoben werden **M 4**–**M 8**.

b) Erörtern Sie die Grenzen des „Brain-Reading" **M 4** mit dem Text von Goller **M 8**.

c) Erläutern oder visualisieren Sie den Zusammenhang von Hirntätigkeit und menschlicher Erfahrung (inklusive des Treffens von Entscheidungen) **M 1**–**M 8**.

Untersuchen Sie die gewählten Lebensweisheiten im Hinblick darauf, inwiefern sie der Willensbildung dienen.

Oft zitiert, oft missachtet – die menschliche Würde

„Jeder Mensch hat Würde", so heißt es an vielen prominenten Stellen. Doch bei genauerer Betrachtung zeigt sich, dass die Rede von der Würde in der Realität gar nicht so einfach ist: Zum einen wird sie oft genug missachtet, zum anderen handelt es sich bei Würde nicht um ein äußeres Merkmal oder eine Eigenschaft, die einfach so an irgendetwas festgemacht werden könnte. Was genau bringt der Begriff Würde also zum Ausdruck? Worauf lässt sich Würde begründen? Und was ist konkret unter menschenwürdigem oder -unwürdigem Verhalten zu verstehen?

Mehr über Immanuel Kant erfahren Sie auf S. 135 f.

kategorischer Imperativ
Metaphysik
Menschenrechte
Autonomie
Weltanschauung
Selbstzweck
Todesstrafe

M 1 Obdachlose in der chinesische Stadt Xishan

M 2 Menschenwürde – aus philosophischer Perspektive

„Die Würde des Menschen ist unantastbar. Sie zu achten und zu schützen ist Verpflichtung aller staatlichen Gewalt." Bereits an diesen Formulierungen wird eine Doppeldeutigkeit des Begriffs Menschenwürde deutlich. Denn einerseits wird mit Würde hier das Wesen des Menschen bezeichnet, dasjenige, was den Menschen zum Menschen macht und daher unantastbar *ist*, denn solange der Mensch existiert, besitzt er Würde.

Andererseits wird die Würde aber auch als ein schützenswertes Gut bezeichnet, also als etwas, das unantastbar sein *soll*. Die Würde ist zugleich dasjenige, was der Mensch unter keinen Umständen verlieren kann (gleichgültig wie sehr ein Mensch erniedrigt wird, seine Würde kann ihm niemand rauben), als auch dasjenige, was zu schützen die Grundaufgabe allen ethisch-politischen Handelns ist. Die schützenswerte Würde des Menschen ist also das Wesen des Menschen, doch worin besteht dieses eigentlich?

Immanuel Kant (1724–1804), der große Philosoph der Aufklärung, hat versucht, auf diese Frage nach der Würde bzw. dem Wesen des Menschen eine Antwort zu geben. In seiner Grundlegung zur Metaphysik der Sitten fragt Kant nach der Natur der Werte und kommt zu dem Schluss, dass alles, was wir als wertvoll empfinden, uns immer in Bezug auf einen Zweck wertvoll erscheint. Etwas besitzt einen Wert, weil es zu etwas gut ist. Der Wert einer

Sache schreibt sich also im Allgemeinen von einem ihr äußeren Zweck her.
Doch, so fragt Kant weiter, gibt es auch etwas, was an sich selbst wertvoll ist? Das könnte nur etwas sein, das seinen Zweck in sich selbst hat, das ein Selbstzweck ist. Für Kant stellt nun allein der Mensch einen solchen Selbstzweck dar, da der Mensch durch Autonomie gekennzeichnet ist, also durch Freiheit, die sich darin äußert, dass er sich seine Zwecke selbst setzt. Insofern das Wesen des Menschen in der Freiheit besteht, sich selbst seine Zwecke zu setzen, ist der Mensch für Kant Selbstzweck. In dieser, den Menschen auszeichnenden Freiheit, besteht Kant zufolge die Würde des Menschen, und da die Würde des Menschen in seiner Selbstzweckhaftigkeit besteht, stellt ihre Missachtung die gröbste Verletzung der Menschenwürde dar.
Dem Menschen als Menschen werde ich nur gerecht, wenn ich ihn als Selbstzweck betrachte und nicht als bloßes Mittel zur Erlangung ihm fremder Ziele.
Deshalb lautet eine berühmte Formulierung des „kategorischen Imperativs" bei Kant denn auch: „Handle so, dass du die Menschheit [d. h. das Wesen des Menschen], sowohl in deiner Person, als in der Person eines jeden anderen, jederzeit zugleich als Zweck, niemals bloß als Mittel brauchest."

Martin G. Weiß, Würde, Schweizer Portal für Philosophie,https://www.philosophie.ch/artikel/was-heisst-die-wuerde-des-menschen-ist-unantastbar, letzter Zugriff am 10.11.2019

#dubistich

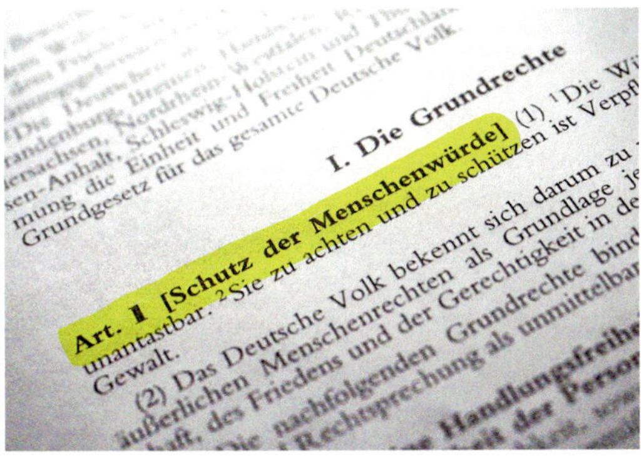

M 3 Einer von vielen Gesetzestexten, der die Würde des Menschen voranstellt: §1 des Grundgesetzes der Bundesrepublik Deutschland

M 4 Die Rolle des Staates

Der Schutz der Menschenwürde steht nicht nur im Text des Grundgesetzes an erster Stelle, er hat auch überragende Bedeutung als oberster Verfassungswert und tragendes Verfassungsprinzip. [...] Damit vollzieht das Grundgesetz eine deutliche Abkehr von der in der Zeit des Nationalsozialismus vertretenen Maxime, dass der Einzelne nichts sei und der Staat alles. Auf dem Boden des Grundgesetzes ist es umgekehrt: Der Staat ist für den Menschen da; zuerst kommt der Mensch, dann der Staat.
Wenn der Schutz der Menschenwürde dem Staat verbietet, Bürgerinnen und Bürger zu Objekten seines Handelns zu machen, ist damit vorrangig das Verbot menschenunwürdiger Behandlung gemeint. Der Staat darf Menschen nicht erniedrigend behandeln, brandmarken und ächten. Ebenso sind Folter und grausame Strafen verboten. [...] Kein Gesetz darf also zu einem Eingriff in die Menschenwürde ermächtigen, und seien die dafür angeführten Gründe auch von noch so hohem Rang.
Beispiel: Die Strafprozessordnung enthält einen abschließenden Katalog von Befugnissen, die die Polizei zur Aufklärung von Straftaten einsetzen darf (zum Beispiel die Durchsuchung einer Wohnung, die Überwachung von Telefonanrufen, verschiedene körperliche Untersuchungen). Hat die Anwendung all dieser Mittel nicht dazu geführt, den der Tat Verdächtigten zu überführen, ist es der Polizei nicht erlaubt, zur Aufklärung der Straftat, mag sie auch noch so gravierend (etwa Mord, Totschlag) sein, zum Mittel der Folter zu greifen. [...]
Der Schutz der Menschenwürde verbietet dem Staat aber nicht nur bestimmte Handlungen, sondern er gebietet ihm auch, aktiv tätig zu werden. Aus Art. 1 Abs. 1 GG folgt eine Schutzpflicht des Staates, seine Verpflichtung, Menschen vor Angriffen auf die Menschenwürde durch andere zu schützen.

Mathias Metzner, Schutz der Menschenwürde, Bundeszentrale f. polit. Bildung, http://www.bpb.de/izpb/254383/schutz-der-menschenwuerde, letzter Zugriff am 19.11.2019

Martin G. Weiß (* 1973) lehrt Philosophie in Klagenfurt.

Mathias Metzner, Jurist und Vizepräsident des Verwaltungsgerichts Kassel.

→ Ethische Begründungsfiguren finden Sie ab S.134.

→ Autonomie – gibt es die auch angesichts eines Gottes? S.143 f.

M 5 Aktivisten protestieren am 1. März 2019 in Brüssel gegen die Todesstrafe

M 6 Abbild Gottes sein: Würde aus biblisch-christlicher Perspektive

Julia Knop (* 1977) lehrt Dogmatik in Erfurt.

Was ist der Mensch, dass du an ihn denkst, des Menschen Kind, dass du dich seiner annimmst? Du hast ihn nur wenig geringer gemacht als Gott, hast ihn mit Herrlichkeit und Ehre gekrönt (Ps 8,5 f.). In diesen Zeilen aus Psalm 8 kommt zunächst eine grundmenschliche Erfahrung zum Ausdruck: das Wissen darum, wie unbedeutend man selbst aufs Ganze gesehen eigentlich ist. Unmittelbar darauf aber folgt das Erstaunen darüber, dass Gott das offenbar ganz anders sieht: dass er den Menschen gutheißt, dass er ihn hochschätzt und „mit Herrlichkeit krönt".

→ Was bedeutet „Menschenwürde" für den Dialog der Religionen? S. 237 f.

Auf den ersten Seiten der Bibel wird das mit dem Wort „Abbild" oder „Ebenbild" ausgedrückt: „Gott schuf also den Menschen als sein Abbild; als Abbild Gottes schuf er ihn. Als Mann und Frau schuf er sie" (Gen 1,27). Im historischen Kontext dieser Zeilen war sofort verständlich, was damit gemeint ist: Ebenbild zu sein bedeutet, Repräsentant, Stellvertreter, Treuhänder, Verantwortlicher im Namen seines Herrn zu sein.

Im Laufe der Zeit wurde diese eher funktionale Beschreibung der Gottebenbildlichkeit zu einer Wesensbeschreibung: Der Mensch – und zwar jeder Mensch, nicht nur Könige und Herrscher! – ist mit dieser Würde ausgestattet. Dass jeder Mann und jede Frau als Mensch von Gott gewollt und geschaffen wurde – das ist es, was uns besonders macht. Aus der Perspektive des Gläubigen trägt jeder Mensch das Antlitz Gottes – unabhängig davon, ob er eine besondere Begabung hat oder für seine Umgebung von besonderem Nutzen ist, unabhängig davon, welche „Lebensleistung" er erbringt oder wenigstens erhoffen lässt, unabhängig davon, wie hilfsbereit oder wie hilfsbedürftig er ist.

Säkulares Gegenstück dieser Vorstellung von der Gottebenbildlichkeit des Menschen ist der Gedanke der Menschenwürde [...]. Auch hier geht es um den Wert und die Würde eines jeden Menschen unabhängig von seiner Herkunft und seinen Fähigkeiten, unabhängig vom Stand seiner Entwicklung und von seiner Gesundheit, unabhängig von seinem Geschlecht, seiner religiösen und nationalen Zugehörigkeit. Jedes Lebewesen, das menschliche Eltern hat, ist vom Beginn seiner individuellen Existenz an Träger dieser Menschen-Würde. Deshalb muss man ihm Achtung entgegenbringen, ganz gleich, ob er schon geboren ist oder noch im Leib der Mutter lebt, ob er für sich selbst eintreten kann oder nicht, ob er seine Umgebung wahrnimmt oder nicht. Seine Rechte als Person, allen voran sein Recht auf Leben, sind zu achten, zu schützen und gegebenenfalls zu verteidigen.

Die Würde des Menschen ist unantastbar. Nicht die Gesellschaft verleiht sie als Bestätigung oder Prämie für bestimmte Eigenschaften – z. B. für einen bestimmten Intelligenzquotienten, für ein Mindestmaß an Sozialkompetenz oder Wirtschaftsleistung. Die Würde des Menschen ist keine Auszeichnung für besondere Verdienste. Allein die Tatsache, Kind menschlicher Eltern zu sein, begründet den Anspruch darauf, als Person geachtet zu werden.

Julia Knop, Wie geht katholisch? Eine Gebrauchsanleitung, Freiburg i.Br. 2013, S. 16–19.

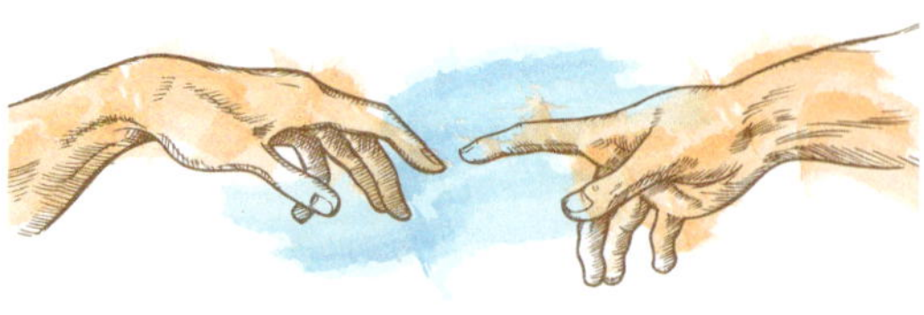

M 7 Abbild Gottes: Von Gott gewollt ...

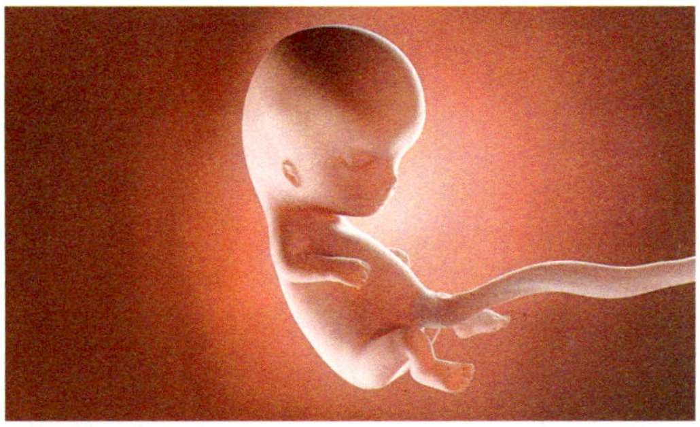

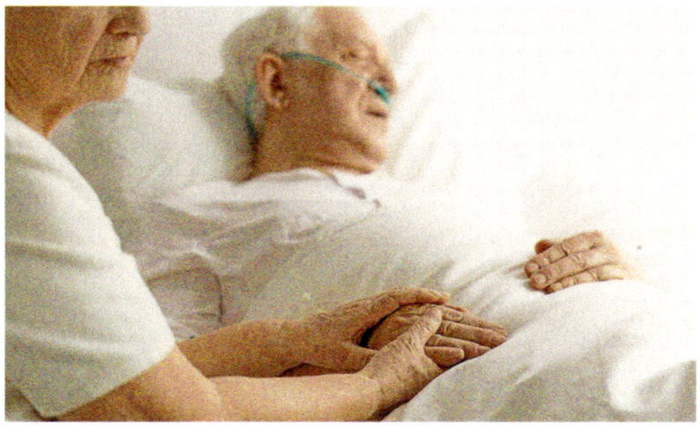

M 8 Würde: Zusicherung vom Anfang des Lebens … bis zum Ende

Eberhard Schockenhoff (1953–2020) lehrte Moraltheorie in Freiburg.

M 9 Der Gehalt des Würdebegriffs

Gegen den Begriff der Menschenwürde wird häufig eingewandt, er sei eine Leerformel, die sich mit beliebigen weltanschaulichen Inhalten füllen lasse und deshalb keine allgemeine Verbindlichkeit beanspruchen dürfe. [...] In der Tat wird die Menschenwürde-Formel zum offenen Einfallstor weltanschaulicher Konnotationen sobald sie [...] als *Maximaldefinition* verstanden wird, die *alle* Erwartungen an ein menschenwürdiges Leben zusammenfasst. [...] Der verpflichtende Gehalt menschlicher Würde, der in einem demokratischen Rechtsstaat einklagbar und durch Sanktionen geschützt ist, kann deshalb nur in einem *Minimalbegriff* ausgesprochen werden. Er zählt nicht *alle* Voraussetzungen auf, unter denen die menschliche Existenz in den verschiedenen Lebensbereichen gelingen kann, sondern er steckt den gegenseitig unverfügbaren Lebensraum ab, den Menschen einander zugestehen müssen, die sich als freie Vernunftwesen achten wollen.

Eberhard Schockenhoff, Ethik des Lebens, Freiburg i. Br. 2, 2013, S. 226–236.

Historisch gesehen sind verschiedene Geistesströmungen und Entwicklungen zu nennen, die zu jenem Verständnis von Menschenwürde geführt haben, das heute in vielen modernen Staaten verfassungsmäßig festgeschrieben ist. Dabei haben sich die unterschiedlichen Denkrichtungen durchaus gegenseitig beeinflusst: In der **Philosophie der Griechen** findet sich beispielsweise der Ansatz, Freiheit und Eigenverantwortlichkeit des Menschen stark zu machen und die Vernunft als Maßstab allen Handelns einzufordern. Durch die **biblische Idee der Gottebenbildlichkeit** und die Ausbreitung des Christentums wurde in besonderer Weise der Gedanke einer natürlichen und unverfügbaren Gleichheit bzw. Würde aller Menschen vom Moment ihrer Zeugung an stark gemacht. Die **europäische Aufklärung und die Moderne** haben hingegen die Erkenntnis wachsen lassen, dass diese Grundideen auch politisch und rechtlich festgeschrieben werden müssen, damit sie Geltung erlangen. Jeden Menschen als Selbstzweck anzuerkennen und damit grundsätzlich zwischen dem *Menschen* (als solchem) und seinen *Taten* zu unterscheiden, kann heute als eine der wichtigsten Errungenschaften der freiheitlich-demokratischen Gesellschaften gelten.

#GottesBild

1 Würde haben und Würde schützen M 2

a) Erläutern Sie die in M 2 erwähnte Doppeldeutigkeit des Würdebegriffs in § 1 GG, indem Sie den Unterschied und den Zusammenhang aufzeigen.

b) Stellen Sie die von Weiß referierten Argumente Kants dar und erläutern Sie sie.

c) Zeigen Sie an eigenen Beispielen auf, wo Menschen als Zweck oder als Mittel betrachtet werden. Diskutieren Sie, in welchen Fällen eine klare Zuordnung schwierig ist.

2 Arbeiten Sie Konsequenzen für die Rolle und Aufgaben des Staates heraus M 4, M 8, M 9 und begründen Sie, weshalb die Menschenwürde direkt zu Beginn des Grundgesetzes im § 1 aufgenommen wurde.

3 Verletzungen der Menschenwürde M 1

a) Beschreiben Sie das Bild und geben Sie ihm eine Überschrift.

b) Erörtern Sie, inwiefern solche Bilder zusätzlich zur Verletzung von Würde beitragen und wo Sie ggf. Grenzen von Berichterstattungen sehen.

4 Arbeiten Sie die Begründung und Konsequenzen der Würde aus biblisch-christlicher Sicht heraus M 6 und vergleichen Sie diese mit der philosophischen Argumentation Kants nach Weiß M 2.

Untersuchen Sie Ihre gewählten Lebensweisheiten aus der Perspektive des „kategorischen Imperativs".

Persönlichkeitsrechte
Autonomie

Zu Würde verurteilt?!

Ob Menschenwürde verletzt wird, ist im Hinblick auf extreme Situationen wie Folter oder Gefangenschaft meistens leicht zu sagen. Doch an vielen Stellen des Zusammenlebens ist die Frage nach einem würdevollen Verhalten viel komplexer und schwieriger zu entscheiden – insbesondere wenn die Grenzen zwischen Fremd- und Selbstbestimmung berührt werden.

M 1 Das Beispiel Zwergenwerfen

Auf einer Reise kam ich an einem Jahrmarkt vorbei und sah dort etwas, was ich nicht für möglich gehalten hätte: einen Wettbewerb im Werfen von Zwergen. Ein kräftiger Mann packte einen der kleingewachsenen Menschen und schleuderte ihn so weit wie möglich auf eine weiche, federnde Matte. [...] Nach der Rückkehr entdeckte ich, dass diese Sache Gerichte auf höchster Ebene beschäftigt hatte. In Frankreich hatte der Conseil d'Etat die Praxis des Zwergenwurfs verboten [...]. Die Begründung hatte in beiden Fällen gelautet: Es gilt, die Würde des Menschen zu schützen.
Das war auch meine spontane Reaktion auf dem Jahrmarkt gewesen: Das kann man mit einem Menschen nicht machen, es verstößt gegen seine Würde. [...] „Aber warum denn", hatte der Mann neben mir gereizt zurückgegeben, „niemand hat ihn dazu gezwungen, er bekommt Geld dafür, und es ist ein Riesenspaß!" „Es verletzt seine Würde", hatte ich wütend gesagt. [...] „Blödsinn", hatte der Mann gesagt und sich zum Gehen gewandt, „was soll das denn sein: Würde?!"
Zwergenwerfen ist wie Kugelstoßen oder Hammerwerfen: Es werden Körper geworfen, und es kommt darauf an, sie möglichst weit zu werfen. Es geht bei der Kugel und dem Hammer nur darum, dass sie Körper sind – Gegenstände, die eine Masse und ein Gewicht haben. So ist es auch beim geworfenen Zwerg: Er wird als bloßer Körper behandelt, als Ding. Im Moment des Werfens spielt alles andere keine Rolle: dass er ein Lebewesen ist, das sich auch selbständig bewegen kann; dass er ein Körper mit einem Erleben ist, für den es sich auf bestimmte Weise anfühlt, gepackt und geworfen zu werden; dass es dabei Gefühle in ihm gibt wie Ohnmacht, Abneigung oder Angst. [...]
All das wird von den Werfern und vom Publikum ausgeblendet. Es interessiert nicht, wird gleichsam vergessen. [...] Dem geworfenen Menschen wird die Würde genommen, weil außer Acht gelassen wird, dass er auch ein *Subjekt* ist. Dadurch wird er auf einen bloßen Gegenstand, auf ein Ding, reduziert und in dieser Verdinglichung liegt der Verlust der Würde. Doch diese Erklärung genügt nicht. Wenn in einem Kino Feuer ausbricht, werden sich alle rücksichtslos einen Weg zum Ausgang bahnen. Sie werden andere Besucher zur Seite stoßen, umwerfen und treten. [...] Wenn dabei ein Großer einen Kleinen packt und wie einen Gegenstand wegschleudert, um Platz zu schaffen, ist es anders als beim Zwergenwurf auf dem Jahrmarkt. Inwiefern? Es gibt einen Unterschied in der Situation, dem ein Unterschied im Motiv entspricht. Das Motiv des Flüchtenden ist blanke Panik, die nur noch für den einen Gedanken Raum lässt: raus! Die Grausamkeit, die die anderen auf körperliche Hindernisse reduziert, ist nicht überlegt und planvoll, es ist die blinde Grausamkeit des Überlebenswillens. Auf dem Jahrmarkt gibt es keine solche Entschuldigung. Dort werden Menschen zum bloßen Vergnügen geschleudert. Und wenn man es so ausdrückt, wird noch etwas anderes deutlich, was die Situation zu einer entwürdigenden Situation macht: Das Vergnügen der gaffenden und grölenden Zuschauer besteht darin, dass sie erleben, wie ein Mensch zum bloßen Ding gemacht wird. Sie vergessen keinen Moment, dass der geworfene Gegenstand ein Mensch ist, ein Lebewesen und Zentrum des Erlebens, wie sie es selbst

M 2 „Zwergenwerfen" wird noch immer, etwa in Kanada oder Australien, als Attraktion – in Bars oder Clubs – angepriesen und auch gesetzlich geduldet.

auch sind. Vergäßen sie es, verflöge der ganze Spaß. [...]

Wahrend der Veranstaltung ist er nur ein Spielzeug, nur ein Mittel zum Zweck des Wettbewerbs und der Belustigung der Zuschauer. Was die Richter in ihrer Entscheidung auch vor Augen hatten, war ein Verständnis von Würde, das besagt: Menschen, auch wenn wir sie vielfältig als Mittel und Instrument betrachten und einsetzen, um einen Zweck zu erreichen, dürfen nicht auf diesen Zweck, diese Funktion reduziert werden [...]: Das darf nicht das einzige Verhältnis sein, das uns leitet.

Und wenn es freiwillig geschieht?

Abends, nach der Veranstaltung, habe ich den Star des Zwergenwurfs bei seinem Wohnwagen getroffen.

„Dass Sie das aushalten!“, sagte ich. [...]

„Wovon reden Sie?“

„Davon, dass man Sie beim Werfen als bloßen Gegenstand behandelt, als bloßes Ding.“

„Wenn ein Clown einem anderen ein Bein stellt, so wird der auch benutzt, um das Publikum zum Lachen zu bringen. Und auch Schauspieler ...“

„Das ist etwas anderes: Da wird gespielt, ein geteiltes Spiel, zu dem alle selbst etwas beitragen. Sie dagegen unterhalten nicht durch das, was Sie tun, sondern durch das, was mit Ihnen geschieht. Sie werden dadurch zum bloßen Spielzeuge anderer.“

Jetzt bekamen seine Augen ein gefährliches Glitzern: „Ich will Ihnen mal was sagen: Wenn einer so aussieht wie ich, dann hat er es verdammt schwer, sein Geld zu verdienen. Sie haben gut reden, Sie können aus tausend Tätigkeiten auswählen, ich nicht. Wer stellt schon einen Zwerg an? Und noch etwas: Ich stelle mich der Show freiwillig zur Verfügung. [...] Es war meine freie Entscheidung. Meine freie Berufswahl – auch wenn Sie den Ausdruck wahrscheinlich lächerlich finden. Und deshalb können Sie nicht daherkommen und etwas von verlorener Würde faseln. Haben Sie von Manuel gehört? Von Manuel Wackenheim, dem französischen Zwerg? Er ist bis vor die UNO gezogen, um sich sein Recht, im Zirkus geworfen zu werden, zu erkämpfen. Er hat verloren. Es verstoße gegen die Würde des Menschen, sagten die Richter. Ich frage Sie: Und was ist mit der Würde, die in der Freiheit der Entscheidung liegt?“

Freies Entscheiden ist eine notwendige Bedingung für Würde. Ist es auch eine hinreichende Bedingung? Das oberste Gericht, das über den Zwergenwurf zu befinden hatte, dachte das nicht: Die Freiheit der Entscheidung schafft nicht durch sich selbst schon Würde. Es kann sich einer aus Freiheit zu einem Tun entschließen, das trotz der Freiwilligkeit gegen die Würde verstößt. Und deshalb setzte das Gericht der Freiheit hier eine Grenze. Man könnte sagen: Es nahm jemandem die Freiheit, um seine Würde zu retten.

Peter Bieri, Eine Art zu leben. Über die Vielfalt menschlicher Würde. München 2013, S.24–31.

→ Über Fragen der Autonomie finden Sie weitere Denkanstöße ab S.143.

Peter Bieri (* 1944) lehrte Philosophie in Berlin und schreibt Romane unter dem Pseudonym Pascal Mercier.

#Willichwasichwill?

M 3 Casting-Show und menschliche Würde

1

a) Arbeiten Sie in Form einer Gegenüberstellung die in Text M 1 genannten Pro- und Contra-Argumente zur Veranstaltung des Zwergenwerfens heraus.

b) Ergänzen Sie diese ggf. um weitere, eigene Begründungen und nehmen Sie persönlich Stellung.

c) ‚Nicht überall wo Freiheit ist, ist auch Würde.‘ Erklären Sie anhand dieser Aussage den Unterschied zwischen Freiheit als notwendiger und hinreichender Bedingung für Würde.

2 Erläutern Sie das Spannungsverhältnis zwischen Menschenwürde und dem Recht auf freie Selbstbestimmung.

3 Auch das Format vieler Casting-Shows ist umstritten M 3, weil es u.a. gezielt mit „Kandidaten-Bashing“, also herabwürdigenden Inszenierungen arbeitet, um das Publikum zu unterhalten. Diskutieren Sie die Frage nach Freiwilligkeit und Würdeverletzungen auch an diesem Beispiel.

🌐 Imago Dei
Babylonisches Exil
Enuma elisch
Kreationismus
Priesterschrift
Jahwist
Schöpfungsauftrag

Der Mensch – Bild Gottes?!

Die biblische Tradition sieht den Menschen als Bild Gottes. Um heute zu verstehen, welche Tragweite diese Gedanken vor über 2500 Jahren hatten, also zu der Zeit als die biblischen Erzählungen niedergeschrieben wurden, ist es hilfreich, einen Blick auf die Besonderheiten und Hintergründe der beiden Schöpfungserzählungen zu werfen. Dabei geht es neben der Würde auch um weitere Aspekte.

Dr. Bettina Eltrop (* 1961), Theologin, wissenschaftliche Referentin beim Katholischen Bibelwerk.

M 1 Schaffung des Menschen in der ersten Schöpfungserzählung (Gen 1,1–2,4)

Leider wird Gen 1 von den Kreationisten oder im fundamentalistischen Umgang mit Bibeltexten meist als Bericht und als Beschreibung des Vorgangs der Schöpfung gelesen und verstanden. [...] Doch die Bibelwissenschaft hat dargelegt, dass Gen 1 kein Bericht ist, sondern eher ein lyrischer Text [...]. Das Schöpfungsgedicht Gen 1,1-2,3 gehört zu einer Quelle [...], die wir die „Priesterschrift" nennen. Sie entstand im babylonischen Exil, in das die Oberschicht des jüdischen Volkes nach dem Untergang Jerusalems 587 v. Chr. geführt worden war. Unter den Deportierten waren auch Priester – einer oder mehrere von ihnen waren auch die Schreiber des Schöpfungsgedichts Gen 1. Die Priesterschrift (P) versucht, in der tiefsten Krise des Volkes Israel den Glauben an den Gott Israels wach zu halten [...]:

Die Welt wird als ein geordnetes Lebenshaus vorgestellt, in dem alles Lebendige seinen Platz hat. Sie ist der Gegenentwurf Gottes gegen das bedrohliche Chaos, das der Schreiber des Textes in Vers 2 mit den Begriffen Finsternis, Wüste und Urfluten (bedrohende Wassermassen) beschreibt. Die geordnete Schöpfung ist vor allen Dingen gute und sehr gute Schöpfung des Gottes Israels.

Das Schöpfungslied Gen 1 hatte für die jüdischen Menschen im babylonischen Exil, die nach dem Verlust des Jerusalemer Tempels und ihrer Eigenstaatlichkeit an der Macht ihres Gottes zweifelten, eine tröstliche Botschaft.

Obwohl der Text oft so verstanden worden ist, sieht Gen 1 den Menschen nicht als die Krone der Schöpfung – die ist der Sabbat! Vielmehr wird betont, dass die Schöpfung in einer sinnvollen Ordnung von Gott gewollt ist. In ihr hat jedes Lebewesen einen ganz eigenen Ort und eine ganz eigene Aufgabe. Die Menschen werden zusammen mit den Landtieren am 6. Tag geschaffen. [...] Trotzdem erhalten die Menschen im Lebenshaus der Schöpfung eine Sonderrolle: Als Abbild Gottes werden Mann und Frau geschaffen und beauftragt, über die Erde zu herrschen. [...]

Was bei den Nachbarvölkern Israels vom Pharao oder von Königen gesagt wird, wird in der Bibel demokratisiert: Gen 1,28f. besagt, dass *alle* Menschen, Männer und Frauen, beauftragt sind, wie ein königlicher Hirte dafür zu sorgen, dass alle in diesem Lebenshaus leben können. Der so genannte „Herrschaftsauftrag" ist kein Freibrief zur Ausbeutung der Natur, sondern im Gegenteil ein „Hüteauftrag". Der Mensch, jeder (!) Mensch ist eine Stellvertreterin/ ein Stellvertreter des sich um das Leben sorgenden Gottes in Gottes guter Schöpfung.

Bettina Eltrop, Wie wörtlich die Bibel lesen? https://www.bibelwerk.de/fileadmin/verein/Bilder/Methoden/Zugaenge_zur_Bibel_allgemein/Fundamentalistische_Bibellektuere__Vortrag_Eltrop___.pdf, letzter Zugriff am 12.12.2019

M 2 Altorientalische Vorstellungen
Allein die Herrscher sind Abkömmlinge der Götter: Ramses III. (1187–1156 v. Chr.) dargestellt als Gott Osiris, flankiert von den Gottheiten Horus und Anubis.

#Gottlässtfrei
#Weristschonsofrei?

M 3 Marc Chagall, Die Erschaffung des Menschen

M 4 Schaffung des Menschen in der zweiten Schöpfungserzählung (Gen 2,4–25)

Für Gen 2 gilt: Im Gegensatz zum ersten, priesterschriftlichen Schöpfungsbericht (Gen 1–2,4b), in dem der Mensch am Schluss erschaffen wird, wird im zweiten, vorpriesterschriftlichen Schöpfungsbericht alles auf den Menschen hin erschaffen. Der Mensch ist Erstschöpfung. [...] Seine Lebenskraft erhält er von Anfang an und ausschließlich von seinem Schöpfer. Sein Lebensatem ist göttlicher Atem, Ruach. Hier liegt sicher der theologische Kern des Textes. Der Mensch – hier noch ohne geschlechtliche Differenzierung – ist Geschöpf, von Gott her und auf Gott hin geschaffen. [...] Der Mensch – adam – ist genommen von der Erde – adama –, dieses Wortspiel ist zentral, in Gen 2,5 wie in Gen 3,23. Was den Menschen lebendig macht, ist der Lebensatem seines Schöpfers. Dies zeichnet den Menschen aus und zeigt seine Nähe zum Schöpfer. Ohne ihn wäre der Mensch tot, eine Hülle, die in sich zusammenfällt (vgl. Ps 104, 29 f.). Das Geschaffensein des Menschen – und damit seine Gottesnähe – ist charakteristisches Merkmal des Menschen. Der Schöpfungsakt bringt nicht nur ein Vertrauensverhältnis zwischen Schöpfer und Geschöpf zum Ausdruck, sondern auch ein Fürsorgeverhältnis und eine besondere Verantwortung des Schöpfers seinem Geschöpf gegenüber: Ein Garten, Eden genannt, wird für ihn angelegt. Eden ist nach dem Zeugnis des Alten Testaments der Gottesgarten, der sich durch fruchtbares Wachstum an Bäumen auszeichnet [...], ein Sinnbild der Lebensfülle. Hiermit ist der Lebensraum des Menschen umschrieben. Seine Aufgabe ist es, diesen Lebensraum zu schützen (vgl. Gen 2,15) und zu kultivieren. Bis hierhin ist Adam der Mensch, geschlechtsunspezifisch. Er ist aber angelegt als Gemeinschaftswesen. Er braucht ein Gegenüber, eine Hilfe, nicht missverstanden als Hilfskraft oder Dienerin, er braucht eine Partnerin. Es ist nicht gut, dass der Mensch allein ist – das ist keine Feststellung von Seiten des Menschen – Adam –, sondern von Seiten Gottes. [...] Die Menschwerdung vollendet sich nicht dadurch, dass Adam verdoppelt oder vervielfacht wird, sondern dass Adams Menschsein geteilt wird. [...] Erst durch die Frau wird der Mensch zum Mann. Erst als die Frau geschaffen ist, erkennt der Mann sich als Mann. Die Rede von isch (= Mann) und ischah (= Männin/Frau) betont nicht die Abhängigkeit, sondern die Zusammengehörigkeit von Mann und Frau.

Esther Brünenberg-Bußwolder, Im Anfang eine Liebesgeschichte, Bibelarbeit, Kath. Bibelwerk im Bistum Münster 2005.

#teilenmachtmehr

Dr. Esther Brünenberg-Bußwolder (* 1976) ist Theologin und Bibelwissenschaftlerin.

1 Zwei Schöpfungserzählungen (Gen 1–2)

a) Lesen Sie, ggf. arbeitsteilig, die beiden Texte und arbeiten Sie das jeweilige Menschenbild aus Gen 1 und Gen 2 heraus.

b) Erläutern Sie, inwiefern die Texte missverstanden werden, wenn man sie als naturwissenschaftliche *Berichte* liest und deutet.

c) Arbeiten Sie mithilfe von **M 1**, **M 2** bzw. **M 4** heraus, wie Gen 1 und Gen 2 die Erschaffung des Menschen deuten.

2 Setzen Sie sich mit der künstlerischen Interpretation der Schöpfung in Bild **M 3** auseinander und deuten Sie Chagalls Darstellung vor dem Hintergrund des Erarbeiteten.

3 Diskutieren Sie die bleibende Bedeutung der Idee der Gottebenbildlichkeit im Hinblick auf die in **M 1** und **M 4** erwähnten Aspekte wie Demokratisierung, Freiheit, Herrschaftsauftrag, Geschlechtlichkeit, Beziehungswesen.

Der Mensch – sündig?!

Zu den grundlegenden Ausagen der Schöpfungserzählungen über den Menschen gehört auch, dass er sündig ist. Er ist Geschöpf Gottes, bleibt aber in seiner Wirklichkeit zugleich hinter seinem Schöpfer und dem zurück, was er sein könnte. Im Buch Genesis kommt dieser Gedanke zum Ausdruck, wenn es um die Deutung der Geschichte vom sog. ‚Sündenfall' durch Adam und Eva geht. Als ‚Ur-Typen' des Menschen begründen sie die Trennung von Gott, die in der Tradition mit dem Begriff der ‚Erbsünde' in Verbindung gebracht wurde. Im Laufe der Jahrhunderte wurde diese Idee sehr unterschiedlich interpretiert.

M 1 Paul Klee, Das Auge

M 2 „Menschenverachtende Bibel?"

Herbert Schnädelbach (* 1936), deutscher Philosoph.

Das Alte Testament kennt den Tod aller Menschen nur als Erbschaft der Sünde Adams. [...] Warum sollte ich mich bloß deswegen, weil ich sterblich bin, für schuldig halten? Wer sich nur durch den Glauben für gerechtfertigt hält, ist bereit, sich um Adams willen oder besser grundlos beschuldigen zu lassen [...]. Was die Lehre von der Erbsünde anthropologisch bedeutet, liegt auf der Hand: Sie ist menschenverachtend.

Herbert Schnädelbach, Der Fluch des Christentums. In: Robert Leicht (Hg.): Geburtsfehler. Vom Fluch und Segen des Christentums, Berlin 2001, S.15.

→ Inwiefern sind wir in Sünde verstrickt? S. 227.

#meinNameistnichtAdam

M 3 Das Verständnis von Sünde

Die Bibel erzählt über das Zustandekommen der Trennung von Gott eine Geschichte, die in der christlichen Tradition die vom „Sündenfall" genannt wird, ein Wort, das in der Hebräischen Bibel nicht vorkommt. [...] Dieses Konzept missverstehen wir, wenn wir es allein als ein moralisches Konzept ansehen, wenn wir dabei nur an die Sünden denken, die wir alle tun: lügen, stehlen, morden, betrügen. Schlimm genug, aber was wir mit dem Singular meinen – die Sünde, die Grundsünde, die Ursünde – ist etwas anderes: ein Zustand, nicht schon ein Handeln. Mit einem schrecklichen Begriff, der nicht in der Bibel steht, aber in der Tradition eine Rolle gespielt hat, heißt diese Ursünde im Gegensatz zur Tatsünde als der bewussten Verletzung von Gottes Gesetz: ‚Erbsünde'.
Dieser Begriff ist deswegen so schwierig, weil er missverstanden wird als ein biologisches Schicksal, durch das man Krankheiten oder genetische Anlagen erben kann. Das ist auch bei Augustinus, der das abendländische Verständnis von Sünde geprägt hat, nicht gemeint. Gemeint ist, dass wir in Zustände hineingeboren sind, in denen wir nicht die Verursacher der Sünde sind, sondern schon immer in der Sünde leben.
Ich muss hier von den Erfahrungen meiner Generation sprechen. Ohne diese primären Erfahrungen hätte ich nie verstanden, was mich von Gott trennt. Als sehr junge Frau war ich zum ersten Mal in Holland und bemerkte, dass einige Leute mit mir als Deutscher nicht reden wollten, weil ihre Angehörigen von den Nazis umgebracht worden waren. Da ist mir sehr deutlich geworden, dass ich zwar nichts dazu „getan" hatte – ich war zu jung –, und trotzdem wusste ich, dass diese anderen ein Recht dazu hatten, sich umzudrehen und mit mir nicht zu sprechen, weil ich durch Sprache, Kultur und Erbe einer Gemeinschaft von Menschen angehöre, die in einem Schuldzusammenhang lebt. Das kann ich mir nicht aussuchen, es ist einfach so. Und dieses Stück Objektivität gehört zum Sündenbegriff dazu. Sünde ist zwar auch meine Entscheidung, mein freier Wille, mein Nein zu Gott, sie ist aber auch Schicksal, in das

ich hineingeboren wurde. Ich bin verwickelt durch meine Eltern, meine Lehrerinnen und Lehrer, meine Tradition. Auch die Spätgeborenen können diese Realität nicht abstreifen – und so unzutreffend es ist, von Kollektivschuld zu sprechen, so notwendig ist doch der Sinn für eine kollektive Haftung: Ich bin auch verantwortlich für das Haus, das ich nicht gebaut habe, aber bewohne.

Eben das versucht die merkwürdige Lehre von der „Erbsünde" festzuhalten. Der Zustand des In-Sünde-Geborenseins entsteht nicht aus meiner persönlichen Entscheidung oder meinem Willen. Es gibt ein Zusammentreffen von Schuld und Schicksal, das wir „dialektisch" verstehen müssen. [...] Genau das leistet die christliche Tradition, wenn sie im Begriff der „Erbsünde" Schuld und Schicksal, die einander ausschließen, zusammendenkt.

Schuldfähig ist ja nur die Person, die frei ist. Aber wenn ich schuldfähig, das heißt frei bin, dann ist das sozusagen die eine Seite der Medaille. Die andere Seite ist das Schicksal der Sünde, in die ich hineingeboren bin. Wir suchen uns die Gesellschaft, in der wir leben, und den Ort, den wir in ihr haben, ja nicht aus, sondern werden in etwas hineingeboren, das von der Struktur der Sünde, der Trennung von Gott, schon immer bestimmt ist. [...]

Paulus beschreibt die Herrschaft der Sünde mit den Metaphern des Imperium Romanum. Die Sünde herrscht, unterwirft, erobert, zahlt Sold aus, verbreitet Schrecken und Tod. Er benennt die Sünde in ihrem sozialgeschichtlichen Kontext.

So lebe auch „ich", aus der Gegenwart gesprochen, schon immer unter gewalttätigen Mächten – dem Militarismus, der Energieverschwendung, dem Fleischverzehr, der Ausplünderung.

Ist dies verstanden als der Tenor, den die Sünde ausübt, so wird die Frage dann allerdings sein, wie ich mich dazu verhalte. Das sind die beiden Elemente, die man immer zusammendenken muss. Das eine Element ist Schicksal, Erbe, Verflochtenheit, gesellschaftlicher Zwang, Macht der Sünde (das objektive Element) und das subjektive Element ist mein Wille darin, mein eigenes Handeln, meine Freiheit, meine Entscheidung mitzumachen.

Dorothee Sölle, Gott denken – eine Einführung in die Theologie. Stuttgart 1990, S.77–79.

Dorothee Sölle (1929–2003), bedeutende ev. Theologin und Schriftstellerin.

#verstrickt

M 4 Junger Mann beim Abbau von Coltan in einer Mine im Kongo. Coltan ist ein für die Herstellung von Handys und Computern dringend benötigter Rohstoff.

Erbsünde, Schuld, Sünde

Augustinus peccatum originale

→ Eine religiöse Antwort auf das Phänomen der Schuld ist das Gericht: S.67.

1 Erklären Sie den in **M 2** erhobenen Vorwurf des Philosophen H. Schnädelbach mit eigenen Worten.

2

a) Arbeiten Sie aus den Ausführungen Sölles **M 3** den Unterschied zwischen Sünde als ‚moralischer Handlung' und Sünde als ‚Zustand' heraus.

b) Setzen Sie **M 4** in Bezug zu den Überlegungen Sölles und finden Sie weitere eigene Beispiele, um ihre Gedanken zu veranschaulichen.

3 Nehmen Sie vor dem Hintergrund der Ausführungen Sölles Stellung zum Vorwurf Schnädelbachs, die biblische Botschaft sei menschenverachtend **M 2**, **M 3**.

4 Interpretieren Sie das Bild von Paul Klee **M 1**. Benennen Sie einzelne Aussagen aus dem Text von Sölle, die sich auf das Bild von Klee beziehen lassen.

„Schuld" und „Verantwortung" als Orientierungspunkte für menschliches Handeln. Befragen Sie die von Ihnen gewählten Lebensweisheiten, inwiefern sie diese berücksichtigen.

Der Mensch, der Glücksuchende?!

Im Spannungsfeld von Freiheit und Verantwortung, von Bedürfnissen und Rahmenbedingungen fragen Menschen in ihrem Leben nach Glück und Erfüllung. Ist es dieses Streben nach Glück, welches den Menschen im Kern ausmacht? Ist es in der heutigen Welt besonders aktuell? Und: Welche Art von Glück lässt sich suchen und finden?

M 1 Worauf es wirklich ankommt

Wilhelm Schmid (* 1953), freier Autor und Professor für Philosophie in Erfurt.

Herr Professor Schmid, die Sehnsucht nach einem glücklichen Leben steckt tief in uns. Weshalb?

In den monotheistisch geprägten Kulturen haben Christen, Muslime und Juden über Jahrhunderte gelernt, dass es ein Paradies gibt, eine schöne Welt, nach der wir streben können. Klugerweise war sie in den Religionen im irdischen Leben unerreichbar. Die Moderne aber hat sie ins Diesseits projiziert. Seither heißt es: Wir schaffen das Paradies auf Erden! Wenn du alles richtig machst, kannst du glücklich werden! Alle Wissenschaft, aller Fortschritt und alle politischen Visionen haben diese Zielrichtung.

Wonach strebt der moderne Mensch?

Suchen Menschen heute nach Glück, so verstehen sie darunter meist, dass es ihnen persönlich gut geht, dass sie gesund sind, sich wohlfühlen, Spaß haben, angenehme Erfahrungen machen, Lüste empfinden, Erfolg haben. Kurz: all das erleben, was als positiv gilt.

→ Das vollkommene Glück – in der christlichen Tradition heißt das: Himmel. S. 74 f.

Was ist falsch daran?

Eine wohlschmeckende Tasse Kaffee, ein gutes Essen, ein schöner Film, der Wellnessnachmittag: Ohne jeden Zweifel hat dieses Wohlfühlglück seine Bedeutung, und es ist sinnvoll, es zu nutzen. Das Problem ist nur: Diese Art von Glücksempfinden hält nie lange vor. Und wenn es dann doch noch zu einer Verstimmung kommt, zum Beispiel durch eine ungeliebte Verpflichtung, fühlt sich der moderne Mensch genötigt, sich von dieser lästigen Störung zu befreien. Denn er ist nicht darauf vorbereitet, dass es Auszeiten von den guten Stimmungen gibt; er tut sich schwer mit den tristen, grauen, alltäglichen Zeiten, in denen die Lust sich erst wieder erholen muss. Schmerzen – physische wie psychische – sollen gar nicht erst vorkommen, sie sollen verschwinden aus dem menschlichen Leben. Und das halte ich für ein gewaltiges Missverständnis.

Weshalb?

M 2 Leben, ein Monopoly-Spiel?!

Das Leben ist eben nun mal nicht immer gut, es ist polar organisiert. Es macht einen unglücklich, andauernd zu versuchen, Schmerzen zu minimieren, das Wohlgefühl dagegen zu maximieren. Denn daran werden wir immer scheitern. Wir bewegen uns stets zwischen Gegensätzen: Erfolg und Misserfolg, Lust und Schmerz, Beschleunigung und Entschleunigung, Beharrung und Veränderung, Zufriedenheit und Unzufriedenheit. Es gibt kein Leben, das nur auf der einen Seite angesiedelt ist. Zweck eines erfüllenden Lebens kann es nur sein, dafür zu sorgen, dass wir auch mit den negativ empfundenen Aspekten gut zurechtkommen. Wer aber um jeden Preis glücklich sein will, wird immer unglücklich sein.

Wonach lohnt es sich denn zu streben, wenn nicht nach Glück?

Nach Sinn! Wenn Menschen heute verzweifelt nach Glück suchen, weil sie sich gehetzt, unzufrieden, ratlos fühlen, steht dahinter meist ein Mangel an Sinn.

Und wie finden wir Sinn?

Menschen erleben Sinn, wenn sie sich einander verbunden fühlen. Wenn sie einen Zusammenhang spüren. Sie sagen „Das ergibt Sinn", wenn sich zusammenfügt, was zuvor getrennt war. Oder, etwas pathetischer, wenn sie Liebe spüren. Und am häufigsten geschieht das in der Beziehung zu anderen Menschen.

Wo wir Verbundenheit spüren, sind wir gleichsam im Besitz des Sinns, machen uns kaum

Gedanken um ihn. Wo Beziehungen aber zerstört werden, brechen auch Fragen nach dem Sinn auf: Was soll diese Arbeit noch? Was für einen Wert hat diese Partnerschaft? Welche Bedeutung hat mein Leben? Sinn können wir auch jenseits menschlicher Beziehungen erleben – etwa wenn wir uns mit Tieren verbunden fühlen, mit der Natur, mit Kunstwerken oder mit einem Ziel. [...]

Ist Arbeit für ein sinnerfülltes Leben notwendig?

Wenn Sie unter Arbeit den Tausch von Leistung gegen Geld verstehen, dann eindeutig: nein. Aber Arbeit ist nicht nur Erwerbsarbeit, sondern auch die Arbeit an Beziehungen und somit an Sinn. Wir können nicht nur für Geld arbeiten, sondern auf mindestens fünf verschiedene weitere Arten: an der Beziehung zu uns selbst, an Freundschaften, an der Familie, an der Gesellschaft, an der Muße.

Dennoch: Wie wichtig ist es, Sinn in seinem Job zu finden?

Grundsätzlich kommt es natürlich darauf an, in einer Erwerbsarbeit Sinn zu spüren. Vor allem, weil uns das über jene Zeiten hinweghilft, in denen wir die Arbeit nicht mögen, in denen sie anstrengend ist, langweilig oder schwierig. Sinn ist größer als Glück oder Unglücklichsein – er vereint beide Pole in sich. Wenn wir Sinn finden, können wir auch manchen Rückschlag oder Schmerz überstehen.

Ein Mensch kann also unglücklich sein und das ertragen – wenn er darin einen Sinn erkennt?

Genau. Und aus dieser Perspektive lässt sich auch noch einmal besser verstehen, weshalb wir heute so sehr auf der Suche nach Sinn sind und uns oft ratlos fühlen. Es ist das Prinzip der Moderne, Zusammenhänge aufzulösen – und damit Sinn zunächst einmal zu zerstören. Beziehungen in Familien wurden zusehends zerschlagen, religiöse Zusammenhänge infrage gestellt, gesellschaftliche Ordnungen umgestürzt. Das ist nicht unbedingt zu bedauern, denn es bringt neue Freiheiten. Aber es ist auch der Grund dafür, dass die Frage nach dem Sinn so vehement aufbricht – und sich wie ein Virus immer weiter verbreitet.

Ist Zuversicht eine Grundbedingung für ein sinnerfülltes Leben?

Ja. Allerdings verstehe ich Zuversicht anders, als sie vielerorts propagiert wird. Nicht als absolute, immerzu und überall hilfreiche Tugend, sondern als Mischform. Ich versuche ein pessimistischer Optimist zu sein.[...] Ein pessimistischer Optimist schaut zuversichtlich in die Zukunft, ist aber nicht allzu überrascht und bestürzt, wenn es anders, vielleicht schlechter kommt. [...] Wer die Widersprüchlichkeit des Daseins anerkennt und erträgt, wer ihr gelassen begegnet, dem fällt es leichter, einverstanden zu sein mit sich und der Welt. Er kann akzeptieren, was zu akzeptieren ist, aber auch Änderungen angehen, wenn etwas zu ändern ist.

Wilhelm Schmid, Sinnsuche – worauf es wirklich ankommt. In: GEO kompakt 58 (2019), S. 42–48.

Resonanztheorie
Hartmut Rosa
Sinnsuche
Hedonismus
Haben oder Sein
Erich Fromm

M 3 Leben, ein Hürdenlauf?!

#Weicheierglück

1 Der Umgang mit der Glückssuche

a) Erläutern Sie Ihre Vorstellung von Glück mit fünf Begriffen.

b) Identifizieren Sie im Text M 1 sechs bis maximal acht Sätze, die als Kernaussagen über die Suche nach Glück laut Schmid gelten können.

c) Erläutern Sie die von Schmid gewählte Haltung, „pessimistischer Optimist" zu sein, und nehmen Sie persönlich Stellung dazu.

2 Überprüfen Sie, inwieweit sich Schmids Überlegungen auf Situationen wie M 2 und M 3 beziehen lassen.

3 Untersuchen Sie gesellschaftliche Glücksversprechen – etwa in der Werbung – nach den Kriterien von Schmid.

Gestalten Sie mithilfe von Schmids Argumentation und Ihren eigenen Überlegungen eine Glückspostkarte. Überprüfen Sie, welche der von Ihnen gewählten Lebensweisheiten Schmids Gedanken berücksichtigen.

Religionsforschung
Abfallprodukt-Theorie
Gottes-Gen
Pastafarianismus
Theory of mind
Homo religiosus
Paläoanthropologie
Transzendenz

→ Gott - eine Projektion des Menschen? S. 204 f.

Der Mensch, das religiöse Wesen?!

Unter den vielen Erklärungsansätzen, die die spezifisch menschlichen Eigenheiten auszumachen versuchen, taucht auch das Merkmal der Religiosität bzw. des Glaubens auf: Der Mensch, das von Natur aus religiöse Wesen.
Doch: Ist eine solche Aussage verallgemeinerbar? Oder zeigt sich gerade in einer säkularisierten Welt, dass Phänomene wie die Religion eher Relikte aus vergangenen Zeiten sind? Geht es nach den Deutungen einiger Evolutionsbiologen, dann sind Religiosität und Glaube nur als evolutionäre „Abfallprodukte", also als eine Art Überbleibsel der Entwicklung zu verstehen. Aber bedeutet das automatisch, dass der Glaube an Gott zu überwinden ist?

M 1 Religiosität – Abfallprodukt oder Zeichen normaler Gehirnfunktion?

Ist mit der Abfallprodukt-Theorie gezeigt, dass jedweder Glaube nur eine Folge unserer kognitiv-emotionalen Fehlverdrahtung ist? Lässt sich mit solchen evolutionsbiologischen Untersuchungen der Zauber der Religion brechen und der „Gotteswahn" als pure Illusion entlarven, wie die „neuen Atheisten" um Richard Dawkins meinen? Die nüchterne Antwort lautet: keineswegs.
Denn die Evolutionsbiologie sagt ja nichts über religiöse Wahrheiten aus, sondern nur etwas über menschliche Prädispositionen. Diese legen zwar nahe, dass der Mensch sich seine Götter stets selbst erschafft, weil dies seiner Tendenz, zu denken und zu fühlen, entspricht. Doch das heißt nicht, dass dadurch die Existenz einer höheren Wahrheit per se unmöglich wird.
Dass man Religion und Evolutionsbiologie durchaus zusammen denken kann, beweist ausgerechnet einer der Vordenker der Abfallprodukt-Theorie: Justin Barrett ist nicht nur Direktor des Centre for Anthropology and Mind in Oxford, sondern auch ein treuer Christ [...].
Wenn man ihn fragt, wie sich das mit seinem evolutionsbiologischen Wissen verträgt, sagt Barrett: „Warum sollte uns Gott nicht gerade so formen, dass wir den Glauben an göttliche Wesen ganz natürlich finden?" Wenn die Forschung nun zeige, dass der Mensch von seiner mentalen Struktur her zur Religion prädisponiert ist, bedeute das keinesfalls, dass man den Glauben ablegen müsse. „Nehmen wir an, die Wissenschaft kann völlig überzeugend erklären, warum ich denke, dass meine Frau mich liebt – sollte ich deshalb aufhören zu glauben, dass sie es tut?"

M 2 Können Menschen *nicht* glauben?

Hartgesottene Atheisten wie Richard Dawkins kann Barrett mit dieser Argumentation selbstverständlich nicht überzeugen. Es sei zwar richtig, dass die Evolutionsbiologie die Gottesidee nicht wirklich widerlegen könne, räumt Dawkins ein. „Aber es gibt unendlich vieles, was wir nicht widerlegen können." Daraus folge ja längst nicht, dass man an jede Schöpfung des Geistes glauben müsse. Ebenso gut könne man auch den Glauben an das Fliegende Spaghettimonster propagieren. [...] Nach den Maßstäben fundamentalistischer Gläubiger sei der Glaube an diese Spaßreligion auch nicht zu widerlegen, meint Dawkins.
Doch die Wahrscheinlichkeit für die Existenz des Spaghettimonsters sei – ebenso wie jene für Gott – nun einmal verschwindend gering. Und aus diesem Grund sei nicht die Wissenschaft, sondern die jeweilige Religion in der Pflicht, die Existenz ihres Gottes zu beweisen.

Ein gläubiger Christ könnte darauf wiederum entgegnen, dass er in seinem Leben immer wieder die Erfahrung mache, dass Gott existiere, weswegen er selbst gar keinen wissenschaftlichen Beweis dafür brauche. Tatsächlich ist eine solche Grundüberzeugung [...] für den Einzelnen allemal stärker als jedes logisch-rationale Argument. Und ausgerechnet die Evolutionspsychologie erklärt nun auch, warum dies so ist: Eben weil unsere kognitive Struktur so beschaffen ist, dass uns bestimmte Gedanken und Vorstellungen emotional mehr bewegen als andere – und religiöse Vorstellungen entsprechen genau diesen Prädispositionen. Das kann man beklagen oder bekämpfen – doch diesem menschlichen Grundmuster wirklich zu entkommen, scheint äußerst schwer, wenn nicht gar unmöglich.

M 3 Religion, sinn*los* oder sinn*voll*?

M 4 Werbeplakat Neuer Atheisten

Selbst wenn man versucht, den religiösen Glauben auszumerzen (wie es in der Sowjetunion versucht wurde), tritt meist eine andere Art von Glauben an dessen Stelle, der Glaube an eine Ideologie oder an die ausgezeichnete Stellung der wissenschaftlichen Vernunft. Und ohne es zu wollen, werden wir häufig auch dabei wieder Opfer unserer „Glaubensmaschine“ die uns unseren eigenen, begrenzten Erkenntnishorizont als einzig gültigen erscheinen lässt und dazu neigt, jegliche störende Information auszublenden.
Deshalb distanzieren sich selbst jene Anthropologen, auf deren Arbeiten sich die neuen Atheisten wie Richard Dawkins berufen, von deren Kreuzzug wider die Religion. Er sei „etwas irritiert über die neuen Atheisten“, gestand mir etwa Pascal Boyer [Anm. Professor für Psychologie und Anthropologie, Universität St. Louis] [...] Denn die Lehre aus seinen eigenen Ergebnissen und denen seiner Kollegen sei ja gerade, dass es der normalen menschlichen Natur entspräche, einen Glauben an übernatürliche Wesenheiten und ritualisierte Verhaltensweisen zu entwickeln. Entweder hätte Dawkins das alles nicht richtig gelesen – oder nicht richtig verstanden.
„Die Atheisten scheinen zu glauben, dass Menschen religiös sind, weil sie nicht richtig denken oder einen zu begrenzten Horizont haben oder einer Gehirnwäsche unterzogen wurden oder Ähnliches. Und die Lösung bestünde darin, die Menschen aufzuklären, sodass sie ‚richtig‘ – also atheistisch – denken“, fasst Boyer zusammen und ergänzt: „Mir scheint, dass jeder einzelne Schritt dieser Argumentation falsch ist.“ Denn die natürliche Funktionsweise des Gehirns sei es ja gerade, religiöse Gedanken zu erzeugen. Dabei funktioniere das Gehirn genau auf die Art und Weise, wie es die Natur vorgesehen habe. Und Dawkins’ Annahme, dass Gesellschaften vernünftiger oder gar besser wären, wenn das religiöse Denken abgeschafft würde, sei eine Spekulation ohne jede empirische Evidenz.

Ulrich Schnabel, Die Vermessung des Glaubens. Forscher ergründen, wie der Glaube entsteht und warum er Berge versetzt. München [2]2008, S. 356–360.

Ulrich Schnabel (* 1962), deutscher Wissenschaftsjournalist, Publizist und Physiker.

M 5 Ian Stevenson (das Poster rechts), Wasted Rita (vier Poster links), Installation innerhalb des Kunstprojekts Dismaland

M 6 Warum wir glauben müssen

Unbefleckte Empfängnis? Da lacht doch heute jeder. Wundertaten eines Heiligen? Nette Märchengeschichte. Wiederauferstehung? Ist höchstens einmal passiert, also unglaubwürdig. Leben nach dem Tod? Schöne Idee, aber völlig unbewiesen. Kirchenschiffe leeren, Kirchenaustritte häufen sich. [...] Kurzum: Der Zeitgenosse hat andere Probleme und ist auf andere Problemlösungsstrategien angewiesen. Ist er – wie zunehmend mehr Menschen – Atheist, glaubt er womöglich an Technologie und Bionahrung, an sozialen Frieden und Nachbarschaftshilfe. [...] Der CEO glaubt an Kapitalakkumulation und Höhlenmeditation, der Unternehmer an ewigen Fortschritt und Reiki, [...] die Esoterikerin an spirituelle Energien; die Linke an die Revolution, die Rechte an die Kernfamilie, der Liberale an die Freiheit. Fällt bei alldem nicht etwas ins Auge? An irgendetwas glauben alle. Das persönliche Wohlergehen, die Definition eines gelingenden Lebens, so scheint es trotz aller Diesseitigkeit, kommt ohne Glauben nicht aus. Man muss nicht an Gott glauben, um zu glauben. Man muss nicht Katholik sein, um anzubeten. Man muss sich nicht zum Protestantismus bekennen, um seinen Nächsten zu lieben. Wer aber glaubt, der Mensch komme ohne Glauben aus, der glaubt somit erstens selbst und macht zweitens die Rechnung ohne die Spezies Mensch. Das heißt: Der Mensch glaubt, weil er gar nicht anders kann, als zu glauben. Der Mensch ist von Natur aus religiös, und auch der Atheist ist ein homo naturaliter religiosus. [...]

So gut wie alle Riten und Zeremonien, die in älteren Kulturen mit dem Numinosen und Geheimnisvollen verbunden waren – Geistbeschwörungen etwa, Sonnenwendfeiern, Opferkulte –, sind im Zuge einer unterkühlten Zweck-Mittel-Rationalisierung des technischen Fortschritts entzaubert und entwertet worden. Doch die helle Ratio, die Axt der Vernunft allein, so scheint es immer mehr, schlägt keine Bresche mehr zum Glück. Weil das Individuum ans Übersinnliche andocken will, gehen Grafikerinnen auf schamanische Reisen nach Hawaii, pilgern Bankangestellte zu den Urmenschen im peruanischen Regenwald und besuchen nachweislich gebildete Frauen immer und immer wieder Wochenendseminare oder spirituelle Sommerakademien, um sich bei einem Fest der Sinne in Meditationen, Kontemplationen, Tanz und Shiatsu an ihre Quelle, ihren Ursprung zu wagen.

Es ist die Sehnsucht nach Übersetzung des kleinen Ich ins große Ganze. Der Blick geht dabei immer nach oben, dorthin, wo es offen und unbestimmt ist, weil unten doch alles determiniert scheint.
Fast immer beginnt diese Sehnsucht nach dem Oben, wenn sich der auspubertierte Mensch den großen Sinnfragen zuwendet: Ist das, was ich wahrnehme, wirklich? Gibt es einen Plan, der hinter allem steht? Wird mein Leben gelenkt?
Das, sagen Religionspsychologen, sei jene Zeit, in der der Mensch bewusst erfährt, dass Glauben ein geistiges Vermögen ist.
Auch der Atheist hat die Fähigkeit zu glauben, weil er die Fähigkeit hat, das Andere zu denken. Weil er sich hineindenken kann in das Gegenteil von Sein: in das Nichts. Und gerade weil der menschliche Geist zu dieser Entgrenzungserfahrung in der Lage ist, braucht er Sicherheit und Begrenzung – eine transzendente Heimat, ein metaphysisches Obdach, eine sinnreiche Antwort.
Einer der evolutionsbiologischen Vorteile des Glaubens, lehrt die Religionspsychologie, ist „Coping" (Alltagsbewältigung). Will heißen: Als Bewohner einer transzendenten Heimat (egal, welcher) wird der Mensch mit den Zumutungen und Bedrohungen des Alltags besser fertig. Im Glauben hat der oft beziehungslose Einzelne die Möglichkeit, sich selbst zu relativieren, weil Glaube immer eine Beziehung vermittelt. „Ego-Deflation" nennt Sebastian Murken, klinischer Therapeut am Forschungszentrum für Psychobiologie und Psychosomatik der Universität Trier, den Reiz des Glaubens. Als prosoziales Wesen ist dem Menschen von Geburt an das Bedürfnis nach Beziehung eingeschrieben. […]
Die entscheidende Frage lautet schließlich: Könnte das Leben, könnte die Gesellschaft, könnte die Welt ohne Glauben funktionieren? Die Antwort lautete: Nein, weil die eigentliche Währung des Religiösen das Vertrauen ist. Um in einer hochdifferenzierten, auf zerbrechlichen Übereinkünften basierenden Umwelt zu überleben, muss der Mensch sich von vornherein auf den guten Gang der Dinge verlassen. Er muss mit der konstanten Stabilität seiner Lebenswelt rechnen. Auch der Atheist muss vertrauen können, einen doppelten Boden hat er dafür nicht. Er muss auf seine Sinne vertrauen und kann das Wahrgenommene nicht andauernd infrage stellen. Darum geht es letztlich jedem Menschen, ob Atheist, Esoteriker, Christ, ob Maschinenbauer, Chemiker, Webdesigner oder Bäcker: um die Hoffnung auf die für ihn ideale Ordnung.
Um die Geborgenheit im Diesseits. Um das Heil in Gemeinschaft. Um den Rausch der spirituellen Erfahrung. Im Vertrauen versichert sich das Individuum seiner selbst. Wer glaubt, hofft. Wer hofft, vertraut. Und wer vertrauen kann – lebt der nicht glücklicher?

Christian Schüle, Warum wir glauben müssen
https://www.zeit.de/zeit-wissen/2013/01/Glaube-Religion-Psychologie, letzter Zugriff am 12.12.2019

Christian Schüle (* 1970), deutscher Buchautor und freier Journalist, studierter Philosoph, Soziologe und Theologe.

M 7 Leben und Tod – Spiel oder existenzielle Herausforderung

→ Füllt der Glaube die Lücken, die Wissenschaft (noch) lässt? S. 210 f.

Erste Anzeichen für ein (über das bloße Ichbewusstsein hinausgehendes) Transzendensbewußtsein und Ansätze von Religiosität finden sich bereits beim Homo erectus (s. S. 7). Hier konnten erste rituelle Handlungen mit Totenschädeln nachgewiesen werden. Eindeutige Hinweise auf religiöse Praktiken zeigen sich dann beim Neandertaler und Homo sapiens, die damit anfingen, komplexere Kulte auszuüben und in übersinnlichen Dimensionen zu denken. Dies lässt sich besonders an den rituellen Bestattungen erkennen: Vor etwa 150.000 Jahren legten sie die ersten Friedhöfe an, schmückten ihre Verstorbenen und machten Grabbeigaben. Erkennbar entwickelten sich dabei auch Gedanken und Fragen zu einem Weiterleben nach dem Tod.
Hier gehen naturwissenschaftliche und geisteswissenschaftliche Aussagen ineinander über: Wann ist etwas nicht mehr nur rein funktional zu erklären, sondern lässt tieferliegende Gründe als Erklärungsmuster vermuten?!

M 8 Sinn und Lebensvertrauen

Was also ist der „Sinn", der „Zweck", die „Bedeutung" des Lebens? Ich habe volles Verständnis dafür, dass sich heutzutage viele Menschen mit einem „kleinen Sinn" im Leben zufriedengeben. Sie nehmen eines der vielen Sinnangebote an, die es in den verschiedenen Teilbereichen des Menschenlebens gibt: Sie finden Sinn in der Arbeit, in der Freizeit, im Sport, in der Partnerschaft, in der Liebe. Oder sie finden Sinn in der Kultur, der Kunst, der Musik, oder notgedrungen in der Therapie und in der psychologischen Lebenshilfe. Dies alles sollte man nicht kleinreden.

Hans Küng (1928–2021) war ein katholischer systematischer Theologe. Nach dem Verlust der kirchlichen Lehrerlaubnis engagierte er sich intensiv im Dialog der Religionen.

Aber, scheint mir, bei allen partiellen Sinnerfahrungen bleibt – wenn auch oft überspielt, verdrängt, erstickt, ertränkt oder „ruhig gestellt" – eine unersättliche Sehnsucht nach umfassendem Sinn. Die nicht abgegoltene Frage nach dem Sinn des Ganzen: des Ganzen unseres Lebens und Sterbens, [...] was schließlich die Erfüllung des Menschenlebens ausmacht. Auf diese Frage nach einem allumfassenden, definitiven, eben „großen" Sinn des Lebens, nach dem Sinn des Ganzen, möchte ich keinesfalls verzichten. Denn wie steht es schließlich um die Hunderte von Millionen Menschen, die in den Slums von London, New York, Bombay, in den Barrios Kolumbiens oder Favelas Brasiliens ein Leben in einem Leid und Elend führen, das buchstäblich zum „Himmel" schreit? Kann man all diesen gar keine Hoffnung machen? Und wie steht es um die Abermillionen, die in den zahllosen KZs der Nazis, der Sowjets und Maos jämmerlich umkamen? Oder die als völlig Unschuldige von einem Killer umgebracht wurden, oder die als Kinder dahinstarben, ohne ein wirkliches Leben gelebt zu haben? Gibt es denn keine Gerechtigkeit?, frage ich mich. Ja, wozu waren sie auf Erden? Und warum sind wir, denen es ja relativ gut geht, auf Erden?

→ Sakramente machen Transzendenz erfahrbar: S. 172–177.

Ich gestehe, dass ich mich mit all der Misere, der Ungerechtigkeit, der Sinnlosigkeit in dieser Welt nicht abfinden kann, und ich deshalb nach einem letzten Sinn frage, im Leben der andern, in meinem Leben. Allerdings nicht als Immunisierung und Vertröstung auf einen Sinn im Himmel, sondern durchaus für einen Sinn auf dieser Erde. [...]

M 9 Ryan Gander, Come up on different streets, they both were streets of shame Or Absinth blurs my thoughts, I think we should be moving on, 2009.

Es muss uns genügen, für das Hier und Heute einen Sinn im Leben zu finden. Und den muss jeder Mensch, jeder Mann und jede Frau für sich selber finden, im eigenen größeren oder kleineren Lebenskreis. [...] Dies aber mit Aussicht auf einen definitiven, endgültigen Sinn, der einen Sinn im Sterben einschließt. Und darin weiß ich mich ja nun mit zahllosen anderen Menschen einig: in der nicht zu erstickenden Sehnsucht nach endgültiger Gerechtigkeit, ewigem Frieden und bleibender Glückseligkeit. [...]

Ein dreifaches Plus der Religion ist für mich wichtig:

- Mehr als die Philosophie, die mit ihren Ideen und Lehren zumeist eine intellektuelle Elite anspricht, vermag die Religion auch breite Bevölkerungsschichten zu prägen und zu motivieren.
- Zweitens spricht sie die Menschen nicht nur rational, sondern auch emotional an, nicht nur mit Ideen, Begriffen und Worten, sondern auch mit Symbolen und Riten, Erzählungen, Gebeten und Festen und erbringt so einen „Mehrwert" an Ganzheitlichkeit.
- Und drittens gründet die Religion nicht nur auf aktuellen Einsichten, herrschenden Meinungen und Zeitströmungen, sondern auf uralten heiligen Schriften und Überlieferungen, [...] sie bieten bleibendes, unverändert

tradiertes, wenn auch immer wieder neu interpretiertes, inspirierendes und motivierendes religiöses Informations- und Orientierungswissen.

Doch darüber hinaus vermag Religion das Woher und Wohin unseres Daseins zu deuten: wie ich mit Leid, Krankheit und Schicksalsschlägen, wie ich mit Ungerechtigkeit und Sinnlosigkeit fertig werden und wie ich einen Lebenssinn auch angesichts desTodes finden kann.

Religiöse Praxis, individuelle wie das Gebet, oder gemeinschaftliche wie der Gottesdienst vermögen Ich-Stärke, Geborgenheit und Hoffnung zu vermitteln. Daraus kann nicht nur ein Zusammengehörigkeitsgefühl hervorgehen, sondern auch Protest und Widerstand gegen bestehende Unrechtsverhältnisse. Womit die Vertreter der waffenstarrenden kommunistischen Diktatur 1989 nicht gerechnet hatten: eine gewaltlose Revolution mit Kerzen! In diesem Sinn ist Religion Ausdruck einer unstillbaren Sehnsucht. [...] Das Ja zu Gott bedeutet somit ein letztlich begründetes und konsequentes Lebensvertrauen [...].

M 10 Schweigemarsch in Leipzig 1989

→ Wie hängt Religion mit (gutem und richtigem) Handeln zusammen? S. 142–147

Der damalige Volkskammerpräsident der DDR, Horst Sindermann, soll später gesagt haben: Wir hatten alles geplant. Wir waren auf alles vorbereitet. Nur nicht auf Kerzen und Gebete."

Es lässt sich gegen rationale Kritik rational rechtfertigen: nicht mit zwingenden Beweisen, doch mit überzeugenden Gründen. Für dieses Vertrauen gebraucht die Bibel das große Wort Glaube [...].

Hans Küng, Was ich glaube, München ^{5}2019, S. 119–158.

#MachtGottfrei?

1 Die „Neuen Atheisten" berufen sich auf wissenschaftliche Erkenntnisse als Argument gegen die Religion(en).

a) Stellen Sie deren Argumentation nach Schnabel dar M 1.

b) Arbeiten Sie heraus, weshalb andere Wissenschaftler aus den gleichen Erkenntnissen andere Rückschlüsse ziehen M 1, M 2.

c) Diskutieren Sie mögliche Motive der „Neuen Atheisten".

2 Nehmen Sie Stellung dazu, wann und wie Religion sinnlos oder sinnvoll erscheint M 1–M 4.

3 Interpretieren Sie die Installation der Poster mit dem Fahrgestell M 5 und geben Sie ihr einen geeigneten Titel.

4

a) „Könnte die Welt ohne Glauben funktionieren? Nein" (M 6, Z. 98 ff.). Arbeiten Sie heraus, wie Schüle diese These begründet.

b) Erläutern Sie, inwiefern Schüle auch zwischen explizit religiösem und nichtreligiösem Glauben Gemeinsamkeiten sieht.

c) Identifizieren Sie Aussagen aus M 6, die sich den beiden Werken zuordnen lassen M 5, M 7, und erörtern Sie diese.

5 Lesen Sie den Text von Hans Küng M 8.

a) Arbeiten Sie die Unterscheidung zwischen der Suche nach dem „kleinen" und dem „großen Sinn" heraus.

b) Skizzieren Sie die Begründung, weshalb Religion für ihn bei der Sinnfrage unverzichtbar ist.

6

a) Füllen Sie Leerstellen bezüglich der Skulptur M 9. Welche Dinge sucht der Mensch im Leben? Welche findet er?

b) Gestalten Sie ein Standbild, das, angelehnt an M 9, die mögliche Bedeutung von Religion und Glaube ausdrücklich ins Spiel bringt.

7 Nehmen Sie aus Sicht Küngs Stellung: Ist es gleichgültig, auf wen oder was sich die Sehnsucht richtet, einen Gott (z. B. den biblischen) oder das fliegende Spaghettimonster M 8–M 10?

Untersuchen Sie die von Ihnen gewählten Glücksweisheiten im Hinblick darauf, inwieweit Sie von einem transzendenten Sinn, einem „großen" oder „kleinen Sinn" im Sinne Küngs ausgehen.

Eine andere Welt ausmalen – Bedřich Fritta

Bedřich Fritta (Friedrich Taussig) wird 1906 in Visnová in Böhmen, heute Tschechien, als Kind einer jüdischen Familie geboren. Nach seiner künstlerischen Ausbildung in Paris kehrt er zurück in seine Heimat, wo er in Prag u.a. als technischer Zeichner, Werbegrafiker und politischer Karikaturist für eine Satirezeitschrift arbeitet.

Am 4. Dezember 1941 werden er, seine Frau und sein vier Monate alter Sohn Tommy ins Ghetto Theresienstadt deportiert. Als Teil eines sog. „Aufbaukommandos" – bestehend aus Ingenieuren, Handwerkern und Ärzten – soll er dort für die Nationalsozialisten arbeiten. Frittas Aufgabe besteht nicht nur darin, den Zeichensaal des Technischen Büros zu leiten, sondern auch das Leben im Ghetto für die Außenwelt zu dokumentieren und die Öffentlichkeit mit gefälschten Darstellungen über die menschenunwürdigen Zustände hinwegzutäuschen.

Dieser Aufgabe kommt er nach, dokumentiert insgeheim in weiteren Bildern aber auch das Elend des Ghettos. Einige dieser Werke können ins Ausland geschmuggelt werden.
Im Sommer 1944 entdeckt die SS diese inoffiziellen Arbeiten und verurteilt Fritta und seine Kollegen wegen „Gräuelpropaganda". Die Familie wird zunächst in Theresienstadt eingekerkert. Während Frittas Frau noch vor Ort an Hunger verstirbt, wird Bedřich selbst kurze Zeit später nach Auschwitz deportiert. Dort stirbt auch er im November 1944 an Entkräftung.
Zu den besonderen Hinterlassenschaften des Künstlers zählt eine Mappe mit Zeichnungen, die Fritta für seinen Sohn Tommy als Geschenk zum dritten Geburtstag anfertigt. Noch in der Nacht vor der Verhaftung in Theresienstadt gelingt es ihm, das Buch hinter einem Mauerverschlag zu verstecken, wo es später von Leo

Haas, einem guten Freund der Familie, gefunden wird.
Die Bilder zeigen eine Welt, wie Tommy sie einmal haben soll, wenn er ‚groß' ist. Sie ist diametral entgegensetzt zu dem, was das graue Leben im Ghetto ausmacht. Ausreichend Essen, bunte Blumen, Tiere, Musik, Unterhaltung, Reisen um die Welt, ein erfüllender Beruf, eine Freundin – all das, was in Theresienstadt niemals sein wird, soll Tommy einmal erleben. Es sind die Herzenswunsche von Eltern für ihren Sohn.
Tommy, der nach dem Tod seines Vaters von Leo Haas adoptiert wird, überlebt die schlimme Zeit und erhält den besonderen Bildband seines Vaters als Geschenk zu seinem 18. Geburtstag.
Er schreibt:
„Ich lebe, ich habe diese Chance bekommen, aber wo sind meine Eltern? Ich kann sie nicht sehen, lieben, hassen, verfluchen, streicheln, mit ihnen essen, sprechen, streiten. [...] Das einzige, was mir geblieben ist, was mir gehört, was man nur für mich gemacht hat, ist mein Buch, ein Buch von meinem Vater. Dort spüre ich ihn, seine Tränen, seine Hoffnung, seine Angst."

Walter Koschmal, Für Tommy zum dritten Geburtstag in Theresienstadt, Regensburg 2015, S. 3.

1 Recherchieren Sie zum Leben und zu den Bildern Frittas und tauschen Sie sich über Ihre Ergebnisse aus.

2 Diskutieren Sie über den Gegensatz von realer Erfahrung und gezeichneter Utopie.

3 „Am Schicksal von Familie Fritta zeigt sich die ganze Bandbreite des menschlichen Verhaltens in Höhen und Tiefen." Diskutieren Sie diese These vor dem Hintergrund der Aussagen Tommys.

4 Erörtern Sie die Bedeutung von Utopien für die Lebensgestaltung.

Vom Ende her betrachtet?!

Von der Eigenartigkeit des Glücks

Machen wir ein Gedankenexperiment: Ein Mensch wird festgeschnallt und in einen Dämmerzustand versetzt. Der Weltkontakt wird also abgebrochen. Dann injiziert man ein Mittel, das ihn in einen irgendwie euphorischen lustvollen Zustand versetzt. Ist dieser Mensch glücklich zu nennen? Würde er es im Rückblick von sich selbst sagen, wenn er aufgewacht ist?

Ludger Schulte, Gott suchen – Mensch werden, Freiburg i. Br. 2007, S. 20.

Vom Ende her betrachtet

Im Rahmen einer Aktion in der Fußgängerzone in München wurden Passanten darum gebeten aufzuschreiben, welche Dinge sie unbedingt tun wollen, bevor sie sterben. Was wird am Ende wichtig gewesen sein?

Fünf Dinge, die Sterbende am meisten bereuen

Die australische Buchautorin Bronnie Ware hat eine Zeit lang als Krankenpflegerin in einer Palliativeinrichtung Sterbende begleitet und sie interviewt, welche Dinge sie rückblickend am meisten bereuen. Sie hat ein Buch darüber geschrieben.

1. „Ich wünschte, ich hätte den Mut gehabt, mein eigenes Leben zu leben."
2. „Ich wünschte, ich hätte nicht so viel gearbeitet."
3. „Ich wünschte, ich hätte den Mut gehabt, meine Gefühle auszudrücken."
4. „Ich wünschte mir, ich hätte den Kontakt zu meinen Freunden aufrechterhalten."
5. „Ich wünschte, ich hätte mir erlaubt, glücklicher zu sein."

Bronnie Ware, 5 Dinge, die Sterbende am meisten bereuen. Einsichten, die Ihr Leben verändern werden, München 2013.

Sehnsuchtswesen

Betrachten Sie das zurückliegende Kapitel abschließend noch einmal unter dem Aspekt der „Sehnsucht". Ist der Mensch das Wesen der Sehnsucht? Vielleicht sogar das Wesen der Sehnsucht Gottes? Nehmen Sie Stellung.

Zeitreise

Diverse Sci-Fi-Serien und Spielfilme zeigen, wie man sich das Leben in der Zunkunft vorstellen und wie sich die Menschheit entwickeln könnte.
Entwerfen Sie stichpunktartig ein paar eigene, aber realistische Ideen: Worin werden sich Menschen in 250–300 Jahren Ihrer Meinung nach von Menschen heute unterscheiden, was bleibt gleich?

Beziehungswesen

Der jüdisch-christliche Glaube und zahlreiche philosophische Ansätze gehen davon aus, dass der Mensch grundsätzlich ein Beziehungswesen ist, das sowohl *aus* als auch *auf* Beziehungen *hin* lebt. In Krisensituationen wie etwa der Corona-Pandemie werden viele Beziehungen und Kontakte (notgedrungen) in virtuelle Räume verlegt (Chats, Online-Spiele, Beratungen, Unterricht, Prüfungen u. v. a. m.). Diskutieren Sie, wo solche virtuellen Kontakte echte menschliche Begegnungen ersetzen können und wo nicht.

Fragebogen

Der Philosoph Peter Bieri argumentiert, dass Freiheit nicht nur als Zustand, sondern auch als Handwerk, also als beständige Aufgabe verstanden werden muss. Fragen Sie in Ihrem Familien- und Bekanntenkreis nach bedeutsamen Entscheidungssituationen, über die Ihre Eltern, Großeltern etc. im Nachhinein persönlich sagen würden, dass sie herausfordernd und anstrengend waren. Notieren Sie die Überlegungen und Einflussfaktoren, die deren Wahl beeinflusst haben und stellen Sie sich diese später innerhalb Ihrer Lerngruppe vor.

Frei sein

Freiheit wird (direkt oder indirekt) auch in vielen klassischen wie aktuellen Liedtexten thematisiert. Untersuchen Sie arbeitsteilig verschiedene, Ihnen bekannte Songtexte im Hinblick auf die Frage, inwiefern der Mensch determiniert oder frei ist.

Projektaufgabe Glücksversprechen

Vergleichen Sie Ihre Kriterienlisten miteinander und ergänzen Sie sie. Verteilen Sie pro Kriterium null bis max. fünf Sterne, notieren Sie Ihre Begründungen und ermitteln Sie hinterher im Rahmen Ihrer Lerngruppe die Gesamtsieger. Welche Weisheiten können besonders überzeugen, welche gar nicht? Ggf. können Sie auch eine Ausstellung innerhalb Ihrer Schule erstellen und Ihre Ergebnisse und Bewertungskriterien auf Plakaten oder als Wandzeitung präsentieren.

2 Mehr als alles: Zukunft

Klingelschild in Lindau

An der Himmelstür klingeln

Betrachten Sie das Foto. Was kommt Ihnen dazu in den Sinn?
Machen Sie ein Gedankenspiel: Wenn Sie dort klingelten …

- Wer würde Ihnen die Tür öffnen?
- Wie sähe es hinter der Tür aus?
- Wem würden Sie hinter der Tür begegnen und auf wen wollten Sie auf keinen Fall treffen?

Nach dem Himmel suchen

Starten Sie eine Bildersuche mit den Begriffen „Himmel", „Heaven" und „Sky". Vergleichen Sie die Ergebnisse, auch untereinander. Erklären Sie mögliche Unterschiede.

Nach dem Himmel fragen

Führen Sie ein Interview mit Ihren Großeltern oder anderen Angehörigen dieser Generation. Finden Sie heraus, was diese in ihrer Kindheit über den „Himmel", die „Hölle" und das „Fegefeuer" gelernt haben. Vergleichen Sie ihre Erfahrungen in der Lerngruppe.

Die Hölle finden

Starten Sie eine zweite Bildersuche mit dem Begriff „Hölle". Stellen Sie die Gemeinsamkeiten der gefundenen Bilder zusammen.

Himmel und Hölle durchbuchstabieren

Vervollständigen Sie die Begriffe als Akrostichon.

H	H
I	O
M	E
M	L
E	L
L	E

Enthüllungen

Kennen Sie das Genre des „Enthüllungsjournalismus“? Findige Journalisten und Reporterinnen sind unterwegs, um verborgene Geheimnisse zu enthüllen, Vertuschungen aufzudecken und ans Tageslicht zu bringen, was „unter den Teppich gekehrt“ wurde. Manchmal geht es auch nur darum, Privates oder Intimes an die Öffentlichkeit zu zerren.

Auch in diesem Kapitel geht es um Enthüllungen. Das griechische Wort *apokalypsis* (*ἀποκάλυψις*) bedeutet wörtlich Enthüllung, Entschleierung. Was wird denn in der Apokalypse enthüllt? Gemeinhin denkt man bei diesem Begriff an Katastrophen und Schreckensszenarien untergehender Welten.

Auch ein anderes griechisches Wort hat im weiteren Sinn die Bedeutung „Enthüllung“: *aletheia* (*ἀλήθεια*). Es bezeichnet – wörtlich gesprochen – das „Unverborgene“. Wir übersetzen es in der Regel mit dem deutschen Wort „Wahrheit“. Wenn enthüllt wird, kommt etwas ans Licht – im besten Falle die nackte Wahrheit, wie sie Ferdinand Hodler in seinem Bild allegorisch darstellt – im Gegensatz zu ihrer blind umherirrenden Umgebung.

Begeben Sie sich auf die Spur der „Enthüllungen“ dieses Kapitels. Machen Sie sich zu allen Seiten Notizen, um welche Art von Enthüllungen es jeweils geht, was dabei ans Licht kommt. Was z. B. verbirgt sich hinter den Fassaden des Lebens? Was enthüllt das eschatologische Gericht? Usw. Halten Sie auch fest, was sich für Sie als weiterhin verhüllt erweist oder seinen Geheimnischarakter behält.

Rücken Sie am Ende des Kapitels einen Aspekt, der Ihnen besonders interessant erscheint, in den Mittelpunkt. Geben Sie ihm auf kreative Weise Ausdruck – als Artikel, Bild oder Kurzvideo. Formulieren Sie einen aussagekräftigen Titel.

Dieses Projekt bietet Ihnen u. a. die Möglichkeit,
... hinter die „Kulissen des Lebens“ zu schauen;
... dem Geheimnis des Menschseins auf die Spur zu kommen;
... sich mit der Endlichkeit Ihrer Existenz auseinanderzusetzen;
... nach der Unendlichkeit Ihrer Existenz zu fragen.

Ferdinand Hodler (1853–1918), Die Wahrheit II (1903)

Das Leben: Mehr Sein als Nichtsein?

Nichts scheint so selbstverständlich zu sein wie die Tatsache, dass ich – hier und jetzt – lebe. Und zugleich ist es gar nicht selbstverständlich, dass ich – überhaupt – lebe. Warum eigentlich? Und wie lange noch? Könnte es nicht gleich schon vorbei sein? Wie verletzlich (vulnerabel) und vergänglich das Leben ist, verdeutlicht sich nicht nur an meinem Körper, den das Leben voraussetzt. Sondern auch an dem, was das Leben ausmacht: meinen Beziehungen.

M 1 An den Tag

Julia Engelmann (* 1992), deutsche Poetry-Slammerin, Dichterin und Sängerin.

Ich sag: Bitte geh' noch nicht,
du hast erst grad begonnen;
kaum sehe ich dein Gesicht,
ist es schon wieder verschwommen.
Steigst auf, reißt aus, reist auf und davon,
fliegst raus wie Staub wie Laub vom Balkon.
Wirst du wiederkommen?
Nein, das ist nicht erlaubt!
Du singst mir Lieder vom Loslassen und
Vertrauen.
Verlierst mich aus den Augen,
aber ich lass dich nicht ziehen
ich bin traurig, ich brauch dich,
ich sag: Was, wenn ich dich liebe?

Kannst du nicht noch bleiben?
Bitte lass mich nicht alleine.
Doch dann flüsterst du mir zu,
dass du jetzt zu Ende bist,
und dann erst merke ich,
wie schön du gewesen bist.
Die Tür geht auf, ich ruf:
Hey warte, geh noch nicht!
Und höre auf dem Flur
deine letzten Schritte Sonnenlicht,
wie du deine Jacke nimmst
und du singst:
Alles was schön ist, vergeht.
Alles was schön ist, vergeht.
Alles was schön ist, vergeht, so auch ich.
Doch ich versprech' dir:
Ich vergess' dich nicht!

Und vielleicht sind wir eigentlich ein bisschen
mehr als frei.
Und vielleicht hab ich eigentlich ein bisschen
mehr Zeit.
Und vielleicht ist das alles nur ein Traum,
und vielleicht wache ich morgen wieder auf.
Und vielleicht hätte ich viel mehr aus dir
machen sollen?
Oder glaubst du, dass wir immer zu viele
Sachen wollen?
Du sagst: Nein, du hast alles richtig gemacht,
an mich und dich und die anderen gedacht.
[...]

Und vielleicht sind wir eigentlich ein bisschen
mehr als frei.
Und vielleicht hab ich eigentlich ein bisschen
mehr Zeit.
Und vielleicht bist du ein Teil der Geschichte,
die ich schreib, weil von allem, was vergeht,
auch ein kleines bisschen bleibt.

Und dann flüsterst du mir zu,
dass du jetzt zu Ende bist,
ich bring dich noch zur Tür,
weil das der Lauf der Dinge ist.
Wohin du jetzt auch gehst,
ich wünsch dir noch viel Glück!
Dann hör ich auf dem Flur
deine letzten Schritte Sonnenlicht,
wie du deine Jacke nimmst,
und du singst:
Alles was schön ist, vergeht.
Alles was schön ist, vergeht.
Alles was schön ist, vergeht, so auch ich.
Doch ich versprech' dir:
Ich vergess' dich nicht!

Julia Engelmann, An den Tag. Aus: Poesiealbum. Polydor/Island 2017

M 2 Der Widerstreit von Sein und Nichts

(1) Tatsachen – oder: Fraglose Wirklichkeit

Die Selbstverständlichkeit des eigenen Lebens und der Welt besteht darin, dass sich alles, was in der Welt geschieht, aus der Welt, aus dem Gefüge innerweltlicher Abläufe erklären lässt. Zunächst scheinen wir in einer fraglosen Wirklichkeit zu leben, denn der Umstand, dass wir hier und jetzt in der Welt sind, ist offensichtlich. Dieser Umstand, dass wir sind und zur gleichen Zeit nicht nicht sein können, gilt kategorisch, d.h. ohne „wenn" und „aber".

Ebenso fraglos trifft es zu, dass wir als diejenigen, die wir sind, bzw. als wie und was wir sind, einmal nicht da waren und einmal nicht da sein werden. Auch dies gilt kategorisch.

(2) Der Fall sein – hinfällig sein: Fragliche Fraglosigkeit
Gleichwohl macht der Mensch Erfahrungen von Tod, Enttäuschung und Vergänglichkeit, derer er kaum Herr werden kann. Solche Erfahrung des „Nichts" kann die Fraglosigkeit der Wirklichkeit aufbrechen. Denn bei genauerer Betrachtung gilt für jedes Seiende [also alles, was ist], dass es einmal noch nicht war und einmal nicht mehr sein wird. Vor diesem „doppelten Nichts" steht all das, was unleugbar der Fall ist. Denn „der Fall sein", d.h. existieren, bedeutet den Unterschied zu bemerken zwischen Dasein und Nicht-Dasein. Der Mensch bemerkt damit seine „Hinfälligkeit": Es ist nicht gar zu lange her, da war man nicht oder ein Nichts, und es wird nicht gar zu lange dauern, da wird man wieder nicht, ein Nichts, sein. Eben diese Hinfälligkeit lässt die Selbstverständlichkeit des Daseins unselbstverständlich erscheinen. Wie kommt es, dass etwas, das nicht immer ist, also nicht sein müsste und offenbar rein zufällig ist, dennoch – auf Zeit – da ist?
Halten wir zunächst fest: Unser Dasein ist kontingent, bedingt und endlich. Das wirft die Frage auf, warum es dann aber überhaupt ist? Was ist der Grund für sein Dasein? Jedenfalls versteht sich die Tatsache, dass etwas der Fall ist, keineswegs von selbst. Unser Leben und die Welt sind demnach weitaus weniger fraglos, als wir vermeinten, sondern höchst fraglich.

(3) Dasein angesichts des Nichts – oder: Fraglose Fraglichkeit
Versucht man die Frage, wodurch etwas aus dem Nichts ins Dasein gelangt ist, zu stellen, kommt man an kein Ende. Denn jeder Grund kann nur deshalb Grund für etwas sein, insofern er selbst begründet ist (unendliche Kausalkette). Was also den Unterschied zwischen Sein und Nichts ausmacht, bleibt weiterhin fraglich. Fraglos ist allein die Fraglichkeit, „warum überhaupt etwas ist und nicht vielmehr nichts" (Martin Heidegger), sie ist unbezweifelbar.

(4) Der Abgrund des Nichts – oder: Die Grundlosigkeit des Daseins
Weil alles, was ist [= Seiendes], in Frage gestellt ist, kann von dort kein Hinweis darauf kommen, woher das Dasein stammt. Diese Frage nach dem „Wovonher" des Seins geht über alles Seiende hinaus, und wenn sie sinnvoll gestellt werden soll, kann sie die Antwort nur in dem suchen, was nicht wiederum zum Bereich des Seienden gehört, d.h., sie muss die Antwort in dem suchen, was dem Seienden voraus liegt, es übersteigt und überwindet: im Nichts. Von dort aus macht es überhaupt erst Sinn, vom Sein (als seinem Gegenteil) zu sprechen.
Jedes menschliche oder weltliche Sein ist also bedingt durch das Nichts. Nicht aus sich selbst zu existieren, sondern vom Nichts unterschieden zu sein, bedeutet für jedes Seiende, vor dem Nichts bewahrt zu sein (als Seiendes ist man nicht nichts) und zugleich vom Nichtsein bedroht zu sein (jedes Seiende wird eines Tages zu nichts).
Wer sich also ernsthaft seiner Wirklichkeit stellt, sieht sich in einen Widerstreit von Sein und Nichts verwickelt. Und zwar auf zweifache Weise:
(a) sofern wir sind, sind wir vor dem Nichts bewahrt;
(b) sofern unser Dasein fraglich ist, sind wir immer schon ins Nichts hineingehalten.
Es gilt also: Einerseits ist die Welt restlos vom Nichts verschieden, andererseits kommt sie ganz aus dem Nichts und verweist ganz auf das Nichts.

Sprachlich vereinfacht nach: Hans-Joachim Höhn, Der fremde Gott. Glaube in postsäkularer Kultur, Würzburg 2008, 166–168.

Hans-Joachim Höhn (* 1957) lehrt Systematische Theologie und Religionsphilosophie in Köln.

#Nichtsnichtetmitnichten

M 3 „Der ontologische Winkel"

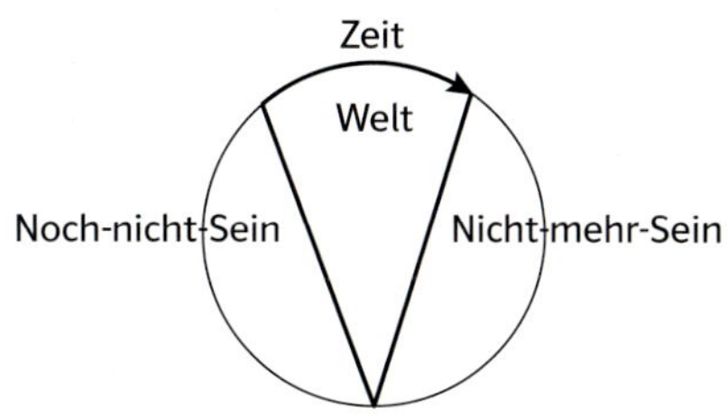

Hans-Joachim Höhn, Gott – Offenbarung – Heilswege. Fundamentaltheologie, Würzburg 2011, 90.

Emil Cioran (1911–1995), rumänisch-französischer Philosoph.

Ontologie
Nihilismus
Vulnerabilität

Henning Luther (1947–1991), ev. Theologe, war Professor in Marburg.

→ Die Erfahrung von Kontingenz und Transzendenz sind ein Zugang zum Phänomen „Religion": S. 252 f.

M 4 Ein Nachteil geboren zu sein?

Wenn es zutrifft, dass man durch den Tod wieder wird, was man vor dem Eintreten ins Sein gewesen ist, wäre es dann nicht besser, sich mit der reinen Möglichkeit zu begnügen und sie nicht zu verlassen? Wozu dieser Umweg, wenn man auf immer in einer unverwirklichten Fülle verharren könnte?

Es gibt in der Tatsache, geboren zu werden, einen solchen Mangel an Notwendigkeit, dass man, wenn man einmal mehr als gewöhnlich darüber nachsinnt, mit einem dümmlichen Lächeln dasteht, weil man nicht weiß, wie man sich verhalten soll.

Alles durchschaut haben und dennoch am Leben bleiben – es gibt keinen unmöglicheren Zustand.

Existieren – ein Zustand, der so wenig fassbar ist wie sein Gegenteil, was sage ich? Noch unfassbarer.

Emil Cioran, Vom Nachteil geboren zu sein, Frankfurt a. M. [19]2019, S. 18; 84; 116; 155.

#Sinnlossinn
#IchgebmirdieKugel

Kontingenz: (lat. contingentia = Möglichkeit, Zufall) bezeichnet die Tatsache, dass unser Dasein geprägt ist von Zufälligkeit und Vergänglichkeit, die uns das Leben widersprüchlich erscheinen lassen. So erfährt der Mensch den Tod als etwas Sinnloses, was zunächst einmal den Grund seines Lebens in Frage stellt. Kontingenzerfahrungen macht der Mensch vor allem dann, wenn er mit der Vergänglichkeit bzw. mit Situationen konfrontiert ist, die nicht vorauszusehen waren. In der Existenzphilosophie werden solche Erfahrungen auch „Grenzsituationen" genannt. Denn Vergänglichkeit und Ohnmacht gegenüber dem Schicksal verunsichern den Menschen, zeigen ihm seine Grenzen und machen ihm Angst. Deshalb sucht er nach Auswegen, nicht zuletzt in der Religion. Immer wieder wird dort das Nicht-Kontingente mit Gott identifiziert und der Mensch dazu angehalten, das Kontingente zu überwinden und am Nicht-Kontingenten Halt zu finden.
Transzendenz: (lat. transcendere = hinüberschreiten, überschreiten) bezeichnet das Jenseitige, z. B. in Bezug auf die natürliche Welt, die Erfahrung, das Bewusstsein, die Vernunft, die bestehenden Verhältnisse.
Immanenz: (lat. immanere = darin bleiben), Gegenbegriff von Transzendenz.

M 5 Grenzen erfahren und überschreiten

Kontingenzerfahrungen sind jene Erfahrungen im individuellen wie sozialen Leben, durch die eingespielte Plausibilitäten der Alltagswelt an eine Grenze stoßen. Sie bedeuten – insofern man sie überhaupt wahrnimmt und nicht verdrängt – eine Verunsicherung des eigenen sowie des sozialen Selbstverständnisses und Common sense. Es wird mit anderen Worten also die Sinnproblematik akut. Die Verarbeitung dieser Kontingenzerfahrung gewinnt nun meines Erachtens dann – und *nur* dann – religiösen Charakter, wenn sie transzendierende Kräfte freisetzt. Dies bedeutet, dass die Kontingenzerfahrung zum Anlass genommen wird, die Grenzen des bisherigen Selbst- und Weltverständnisses zu überschreiten, sich ins Gebiet des Fremden und Anderen vorzuwagen, um dann das eigene Lebensgebiet mit neuen Augen zu sehen.
Es kann also gerade nicht darum gehen, der Kontingenzerfahrung den Stachel des Unvertrauten zu nehmen und zu versuchen, sie mit dem bisherigen gewohnten Verstehensmuster zu versöhnen und zu vereinbaren.
Die Entfremdung und Erfahrung des Anderen ist Voraussetzung des Selbstbewusstseins im Sinn der Selbsterfahrung. […] „Nur wer den Zaun überschreitet, kennt die Bedeutung der Dinge innerhalb des Zaunes" (Hans Peter Dürr). […] Transzendenz meint nicht den abgeschlossenen Bereich des Jenseits, sondern die Überschreitung über die Grenzen des Vertrauten hinaus. Der Richtungssinn von Transzendenz ändert sich also: vom gewohnten Lebensraum ausgehend, wird dessen Grenze überstiegen und der Horizont erweitert.

Henning Luther, Religion und Alltag. Bausteine zu einer Praktischen Theologie des Subjekts, Stuttgart 1992, S. 57 f.

#AllesZufallfall

Hugo Simberg (1873–1917), finnischer Maler.

M 6 Hugo Simberg, Der verwundete Engel, Ölgemälde, 1903.

1 „An den Tag" von Julia Engelmann M 1
- a) Lesen Sie das Gedicht und bestimmen Sie, wofür „Ich" und „Du" stehen.
- b) Hören Sie sich mithilfe eines Streamingdienstes das Gedicht in seiner musikalischen Fassung an. Beschreiben Sie die Stimmung, die das Lied in Ihnen auslöst, mit geeigneten Adjektiven.
- c) Interpretieren Sie den Titel des Gedichts. Erläutern Sie, wofür der „Tag" stehen könnte.
- d) „Alles, was schön ist, vergeht." (Z. 27) – Nehmen Sie zu dieser Aussage Stellung.
- e) Erläutern Sie, inwieweit das Gedicht eine Hoffnungsperspektive in sich trägt.

2 Lesen Sie den Text von Hans-Joachim Höhn M 2.
- a) Geben Sie den Inhalt der einzelnen Textabschnitte M 2 mit eigenen Worten wieder.
- b) Führen Sie dann in einem Kurzvortrag mithilfe von Abb. M 3 durch den Text.
- c) Finden Sie konkrete Beispiele für die in Zeile 18 ff. genannte Erfahrung. Erläutern Sie, warum es Erfahrungen des „Nichts" sind.
- d) Diskutieren Sie, inwieweit der Text für Sie eine befriedigende Antwort auf die Fraglichkeit des Daseins gibt.

3 Schreiben Sie Emil Cioran einen Brief, in dem Sie ihm auf seine Gedanken M 4 aus Ihrer Sicht antworten.

4
- a) Erläutern Sie, was Henning Luther unter einer Kontingenzerfahrung versteht, und nennen Sie Situationen, die typisch sind für solche Erfahrungen M 5.
- b) Erläutern Sie, welche Bedeutung „Entfremdung und Erfahrung des Anderen" (Z. 25) für den Menschen haben.
- c) Erklären Sie, warum Transzendenz für H. Luther ein dynamischer Begriff ist, und beschreiben Sie Beispiele.
- d) Definieren Sie vor diesem Hintergrund den Begriff Immanenz.

5 Beziehen Sie folgende Begriffe auf das Bild von Hugo Simberg M 6: Leben, fragil, vulnerabel, gut, Schmerz, heil, Heil, Trost, unschuldig, Endlichkeit, Hoffnung. Ordnen Sie diese Begriffe beispielsweise Bildelementen zu.

Greifen Sie den von H. Luther zitierten Impuls von Hans Peter Dürr auf und überschreiten Sie gedanklich „den Zaun" M 5, Z. 27 f. Beschreiben Sie, was sich dabei verändert. Sie können diese Beschreibung künstlerisch, z. B. als Handy-Video oder Podcast-Beitrag, inszenieren.

Der Tod: Mehr als ein Ende?

Inmitten der Erfahrungen von Vergänglichkeit und Kontingenz, gegen die unbestreitbare Tatsache (kontrafaktisch), dass jedes Leben ein Ende habe, stand zu allen Zeiten die Verheißung, dass der Tod nicht das letzte Wort hat; dass der Mensch von seinen Verwundungen geheilt, seine Zeit überwunden, sein Stückwerk vollendet werde.

→ Ein literarisches Gedankenexperiment zur Begrenzung von Lebenszeit finden Sie auf S.152.

M 1 Geht es nach dem Tod weiter?

In einer Studie aus dem Jahr 2017 wurden 1602 Schülerinnen und Schüler (repräsentative Stichprobe) der Mittel- und Oberstufen in Nordrhein-Westfalen hinsichtlich ihrer Jenseitsvorstellungen befragt.

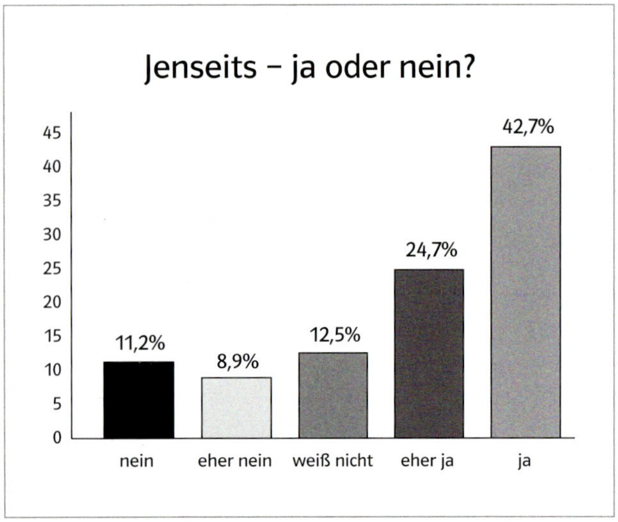

a) Verteilung des Jenseitsglaubens

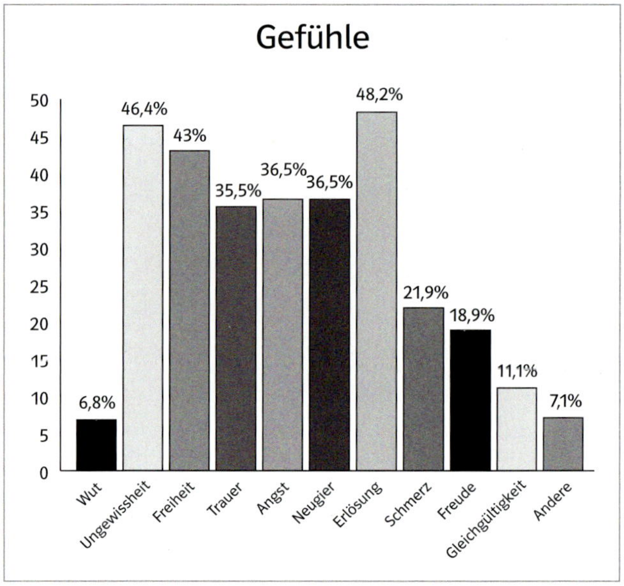

c) Gefühle zu postmortalen Vorstellungen

Ereignisse im Todesmoment

Jenseits – ja oder nein?

	Ablehner	Unentschiedene	Befürworter	Anteil
Das eigene Leben zieht wie ein Film noch einmal an einem vorbei.	11,4%	11,7%	77,0%	100%
Man wird von bereits Verstorbenen abgeholt.	6,0%	7,6%	86,5%	100%
Man sieht ein helles Licht.	9,3%	9,5%	81,2%	100%
Man gelangt durch einen Tunneln an einen anderen Ort.	4,9%	9,4%	85,7%	100%
Das Gehirn hört auf zu arbeiten.	31,9%	15,2%	52,8%	100%
Es passiert nichts Übernatürliches.	57,5%	15,3%	27,2%	100%
Anderes:	12,8%	10,9%	76,3%	100%
Anteil	18,7%	11,7%	69,6%	100%

b) Jenseitsglauben

Tot – und dann?

Nennung	Anteil
Himmel/Paradies/besserer Ort	56,3%
Gericht und Trennung der Verstorbenen in schlechtem Ort (Hölle) und guten Ort (Himmel)	25,7%
Wiedergeburt auf der Erde	30,5%
Wiedergeburt auf einem anderen Planeten	8,4%
Weiterleben der Seele	44,5%
Nichts/kein Weiterleben	14,4%
eine Art Schlaf	20,1%
Bewusstseinslosigkeit	10,6%
Mischung aus verschiedenen Vorstellungen	17,1%
Etwas Gutes	37,6%
Etwas Schlechtes	6,7%
Weiß nicht	9,2%
Anderes:	7,1%
Anteil	288,2%

d) Zustimmung zu verschiedenen Jenseitsvorstellungen

Peter Erdmann, Jugend und Jenseits, Münster 2017, 62, 78, 90, 94.

M 2 Umgang mit Vergänglichkeit

Ein Gespräch mit Heike Gudat Keller, der ärztlichen Leiterin eines Hospizes in der Schweiz.

Corina Caduff (CC): Warum können wir das Wissen, dass wir sterblich sind und uns eines Tages vom Leben verabschieden müssen, nicht besser ins Leben integrieren?

Heike Gudat Keller (HK): Vielleicht hindert uns einfach der Lebenstrieb daran. In unseren Breitengraden fällt es uns heute sehr leicht, das Sterben und den Tod auszublenden. In der individualisierten, selbstbezogenen und fast schon neurotisch gesundheitsorientierten Gesellschaft erscheint es mir ganz normal, dass man sich damit kaum auseinandersetzt. Aber es würde jedem von uns im Moment von Abschied und Tod helfen, wenn wir mehr Strategien zur Verfügung hätten. Das wäre nicht nur für das eigene Sterben hilfreich, sondern auch dann, wenn wir von Sterbenden Abschied nehmen müssen.

CC: Allerdings ist der Tod heute nicht mehr so sehr tabuisiert wie noch vor wenigen Jahren. Es gibt beispielsweise Talkrunden im Fernsehen und Reality-TV-Shows, die todkranke junge Menschen porträtieren, außerdem erzählen zahlreiche Autorinnen und Autoren in Büchern und Blogs von der eigenen Krankheit oder vom Sterben der nächsten Angehörigen.

HK: Ja, das Thema ist zweifellos präsent, aber in diesen medialen Präsentationen bleibt der Tod letztlich doch eine Show: Es sind immer andere, die sterben, und man schaut selbst nur zu. Und wenn es einem zu viel wird, kann man einfach wegzappen. Bei Reportagen in Radio und Fernsehen sind Berichte von Sterben und Tod meist mit dieser süßlichen Piano-Musik unterlegt, und am Schluss stehen dann versöhnliche Bilder. Viele Berichte – auch in anderen Medien – sind kitschig und klischeehaft, und oft werden Allgemeinplätze wiederholt, etwa dass man sich mit dem Schicksal versöhnt und das Sterben akzeptiert habe [...]. Kein Wort über das Ringen um die eigene Geschichte, kein Wort über das Aushaltenmüssen, kein Wort über die Trauer, die Wut und die Empörung, oder über unaufgeräumte Zimmer und erschöpfte Angehörige [...].

CC: Es wird oft gesagt, dass man sich am Ende des Lebens, wenn der Tod klar vor Augen steht, verstärkt dem Spirituellen zuwende, auf der Suche nach Transzendenz und nach Auswegen, wie es doch noch weitergehen könnte. Erleben Sie das in Ihrer Klinik auch?

HK: Ja, das ist ein Thema. Bei Menschen, die das Lebensende vor Augen haben, dreht sich vieles um Sinnfindung: Was soll ich mit dem Leben anfangen, das mir noch bleibt? Warum passiert das gerade mir? Muss ich leiden? Wie soll ich das alles aushalten? Sie wissen nicht, wie und woher sie Antworten auf ihre Fragen bekommen sollen, weshalb sie überhaupt in diese Situation geraten sind, und schon gar nicht, ob danach noch etwas kommt. Infolgedessen suchen sie nach religiösen Wurzeln oder spirituellen Konzepten, an die sie andocken können.

CC: Unterstützen Sie diese Fragen der Sinnfindung aktiv, wenn sie bei den Patienten aufkommen?

HK: Oh ja, die Sinnsuche ist etwas zutiefst Menschliches. Wir wollen verstehen und kontrollieren können. In existenziell bedrohlichen Lebenssituationen helfen uns spirituelle Vorstellungen, Unbegreifliches einzuordnen. Wer mit Gleichdenkenden in einer religiösen Gemeinschaft verbunden ist, fühlt sich weniger einsam. Aber die meisten von uns leben heute in einer säkularisierten Welt, unser Alltag wurde „entstaubt", man kann auch sagen: entseelt von spirituell bedeutsamen Ritualen. Die ganz großen Fragen bleiben ja meist unbeantwortet. Es kann aber hilfreich [sein], das Unerklärbare auszuhalten.

Corina Caduff, Wozu Vergänglichkeit? Elf Gespräche über Atome, Tod und schwarze Löcher, Berlin 2018, S. 99 ff.

> Ein **Hospiz** (lat. hospitium Herberge, Gastfreundschaft) ist eine stationäre Einrichtung zur Sterbebegleitung.

M 3 Die Realität des Todes

a) TRAUERKARTE

Wir wollen keine Blumen
nein, auch keine Karten,
nein, auch keine Briefe,
kommt uns auch nicht besuchen.

Wir wollen keinen Zuspruch,
kein herzliches Beileid,
keine Getränke, keine Schnittchen,
auch nicht Kaffee und Kuchen.

Keine Hand auf der Schulter, keinen, der uns drückt.
Wir wollen nur unsere Schwester zurück.

b) ZU KLEIN
Kleiner warst du als dein Strampelsäckchen hier.
Kleiner als die kleinste Babyflasche auch.
Noch kleiner als dein kleinstes Schmusetier.
Du kamst viel zu klein aus Mamas Bauch.

Du hättest einfach noch ein wenig warten sollen.
So früh, das tat doch wirklich gar nicht not.
Wie gerne hätte ich dich später lachen sehen wollen
auf meinem Schoß. Und du wärst jetzt nicht tot.

Ich bemale deinen Sarg mit Schmetterlingen.
Du warst noch kleiner, als ich es mir vorgestellt.
Du kamst zu früh, da hilft kein Händeringen.
Du fehlst mir sehr auf dieser Welt.

Bette Westera/Sylvia Weve, Überall & Nirgends, München 2016 (ohne Seiten).

Bette Westera (* 1958) ist eine niederländische Kinderbuchautorin, Komponistin von Kinderliedern und Übersetzerin von Kinderbüchern und Lyrik. Ihre Gedichte über den Tod wurden kongenial illustriert von Sylvia Weve (* 1954).

M 4 Tod und Würde

Das biblische Verständnis des Todes ist zweidimensional. Es enthält einerseits eine Feststellung über das Wesen des Todes: der Tod ist das Ereignis der die Lebensverhältnisse total abbrechenden Verhältnislosigkeit. Als dieses Ereignis der Verhältnislosigkeit ist er das Ende einer Lebensgeschichte, das Ende der Geschichte einer Seele und ihres Leibes, das Ende also der ganzen Person und eben darin Ausdruck der Endlichkeit des menschlichen Lebens. Der Mensch ist, wenn er gestorben ist, nur noch das, was er war. Er wird von sich aus hinfort nichts mehr werden und insofern auch nicht mehr sein. Denn Gegenwart ohne Zukunft gibt es nicht, sie wäre keine Gegenwart. Der Gestorbene „ist“ nur noch in der Weise des Gewesenseins. [...]
Dass alle Menschen sterben müssen, hat die Menschheit erst lernen müssen. Noch weniger selbstverständlich war die damit gegebene Aufhebung aller Unterschiede, die das menschliche Leben bestimmen. Dass der Tod alle gleichmacht, musste ebenfalls erst gelernt werden. [...]
Das Wesen des Todes ist Verhältnislosigkeit. Der tödlichen Tendenz nach Verhältnislosigkeit wehrt man verantwortungsvoll am besten noch immer dadurch, dass man neue Verhältnisse schafft; solche Verhältnisse, in denen verständlich und verifizierbar wird, dass ein endliches Leben gerade in seiner Endlichkeit seine Würde hat – dem Tod zum Spott und Gott zur Ehre. Man kann lebend gegen den Tod nicht genug tun, weil man sterbend gegen den Tod gar nichts machen kann. Genau darauf aber muss der Tod reduziert werden: auf jene Grenze, die kein Mensch setzen darf, weil kein Mensch sie aufheben kann. Tod soll sein und muss werden, was Jesus Christus aus ihm gemacht hat: die Begrenzung des Menschen allein durch Gott, der da, wo wir schlechthin ohnmächtig sind, seine Macht nicht missbraucht. Wo wir nichts machen können, ist er für uns da.

Eberhard Jüngel, Tod. Stuttgart 1971, S.145.155.171.

Ganztodhypothese
Neuschöpfung
memento mori
ars moriendi

Eberhard Jüngel (* 1934) war Professor für evangelische Theologie in Tübingen.

→ Was sind die zentralen Faktoren für das Gelingen von Beziehungen im Leben? Tugenden? Pflichten? Nützlichkeit? Verfahren? S.134–139

#mausetot
#totseinlernen

M 5 Aufruf zum Vergessen für Hanna S.

Wer weiß
ob es den Toten auch recht ist,
wenn wir sie lieben
über das Leben hinaus

Vielleicht ist Freiheit auch dieses:
Vergessenwerden.
Und Liebe ein schlimmes Rezept,
wenn sie fordert und weint.

Vielleicht heißt Sterben auch:
lass mich gehen!
Halt mich nicht fest
mit den Schlingen der Welt!

Jede Erinnerung schafft Last
und Tränen und Steine.
Ist Erde nicht schlimm genug?
Ihr Tonnengewicht auf dem Sarg,
der Druck der Luft auf der Asche.

Ohne Sehnsucht zu sein, streichelt
die Toten. Vergessenlernen und
es üben aus Liebe. Laß sie.
Sie lassen dich auch.

Erich Wolfgang Skawra
in: T. Seidel/U. Schacht (Hrsg.), Tod, wo ist dein Stachel? Todesfurcht und Lebenslust im Christentum, Leipzig 2017, 226.

#letitbe
#vergisses

Erich Wolfgang Skwara (* 1948) ist ein österreichisch-US-amerikanischer Schriftsteller und Naturwissenschaftler.

M 6 Verewigen

Ich war hier – was, wenn nicht dies, sagen uns (und: sagen damit wir) die Amerikafahne auf dem Mond, Knutschflecken, Würgemale, Fingerabdrücke, Grabsteine, das eingeblendete Spendernamenlaufband in einer Charity-TV-Sendung, Tageszählstriche an Gefängniszellenwänden, Gipfelkreuze, Anstreichungen in Büchern, Kondolenzlisteneinträge, von Münzen über den Rücken werfenden Touristen verursachte Prä-Euro-Währungspluralität in städtischen Brunnen, Telefonbuchdeckelgekrickel, Kuckucksaufkleber des Gerichtsvollziehers, Muschelbeschriftungen auf Sandburgen, autogrammkartenbeklebte Spiegel in der Maske eines Fernsehshowstudios, so genannte Spuckies an Laternenpfählen, Kürzelsignaturen auf einzelnen Vertragsseiten, niedergelegte Kränze? [...]
So entsteht die Gewissheit: Wir sind, denn wir waren da.

Benjamin von Stuckrad-Barre, Festwertspeicher der Kontrollgesellschaft – Remix 2 (hier: Die Zeit 22/2004)

#dasein
#dagewesensein

Benjamin von Stuckrad-Barre (* 1975), deutscher Schriftsteller und Journalist.

1
a) Führen Sie im Kurs eine Umfrage durch, die die Fragen aus M 1 aufgreift, und vergleichen Sie Ihre Ergebnisse mit der Statistik.
b) Arbeiten Sie aus M 1 die zentralen Ergebnisse hinsichtlich der Jenseitsvorstellungen Jugendlicher heraus.
c) Prüfen Sie die Antworten auf Widersprüche. Diskutieren Sie ggf. mögliche Erklärungen für diese M 1.

2 Erklären Sie, warum viele Menschen sich gerade an ihrem Lebensende dem Spirituellen zuwenden M 2.

3 Entwerfen Sie Möglichkeiten, wie auch in einer „säkularisierten Welt" (Z. 76) Wege der Sinnsuche beschritten werden können M 2.

4 Die Wirklichkeit des Todes M 3
a) Lesen Sie die beiden Gedichte von Westera und beschreiben Sie, wie in ihnen das Gefühl der Trauer dargestellt wird.
b) Diskutieren Sie, ob bzw. inwiefern der Tod in den Gedichten nicht zur „Show" wird (M 2, Z. 27–36).

5 Im Tod sind alle gleich M 4.
a) Arbeiten Sie heraus, was Jüngel über den Tod aussagt, und verbinden Sie seinen Begriff der „Verhältnislosigkeit" mit den Gedichten M 3, M 5.
b) Die Position Jüngels wird in der Theologie als „Ganztodhypothese" bezeichnet. Erklären Sie diesen Begriff.
c) Vergleichen Sie die Position Jüngels mit dem „ontologischen Winkel" Höhns (S. 53).
d) Entwerfen Sie Möglichkeiten, wie angesichts der Verhältnislosigkeit des Todes neue (Lebens-)Verhältnisse geschaffen werden können.
e) Beurteilen Sie, welche Folgen die Auffassung Jüngels für ethische Konfliktfelder wie Suizid oder Sterbehilfe hat.

6 M 5 und M 6 beschreiben verschiedene Wege mit Tod und Vergänglichkeit umzugehen. Bestimmen und vergleichen Sie diese. Positionieren Sie sich begründet dazu.

Schreiben Sie einen Text zum Titel: „Endlich enthüllt – was der Tod wirklich ist ..."

Das Jenseits: Mehr als ein Neuanfang?

Hat der Tod das letzte Wort? Und wenn nicht: Was folgt auf ihn? Jenseitsvorstellungen kennen alle Religionen, in den fernöstlichen Religionen oftmals verbunden mit Wiedergeburtslehren. Die Verheißung eines (paradiesischen) Himmels ist eine jüdisch-christliche Vorstellung, die sich auch im Islam wiederfindet. In der paganen antiken Welt blieb der Himmel dagegen den Göttern vorbehalten.
Im Allgemeinen gilt der Himmel als Inbegriff des Positiven, des Glücks, der Erfüllung. Dies spiegelt sich in der Vorstellung eines Himmels auf Erden.

Mutter Teresa MC, geb. Anjezë Gonxhe Bojaxhiu (1910–1997), kath. Ordensfrau, die sich in Indien für Arme, Kranke und Sterbende einsetzte. 1979 Friedensnobelpreis, 2016 Heiligsprechung.

M1 Himmelsverheißungen

M2 Der Himmel jetzt?

Wir alle sehnen uns nach dem Himmel und der Gegenwart Gottes,
aber es liegt an uns, schon jetzt bei IHM im Himmel zu sein.
Doch in diesem Augenblick mit IHM glücklich zu sein bedeutet:
Lieben, wie ER liebt
Helfen, wie ER hilft
Geben, wie ER gibt
Dienen, wie ER dient
Retten, wie ER rettet.
Vierundzwanzig Stunden bei IHM sein
IHN berühren in SEINER jämmerlichen Verkleidung.

Mutter Teresa, zit. nach: H. Kern/E. Jungclaussen, Individuelle Sterbebegleitung, Freiburg i. Br. 2015, S. 120.

M 3 Messianische Zeit

Walter Benjamin interpretiert die Zeiterfahrung im Kontext der jüdischen Tradition.

Es gibt ein Bild von Klee, das Angelus Novus heißt. Ein Engel ist darauf dargestellt, der aussieht, als wäre er im Begriff, sich von etwas zu entfernen, worauf er starrt. Seine Augen sind aufgerissen, sein Mund steht offen und seine Flügel sind ausgespannt. Der Engel der Geschichte muss so aussehen. Er hat das Antlitz der Vergangenheit zugewendet. Wo eine Kette von Begebenheiten vor *uns* erscheint, da sieht *er* eine einzige Katastrophe, die unablässig Trümmer auf Trümmer häuft und sie ihm vor die Füße schleudert. Er möchte wohl verweilen, die Toten wecken und das Zerschlagene zusammenfügen. Aber ein Sturm weht vom Paradiese her, der sich in seinen Flügeln verfangen hat und so stark ist, dass der Engel sie nicht mehr schließen kann. Dieser Sturm treibt ihn unaufhaltsam in die Zukunft, der er den Rücken kehrt, während der Trümmerhaufen vor ihm zum Himmel wächst. Das, was wir den Fortschritt nennen, ist *dieser* Sturm.

[...]

Sicher wurde die Zeit von den Wahrsagern, die ihr abfragten, was sie in ihrem Schoße birgt, weder als homogen noch als leer erfahren. Wer sich das vor Augen hält, kommt vielleicht zu einem Begriff davon, wie im Eingedenken die vergangene Zeit ist erfahren worden: nämlich ebenso. Bekanntlich war es den Juden untersagt, der Zukunft nachzuforschen. Die Thora und das Gebet unterweisen sie dagegen im Eingedenken. Dieses entzauberte ihnen die Zukunft, der die verfallen sind, die sich bei den Wahrsagern Auskunft holen. Den Juden wurde die Zukunft aber darum doch nicht zur homogenen und leeren Zeit: Denn in ihr war jede Sekunde die kleine Pforte, durch die der Messias treten konnte.

Walter Benjamin, Thesen über den Begriff der Geschichte, in: ders.: Gesammelte Schriften. Hrsg. von Hermann Schweppenhäuser und Rolf Tiedemann. Band I/2, Frankfurt am Main 1980, 704.

#zeitpausenunterbrechung

M 4 Jenseitsvorstellungen im Islam

Zentrum der eschatologischen Vorstellungen des Korans ist der Gerichtsgedanke. Die Menschen müssen sich vor Gott als dem Richter verantworten. Ihr ganzes Leben mit all seinen dunklen und hellen Seiten wird aufgedeckt. Nach muslimischer Vorstellung sind jedem Menschen zwei Engel beigegeben, die in stetigem Wechsel seine Handlungen registrieren und in entsprechenden Listen notieren. Man kann durchaus davon sprechen, dass nach muslimischer Überzeugung im Himmel für alle Menschen Konto-Bücher über deren Taten geführt werden. Einer der 99 Namen Gottes ist al-Hasib (der Rechner), der die guten Taten eines jeden gegen die schlechten Handlungen aufrechnet. Oft ist in den eschatologischen Darstellungen von der Waage die Rede. [...] Die Menschen, die über ein positives Saldo verfügen [...], gelangen in das Paradies, das sich der Koran als einen wunderbaren Garten vorstellt, die Verdammten aber kommen in die Hölle, die auch als „das Feuer" bezeichnet wird. Paradies wie Hölle werden im Koran und in den späteren Ausschmückungen der muslimischen Frömmigkeit in den lebhaftesten Farben geschildert. Im Paradiesgarten gibt es die Bäume mit den schönsten Früchten, die den Seligen zur Verfügung stehen. Durch ihn fließen Flüsse mit den wunderbarsten Getränken. Gott hat seinen Dienern im Paradies prächtige Wohnungen bereitgestellt, „in denen sie ewig verweilen" und keusche Paradiesjungfrauen sind den Muslimen und edle Jünglinge den Musliminnen beigesellt.

Die Hölle dagegen ist ein fürchterlicher Ort, in dem die Verdammten auf verschiedene Arten gemartert werden. Die islamischen Theologen sind aber nicht übereinstimmend der Meinung, dass auch der Aufenthalt in der Qual des Höllenfeuers auf ewig währt. Vielmehr besteht die Hoffnung, dass die Verdammten, wenn es Gott gefällt und wenn sie ihre Sünden abgebüßt haben, ebenfalls ins Paradies gelangen.

Der Islam, erschlossen und kommentiert von Peter Heine, Düsseldorf 2007, S. 66 f.

#lohnundstrafeaufewignicht

Walter Benjamin (1892–1940) war Philosoph und Übersetzer. Während der NS-Diktatur emigrierte er aus Deutschland. Die Thesen über den Begriff der Geschichte sind sein letztes Werk.

Angelus Novus
Walter Benjamin
Apokalyptik
messianische Zeit

Peter Heine (* 1944), lehrte als Professor für Islamwissenschaft an der Humboldt-Universität Berlin.

Henning Wrogemann (* 1964), Inhaber des Lehrstuhls für Religionswissenschaft und Interkulturelle Theologie an der (ev.) Kirchlichen Hochschule Wuppertal/Bethel.

Moksha
Karma
Samsara
Nirvana/Nirwana

M 5 Buddhistische Jenseitsvorstellungen in ihrem Bezug auf hinduistische Traditionen

Die Lehre des Buddha ist nur auf dem Hintergrund des indischen Umfeldes zu verstehen. So teilt sie mit der vorbuddhistischen Religion der Brahmanen die Vorstellung, dass alles, was existiert, durch den ewigen Kreislauf der Wiedergeburten (*samsara*) und durch das Gesetz der Vergeltungskausalität (*karma*) bestimmt ist. Gautama Buddha unterscheidet sich jedoch in einigen Punkten sehr deutlich von den Vorstellungen und Praktiken der brahmanischen Religion: (1) Die Götter (*devas*) sind, so lehrt Buddha Gautama, für die Erlösung ohne Bedeutung, denn auch sie unterliegen dem karma. Sie können daher keine Hilfe auf dem Erlösungsweg sein. (2) Auch der Opferkult, der die Götter zu beeinflussen sucht, ist demnach nutzlos. [...] Gewichtiger noch sind aber (4) die von Buddha vertretene Lehre vom „Nicht-Selbst" (*anatman*) [...] und damit zusammenhängend (5) die Ablehnung der Kastenordnung.

In seiner Analyse der Welt und ihrer Beschaffenheit hat Buddha Gautama die Lehre vom „Rad der Wiedergeburten" verkündet. Die Welt und die Kreaturen sind gefangen in einem immerwährenden Kreislauf der Wiedergeburten (*samsara*). Da alles Leben Leiden bedeutet, sollte jeder Mensch sich darum bemühen, aus diesem leidvollen Kreislauf befreit zu werden. [...]

Was ist es, das das Rad der Wiedergeburten in Gang hält? Nach Buddhas Lehre sind es die Triebkräfte im Menschen, nämlich die Begierde (*raga*), der Hass (*dvesa*) und die Verblendung (*moha*). Vereinfacht gesagt besteht das Verblendetsein darin, zu glauben, dass wir ein Ich haben und ein Ich sind. Der Glaube an die Ichhaftigkeit führt zur Selbstsucht, zum Begehren von bestimmten Dingen und zur Begierde überhaupt. Die Begierde wiederum führt zu Konkurrenz zwischen den begehrenden Individuen und damit letztendlich zum Hass. [...]

Ziel des buddhistischen Heilsweges ist die Auslöschung des „Ich", sein „Verlöschen". Das Leiden an der Welt kann erst enden, wenn die Quellen des Leidens, die Lebensgier, die Verblendung und der Hass beseitigt sind, wenn weiterhin durch meditative Anstrengung die Vorstellung des eigenen Ich als eine Täu-

M 6 Karikatur von Mike Baldwin

M 7 Hans Memling, Weltgericht, Triptychon, linke Seite, Ausschnitt schung erkannt und im Zustand der Meditation hinter sich gelassen wird. Die „Auflösung" des Ich bedeutet das Eingehen ins Nirvana. Da jedoch in diesem Zustand die Sprache versagt, da jede sprachliche Äußerung ein Subjekt und ein Objekt voraussetzen würde, ist es sehr schwer, den Zustand des Nirvana zu umschreiben. So kann man es nicht umschreiben, sondern nur erfahren. Zwei Dinge können indes vom Nirvana ausgesagt werden: zum einen, dass dasjenige Wesen, welches das Nirvana erreicht, frei von Leiden sein wird, und zum anderen, dass das ins Nirvana eingegangene Wesen keine karmischen Impulse mehr aufweist und damit aus dem Kreislauf der Wiedergeburten erlöst ist.

Henning Wrogemann, Religionen im Gespräch. Ein Arbeitsbuch zum interreligiösen Lernen, Stuttgart 2008, 69–78

#Ichglaubesgehtschonwiederlos
#Hamsterrad

Johann Baptist Metz (1928–2019), lehrte kath. Theologie in Münster. Sein Schwerpunkt war die Politische Theologie.

1
a) Vergleichen Sie die Vorstellungen eines „Himmels auf Erden" M 1. Vervollständigen Sie dann jeweils den Satz: „Der Himmel auf Erden ist …"
b) Beschreiben Sie Situationen, von denen Sie sagen würden, sie seien wie der „Himmel auf Erden".
c) Vergleichen Sie Ihre Ergebnisse mit dem Himmel, von dem Mutter Teresa spricht M 2.
d) Von Mutter Teresa wird gesagt, sie sei ein „Engel in der Hölle" gewesen. Übersetzen Sie in diesem Zusammenhang die Begriffe Engel und Hölle.

2 Befassen Sie sich mit der Geschichtsauffassung Benjamins, die von der jüdischen Tradition inspiriert ist.
a) Recherchieren Sie Paul Klees Darstellung des „Angelus Novus" und vollziehen Sie Benjamins Interpretation des Bildes nach.
b) Erklären Sie Benjamins These einer inhomogenen Zeit.
c) Jede Sekunde sei „die kleine Pforte, durch die der Messias treten konnte" M 3, Z. 37. Erläutern Sie diese Aussage.
d) Zeigen Sie auf, wie die These vom „Zerschlagenen" der Geschichte mit der Erwartung des Kommens des Messias zusammenhängt.
e) „Die kürzeste Definition von Religion ist Unterbrechung" (J. B. Metz). Interpretieren Sie diese Aussage mithilfe des Zusammenhangs von Vergangenheit, Gegenwart und Zukunft, wie Benjamin ihn beschreibt. Benennen Sie Zeiterfahrungen, die Benjamins These einer möglichen „messianischen Unterbrechung der Zeit" belegen.
f) Nehmen Sie zu Benjamins Zeitinterpretation Stellung.

3 Fassen Sie die Jenseitsvorstellungen im Islam und im Buddhismus mit eigenen Worten zusammen M 4, M 5. Stellen Sie heraus, was Sie in M 5 über den Hinduismus erfahren. Recherchieren Sie ggf. zu hinduistischen Jenseitsvorstellungen und ihren Unterschieden zum Buddhismus.

4 Vergleichen Sie diese Vorstellungen mit denen, die in der Schülerumfrage zum Ausdruck kommen (S. 59).

5 Beschreiben Sie die Jenseitsvorstellung, die in dem Cartoon M 6 zum Ausdruck kommt.

6 Informieren Sie sich über Nahtoderfahrungen und vergleichen Sie diese mit der Darstellung M 6.

7 Vergleichen Sie Jüngels Auffassung vom Tod M 4 (S. 58) mit der Darstellung der Aufnahme der Toten in das himmlische Jerusalem im Bild Memlings aus dem 15. Jahrhundert M 7.

Diskutieren Sie: Welche Rolle spielt im Bild Memlings die Nacktheit? Was wird durch sie enthüllt? Welche Bedeutung hat die Verhüllung dieser Nacktheit beim Eintritt in das himmlische Jerusalem?

Mehr als Fleisch und Blut: die Seele

Der amerikanische Arzt D. MacDougall hatte Anfang des 20. Jahrhunderts die Gewichtsdifferenz zwischen lebenden und toten Menschen gemessen. Dass die verstorbenen Menschen durchschnittlich 21 Gramm leichter waren, stellte für ihn einen Beweis für die entwichene Seele dar. Auch wenn seine Forschungen heute als widerlegt gelten: Der Mensch ist mehr als ein körperliches Wesen. Seele, Geist, Lebenskraft – die Umschreibungen dessen, was den Menschen über seine Physis hinaus ausmacht, sind vielfältig. Wie in der Psychologie (psyché = griech. Seele), so spielt die Seele auch in der Theologie eine wichtige Rolle – in der „Seelsorge" und der Eschatologie, der Lehre von den „letzten Dingen".

M 1 Die Seele – ein Gottesmodul?

Dirk Evers (* 1962) ist Professor für ev. Theologie an der Universität Halle-Wittenberg.

Ganz allgemein kann man vielleicht sagen, dass der Seelenbegriff in der Theologie das bezeichnen will, worin auf Seiten des menschlichen Geschöpfs die Gottesbeziehung ansetzt, wie einerseits Gott seinem Geschöpf begegnen und wie andererseits das Geschöpf sich Gott zuwenden kann.

Doch wird man [...] sofort hinzufügen müssen, dass es sich dabei nicht um ein spezifisches natürliches Seelenvermögen handelt, das man etwa empirisch lokalisieren oder nachweisen könnte. Ein gewisser Zweig der amerikanischen so genannten Neurotheologie versucht gerade das zu tun und durch bildgebende Verfahren den Nachweis zu führen, dass das menschliche Gehirn genetisch und anatomisch so geschaltet sei, dass es ein so genanntes Gottesmodul für religiöse Erfahrungen bereitstellt. „Why God Won't Go Away", warum wir Gott nicht loswerden, lautet denn auch ein entsprechender Buchtitel.

→ Was macht den Menschen zum Menschen? Vgl. z.B. S. 16–19.

Neurotheologie
anthropologia negativa
21 Gramm

Nun mag es ja sein [...] dass spezifisch religiöse Gefühle wie Trance, Gebet oder Meditation besondere Zustände des Gehirns darstellen, und die Frage, wann die Evolution eine solche Ausprägung des Gehirns hat entstehen lassen, könnte einige religionswissenschaftlich interessante Einsichten befördern, irgendein Nachweis für die Sachhaltigkeit religiösen Glaubens wäre damit nicht gegeben. [...]

Was die Gottesbeziehung angeht, muss es immer um den ganzen Menschen, um die Person mit Leib und Seele gehen. Der christliche Glaube ist kein Bewusstseinszustand, sondern eine Lebensform, die auch ganz unterschiedliche Grade und Formen religiöser Praxis umfasst.

Zudem muss der theologische Begriff der Seele immer auch ein kontrafaktisches Element enthalten, denn die Liebe, mit der Gott seinen Geschöpfen begegnet, bestätigt nicht einfach das Faktische ihrer Existenz, sondern meint die auch gegen die Sünde des Menschen sich durchsetzende Verheißung von erfülltem und sich erfüllendem Leben. Der theologische Begriff der Seele mahnt uns daran festzuhalten, dass menschliches Leben nicht einfach mit Stoffwechsel und neurophysiologischer Funktionalität *gegeben* und mit ihnen identisch, sondern uns auch *aufgegeben* ist. Als von Gott anerkannte und angeredete Person bin ich noch einmal von allen meinen Erlebnissen und Taten, von dem objektivierenden Blick von außen, ja selbst von der eigenen Introspektion, durch die ich mich selbst zu objektivieren trachte, unterschieden. [...]

So markiert der theologische Seelenbegriff die Unterscheidung zwischen dem *Rätsel* der Bewusstseinserklärung und dem *Geheimnis*, das auch der von der Hirnforschung analysierte und erklärte Mensch bleibt. Ein Rätsel löst man, wenn man in es einzudringen vermag, und mit seiner Lösung verschwindet es. [...] Ein Geheimnis verliert seinen Geheimnischarakter nicht, wenn [man] sich mit ihm beschäftigt. Man kann es nicht durch Erklärung in das Offensichtliche auflösen, man kommt vielmehr aus dem Wunderbaren nicht heraus. Trotz aller Schwierigkeiten, mit denen er behaftet ist, erinnert uns der Begriff der Seele daran, dass das Leben selbst, vor allem aber die menschliche Existenz nicht nur ein Rätsel ist, das erklärt zu werden verlangt, sondern auch ein Geheimnis bleibt, das geachtet werden soll.

Dirk Evers, Heute von der Seele reden: http://www.theologie-naturwissenschaften.de/fileadmin/user_upload/Evers_HeutevonderSeelereden.pdf, S. 21

M 2 Seele(n) retten

#saveoursoul/s

M 3 Die Liebe will Ewigkeit

Worauf beruht es überhaupt, dass wir für den Menschen ewiges Leben erwarten? Welcher Faktor kann es verbürgen? [...] Wir könnten auch fragen: Was veranlasst den Menschen überhaupt, nach Dauer zu verlangen? Nicht das isolierte Ich, sondern die Erfahrung der Liebe: Die Liebe will die Ewigkeit des Geliebten und darum auch die eigene. So lautet die christliche Antwort auf unser Problem: Unsterblichkeit steckt nicht im Menschen selbst; sie beruht auf einer Relation, auf der Beziehung zu dem, was ewig ist und was Ewigkeit sinnvoll macht. Dieses Beständige, das Leben geben und erfüllen kann, ist die Wahrheit, die Liebe. Der Mensch kann deswegen ewig leben, weil er der Beziehung zu dem fähig ist, was Ewigkeit gibt. Das, woran diese Beziehung im Menschen einen Anhalt findet, nennen wir „Seele". Seele ist nichts anderes als die Beziehungsfähigkeit des Menschen zur Wahrheit, zur ewigen Liebe.

Joseph Ratzinger/Benedikt XVI., Eschatologie. Tod und ewiges Leben, Regensburg 2007, S. 219.

#liebeundgotthörenniemalsauf

🌐 Katechismus Volksmission

Joseph Ratzinger (* 1927), katholischer Theologe, 2005–2013 Papst Benedikt XVI.

M 4 Gibt es eine unsterbliche Seele?

a) „Hätten wir eine unsterbliche Seele, dann könnten wir den Tod auf die leichte Schulter nehmen. Das Wertvollste an uns würde ja gar nicht davon betroffen."

Zit. nach: S. Kettling, Wo sind unsere Toten?, in: Akzente für Theologie und Dienst 6 (1987).

b) „Erlösung kann [...] doch nichts anderes heißen, als dass *dieses gelebte* Leben erlöst wird, nicht aber, dass *aus* diesem Leben erlöst wird. [...] Das endliche Leben wird als endliches verewigt. Aber eben nicht durch unendliche Verlängerung: eine Unsterblichkeit der Seele gibt es nicht."

E. Jüngel, Tod, Stuttgart 1971, S. 152

c) „Durch die Seele ist der Mensch das Wesen, das ‚Ich' sagen kann und als unverwechselbares Individuum vor Gott steht." „Zu sagen: Ich habe eine Seele heißt: Gott hat mich nicht nur als Wesen, sondern als Person geschaffen und in eine nicht mehr endende Beziehung zu ihm berufen."

Youcat. Jugendkatechismus der Katholischen Kirche, München 2010, Nr. 62, 63.

#MitGottimKontakt

1 In der deutschen Sprache gibt es viele Komposita mit dem Wort Seele: seelenruhig, mutterseelenallein, seelenverwandt ... Finden Sie weitere Beispiele und entwickeln Sie eine Mindmap. Versuchen Sie anschließend, jeweils das Wort „Seele" in Ihre Sprache zu übersetzen.

2 Arbeiten Sie heraus, was Dirk Evers über die Seele aussagt M 1.

3 Seele(n) retten M 2 – Übersetzen Sie die traditionellen Mahnungen auf den Bildern in Ihre Sprache und geben Sie Beispiele, wodurch Seelen in Gefahr sind und wie sie gerettet werden können.

4

a) Begründen Sie, warum für Ratzinger die Vorstellung einer unsterblichen Seele unverzichtbar ist M 3. Stellen Sie seine These der „Ganztodtheorie" gegenüber M 4, S. 58.

b) „Die Liebe will die Ewigkeit des Geliebten" M 3, Z. 7. Diskutieren Sie diese These vor dem Hintergrund des „Aufrufs zum Vergessen" M 5, S. 58 und ordnen Sie die drei Aussagen M 4 den beiden Positionen zur Existenz der Seele zu.

Nehmen Sie zu folgender Aussage Stellung: „Eine Seele gibt es nicht."

Das Gericht: Mehr als Bestrafung?

Die auf die Bibel zurückgehende Vorstellung von einem eschatologischen, strafenden Gericht am „Jüngsten Tag“ hat in der Vergangenheit vielfach schlimme Ängste ausgelöst und wurde mitunter als Drohbotschaft zur Einschüchterung und Manipulation der Menschen missbraucht. Dabei wurde häufig übersehen, dass das Gericht selbst ein Bild und vielfach zu deuten ist. Welche Hoffnungen kann dieses Bild für uns heute noch bergen?

M 1 An jenem Tage

An jenem Tage,
der kein Tag mehr ist –
vielleicht wird er sagen:

Was tretet ihr an
mit euren Körbchen voller Verdienste,
die klein sind wie Haselnüsse
und meistens hohl?
Was wollt ihr
mit euren Taschen voller Tugenden,
zu denen ihr gekommen seid
aus Mangel an Mut,
weil euch Gelegenheit fehlte
oder
durch fast perfekte Dressur?
Habe ich euch
davon nicht befreit?

Wissen will ich:
Habt ihr die anderen
angesteckt mit Leben?

Joachim Dachsel, Unter die Lupe genommen. Anstöße zum Nachdenken: Vergnügliches und Ernstes, o.O. 2005, S. 119.

#WoraufesankommtwennERkommt

Hans Memling (1433/1440–1494), deutscher Maler.

Joachim Dachsel (1921–2008) war Dozent für Neues Testament, Dogmatik und Sozialethik am Evangelisch-Lutherischen Diakonenhaus in Moritzburg.

M 2 Hans Memling, Weltgericht, zweite Hälfte des 15. Jahrhunderts, Triptychon, Mittelteil

Symbole/Attribute in den Bildern M 2, M 3:
Lilie: Gnade und Barmherzigkeit
glühendes Schwert: Gericht/Gerechtigkeit, Entscheidung (vgl. Offb 1,16; 2,16)
Erzengel Michael: „Seelenwäger“
Posaunen: künden das Ende der Welt an (vgl. Offb 8/9)
Buch: Buch des Lebens
ausgestreckte Hand: Segen

M 3 Christusfigur im Paradiesportal des St. Paulus Doms zu Münster

M 4 Selbstgericht – sein Leben ausrichten

Johanneisch vergegenwärtigt sich das Gericht Gottes in der Glaubensentscheidung (griech. krisis) des Menschen (vgl. Joh 3,16–21) und ist insofern Ausrichtung und Selbstgericht des Menschen, spürbar in seiner Haltung und ablesbar an seinem Handeln im Hier und Jetzt. Die Frage Jesu an Petrus: „Liebst du mich?" (Joh 21,15) kann als Gerichtsfrage verstanden werden; nicht in dem Sinne, dass Jesus mit der Drohung eines Strafgerichts die Liebe seines Jüngers erzwingen wollte. Vielmehr soll deutlich werden, ob Petrus sein Leben am Glauben auszurichten (V. 19: „Folge mir nach!") und mithin der Liebe auszuliefern bereit ist. Diese Liebe meint Selbst-, Gottes- und Nächstenliebe zugleich und auf diese Liebe hin sollen die Menschen gerettet werden („Denn Gott hat seinen Sohn nicht in die Welt gesandt, damit er die Welt richtet, sondern damit die Welt gerettet wird." Joh 3,17). An dieser Rettung hat jeder Mensch Anteil, indem er liebt, sein konkretes Handeln an der Liebe ausrichtet.
Wie ein solches Handeln aussieht, führt die bekannte Weltgerichtsrede Jesu vor (Mt 25, 31–46): „Wenn der Menschensohn in seiner Herrlichkeit kommt [...], dann wird er sich auf den Thron seiner Herrlichkeit setzen." Die Scheidung der Schafe von den Böcken orientiert sich am Ineinsfall von Gottes- und Nächstenliebe in einer denkbar konkreten Form: „Ich war hungrig, und ihr habt mir zu essen gegeben..." [...] Mit drastischen Worten und einprägsamen Bildern schärft der Evangelist ein, dass eine „ewige Strafe" (V. 46) auf jene warte, die Egoismus und Selbstsucht vor Nächstenliebe und Barmherzigkeit setzen. Wer den Hungrigen zum Hunger, den Nackten zum Frieren, den Gefangenen zur Einsamkeit oder den Kranken zur Trostlosigkeit verurteilt, richtet sich damit im Letzten selbst. Wer sich aber den Mitmenschen zuwendet, der Liebe Einlass gewährt, der öffnet sich damit Gott (V. 45). Der ermöglicht Leben und damit Beziehung. Und der wird nicht aus der Gottesbeziehung, dem „ewige[n] Leben" (V. 46) herausfallen (wollen). – Tatsächlich findet sich die Darstellung Jesu Christi als Weltenrichter an exponierter Stelle des Dom-Paradieses [in Münster]. Und tatsächlich ist in früheren Zeiten an dieser Stelle Recht gesprochen worden. Das Paradies steht für einen Zustand der Gerechtigkeit und des Friedens, dem an dieser Stelle Bahn gebrochen werden soll. Der thronende Christus droht nicht mit dem Schwert der Entscheidung oder der Strafe, sondern begegnet dem Menschen segnend. In den Händen hält er das Buch des Lebens. Für die Besucher des Dom-Paradieses ist dies eine Einladung, sich von ihm auf-richten und sein Leben an ihm aus-richten zu lassen: „Wer aber die Wahrheit tut, kommt zum Licht" (Joh 3,21).

Tobias Voßhenrich, Weltgericht, in: Bischöfliches Generalvikariat Münster (Hg.), Willkommen im Paradies. Arbeitshilfe zum Domjubiläum, Münster 2014, 61–63.

#vigilantism
#Orientierungfinden

M 5 Drohbotschaft oder Frohbotschaft?

Es gibt nur eine gute oder eine schlechte Nachricht. Die schlechte wäre: Es gibt kein göttliches Gericht. Die menschliche Justiz ist bereits die letzte Instanz [...].
Dagegen steht die gute Nachricht vom Gericht Gottes. Er stellt in Aussicht, dass die Sehnsucht des Menschen nach einer letzten und endgültigen Gerechtigkeit keine leere Hoffnung bleibt. [...] Es ist die Frohbotschaft

→ Die Fähigkeit, schuldig zu werden, gehört zum Menschsein: S. 22, 25 und 37.

Paradies (Architektur)
präsentische Eschatologie
individuelles Gericht
Partikulargericht
Allgemeines Gericht
Jüngstes Gericht

Tobias Voßhenrich (* 1976), Theologe und Fachleiter für Kath. Religionslehre.

insbesondere für alle Benachteiligten und Opfer von Ungerechtigkeit. Zugleich weckt Jesu Rede vom Gericht die Hoffnung, dass es eine Stunde der Wahrheit geben wird, die jeden und jede frei macht und zur Liebe befähigt. Das Evangelium vom göttlichen Gericht ist nun freilich in Misskredit geraten – nicht zuletzt durch Höllenprediger, die die Tiefe der biblischen Bilder [...] zu Karikaturen verzerrt haben. [...] Wenn Jesu Leben und Verkündigung der entscheidende Maßstab sind, so liegt das Ziel des Gerichtes nicht darin, mit dem Menschen abzurechnen, sondern ihn zu retten und aufzurichten. [...] Christus als Richter ist zugleich auch unser Verteidiger. Er ist positiv befangen. [...]

Und schließlich: Der Mensch wird im göttlichen Gericht nicht aus einer Außenperspektive beurteilt, sondern von einem, der jeden Menschen in- und auswendig kennt. Dies ist von größter Bedeutung. Bei allem Bemühen um Wahrheit bleibt nämlich jede Einschätzung eines anderen Menschen vermessen. Wir können die Freiheit anderer nicht angemessen in unser Urteil einbeziehen. Kein Staatsanwalt, keine Richterin [...] ist fähig, jemandem wirklich ins Herz zu schauen und dessen Freiheitsspielraum auszuloten. [...]

Die Sehnsucht nach Gerechtigkeit wendet sich daher an einen Gott, der um die intimsten Regungen und Gedanken eines Menschen weiß und selbst dessen unbewusste Motive noch kennt. Der Gott, der den Menschen auf Herz und Nieren prüft, kann auch den Handlungsspielraum ermessen, der jedem zur Verfügung steht. [...] Weil Gott uns von innen her kennt, legt er keine äußerliche Messlatte an. Wir werden nicht alle über einen Kamm geschoren. Vielmehr sind das individuelle Freiheitsmaß und die konkreten Handlungsmöglichkeiten entscheidend. [...] Beim göttlichen Gericht wird also niemand nach fremden Gesetzen beurteilt oder an anderen gemessen, sondern die einzige Frage wird lauten: „Bist du du selbst gewesen, und hast du deine begrenzte Freiheit genutzt, um aus dir herauszugehen?" Am Abend des Lebens wird der Mensch nur nach seiner Liebe gefragt. [...] Habe ich mich [...] für Sinn statt für Unsinn, für Liebe statt für Hass, für ein Du statt für Selbstverschlossenheit entschieden?

[...] Wenn dem Menschen sterbend die Augen aufgehen, schaut ihm Christus offen ins Gesicht. In diesem Augenblick sieht der Mensch die volle Wahrheit seines Lebens [...] frei von aller Selbsttäuschung. Ich erkenne, wo ich Menschen glücklich gemacht habe. Ich sehe aber auch meinen versteckten Egoismus, was Trug und Schein an mir ist und wo ich hinter besseren Möglichkeiten meines Lebens zurückgeblieben bin.

Zugleich sieht der Mensch, dass er erkannt und geliebt ist. Dass er auch mit all seinen Grenzen und seiner Schuld angenommen und bejaht wird. Dies ist ein beglückender und zugleich ein beschämender Augenblick. Jetzt wird der Mensch zum Richter über sich selbst. Das letzte Gericht ist nämlich kein „von außen" verhängtes Urteil. Es liegt vielmehr an jedem Einzelnen: Kann und will ich der Güte Gottes glauben, oder traue ich seiner Liebe nicht? [...]

Das göttliche Gericht ist kein bloßer Privatprozess zwischen mir und meinem Gott. Es hat auch eine universale Bedeutung. Zum Gericht müssen alle antreten: die Opfer und ihre Henker, die gemarterten Toten und die Schergen, [...] die geschändeten Frauen und die versteckten Täter. [...] Keiner, der je gelebt und gelitten hat, ist ausgeschlossen.

Darin liegt die Frohbotschaft vom Gericht: Keine irdische Macht, sondern Gott selbst spricht das letzte Wort über das Leben jedes einzelnen und aller Menschen.

Andreas Knapp/Melanie Wolfers, Glaube, der nach Freiheit schmeckt. Eine Einladung an Zweifler und Skeptiker, Freiburg i. Br./Basel/Wien 2011, S. 305–313.

Andreas Knapp (* 1958) und Melanie Wolfers SDS (* 1971) sind Ordensleute, die religiöse und theologische Schriften verfassen.

M 6 Gerichtsverlust ist Gesichtsverlust

Anthropologische, sozialpsychologische und religiöse Gründe zuhauf müssen [...] christlich interessierte oder gar entschiedene Zeitgenossen wachrütteln, wenn die biblische und christliche Botschaft von Gottes Gericht kirchlich verdrängt wird und säkular nicht mehr überkommt. [...] [Denn:] Gerichtsverlust ist allemal auch Gesichtsverlust. Es geht um die, zum Guten wie zum Bösen, unerbittliche Begegnung von Angesicht zu Angesicht. [...] Alle, die beratend und beraten, begleitend oder begleitet arbeiten und Erfahrung haben, wissen von zweierlei: von der immensen Kunst, gleichermaßen empathisch und unerbittlich konfrontieren zu können, und von der Erniedrigung, nicht mehr konfrontiert zu werden. Wo bestenfalls noch über Dritte, hinterrücks und am Rande, ohne das ehrliche ‚von Angesicht zu Angesicht' die Wahrheit ausgesprochen wird, geschieht eine fatale Demütigung, ja Auslöschung. Gerichtsverlust derart bedeutet Ablehnung des Menschen. [Dies macht] deutlich, dass Menschwerdung ohne Gericht, ohne Konfrontation, ohne Ausrichtung in wechselseitiger Begegnung schlechterdings nicht gelingen kann.

Gotthard Fuchs: Gerichtsverlust. Von der christlichen Kunst, sich recht ängstigen zu lehren, in: KatBl 120 (1995), 160–168, hier: 160.

#SchaumirindieAugen
#Harmoniesauce

Gotthard Fuchs (* 1938), Priester, geistlicher Schriftsteller.

M 7 Gustav Doré, 1832–1883, Die Engel im Planeten Merkur. Eine Szene aus der Göttlichen Komödie von Dante (14. Jh.); Merkur steht hier für eine der Himmelssphären.

Gustave Doré (1832–1883) war ein französischer Maler und Grafiker.

1

a) Bestimmen Sie die Intention des Gedichts von Joachim Dachsel **M 1**.

b) Deuten Sie die Schlussfrage und geben Sie konkrete Beispiele für die darin enthaltene Forderung. Beziehen Sie dazu Mt 25,31–46 und **M 5** mit ein.

2 Lesen Sie Joh 3,16–21 und Joh 21,15–19.

a) Zeigen Sie auf, inwiefern jeweils von „Gericht" die Rede ist.

b) In der Forschung wird für das Gerichtskonzept des Johannesevangeliums auch der Begriff des „präsentischen Gerichts" verwendet. Erläutern Sie diesen Begriff anhand der beiden Texte.

c) Erläutern Sie, inwiefern die Frage Jesu (Joh 21,15) als Gerichtsfrage zu verstehen ist. Erklären Sie von dort aus, warum es sich um ein Selbstgericht handelt **M 4**.

3 Betrachten Sie das Gemälde **M 2** mithilfe der Gucklochmethode in seinen Einzelheiten.

a) Versuchen Sie eine Deutung der dargestellten Symbole und Topoi.

b) Beschreiben Sie die Wirkung, die das Gemälde auf Sie ausübt.

4 Beide Darstellungen **M 2**–**M 3** zeigen Christus als Richter. Vergleichen Sie die Darstellungen.

5 Frohbotschaft oder Drohbotschaft **M 5**?

a) Beantworten Sie diese Frage auf der Grundlage des Textes.

b) Stellen Sie die Aussagen des Textes zum „Selbstgericht", zum „präsentischen Gericht" und zum „Weltgericht" einander tabellarisch gegenüber.

6

a) Erklären Sie, warum Gerichtsverlust auch Gesichtsverlust bedeutet **M 6**.

b) Machen Sie anhand von Beispielen aus Ihrem Alltag deutlich, welche Bedeutung die Konfrontation „von Angesicht zu Angesicht" (Z. 10) hat.

7

a) Drücken Sie mit Adjektiven aus, wie das Bild **M 7** auf Sie wirkt.

b) Diskutieren Sie: Möchten Sie zu dieser Gemeinschaft der Engel und Heiligen gehören? Warum oder warum nicht?

c) Interpretieren Sie das Bild vor dem Hintergrund von **M 6**.

Erläutern Sie an Beispielen, was verborgen bleibt, wenn die „Begegnung von Angesicht zu Angesicht" (**M 6**, Z. 10) zwischen den Menschen ausbleibt.

Versöhnung: Mehr als Gerechtigkeit?

Mit dem eschatologischen Gericht ist die Hoffnung auf allumfassende göttliche Gerechtigkeit verbunden. Kommen die Opfer der Geschichte endlich zu ihrem Recht? Zugleich aber gibt es die Hoffnung auf Versöhnung miteinander und Vergebung von der Schuld, die Menschen auf sich geladen haben.

→ Hitler betet – ist das für Sie vorstellbar? S. 134.

M 1 Ist Hitler im Himmel?

Aus einem Chat auf wer-weiss-was.de

Es gibt eine Frage, die mich lange beschäftigt. Wie ist es mit den Menschen, die schwere Schuld auf sich geladen haben. Wie z. B. Adolf Hitler oder auch Menschen, die seine Befehle in den KZ's ausgeführt haben. Wenn sie ihre Sünden bereuen, kann Gott ihnen vergeben und kommen sie dann ,in den Himmel'? und wenn ja, wo steht das in der Bibel?

Danke

Maria

https://www.wer-weiss-was.de/t/ist-hitler-im-himmel/193161 (Rechtschreibung original)

#MitHitlerimHimmelsein?

Johanna Rahner (* 1962), Professorin für Katholische Dogmatik in Tübingen.

M 2 Versöhnung – eine unmögliche Möglichkeit?

Die Notwendigkeit der Durchsetzung der Gerechtigkeit Gottes bestätigt auf den ersten Blick die Denkbarkeit ewiger Verdammnis – nicht so sehr um Gottes als um unseretwillen. So macht *Peter L. Berger* [ein US-amerikanischer Soziologe] zu Recht darauf aufmerksam: „Es gibt Taten, die zum Himmel schreien. Sie sind nicht nur ein Gräuel, sondern sie scheinen die Conditio humana überhaupt in Frage zu stellen. Sie sind nicht nur böse, sondern schlechthin monströs." Solche Taten aber, die zum Himmel schreien, schreien auch nach der Hölle. Die monströse Tat heischt nicht nur nach Verurteilung, sondern nach Verdammung, und zwar in der religiösen Dimension des Wortes: Der Täter ist nicht nur aus der menschlichen Gemeinschaft ausgeschlossen; er hat sich endgültig von einer moralischen Ordnung abgesondert, die diese Gemeinschaft der Menschen übersteigt.

→ Schon da – noch nicht da: Vollendung. S. 100 f.

Und dennoch spricht *Hans Urs von Balthasar* [ein bedeutender katholischer Theologe] zu Recht von der theologischen Verpflichtung, für alle Menschen zu hoffen. Nie wird es von Gott ungeliebte Wesen geben, da Gott die Liebe schlechthin ist. Gäbe es diesen Fall, so müsste Gott sich selber beschuldigt finden – und wäre es auch nur in einem Fall – nicht wahrhaft geliebt zu haben. Doch was folgt daraus für uns? [...] Christliche Hoffnung verliert ihren Sinn, wenn sie nicht die Aussage eines „wir alle", eines „alle zusammen" umfasst. Die Täter der Geschichte können also nicht auf ewig verloren gegeben werden. Freilich stellt sich hier die Frage: Beleidigt eine solche „Hoffnung für alle" nicht die Würde der Opfer und ihrer Leiden? Ist [dies] nicht nur etwas für die Zufriedenen, die Gewinner der Geschichte, die Täter, nicht aber für die Opfer? Plädiert [dies] nicht für eine Versöhnung auf Kosten der Gerechtigkeit?

Johanna Rahner, Einführung in die christliche Eschatologie, Freiburg ²2016, S. 243 f.

#MitHitlerimHimmelseinwollenmüssen?

M 3 Der Blick auf die Opfer

Schwieriger scheint hier die angemessene Erfassung der Position der Opfer zu sein. Ihr Leben, ihre Freiheit und die Erfüllung all dessen, was in ihnen, mit und durch sie hätte sein sollen, münden in das Postulat eines Gottes, der für die bleibende Würde der Opfer über den Tod hinaus gerade steht. Dies geschieht nicht, indem er das Leiden der Opfer in einer nachträglichen himmlischen Harmonie doch wieder desavouiert [hier: herabwürdigt], sondern indem er sich mitten hinein an den Ort der Opfer begibt und dort als derjenige sichtbar wird, der inmitten des Todes, der Entwürdigung, der Unabgegoltenheit des Lebens als der Rettende, Vollendende sich verspricht. [...]
Es bleibt hier die Zumutung, Gott nicht nur als denjenigen zu glauben, der ewig auf die Umkehr des letzten Täters zu warten bereit ist, weil er unter dem Verlust auch nur eines seiner Geschöpfe leidet, sondern ihn zugleich als denjenigen zu bekennen, dessen eschatologisch offenbar werdende Herrlichkeit so sein wird, dass – man wagt es fast nicht zu sagen – „selbst Auschwitz und alle anderen Ungeheu-

erlichkeiten der Geschichte und alle Tragödien des persönlichen Lebens in einem neuen Licht erscheinen können" (J. Brantschen). […] Vollendung der Opfer bedeutet in letzter Konsequenz für die Opfer auch zu den Tätern Stellung zu beziehen. Die Rückgewinnung der Täter kann und darf nicht ohne das Mittun der Opfer vollendet werden. […] Gott kann Versöhnung nicht schaffen über die Würde und Freiheit der Opfer hinweg. […] Mehr als die Bitte des Vollendung verheißenden Gottes an die Opfer, mit ihm in ohnmächtiger Liebe auch auf die Bekehrung des letzten sich nicht bekehren wollenden Täters warten zu wollen, kann und darf hier nicht formuliert werden.

Johanna Rahner, Einführung in die christliche Eschatologie, Freiburg ²2016, S. 245 ff.

#Hitlerandersseinlassenkönnen

M 4 Bleibende Narben

Die Hoffnung auf Rettung durch das Gericht hindurch aber wirft die Frage auf, ob sich am Ende alle miteinander versöhnen lassen. Die Opfer mit den Tätern – die Täter mit den Opfern – angesichts der Gräuel der Geschichte ein kaum vollziehbarer, ja geradezu monströser Gedanke. Und doch ist Jesus Christus, der auferweckte Gekreuzigte, nicht nur der Richter und der Maßstab des Gerichts, sondern zugleich der Retter, der den Täter nicht auf die Summe seiner Untaten reduziert, sondern ihm bis in die tiefste Verlorenheit nachgegangen ist, um ihn von seiner Schuld zu befreien. Ob sein rückhaltloser Einsatz den Täter in seiner Selbstherrlichkeit von innen her zur Umkehr und Reue, ja zum Schrei nach Vergebung bewegen kann, bleibt ungewiss. Die Möglichkeit definitiver Verweigerung bleibt. […] Widerfährt aber auch den Opfern durch die eschatologische Begegnung mit dem auferweckten Gekreuzigten Befreiung? […] Können sie am Ende die vergebungsbereite Liebe des Gekreuzigten mit vollziehen und in ihren Tätern vergebungsbedürftige Nächste sehen? Die nach den Verbrechen des 20. Jahrhunderts unsäglich erschwerte Hoffnung auf Versöhnung sinkt wohl nur dann nicht auf das Niveau einer billigen Harmonisierung hinab, wenn die Geschichte nicht einfach ausradiert wird, sondern die Differenz zwischen Tätern und Opfern auch eschatologisch gewahrt bleibt, mithin den Opfern Gerechtigkeit widerfährt und den Tätern ihre Untaten gleichsam als Kainsmal eingezeichnet bleiben. Es bleiben Narben, die an die gelebte Freiheitsgeschichte erinnern, ohne dass sie noch schmerzen würden oder stigmatisierenden Charakter hatten.

Jan-Heiner Tück, In die Wahrheit kommen. Das Gericht Jesu Christi: Annäherungen an ein eschatologisches Motiv, in: Th. Herkert/M. Remenyi (Hg.), Zu den letzten Dingen. Neue Perspektiven der Eschatologie, Darmstadt 2009, 99–122, hier: 114 f.

#Opferbefreiung #Narbenbleiben

Jan-Heiner Tück (* 1967) ist Professor für Dogmatik und Dogmengeschichte an der Universität Wien.

Kainsmal
Apokatastasis

M 5 Gottes Schmerz

Gott nimmt uns ernst. Er ist diskret, weil er liebt. So wartet denn Gott in seiner diskreten Liebe bei denen, die sich verlieren und verloren haben, bis sie – weder gezwungen, noch überlistet, sondern freiwillig – heimkommen. Dieses Warten ist Gottes Schmerz. Erschütternde Ohnmacht der Liebe.

Johannes B. Brantschen, Die Macht und Ohnmacht der Liebe, in: FrZThPh27 (1980), 224–246, hier: 239.

#Diskretion(s)bitte
#DerHimmelisteinWartesaal

Johannes B. Brantschen OP (* 1935) war Professor für Fundamentaldogmatik in Fribourg (Schweiz).

1 „Ist Hitler im Himmel?" M 1 – Beschreiben Sie, was es schwierig macht, diese Frage zu beantworten (vgl. Karikatur, S. 134).

2 Nehmen Sie Stellung zu den Fragen am Schluss des Textes von Johanna Rahner M 2. Skizzieren Sie eine Lösung des angedeuteten Dilemmas.

3 Erklären Sie den Vorschlag, den die Autorin für den Ausgleich von Opfer und Täter macht M 3. Nehmen Sie kritisch Stellung.

4 Lesen Sie das Gleichnis vom verlorenen Sohn und barmherzigen Vater (Lk 15,11–32). Beziehen Sie M 5 auf das Gleichnis und arbeiten Sie Parallelen zum beschriebenen Sachverhalt M 3 und M 4 heraus; berücksichtigen Sie besonders die Rolle des älteren Bruders.

5 Erläutern Sie, warum für Tück die Differenz zwischen Tätern und Opfern auch eschatologisch gewahrt werden muss M 4.

Himmel – Hölle – Fegefeuer: Mehr als Bilder von gestern?

Was erwartet den Menschen nach dem Tod? Der Himmel? Die Hölle? Diese klassischen Bilder sind in unserer Gesellschaft nach wie vor präsent, manchmal anschaulich ausgemalt, zuweilen ironisch gebrochen. Können sie uns heute noch etwas sagen?
Für die Vorstellungen von Himmel und Hölle gibt es eine Vielzahl biblischer, vor allem neutestamentlicher Anknüpfungspunkte. Vom Himmelreich und ewigen Leben ist dort genauso die Rede wie vom ewigen Feuer oder der ewigen Strafe (vgl. z. B. Mt 25,31–46). Anders ist es mit der Lehre vom Fegefeuer. Ob sie auf die Bibel zurückgeführt werden kann, ist umstritten, sodass die Kirchen der Reformation sie nicht mehr vertreten. Wie Himmel und Hölle, so bedarf auch das Bild des Fegefeuers einer Deutung. Nicht zuletzt deshalb hat sich dafür der Gebrauch des Begriffs Purgatorium (Reinigungsort, Läuterungsort) durchgesetzt.

Abraham a Santa Clara OAD (eigentlich Johann August Megerle) (1644–1709), Schriftsteller und Ordensmann; gilt als bedeutendster deutscher katholischer Prediger und Poet der Barockzeit.

Ablass
Sühne
Reconciliation
Heterotopie
Apartheid
Soteriologie

M 1 Läuterung

Das Purgatorium ist der Zustand jener, die in der Freundschaft Gottes sterben, ihres ewigen Heils sicher sind, aber noch der Läuterung bedürfen, um in die himmlische Seligkeit eintreten zu können.

Kompendium des Katechismus der Katholischen Kirche, Nr. 210

Und auch wir spüren, wie fern wir davon sind, wie sehr wir von so vielen Dingen erfüllt sind, dass wir Gott nicht sehen können. Die Seele weiß um die unendliche Liebe und die vollkommene Gerechtigkeit Gottes, und daher leidet sie darunter, nicht richtig und vollkommen auf diese Liebe geantwortet zu haben. Und die Liebe zu Gott wird selbst zur Flamme, die Liebe selbst läutert die Seele von den Schlacken der Sünde.

Papst Benedikt XVI., Generalaudienz am 12.01.2011

M 2 Arme Seelen

„Der Engel stieg zu dem Ort der Weinenden empor." Das Andachtsbild verdeutlicht die Überzeugung, dass das eucharistische Opfer Menschen („armen Seelen") im Fegefeuer die Leidenszeit verkürzen könne.
Skizze von Abraham a Sancta Clara aus Todten-Capella oder Allgemeine Todten-Spiegel, 1710

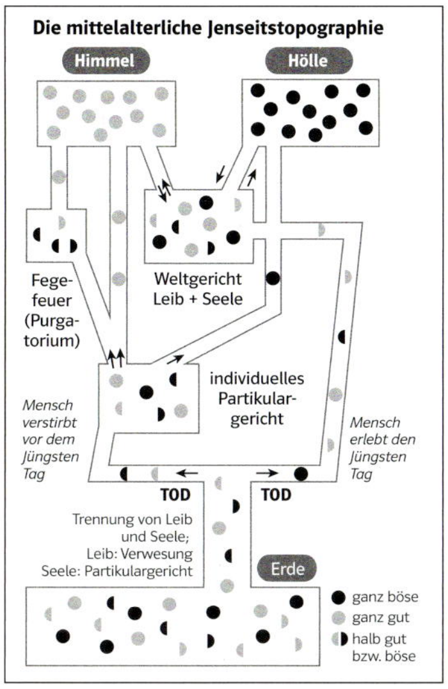

M 3 Eine Topographie des Jenseits

M 4 Das Purgatorium – Umkehrung der Opfer-Täter-Logik

Die Möglichkeit, eine schuldig gewordene Identität ungeschönt zur Sprache zu bringen, ohne an ihr irre zu werden (sowohl als Täter wie auch als Opfer), hat eine soziale und politische Dimension. Das vielleicht prominenteste Beispiel für die gesellschaftliche Valenz dieses Zusammenhangs ist die südafrikanische Wahrheits- und Versöhnungskommission (Truth and Reconciliation Commission, TRC). Sie entstand an einer historischen Wegkreuzung der südafrikanischen Gesellschaft, die nach dem Ende der Apartheid 1994 zu entscheiden hatte, wie es mit der eigenen historischen Last umgehen wollte: mit den Mitteln einer Siegerjustiz nach dem Modell der Nürnberger Prozesse, mit den Mitteln kollektiver Amnestie und Straffreiheit oder auf einem neuen, ungesicherten dritten Weg, der individuelle „Amnestie ermöglichte, aber gleichzeitigen den Opfern die Zumutung einer generellen Straffreiheit für ihre Peiniger ersparte" (Joachim Braun).

Die Logik dieses dritten Modells war kurz gesagt folgendes:

„Wer einen Antrag auf Amnestie stellte, musste seine Taten in vollem Umfang offenlegen, um sie bewilligt zu bekommen. Es handelte sich um die Umkehrung eines normalen Strafprozesses, denn der Antragssteller legte alle Fakten seiner Untat auf den Tisch, um von der Strafe befreit zu werden." (Desmond Tutu)

Wer also Amnestie beantragte, musste sich selbst belasten und seine Schuld öffentlich bekennen. Dahinter steckte der Versuch, die zur Zeit der Apartheid etablierte Kultur der Lüge abzutragen, in der die Wahrheit des Opfers gegen das Wort der Täter stand und in der Regel ungehört blieb. Die Wahrheits- und Versöhnungskommission verkehrt die Logik der Gerichte und durchbricht die gängigen Zuordnungen – abermals eine Heterotopie, ein Anders-Ort inmitten der Gesellschaft: Sie macht Wahrheit zur Sache der Täter und enthebt sie der quälenden Bemühung der Opfer; und sie auferlegt dem Täter keine Strafe, sondern mutet dem Opfer dessen Straffreiheit zu. Diese Heterotopie der Wahrheits- und Versöhnungskommission folgt der Logik des Purgatoriums, sie ist gewissermaßen eine Art säkulares Fegefeuer: Sie ist ein Ort, an dem eigene, verschwiegene Schuld öffentlich bekannt wird – allerdings unter einer klaren Heilsperspektive, nämlich der zugesagten Amnestie sowie der anvisierten Versöhnung. Anerkennt man das eingangs konstatierte politische Moment von Schuld und ist man überdies bereit, diesem Gedanken eine gewisse Geltung über die offenkundigsten Schreckensszenarien der Geschichte hinaus zuzugestehen, wird deutlich, dass Gesellschaften geradezu auf Orte des Fegefeuers angewiesen sind – auf Heterotopien, an denen Schuld und Unzulänglichkeit ungeschminkt, aber in einer Heilsperspektive zum Thema werden kann. Das ist ein eminent politisches Problem: Eine Gesellschaft, die an diesem Anspruch scheitert, läuft Gefahr, infernalische Orte zu erzeugen. Ermöglicht etwa der Strafvollzug einer Gesellschaft ihren Delinquenten Aufarbeitung der eigenen Tat und der Konfrontation mit der eigenen Schuld [...]? Werden Insassen zugleich Möglichkeiten vermittelt, nach der Entlassung ein anderes Leben zu führen? Oder bleibt ein Rückfall (und damit: das neue Leid, die neue Schuld) vorprogrammiert – sodass das Gefängnis quasi zu einer institutionalisierten Form wird, Menschen aufzugeben? Die Irritation, die von dieser geradezu unsäglichen Fokussierung auf den Täter, seine Möglichkeiten und Zukunft ausgeht, hängt mit der Heterotopie zusammen, die das Fegefeuer darstellt: Die Heilsperspektive des Purgatoriums ist eine Zumutung für die Opfer. So ist es nicht verwunderlich, dass [...] von pro-

Christoph Schlingensief (1960–2010), deutscher Regisseur, Autor und Aktionskünstler. Er erlag 2010 einer Krebserkrankung.

minenten schwarzen Opfern beim Verfassungsgericht eine Klage eingebracht wurde – mit dem starken und verständlichen Argument, Amnestie für die Täter verweigere den Opfern Gerechtigkeit. Der Aufschrei der Opfer ist die Plausibilität der Hölle, wie Peter Berger dargelegt hat: Es gibt tatsächlich Verbrechen, die zum Himmel schreien – und diese „schreien auch nach der Hölle. […] Die monströse Tat heischt nicht nur nach Verurteilung, sondern nach Verdammung – und zwar in der ganzen religiösen Befrachtung des Wortes."
Der Hinweis Bergers ist theologisch wertvoll, weil er etwas darüber sagt, was das Fegefeuer (abgesehen von einer Chance für sich selbst) wesentlich auch bedeutet: Das Purgatorium ist der handfeste Skandal der Barmherzigkeit Gottes. Die Verhältnisse verkehren sich, wie das Beispiel Südafrika zeigt: Die Versöhnung geht (so unsere Intuition, die den erwähnten verfassungsrechtlichen Protest so plausibel macht) auf Kosten der Opfer. Gerade darin […] wird der Skandal des Kreuzes augenscheinlich: Die Versöhnung geht vom Opfer aus, das sich um den Täter bemüht – es ist die Zumutung, die der Kreuzestod Jesu darstellt. Genau in dieser soteriologischen Spitze ist das befreiende Moment des Fegefeuers angesiedelt – dieser Skandal ist notwendig, weil darin die Opfer-Täter-Logik überwunden und von hier aus der Blick auf die Möglichkeit versöhnten Lebens frei wird: eine theologische Aussage, die in Südafrika realpolitisch gemacht wurde.

Martin Dürnberger, Die Heterotopie des Fegefeuers. Über das Befreiende im Schrecklichen, in: G.M. Hoff (Hg.), Gott im Kommen, Innsbruck 2006, 259–282, hier: 276 ff.

#Neuanfang
#AndersLogik

Desmond Tutu (* 1931), anglikanischer Erzbischof und Friedensnobelpreisträger (1984), und Nelson Mandela (1918–2013), Friedensnobelpreisträger (1993), waren südafrikanische Menschenrechtler und Anti-Apartheid-Aktivisten.
Mandela war von 1994–1999 der erste schwarze Präsident Südafrikas.

Martin Dürnberger (* 1980) ist Professor für Fundamentaltheologie und Ökumenische Theologie an der Paris Lodron Universität in Salzburg.

M 5 Erzbischof Desmond Tutu (r.) und Nelson Mandela

M 6 Keinen Bock auf Himmel

Ich habe […] keine Lust, die Toten und was weiß ich wen zu treffen, ich habe keine Lust, in so einen Geheimklub abzuhauen, wo man milde lächelnd auf die Erde guckt. Ich habe keinen Bock auf Himmel, keinen Bock auf Harfe spielen und singen und irgendwo auf einer Wolke herumgammeln. Einen Draht zu Gott habe ich trotzdem, das ist klar. Aber ich habe nicht das Vertrauen zu sagen: Gut, ich komme, nehmt mich auf zu euch. Vielleicht kommt das ja noch. Im Moment bin ich einfach nur traurig und habe Angst. Ich liebe das Leben so sehr. […] Ich habe leider ganz große Angst vor diesem Himmel. Ich will hierbleiben. Ich will noch etwas hierbleiben.

Christoph Schlingensief, So schön kann's im Himmel gar nicht sein. Tagebuch einer Krebserkrankung, Köln 2009, 247 f.

M 7 Aus einem Dialog über Himmel und Hölle

Albert: Wenn ich Dich richtig verstanden habe, kann man menschliches Leben so auf den Punkt bringen: Leben heißt Beziehungen haben, Beziehungen zu anderen Menschen, zur Umwelt, zu sich selbst, vielleicht auch zu Gott, falls es den geben sollte. Was aber heißt dann Tod?

Maria: Der Tod ist das Ende aller Beziehungen, totale Beziehungslosigkeit. Selbst die grundlegendsten Bezüge, in denen wir uns bewegen, enden für uns, Raum und Zeit spielen keine Rolle mehr.

Albert: Gilt das auch für Jesus? Immerhin behauptest du ja, er sei von den Toten auferstanden.

Maria: Der Ausdruck „Auferstehung" ist irreführend. Richtiger wäre es, von „Auferweckung" zu sprechen. Zunächst einmal: Jesus war ein Mensch und deshalb auch sterblich. Er ist am Kreuz denselben Tod gestorben wie jeder andere Mensch auch. Der Tod bedeutete auch für ihn das Ende des Lebens und damit aller Beziehungen. Allerdings war Jesus in einer bestimmten Hinsicht ein besonderer Mensch. Denn er hatte eine so enge Beziehung zu Gott, dass er ihn liebevoll „Abba", das heißt wörtlich „Papa", genannt hat. Er hat sein Leben voll und ganz auf Gott ausgerichtet, sich ganz von Gott erfüllen lassen.

Albert: Damit war es dann ja aus, nach dem qualvollen Tod am Kreuz.

Maria: Von Jesu Seite aus betrachtet: ja. Tot ist tot. Der Tod ist das Ende aller Beziehungen, die wir haben können, also auch der Beziehung zu Gott. Man spricht von „Gottesferne“.

Albert: Und was soll das jetzt mit der „Auferwe-ckung“?

Maria: „Auferstehung“ bedeutet ja vom Wortsinn her, dass Jesus von sich aus auferstanden ist, also den Tod von sich gestreift hat.

Albert: Wie soll das gehen? Tot ist tot – hast Du selbst ja gesagt!

Maria: Deswegen sollten wir ja auch von Auferweckung sprechen. Diese Formulierung macht klar, dass die Initiative nicht vom toten, mausetoten Menschen Jesus, sondern von Gott kam, der Jesus auferweckt hat.

Albert: Wie? Ein göttlicher Wecker?

Maria: Nach christlicher Überzeugung (und nach der Verkündigung Jesu) ist Gott nichts anderes als Liebe, vollkommene Liebe. Diese ist so stark, dass sie selbst den Tod besiegen kann. Genauer gesagt: Die Gottesbeziehung (also Liebesbeziehung), die mit dem Tod Jesu beendet schien, hat Gott von seiner Seite aus niemals gekündigt. Er hat die Beziehung einseitig aufrecht erhalten, Jesus nicht aufgegeben. Das heißt jetzt nicht, dass Jesus wie eine Spieluhr wieder aufgedreht wurde und wieder über die Erde spazierte, als sei nichts passiert. Insofern bleibt es dabei: Tot ist tot. Eine Rückkehr in das Leben wie wir es kennen, in Raum und Zeit, gibt es nicht. Aber für Jesus bedeutet mit der Auferweckung der Tod eben nicht totale Beziehungslosigkeit und Gottesferne, sondern bleibende Nähe Gottes.

Albert: Und was haben wir davon?

Maria: Man spricht vom Evangelium ja auch als Offenbarung. Was ist denn offenbar geworden? Am Schicksal Jesu zeigt sich die Treue Gottes bis in den Tod. Es zeigt sich, dass die Liebe stärker ist als die Vernichtung. In der Auferweckung zeigt sich ein für allemal, was für alle Menschen gilt: Im Tod kann der Mensch in Gottes Nähe bleiben: Ewiges Leben – aber halt nicht so ein Leben, wie wir es hier und heute kennen, sondern eine völlig andere Existenzform.

Albert: Ewiges leben – heißt das, wir kommen alle in den Himmel?

Maria: Himmel – wie übrigens auch Hölle – ist auch so ein Begriff, der problematisch ist. Himmel und Hölle – das ist eine bildhafte, symbolische Sprache. Himmel und Hölle – das sind keine Orte, sondern Zustände. Himmel heißt: Bleibende Nähe zu Gott, in einer unerschütterlichen Liebesbeziehung geborgen sein. Manchmal machen wir in unserem Leben solche Erfahrungen – das ist dann der sprichwörtliche „Himmel auf Erden“.

Albert: Und Hölle?

Maria: Die Hölle – das ist ewige Beziehungslosigkeit, Einsamkeit, Unglück oder wie man es ausdrücken will. Unfähigkeit zu lieben und Liebe zu empfangen. Wir alle wissen, dass es in diesem Sinne auch die „Hölle auf Erden“ punktuell geben kann.

Albert: Und in der Hölle werden wir dann alle schön gequält und geröstet?

Maria: Albert – ich sagte doch: Die Hölle ist kein Platz, sondern ein Zustand. Aber Qual – die kann es schon geben. In der Geschichte des Glaubens ist dafür der Ausdruck „Fegefeuer“ benutzt worden. Man kann „Purgatorium“ sagen – Ort der Reinigung, das hört sich dann schon humaner an.

Albert: Wie jetzt? Ich denke, es geht hier um eine ewige Liebesbeziehung, die uns über den Tod hinaus ein neues Leben schenkt? Und nicht um Qual und Reinigung.

Maria: Wir alle wissen, dass wir nicht nur liebende Wesen sind, sondern auch sehr gemein sein können, vielleicht sogar hassen. Wenn wir für das „neue Leben“ bei Gott, für das Leben in vollkommener Liebe verwandelt werden, dann wird uns schonungslos vor Augen treten, dass wir auch lieblos sein können. Die Begegnung mit der eigenen Unvollkommenheit, den eigenen Lügen, kann schmerzhaft sein. Aber das Purgatorium ist ja nicht die Hölle. Gott befreit uns ja gerade von diesen Lieblosigkeiten und will unsere Lügen heilen. So, wie uns die Augen schmerzen, wenn wir in die Sonne schauen, so schmerzt die Begegnung mit der Wahrheit und Liebe, die Gott ist, im Tod. Wir sind mit unserer eigenen Kraft nicht dazu in der Lage, ständig in die Sonne der Wahrheit und Liebe ins Gesicht zu schauen. Das geht nur mit der Hilfe Gottes, der das Beste für uns will.

Herbert Vorgrimler (1929–2014) war Professor für katholische Theologie an der Westfälischen Wilhelms-Universität Münster.

→ Ein wichtiges Bild für den Himmel: Das Mahl Jesu: S. 97.

Hölle von Verdun
Schlacht von Stalingrad
Neurose
Psychose

Klaus von Stosch (* 1971) ist Hochschullehrer für Systematische Theologie in Bonn.

Der Niederländer Edward Schillebeeckx OP (1914–2009) war ein bedeutender katholischer Theologe und Ordenspriester.

Albert: Und der Unterschied zur Hölle?
Maria: Die Hölle ist gerade die Weigerung des Menschen mit der Hilfe Gottes der Wahrheit ins Gesicht zu schauen. Die Weigerung, das Beziehungsangebot Gottes anzunehmen, das ja noch im Tod aufrecht erhalten wird. Wenn das Leben eines Menschen ein definitives „Nein" zu Liebe und Wahrheit ist, kann er nicht in der Gemeinschaft mit Gott bleiben. Liebe kann ja nur auf Freiwilligkeit basieren, und auch Gott kann niemanden in seine Nähe zwingen. Hölle – das ist der Zustand der selbst gewählten Gottferne. Ein Mensch, der jede Beziehung zur Qual macht, schon auf Erden das Leben sich und anderen zur Hölle macht, kann auch im Tod jede Beziehung verweigern. Dann bleibt es beim Tod: Beziehungslosigkeit, Gottferne. Totales Ende. Tot ist tot.
Albert: Man wird dann also für immer und ewig bestraft. Ein Gott, der jemanden für zeitliche Vergehen ewig festnagelt, ist nicht die Liebe, auch kein gerechter Richter, sondern ein Ungeheuer.
Maria: Gott verhängt nicht die Strafen, sondern der Mensch richtet sich selbst durch seine dauernde Verweigerung der Liebe. Gott, der die freie Entscheidung des Menschen gegen die Liebe ernst nimmt, macht dieses Selbst-Gericht nur offenbar.
Albert: Aber – angenommen du hast recht – wenn Gott die vollkommene Liebe und Barmherzigkeit ist, wird er einen Menschen doch von sich überzeugen können! Dann wäre die Hölle leer.
Maria: Mensch, die Hölle ist kein Ort!!! Aber was du sagen willst, das hoffe ich auch. Ob die Hölle „leer" ist oder nicht, lässt sich für uns aber nicht beantworten.

Nach einer Idee von Klaus von Stosch, Einführung in die Systematische Theologie, Paderborn 2006, S. 200 ff.

#Hölleistortlos

M 8 Die Hölle gibt es nicht

„Ob es Menschen gibt, die das Böse wählen, weiß ich nicht", sagt Schillebeeckx. „Aber auch wenn ich annehme, dass es solche Menschen gibt, die Hölle gibt es jedenfalls nicht. Es gibt kein Leben in der Hölle. Wenn es jemanden gibt, der fähig ist, in seinem Leben sich vollständig und definitiv von der Gemeinschaft mit dem Gott des Lebens zu trennen, so ist ihm die Vernichtung des eigenen Wesens bestimmt. [...] Das ist schrecklich. Gott hegt keine Rachegedanken. Für mich ist diese Koexistenz des ewigen Himmels für die Guten und der Hölle für die Bösen, die eine ewige Strafe erleiden, unvorstellbar."

Francesco Strazzari (Hg.), Edward Schillebeeckx im Gespräch, Luzern 1994, 125.

#Hölleistleblos

M 9 Die Hölle existiert

Auffallend ist, dass die Reduktion des Höllenthemas in der ernsthaften Theologie [...] keineswegs das Verschwinden der Rede von Hölle oder Höllen aus dem Bereich menschlicher Erfahrungen mit sich brachte. Hier häufen sich gerade in unserem Jahrhundert so erschütternde Schilderungen und sonstige Thematisierungen, dass es gerechtfertigt ist zu sagen: Die Hölle existiert. [...] [Im] makrokosmischen Bereich [meint ‚Hölle'] alles Entsetzliche, das Menschen einander antun können. Wenn die Literatur von den Höllen von Verdun, Stalingrad, Auschwitz sprach, dann handelte es sich nicht nur um Metaphern, oder genauer: dann tritt der harte Wahrheitskern jeder Metapher an den Tag. [...] In der mikrokosmischen Dimension begegnen furchtbare Ängste und Schreckensbilder, werden Stimmen vernehmbar, treten Zittern und Schweißausbrüche auf: die Hölle als Inbegriff seelischer Erkrankungen, von Neurosen und Psychosen.

Herbert Vorgrimler, Wiederkehr der Hölle? In: KatBl 120 (1995), 156-159, hier: 158 f.

#HölleaufErden

M 10 Über eschatologische Bilder

Glaube braucht Bilder, um sich auszudrücken. Das gilt auch für die Zukunftsvorstellung. Jegliches Bild muss aber als Bild erkannt und durchschaut werden. Dabei ist es notwendig, gerade auf eine allzu menschliche Missbrauchsgeschichte solcher Bilder zu achten und jedes Bild zu überprüfen. Das gilt besonders für eschatologische Bilder.
Eschatologische Bilder, wie zum Beispiel Himmel und Hölle, sind [...] Abbild menschlicher Gottesbeziehung hier und jetzt. Das heißt sie stellen dar, wie sich der Mensch im Angesicht der Wahrheit Gottes versteht: Als von Gott ge-

liebter, behüteter oder als von Gott getrennter Mensch. Eschatologische Bilder sind also keine Zukunftsvisionen, sondern ein inneres Moment des menschlichen Selbstverständnisses hier und jetzt.
Daher gilt: Positive wie negative Bilder sind Provokationen, die zur Klärung der eigenen Gottesbeziehung herausfordern. […]
Eschatologische Bilder nehmen den Modus von objektivierten Inszenierungen dessen an, wie ein Mensch sich selbst gegenüber Gott, seiner Wahrheit, Liebe, Gerechtigkeit, Barmherzigkeit etc. versteht.

Johanna Rahner, Einführung in die christliche Eschatologie, Freiburg u.a. [2]2016, S. 79 f.

M 11 Hans Memling, Weltgericht, Triptychon, rechte Seite, Ausschnitt

#Höllebinichselbst

1 Übersetzen Sie den Begriff „Läuterung" in Ihre Sprache M 1. Finden Sie ebenfalls Übersetzungen für die „Flamme" und die „Schlacken der Sünde".

2 Erklären Sie in einem Kurzvortrag die mittelalterliche Jenseitstopographie M 3. Markieren Sie Begriffe und Zusammenhänge, die Ihnen fragwürdig oder unverständlich erscheinen.

3 Diskutieren Sie die Auffassung, dass Menschen stellvertretend für andere deren Schuld „abtragen" können M 2.

4 „Gerichte ermutigen Menschen, ihre Schuld zu bestreiten. Die Wahrheitskommission lädt sie ein, die Wahrheit zu sagen. Vor Gericht werden Schuldige bestraft, in der Wahrheitskommission werden Reuige belohnt." (Pumla Gobodo-Madikizela, Wahrheitskommission)

a) Nehmen Sie zu dieser Position Stellung M 4.
b) Erklären Sie, inwiefern die TRC der Logik des Purgatoriums folgt und welche Rolle „Scham" dabei spielt. Sie können dabei M 7, Z. 106–134 zur Hilfe nehmen.
c) Überlegen Sie, inwieweit diese Logik auf Schuldzusammenhänge in Ihrem Umfeld übertragbar ist.

5 „Die Versöhnung geht vom Opfer aus, das sich um den Täter bemüht." Beziehen Sie diesen Zusammenhang auf das Verhältnis von Eva Kor und Oskar Gröning (→ S. 84).

6 Erläutern Sie Schlingensiefs Problem mit den gängigen Himmelsvorstellungen M 6. Nehmen Sie persönlich dazu Stellung.

7

a) Arbeiten Sie in Einzelarbeit heraus, welche Aussagen der Dialog M 7 zu den Kernbegriffen der Eschatologie trifft: Tod, Himmel, Hölle, Gericht, Fegefeuer, ewiges Leben, Auferstehung und Auferweckung.
b) Stellen Sie den Zusammenhang dieser Begriffe in Partnerarbeit in einem Schaubild dar.
c) Ergänzen Sie ggf. weitere Begriffe in Gruppenarbeit.

8 Arbeiten Sie heraus, wie Schillebeeckx M 8 und Vorgrimler M 9 jeweils das Bild der „Hölle" füllen. Stellen Sie die vorgebrachten Argumente für oder gegen die Existenz einer Hölle einander gegenüber und prüfen Sie ihre Stichhaltigkeit.

9

a) Betrachten Sie den Ausschnitt aus dem Weltgericht von Hans Memling M 11 genau, auch im Kontext des Mittelteils des Triptychons (S. 66). Charakterisieren Sie die Darstellung mit treffenden Adjektiven.
b) Entscheiden Sie sich für eine der dargestellten Personen. Halten Sie fest, was diese Person gerade denkt oder sagt.
c) Übertragen Sie die Überlegungen zum Umgang mit eschatologischen Bildern von Johanna Rahner M 10 auf die bildliche Darstellung Memlings.

10 J. Rahner meint in erster Linie begriffliche Bilder wie Himmel und Hölle als „Abbild menschlicher Gottesbeziehung" (M 10, Z. 10 f.). Erklären Sie, inwieweit die Kernbegriffe der Eschatologie M 7 Ausdruck von Gottesbeziehungen sind.

Erläutern Sie, was über die eschatologischen Bilder enthüllt wird, wenn sie aus der Perspektive Rahners betrachtet werden. Was verrät die Füllung dieser Bilder über diejenigen, die sie verwenden (also vielleicht auch über Sie)?

Apokalypse: Mehr als ein Endgame?

Mit dem Begriff „Apokalypse“ werden häufig Krisen von universalem Ausmaß, grelle Schreckensbilder und Endgerichtserwartungen destruktiver Kulte assoziiert. Zwischen seinem gegenwärtigen Gebrauch, insbesondere im medialen Alltag und in der politischen Rhetorik, und seiner ursprünglichen Bedeutung besteht jedoch eine bedeutsame inhaltliche Differenz, denn das altgriechische Wort ‚Αποκάλυψις‘ bedeutet an keiner Stelle ein endgültiges und alles vernichtendes globales Unglück, ein schockierendes Menschheitsverbrechen oder gar den drohenden Untergang der Zivilisation. Sein umgangssprachlicher Gebrauch zur Bezeichnung eines Angst und Schrecken erregenden Weltuntergangsszenarios stellt deshalb eine unzulässige Verkürzung dar (Michael Tilly).

M 1 Magdas Apokalypse

Magda ist gerade 13 Jahre alt geworden. In Magdas Welt ist für den 21. März der Weltuntergang angekündigt – aufgrund einer absehbaren Naturkatastrophe. Auf unterschiedliche Weise gehen die Menschen mit dem Ende ihrer Zukunft um.

#EndederWelt
#ApokalypseNow

Dystopie
Apokalyptik
Apokalypse

M 2 Apokalypse – biblisch

Apokalyptik (griech. „apokalypsis“ = Enthüllung), zusammenfassende Bezeichnung für eine geschichtstheologische Literaturgattung und deren Inhalte in AT, Frühjudentum und NT sowie für immer wiederkehrende Strömungen, die sich mit einem Ende der bisherigen Geschichte befassen. Im Rahmen jüdisch-christlicher Gläubigkeit steht die Apokalpyse im Gegensatz zu der traditionellen Hoffnung auf ein rettendes und die Not wendendes Eingreifen Gottes innerhalb der Geschichte. Die Apokalypse beurteilt die gegenwärtige Zeit als böse, die bisherige Geschichte als heillos negative Entwicklung, und erwartet, dass Gott ihr ein Ende machen und in einer Geschichtswende seine Herrschaft herbeiführen wird. Kennzeichnend für die Literaturgattung der Apokalypse ist die literarische Fiktion, dass ein Verfasser vom Ende her schreibt, die Umstände des Endes beschreibt und eventuell das Kommende ansagt, alles dargestellt als Offenbarung Gottes. Die Interessen sind eindeutig von Aufforderungen zur Umkehr, von Warnungen vor dem Gericht Gottes und von Vermittlungen des Trostes und der Zuversicht an die Gläubigen, die sich in Bedrängnis befinden, bestimmt. [...]

Über apokalyptische Texte und Inhalte im NT ist die Diskussion weiterhin im Gang. Ungeklärt ist vor allem, ob Jesus selber eine apokalyptische Sicht auf die Geschichte und ihren

Ausgang hatte. Unzweifelbar apokalyptisch sind die Jesus zugeschriebene Parusierede Mk 13 […] und die einzige „komplette" neutestamentliche Apokalypse, das Buch der Offbarung. Kennzeichnend für die spezifisch christlich-apokalyptische Sicht sind die Überzeugung, dass die Mächte der alten Welt (des alten Äons) bereits entmachtet sind, in der Auferweckung Jesu das (zeitlich sich erstreckende) Ende bereits angebrochen ist und die Parusie Jesu (als des von Gott eingesetzten Richters) nahe bevorsteht (Naherwartung). In der nachbiblischen christlichen Tradition entstanden zahlreiche apokalyptische Schriften, die dasjenige detailreich ausmalen, was in der Hl. Schrift allenfalls angedeutet war, mit Schilderungen von Jenseitsreisen und mit geradezu sadistischer Freude an Höllenvorstellungen.

Herbert Vorgrimler, Art. Apokalyptik, in: Neues Theologisches Wörterbuch, Freiburg 2000, S. 51 f.

Herbert Vorgrimler (1929–2014) war Professor für katholische Theologie an der Westfälischen Wilhelms-Universität Münster.

M 3 Offenbarung des Johannes 20–21,5

Das letzte Buch der Bibel, die Offenbarung (Apokalypse) des Johannes, ist vor dem Hintergrund einer drohenden Christenverfolgung durch den Gott-Kaiser Domitian (81–96 n. Chr.) entstanden. Es schildert in einer äußerst bildreichen Sprache den ausstehenden, endgültigen Sieg Gottes über das Böse.

1 Dann sah ich einen Engel vom Himmel herabsteigen; auf seiner Hand trug er den Schlüssel zum Abgrund und eine schwere Kette. 2 Er überwältigte den Drachen, die alte Schlange – das ist der Teufel oder der Satan –, und er fesselte ihn für tausend Jahre. 3 Er warf ihn in den Abgrund, verschloss diesen und drückte ein Siegel darauf, damit der Drache die Völker nicht mehr verführen konnte, bis die tausend Jahre vollendet sind. Danach muss er für kurze Zeit freigelassen werden.
4 Dann sah ich Throne; und denen, die darauf Platz nahmen, wurde das Gericht übertragen. Ich sah die Seelen aller, die enthauptet worden

waren, weil sie an dem Zeugnis Jesu und am Wort Gottes festgehalten hatten. Sie hatten das Tier und sein Standbild nicht angebetet und sie hatten das Kennzeichen nicht auf ihrer Stirn und auf ihrer Hand anbringen lassen. Sie gelangten zum Leben und zur Herrschaft mit Christus für tausend Jahre. 5 Die übrigen Toten kamen nicht zum Leben, bis die tausend Jahre vollendet waren. Das ist die erste Auferstehung. 6 Selig und heilig, wer an der ersten Auferstehung teilhat. Über solche hat der zweite Tod keine Gewalt. Sie werden Priester Gottes und Christi sein und tausend Jahre mit ihm herrschen.

7 Wenn die tausend Jahre vollendet sind, wird der Satan aus seinem Gefängnis freigelassen werden. 8 Er wird ausziehen, um die Völker an den vier Ecken der Erde, den Gog und den Magog, zu verführen und sie zusammenzuholen für den Kampf; sie sind so zahlreich wie die Sandkörner am Meer. 9 Sie schwärmten aus über die weite Erde und umzingelten das Lager der Heiligen und Gottes geliebte Stadt. Aber Feuer fiel vom Himmel und verzehrte sie. 10 Und der Teufel, ihr Verführer, wurde in den See von brennendem Schwefel geworfen, wo auch das Tier und der falsche Prophet sind. Tag und Nacht werden sie gequält, in alle Ewigkeit.

11 Dann sah ich einen großen weißen Thron und den, der auf ihm saß; vor seinem Anblick flohen Erde und Himmel und es gab keinen Platz mehr für sie. 12 Ich sah die Toten vor dem Thron stehen, die Großen und die Kleinen. Und Bücher wurden aufgeschlagen; auch das Buch des Lebens wurde aufgeschlagen. Die Toten wurden nach ihren Werken gerichtet, nach dem, was in den Büchern aufgeschrieben war. 13 Und das Meer gab die Toten heraus, die in ihm waren; und der Tod und die Unterwelt gaben ihre Toten heraus, die in ihnen waren. Sie wurden gerichtet, jeder nach seinen Werken. 14 Der Tod und die Unterwelt aber wurden in den Feuersee geworfen. Das ist der zweite Tod: der Feuersee. 15 Wer nicht im Buch des Lebens verzeichnet war, wurde in den Feuersee geworfen.

1 Dann sah ich einen neuen Himmel und eine neue Erde, denn der erste Himmel und die erste Erde sind vergangen, auch das Meer ist nicht mehr. 2 Ich sah die heilige Stadt, das neue Jerusalem, von Gott her aus dem Himmel herabkommen, sie war bereit wie eine Braut, die sich für ihren Mann geschmückt hat. 3 Da hörte ich eine laute Stimme vom Thron her rufen: Seht, die Wohnung Gottes unter den Menschen! Er wird in ihrer Mitte wohnen, und sie werden sein Volk sein; und er, Gott wird bei ihnen sein. 4 Er wird alle Tränen von ihren Augen abwischen: Der Tod wird nicht mehr sein, keine Trauer, keine Klage, keine Mühsal. Denn was früher war: ist vergangen.

5 Er, der auf dem Thron saß, sprach: Seht ich mache alles neu. Und er sagte: Schreib es auf, denn diese Worte sind zuverlässig und wahr.

#Armageddon

M 4 Apokalyptik – Antwort auf Erfahrungen von Leid und Not

Fragen und Nöte	Antwort der Apokalyptik
Ist alles chaotisch? Gibt es keine Ordnung mehr?	Es gibt einen großen, übergeordneten Zeitplan: Epochen und Zeitabschnitte zeigen, dass alles in eine große Ordnung eingebettet ist.
Das Böse scheint (über uns) zu siegen.	Alles ist umgriffen von Gottes großem Heilsplan.
Wie lange noch müssen wir dies alles ertragen?	Bald hat alles ein Ende.
Wegen der Verfolgung ist keine offene Rede mehr möglich.	In der apokalyptischen Literatur ermöglichen Bilder und Geschichten ein offenes Aussprechen der Situation, der Ängste und Hoffnungen.
Das Gefühl, allem hilflos ausgeliefert zu sein.	Visionäre Bilder enthüllen und erklären Zusammenhänge, geben Einsicht in Gottes Perspektive, die letztlich vernichten wird, was uns vernichtet.

Barbara Leicht/Kath. Bibelwerk e.V. (Hg.), Grundkurs Altes Testament. Bd. 2. 7. Kursteil, Stuttgart 2003, S. 11 f.

→ Zum Konzept einer narrativen Ethik: S. 132.

Barbara Leicht (* 1963) ist wissenschaftliche Mitarbeiterin beim Katholischen Bibelwerk e.V. und zertifizierte Bibliologin.

Parusie
Jüngster Tag
Wiederkunft Christi
Reich Gottes

M 5 Avengers: Endgame
Spielfilm, USA 2019
Regie: Anthony und Joe Russo; mit Robert Downey Jr., Chris Evans, Scarlett Johansson u.a.

M 6 Parusie und Naherwartung

Spricht man von der „*Parusie*“ Christi, so wird zunächst *dreifaches* damit ausgedrückt. Zum ersten die einfache Bedeutung „*Wiederkunft*“: Damit stellt man seinem ersten Kommen (in Geburt und irdischem Leben) und seinem Weggang (in Tod und „Himmelfahrt“) sein erneutes Kommen „am Ende der Zeit“ gegenüber. Freilich ist Christi Wiederkunft nicht eine einfache Wiederholung, sondern eine Steigerung, der endgültige Durchbruch der schon jetzt gegebenen Gegenwart Christi. Also deutete sich hier schon die zweite Ebene des Begriffs an: Das Kommen „*in Herrlichkeit*“. Das drückt auch das dritte Element aus: das Kommen Christi, durch das die Welt *endgültig* verwandelt wird.

Die Anfangszeit des Christentums ist – bedingt durch das Bekenntnis zur Auferweckung Jesu als „Zeichen des Weltenwandels“ – durch eine „gespannte“ *Naherwartung* gekennzeichnet. Die Gottesherrschaft ragt bereits in die Gegenwart hinein, das ist der entscheidende Ansatz.

Johann Baptist Metz (1928–2019), lehrte kath. Theologie in Münster. Sein Schwerpunkt war die Politische Theologie.

[...] Für Lukas wird die Gemeinde im Mahlhalten und Brotbrechen zum sakramental-realsymbolisch erfahrbaren „Ort“ der „Wiederkunft“ Christi. In analoger Weise verändert Johannes die gängige Parusiehoffnung, indem er die Glaubensentscheidung des Einzelnen hier und jetzt zum Ort der endgültigen Scheidung zwischen Wahrheit und Lüge, Licht und Finsternis, Leben und Tod bezeichnet [...]. D.h. im Neuen Testament bleibt zwar der Begriff der „Wiederkunft“ ein Zentralbegriff der christlichen Zukunftshoffnung, aber er wird gedeutet, von seiner apokalyptischen Einengung befreit und damit aufgebrochen: Die Parusie-Hoffnung ist damit nichts anderes als die ins Personale übersetzte Reich-Gottes-Botschaft.

Johanna Rahner, Einführung in die christliche Eschatologie, Freiburg ²2016, 161 f.

#Adventistimmer

M 7 Hoffnungsexistenz mit apokalyptischem Stachel

Nachfolge radikal verstanden, d.h. an der Wurzel gefasst, ist auch nicht lebbar – „wenn die Zeit nicht abgekürzt wird“ oder, anders ausgedrückt: „wenn der Herr nicht bald kommt“. [...] Nachfolge ist ohne Parusiegedanken, ohne Naherwartung nicht zu leben. Wer dies vergisst, den zerstört die Nachfolge, bzw. er ist dabei, sie stillschweigend zu zerstören und zu verstümmeln [...]. Der Nachfolge entspricht eine radikale Hoffnungsexistenz, mit apokalyptischem Stachel!

Bieten wir Christen aber der Welt nicht das peinliche Schauspiel von Menschen, die zwar von Hoffnung reden, aber eigentlich nichts mehr erwarten? Ist das christliche Leben noch mit zeitlich orientierter Erwartung und Sehnsucht aufgeladen? Blicken die Christen [...] wirklich noch gespannt auf das Ende? Erwarten sie überhaupt noch ein Ende – nicht nur für sich selbst in der Katastrophensituation des individuellen Todes, sondern für die Welt und deren Zeit? Ist eine Begrenzung und ein Ende der Zeit überhaupt noch denkbar – oder wurde die Erwartung eines Endes der Zeit nicht längst ins Reich der Mythologie abgewiesen [...]?

Die bekannte Gerichtsrede Matthäus 25, wo der König die Gerechten und die Ungerechten voneinander scheidet nach dem Kriterium: „Was ihr dem Geringsten meiner Brüder getan oder nicht getan habt, das habt ihr mir getan oder nicht getan“: diese Gerichtsrede ist durch und durch apokalyptisch geprägt, denn das Bewusstsein vom Ende und vom Gericht verbindet sich in ihr mit dem Gedanken an die Notwendigkeit des Engagements für die anderen, die „Geringsten unter den Brüdern“. Die christliche Hoffnung aus der Naherwartung heraus leben heißt also gerade nicht, ihre soziale und politische Verantwortung preiszugeben, sondern umgekehrt: die durch Stetserwartung entspannte, verdünnte, auf die lange Bank geschobene Verantwortung unter Zeit- und Handlungsdruck zu stellen. „Mich überkommt“, sagte kürzlich Pater Arupe, „bei all diesen Erfahrungen und Begegnungen (in den Ländern der Dritten Welt) immer wieder das besorgte Gefühl der Zeitnot. Zögern wir Christen nicht zu viel und zu lang? Planen wir nicht manchmal zu langfristig und zu abgesichert? Beharren wir nicht zu gern auf dem angeblich Gesicherten und Erprobten, und verlässt uns nicht zu schnell der Mut bei offenen Versuchen und Risiken? [...]“

Johann Baptist Metz, Zeit der Orden? Zur Mystik und Politik der Nachfolge, Freiburg u.a. 1977, S.78 f., 83 f.

#Traudich
#JetztistdieZeit

→ Auch der Klimawandel erzeugt zeitlichen Druck, vgl. S.149.

1

a) Beschreiben Sie, wie in der Graphic Novel „Magdas Apokalypse“ **M 1** die Menschen auf das nahende Ende der Welt reagieren. Versuchen Sie, dieses Verhalten zu erklären.

b) Überlegen Sie für sich: Was möchten Sie auf jeden Fall erlebt, erfahren, gesehen haben, bevor die Welt untergeht?

c) Am Ende der Geschichte erweist sich die Voraussage als falsch. Zu diesem Zeitpunkt ist Magdas Freund, mit dem sie die vermeintlich letzten Tage verlebt, bereits an Drogen gestorben. Für Magda bedeutet dies ihre persönliche Apokalypse. Angewidert vom Verhalten ihrer Mitmenschen springt sie in den Tod. „Mit dem Tod eines Menschen geht eine Welt unter.“ Diskutieren Sie diese Behauptung vor dem Hintergrund der Apokalypse Magdas.

d) Im jüdischen Talmud findet sich der Satz: „Wer ein einziges Leben rettet, rettet die ganze Welt.“ Beziehen Sie diese Aussage auf das Verhalten Magdas.

2

a) Stellen Sie tabellarisch die Bilder für das Gute, Göttliche einerseits und das Böse, Satanische andererseits in Offb 20 gegenüber **M 3**.

b) Informieren Sie sich über die Lage der Christen unter der Herrschaft des Domitian und erläutern Sie, welche Antwort die Apokalypse des Johannes auf die Fragen und Nöte seiner Mitchristen gibt **M 4**.

c) Beurteilen Sie auf der Grundlage von **M 3**, inwieweit die Apokalypse (auch) Trost- und Hoffnungsbuch genannt werden kann.

3 Avengers: Endgame **M 5** steht für eine ganze Reihe von Hollywoodproduktionen, die vor einer apokalyptischen Kulisse stattfinden. An die Stelle von klassischen Katastrophenfilmen sind zunehmend fantastische Comic-Verfilmungen getreten, in denen Superhelden die Welt retten. Recherchieren Sie ein filmisches Beispiel und erläutern Sie daran, worin das Apokalyptische der Inszenierung liegt. Beurteilen Sie, inwiefern die apokalyptischen Filme Motive der jüdisch-christlichen Tradition aufgreifen und warum in einer zunehmend entchristlichten Welt biblische Motive von Endzeit und Gericht mit großem Erfolg filmisch verarbeitet werden.

4

a) „Naherwartung erlaubt keine Vertagung der Nachfolge“ (J. B. Metz). Erklären Sie den Zusammenhang von Nachfolge und Parusie, den Metz herstellt **M 7**.

b) Vergleichen Sie das ausgeführte Parusieverständnis mit der Deutung der Naherwartung durch Johanna Rahner **M 6**.

c) Der Text von Johann Baptist Metz stammt bereits aus den 1970er Jahren. Inwiefern kann er aus Ihrer Sicht auch heute noch als aktuell gelten?

d) Formulieren Sie Imperative, die konkret deutlich machen, wie eine „apokalyptische Nachfolgeexistenz“ heute zu leben ist. Beziehen Sie sich sowohl auf einen einzelnen Christen, wie auf die Kirche als Gemeinschaft der Christen.

„Denn es ist nichts verborgen, was nicht offenbar werden wird, auch nichts geheim, was nicht bekannt werden und an den Tag kommen wird“ (Lk 8,17). Beurteilen Sie, welche Funktion der Apokalypse bei der Einlösung dieser Voraussage Jesu zukommt.

Eva Mozes Kor (1934–2019)

Eva Mozes Kor war zehn Jahre alt, als sie mit ihrer jüdischen Familie in das KZ Auschwitz-Birkenau verschleppt wurde. Während die Eltern und ihre zwei älteren Schwestern in die Gaskammern geschickt wurden, suchte der SS-Arzt Josef Mengele (1911–1979) sie und ihre Zwillingsschwester Miriam für grausame medizinische Experimente aus.

Eine Geste, die die Welt entzweit
Eva und Miriam überlebten das Vernichtungslager und wurden am 27.1.1945 befreit. Über Rumänien – ihrer Heimat – und Israel gelangte Eva in die USA, wo sie die Organisation Children of Auschwitz Nazi Deadly Lab Experiments Survivors CANDLES (deutsch: Kinder von Auschwitz, Überlebende tödlicher NS-Laborexperimente) gründete und u.a. Schulklassen nach Auschwitz begleitete. Aufsehen erregte sie 2015 während des Prozesses gegen den ehemaligen Auschwitz-Buchhalter und SS-Mann Oskar Gröning (1921–2018). Sie reichte ihm die Hand, umarmte ihn und bot ihm ihre Vergebung an – eine spontane, ungeplante Geste.

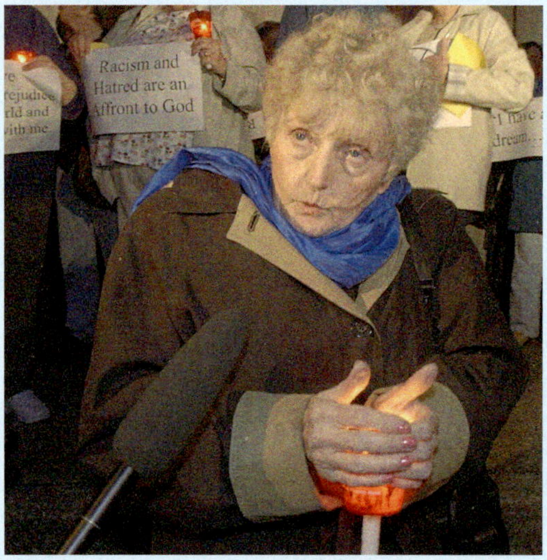

Scharfe Kritik
Dafür erntete sie heftige Kritik und wurde als Verräterin beschimpft. Für Mozes Kor unverständlich; denn es ging ihr nicht darum, Gröning von seinen Taten zu entlasten. Er, der seine Taten nicht leugnete, bleibe dafür verantwortlich.

Miriam (ganz rechts) und Eva Mozes (neben ihr, teilweise verdeckt) bei der Befreiung von Auschwitz am 27. Januar 1945

Nicht mehr Opfer sein
Sie habe den NS-Tätern nicht vergeben, weil sie es verdienten, sondern weil Mozes Kor es selbst verdiene. Sie habe das Recht, sich von ihrer Opferrolle zu befreien. „Ich bin [...] ein siegreicher Mensch, dem es gelungen ist, den Schmerz hinter mir zu lassen." Vergeben sei nicht vergessen, sondern eine Form von Macht, wogegen sich die Täter nicht wehren können. „Ein Opfer hat das Recht frei zu sein von dem, was einem angetan wurde, wenn man diese tägliche Last aus Schmerz und Wut nicht abschüttelt."
Der 93-jährige Gröning wurde zu vier Jahren Haft verurteilt. Für Mozes Kor wäre es besser gewesen, er wäre dazu verurteilt worden, vor jungen Menschen den Holocaust zu bezeugen.

1 Geben Sie die Konfliktsituation, die zwischen Eva Mozes Kor und anderen KZ-Überlebenden besteht, mit eigenen Worten wieder.

2 Erklären Sie, warum für Mozes Kor Vergebung Befreiung bedeutet.

3 Nehmen Sie Stellung zum Verhalten Mozes Kors.

4 Deuten Sie das Verhältnis zwischen Täter und Opfer aus der Perspektive von Rahner und Tück (S. 70/71).

Himmelwärts und weltgewandt – apokalyptische Mystik

„Seid also wachsam! Denn Ihr wisst weder den Tag noch die Stunde" (Mt 25,13). Die Worte Jesu fordern eine adventliche Haltung: Ausharren und wachsam sein – er wird wiederkommen! Vom Ende her öffnet sich das Geheimnis eines neuen Anfangs. Das Wort Mystik leitet sich ab vom griechischen μύειν (myein = die Augen schließen). Aber zeigt sich die Einheit von Anfang und Ende sowie die innere Verbundenheit mit Gott nur dem, der die Augen vor den Nöten der Welt verschließt? Johann Baptist Metz sah das anders. Die Ordensfrau Julia D. E. Prinz schrieb ihm, der ein Kindheitsfreund ihres Vaters war, einen Brief zum 90. Geburtstag. Darin stellt sie weitere Fragen zu einer Theologie der Zeit.

Julia D. E. Prinz VDMF (Verbum Dei Missionary Fraternity) (* 1970) ist Direktorin der Women of Wisdom and Action Initiative (WWA); das Projekt unterstützt in China, Indien, Vietnam und Myanmar Frauen in theologischer Ausbildung und akademischer Tätigkeit.

Nachdem meine sechsjährige Nichte nach intensivem Nachbohren, wie lange wir denn noch fahren würden, die Antwort bekam: bestimmt noch eine Stunde, wurde sie still. Nach einigen Minuten legte sie ihren Kopf schief, Falten formten sich auf ihrer Stirn und sie fragte mich sehr ernsthaft: „Wie lange ist eine Stunde?" Die Frage ist mir eine Frage geblieben. Die Definitionen der Zeitdauer von einer Stunde, 60 Minuten, 3600 Sekunden, $3,6 \times 10^{12}$ Nanosekunden sind keine befriedigenden Antworten auf diese komplexe Frage. Was ist Zeit ohne Erfahrung? Mein Vater erzählte immer, wie anders Zeit unter Tage im Bergwerk empfunden wird. Auch erscheint uns das Vergangene endlos lange her und doch gerade erst gestern geschehen. Sind das schlicht subjektive Dimensionen der Zeit? Sind also die Physiker, die die Zeit vermessen und deren Flexibilität unter dem Einfluss bestimmter Abweichungen feststellen können, die Einzigen, die sie wirklich kennen? Und sind sie auch die Einzigen, die mit *Einsteins* Orientierung an der Lichtgeschwindigkeit Zeit und Raum als biegsam betrachten dürfen? Ist es nicht doch auch theologisch gerechtfertigt zu fragen: „Wie lange ist eine Stunde?" Darüber hinaus wage ich zu fragen: Ist die Stunde für meine sechsjährige Nichte eigentlich ein Zeitbegriff? Oder ist sie nicht viel mehr die Frage nach dem Ende der Situation, in der sie sich befindet. Wann ist das, was ihr anderen eine Stunde nennt, vorbei? Obwohl nur ein Kind, und nicht, weil sie Dein Täufling ist, Baptist, hat sie mich doch an Deine so wichtige Formulierung erinnert, die „Zeit als befristete Zeit" wahrzunehmen, als die sie in der Theologie gedacht werden muss. Nicht als anonyme Zeit der Wissenschaft, noch als kosmische Zeit, sondern als eine Zeit, die Anfang und Ende hat. [...] Die Frage des Exodus, die Frage der Psalmen, die Frage der Propheten und der Gescheiterten, die Fragen der Weisheit und die Frage Kohelets ... – immer ist sie die Frage nach der Befristung der Zeit: *Wann? Wie lange noch? Gibt es ein Ende?* Wie Du es so häufig sagst: Eigentlich kann Zeit biblisch nur vom Ende her gedacht werden, das Ende wird über den Anfang entscheiden. [...] „Mystik der offenen Augen" ist ein Begriff, mit dem Du das Elitäre der Mystik aufbrechen wolltest. [...] Mystik ist immer auch eine Frage von Augenblicken. Ein Moment, der einen anderen Blick, ein anderes Schauen ermöglicht. Der entscheidende Moment, in dem die Augen den Blick verändern. [...] Mystik ist eine sperrige Alltagsangelegenheit – jeden Tag aufs Neue. Ist der Fetzen der mystischen Erfahrung vielleicht deshalb der wichtigste apokalyptische Widerstand, den wir im Christentum haben? [...] Keine billige Mystik, über die wir viel diskutiert haben. *„Schaukel-Mystik"* habe ich diese billige Spiritualität genannt, in der sich die Person nicht verändert, sondern hinein in ein endloses Universum schaukelt. Ist jedoch die Alltagsmystik [...] nicht die Tür des apokalyptischen Widerstandes gegen die Gleichgültigkeit des Endlosen? Sie reißt heraus und verfremdet [...]. Könnte also vielleicht, was Simone Weil über Schönheit sagt, auch für die zeitgebundene Mystik in der Politischen Theologie gelten: *„Schönheit* ist etwas, das wir essen können, es ist Nahrung."

Julia D. E. Prinz, Augenblick: Fragen zu Zeit und Mystik, in: Theologie in gefährdeter Zeit. Stichworte von nahen und fernen Weggefährten für Johann Baptist Metz zum 90. Geburtstag, hg. v. Hans-Gerd Janßen u. a., Berlin 2018, S. 378–382, hier: S. 380–382.

An der Himmelstür klingeln

Sie klingeln wiederum an der Himmelstür. Die Tür öffnet sich. Eine bärtige Gestalt fragt: „Hast du es verdient, in den Himmel zu kommen?“ Formulieren Sie, was Sie ihr antworten würden.

Nach dem Himmel suchen

Führen Sie bei GoogleMaps oder einem vergleichbaren Dienst eine Suche nach (dem) Himmel durch. Vergleichen Sie Ihre Ergebnisse und diskutieren Sie ggf. Zusammenhänge zwischen Ihren Treffern und dem theologischen Konzept ‚Himmel‘.

Nach dem Himmel fragen

Interviewen Sie sich innerhalb der Lerngruppe in wechselnden Rollen: Interviewer/Interviewerin und Mensch, der im Himmel ist. Welche Erlebnisse und Erfahrungen imaginieren Sie?

Die Hölle finden

In seinem Drama „Geschlossene Gesellschaft“ lässt der französische Philosoph und Schriftsteller Jean-Paul Sartre (1905–1980) den Journalisten Garcin sagen: „Also, dies ist die Hölle. Niemals hätte ich geglaubt ... Ihr entsinnt euch: Schwefel, Scheiterhaufen, Bratrost ... auch ein Witz! Kein Rost ist erforderlich.
Die Hölle, das sind die anderen.“
Interpretieren Sie den letzten Satz; Sie können dazu den Inhalt des Dramas recherchieren.

Himmel und Hölle durchbuchstabieren

Fertigen Sie ein zweites Akrostichon zu den Begriffen Himmel und Hölle an. Vergleichen Sie es mit dem, das Sie zu Beginn der Unterrichtsreihe verfassten, und stellen Sie fest, was Sie gelernt haben.

Abschlussaufgabe

die letzten dinge

nur ich / ganz ohne dich / das ist die hölle

der schmerz / dich nicht genug geliebt zu haben / das ist mein fegefeuer

du / und alles in dir / ist unser himmel

Andreas Knapp, Brennender als Feuer. Geistliche Gedichte, Würzburg 2004, S. 30.

Interpretieren Sie das Gedicht vor dem Hintergrund dessen, was Sie in diesem Kapitel über die Hölle, das Fegefeuer und den Himmel erfahren haben.
Berücksichtigen Sie dabei die Aspekte der Verhüllung – Enthüllung/des Nacktseins, die Sie aus der Projektaufgabe (S. 63) kennen, und beziehen Sie diese auf Hölle, Fegefeuer und Himmel im Gedicht.

3 Mehr als nur genug.
Die Botschaft Jesu/s

Tobias Haseidl, Der Auferstehende

Im Kreuz ...

Das Bild der Auftaktseite zeigt eine Bronzeskulptur, das sogenannte Haseidl-Kreuz des Oberammergauer Künstlers Tobias Haseidl.
Betrachten Sie die Skulptur und beschreiben Sie diese Ihrem Sitznachbarn, achten Sie dabei besonders auf die Kreuzesform, die Körperhaltung und die Blickrichtung Jesu. Tauschen Sie sich danach zu zweit darüber aus, was diese Skulptur an Gedanken, Gefühlen und Fragen in Ihnen auslöst und was Ihrer Meinung nach der Künstler mit dieser Skulptur zum Ausdruck bringen will.
Diskutieren Sie abschließend in Ihrer Lerngruppe, wo Ihrer Meinung nach ein angemessener Platz für diese Skulptur wäre. Erläutern Sie schließlich, was dieses Bild Ihnen als Zugang zu einem Kapitel über Jesus sagt.

Weihnachten in der Krippe

In der Weihnachtszeit schmücken Weihnachtskrippen Kirchen; auch in vielen Familien gibt es den Brauch, Krippen aufzustellen. Tauschen Sie sich in Ihrer Lerngruppe über Ihre Erfahrungen mit diesem Brauch aus: Gibt es in Ihrer Familie eine Weihnachtskrippe? Wenn ja, wann und wo wird diese aufgestellt? Welche Gefühle und Erinnerungen verbinden Sie mit dieser Krippe? Jesus als hilfloses Baby: Welche Bedeutung hat das für Sie? Wenn Sie sich Krippendarstellungen anschauen: Welche Krippen gefallen Ihnen und welche nicht? Benennen Sie Gründe. Machen Sie – wenn möglich – ein Foto von einer Krippe, die Sie stark anspricht.

Buchtitel auf dem Büchermarkt

Zu Jesus gibt es eine Vielzahl theologischer Bücher. Einige Titel lauten: „Jesus: Seine Geschichte – unsere Geschichte“, „Der historische Jesus: eine Einführung“, „Jesus war kein Europäer: Die Kultur des Nahen Ostens und die Lebenswelt der Evangelien“, „Was würde Jesus heute sagen? Die politische Botschaft des Evangeliums“, „Jesus der Christus“, „Jesus Christus – Gottes Wort in der Zeit“ oder „Bruder Jesus“.
Recherchieren Sie weitere (aktuelle) Jesus-Bücher. Ordnen Sie die Titel nach selbstgewählten Kategorien. Formulieren Sie Fragen, die Sie an diese Bücher haben. Notieren Sie, welche thematischen Schwerpunkte die Bücher Ihrer Meinung nach setzen könnten.

Wer ist ein Messias?

Im Neuen Testament wird Jesus u.a. als Messias (vom hebr. Meschiach משיח, auf Griech. christos Χριστός, der Gesalbte) bezeichnet. So verkündet z.B. der Engel den Hirten das neugeborene Kind: „Heute ist euch in der Stadt Davids der Retter geboren; er ist der Messias, der Herr“ (Lk 2,11). Notieren Sie Kriterien für eine Messias-Gestalt und finden Sie eine Person, die für Sie messianische Züge trägt. Schreiben Sie dazu einen kurzen Brief an diese Person, in dem Sie Wünsche formulieren. Was erwarten bzw. erhoffen Sie bezüglich der Taten und Worte dieser messianischen Gestalt?

Jesus, wer bist du (für mich)?

2018 tagte in Rom eine Bischofssynode, auf der die Jugendlichen und ihr Glaube im Zentrum standen. In einem Arbeitspapier wird die Situation der Jugendlichen und ihr Verhältnis zu Jesus Christus wie folgt analysiert:

„Vielfalt ist auch im Verhältnis der Jugendlichen zur Figur Jesu Christi erkennbar. Viele erkennen ihn als Erlöser und Gottessohn an, und oft fühlen sie sich ihm durch die Muttergottes nahe. Andere haben keine persönliche Beziehung zu ihm, sehen ihn aber als einen guten Menschen und als ethisches Rollenmodell. Für wieder andere ist er eine Figur der Vergangenheit ohne Relevanz für ihr eigenes Leben, oder er wird (ebenso wie die Kirche) als sehr fern von den Erfahrungen wahrgenommen, die Menschen heute machen".

Instrumentum Laboris (Arbeitspapier) zur 15. Ordentlichen Generalversammlung. Bischofssynode zum Thema: Die Jugendlichen, der Glaube und die Erkenntnis der Berufung 2018, Teil 1, Abschnitt 30.

Unter dem Titel „Jesus for Kanzler" bat Christ & Welt (Nr. 39/2017), eine Beilage der Wochenzeitung DIE ZEIT, die Werbeagenturen der großen Parteien für Jesus als Spitzenkandidaten ein Wahlplakat zu erstellen. Bündnis 90/Die Grünen warb z. B. mit dem Slogan: „Wir haben die Erde von unserem Vater nur geborgt. Darum Jesus." Die CDU lehnte diese Anfrage ab: „Aus Respekt vor der Religion halten wir es für keine vernünftige Kategorie, Jesus Christus als Spitzenkandidaten einer Partei abzubilden." Welcher politische Kanzler-Slogan würde Ihr eigenes Jesus-Bild treffen, wenn überhaupt?

Im Verlauf dieses Kapitels werden Sie eingeladen, Ihre Perspektive auf Jesus, die Bedeutung, die er für Ihr Leben und Ihren Glauben hat bzw. nicht hat, zu reflektieren und dadurch Ihre Beziehung oder Nicht-Beziehung zu ihm zu bedenken.

Entwerfen Sie dazu eine Collage, mit der Sie Ihre Sicht auf Jesus zum Ausdruck bringen.

- Überlegen Sie, warum Jesus für Menschen heute wichtig sein kann, was er heute zu sagen hat oder wo er Orientierung geben könnte.

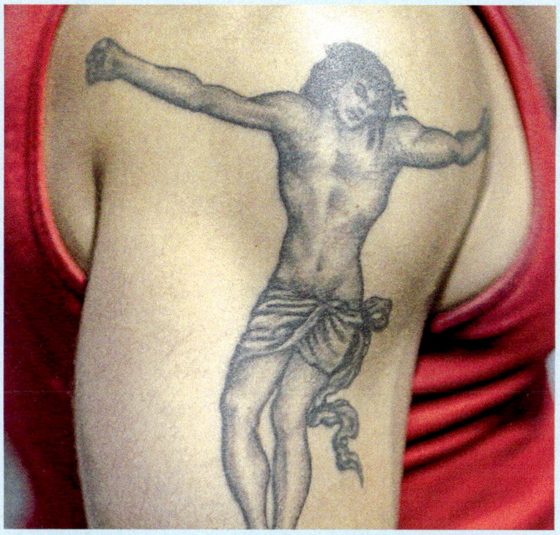

- Überlegen Sie, inwiefern Jesus für Sie und für andere Menschen heute ansprechend, einladend bzw. herausfordernd ist. Beziehen Sie ästhetische Fragen in Ihre Überlegungen ein.
- Recherchieren Sie in einem ersten Schritt nach Jesus-Darstellungen in Büchern, Zeitschriften und im Internet.
- Wählen Sie davon eine Darstellung aus, die Ihrem Jesus-Bild am nächsten kommt.
- Begründen Sie in einem Fließtext, warum Sie sich für diese Darstellung entschieden haben.
- Tauschen Sie sich über Ihre Auswahl in Ihrer Lerngruppe aus.

Bei diesem Projekt lernen Sie,
... Jesus-Darstellungen zu beschreiben und ihre jeweiligen Aussageabsichten zu erfassen;
... Aussagen zum Leben Jesu als positionelle, d. h. von objektiven und subjektiven Geltungsgründen abhängig, zu verstehen;
... religiöse Ausdrucksformen des Glaubens an Jesus Christus wahrzunehmen und zu beurteilen;
... Ihrem begründeten Standpunkt zur (Nicht-)Bedeutung Jesu kreativ Ausdruck zu geben und angemessen darüber zu kommunizieren;
... sich mit unterschiedlichen Perspektiven von Glaubenszeugen auseinanderzusetzen und dadurch die eigene Perspektive zu erweitern.

Jesus – Mensch wie du und ich

Seit Jesu Verkündigung und Wirken fragen sich Menschen, wer dieser Jesus war, wer er für sie ist und wie sich sein Leben auf unser Leben auswirkt.

M 1 Zwei Jesus-Gedichte?

Sabine Schiffner (* 1965) ist Lyrikerin, Übersetzerin aus dem Spanischen und Katalanischen, Herausgeberin und Schauspielerin.

a) Sabine Schiffner
friede

glaubst du wirklich daran
dass gott ein kind hat das heißt jesus
und dass maria dieses gottes mutter ist
sagt sie und sofort fühle ich mich angegriffen
und dann beginnt erneut der streit darüber
ob es so ist oder womöglich doch ganz anders
nachdem wir eine weile erbittert geredet ha-
ben
sieht sie mich plötzlich
mit ihren grünen augen verlegen an
warum bloß diskutieren wir schon wieder
für heute schluss damit
ich bin beschämt
aber bevor sie geht
fällt mir noch etwas ein
ich will doch wissen
drum sag' mir schnell wie
es dir hier eigentlich gefällt
da steckt sie sich 'ne strähne
unters tuch und reicht mir plötzlich ihre hand
es ist so wunderbar
dass ich hier bin
in deinem friedlichen land

Trisomie 21
Nancy Eiesland

→ Was ist der Mensch? Auch die Frage ist nicht ganz leicht zu beantworten: vgl. ab S. 14 f.

Kirstin Schwab (* 1976) absolvierte in Graz ihr Schauspielstudium. Sie lebt als freischaffende Künstlerin in Wien.

b) Kirstin Schwab
bitte nicht berühren

der vergilbte Umriss
des Kreuzes
lässt sich nicht
abnehmen
von der Wand

oder bist du
ein
Tapetenreißer?

Anton G. Leitner/José F. A. Oliver (Hg.), Religion im Gedicht (= Das Gedicht 25), Weßling 2017, S. 52, 125 f.

#jesusschatten

M 2 Am Anfang

Am Anfang: ER.
Am Anfang: Das Wort.
Und Das Wort war bei Gott.
Und was Gott war, war ER.
ER: Am Anfang bei Gott.
Durch Das Wort
wurde alles.
Nichts, was ist,
ist ohne IHN.
ER: das Leben.
ER: das Licht
für die Menschen.
Das Licht in der Nacht:
nicht überwältigt
von der Finsternis.
Das Wort
war die Wahrheit.
ER
war das Licht,
das jedermann leuchtet.
ER
war in der Welt,
die Welt ist durch IHN geworden,
aber sie erkannte IHN nicht.
ER
kam zu den Seinen,
ins Eigene kam ER,
aber die Seinen nahmen IHN nicht auf.
Doch die IHN aufnahmen –
ihnen gab ER die Macht,
Kinder Gottes zu sein.
Ihnen, die nicht aus Blut und Gier und Lust,
sondern von Gott gezeugt sind.
ER aber, Das Wort,
ER wurde Fleisch:
Mensch unter Menschen
war ER bei uns.
Wir sahen IHN in seiner Herrlichkeit,
dem Licht des einzigen Sohnes,
vom Vater her leuchtend,
erfüllt von Gnade und Wahrheit.

Die vier Evangelien: Matthäus, Markus, Lukas, Johannes, übers. von Walter Jens, Stuttgart 1998, Radius-Verlag, S. 361 f.

#fleischwerdungswerbung

M 3 Jesus

Die Frage ist also: Wer ist Jesus Christus? Wer ist Jesus Christus für uns heute? Jesus Christus ist kein Doppelname wie etwa Hans Müller, sondern ein Bekenntnis, das besagt: Jesus ist der Christus. Das Bekenntnis „Jesus ist der Christus" ist die Kurzformel des christlichen Glaubens, und Christologie ist nichts anderes als die gewissenhafte Auslegung dieses Bekenntnisses. Mit diesem Bekenntnis ist gesagt: Dieser einmalige, unvertauschbare Jesus von Nazareth ist zugleich der von Gott gesandte Christus, d.h. der vom Geist gesalbte Messias, das Heil der Welt, die eschatologische Erfüllung der Geschichte. Das Bekenntnis zu Jesus Christus ist also einerseits auf eine geradezu ärgerliche Weise konkret und andererseits auf eine unüberbietbare Weise universal. Das Bekenntnis zu Jesus Christus begründet sowohl die Bestimmtheit, Unverwechselbarkeit und Unterschiedenheit des Christlichen wie dessen universale Offenheit und weltweite Verantwortung.

Walter Kasper, Jesus der Christus, Mainz [11]1992, Matthias-Grünewald-Verlag, S.14.

#Werbringtunsdenheilsbringer?

M 4 Andrea Mantegna, Maria mit dem Kind, um 1480

#TheDisabledGod

Andrea Mantegna (1431–1506) war italienischer Maler und Kupferstecher.

Walter Kasper (* 1933) war katholischer Professor für Dogmatik in Münster und Tübingen, von 1989–1999 Bischof der Diözese Rottenburg-Stuttgart und von 1999–2010 u.a. Kardinal am Heiligen Stuhl im Vatikan.

1 Lesen Sie die zwei Gedichte M 1.

a) Erläutern Sie, welche Situationen in den Texten beschrieben werden, und diskutieren Sie, an wen sich die Texte richten könnten.

b) Erörtern Sie die Jesusbilder, die sich in den Texten zeigen, und diskutieren Sie, welche Rolle sie jeweils spielen.

c) Wo wird (die Rede von) Jesus in der gegenwärtigen Lebenswelt überhaupt plausibel? Beschreiben Sie Orte, an denen vernünftig, poetisch, literarisch … Jesus zur Sprache kommt und erläutern Sie, welche Bedeutung die Jesus-Rede hat.

d) Wählen Sie irgendein Jesus-Gedicht, das Ihnen besonders gefällt oder Sie provoziert, und schreiben Sie eine Antwort auf das Gedicht in Versform.

2 Lesen Sie M 2.

a) Vergleichen Sie den Text mit den beiden Gedichten M 1 und benennen Sie Gemeinsamkeiten und Unterschiede.

b) Erörtern Sie, welche der drei Texte M 1, M 2 Sie als Jesus-Gedichte bezeichnen würden und welche nicht.

c) Vergleichen Sie die Übersetzung nach Walter Jens mit der Einheitsübersetzung und notieren Sie drei für Sie bedeutsame Unterschiede. Erläutern Sie Ihre Auswahl.

3 Formulieren Sie mit eigenen Worten, wer nach Walter Kasper M 3 Jesus Christus ist.

4 Das Jesuskind auf dem Marienbild von Andrea Mantegna M 4 hat einen auffallend runden Kopf, einen offen stehenden Mund und leicht schräg nach oben gehende Augen, alles mögliche Hinweise auf Trisomie 21. Erörtern Sie in der Lerngruppe, wie die Darstellung auf Sie wirkt. Formulieren Sie eine mögliche Intention des Malers.

5 Diskutieren Sie in der Lerngruppe, wie die Materialien M 1–M 4 jeweils die Frage beantworten, wer Jesus ist.

Vergleichen Sie Ihre ausgewählte Jesusdarstellung, für die Sie sich auf der Projekt-Seite entschieden haben, mit den Materialien M 2–M 4 und benennen Sie mögliche Gemeinsamkeiten und Unterschiede in der Darstellung und Deutung Jesu.

Der historische Jesus oder der Jesus der Evangelien?

Dass Jesus gelebt hat, wird heute von niemandem mehr ernsthaft bezweifelt. Auch außerbiblische Quellen bezeugen seinen Kreuzestod. Aber inwiefern ist es möglich, mithilfe der biblischen Zeugnisse den historischen Jesus zu entdecken? Welche Hinweise geben biblische Texte darauf, wer oder wie Jesus „wirklich" war? Und wie beeinflusst dies womöglich die Leserinnen und Leser?

Klaus Wengst (* 1942) ist ein deutscher evangelischer Theologe und war Professor für Neues Testament.

→ Zum Bild des Messias als Gottes Sohn vgl. S. 220 f.

M 1 Der geglaubte Jesus

Bei der Besprechung der Evangelien im Einzelnen hat es sich als sehr wahrscheinlich erwiesen, dass sie alle vier in dem Zeitraum zwischen 70 und 100 verfasst wurden. Sie sind also in einer Situation entstanden, die durch das katastrophale Ende des jüdisch-römischen Krieges geprägt war – katastrophal für das Land Israel mit bedrückenden Auswirkungen für die überlebende jüdische Bevölkerung im Land und auch für die in der Diaspora. [...] Der Krieg war zu Ende, die Lage trostlos. Der schon vorher nicht leibhaftig anwesende Messias Jesus blieb abwesend. Das messianische Reich war nicht gekommen; es schien entfernter als je zuvor. Denjenigen, die nach Jesu Tod auf ihn als Messias setzten, war schon von vornherein entgegengehalten worden, dass Jesus nicht der Messias sein könne, weil er – wie seine Hinrichtung an einem römischen Kreuz zeige – ganz offenkundig gescheitert sei. [...] Das ist die Situation, die in den auf Jesus bezogenen Gemeinden zur Produktion von Evangelien führt. Diese Situation veranlasste es, die überlieferten Erinnerungen an Jesus in zusammenhängenden Darstellungen zu bieten, die gegenüber der radikalen Infragestellung die gesamte Geschichte Jesu als eine Geschichte des Mitseins Gottes bezeugen. Da die Infragestellung sich vor allem auf den Tod Jesu am Kreuz bezog, ergab es sich, dass diese Darstellungen „Passionsgeschichten mit ausführlicher Einleitung" wurden. [...] Es geht ihnen [den Evangelien] nicht um eine Korrektur oder Ersetzung eines jüdischen Messiasbildes, sondern um die Vergewisserung, dass Jesus mit seinem Schicksal des Todes am Kreuz und trotz seiner leibhaftigen Abwesenheit doch der Messias sei. Die Evangelien sind also Texte der Vergewisserung in einer Zeit radikaler Infragestellung. [...] Zentrale Voraussetzung aller vier Evangelien sind „die Schriften", ist „die Schrift": die jüdische Bibel. Sie bildet die Basis der Evangelien und des in ihnen enthaltenen Evangeliums, der guten Botschaft. Sie bietet ihnen den Raum, in dem sie sich bewegen und ausdrücken können. Nur mit der Schrift konnten die Evangelisten deutlich machen, dass Jesus nicht ein unglücklich Gescheiterter war, sondern dass Gott es ist, der in Jesu Geschichte wirkt und ihr zu weiterer Wirkung verhilft. Im Hören auf das Zeugnis der Schrift wird Gottes Wirken in der Geschichte Jesu erkannt. [...] Am Ende [der Evangelien] steht das Zeugnis von der Auferweckung Jesu durch Gott – ein analogieloses Ereignis. Von historischer Forschung kann es nicht erfasst werden. Es gehört einer anderen Ebene an als der Ebene historisch verifizierbarer Fakten. So begegnet Jesus in den Evangelien nicht als einmal Gewesener und inzwischen Verstorbener, sondern als bleibend lebendig Gegenwärtiger. Dieses Zeugnis von der Auferweckung Jesu ist der Konstruktionspunkt der Evangelien: Gottes endzeitlich-neuschöpferisches Handeln am hingerichteten Jesus. [...] Dieser Konstruktionspunkt bestimmt ihre Darstellung durchgehend. Das ist die Perspektive, in der sie schreiben. Aspekte des tatsächlichen Geschehens werden in dieser Rückschau so dargeboten, dass den Lebenden und Hörenden das Mitsein Gottes auf dem Weg Jesu deutlich werden soll. [...] Die Evangelisten bieten keinen historisch-protokollarischen Bericht und wollen ihn auch nicht bieten. Selbstverständlich beziehen sie sich auf eine bestimmte Geschichte, die Geschichte des jüdischen Menschen Jesus aus Nazaret, der tatsächlich in bestimmter Zeit an bestimmten Orten gelebt hat. Aber ihr Interesse ist, deutlich zu machen, dass in dieser Geschichte Gott zum Zuge kommt. Das kann ein historischer Bericht nicht leisten. [...] Wir wissen von Jesus so gut wie ausschließlich nur aus den im neutestamentlichen Kanon überlieferten Evangelien. Deren Verfasser haben über Jesus nur deshalb geschrieben, weil sie glaubten, dass Gott den am Kreuz Hingerichteten von den Toten auferweckt hat, dass daher sein Leben nicht als ein gescheitertes betrachtet werden muss. [...] Ich würde nach dem bisher Gesagten formulieren: Der wirkliche Jesus ist der in den Evangelien als wirkend und leidend dargestellte und durch diese Darstellungen zur Wirkung kommende Jesus.

Klaus Wengst, Mirjams Sohn – Gottes Gesalbter. Mit den vier Evangelisten Jesus entdecken, Gütersloh 2016, Gütersloher Verlagshaus, S. 16.18.627–629.

#JesusistJesus
#Jesusbringt's

Die **historische Jesusforschung** (Leben-Jesu-Forschung) sucht nach den tatsächlichen Geschehnissen v.a. in den Evangelien und versucht so, den historischen Jesus zu rekonstruieren.
In der neueren Forschung werden allerdings die **Grenzen zwischen Fiktionalität und Faktizität dekonstruiert**. In diesem Sinne bewerten bereits die Kirchenväter die Vielfalt der biblischen Jesus-Zeugnisse nicht als Mangel, sondern als Glaubensschatz. Auch wenn die Evangelisten dieselben Quellen nutzen, formen sie sie jeweils charakteristisch anders.

M 2 Unterschiedliche Profile der Evangelien

Das im Kanon an erster Stelle stehende Matthäusevangelium zeigt Jesus in den Rollen des Königs, des Lehrers und des Richters. Besonders profiliert arbeitet Matthäus die Rolle des Lehrers heraus. Jesus wirkt als Lehrer des andrängenden Himmelreiches, dessen endzeitlich-messianischer König er ist. [...]
Im Markusevangelium sollen aufgrund der am Ende stehenden Botschaft von der Auferweckung Jesu dessen Schüler an vorher von ihm Gesagtes erinnert werden. Sie, denen Jesus ansagte, aus seiner Nachfolge herauszufallen, hatte er zugleich angekündigt, ihnen erneut voranzugehen, sodass sie sich wieder in seine Nachfolge hineinfinden können. Aber dieses erneute Vorangehen nimmt die lesende und hörende Gemeinde nicht anders wahr als in der erneut von vorn beginnenden Lektüre des Evangeliums. Zu dieser erneuten Lektüre wird sie angehalten, um so ihrerseits die Lektionen der Nachfolge Jesu immer wieder neu zu lernen. Bei dieser Lektüre wird sie betont in die Nachfolge des Gekreuzigten gewiesen. Nachfolge Jesu ist daher nicht zuletzt Leidensnachfolge. [...]
Lukas stellt in Bezug auf Jesus als den messianischen König am stärksten die Israel geltende messianische Verheißung heraus. [...] Diese für Israel festgehaltene Hoffnung verbindet Lukas mit der Funktion Jesu für die Völker. [...]
Das Johannesevangelium hat in einer ungeheuren Konzentration im Grunde nur ein einziges Thema, nämlich die Person Jesu selbst. Genauer: Es geht dem Evangelisten immer wieder darum, in seiner Darstellung der Geschichte Jesu die Präsenz Gottes in diesem Menschen aufscheinen zu lassen.

Klaus Wengst, siehe M 1, S. 631 f.

#Jesusmalvier
#Jesusaffekteffekt

Jüdischer Krieg
Zerstörung des Tempels
Leben-Jesu-Forschung

First Quest
Second Quest
Third Quest
Zwei-Quellen-Theorie
Synoptiker
Parusie

1 Lesen Sie den Text von Klaus Wengst M 1.
a) Gliedern Sie den Text in sinnvolle Abschnitte, formulieren Sie für die Abschnitte passende Überschriften und heben Sie die Hauptaussagen der Abschnitte farbig hervor.
b) Erklären Sie in eigenen Worten die folgende Textpassage: „Die Evangelien sind also Texte der Vergewisserung in einer Zeit radikaler Infragestellung." (Z. 38 ff.).
c) Wengst schreibt, „das Zeugnis von der Auferweckung Jesu [sei] der Konstruktionspunkt der Evangelien" (Z. 62 f.). Erläutern Sie diese Aussage.
d) Arbeiten Sie heraus, wie M 1 die Frage nach der Auskunftsfähigkeit der Evangelien beantwortet.

2 Beschäftigen Sie sich mit einem Evangelium intensiver, indem Sie die Aussagen des Textes M 2 an ausgewählten Textpassagen überprüfen. Als Leseeinstieg bieten sich folgende Evangelientexte an: Mt 5–7; Mk 1 und Mk 16,1–8 (ursprünglicher Schluss des Markusevangeliums); Lk 1 und 2; Joh 1 und 19.

Welche neuen Erkenntnisse haben Sie durch die Texte gewonnen? Sind diese Erkenntnisse relevant für Menschen heute? Sammeln Sie diese Erkenntnisse schlagwortartig für Ihr Collage-Projekt.

Jesus in Wort und Tat

Die vier Evangelien betonen Jesu Nähe zu Gott. Erzählungen über ihn und sein Handeln verfolgen eine klare Absicht. Ist die für moderne Leserinnen und Leser noch erkennbar und bedeutsam?

Dr. Thomas Heller (* 1979), Mitarbeiter am Lehrstuhl für Religionspädagogik der Theologischen Fakultät an der Universität Jena.

M 1 Die Bergpredigt – biblisch-theologisch

Die Bergpredigt ist die erste von insgesamt sechs großen Reden, die sich im Matthäusevangelium finden (Mt 5–7;10;13;18;23;24 f.). Am Beginn des öffentlichen Wirkens Jesu lässt Matthäus Jesus hier ausführlich sein Programm vorstellen. Der Name rührt von 5,1 her: Jesus begibt sich auf einen Berg; ein Ort, der – in Anklang u.a. an das alttestamentliche Zionsmotiv (u.a. Jes 2,1–5; Mi 4,1–5) – im Evangelium auch ansonsten als Gebets-, Heilungs- und Offenbarungsschauplatz eine wichtige Rolle spielt (Mt 14,23; 15,29; 17,1; 28,16). Mit Blick auf Mt 5–7 könnte dabei zudem eine Anspielung auf die Gesetzgebung am Sinai gegeben sein (5,17–20), in jedem Fall aber eine aussagekräftige Verknüpfung von „Öffentlichkeit und Absonderung": Jesus spricht nicht im Geheimen, drängt sich aber auch nicht auf; sein Wort hören nur die, die wenigstens mit ihm mitgegangen sind. Entsprechend richtet sich die Rede nicht nur an die Jünger [...], sondern das ganze anwesende Volk [...]. Zwar dürfte 5,1 verdeutlichen, „dass die Bergpredigt an Nachfolger gerichtet ist" [...] – zugleich aber ruft sie jeden Menschen zur Nachfolge auf, „sie gilt jedem, weil es hier um Gelingen oder Verfehlen jedes menschlichen Lebens geht".

Thomas Heller, Bergpredigt (Mt 5–7), bibeldidaktisch, Sekundarstufe, in: Das Wissenschaftlich-Religionspädagogische Lexikon (WiReLex, 2017, online: www.bibelwissenschaft.de/stichwort/100260)

#Waswolltihrdenn?

M 2 Predigt über Matthäus 5,3

Liebe Brüder und Schwestern hier in unserer Pfarrkirche und zuhause am Bildschirm! Wann waren Sie denn das letzte Mal so richtig „selig"? Wir verwenden dieses Wort ja, wenn wir einen Zustand fast grenzenlosen Glücks beschreiben wollen. Selig ist z.B. das Kind, das mit seinen Geschenken unter dem Christbaum spielt, selig sind zwei junge Menschen, die miteinander spazieren gehen und von ihrer gemeinsamen Zukunft träumen. [...] Solche „Selige" wirken [...] regelrecht der Welt entrückt, sie vergessen alles um sich herum, sie sind einfach glückselig. Ganz anders sind wohl – zumindest auf den ersten Blick – die Seligpreisungen gemeint. [...] Da werden Menschen seliggepriesen, mit denen wir nicht tauschen möchten, die man eher belächelt oder bedauert oder für verrückt erklärt. Für Jesus sind die Armen und Traurigen selig, die Gewaltlosen, Schwachen, Hungrigen, Friedfertigen, Beschimpften und Verfolgten. Also genau das Gegenteil von dem, was wir so unter dem Inbegriff von Seligkeit verstehen. Nun wissen wir natürlich auch, dass Jesus die Armut an sich nicht verklären will. Armut allein ist noch kein moralischer Wert. Und jemand, der z.B. von Hartz IV lebt, ist deswegen noch kein besserer Mensch als einer, der gut verdient und sich alles leisten kann. Nein, es geht Jesus um die Einstellung des Menschen. Und da sind eben die, die alles haben, besonders in Gefahr, nur noch auf sich selbst zu vertrauen. Die brauchen niemand mehr, auch Gott nicht. Manche Menschen haben ihre Hände sosehr ausgefüllt mit ihrem Besitz und mit all dem, was sie sich selber geschaffen haben, dass Gott gar keinen Platz mehr findet, um sie zu beschenken. Jesus geht es hier in der Bergpredigt nicht um christliche Anstandsregeln, sondern es geht ihm um die Grundhaltung von uns Menschen, um unsere Lebenseinstellung. Es geht um die radikale und anspruchsvolle Alternative zu einem möglichst schlauen und billigen Lebensentwurf. Die Bergpredigt ist eine Aufforderung zur Umkehr, eine Aufforderung sich umzudrehen und sich tagtäglich diesem Gott zuzuwenden. Sie ist eine Aufforderung zu einer neuen Lebenseinstellung. Unser Glaube ist ja keine Gesetzesreligion, wo es darum geht, Pflichten zu erfüllen und Gebote und Verbote zu beachten. Nein, unser Glaube ist eine Liebesbeziehung zu Gott, das heißt, dass wir nicht aus Pflichtgefühl oder Gewohnheit Rituale abspulen und Leistungen erbringen, sondern dass wir uns mit Begeisterung und aus ganzem Herzen Gott zuwenden und unser Leben von ihm her gestalten. Jesus selbst ist diesen Weg ja gegangen, […] die Seligpreisungen sind keine utopischen Forderungen, nein dieser Lebensentwurf funktioniert, wenn wir nur Ernst machen damit. Und man muss nicht zu den Großen und Einflussreichen gehören, um in dieser Welt Spuren zu hinterlassen, die Spur Jesu. Oft gelingt es gerade dann, wenn die äußeren Umstände alles andere als glücklich sind. Amen.

Norbert Winner, Arm und doch reich (Predigt über Matthäus 5,3), in: www.predigtpreis.de

Norbert Winner (* 1956) ist Domkapitular im Bistum Eichstätt.

#Unseligseligsein
#Seligseligsein

M 3 Selig seid ihr, Gotteslob 458 Selig seid ihr, wenn ihr einfach lebt. T: Friedrich Karl Barth, Peter Horst, M: Peter Janssens © Peter Janssens Musik Verlag, Telgte-Westfalen

M 4 Wunder Jesu

Jesus wirkte nicht allein durch sein Wort, sondern ebensosehr durch seine Tat […]. Die Bibel benützt für die Bezeichnung der Wunder Jesu nie isoliert den in der Antike üblichen Begriff τέρατα [terata], der immer den Beiklang des Mirakulösen hatte; sie interpretiert diesen vielmehr mit Hilfe der Begriffe Machttaten (δυναμεις) [dynameis] und Zeichen (σημεια) [semeia]. Bei diesen Zeichen handelt es sich um außerordentliche, unerwartete Ereignisse, die ein Staunen und ein Sich-Wundern beim Menschen hervorrufen. Dabei richtet sich der Blick jedoch nicht auf die Natur und ihre Gesetze; der Begriff des Naturgesetzes ist dem antiken Menschen fremd. Das Wunder richtet den Blick nach oben, auf Gott. […] Bei der Wunderproblematik der Schrift geht es also nicht um eine naturwissenschaftliche, sondern um eine religiöse und theo-logische Frage; es geht um den Glauben und die Verherrlichung Gottes. […] Daraus ergibt sich: Die Frage des Wunders lässt sich nur dann angemessen diskutieren, wenn dessen religiöser Kontext und das theo-logische „Sprachspiel" beachtet wird, aus dem es nicht gelöst werden kann.

Walter Kasper, Jesus der Christus, Mainz [11]1992, Matthias-Grünewald-Verlag, S.104.108.109.

#WunderlichWunder

→ Das Fest Jesu – ein Bild für den Himmel? S. 74–76.

Roland Peter Litzenburger (1917–1987) war Maler, Grafiker und Bildhauer. Bekannt sind seine zahlreichen Christus-Darstellungen.

M 5 Roland Peter Litzenburger, Die Sünderin 1964, Illustration aus der Pattloch-Bibel

M 6 Herrschaft Gottes

Wo ist nun die Herrschaft Gottes? Wo verwirklicht sie sich? Nach Jesu eigenem Wort kann man nicht mit dem Finger hinzeigen und sagen: Sie ist hier oder dort! Sie ist vielmehr auf eine unerfindliche Weise mitten unter uns (Lk 17,21). Sie bricht überall an, wo Menschen sich auf Gott und seine Liebe einlassen, auch wenn sie dabei nicht ausdrücklich von Gott oder Jesus sprechen (Mt 25,35 ff.). Die Gottesherrschaft ist deshalb eine verborgene Wirklichkeit, von der man nur in Gleichnissen reden kann. Die Gleichnisrede ist für Jesus offensichtlich nicht nur ein veranschaulichendes Hilfsmittel für eine davon unabhängige Wirklichkeit oder Lehre. Die Gottesherrschaft kann angemessen nur im Gleichnis ausgesagt und angesagt werden. So liegt über der Botschaft vom Kommen der Herrschaft Gottes etwas Offenes.

Walter Kasper, siehe **M 4**, S. 117.

#demGleichnisgleichen

M 7 Predigt über Mt 25,1–13

Dieses Gleichnis *ist* schwer verständlich, es löst geradezu Unbehagen aus. Warum diese Härte gegenüber den fünf Jungfrauen, die zu spät kommen? So etwas kann doch passieren. [...] Warum muss es für die Törichten in der Katastrophe enden? [...] Und wie können die drinnen fröhlich feiern, wenn die anderen ausgeschlossen sind? Warum halten die zehn Frauen denn nicht zusammen und gehen gemeinsam dem Bräutigam entgegen? Und warum ist er so ablehnend und schroff: „Ich kenne euch nicht!“, verweigert er sich. Dabei kam er doch selbst verspätet. Hat er nicht selber die Frauen in diese fatale Lage gebracht? Und diese konfliktreiche Situation wird dann noch als das Reich Gottes beschrieben! Ist das Reich Gottes wie ein Alptraum? Kann es sein, dass eine Gruppe von Menschen so gar keine Chance bekommt? Fragen über Fragen. [...] In dem Bild vom Bräutigam redet er [Jesus] von sich. Wir wissen es aus vielen biblischen Texten: bei dem Fest, zu dem Jesus einlädt, will er alle dabei haben. *Das Reich Gottes ist für alle Menschen da.* Keine und keiner soll draußen bleiben. So liegt der Sinn dieses Gleichnisses gewiss nicht darin, dass Jesus die Menschen hinausstößt und ausschließt. Wir können sicher sein, dass Jesus mit dem Gleichnis keine Angst verbreiten will, vielmehr will er die, die ihm zuhören, auf etwas aufmerksam machen und sie ermutigen. Die, denen Jesus das Gleichnis erzählt, *die können sich noch Öl kaufen.* [...] Es geht ihm gar nicht um eine Einteilung in Kluge und Törichte. Sondern alle, die ihm zuhören, sollen feststellen: Ich kann ja klug sein.

Angelika Volkmann, Predigt über Matthäus 25,1–13
https://www.bonhoeffer-gemeinde.de/predigt_2009_11_22.html

Angelika Volkmann ist evangelische Pfarrerin in Tübingen.

#Jetztklugsein

Die Gottesherrschaft ist **schon** angebrochen, aber **noch nicht** vollendet – in dieser Spannung stehen Botschaft Jesu und christliche Verkündigung. Beide stehen deshalb unter dem **eschatologischen Vorbehalt**: Gleichnisse und Zeichenhandlungen verdeutlichen, was Gottes Herrschaft bedeutet.

M 8 Kluge und törichte Jungfrauen, Braunschweig St. Martin, Kanzelaufgang

1 „Die Bergpredigt gilt jedem, weil es hier um Gelingen oder Verfehlen jedes menschlichen Lebens geht" M 1, Z. 26 ff.
Belegen oder wiederlegen Sie diese Aussage mithilfe geeigneter Textpassagen aus der Bergpredigt Mt 5–7.

2 Lesen Sie noch einmal die Seligpreisungen Mt 5,3–12 in verschiedenen Übersetzungen.
a) Formulieren Sie Deutungshypothesen.
b) Vergleichen Sie Winners Auslegung zu den Seligpreisungen M 2 mit Ihren Deutungshypothesen.
c) Vergleichen Sie die Seligpreisungen mit dem Lied M 3 und diskutieren Sie, inwiefern der Liedtext die Aussageabsicht der Seligpreisungen angemessen interpretiert und fortführt.
d) Setzen Sie sich kritisch mit der folgenden These auseinander: Die Seligpreisungen sehen die Welt vom Ende her und zeigen uns das Ziel.

3 Deuten Sie die Grafik M 5.
a) Analysieren Sie die Körperhaltungen der Personen in der M 5 zugrundeliegenden Szene Lk 7,36–50. Besprechen Sie, welche Positionen und Gefühle in den Gestiken der drei Personen zum Ausdruck kommen.
b) Vervollständigen Sie für die drei Personen folgende Satzanfänge: Ich fühle …, über die beiden anderen denke ich …
c) Zeichnen Sie ein Beziehungsnetz, in dem die Beziehungen zwischen den Gästen, Simon, Jesus und der Frau deutlich werden.
d) Ordnen Sie jeder Personengruppe einen charakteristischen Satz, eine charakteristische Geste aus der biblischen Grundlage zu.
e) Arbeiten Sie abschließend heraus, wie Litzenburger die Begegnung Jesu mit der Sünderin deutet. Zu welcher Gruppe würden Sie sich gesellen? Was wäre Ihr Standpunkt beim Beobachten der Szene?

4 Arbeiten Sie aus dem Text von Kasper M 4 heraus, wie Wunder im NT zu verstehen sind.

5 Lesen Sie das Gleichnis von den klugen und törichten Jungfrauen (Mt 25,1–13).
a) Formulieren Sie eine für Sie schlüssige Auslegungshypothese.
b) Vergleichen Sie Ihre Auslegung des Gleichnisses mit M 7.
c) Diskutieren Sie: Harmonisiert M 7 das Gleichnis?
d) Deuten Sie die Darstellung der Jungfrauen am Aufgang zur Kanzel M 8.
e) Winner beschreibt Glaube als „Liebesbeziehung zu Gott". M 2, Z. 51 f. Zeigen Sie mit Bezug auf ausgewählte Materialien der Einheit auf, wie im Handeln und Reden Jesu diese Liebe aufscheint.

6 Der Neutestamentler Wengst skizziert als historisches Gerüst des Lebens Jesu, dass er in Nazaret aufgewachsen sei, sich habe von Johannes taufen lassen, eine Schar von Jüngern und Jüngerinnen um sich versammelt habe, lehrend im jüdischen Land umhergezogen sei, zum Messiasreich eingeladen habe und am Kreuz gestorben sei; mehr nicht, keine Wunder, keine Reden. Nehmen Sie Stellung: Sind angesichts dieses Befundes die Erzählungen der Evangelien „Fake News"?

Betrachten Sie Ihre ausgewählte Jesusdarstellung und notieren Sie, was für Sie bei der Wahl leitend war. Woran dachten Sie konkret, erinnerten Sie sich an eine bestimmte Szene, ein Ereignis aus den Evangelien, was sollte Ihr Jesusbild auf jeden Fall verkörpern? Sammeln Sie passende Materialien (Bilder, Slogans, Textilien, Textfragmente etc.) für Ihr Collage-Projekt.

Jesus stirbt

Alle vier Evangelien berichten von Jesu Tod und seinem Leidensweg, der Passion. Warum? Und inwieweit sind die Berichte glaubwürdig? Hat Jesus seinem Leiden, Sterben und Tod eine besondere Bedeutung zugeschrieben?

M 1 Der Bericht der Evangelien

Otto Hermann Pesch (1931–2014) war von 1975 bis 1998 als katholischer Theologe Professor für Systematische Theologie an der Universität Hamburg.

Die Passionsberichte aller vier Evangelien decken sich auffällig in ihren Grundzügen. Gemeinsam ist folgendes Schema: Einzug in Jerusalem und provozierendes Handeln und Reden Jesu, das noch einmal mit allem Nachdruck und ohne Rücksicht auf mögliche Missverständnisse sein Sendungsbewusstsein dokumentiert; ein letztes Mahl mit seinen Getreuen; Bezeichnung des Verräters; nächtliche Verhaftung durch die Tempelpolizei, möglicherweise unter Mitwirkung der Römer oder jedenfalls aufgrund einer Absprache mit ihnen; Verhör, *eventuell* Prozess vor dem jüdischen Hohen Rat; Auslieferung an den römischen Statthalter; Hinrichtung unter dem Schuldtitel politisch gefährlicher Messiasambitionen, nachdem Amnestiebemühungen des Pilatus gescheitert waren. Dieses gemeinsame Grundschema lässt darauf schließen, dass die Passionsgeschichte bereits lange vor der Entstehung der Evangelien feste, vermutlich für die Lesung im Gottesdienst zubereitete literarische Gestalt angenommen hatte.

→ Warum leiden? S. 212 f.

Passion Jesu
Prozess Jesu
Pessach
Osterlamm

Otto Hermann Pesch, Katholische Dogmatik aus ökumenischer Erfahrung (Bd 1, Teilbd. 1/1), Ostfildern 2008, S. 550 f.

#VorGerichtinGottesHand?

M 2 Zum Tod verurteilt – warum?

[Die] Verantwortung für seine Hinrichtung [...] liegt bei den Römern, die auf Initiative der jüdischen Lokalaristokratie handelten. [...] Berechtigt ist natürlich die Frage, wodurch Jesus solche Aggressionen auf sich zog. Drei Aspekte werden dafür verantwortlich gemacht: 1. seine kritische Haltung zur Thora, 2. seine Kritik am Tempel und 3. politisch brisante Aspekte seiner Verkündigung – sei es der Erwartung einer Königsherrschaft Gottes oder der Anspruch, der Messias zu sein. Von diesen drei Faktoren dürften Tempelkritik und Tempelweissagung entscheidend gewesen sein. [...] Der Tempel war die Basis der politischen Autonomie der jüdischen Gemeinschaft und damit die Grundlage für die Privilegien der Oberschicht. Wer ihn kritisierte, war politisch ein Unruhestifter. Wichtig aber ist: Mit seiner Tempelkritik fiel Jesus nicht aus dem Judentum heraus. Andere Juden standen ebenfalls in Distanz zum Tempel: der Täufer, die Essener, [die Samariter].

Gerd Theißen/Annette Merz, Der historische Jesus. Ein Lehrbuch, Göttingen [4]2011, S. 409.

M 3 Todesdeutung

Aber *warum* „musste“ Christus dies alles leiden? Suchen wir im Neuen Testament eine Antwort auf diese Frage, so entdecken wir etwas Merkwürdiges, was doch beim genaueren Hinsehen wiederum so merkwürdig nicht ist: Die biblischen Schriftsteller bezeugen einheitlich [...] die Auferstehung Jesu, aber sie geben sehr unterschiedliche Auskünfte über die Bedeutung seines Kreuzestodes. *Nicht die Auferweckung Jesu ist das große Problem der Urkirche, sondern das Kreuz.* [...] Die ersten Christusgläubigen sind Juden. Was liegt näher, als dass sie, die „Gesetz und Propheten“ weder vergessen konnten noch vergessen sollten, in der Heiligen Schrift, in der Bibel Israels, nach Vorbildern und Denkhilfen suchen, die ihnen zu verstehen erlaubten, was mit Jesus geschehen war? Ein erster und, wie es scheint, ältester Deutungsversuch greift zurück auf das

M 4 Andrea Mantegna, Beweinung Christi, um 1480

Andrea Mantegna (1431–1506) war italienischer Maler und Kupferstecher.

berühmte vierte Lied vom „Gottesknecht“ bei Jes 53. […] Eine zweite Verstehenshilfe bot der Opferkult des Alten Bundes. Jesus ist sozusagen im Schatten des Osterfestes gestorben. Er hat sogar […] in der Nacht des Verrates mit seinen Jüngern das *Osterlamm* gegessen in jener reich gestalteten Zeremonie, in der sich die gläubigen Juden im Nachvollzug alljährlich die Herausführung des Volkes aus [der Sklaverei in] Ägypten vergegenwärtigen. […] Ist nicht Jesus selbst das neue Osterlamm, dessen Blut die Glaubenden rettet, wie einst das Blut des alten Osterlammes die Israeliten vor dem Würgeengel gerettet hat (Ex 12,13)? „Unser Osterlamm Christus ist geschlachtet worden“, kann schon Paulus sagen (1 Kor 5,7) – das zeigt, wie rasch man die Parallelen zwischen Jesu Tod und dem Passamahl entdeckte. […] Der Hebräerbrief weitet dieses Verstehensmodell auf den *gesamten jüdischen Opferkult* aus, den Christus als der neue Hohepriester vollendet und zu Ende bringt: *Sein* Tod ist jetzt das einzige Versöhnungs- und Bundesopfer, *sein* Blut eröffnet den Zutritt zum Vater.

Otto Hermann Pesch, siehe M 1 S. 629–631.

#AusTodwirdLeben

M 5 Gottes Herunterkommen

Die unglaublichste Entgrenzung Gottes in die Welt und der Welt in Gott hinein geschieht aus christlicher Perspektive in der Menschwerdung Gottes in Jesus Christus. […] Gott hat sich in Christus selber in die Pflicht genommen, uns auf dem Niveau unseres Leidens, auch des Bösen zu begegnen. […] Obgleich Jesus die Absicht hat, dass alle das Reich Gottes annehmen und gerettet werden, muss er das Scheitern dieser Verkündigung erleben. Am Kreuz hält die Welt den Atem an: Wird nun Gott die Welt, da sie seine Barmherzigkeit nicht angenommen hat, endgültig in den Abgrund stürzen lassen, oder ist seine Barmherzigkeit so groß, dass sie auch diesen Abgrund des menschlichen Neins zu Gott überwindet? Hierin liegt die Heilsbedeutung des Kreuzes, denn vom Kreuz her betet Jesus zum Vater, dass er den Gegnern vergeben möge. Hier begegnet ein Mensch, der gegenüber der Gewalt keine Gegengewalt setzt und ihr, in einer bestimmten Situation, auch nicht mehr entflieht, sondern sich ihr stellt und standhält. Der Gewalt wird etwas tatsächlich ganz anderes entgegengesetzt: der eigene schutzlose Leib, an dem sie sich austobt; aber damit nicht genug: Die Gewalt wird nicht nur erlitten, sondern als unerschöpflich verstärkte Liebe zurückgegeben. […] Der Kreuzestod Jesu ist nicht nur die Folge eines solidarischen Lebens, sondern offenbart die Unerschöpflichkeit göttlicher Gnade. Denn vom Kreuz her ist das Reich Gottes nicht nur, wie im bisherigen Leben Jesu, denen geschenkt, die das Reich Gottes annehmen, sondern auch denen, die es ablehnen.

Ottmar Fuchs, Wer's glaubt, wird selig … Wer's nicht glaubt, kommt auch in den Himmel, Würzburg 2012, S. 38–40.

#Todisttot
#mehrgehtnicht

→ Wie handelt Gott in Jesus? S. 221

Ottmar Fuchs (* 1945) lehrte Praktische Theologie an der Eberhard Karls Universität Tübingen.

1 Lesen Sie die Passionserzählung im Markusevangelium und vollziehen Sie das Schema nach, das M 1 entwickelt.

2 Lesen Sie die Berichte über Jesu Tod in den vier Evangelien (Mk 15,33–41; Mt 27,45–56; Lk 23,44–49; Joh 19,28–30), vergleichen Sie die Darstellungen, insbesondere die letzten Worte Jesu, und arbeiten Sie heraus, wie Jesu Tod in den Evangelien gedeutet wird.

3 Analysieren Sie, wie M 4 den Tod Jesu veranschaulicht. Achten Sie dabei besonders auf die Perspektive, die der Künstler gewählt hat. Suchen Sie im Netz weitere Todesdarstellungen und vergleichen Sie, auch im Rückgriff auf M 2, die verschiedenen Aussageabsichten.

4 Lesen Sie den Text von Ottmar Fuchs M 5.

a) Fuchs behauptet, dass Jesus im Tod Gewalt mit Liebe beantwortete. Überprüfen Sie diese These mithilfe von Lk 23,33 f. und Mk 15,39.

b) Analysieren Sie, inwiefern sich die Deutung des Todes Jesu M 5 mit den Deutungen in den Evangelien über Jes 53 in 1 Kor 1,18–25 und in Hebr 10,1–18 vereinbaren lässt oder nicht.

Am Kreuz leidet Jesus für und mit den Menschen. Prüfen Sie, inwiefern diese Zusage für Ihre Wahrnehmung Jesu bedeutsam ist, und wie Sie sie ggf. auf Ihrer Collage unterbringen können.

Jesus steht auf

„Er ist auferstanden, er ist nicht hier!" Das Bekenntnis der Jüngerinnen und Jünger Jesu ist eindeutig. Doch was bedeutet es? Was meint „Auferstehung" eigentlich genau?

Janet Brooks-Gerloff (1947–2008) war Malerin.

Wolfgang Huber (* 1942) war von 1994 bis 2009 Bischof der Evangelischen Kirche Berlin-Brandenburg-schlesische Oberlausitz und 2003 bis 2009 Ratsvorsitzender der Evangelischen Kirche in Deutschland.

M 1 Macht der Liebe Gottes

„Durch seinen Tod wird der Tod getötet", sagt Luther wiederholt vom Tod Jesu von Nazareth. [...] Gerade in seiner Verwechselbarkeit – zur gleichen Zeit starben auch zwei andere am Kreuz, rechts und links von Jesus – gewinnt dieser Tod etwas Einmaliges, weil Gott sich mit dem toten Jesus identifiziert. An diesem einen Menschen nimmt er dem Tod die Macht; an diesem einen Menschen durchbricht er den Zusammenhang von Sünde und Tod, von Selbstverkrümmung des Menschen und Todesverfallenheit. Und dies geschieht, so bekennt es die Christenheit seitdem, allen Menschen zu Gute. Der Tod hat nicht mehr das letzte Wort; darum kreist das christliche Bekenntnis zur Auferstehung Christi wie die Hoffnung auf eine allgemeine Auferstehung. Würdigen kann man diese Wendung nur, wenn man sie nicht als selbstverständlich nimmt.
Im Alten Testament ist die Vorstellung einer Auferstehung der Toten keineswegs geläufig. In frühen Texten wie beispielsweise dem 88. Psalm kommt deutlich zum Ausdruck, dass man damit rechnete, mit dem Tod sei alles aus. Alles, sogar die Beziehung zu Gott. Leben ist Beziehung, Tod Beziehungslosigkeit, das Ende aller Verhältnisse, auch des Gottesverhältnisses. Erst langsam kommt in den alttestamentlichen Texten die Überzeugung zum Durchbruch, dass die Macht und die Liebe Gottes auch mit dem menschlichen Tod nicht am Ende sind. [...] Im Neuen Testament gewinnt diese Hoffnung [Leben nach dem Tod] eine bestimmte Kontur. Sie knüpft sich an den gekreuzigten Jesus. Von ihm bekennen die frühen Christen: „Der Herr ist wahrhaftig auferstanden." Unter Berufung auf ihn hoffen sie auf „die Auferstehung der Toten und das ewige Leben". Sie fragen [...] nicht nach einem anderen Leben, sondern nach der Bewahrung, Erneuerung, Vollendung dieses Lebens.

Wolfgang Huber, „Mitten wir im Leben sind mit dem Tod umfangen", in: Tiemo Rainer Peters; Claus Urban (Hg.), Über den Trost. Für Johann Baptist Metz, Ostfildern 2008, S. 155 f.

→ Warum das ganze Leiden? S. 212 f.

M 2 Janet Brooks-Gerloff, Apostel am leeren Grab, 1986

#Totisttotversustodisttot

M 3 Auferweckung Jesu

Jesus hat keine überzeitlichen Ideen vertreten (etwa die Idee eines gütigen Gottes), sondern er hat die Gottesherrschaft angesagt. Genauer: Er hat angesagt, dass Gott jetzt handelt. Wenn jemand in diesem Sinn ein Geschehen ansagt – und zwar ein definitives Geschehen, das nicht wieder von neuem Geschehen überholt werden wird –, so hängt alles davon ab, ob dieses Geschehen auch tatsächlich eintrifft. Andernfalls ist das Ganze erledigt. Eine zeitlose Idee kann auch noch nach tausend Jahren vertreten werden. [...] Ein angesagtes Geschehen hingegen muss eintreten. Hält man sich diese Grundstruktur der Botschaft Jesu vor Augen, so ist evident, welche entscheidende Bedeutung nun ihrerseits der Botschaft von der Auferweckung Jesu zukommt. Denn in der Auferweckung Jesu hat seine Basileia-Verkündigung [Reich Gottes] ihre Antwort und ihre Bestätigung gefunden. [...] Das Reich Gottes kommt definitiv in der Auferweckung Jesu. Allerdings nicht in dem Sinne, dass es *im Auferstandenen allein* schon vollendet und erfüllt wäre. Vollendet wird das Reich erst dann sein, wenn es die ganze Erstreckung der übrigen Geschichte mitsamt dem Kosmos, in dem die Geschichte spielt, ergriffen hat.

Gerhard Lohfink, Das Zeitproblem und die Vollendung der Welt, in: Gisbert Greshake/Ders., Naherwartung Auferstehung Unsterblichkeit, Freiburg ³1978, S. 138.

#Auferstehungfüralle(s)

M 4 Bilder vom Leben

Der Maler Roland Peter Litzenburger sagt: „Ich zeichne Christusbilder, weil es mir um das Leben geht. Darum, dass wir gut leben. Dass wir möglichst der Todeslust entgehen, den Todestrieb nicht entfalten, denn das Schwerste ist das Leben der Freude. Anstrengender als alle Zwietracht und aller Krieg."

Friedhelm Mennekes/Rainer Frisch, Konfrontation und Annäherung. Erfahrungen mit der Bildkunst Roland Peter Litzenburgers in der Gemeinde, in: Geist & Leben, 54 (1981), 6, S. 453–464.456.

#FriedeFreudeEierkuchen

M 5 Michael Triegel, Auferstehung (Der Auferstandene), 2006

Braucht Vollendung Versöhnung? S. 70 f.

Gerhard Lohfink (* 1934) war von 1973 bis 1986 Professor für Neues Testament an der Katholischen Fakultät der Universität Tübingen. Seit 1987 lebt und arbeitet er in der Katholischen Integrierten Gemeinde.

Michael Triegel (* 1968) ist Maler, Zeichner und Grafiker. Aufgewachsen in Erfurt, lebt und arbeitet er heute in Leipzig. 2014 ließ er sich in Dresden taufen.

Der Jesuit Friedhelm Mennekes (* 1940) öffnet Räume für einen Dialog zwischen Kunst und Glaube.

1 Lesen Sie den Text von Wolfgang Huber M 1.

a) Geben Sie den Zusammenhang zwischen Jesu Tod und Auferstehung in eigenen Worten wieder.

b) Christen fragen „nach der Bewahrung, Erneuerung und Vollendung dieses Lebens" M 1, Z. 40 f. Diskutieren Sie, was Bewahrung, Erneuerung und Vollendung des Lebens bedeuten. Beziehen Sie dazu neben der Position des christlichen Auferstehungsglaubens eine weitere religiöse Position ein, z. B. eine Wiedergeburtsvorstellung (vgl. S. 62).

2 Jesu Tod war ein Schock für seine Jünger und Jüngerinnen. Demgegenüber betont Lohfink, dass die Auferweckung Jesu die Reich-Gottes-Botschaft bestätigt M 3. Erläutern Sie die Tragweite dieser Aussage mit Blick auf die Positionen, die Sie bisher in diesem Kapitel kennengelernt haben.

3 Vergleichen Sie die Darstellungen zur Auferstehung M 2 und M 5 miteinander.

a) Arbeiten Sie heraus, wie jeweils Auferstehung im Bild umgesetzt wird. Ziehen Sie danach auch die Darstellung der Auftaktseite zu diesem Kapitel hinzu.

b) Prüfen Sie, inwiefern die Aussagen aus M 1 sich in den Bildern wiederfinden.

4 Formulieren Sie ausgehend von M 4 drei Fragen, die Sie Litzenburger gerne stellen würden.

Zeigt Ihre ausgewählte Jesusdarstellung eine Auferstehungsszene? Wenn ja, notieren Sie, ob es Parallelen zwischen der Darstellung und den theologischen Aussagen dieser Doppelseite gibt. Wenn nicht, recherchieren Sie eine Auferstehungsdarstellung, die Ihre Vorstellung von Auferstehung am ehesten umsetzt.

Um Jesus ringen

Jesus hat im frühen Christentum eine zentrale Rolle im Leben der Glaubenden gespielt; sie machten mit ihm zentrale Glaubenserfahrungen. Davon ausgehend stellten sie sich die Frage, wie man die Beziehung Jesu zu Gott Vater denken kann.

M 1 Wer ist der Messias?

Stefan Schreiber (* 1967) ist Professor für Neutestamentliche Wissenschaft an der Universität Augsburg.

Jesus stirbt unmittelbar vor dem Pessach-Fest wohl des Jahres 30 n. Chr. durch die Hand römischer Söldner vor den Toren der Stadt Jerusalem am Kreuz. Die Aufschrift, der sogenannte *Titulus crucis*, gibt seine Schuld an: „Der König der Juden" (Mk 15,26). Was die Menschen seiner Zeit darunter verstanden, wird in der Reaktion der Vorübergehenden, vor allem der jüdischen Hohepriester und Schriftgelehrten, die sich mit der Tradition Israels auskannten, deutlich: *„Der Messias, der König von Israel! Er soll jetzt vom Kreuz herabsteigen, damit wir sehen und glauben"* (Mk 15,32). Als jüdischer Messias wird Jesus hingerichtet. Und offenbar trifft dieser Anspruch auf ihn nicht zu, denn sonst müsste er ja machtvoll vom Kreuz herabsteigen. Dann würde auch die jüdische Führung in Jerusalem an ihn glauben. Die jüdische Tradition wusste demnach, was ein Messias ist und was man von ihm erwarten konnte. Ein gekreuzigter Messias stellte da offensichtlich ein Problem dar.

→ Jesus im Himmel: Was soll das bedeuten? S. 74 f.

Stefan Schreiber, Die große Frage: Ist Jesus der Messias? (Welt und Umwelt der Bibel 2/2017), S. 10–16, hier S. 11.

Aelbert Bouts (* zwischen 1451 und 1454, gestorben 1549) war ein niederländischer Maler.

M 2 Frühjüdische Messias-Konzeption

- Königliche Herrschergestalt
  zukünftige, politisch-nationale Herrschaft für Israel
- Repräsentant Gottes
  Erwählung und Partizipation an Gottes Macht
  Eigenschaften: übernatürliche Macht, Heiligkeit, Weisheit, Gerechtigkeit
- Ideale Friedensherrschaft zugunsten Israels als Gegenbild zur politischen Unterdrückung durch das Imperium Romanum
- Heilsgeschichte – Herkunft aus der David-Dynastie
- Kraftvolle Durchsetzung beweist die Legitimität des Anspruchs

Stefan Schreiber, siehe M 1, S. 11.

#OhnmächtigerMessiasistkeinMessias

Hohepriester
Schriftgelehrte
Konzil
El Schaddai
Arianismus
Monophysitismus

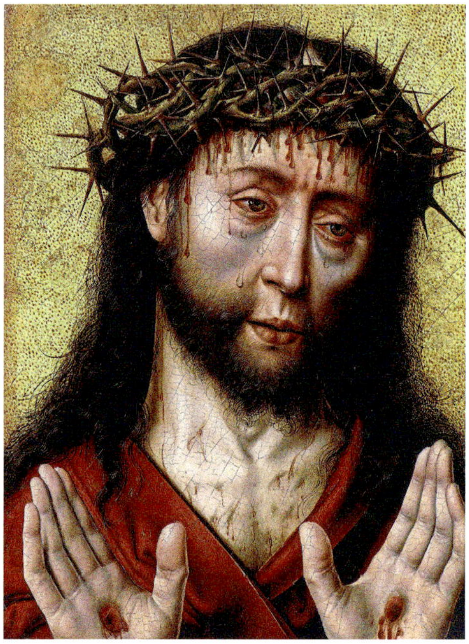

M 3 Aelbert Bouts, Schmerzensmann, um 1500

M 4 Ist Jesus der Messias?

Jesus trat mit dem Anspruch auf, Bote und Bevollmächtigter der anbrechenden Gottesherrschaft zu sein. Nach Ostern, also der Erfahrung, dass der gekreuzigte Jesus von Nazaret von Gott aus dem Tod erweckt wurde und bei Gott lebendig ist, fiel neues Licht auf die Frage, in welcher Beziehung Jesus zu dieser Gottesherrschaft steht. Mit Ostern wird Jesus selbst zum endzeitlichen Herrscher, zum Messias und „Vize-König" Gottes. [...] Den ersten Christ/innen wurde klar, dass „König der Juden" mehr beinhaltete als nur einen Justizirrtum, der Jesus – gegen seine Intention und zu Unrecht – als politischen Verbrecher verurteilte. Die Einsicht gewann Konturen, dass Jesus wirklich dieser König, der von Gott gerade nicht verlassene, sondern durch die Erweckung rehabilitierte und erhöhte Messias ist. [...] Die Deutung Jesu als Messias, als Christus, erwies sich für die ersten Christ/innen als so tragfähig und grundlegend, dass der Titel *Christus* exklusiv als Ehrenname für Jesus verwendet wurde: „Jesus Christus". Jesus wird dadurch als einzigartiger Repräsentant Gottes charakterisiert, in dessen Reden und Handeln, vor allem aber in dessen Tod und Erweckung Gott selbst sichtbar wird.

Stefan Schreiber, siehe M 1, S.14–16.

#Osterbrille

M 5 Pantokrator-Ikone

Als **Schmerzensmann** bezeichnet man das Bild des leidenden, aber lebenden Christus mit den Wundmalen der Kreuzigung. Unter **Christus Pantokrator** (griech. παντοκράτωρ = All- oder Weltenherrscher) versteht man die Übertragung der Gottesbezeichnung (übersetzt aus hebräisch שדי schaddaj = der Gewaltige, Allmächtige; die Etymologie ist umstritten) auf den Sohn seit dem 4. Jahrhundert.

M 6 Christus im Konzil von Nikaia 325

Wir glauben an den einen Gott, den allmächtigen Vater, den Schöpfer alles Sichtbaren und Unsichtbaren. Und an unseren einen Herrn Jesus Christus, den Sohn Gottes, als Einziggeborener aus dem Vater geboren, das heißt aus der Substanz des Vaters, Gott aus Gott, Licht aus Licht, wahrer Gott aus wahrem Gott, geboren, nicht geschaffen. [...]

Kompendium der Glaubensbekenntnisse und kirchlichen Lehrentscheidungen, Heinrich Denzinger, verb., erw. ins Dt. übertr. und unter Mitarb. von Helmut Hoping hrsg. v. Peter Hünermann, Freiburg [37]1991, S. 62 f.

→ Wie es dazu kommt, dass Jesus als eine Person im dreieinen Gott gedeutet wird, erfahren Sie auf S.220–223.

M 7 Christus im Konzil von Chalkedon 451

In der Nachfolge der heiligen Väter also lehren wir alle übereinstimmend, unseren Herrn Jesus Christus als ein und denselben Sohn zu bekennen: derselbe ist vollkommen in der Gottheit und derselbe ist vollkommen in der Menschheit; derselbe ist wahrhaft Gott und wahrhaft Mensch aus vernunftbegabter Seele und Leib [...] in allem uns gleich außer der Sünde. [...]

Kompendium der Glaubensbekenntnisse und kirchlichen Lehrentscheidungen, siehe M 6.

→ Eine andere Jesusbild-Tradition als die des Schmerzensmannes oder des Pantokrators finden Sie auf S.176.

El Schaddai
Arianismus
Monophysitismus

1 Erklären Sie ausgehend von M 1 und M 2, warum Jesus nach jüdischem Verständnis nicht der Messias sein konnte.

2 Die Evangelien bieten eine Fülle von Anreden, Bildern und Titeln, mit denen Jesus beschrieben und gedeutet wird, z. B. Lamm Gottes, Retter und Weinstock.
a) Gehen Sie in einem Evangelium auf die Suche nach solchen Beschreibungen und erläutern Sie die Bedeutungen, die diese Bilder zu ihrer Entstehungszeit hatten.
b) Notieren Sie drei Anreden Jesu, die Menschen heute Ihrer Meinung nach besonders ansprechen können. Besprechen Sie Ihre Auswahl in der Lerngruppe.

3 Geben Sie, auf Grundlage von M 4, in eigenen Worten wieder, warum die ersten Christen Jesus als Messias ansahen und wie sie den Begriff ‚Messias' inhaltlich füllten.

4 „Schmerzensmann" und „Pantokrator" M 3 und M 5
a) Vergleichen Sie die beiden Jesusbilder miteinander.
b) Nennen Sie Gründe, warum zu bestimmten Zeiten die Menschlichkeit Jesu, zu anderen Zeiten seine Göttlichkeit betont wurde.

5 Über mehrere Jahrhunderte rangen Christinnen und Christen um die Frage, wie und was Jesus für die Glaubenden ist. In der Regel wurden einseitige Festlegungen auf Jesus nur als Gott (Monophysitismus) oder nur als Mensch (Arianismus) vermieden M 6 und M 7. Arbeiten Sie heraus, von welchen Glaubensaussagen sich die Konzilien distanzieren wollten.

Nennen Sie Glaubensaussagen zu Jesus, die Sie als problematisch erachten oder die Sie besonders faszinieren. Prüfen Sie diese Aussagen auf ihre lebenspraktische und spirituelle Relevanz. Erörtern Sie die Zumutbarkeit dieser Aussagen für andere und bauen Sie sie ggf. in Ihre Collage ein.

Der Jude Jesus

Was bedeutet das Jude-Sein Jesu für das Christentum? Was bedeutet Jesus für das Judentum?

Friedrich Herlin (um 1430–um 1500) war ein Maler.

Schalom Ben-Chorin (übersetzt: Friede, Sohn der Freiheit) wurde 1913 als Fritz Rosenthal in München geboren und starb 1999 in Jerusalem. Schalom Ben-Chorin setzte sich v.a. für den jüdisch-christlichen Dialog ein.

ordentlicher Ritus

Römisches Messbuch

Summorum Pontificum

außerordentlicher Ritus

tridentinische Messe

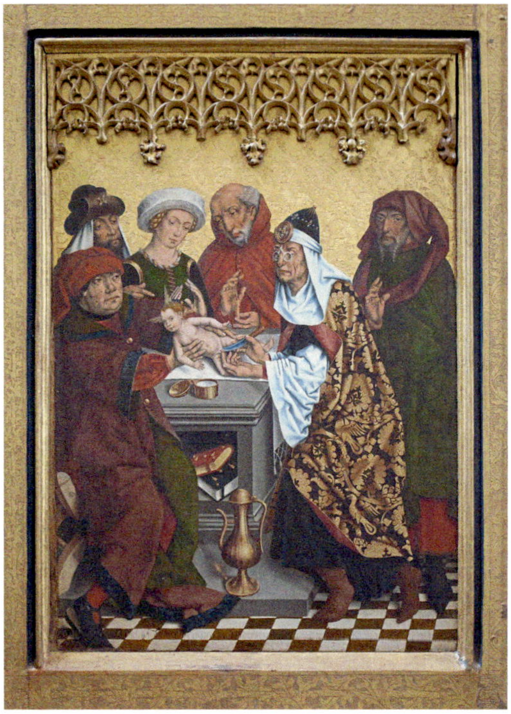

M 1 Friedrich Herlin, Die Beschneidung Christi, 1466

M 2 Bruder Jesus

Jesus ist für mich der ewige Bruder, nicht nur der Menschenbruder, sondern mein *jüdischer Bruder*. Ich spüre seine brüderliche Hand, die mich fasst, damit ich ihm nachfolge. Es ist *nicht* die Hand des Messias, diese mit den Wundmalen gezeichnete Hand. Es ist bestimmt *keine göttliche*, sondern eine *menschliche* Hand, in deren Linien das tiefste Leid eingegraben ist. Das unterscheidet mich, den Juden, vom Christen, und doch ist es dieselbe Hand, von der wir uns angerührt wissen. Es ist die Hand eines großen Glaubenszeugen in Israel. Sein Glaube, sein bedingungsloser Glaube, das schlechthinnige Vertrauen auf Gott, den Vater, die Bereitschaft, sich ganz unter den Willen Gottes zu demütigen, das ist die Haltung, die uns in Jesus vorgelebt wird und die uns – Juden und Christen – verbinden kann: Der Glaube Jesu einigt uns ..., aber der Glaube an Jesus trennt uns.

Schalom Ben-Chorin, Ein Leben für den Dialog, hrsg. v. Walter Homolka, Gütersloh 1999, S. 46.

M 3 Jesus im Judentum?

Welche Bedeutung hat Jesus im Judentum? Die knappe Antwort des Rabbiners [Jonah Sievers] gleich zu Anfang: „Keine! [...] Jesus hat im Judentum keine irgendwie geartete religiöse Bedeutung und wird sie nie haben!“

Religion 5–10; Heft 20/2015, S. 28.

M 4 Eine Fürbitte am Karfreitag

Messbuch von 1570: „Lasst uns auch beten für die treulosen Juden: Gott, unser Herr, möge den Schleier von ihren Herzen wegnehmen, auf dass auch sie unseren Herrn Jesus Christus erkennen. [...] Allmächtiger, ewiger Gott, der du auch die jüdische Untreue nicht von deiner Erbarmung ausschließt, erhöre unsere Gebete, die wir ob der Verblendung jenes Volkes vor dich bringen. Mögen sie das Licht deiner Wahrheit, das Christus ist, erkennen und ihrer Finsternis entrissen werden: durch ihn, unsern Herrn ...“

Messbuch von 1962: „Lasst uns auch beten für die Juden: Gott, unser Herr, möge den Schleier von ihren Herzen wegnehmen, auf dass auch sie unseren Herrn Jesus Christus erkennen. [...] Allmächtiger, ewiger Gott, der du auch die Juden nicht von deiner Erbarmung ausschließt, erhöre unsere Gebete, die wir ob der Verblendung jenes Volkes vor dich bringen. Mögen sie das Licht deiner Wahrheit, das Christus ist, erkennen und ihrer Finsternis entrissen werden: durch ihn, unsern Herrn ...“

Messbuch von 1970: „Lasst uns auch beten für die Juden, zu denen Gott, unser Herr, zuerst gesprochen hat: Er bewahre sie in der Treue zu seinem Bund und in der Liebe zu seinem Namen, damit sie das Ziel erreichen, zu dem sein Ratschluss sie führen will. [...] Allmächtiger, ewiger Gott, du hast Abraham und seinen Kindern deine Verheißung gegeben. Erhöre das Gebet deiner Kirche für das Volk, das du als erstes zu deinem Eigentum erwählt hast: Gib, dass es zur Fülle der Erlösung gelangt. Darum bitten wir durch Christus, unseren Herrn.“

Neufassung für die Messe nach dem Ritus von 1570 aus dem Jahr 2008: „Lasst uns auch beten für die Juden, auf dass Gott unser Herr ihre Herzen erleuchte, damit sie Jesus Christus als den Retter aller Menschen erkennen. [...] Allmächtiger ewiger Gott, der Du willst, dass alle Menschen gerettet werden und zur Erkenntnis der Wahrheit gelangen. Gewähre gnädig, dass beim Eintritt der Fülle der Völker in Deine Kirche ganz Israel gerettet wird. Durch Christus unseren Herrn. Amen“

https://www.domradio.de/print/themen/judentum/2008-02-07/die-entwicklung-der-karfreitagsfuerbitte-seit-1570

#Treuewandel

M 5 Zwischen Jerusalem und Rom

Aus der Erklärung der europäischen Rabbinerkonferenz gemeinsam mit dem Rabbinischen Rat von Amerika 2017:

Die grundlegenden Überzeugungen des Christentums, die sich auf die Person Jesu als Messias und die Inkarnation der zweiten Person eines dreieinen Gottes konzentrieren, schaffen eine nicht zu überbrückende Trennung vom Judentum. Die Geschichte des jüdischen Märtyrertums im christlichen Europa dient als tragisches Zeugnis für die Hingabe und Beharrlichkeit, mit der Juden jenen Glaubensbekenntnissen widerstanden, die mit ihrem alten und ewigen Glauben unvereinbar sind, der eine absolute Treue sowohl zur schriftlichen als auch zur mündlichen Tora einfordert. Trotz dieser tiefen Differenzen haben einige der höchsten Autoritäten des Judentums festgestellt, dass Christen einen besonderen Status erhalten, weil sie den Schöpfer des Himmels und der Erde anbeten, der das Volk Israels aus der ägyptischen Gefangenschaft befreite und der die Vorsehung über die ganze Schöpfung ausübt. Die Lehrunterschiede sind von wesentlicher Natur und können weder zur Diskussion gestellt noch verhandelt werden; ihr Sinn und ihre Bedeutung bleiben den internen Beratungen der jeweiligen Glaubensgemeinschaften vorbehalten. [...] Jedoch stehen die Lehrunterschiede und unsere Unfähigkeit, den Sinn und die Geheimnisse des jeweils anderen Glaubens wirklich zu verstehen, unserer friedlichen Zusammenarbeit für die Verbesserung unserer gemeinsamen Welt und das Leben der Kinder Noachs nicht im Wege.

http://www.jcrelations.net/Zwischen_Jerusalem_und_Rom___Die_gemeinsame_Welt_und_die_respektierten_Besonderhe.5647.0.html?L=2

M 6 Joseph, Nährvater Jesu. Die Ikone aus Emmaus-Nicopolis (Israel) zeigt beide eingehüllt in den Tallit.

Tallit
Thora
Dabru Emet

1 Arbeiten Sie heraus, inwiefern der Glaube Jesu Christentum und Judentum eint, der Glaube an Jesus aber die beiden Religionen trennt (M 2, Z. 19 f.).

2 Betrachten Sie die Bilder M 1 und M 6.

a) Lesen Sie dazu Lk 2,21–24 und Mt 1,18–25 und recherchieren Sie, welche Bedeutung die Beschneidung im Judentum hat.

b) Stellen Sie Vermutungen an, warum die Bilder Jesu Judesein betonen.

3 Die Karfreitagsfürbitte für die Juden hat sich im Laufe der Zeit mehrfach geändert.

a) Erstellen Sie eine Synopse der Karfreitagsfürbitten M 4.

b) Stellen Sie die verschiedenen theologischen Deutungen des Judentums einander gegenüber M 2, M 3 und M 5.

c) Erläutern Sie, warum die Karfreitagsfürbitte von 2008 zu internationalen Protesten führte.

4 Formulieren Sie thesenartig Herausforderungen für einen jüdisch-christlichen Dialog auf Augenhöhe.

Jesus, der Prophet

Auch der Koran kennt Jesus und berichtet von ihm. Aber welchen Stellenwert nimmt Jesus im muslimischen Glauben ein?

M 1 Jesus und Mohammed gemeinsam auf dem Weg, persische Miniatur, 18. Jahrhundert. Als Prophet genießt Jesus auch unter Musliminnen und Muslimen ein hohes Ansehen. Dass Jesus hier neben Mohammed gezeigt wird, bringt seinen Stellenwert im Islam zum Ausdruck. Unter Musliminnen und Muslimen gibt es unterschiedliche Ansichten bezüglich der Darstellung des Propheten Mohammeds mit erkennbarem Gesicht. Diese Miniatur ist eines von vielen Beispielen, die das Gesicht des Propheten zeigen, während es in anderen Darstellungen oft durch einen Schleier verborgen wird.

#BrüderimGeiste

M 2 Taufe Jesu, persische Miniatur 1307

Fateme Rahmati und Dunja El Missiri arbeiten als wissenschaftliche Mitarbeiterinnen für islamische Religionspädagogik an der Goethe-Universität Frankfurt am Main.

M 3 Isa

Jesus heißt im Koran Isa (der Rettende). Er wird häufiger als Sohn Marias (Isa Ibn Maryam) benannt, um auch seine irdische Herkunft als ein Geschöpf Gottes zu betonen. Die jungfräuliche vaterlose Geburt als unbefleckte Empfängnis (Sure 21:91) ist ein Zeichen (aya) für die Barmherzigkeit (rahma) an die Menschen (19:21). Sie ist auch aus islamischer Sicht ein Wunder. Die Geburt Jesu wird Maria, die durch Gottes Wort auserwählt (3:42) ist, von Gabriel verkündet (Sure 19:17). Jesus ist Wort Gottes (kalimat allah) als das Ergebnis seines schöpferischen Aktes (4:171; 3:45), entstanden durch das Wort „Sei!" (3:47). Diese Sichtweise hat nichts gemein mit der christlich-johanneischen Aussage, nach der Christus der präexistente ewige Logos Gottes ist. Weitere Namen, die auch Eigenschaften Jesu kennzeichnen und über die er im Koran selbst Auskunft gibt, sind: Diener Gottes (abd allah) (19:30, 4:172, 43:59), Segen-vermittelnder bzw. gesegnet-seiend (mubarak) (19:31) und angesehen-seiend (wadjih). Ein weiterer seiner Beinamen ist Messias (al-masih) (4:171), der auf seine Rolle im jüngsten Gericht in Anlehnung an die jüdische Überlieferung hinweist. Jesus ist Gesandter (rasul) (4:171, auch 5:75, 61:6) und Prophet (nabi) (19:30). [...] Nach islamischer Vorstellung wird Jesus nicht gekreuzigt, sondern einer, der ihm entweder nur ähnlich war, oder es schien den Juden nur so, als hätten sie ihn gekreuzigt. [...] Eine Auferstehung Jesu, wie im Christentum, ist islamisch-theologisch nicht möglich, da Jesus lebendig von Gott abberufen wurde und schließlich am Ende der Tage wiederkehren wird, um Zeugnis über die Christen und sein Werk abzulegen (4:156–159). [...] Aus islamischer Sicht ist [Jesus] nicht Sohn Gottes. Jesus kann nicht Mensch und Gott zugleich sein. [...] Für die islamische Theologie ist Jesus nicht nur dadurch von Bedeutung, weil er in die Reihe der Gottesgesandten gehört, sondern weil durch ihn die Ankunft des letzten Propheten, Muhammads, angekündigt wird (61:6).

Fateme Rahmati; Dunja El Missiri, Jesus im islamisch-theologischen Verständnis (Religion 5–10, Heft 33, 2018), S. 32.

#Göttlichkeitsblues

M 4 Himmelfahrt des Propheten Isa, osmanische Miniatur 1583, Ausschnitt

M 5 Muslimische Positionen

Es überwiegt sowohl in der traditionellen muslimischen Exegese als auch bei den traditionellen Positionen muslimischer Gelehrter eine apologetische Haltung gegenüber dem Christentum, die dazu geführt hat und auch weiterhin dazu führt, die koranischen Stellen, die sich auf Jesus beziehen, vielfach als antichristliche Polemik zu verstehen. [...] Die koranische Kritik am Christentum [gilt] ausdrücklich nur bestimmten Gruppierungen, nicht aber der Religion insgesamt. [...] Das erste Thema betrifft grundsätzlich die Frage nach der Natur Jesu. Es ist inzwischen stark verbreitet, alle koranischen Stellen wie Q 19:35, die betonen, dass Gott keinen Sohn hat, als antichristliche Polemik zu lesen. Wir haben allerdings gesehen, dass der Koran in seiner Kritik „walad" und nicht den christlichen Begriff „ibn" verwendet. Diese Zurückweisung eines biologischen Sohnes von Gott durch den Koran richtet sich an pagane Araber und nicht primär an Christen. [...] Der zweite Punkt betrifft die Rolle Jesu. Unsere Auseinandersetzung mit dem koranischen Jesus zeigt, dass der Koran Jesus als mehr als nur einen Überbringer einer Botschaft darstellt. Demnach ist Jesus selbst, sein Leben und sein Wirken zugleich Inhalt dieser Botschaft. Daher wundert es mich nicht, dass der Koran Parallelen zwischen sich selbst und Jesus herstellt: Beide sind Zeichen Gottes für die Menschen, die er den Menschen gibt, um ihnen Barmherzigkeit zu erweisen. Beide sind das Wort Gottes. Beide sind aber auch der Geist Gottes und beide wurden durch den Heiligen Geist verkündet. Gerade die Gleichsetzung Jesu mit dem Geist Gottes verweist auf seine Geisterfülltheit und gibt einen Anlass für die islamische Theologie, die Funktion Jesu in einem anderen Lichte zu sehen, eben als Inhalt der göttlichen Botschaft. Der Koran verweist somit darauf, dass sich Gott selbst nicht nur im Koran zugesagt hat. Inwieweit können wir Muslime Jesus von Nazaret als Selbstzusage Gottes anerkennen, ohne natürlich Jesus zu vergöttlichen?

Mouhanad Khorchide/Klaus von Stosch, Der andere Prophet. Jesus im Koran, Freiburg 2018, S. 295–297.

Mouhanad Khorchide (* 1971) ist Professor für Islamische Religionspädagogik an der Westfälischen Wilhelms-Universität Münster.

Klaus von Stosch (* 1971) ist Professor für Systematische Theologie an der Universität Bonn.

#MögederGeistmitdirsein

Jesus als der **präexistente Logos** meint, dass er vor aller Zeit, im Sinne von jenseits der Zeit, also **immer schon** da war. Deshalb wurde er nicht geschaffen und ist nicht geworden, weil diese Redeweise einen zeitlichen Prozess voraussetzt. Nach christlicher Auffassung lässt sich dieses **Geheimnis des Glaubens** nur bildhaft zum Ausdruck bringen, z. B. dadurch, dass der Sohn aus dem Vater gezeugt ist und so eine ursprüngliche Einheit mit ihm bildet.
Als **pagan** bezeichnet man polytheistische Religionen v. a. der Antike.
Das arabische Wort **walad** bedeutet „(biologisch gezeugtes) Kind". Die paganen Araber verbanden damit die Vorstellung, Gott habe eine Gemahlin und zeuge mit ihr Kinder – aus diesem Grunde wird christlich wie muslimisch die Rede von Jesus als **walad** Gottes abgelehnt.

1 Lesen Sie die Suren 3, 5 und 19 und arbeiten Sie die Aussagen über Jesus heraus.

2 Betrachten und beschreiben Sie **M 1**, **M 2** und **M 4**. Deuten und würdigen Sie die Darstellung Jesu aus christlicher Sicht.

3 Arbeiten Sie aus **M 3** und **M 5** heraus, welcher Stellenwert Jesus im Koran im Unterschied zum Christentum zugesprochen wird.

4 Juden, Christen und Muslime sind über Jesus im Gespräch. Zeigen Sie, wo Gemeinsamkeiten und bleibende Unterschiede in den Glaubensaussagen zu Jesus liegen. Beurteilen Sie die Bedeutung eines Gesprächs, bei dem eine Einigung über die Person Jesu nicht zu erwarten ist.

5 Der Koran lehnt eine biologische Sohnschaft Jesu ab (**M 5**, Z. 13–22). Diskutieren Sie, wie die Gottessohnschaft Jesu Nichtchristen erklärt werden könnte.

Das Kreuz mit dem Kreuz – zum Umgang mit religiösen Motiven

Zum Glauben an Jesus Christus gehört das Bekenntnis zu ihm. Sollen Menschen, die in der Öffentlichkeit einen bestimmten Glauben vertreten, um des Friedens willen auf das Tragen von Glaubenssymbolen verzichten? Dienen oder schaden sie damit dem interreligiösen Dialog? Inwiefern kann Jesus auch Menschen inspirieren, die an Gott zweifeln? Was bedeutet es, für diesen Jesus zu werben?

Rafael Seligmann (* 1947 in Israel) ist Schriftsteller und Politologe. Er gab die Zeitung „Jewish Voice from Germany" heraus, die von 2012–2019 vierteljährlich erschien.

M 1 Jesus – um jeden Preis?

Das Kreuz ist das zentrale Symbol des Christentums. Im Jahre 1979 besuchte Papst Johannes Paul II. in seiner polnischen Heimat die KZ-Gedenkstätte Auschwitz. An diesem Ort wurden mehr als eine Million Juden ermordet. Der Papst als irdischer Vertreter Jesu Christi bat die Juden um Vergebung. [...] Es versteht sich, dass Johannes Paul II. ebenso wie seine Nachfolger Benedikt XVI. und Franziskus bei ihren Besuchen in Synagogen und jüdischen Gedenkstätten als Oberhäupter der Katholischen Kirche auftraten und als solche von den Juden gewürdigt wurden. Niemand wäre auf die Idee gekommen, von ihnen zu verlangen, das Kreuz als Zeichen ihres Glaubens abzulegen. Die Integrität des anderen Glaubens ist implizit ein Gebot der Bibel: „Liebe deinen Nächsten wie dich selbst" (Lev 19,18), heißt es. Eine Religion wird nicht genannt. Der Respekt des Glaubens ist die Voraussetzung des Friedens zwischen den Religionen. Ohne Achtung anderer Glaubensgemeinschaften ist ein friedliches Miteinander unmöglich. Wer von einer anderen Glaubensgemeinschaft fordert, sich ihrer religiösen Symbole zu entledigen, verlangt deren Unterwerfung. [...] Bei ihrem Besuch in Jerusalem wurden der Vorsitzende der deutschen Bischofskonferenz, Reinhard Kardinal Marx, und der EKD-Ratsvorsitzende, Heinrich Bedford-Strohm, von islamischer Seite aufgefordert, angesichts der angespannten Lage in der Stadt und auf dem Tempelberg ihre Kreuze abzulegen. Die beiden christlichen Kirchenführer kamen der Aufforderung nach. Die Absicht der Geistlichen war friedlich, doch sie sind keine Privatpersonen, sondern oberste Vertreter des deutschen Christentums. Daher war ihr Verhalten prinzipienlos. Gegenüber den Juden war das Handeln von Kardinal Marx und Bischof Bedford-Strohm treulos, für die christlichen Kirchen auf Dauer verheerend. Jesus als Verkörperung Gottes fordert Gewaltlosigkeit: „Denn wer das Schwert ergreift, wird durch das Schwert sterben" (Mt 26,52). Die Befolgung dieser Maßgabe auf Erden wäre der Durchbruch zum Frieden. Jesus als Verkörperung der göttlichen Ehrlichkeit hat nie eine Verleugnung seines Glaubens geboten. Sie wäre unehrlich. [...] Wenn das Christentum hier und weltweit bestehen will, muss es seinen Glauben und dessen Prinzipien selbstbewusst verteidigen. Gewaltlos, wie Jesus fordert, doch mit aufrechter Gesinnung und nicht durch Beschwichtigung. Ansonsten verlieren die Gläubigen Vertrauen zu ihrer Kirche und deren Religion.

Rafael Seligmann, Respekt des Glaubens (Herder Korrespondenz 12/2016), S. 6.

#Kreuzverrat?

M 2 Deutsche Bischöfe in Jerusalem

Rabbiner Jaron Engelmayer zeigt am 20.10.2016 Kardinal Reinhard Marx und Bischof Heinrich Bedford-Strohm einen Aravah-Zweig von einer Weide, der für eine Zeremonie am Sukkot eingesetzt wird vor der Klagemauer (hinten) auf dem Tempelberg in Jerusalem. Marx und Bedford-Strohm hatten vorher ihr Kreuz abgelegt, um religiöse Provokationen zu vermeiden. Das trug ihnen später Kritik ein. Das Foto auf der nächsten Seite zeigt Bedford-Strohm und Marx, die mit Scheich Omar Awadallah Kiswani in ihrer Mitte vor dem Felsendom entlang gehen.

M 3 Bischöfe ohne Kreuz?

„Am Ende stand die deutsche Delegation in Jerusalem also einzig und allein vor der Frage: Sollten sie ihren Gang über den Tempelberg ernsthaft von der Bedingung abhängig machen, ihre Brustkreuze tragen zu dürfen? Oder sollten sie, und sei es widerwillig oder kopfschüttelnd, im Zweifel lieber der Gegenseite eine Geste des guten Willens zugestehen, bevor sie auf die Begegnung, den Austausch, das Gespräch mit ihr ganz verzichteten? Hätten sie sich für die erste Variante entschieden, hätte die Kirche in der Heiligen Stadt ihrer Entstehung vielleicht mehr Kreuz zeigen können. Aber bestimmt nicht mehr Christentum."

Lucas Wiegelmann, Bischöfe ohne Kreuz. Die absurde Wut der deutschen Garderobenwächter, in: Die Welt vom 8.11.2016.

#Jesuskraft

M 4 Jesus als Vorbild?

Heiner Geißler im Interview mit Deutschlandfunk Kultur (12.03.2017) zu seinem Buch „Kann man noch Christ sein, wenn man an Gott zweifeln muss?", Berlin 2017:

Heiner Geißler (1930–2017) war Politiker der CDU.

Das Leben ist eben nicht sinnlos, auch wenn man an Gott nicht glauben kann. Weil der Mensch die Möglichkeit hat, dadurch, dass er Stück für Stück den Pfusch beseitigt, der in der angeblichen Schöpfung entstanden ist, dass wir uns einsetzen, um den Menschen zu helfen, die in Not sind, das kann man in der Forschung machen, in der Wissenschaft, aber auch in der Caritas und der Diakonie, das alles kann dem menschlichen Leben einen Sinn geben. Und damit tut der Mensch aber genau das, was Jesus in seiner Botschaft vorgeschlagen hat. Selbst wenn jemand an Gott nicht glaubt, dann kann er an diesen Jesus und dessen glänzende Botschaft, daran kann er glauben. Denn der hat existiert. Und deswegen kann das, was er gesagt hat, eine Richtschnur sein auch für das persönliche Leben und für die Sinnhaftigkeit des eigenen Tuns.

https://www.deutschlandfunkkultur.de/heiner-geissler-der-gott-der-christlichen-theologie-kann-es.1278.de.html?dram:article_id=381059

#Jesuswashere

1 Das Kreuz mit dem Kreuz

a) Recherchieren Sie Hintergründe und Diskussionen zu den Bildern M 2.

b) Setzen Sie sich mit Seligmanns Position in M 1 auseinander, indem Sie entweder einen persönlichen Brief an ihn schreiben oder einen Brief an die Redaktion der Monatszeitschrift Herder Korrespondenz formulieren.

c) Erörtern Sie die Zwickmühle der Bischöfe, die Lucas Wiegelmann benennt M 3.

2 Jesus nachfolgen ohne an Gott zu glauben, so schlägt es Heiner Geißler in M 4 vor. Formulieren Sie bis zu drei Fragen, die Sie an die Ausführungen Geißlers haben.

3 Seligmann trifft Geißler. Schreiben Sie einen fiktiven Dialog zwischen den beiden zum Thema „Zu Jesus stehen".

4 Religiöse Motive in der Werbung

a) Recherchieren Sie religiöse Motive in der Werbung und beurteilen Sie jeweils, ob die Darstellung der Meinungsfreiheit und künstlerischen Freiheit unterliegt und damit erlaubt ist, oder ob sie verboten werden sollte, da sie religiöse Gefühle verletzt.

b) Stellen Sie in der Lerngruppe einen Kriterienkatalog zusammen, an den sich Werbung, die religiöse Motive verwendet, halten sollte.

Tauschen Sie sich darüber aus, wie Sie die Aufgabe empfinden, eine Collage zu gestalten, mit der Sie Ihre Sicht auf Jesus vertreten. Inwiefern ist diese Aufgabe herausfordernd, peinlich, zu persönlich oder etwas anderes?

Jesus nachfolgen?

Nachfolge Jesu Christi – was bedeutet das? Handelt es sich dabei um ein lebbares Konzept gelingenden Lebens, eine Überforderung oder eine weltfremde Zumutung? Hat die Botschaft Jesu, tradiert und durchdacht, angesichts der globalen Entwicklungen und ihrer Herausforderungen überhaupt noch Relevanz? Gibt die Ausrichtung an Jesus bis heute ethische Orientierung? Wann wurden diese Fragen intensiv diskutiert und wie kommen wir heute über sie ins Gespräch?

→ Willi Schultes folgt Jesus nach, indem er sich um Wohnungslose kümmert: S. 166 f.

M 1 „Meine Berufungsgeschichte"; Kloster Maria Hilf der Kongregation der Armen Dienstmägde Jesu Christi am 7. August 2018 in Dernbach.

Ursula Nothelle-Wildfeuer (* 1960) ist Professorin für Christliche Gesellschaftslehre an der Universität Freiburg.

→ Weitere Einschätzungen zur Lage der Kirche finden Sie z. B. S. 190.

→ Grundvollzüge von Kirche werden erläutert S. 165, 176 f., 179.

M 2 Präambel eines Manifestes

Nach menschlichem Ermessen wird die Kirche in Deutschland, Österreich und der Schweiz in wenigen Jahren kaum mehr eine gesellschaftlich wahrnehmbare Rolle spielen. Das ist weniger schade um die Kirche als schlimm für die Menschen, die Gott verlieren oder Jesus nie kennenlernen. Wir sind katholische Christen in Österreich, Deutschland und der Schweiz, die unter der „Erosion des Glaubens", von der Papst Franziskus spricht, leiden. Wir wissen: Unsere Heimatländer sind Missionsländer geworden. Wir sind bereit für Mission. Wir wünschen, dass unsere Länder zu Jesus finden. Wir laden alle ein, die sich verbindlich mit uns hineinbegeben wollen in eine Welle des Gebets. Wir möchten diejenigen zusammenführen, die den Mut zu ungewöhnlichen Schritten haben. „Das Gebot der Stunde", sagt auch Papst Franziskus, „ist die pastorale Neuausrichtung, also dafür zu sorgen, dass die Strukturen der Kirche alle missionarischer werden, dass die gewöhnliche Seelsorge in all ihren Bereichen expansiver und offener ist, dass sie die in der Seelsorge Tätigen in eine ständige Haltung des „Aufbruchs" versetzt und so die positive Antwort all derer begünstigt, denen Jesus seine Freundschaft anbietet". [...] Uns bewegt die Sehnsucht, dass Menschen sich zu Jesus Christus bekehren. Es ist nicht mehr genug, katholisch sozialisiert zu sein. Die Kirche muss wieder wollen, dass Menschen ihr Leben durch eine klare Entscheidung Jesus Christus übergeben. Sie ist ja weniger eine Institution oder Kulturform als eine Gemeinschaft, mit Jesus in der Mitte. Wer Jesus Christus als seinem persönlichen Herrn nachfolgt, wird andere für eine leidenschaftliche Nachfolge Jesu entzünden.

https://www.missionmanifest.online/#buch

#NachHausetelefonieren

M 3 Rolle rückwärts?

Frage: Frau Nothelle-Wildfeuer, was ist Ihr Hauptkritikpunkt am „Mission Manifest"?

Nothelle-Wildfeuer: Was mich ganz grundsätzlich stört, ist, dass das „Mission Manifest" die Versektung und Evangelikalisierung der katholischen Kirche bedeutet. Das zugrundeliegende Kirchenverständnis ist deutlich reduziert, denn die Dimension der Diakonia fällt hier völlig weg. Dieser Dienst an Menschen und Gesellschaft ist aber konstitutiv für die Identität von Kirche. Auch die Theologie soll komplett ausgeklammert werden. Der Weg soll „von den Höhen der Theologie zur Einfachheit des Kerygmas" führen. Es heißt da, dass der Glaube an das Evangelium allein genüge. Das aber ist zu wenig. Wir brauchen die Vernunft, um etwa biblische Inhalte exegetisch richtig einzuordnen. Wir können nicht aus dem Evangelium beliebig auswählen, was uns passt. [...]

Frage: Aber der Begriff der Mission gehört doch wesentlich zum Christsein?

Nothelle-Wildfeuer: Ja, das stimmt. Mission bedeutet Sendung. Aber in diesem Manifest wird unter Mission etwas ganz anderes verstanden: Es geht vorrangig um Lobpreis, um Fasten, um Gebet, um Bekehrung und um eine

Hinwendung zu Gott in einem ganz engen abgekapselten Sinne.

https://www.katholisch.de/artikel/19168-das-mission-manifest-bedeutet-eine-versektung-der-kirche

#Betenalleinistnichtgenug
#Glaubedenkt

M 4 Christliche Mystik

Der große deutsche Theologe Karl Rahner hat einmal gesagt: „Der Christ der Zukunft ist ein Mystiker, er ist einer, der Gott erfahren hat." Rahner meint mit diesem oft zitierten Wort, dass es nicht genügt, an Gott zu glauben. Der Christ der Zukunft, der für seinen Glauben Rechenschaft ablegen will, braucht die Erfahrung des Glaubens, er braucht die Erfahrung Gottes. Denn ohne Gotteserfahrung können wir in dieser säkularisierten Welt nicht von Gott sprechen. [...] Wenn Karl Rahner von Mystik schreibt, dann bezieht er sich immer auf die christliche Mystik. Und die ist für ihn wesentlich mit der Person Jesu Christi verbunden. Mystik ist für Rahner nichts Abgehobenes, sondern der Weg, in der Beschäftigung mit dem Leben Jesu, mit seinen Worten und Taten, mit seiner Passion, seinem Tod und seiner Auferstehung, sich immer wieder hinein nehmen zu lassen in das unbegreifliche Geheimnis der Liebe Gottes. [...] Sie [Gotteserfahrung] kann auch in einem kurzen Augenblick geschehen, in dem Gottes Wort mich anrührt, mir ins Herz fällt, in der Gottes Liebe mein Herz erfüllt, in dem mir die Augen aufgehen und ich für einen Augenblick in den Grund allen Seins schaue und mein Ego, das alles beurteilen möchte, vergesse.

Anselm Grün, Einführung in die christliche Mystik (https://www.sonntagsblatt.de/artikel/spiritualitaet-mystik/anselm-gruen-einfuehrung-die-christliche-mystik)

M 5 Teresa von Ávila

Gott – das ist das Stichwort ihres Lebens, Freundschaft mit ihm ihre stärkste Sehnsucht. [...] Dieser Gott ist „jederzeit zu sprechen", man kann sich mit ihm unterhalten „wie mit einem Freund". Man solle doch nicht fürchten, diese Sonne könne untergehen: „Gott lässt uns nicht im Finstern. Nur wenn wir ihn verlassen, gehen wir zugrunde." Dass eine persönliche Freundschaftsbeziehung zu Gott möglich ist, stellt vielleicht Teresas wichtigste Botschaft dar. Gott hat sich nicht verabschiedet. Er ist kein bloßes Prinzip, keine Denkfigur, um letzte Leerstellen in unserem nüchternen Weltbild zu füllen, keine verschwommene Chiffre für Mitmenschlichkeit. [...] Der „verborgene Schatz" sei in Wirklichkeit in uns selber. „Seele, suche dich in mir und suche mich in dir" – was sie Gott in einem ihrer tiefsten Gedichte sagen lässt, ist genau betrachtet gar nicht so mystisch, sondern der nüchterne Verzicht auf unfruchtbare Höhenflüge. Der Mensch braucht sich nur auf den Weg in sein eigenes Inneres zu machen, um dort etwas zu finden, was nicht aus ihm selbst kommen kann. „Ganz in seinem Innern gewahrt dieser Mensch, wie in einem tiefen Abgrund, die Anwesenheit Gottes."

Teresa von Ávila, Die Seelenburg, mit einer Einführung von Christian Feldmann, Herder: Freiburg i. Br. 1999, S. 21–23.

#Jesusiscalling
#BeingJesus

M 6 Staat und Kirche

Zweifellos ist die reformatorische Kirche nicht dazu angehalten, dem Staat in sein spezifisch politisches Handeln direkt hineinzureden. Sie hat staatliche Gesetze weder zu loben noch zu tadeln, sie hat vielmehr den Staat als Erhaltungsort Gottes in der gottlosen Welt zu bejahen, sie hat sein – vom humanitären Gesichtspunkt aus gesehen: gutes oder schlechtes – Ordnungschaffen anzuerkennen und zu verstehen als begründet in dem erhaltenden Willen Gottes mitten in der chaotischen Gottlosigkeit der Welt. [...] Die Geschichte wird nicht von der Kirche gemacht, sondern vom Staat; aber freilich nur die Kirche, die vom Kommen Gottes in die Geschichte zeugt, weiß, was Geschichte und daher auch, was der Staat ist. Und eben aus diesem Wissen heraus gibt sie allein Zeugnis von der *Durchbrechung* der Geschichte durch Gott in Christus und lässt den Staat weiter Geschichte machen. Ohne Zweifel ist eines der geschichtlichen Probleme, mit denen unser Staat fertig werden muss, die Judenfrage, und ohne Zweifel ist der Staat berechtigt, hier neue Wege zu gehen. Es bleibt die Sache der humanitären Verbände und einzelner sich dazu aufgerufen wissender christli-

Karl Rahner (1904–1984) gilt als einer der bedeutendsten Theologen des 20. Jahrhunderts.

Anselm Grün (* 1945) lebt als Benediktinermönch im Kloster Münsterschwarzach und ist Autor religiöser Bücher.

Teresa von Ávila (1515–1582) trat 1535 in den Orden der Karmelitinnen ein. Im Jahr 1970 wurde sie als erste Frau zur Kirchenlehrerin ernannt.

→ Mehr über Teresa von Ávila: S. 226.

Dietrich Bonhoeffer (* 1906 und hingerichtet 1945 im KZ Flossenbürg) war als Theologe und Vertreter der Bekennenden Kirche am deutschen Widerstand gegen die Nazis beteiligt.

cher Männer, dem Staat die moralische Seite seiner jeweiligen Maßnahmen zu Gesicht zu bringen, d. h. gegebenenfalls den Staat des Verstoßes gegen die Moral zu verklagen. [...] Die Kirche kann primär nicht *unmittelbar* politisch handeln; denn die Kirche maßt sich keine Kenntnis des notwendigen Geschichtsverlaufes an. Sie kann also auch in der Judenfrage heute nicht dem Staat *unmittelbar* ins Wort fallen, und von ihm ein bestimmtes andersartiges Handeln fordern. Aber das bedeutet nicht, daß sie teilnahmslos das politische Handeln an sich vorüberziehen lässt; sondern sie kann und soll, gerade weil sie nicht im einzelnen Fall moralisiert, den Staat immer wieder danach fragen, ob sein Handeln von ihm als *legitim staatliches* Handeln verantwortet werden könne, d. h. als Handeln, in dem Recht und Ordnung, nicht Rechtlosigkeit und Unordnung, geschaffen werden. [...] Das bedeutet eine dreifache Möglichkeit kirchlichen Handelns dem Staat gegenüber: *erstens* (wie gesagt) die an den Staat gerichtete Frage nach dem legitim staatlichen Charakter seines Handelns, d. h. die Verantwortlichmachung des Staates. *Zweitens* der Dienst an den Opfern des Staatshandelns. Die Kirche ist den Opfern jeder Gesellschaftsordnung in unbedingter Weise verpflichtet, auch wenn sie nicht der christlichen Gemeinde zugehören. „Tut Gutes an jedermann". In beiden Verhaltungsweisen dient die Kirche dem freien Staat in ihrer freien Weise, und in Zeiten der Rechtswandlung darf die Kirche sich diesen beiden Aufgaben keinesfalls entziehen. Die *dritte* Möglichkeit besteht darin, nicht nur die Opfer unter dem Rad zu verbinden, sondern dem Rad selbst in die Speichen zu fallen.

Dietrich Bonhoeffer, Berlin 1932–1933, hrsg. von Carsten Nicolaisen und Ernst-Albert Scharffenorth, Gütersloh 1997, S. 350.351.353.

#WiderstandundErgebung

→ Versagen der Kirche gibt es auch heute: S. 189.

→ Zum Gottesbegriff Bonhoeffers vgl. S. 142, 255.

Bekennende Kirche

Dem Rad in die Speichen fallen

Robert McAfee Brown (1920–2001) war ein US-amerikanischer presbyterianischer Minister, Theologe und Aktivist.

Elie Wiesel (1928–2016), Überlebender des Holocaust, erhielt 1986 den Friedensnobelpreis für seine Vorbildfunktion im Kampf gegen Rassismus und Gewalt.

M 7 Kirche und NS-Vergangenheit

Das Problem ist quälend: Warum hatte Pius XII. niemals die Todeslager angeprangert? Warum waren so viele Mitglieder der SS zugleich Mitglieder der christlichen Kirchen? [...] Wie konnte es sein, daß so viele von ihnen eine Erziehung in den Kirchen und in christlichen Institutionen genossen hatten? Elie Wiesel wirft all diese Fragen auf [...]; Christen aber müssen sie sich zueigen machen, einschließlich der quälendsten aller Fragen: „Wie kann man sich erklären, daß eine Person Christ sein kann und gleichzeitig Mörder von Kindern?" [...] An anderer Stelle sagt Wiesel über den Holocaust: „Wenn auch nicht alle Opfer Juden waren – alle Juden waren Opfer." Christen müssen dem hinzufügen: „Wenn auch nicht alle Christen Mörder waren – alle Mörder waren Christen." „Schlechte Christen" zweifellos, wie Wiesel in einer Ansprache [...] einräumte, „aber doch Christen." [...] Eine erschreckende Schlußfolgerung legt sich nahe: „Der nachdenkliche Christ weiß, daß in Auschwitz nicht das jüdische Volk gestorben ist, sondern das Christentum."

Robert McAfee Brown, Elie Wiesel. Zeuge für die Menschheit, Freiburg 1990, S. 184.

#JudeJesusChristentum

M 8 Kruzifix, Elfenbeinküste

M 9 Öffentliche Theologie

Öffentliche Theologie zielt darauf […], zur „Mitwirkung aller am öffentlichen Leben“ (Gaudium et Spes 75,1) zu animieren und die Gläubigen in den gesellschaftlichen Auseinandersetzungen um grundlegende Fragen menschlichen Lebens und Zusammenlebens kognitiv und kommunikativ kompetent zu machen. […] Sie ist dabei von dem Interesse geleitet, den Anspruch und die Zusage des Evangeliums in aller Öffentlichkeit zu kommunizieren. […] Sie tut dies im Widerspruch gegen Ungerechtigkeit und Ausbeutung, gegen Rassismus und Sexismus, gegen Fremdenfeindlichkeit […] sowie gegen die Missachtung „der grundlegenden Rechte der Menschen“ (Gaudium et Spes 29,4) […]. Mit dem prophetischen Einspruch geht der Zuspruch der biblischen Verheißung einher, die alle angeht, weil es darin um alles geht. Öffentliche Theologie hat dabei zu beachten, dass und wie sie ihre universalistische Botschaft jeweils richtig kontextualisiert und adressiert. Sie hat sich auszurichten an der Zusage des Reiches Gottes für alle Menschen, die „die Armen und Bedrängten aller Art“ (Gaudium et Spes 1,1) bevorzugt und sie vom Rand in die Mitte stellt.

Edmund Arens, Kritisch, kirchlich, kommunikativ, in: Glaubensverantwortung im Horizont der „Zeichen der Zeit“, hrsg. v. Christoph Böttigheimer, Florian Bruckmann, Freiburg 2012 (Quaestiones disputatae 248), S. 432–453.

Edmund Arens (* 1953) war Professor für Fundamentaltheologie an der Universität Luzern.

#RedenistGold

1 Jesus ruft – auch Sie? Formulieren Sie, was Sie mit „Berufung“ (durch Jesus) assoziieren M 1. Wenn Sie möchten, können Sie einen (privaten) Antworttext auf die Berufung Jesu verfassen.

2 Recherchieren Sie Berufungsgeschichten. (Paulus, Augustinus und Luther sind bekannte Männer aus der Geschichte; aktuelle Geschichten von Frauen hat die Ordensfrau Philippa Rath gesammelt.) Untersuchen Sie die Geschichten: Was gab den Ausschlag, Jesu Ruf zu folgen, und zu welchem konkreten Handeln führt dieser Ruf? Was macht die Geschichte für Sie glaubwürdig – oder auch nicht?

3 Recherchieren Sie die zehn Thesen von „Mission Manifest“.

a) Halten Sie fest, welcher These Sie zustimmen und was Sie fragwürdig finden.

b) Bekehrung zu Jesus – eine Option für unsere Gesellschaft M 2, Z. 27 ff.? Nehmen Sie Stellung.

4 Setzen Sie sich mit M 2 und M 3 kritisch auseinander.

a) Erläutern Sie, welche Schwerpunkte die Texte bezüglich der Grundvollzüge von Kirche setzen.

b) Erörtern Sie die Texte vor dem Hintergrund von Mt 25,31–46 und Mt 28,16–20.

5 Christliche Mystik als Weg

a) Beschreiben Sie eine Alltagssituation, in der Menschen Gott durch Jesus erfahren könnten M 4.

b) Recherchieren Sie eine/n Mystiker/in. Notieren Sie, was Sie an dieser Person fasziniert.

c) Diskutieren Sie, inwiefern Teresa einen Weg zwischen den Positionen M 2 und M 3 aufzeigen kann.

6 Arbeiten Sie heraus, wie Bonhoeffer die Zuordnung von Staat und Kirche beschreibt und welche Möglichkeiten die Kirche hat, sich staatlichem Handeln gegenüber zu positionieren M 6. Konkretisieren Sie jede Möglichkeit durch ein passendes Beispiel.

7 Diskutieren Sie die Aussage, dass in Auschwitz das Christentum gestorben sei M 7.

8 M 8 zeigt Jesus als Afrikaner. Kommen Sie in Ihrer Lerngruppe ins Gespräch, inwiefern dieses Kruzifix Ihren Blick auf Jesus verändert bzw. bestätigt.

9 „Öffentliche Theologie“ habe „zu beachten, dass und wie sie ihre universalistische Botschaft jeweils richtig kontextualisiert und adressiert“ M 9, Z. 19–22.

a) Erläutern Sie, welche Themen Ihrer Meinung nach im Religionsunterricht behandelt werden sollten, um den Forderungen von Arens gerecht zu werden.

b) Nehmen Sie zu der Position Stellung, dass Gläubige im öffentlichen Raum ihre Stimme erheben und sich im Sinne des Evangeliums politisch einmischen sollen.

Vergleichen Sie die Möglichkeit einer Beziehung zu Jesus mit Beziehungen zu lebenden Personen. Suchen Sie nach einer verständlichen und nachvollziehbaren Formulierung, die zu einer Begegnung mit bzw. Beziehung zu Jesus einlädt. Erörtern Sie die politische Dimension einer solchen Jesusbeziehung.

Den Glauben an Jesus zum Ausdruck bringen

Wie sieht das aus, wenn Menschen heute ihren Glauben an Jesus öffentlich zeigen? Welche Praktiken wecken Interesse, provozieren, irritieren oder schrecken ab? Welche Konsequenzen sind mit dem Bekenntnis zu Jesus verbunden?

M 1 Berg der Kreuze

Der Berg der Kreuze ist ein Hügel von wenigen Metern Höhe inmitten unberührter Wiesen und Wälder. Auf seinen Hängen ist ein Dickicht an Kruzifixen entstanden, die mit Rosenkränzen, kleineren Kreuzen, Kunstblumen und Heiligenbildchen verhangen sind. Viele Kreuze wurden aus Holz geschnitzt, andere sind aus Metall angefertigt und fallen durch kunstvolle Ornamente auf, auch solche aus Plastik sind dabei. Dass sie bereits mit den Bäumen verwachsen oder unentwirrbar miteinander verschlungen sind, verleiht dem Berg der Kreuze eine besonders dichte Atmosphäre. Viele der Kruzifixe tragen Inschriften oder Bilder verstorbener Menschen, die längst verblichen sind. Die Rosenkränze und anderen Devotionalien, die an den Kreuzen hängen, klappern und klingeln bei jedem kleinen Windhauch und verleihen dem Ort eine magische Aura. [...] Der Berg der Kreuze nahe Šiauliai gilt in Litauen nicht nur als Kulturgut und religiöses Heiligtum, sondern ist auch untrennbar mit dem Nationalstolz der Einwohner des baltischen Staates verbunden. Als sich die Menschen in Litauen und Polen gegen die russische Fremdherrschaft unter Zar Alexander erstmals auflehnten, wurden ihre Aufstände blutig niedergeschlagen und unzählige Menschen ermordet. Im Jahr 1850 sollen auf dem sattelförmigen Hügel nahe Šiauliai von den Hinterbliebenen erstmals etwa 150 Kreuze in Gedenken an die Ermordeten aufgestellt worden sein. Bis zum Beginn des Zweiten Weltkriegs wurde der Berg der Kreuze ständig erweitert, bis mehrere hundert Kruzifixe die Hänge des Hügels bedeckten. Unter der Herrschaft der Sowjetunion und dem Einfluss von Stalin mussten die Menschen in den baltischen Staaten unerträgliches Leid erdulden. Stalin ließ mehrere hunderttausende Litauer deportieren, foltern oder ermorden. Die Menschen in Litauen reagierten auf die politischen Missstände auf ihre eigene Art. Sie begannen damit, den Berg der Kreuze als Zeichen des stillen Widerstands und Nationalstolzes stetig zu erweitern. [...] Mehrere Male schickte Moskau Bulldozer, um den Berg der Kreuze zu zerstören. Doch die Menschen kamen wieder und begannen aufs Neue, das Symbol ihrer nationalen Identität und Unabhängigkeitsbewegung wiederaufzubauen. Erst unter Gorbatschow erfolgte die Aufnahme des einzigartigen Heiligtums in die Liste der litauischen Kulturdenkmäler. Nach der Unabhängigkeit Litauens im Jahr 1991 und dem Besuch durch Papst Johannes Paul II. wurde der Berg der Kreuze zum Wallfahrtsort erklärt. Mönche des Franziskaner-Ordens errichteten nahe des Hügels bei Šiauliai ein kleines Kloster und betreuen den Berg der Kreuze seit dem Jahr 2000.

https://www.dreizackreisen.de/berg-der-kreuze-siauliai-nationalheiligtum

→ *What would Jesus do?* – Ein ethischer Maßstab? S. 142–147

M 2 Der Berg der Kreuze in Šiauliai, Litauen

Blick auf den Berg der Kreuze in Šiauliai, Litauen

Großes Kreuz mit Christusfigur am Beginn der kleinen Treppe, die über den Berg der Kreuze führt; 1994 vom Vatikan gestiftet.

M 3 WWJD ist die Abkürzung für „What would Jesus do?" und stammt aus dem Roman „In seinen Spuren" von Charles Sheldon. Er schrieb Ende des 19. Jahrhunderts über einen Geschäftsmann, der sich bei Entscheidungen immer erst diese Frage stellt.

M 4 „Herzschlag" – Kirche für Jugendliche

Ein Projekt des Evangelischen Kirchenkreises Südharz führt christliche Jugendliche zusammen. Jugendreferent Simon Roppel stellt das Projekt auf der Website jesus.de vor:

Die Situation ist prekär. In unserem Kirchenkreis ist es nicht mehr möglich, jeden Ort gleichermaßen mit Jugendangeboten zu „versorgen". Die Anzahl der angestellten Mitarbeiter sinkt prozentual mit den abnehmenden Kirchenmitgliedern. Entgegen der ersten Vermutung sind es allerdings weniger die Kirchenaustritte, die so deutlich ins Gewicht fallen, sondern die Tatsache, dass sehr wenige Familien ihre Kinder taufen lassen. [...] Und junge Menschen ohne kirchliche Bindung und christliche Sozialisation in deren kompliziertesten Lebensphasen für den freiwilligen Konfirmationsunterricht zu gewinnen, ist ein schwieriges Unterfangen. So sind es in einem Dorf nur ein oder zwei Teenager, die sich zur Konfirmation anmelden. [...] Diese Lage zwang uns zum Umsteuern. Seit fünf Jahren wagen wir etwas Neues. Mit den Jugendlichen wurde begonnen, neue Gemeindekonzepte auszuprobieren. In der Stadt Nordhausen wurde dafür eine der baufälligen Kirchen des Reformationslandes komplett für die Entstehung einer neuen jungen Kirche zur Verfügung gestellt. Der verhältnismäßig kleine Kirchenkreis ging dafür finanziell und kräftemäßig an seine Grenzen, um die alte Kirche in der Innenstadt zu einem modernen Jugendzentrum mit Heizung, Toiletten, Cafeteria und Jugendraum umzubauen. Die Vision war, dass die Jugendlichen sich in ihrer eigenen Kirche als „Gemeinde" frei entfalten können.

Das Projekt startete mit einer kleinen Gruppe von Jugendlichen. Schnell zeigte sich, dass jeder gebraucht wird und seine ganz individuellen Gaben einbringen kann. Aus dieser Wahrnehmung entstand ein Grundprinzip der Jungen Kirche. Schulfreunde wurden mitgebracht, weil sie ein Instrument spielten, sich mit Technik auskannten oder Lust auf die entstandene Theatergruppe hatten. So wuchs unter dem Namen „HERZSCHLAG Junge Kirche" eine neue Gemeinde aus Teenagern mit jugendlicher Sprache und Form sowie einem Fokus auf echter Beteiligung und geistlicher Gemeinschaft.

https://www.jesus.de/kirche-fuer-jugendliche-von-jugendlichen/

#Jesusliebtdich

→ Welche neuen Wege kann Kirche gehen – nicht nur für Jugendliche? S. 163–165

1 Welche Frömmigkeitsformen in Bezug auf Jesus Christus sind Ihnen bekannt? Stellen Sie eine Auswahl zusammen und befragen Sie auch Gleichaltrige.

2 Auf dem Berg der Kreuze vermutet man über 200 000 Kreuze **M 1**, **M 2**.

a) Markieren Sie in **M 1**, was Sie fasziniert. Klären Sie eventuelle Fragen, indem Sie zum Berg der Kreuze recherchieren.

b) Tauschen Sie sich in der Lerngruppe über Ihre Empfindungen zu dieser Ausdrucksform des Glaubens aus.

c) Vor allem junge Hochzeitspaare und Eltern bringen Kreuze zum Berg, um ihrer Dankbarkeit Ausdruck zu verleihen. Erklären Sie Ihrer Lerngruppe, ob und wenn ja, für was Sie ein Kreuz aufstellen würden.

3 Haben Sie so ein Armband **M 3** schon einmal gesehen bzw. kennen Sie Personen, die eines tragen? Nehmen Sie begründet Stellung, inwiefern diese Gedankenanregung bzw. Frage tatsächlich Antworten liefern kann für die Herausforderungen des Lebens.

4 Das Projekt „Herzschlag" führt Jugendliche im Namen Jesu zusammen **M 4**.

a) Beschreiben Sie Anlass und Idee des Projekts.

b) Diskutieren Sie, inwiefern Sie ein solches Projekt anspricht.

Stellen Sie nun Ihre Jesus-Collage fertig. Machen Sie sich klar, aus welcher Perspektive Sie darin Jesus präsentieren – und mit welcher Absicht.

Zeichen der Versöhnung setzen – Aktion Sühnezeichen Friedensdienste

Seit dem Gründungsaufruf im Jahr 1985 engagieren sich Jugendliche für Frieden und Versöhnung. Bis heute haben über 10.000 Jugendliche in vielfältigen Projekten in 13 Ländern in Europa, Israel und den USA gearbeitet.

Bitte um Vergebung

Die Anerkennung der Schuld für die nationalsozialistischen Verbrechen steht am Anfang des Gründungsaufrufs von Aktion Sühnezeichen. Er wurde 1958 bei der Synode der Evangelischen Kirche in Deutschland verlesen und von zwei Dritteln ihrer Mitglieder unterzeichnet. „Wir Deutschen", heißt es darin, „haben den Zweiten Weltkrieg begonnen und damit mehr als andere unmessbares Leiden der Menschheit verschuldet. Deutsche haben in frevlerischem Aufstand gegen Gott Millionen Juden umgebracht. Wer von uns Überlebenden das nicht gewollt hat, hat nicht genug getan, es zu verhindern."
In der Überzeugung, dass der erste Schritt zur Versöhnung von der Seite der Täter und ihrer Nachkommen zu gehen sei, baten die Sühnezeichen-Gründer „die Völker, die von uns Gewalt erlitten haben, dass sie uns erlauben, mit unseren Händen und mit unseren Mitteln in ihrem Land etwas Gutes zu tun" – zeichenhaft, als Bitte um Vergebung und Frieden.
Von evangelischen Christen ins Leben gerufen, verstand sich Aktion Sühnezeichen von Anfang an als ökumenisch und weltanschaulich offen. Wer sich dem Gründungsaufruf verpflichtet fühlt, ist zur Mitarbeit eingeladen.
https://www.asf-ev.de/ueber-uns/geschichte/

Einjährige Freiwilligendienste im Ausland

Aktion Sühnezeichen Friedensdienste (ASF) engagiert sich seit 60 Jahren für Versöhnung und Frieden. Wir verwirklichen unsere Aufgaben vor allem durch unsere internationalen Freiwilligendienste. Wir nennen unsere Freiwilligendienste auch „Friedensdienste", weil wir mit Verständnis und Solidarität mit unseren Partnern zusammenarbeiten und gemeinsam mit ihnen für einen gerechten Frieden und die Wahrung der Menschenrechte eintreten. [...]
Die meisten Freiwilligen sind zwischen 18 und 30 Jahren alt. [...] Das Freiwilligenjahr beginnt im September und endet im August des folgenden Jahres. [...] In ihren Projekten arbeiten die Freiwilligen meistens in Teams. Wir suchen deshalb soziale und kooperative Menschen, die offen und kontaktfreudig sind, die fremde Anschauungen und Lebensweisen akzeptieren. Menschen, die bereit sind, zuzuhören, zu lernen und sich und die Welt ein Stück weit zu verändern.
https://www.asf-ev.de/freiwilligendienst/

Teilnehmer des deutsch-russischen Sommerlagers von ASF säubern am 31.07.2015 Grabstätten auf dem Jüdischen Friedhof in Berlin-Weißensee.

1 Beurteilen Sie, inwiefern Aktion Sühnezeichen Friedensdienste in der Nachfolge Jesu Christi steht.

2 Sammeln Sie über die Homepage von ASF und deren Facebook-Account weitere Informationen über die Organisation, z. B. Hinweise zu den Voraussetzungen für eine Bewerbung, Vorgehen im Fall einer Bewerbung, Einsatzfelder und Einsatzgebiete.

3 Beurteilen Sie die Bedeutung eines Friedensdienstes für die Zeit nach dem Abitur. Diskutieren Sie auch, ob Jugendliche zu einem solchen oder ähnlichen Dienst verpflichtet werden sollten.

Von Menschen und Göttern

Die Geschichte des Filmes „Von Menschen und Göttern" aus dem Jahr 2010 beruht auf einer wahren Begebenheit, der Ermordung von sieben Trappistenmönchen des Klosters Notre-Dame de l'Atlas in Algerien im Jahr 1996. Der Film zeigt den Tagesablauf der Brüder, die im Einklang mit der muslimischen Dorfbevölkerung leben. In seinem Testament fragt Prior Christian de Chergé nach der Bedeutung seines Lebens.

Testament des Priors Christian de Chergé

Wenn es mir eines Tages geschehen sollte – und das könnte heute schon sein – ein Opfer des Terrorismus zu werden, der sich nun auch gegen alle Fremden in Algerien zu richten scheint, so möchte ich, dass meine Gemeinschaft, meine Kirche, meine Familie sich daran erinnern, dass mein Leben Gott und diesem Land geschenkt war. Sie mögen annehmen, dass der einzige Meister eines jeden Lebens diesem schrecklichen Hinscheiden nicht fremd gegenüberstehen kann. Sie mögen für mich beten: Wie soll ich würdig sein für ein solches Opfer? Sie mögen diesen Tod im Zusammenhang mit so vielen Toden sehen, die ebenso gewalttätig waren, aber in der Gleichgültigkeit dieser Zeit namenlos geblieben sind. Mein Leben hat keinen höheren Preis als ein anderes; es hat aber auch keinen geringeren. Auf keinen Fall hat es aber die Unschuld der Kindheit bewahrt. Ich habe genügend lange gelebt, um zu wissen, dass auch ich Komplize des Bösen geworden bin, das – leider – in der Welt die Oberhand zu behalten scheint, Komplize gar dessen, der mich dereinst blind erschlagen wird. Ich möchte, wenn dieser Augenblick kommt, so viel ruhige Klarheit haben, dass ich die Verzeihung Gottes und meiner Menschengeschwister anrufen kann, aber ebenso, dass ich dem aus ganzem Herzen vergeben kann, der mich umbringen wird. [...] Ich weiß wohl, wie sehr man die Algerier in ihrer Gesamtheit mit Verachtung belegt hat. Ich kenne auch die Karikaturen des Islam, die ein gewisser islamischer Fundamentalismus hervorgerufen hat. Es ist zu leicht, sich ein ruhiges Gewissen zu machen, indem man den religiösen Weg des Islam mit dem fundamentalistischen Integrismus und seinen Extremisten gleichsetzt. [...] Nun werde ich, wenn es Gott gefällt, meinen Blick mit dem Gottes, des Vaters, vereinen dürfen, um so mit ihm seine Kinder aus dem Islam zu betrachten, und zwar so, wie Er sie sieht, ganz erleuchtet von der Herrlichkeit Christi, auch sie Früchte seines Leidens, angetan mit den Gaben des Geistes, dessen tiefverborgene Freude immer die sein wird, die Gemeinschaft zu begründen und die Ähnlichkeit wiederherzustellen, indem er mit all den Unterschieden unter den Menschen spielt. Dieses verlorene Leben, das so ganz meines ist, es wird ebenso ganz das ihre sein. Ich danke Gott, von dem mir scheint, er wolle dieses Leben ganz für diese Freude, gegen alles und trotz allem. In diesen Dank, mit dem nun alles über mein Leben gesagt ist, schließe ich sicherlich Euch ein, Freunde von gestern und von heute, Ihr lieben Freunde von hier, zur Seite meiner Mutter und meines Vaters, meiner Schwestern und Brüder, hundertfach hinzu geschenkt, wie es versprochen war. Und auch Du bist eingeschlossen, Freund meines letzten Augenblicks, der Du nicht weißt, was Du tust! Ja, auch für Dich will ich diesen Dank und dieses A-Dieu, das Du beabsichtigt hast. Dass es uns geschenkt sei, uns als glückliche Schächer im Paradies wiederzusehen, wenn es Gott, dem Vater von uns beiden, gefällt. Amen. Inch'Allah

Algiers, 1. Dezember 1993
Tibhirine, 1. Januar 1994
+ Christian

http://www.materialserver.filmwerk.de/arbeitshilfen/AH_vonmenschenundgoettern.pdf

Im Kreuz ...

Blättern Sie zurück zur Auftaktseite des Kapitels und betrachten Sie die Bronzeskulptur des Kreuzes. Erörtern Sie die Aussage der Skulptur vor dem Hintergrund der Entdeckungen und Erkenntnisse, die Sie in der Arbeit mit diesem Kapitel gemacht bzw. gewonnen haben. Besprechen Sie sich dazu wieder mit Ihrem Partner oder Ihrer Partnerin. Geben Sie der Skulptur einen Titel, der Ihre Einsichten zum Ausdruck bringt, und prüfen Sie, ob Sie jetzt einen (anderen) Platz für die Skulptur wählen würden. „Passt" das Bild (jetzt? noch?) zu diesem Kapitel?

Weihnachten in der Krippe

Betrachten Sie das Foto der Weihnachtskrippe, das Sie gemacht haben, und überlegen Sie, ob es auch nach der Bearbeitung dieses Kapitels am besten Ihr Weihnachtskrippengefühl zum Ausdruck bringt.

Buchtitel auf dem Büchermarkt

Zum Einstieg in das Kapitel haben Sie überlegt, welche Schwerpunkte Bücher über Jesus haben könnten, von denen Sie nur die Titel kennen. Lesen Sie erneut Ihre Vermutungen und überprüfen Sie mit Ihrem neu erworbenen Wissen, ob Sie Recht hatten. Überlegen Sie dann einen eigenen Buch-Titel zu Jesus Christus und skizzieren Sie kurz den Inhalt dieses Buches, das Ihrer Meinung nach unbedingt geschrieben werden müsste.

Wer ist ein Messias?

Jesus, der Messias? Formulieren Sie einen kurzen Beitrag für ein Kinderlexikon, in dem Sie diese Frage beantworten. Prüfen Sie auf der Basis Ihres Wissens kritisch Ihre eigene Vorstellung von einer Messias- oder Erlöserfigur, die Sie eingangs formuliert haben.

Abschlussaufgabe

In diesem Kapitel haben Sie sich intensiv damit beschäftigt, wer Jesus ist, wie er in Glaubenszeugnissen dargestellt wird, welche Rolle er für unterschiedliche Menschen spielt und wie andere Religionen sich zu Jesus positionieren. Die Darstellungsformen, die Sie in Ihrer Collage kombiniert haben, sowie die gewählte Kombination selbst geben Ihnen zugleich Hinweise darauf, wie Sie selbst zu Jesus und seiner Botschaft stehen. Präsentieren Sie nun einander Ihre Collagen in einer Ausstellung. Wählen Sie dann die Collage einer Mitschülerin oder eines Mitschülers aus. Erläutern Sie, was Ihnen an dieser Darstellung auffällt, was Sie anspricht, beeindruckt oder auch, was Ihnen – z. B. inhaltlich – fehlt. Kommen Sie darüber dann jeweils in der Lerngruppe ins Gespräch.

4 Mehr als gut: Verantwortung spüren

Lorenzo Quinn, Support, 2017

Werteversteigerung

1. Sammeln Sie zunächst im Plenum alle Werte, die Ihnen in den Sinn kommen. Schreiben Sie jeden Wert zweimal groß auf jeweils ein DIN-A5-Blatt und heften Sie beide Blätter übereinander an die Tafel. Dann überlegen Sie in Gruppen, welche Werte Ihnen besonders wichtig sind: Was möchten Sie in Ihrem Leben erreichen? Wofür setzen Sie sich ein? Was würden Sie in einen Koffer zu Ihrer letzten Reise packen?
2. Jede Gruppe erhält 20 Zehn-Euro-Scheine Spielgeld. Überlegen Sie sich in der Gruppe eine Strategie, welche Werte Sie zu welchen Preisen ersteigern wollen. Bestimmen Sie eine Person, die die Versteigerung moderiert. Dieser Auktionator preist die einzelnen Werte der Reihe nach an. Wenn ein Wert gekauft wurde, erhält die Gruppe das Blatt von der Tafel; das verbliebene Blatt wird um den ‚Preis' ergänzt, den der Wert erzielt hat.
3. Sind alle Werte versteigert, sortiert der Auktionator die Werte an der Tafel nach ihren Preisen. Währenddessen diskutieren die Gruppen ihre Ergebnisse: Warum sind Sie zufrieden bzw. nicht zufrieden mit dem Ergebnis? Wie sähe eine Welt aus, in der nur die Werte gelten, die von der Gruppe ersteigert wurden?
4. Stellen Sie sich gegenseitig die Ergebnisse Ihrer Überlegungen in den Gruppen vor. Diskutieren Sie: Ist der Wert, der den höchsten Preis erzielt hat, der wichtigste Wert? Gibt es bezüglich der erzielten Preise Überraschungen? Was wäre das für eine Welt, in der nur die fünf teuersten Werte Ihrer Liste geschätzt würden? …

Woher kommen die Werte?

Suchen Sie sich drei Werte aus und überlegen Sie, wann und wo Sie diese Werte kennen gelernt haben. Welche Personen oder Institutionen waren auf welche Weise daran beteiligt, Ihnen den Wert dieser Werte zu vermitteln? Schreiben Sie einen Text, in dem die drei gewählten Werte eine Rolle spielen und in dem auch deutlich wird, warum diese Werte für Sie bedeutsam sind. Tauschen Sie sich über Ihre Texte aus.

„Support" (2017)

Beschreiben Sie die Skulptur von Lorenzo Quinn. Deuten Sie die Hände, ihre Größe und ihre Platzierung. Stellen Sie einen Zusammenhang her zwischen der Skulptur, ihrem Titel (Support: Unterstützung, Beistand …) und dem Thema dieses Kapitels. Verbinden Sie die Skulptur mit der Situation Venedigs angesichts des steigenden Meeresspiegels. Ein Betrachter meinte, das Kunstwerk bringe für ihn Hoffnung und Verzweiflung gleichermaßen zum Ausdruck. Nehmen Sie Stellung zu dieser Deutung und diskutieren Sie, ob und gegebenenfalls welche religiöse Dimension in der Skulptur zum Ausdruck kommt.

Moral/Ethik und Religion

Fertigen Sie ein Schaubild mit zwei Kreisen an, die sich überschneiden; über den linken Kreis schreiben Sie „Moral/Ethik", über den rechten Kreis schreiben Sie „Religion". In die Schnittmenge schreiben Sie Begriffe, die Ihres Erachtens für Moral/Ethik und Religion gleichermaßen zutreffen. Danach finden Sie Begriffe, die nur für „Moral/Ethik" relevant sind (für den linken Kreis), und Begriffe, die nur für „Religion" gelten (für den rechten Kreis). Vergleichen Sie Ihre Schnittmengen und Zuordnungen: Wie stark müssten sich die Kreise überlappen bzw. vielleicht auch ganz getrennt voneinander sein, um das Verhältnis der beiden Felder Ihrer Einschätzung nach angemessen darzustellen?

Eine Podiumsdiskussion vorbereiten und durchführen

Es gibt viele gesellschaftlich relevante und kontrovers diskutierte ethische Themen. Beispiele dafür sind die Fragen der Energieversorgung der Zukunft oder die Stammzellforschung, aber auch konkrete Vorhaben wie regionale Bauprojekte oder Regelungen im Schulalltag. Nur wenn jedes einzelne Thema von verschiedenen Perspektiven aus beleuchtet wird, kann es in einer pluralen Gesellschaft angemessen erfasst werden: Es braucht Zeit, die verschiedenen Positionen zu hören und vorschnelle Antworten zu vermeiden. Die dieses Kapitel begleitenden Projektaufgaben führen Sie Schritt für Schritt durch einen solchen Prozess, die folgende Übersicht gibt einen Überblick.

1. Gemeinsames Thema finden: Zuerst entscheiden Sie sich für ein Thema, das Sie in einem öffentlichen Rahmen diskutieren möchten.
2. Sachstand ermitteln: Sammeln und diskutieren Sie Materialien, die Ihnen grundlegende Informationen über das ausgewählte Thema geben. Identifizieren Sie die diversen Interessen und Menschen(gruppen), die hinter den vorgebrachten Positionen stehen bzw. in unterschiedlicher Weise von dem gewählten Thema betroffen sind.
3. Ethische/theologische Vertiefung: Diskutieren Sie vor dem Hintergrund dieses Kapitels darüber, nach welchen ethischen Kriterien Sie die Positionen wie beurteilen. Erörtern Sie, ob und wie eine religiöse Perspektive zum Thema in den Dialog eingebracht werden sollte.
4. Theoretische Konkretisierung: Bestimmen Sie die Positionen, die auf dem Podium vertreten sein sollen. Recherchieren Sie, welche Fachleute zu Ihrem Thema gearbeitet haben. Einigen Sie sich, wen Sie aus welchen Gründen gegebenenfalls zur Podiumsdiskussion einladen könnten. Vielleicht möchte auch jemand von Ihnen eine bestimmte fachliche oder andere Position auf dem Podium vertreten. Entwickeln Sie Impulse, mit denen Sie die Positionen in einen Dialog bringen und das Streitgespräch gliedern können. Gestalten Sie Werbematerial für eine mögliche Realisierung der Podiumsdiskussion (Flyer, Artikel für Schulhomepage, kurzes ‚Trailer'-Video ...).

5. Praktische Konkretisierung: Organisieren Sie die Podiumsdiskussion an Ihrer Schule: Terminfindung, Einladungen an Experten/Expertinnen, Bestimmung eines Moderators/einer Moderatorin (aus Ihrer Gruppe, Ihrem Kurs oder von außerhalb), zeitlicher Rahmen etc.

Möglicher Ablauf:
a) Statements der Personen auf dem Podium (Vorgabe: je Person maximal 3–10 Minuten),
b) Streitgespräch auf dem Podium (gesteuert durch Impulse der Moderation, Gliederung in Unterthemen ...) (für beides: 60–120 Minuten),
c) Pause (15–30 Minuten),
d) Diskussion mit dem Publikum (Fragen zum Thema ggf. schon vor der Podiumsdiskussion sammeln; während der Diskussion schreibt das Publikum Fragen auf Karteikarten, die in der Pause gesichtet und geclustert werden können).

Dieses Projekt bietet Ihnen die Möglichkeit,
... im Kursverband ein ethisch relevantes Thema für eine öffentliche Schulveranstaltung auszuwählen;
... relevante Positionen zu diesem Thema zu recherchieren und sie an ethischen Kriterien zu messen;
... in Kontakt zu Persönlichkeiten zu treten, die unterschiedliche Positionen vertreten;
... eine Podiumsdiskussion über dieses Thema zu organisieren – mit den vielfältigen Aktivitäten, die dazu nötig sind: sich informieren, Gespräche führen, für die Veranstaltung vielseitig werben, ihren Ablauf gründlich planen, die einzelnen Schritte begleitend reflektieren etc.

Wertepluralismus: Mehr als ein Wert?

Sinus-Milieus
Shell-Jugendstudie

Empirische Jugendforschung

Werte, an denen Menschen sich orientieren, sind etwas sehr Individuelles. Zugleich sind sie gesellschaftlich geprägt. Soziologische Studien leiten Typologien aus empirischen Daten ab. Die SINUS-Milieustudien z. B. unterscheiden bei deutschen Jugendlichen sieben Milieus. Kriterien der Unterscheidung sind auf der einen Seite das Bildungsniveau (niedrig, mittel, hoch), auf der anderen Seite sind es die normativen Grundorientierungen (traditionell, modern, postmodern). Traditionelle Jugendliche orientieren sich an den Werten Sicherheit und Orientierung, moderne Jugendliche an den Werten Haben und Zeigen bzw. Sein und Verändern, postmoderne Jugendliche an den Werten Machen und Erleben bzw. Grenzen überwinden und Sampling (damit ist die Mischung aus verschiedenen Werten gemeint, wie sie eben gerade für einen selbst passend erscheinen). Die Darstellungen in sogenannten „Kartoffelgrafiken" zeigen, dass die Grenzen zwischen den Milieus teilweise fließend sind.

M 1 Befragung innerhalb der Sinus-Studie: Was ist Jugendlichen wichtig oder unwichtig?

Teil einer Gemeinschaft sein
Andere auch akzeptieren, wenn sie ganz anders sind
Gegen Ungerechtigkeiten Widerstand leisten
Mein eigenes Ding durchziehen
Auch mal riskante Sachen machen
Für Andere da sein
Anderen helfen, wenn es ihnen nicht so gut geht
Anderen auch mal die Meinung sagen, wenn es angebracht ist
Mich so geben, wie ich bin
Immer neue Sachen ausprobieren
Auf eigene Faust in ferne Länder reisen
Berufsmäßig das machen, was mir entspricht
Sich an Andere anpassen
Möglichst schnell von zu Hause ausziehen
Kreativ sein
Gegenüber Freunden und Familie immer loyal sein
Viel im Leben lernen
In eine andere Stadt ziehen für das Studium oder den Beruf
Mit Freunden Alkohol trinken
Mich über Politik informieren
Ein gutes Verhältnis mit meinen Eltern haben
Mit meinen Freunden im Internet Zeit verbringen
Flirten
Eine feste Beziehung haben
Wissen, was ich wirklich will
Am Wochenende Feiern gehen
Ordentlich sein
Gesund leben
Fleißig sein
Attraktiv aussehen
Treu sein
Sparen
Egal was, Hauptsache, es macht Spaß
Mich voll und ganz auf meine Karriere konzentrieren
Gute Noten in der Schule schreiben
Mich körperlich topfit halten
Die Wahrheit sagen
Mich von der grauen Masse abheben
Eine eigene Familie gründen
Immer der Beste sein
Mein Glaube an einen Gott (egal welche Religion)
Über die aktuellen Trends in Mode und Musik informiert sein
Videospiele spielen und Filme schauen
Mich an die Regeln halten
Anderen sagen, wo es langgeht
Traditionen aufrecht erhalten
Dort bleiben, wo man aufgewachsen ist
Berühmt werden
Mir auch mal was Teures gönnen
Dinge auch tun, obwohl sie verboten sind, einfach weil es Spaß macht
Meinen Eltern widersprechen
Beten
Meiner Familie keine Schande machen
Viel Geld verdienen
Durch meine Klamotten auch mal auffallen
Bescheiden sein
Ein luxuriöses Leben führen

Calmbach, Marc u. a.: Wie ticken Jugendliche 2016? Lebenswelten von Jugendlichen im Alter von 14–17 Jahren in Deutschland, Wiesbaden 2016, 26. DOI https://doi.org/10.1007/978-3-658-12533-2

#ZeigemirdeineWerteundichsagedirwerdubist

M 2 Kurzbeschreibungen der SINUS-Lebenswelten der Unter-18-Jährigen

→ Milieus bestimmen mit, welche Bilder vom Menschen wir im Kopf haben: S. 14.

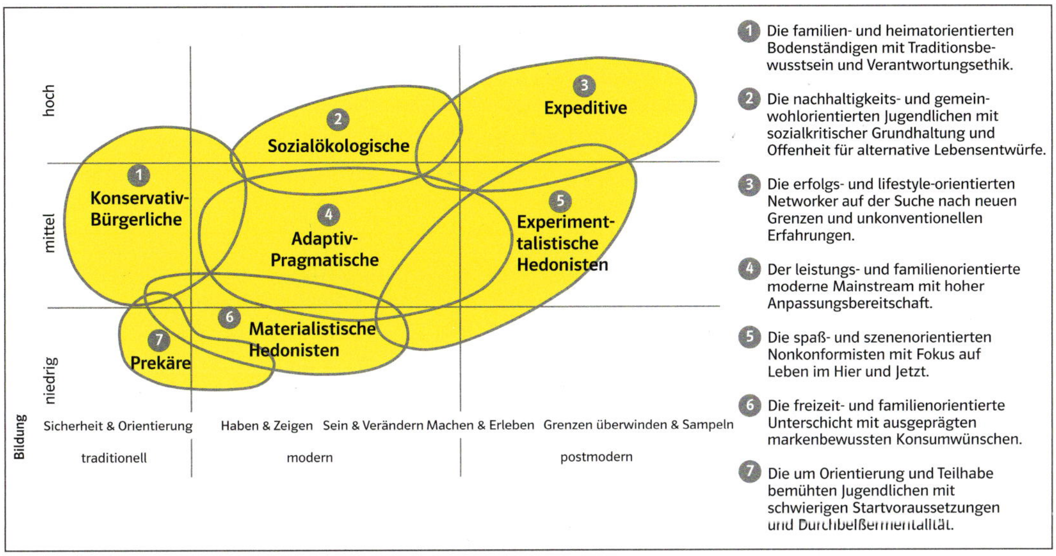

Calmbach, Marc u. a.: Wie ticken Jugendliche 2016? Lebenswelten von Jugendlichen im Alter von 14–17 Jahren in Deutschland, Wiesbaden 2016, 38. DOI https://doi.org/10.1007/978-3-658-12533-2

#Wiewirticken

1 M 1 bildete die Grundlage einer empirischen Untersuchung. Dazu wurden Jugendliche gebeten, die Aspekte einzukringeln, die ihnen wichtig sind. Danach sollten sie alle Punkte durchstreichen, die ihnen nicht wichtig sind. Gehen Sie ähnlich vor: Schreiben Sie die Aspekte in Ihr Heft untereinander, die Ihnen wichtig sind, und ordnen Sie diesen Aspekten jene Punkte zu, die Ihnen unwichtig sind – sofern das möglich ist, z. B. als Kontrastbegriff. Sammeln Sie die Ihnen unwichtigen Punkte, die sich nicht zuordnen lassen, auf einem separaten Blatt. Ergänzen Sie gegebenenfalls Ihnen wichtige Werte, die in der Aufzählung M 1 Ihrer Meinung nach fehlen.

2 Unter der DOI-Nr. können Sie das Buch von Calmbach u. a. herunterladen M 1, M 2. Auf S. 31 finden Sie dort eine Werte-Achse. Sie formuliert die in jugendnaher Sprache notierten Aspekte in Wertbegriffe um und sortiert sie in Wertgruppen, die den normativen Grundorientierungen entsprechen. Prüfen Sie, zu welchen Wertgruppen die Ihnen wichtigen Punkte zählen, und nehmen Sie aufgrund Ihrer bevorzugten Werte eine Zuordnung Ihrer Werte zu einem der sieben Milieus nach M 2 vor. Zur Klärung finden Sie im Buch von Calmbach u. a. auf S. 32 typische Zitate von Jugendlichen zur Illustration der Werte-Achse.

3 Vergleichen Sie Ihre Ergebnisse in Partner- oder Gruppenarbeit und stellen Sie Unterschiede und Gemeinsamkeiten fest. Diskutieren Sie: Wie hängen die Aspekte, die Ihnen wichtig sind, zusammen mit den Punkten, die Ihnen unwichtig sind? Inwiefern fällt eine eindeutige Zuordnung zu einem Milieu leicht oder schwer?

4 Diskutieren Sie in der Kursgruppe:

a) Inwiefern stimmen Sie der Unterscheidung der sieben Milieus in M 2 zu?

b) Welche Milieus sehen Sie in Ihrer Kursgruppe vertreten? Wo sehen Sie Konfliktpotentiale zwischen Menschen, die für unterschiedliche Werte stehen?

c) Welche Bedeutung hat das Wissen um die Wertpräferenzen eines Menschen oder einer sozialen Gruppe für die Beurteilung seines oder ihres Handelns? Bei Interesse können Sie aktuelle Daten oder andere Forschungsergebnisse recherchieren, z. B. die regelmäßig erscheinenden Shell-Jugendstudien.

d) Wo kommen in unserer Gesellschaft weit voneinander entfernte Milieus (z. B. Prekäre und Expeditive) in Kontakt? Wie werden Wertkonflikte ausgetragen? Recherchieren Sie bei Bedarf.

e) Inwiefern ist der Wertepluralismus selbst ein Wert, ein Unwert oder sogar mehr als ein Wert?

Vielfalt ethischer Themen und ihrer Vernetzung: Mehr als Moral?

In der Ethik geht es darum, richtiges Handeln zu begründen. Richtiges Handeln wird auch als moralisches Handeln bezeichnet. Es hat eine persönliche und eine gesellschaftliche Dimension. Wie hängen die individuelle und die soziale Seite eines ethischen Themas miteinander zusammen? Welche wirtschaftliche Dimension hat ein ethisches Thema? Inwiefern berühren oder überschneiden sich verschiedene ethische Themen?

M1 Ein unvollständiger Katalog ethisch relevanter Themen

Berufswahl
Müll
Umgang mit Sexualität
Kriegsdienstverweigerung
Arbeit/Arbeitslosigkeit
Ehe und Familie
Generationenvertrag
Verantwortung der Medien
Armut/Reichtum
Umgang mit Medien
Migration
Sterbehilfe/Hospizarbeit
Umgang mit Fremden
Kampf gegen Terrorismus
Asylrecht
Umgang mit dem Altern
nachhaltiges Wirtschaften
In-Vitro-Fertilisation
Umgang mit Eigentum
Genfood
Steuerpolitik
Umweltverschmutzung
Stammzellforschung
Krieg/Frieden
Tiere als Nahrungsmittel
Klimawandel
Lebensschutz
Schwangerschaftsabbruch
Artensterben
Ressourcenverbrauch
Pflanzenzüchtung
Mobilität
Hunger/Überfluss
Gewalt/Kriminalität
Urlaubsreisen
Pränatal- bzw. Präimplantationsdiagnostik
...

#Unübersichtlichkeitsblues

M2 Individual- und Sozialethik

Individualethik widmet sich in erster Linie der Frage, was einen guten Menschen und ein gutes und gelingendes Leben ausmacht; Sozialethik widmet sich den Strukturen, in denen Menschen ihr gutes und gelingendes Leben vollziehen. Dabei kann die Differenz zwischen Antike/Mittelalter und Neuzeit/Moderne in erster Linie darin gesehen werden, dass sich diese beiden ethischen Perspektiven einander umgekehrt zuordnen: In Antike und Mittelalter wird die Individualethik meist der Sozialethik untergeordnet; das Ganze ist in dieser Sichtweise vor dem Teil und daher kann ein gutes und gelingendes Leben nur durch die Einordnung des Einzelnen in die Gesamtordnung erreicht werden. Es gibt daher hier keine wirkliche Autonomie und kaum die Chance und Legitimität des persönlichen Lebensentwurfes. Besonders deutlich ist das in der platonischen Philosophie, aber auch in der Gemeinwohlvorstellung des Mittelalters. In Neuzeit und Moderne dreht sich diese Zuordnung gewissermaßen um: Nun steht die Autonomie im Mittelpunkt und es wird nicht nur Recht, sondern geradezu Aufgabe des Individuums, sein gutes und gelingendes Leben selbst zu entwerfen. Strukturen hingegen sind jetzt als Bedingungen für diesen selbstverantworteten Entwurf zu betrachten.

Thomas Hausmanninger, Problemgeschichte philosophischer Ethik, in: Marianne Heimbach-Steins (Hg.), Christliche Sozialethik. Ein Lehrbuch, Bd. 1: Grundlagen, 113–164, 163 f.

Thomas Hausmanninger (* 1958) lehrte Christliche Sozialethik in Augsburg.

→ Was sind Prinzipien einer christlichen Sozialethik? S. 188 f.
→ Ein Beispiel für den Zusammenhang von Individuum und Gesellschaft finden Sie S. 250 f.

M3 Karikatur von Christiane Pfohlmann, Wertebasis

M 4 Differenzierungen praktischer Vernunft

Wer die Frage stellt, wie Handeln verantwortet werden kann und woran sich diese Verantwortung bemisst, benötigt zunächst einen Begriff davon, was als vernünftig gelten kann. Deshalb ist jede Ethik auf eine Theorie der Rationalität angewiesen. Wenn wir uns fragen, was wir tun sollen, halten wir Ausschau nach Handlungsempfehlungen, an denen wir uns orientieren können. Gewöhnlich sind wir aber nicht bereit, jede beliebige normative Auskunft zu akzeptieren. Stattdessen fragen wir: Warum sollen wir etwas tun? Das heißt, wir fordern Gründe, die uns annehmbar erscheinen. Wo indes Handlungsgründe ins Spiel kommen, haben wir den Boden der praktischen Vernunft schon betreten.

Überlegungen der praktischen Vernunft weisen, so unterschiedlich sie konkret auch ausfallen mögen, eine gemeinsame Struktur auf: Sie versuchen, die angemessenen Mittel für die Realisierung der Ziele, die wir setzen, zu bestimmen; sie leiten uns an, die richtigen Zwecke zu wählen; und sie geben schließlich Auskunft darüber, welche Strategie wir wählen sollen, wenn es gilt, eigene Zwecksetzungen mit denen anderer Akteure zu koordinieren. Im erste Fall sprechen wir von instrumenteller, im zweiten von prudentieller und im dritten von werthaltiger Rationalität.

Außerdem ist zu beachten, dass der Vernunftbegriff eine deskriptive und eine präskriptive Seite aufweist: Deskriptiv, weil Standards dessen, was als vernünftig gelten soll, zuerst beschrieben werden müssen; präskriptiv, weil anhand dieser Standards eine Handlung beurteilt bzw. verurteilt werden kann. Natürlich muss, wer von Vernunft spricht, auch ihre Reichweite, das heißt die Grenze zwischen Rationalität und Irrationalität, bestimmen.

Christof Breitsameter, Handeln verantworten, in: Heike Baranzke u.a., Handeln verantworten. Grundlagen – Kriterien – Kompetenzen (Theologische Module 11), Freiburg i. Br. 2010, 7–45, 7.

#Wernichtfragtbleibtdumm

Christof Breitsameter (* 1967) ist Professor für Moraltheologie in München.

Rationalität
Rationalismus
Emotionalismus
Sozialethik
Retinität
Epoche
Epochenschwelle
Kapitalismus
Mehrwert
prudentielle
Aufsicht

1 Sortieren und ergänzen Sie die vorgeschlagenen Themen ethischer Reflexion M 1: Zeichnen Sie eine Mindmap, in der Sie Oberbegriffe finden und Verbindungslinien zwischen den Themen ziehen können. Erläutern Sie einige Themen durch Beispiele.

2 Erläutern Sie die Begriffe Individual- und Sozialethik und beschreiben Sie ihre wechselseitige Zuordnung in Antike/Mittelalter und Neuzeit/Moderne z. B. in Form einer Lerngrafik.

3 Überlegen Sie zu fünf Ihnen besonders wichtigen Themen, welche individualethischen und welche sozialethischen Komponenten sie enthalten: Erstellen Sie eine Tabelle, in der Sie in zwei Spalten die Schwerpunkte individual- und sozialethischer Reflexion entsprechend M 2 festhalten und sie auf die ausgewählten Themen in den Zeilen anwenden. Ergänzen Sie gegebenenfalls eine dritte Spalte, die Aspekte aufgrund der Vernetzung individual- und sozialethischer Komponenten beschreibt.

4 Erörtern Sie, inwiefern sich im Blick auf die Corona-Pandemie die Individualethik wieder der Sozialethik unterordnen sollte (M 2, Z. 11 f.) – beispielsweise angesichts der Diskussion um eine Pflicht zur Impfung um der Gesellschaft willen.

5 Beschreiben Sie M 3 und notieren Sie mögliche Intentionen der Karikaturistin.

6 Erwägen Sie die wirtschaftliche Dimension der fünf ethischen Themen, die Sie ausgewählt haben. Welche Bedeutung hat in kapitalistischen Wirtschaftsordnungen die Frage nach Kosten und Gewinn für ethische Entscheidungen?

7 Fertigen Sie ein Schaubild an zu den Unterscheidungen, die M 4 hinsichtlich der praktischen Vernunft trifft (instrumentell, prudentiell, werthaltig; deskriptiv – präskriptiv; rational – irrational).

8 Diskutieren Sie: Inwiefern geht eine Vernetzung ethischer Themen und das Nachdenken über die Verbindung individual- und sozialethischer Themen über das hinaus, was wir im Alltag als „Moral" bezeichnen?

Sammeln Sie ethische Konflikte, die Sie in einer Podiumsdiskussion zusammen mit Ihrem Kurs bearbeiten wollen. Diskutieren Sie darüber, welche Themen Sie favorisieren und welche Sie realisieren können.

Ethische Themen: Mehr als Schulaufgaben?

Moralische Erziehung und ethische Bildung beschreiben Wege, wie gelernt werden kann, richtig zu handeln bzw. ethisch relevante Entscheidungen zu treffen. Dabei spielen alle Dimensionen des Menschseins eine Rolle. Welche politischen, pädagogischen, religiösen, ästhetischen etc. Dimensionen hat ein ethisches Thema?

M 1 Dimensionen ethischer Bildung – eine Übersicht

→ Wie entwickelt sich neben dem ethischen auch das religiöse Urteilen? S. 202 f.

	Wertübertragung	Werterhellung	Wertentwicklung	Wertkommunikation
Was?	Soziale Erziehung: weniger Vielfalt, größere Klarheit, stabile Werte	Aufklärung über die eigenen Werte: Passen sie zur aktuellen Situation?	Fortschritt beim ethischen Urteilen: Entwicklungspsychologie und Biografie	Gespräche über Werte: fördern ethische Mündigkeit, Toleranz und Argumentationsfähigkeit
Wie?	Überlieferung hierarchisch ausgewählter Werte	ethische Sensibilisierung, Anleitung zum Nachdenken	Diskussion moralischer Konflikte im Blick auf ihre Zwecke	Begleitung ethischer Diskurse und ethischer Pluralität (Einübung in Perspektivwechsel etc.)
Wozu?	**Konformität:** vorab ausgewählte Normen und Werte sollen übernommen werden	**Identität:** erworbene moralische Einstellungen sollen erkannt und ggf. kritisiert werden	**Reifung:** moralische Urteilskompetenz soll stufenweise erhöht werden	**Diskursivität:** Wünschbarkeit und Haltbarkeit von Werten und Normen sollen rational beurteilt werden

Hans-Georg Ziebertz (* 1956) lehrte Religionspädagogik in Würzburg.

Frei nach: Hans-Georg Ziebertz, Ethisches Lernen, in: Georg Hilger u.a. (Hg.): Religionsdidaktik. Ein Leitfaden für Studium, Ausbildung und Beruf, 402–419.

M 2 Medienbildung: Die konkrete Utopie der redaktionellen Gesellschaft

Lawrence Kohlberg
Charlie Hebdo
Pressekodex

Voyeurismus

Es ist ein dramatischer Moment im Leben von Jordi Mir, ein Augenblick im Affekt, als er am 7. Januar 2014 um kurz vor 12 Uhr aus seiner Wohnung auf die Straße blickt. Er sieht zwei Vermummte, die Maschinengewehre im Anschlag. Jordi Mir greift zum Handy, filmt, 42 Sekunden lang. Auf dem Boden liegt der Polizist Ahmed Merabet, der um Gnade flehend die Hände hebt. Dann fallen die Schüsse, die Merabet töten. Die beiden Attentäter, die kurz zuvor etliche Redakteure und Mitarbeiter des Satiremagazins Charlie Hebdo erschossen haben, springen ins Auto und flüchten. Jordi Mir weiß nicht wirklich, was er gefilmt hat. Er denkt an einen Banküberfall, lädt wie in Trance das Video auf Facebook hoch und löscht es nur eine Viertelstunde später wieder, weil er doch ahnt, dass die Ad-hoc-Publikation keine gute Idee war. Aber da ist schon alles zu spät. Rasend verbreiten sich die Bilder der Exekution. [...]

Man kann diese Szene als einen Hinweis verstehen, dass die Gesellschaft [...] eine Ethik des Teilens benötigt, eine sensible Moral des Users, der Inhalte eben nicht gedankenlos weiterleiten, Exekutionsbilder online stellen, womöglich Gerüchte verbreiten sollte. [...] Allerdings ist die Forderung nach einer Ethik des Teilens einigermaßen wolkig. Sie hat etwas von einer gutgemeinten Predigt, der es an einem übergreifenden Gerüst aus Werten, Prinzipien und konkreten Standards fehlt, die im Moment der Entscheidung die Reflexion leiten könnten. Ihr fehlt die institutionalisierbare Grundlage, denn sie kennt nur einen einzigen Adressaten, nämlich das Individuum, das postet, tweetet, kommentiert. Kurzum: Die individualistisch konzipierte Ethik des Teilens ist die falsche Antwort auf die richtige Frage, wie man publizistische Verantwortung in den Wirkungsnetzen des digitalen Zeitalters neu denken kann, wenn man selbst so unmittelbar und schnell, ein Smartphone in der Hand, vom Beobachter zum Beteiligten zu werden vermag, der vielleicht die entscheidenden Dokumente publiziert. Jordi Mir postet seinen Handyfilm auf Facebook, irgendwer leitet sein Video weiter, der klassische Journalismus reagiert, etablierte Fernsehsender publizieren, was bereits auf Facebook öffentlich war. Und alles explodiert in einem plötzlich aufschäumenden Aufmerksamkeitsexzess. In diesem Zusammenwirken zeigen sich wie unter einem Brennglas die Kraftzentren der digitalen Öffentlichkeit: das medienmächtige Publikum, der real existierende Journalismus mit seinem Sofort-Sendezwang, die Wirkmacht von Plattformen.

[...] Wie könnte ein verbindendes Wertegerüst aussehen, das das allgemeine Postulat mit konkreten Kategorien zur Einschätzung verbindet? Wie lässt sich eine Balance zwischen Abstraktion und Konkretion im Wertediskurs der digitalen Welt ausfindig machen, so dass man einerseits präzise argumentieren kann, andererseits jedoch auf paternalistische Bevormundung und moralistische Besserwisserei verzichtet, die keinen Wertedialog in der Breite der Gesellschaft erlaubt? [...] Die Antwort auf diese Fragen [...] ist die Utopie der redaktionellen Gesellschaft. [...] In einer redaktionellen Gesellschaft sind [...] die Normen und Prinzipien eines ideal gedachten Journalismus zum Bestandteil der Allgemeinbildung und zum selbstverständlichen Ethos geworden, das einen dazu animiert, die Folgen der eigenen Kommunikation kompetent zu reflektieren. [...] Die Maximen einer redaktionellen Gesellschaft liegen bereits vor, sie müssen lediglich [...] aus ihrer allzu engen Bindung an eine einzige Profession gelöst und als Elemente einer allgemeinen Kommunikationsethik vorstellbar gemacht werden. [...] Sie sollen es der Gesellschaft erlauben, sich auf eine möglichst direkte, schonungslose und wahrheitsorientierte Art und Weise selbst zu beschreiben, ihre vielschichtigen und verstreuten Interessen zu sortieren und auszudrücken und auch Ohnmächtigen und Marginalisierten Stimme und Sichtbarkeit zu verschaffen, deren Einsichten und Ansichten sonst öffentlich nicht verfügbar wären. In diesem Sinne sind sie für eine lebendige Demokratie unabdingbar.

Bernhard Pörksen, Die große Gereiztheit. Wege aus der kollektiven Erregung, München: Hanser 2018, 186–190.

#Öffentlichkeitswahn
#Gaffersein

→ Was sind die Voraussetzungen der dargestellten kulturellen Entwicklung zu einer Mediengesellschaft? S. 23

Bernhard Pörksen (* 1969) ist Professor für Medienwissenschaften in Tübingen.

1 Moralerziehung und ethische Bildung

a) Tragen Sie Szenen aus dem Leben von Menschen heute zusammen, in denen wertorientiert gelernt wird oder werden soll. Sie können sich dazu z. B. an Episoden aus der Schule erinnern oder Eltern-Kind-Szenen beschreiben.

b) Untersuchen und ordnen Sie diese Szenen mithilfe der Tabelle **M 1**.

c) Tauschen Sie sich anhand der Beispielszenen über ein gutes Mischungsverhältnis Wertübertragung, -erhellung, -entwicklung und -kommunikation in der Moralerziehung aus.

2 Sammeln und erläutern Sie Situationen der gegenwärtigen Lebenswelt, in denen Postings ethisch problematisch erscheinen.

3 Pörksen erörtert für unsere Mediengesellschaft eine „Ethik des Teilens" **M 2**.

a) Recherchieren Sie in Ihrer Kursgruppe den von Pörksen geschilderten Anlass für seine Überlegungen. Erörtern Sie deren aktuelle Relevanz.

b) Beschreiben Sie die Grundsätze einer Ethik des Teilens.

c) Erläutern Sie die Grenzen, die Pörksen nennt.

4 Erörtern Sie die „Utopie einer redaktionellen Gesellschaft".

5 Zeigen Sie an einem aktuellen Beispiel Notwendigkeit und Tragweite der von Pörksen geforderten „Kommunikationsethik" auf.

6 Diskutieren Sie Möglichkeiten, die „Kommunikationsethik" in der Schule zum Thema werden zu lassen.

Entscheiden Sie sich für ein Thema der Podiumsdiskussion. Diskutieren Sie: Inwiefern leisten Sie mit dieser Entscheidung und der Durchführung der Podiumsdiskussion einen Beitrag zur Realisierung der von Pörksen skizzierten Utopie? Welche Wege ethischer Bildung beschreiten Sie mit Ihrem Vorhaben?

Das achte Gebot: Mehr als ein Verbot zu lügen?

Im Dekalog lautet das achte Gebot: „Du sollst nicht falsch gegen deinen Nächsten aussagen" (Ex 20,16) bzw. „nicht Falsches" (Dtn 5,20). Der Moraltheologe Dietmar Mieth erblickt dahinter die religiöse Botschaft: „Gott will nicht, dass Menschen niederträchtig behandelt und verleumdet werden. Er will nicht, dass wir uns selbst und anderen mit Lügen schaden." Um die konkrete Bedeutung dieses und anderer Gebote auszuloten, kann es helfen, wenn die Ethik die ästhetische Dimension in ihre Reflexion einbezieht – etwa in Gestalt eines Romans, eines Liedes oder einer Fabel. Wie kann auf diese Weise ins Spiel kommen, dass Situationen einzigartig, moralische Handlungen ambivalent und ethische Urteilsbildungen unabgeschlossen sind?

Lauren Wolk (* 1959) ist Dichterin, Autorin und bildende Künstlerin. Sie lebt in den USA auf der Halbinsel Cape Cod.

M 1 Lauren Wolk: Das Jahr, in dem ich lügen lernte

Im Original heißt das Buch „Wolf Hollow". Durch diese „Senke", in der früher „Wölfe" gefangen und getötet wurden, führt der Schulweg von Annabelle und ihren zwei jüngeren Brüdern. Hier werden sie von der äußerlich engelsgleichen Betty drangsaliert, die von ihren Eltern zu den Großeltern abgeschoben wurde. Zugleich werden sie beschützt durch den vom Ersten Weltkrieg traumatisierten Toby. Ihn macht Betty für ihre eigene Schuld verantwortlich: Sie hatte den Stein geworfen, der Annabelles Freundin Ruth ein Auge nahm. Zu gerne folgen die Dorfbewohner den Lügen Bettys, die den schweigsam-verschrobenen Toby zum Sündenbock machen. Selbst Annabelles ledige Tante Lily, die in der Großfamilie auf der Farm etwas außerhalb des Dorfes lebt, glaubt Bettys Lügen. Annabelle ergreift die Gelegenheit, Toby auf der Farm zu verstecken und in Schutz zu nehmen. Dabei macht sie eine paradoxe Erfahrung: die Lüge lässt sich durchs Lügen bekämpfen. So kommt schließlich durch eine Lüge die Wahrheit ans Licht.

In dem Jahr, als ich zwölf wurde, lernte ich zu lügen.
Damit meine ich nicht die üblichen kleinen Schwindeleien von Kindern. Ich meine wirkliche Lügen, die von wirklichen Ängsten gespeist werden. Dinge, die ich sagte oder tat und die mich aus dem Leben, das ich bis dahin gekannt hatte, hinauszerrten und hart in einem anderen landen ließen.
Es geschah im Herbst 1943, als mein bis dahin so gleichmäßiges Leben ins Trudeln geriet. Nicht nur wegen des Krieges, der die ganze Welt in eine lärmende Schlacht gerissen hatte, sondern auch wegen des bösen Mädchens, das in unsere Gegend zog und alles veränderte.
Manchmal war ich so verwirrt, dass ich mich wie der Stab eines Windrädchens fühlte, ständig umgeben von diesem Rasseln und Klappern, doch gleichzeitig wusste ich, dass ich mich nicht mit einem Buch und einem Apfel in unserer Scheune verkriechen konnte, während die Ereignisse draußen sich ohne mich überstürzten. Dass ich nicht zwölf werden konnte, ohne einen eigenen Beitrag zu meinem Leben zu leisten, und damit meinte ich meinen Platz in unserer Familie, meinen Einfluss, so gering er auch sein mochte, und die Möglichkeit, irgendwann eine eigene Rolle zu spielen.
In dem Jahr, als ich zwölf wurde, begriff ich, dass alles, was ich tat und sagte, Folgen hatte. So große manchmal, dass ich mir nicht sicher war, ob ich so eine Bürde wirklich wollte. Gleichwohl lud ich sie mir auf und trug sie, so gut ich konnte.
[...]
Noch Jahre später saß ich von Zeit zu Zeit an Tobys Grab oben auf dem Hügel, mit dem Blick über die Wolfsschlucht, und erzählte ihm von meinem Leben.
Sogar die Schlucht selbst schien zu lauschen, und ich fragte mich, was sie im Laufe der Jahrhunderte alles gehört haben mochte. Das Geräusch von Schaufeln, als die Gruben ausgehoben wurden. Das verzweifelte Aufbäumen der gefangenen Wölfe. Vielleicht war da manchmal auch einer gewesen, der dem Köder nicht auf dem Leim gegangen und daher noch oben war, auf sicherem Grund, und hinunterschaute in die Tiefe, zu seinen Gefährten, deren Schicksal besiegelt war. Lange mochte er dort ausgeharrt haben, bis am nächsten Morgen die Männer mit ihren Gewehren kamen und er sich in den Wald zurückzog.

Hin- und hergerissen zwischen dem Willen zu kämpfen und dem Drang zu leben, hatte dieser Wolf sich vielleicht selbst gefühlt, als ob er innerlich blutete. So stellte ich es mir jedenfalls vor. Für mich blieb die Wolfsschlucht ein düsterer Ort, ganz gleich, wie hell das Blätterdach darüber war und wie schön die Blumen in dem flirrenden Licht blühten.

Doch die Wolfsschlucht war auch der Ort, an dem ich lernte, die Wahrheit zu sagen, in jenem Jahr, bevor ich zwölf wurde. Die Wahrheit über Dinge, vor denen man unmöglich die Augen verschließen darf. Wenn Schweigen, so verlockend es auch sein mochte, ein schlimmer Fehler wäre.

Das alles erzählte ich Toby, doch ich sagte ihm auch, dass ich ihm keine Vorwürfe machte, weil er geflohen war vor seinen eigenen, noch viel schlimmeren Erfahrungen. Ich dankte ihm dafür, dass ich durch die Begegnung mit ihm gelernt hatte, Dinge in Ordnung zu bringen oder es wenigstens zu versuchen. [...]

Lauren Wolk, Das Jahr in dem ich lügen lernte. Aus dem Amerikanischen von Birgitt Kollmann, München: Hanser 2017, 7 f., 266 f.

#Lügelügelüge

M 2 Alles Lüge

Es ist wahr
Dass das Jahr über dreihundert Tage
in nur zweiundfünfzig Wochen schafft
Es ist wahr es ist wahr dass das Ausland
vielmehr Ausländer als Deutsche hat
Es ist wahr
Dass die Sonne nicht um die Erde
Und der Mond nicht um'n Fussball kreist
Es ist wahr
Dass der Gründer von New York nicht Kamel
oder Camel
Sondern Stuyvesant heißt
Das ist wahr das ist wahr
Aber sonst aber sonst
ALLES LÜGE! ALLES LÜGE!
ALLES LÜGE! ALLES LÜGE!
Es ist wahr es ist wahr
Die meisten Menschen
wollen nicht in Dortmund leben
Sondern essen
Es ist wahr es ist wahr
Dass die Kühe
das Gras nicht rauchen
Sondern fressen
Es ist wahr es ist wahr
Dass Hamburg nicht die Hauptstadt von Mc
Donald's ist
Es ist wahr es ist wahr
Dass der Papst zwar die Pille nicht nimmt
Aber trotzdem keine Kinder kriegt
Das ist wahr das ist wahr
Aber sonst aber sonst
ALLES LÜGE! ALLES LÜGE!
ALLES LÜGE! ALLES LÜGE!

Selbst wenn du mich fragst
Ob ich dich liebe
Und ich sag ja
Weiß ich manchmal nicht genau
Ist das nun Lüge oder wahr
weil ich oft gar nicht mehr weiß
Was ist das – Liebe

Liebt der Papa sein Auto
Liebt die Mama den Kaffee
Liebt das Baby seine Windeln
Wie der Weihnachtsmann den Schnee
Lieben Kinder Schokolade
Wie die Hausfrau den Herd
Oder ist da mehr, oder ist da mehr?
Oder ist das, oder ist das
Oder ist das oder ist das ...
ALLES LÜGE! ALLES LÜGE!
ALLES LÜGE! ALLES LÜGE!

Writer(s): Rio Reiser Copyright: Smpg Publishing (Germany) Gmbh Lyrics powered by www.musiXmatch.com

Rio Reiser (1950–1996), Sänger, Songwriter und Schauspieler, wurde bekannt durch die erste Deutsch-Rock-Band „Ton Steine Scherben" und startete nach deren Auflösung 1985 eine Solokarriere. Seine beiden Konzerte in Ost-Berlin 1988 begannen mit dem Lied „Alles Lüge".

M 3 DDR-Fußball-Fans mit Plakat, das Rio Reiser zitiert, am 15.11.1989.

Joachim Jauer (* 1940), Fernsehjournalist, lange Jahre Korrespondent des ZDF in der ehemaligen DDR.

M 4 Wahrheit, die keine Lüge ist

„Wer die Wahrheit nicht weiß, der ist bloß ein Dummkopf. Aber wer sie weiß und sie eine Lüge nennt, der ist ein Verbrecher." Dieser Satz des Dichters Bertolt Brecht (1898–1956) ist aktuell wie nie zuvor, denn das Verbrechen Lüge hat in der freien Welt heute Konjunktur. Die Lüge unserer Zeit kommt elegant und geschmeidig daher, weltweit verbreitet durch das Internet. Dabei beruft sie sich ständig auf die Presse- und Meinungsfreiheit. Sie lebt vom Vorurteil des Stammtischs der Spießer, von den Parolen der Populisten, verbreitet Hass. Sie tritt als getrickste Statistik auf und hetzt offen gegen die Wahrheit, erzeugt Wutbürger und sät Zweifel, indem sie Tatsachen zu „Fake News" erklärt. […]

Als Jesus von Nazaret im Verhör des römischen Prokurators Pilatus bekannte: „Ich bin dazu in die Welt gekommen, um von der Wahrheit Zeugnis abzulegen", antwortete dieser: „Was ist Wahrheit?" Niemand weiß, ob das zynisch, abfällig oder nur gelangweilt gemeint war. Doch die ehrliche Frage nach der Wahrheit trieb Menschen aller Jahrhunderte um. So begann auch die schleichende Auszehrung der kommunistischen Lügenideologie mit der Forderung nach Wahrheit.

[…] Der tschechische Dichter-Dissident und und spätere Staatspräsident Václav Havel (1936–2011) kämpfte für die Einhaltung der Menschenrechte. Er wollte „in der Wahrheit leben" und musste dafür jahrelang ins Gefängnis.

Der polnische Papst ging 1979 auf Pilgerfahrt in seine kommunistisch beherrschte Heimat und machte den Menschen Mut: „Die Wahrheit wird euch frei machen!" Ein Jahr später formierte sich nach wochenlangen Streiks die erste freie Gewerkschaft im kommunistischen Machtbereich.

Der sowjetische Generalsekretär Michail Gorbatschow verlangte mit seinem Reformprogramm „Glasnost" Offenheit, Kritik und Wahrheit über den miserablen Zustand von Wirtschaft und Gesellschaft. Das war der Bruch mit nahezu siebzig Jahren parteilich verordneter Verlogenheit.

Mutige Bürger kontrollierten im Frühjahr 1989 die Auszählung der Kommunalwahlen in der DDR. Sie enttarnten die Lügen der staatlichen Wahlkommission und deckten die Wahrheit über massiven Wahlbetrug auf: Auch bei

Marxismus
Kommunismus
Leninismus
Stalinismus

Glasnost
Perestroika

dieser Wahl waren Gegenstimmen systematisch während der Auszählung der Wahlzettel unterdrückt worden. 1989 ist das riesige Lügenkonstrukt des Leninismus-Stalinismus in der DDR und im europäischen Ost-Block zusammengebrochen. Den Zerfall hatte die Forderung nach Wahrheit herbeigeführt.

Die Wahrheit, meist „objektive Wahrheit“ genannt, war seit Lenin ein Glaubenssatz aller Kommunisten. Die Lügen des Regimes in der Parteizeitung „Prawda“, was ebenfalls Wahrheit bedeutet, galten als „objektive Wahrheit“.

Hohe Funktionäre wurden während Stalins „Großem Terror“ in den dreißiger Jahren so lange gefoltert, bis sie die „objektive Wahrheit“ gestanden und sich schuldlos der Spionage, Sabotage und des Vaterlandsverrats bezichtigten. Lügen aus Liebe zur Partei.

Während der Jahrzehnte des Marxismus-Leninismus Stalinismus gab es immer wieder vergebliche Reformversuche. Doch auch diese Bemühungen um wirkliche Verbesserung des Alltags benötigten die Vorwärts-Lüge, wie eine Legende belegt, die sich kritische Kommunisten in kleiner Runde leise erzählten:

Als alle Tiere Kommunisten waren und alle Kommunisten Tiere, tagte wieder einmal das Zentralkomitee der Partei. Der Vollversammlung der Tiere wurde ein Beschluss verkündet „Zwei mal zwei ist sechs.“ Die vorsitzende Ratte fragte, ob sich jemand dazu äußern möge. Niemand meldete sich, nur der Hase rief laut: „Zwei mal zwei ist nicht sechs, zwei mal zwei ist vier!“ Sofort traten zwei Wölfe links und rechts neben den Hasen und führten ihn ab. Wie man im Kreis der Tiere vermutete, war der Hase im Bau verschwunden, fernab von seinem gemütlichen Schlafplatz unterm Busch. Jahre später lud das Zentralkomitee zur nächsten Vollversammlung. Der Hase, etwas abgemagert, war wieder dabei, denn das Zentralkomitee hatte eine Amnestie erlassen. Nun sollte es Reformen, Fortschritt geben. Wieder wurde ein Beschluss der Partei verkündet: „Zwei mal zwei ist fünf!“ Und wieder meldete sich nur der Hase lautstark zu Wort: „Zwei mal zwei ist nicht fünf, zwei mal zwei ist vier!“

Die beiden Wölfe waren sofort zur Stelle, führten den Hasen ab, diesmal jedoch nicht in den Bau, sondern in eine Gaststätte, denn wegen der Reformen hatten sich die Methoden der Sicherheit verfeinert. Zu dritt nahm man an der Theke Platz, der Hase in der Mitte. Wolf Nr. 1 brüllte den Hasen an: „Was soll denn dein alberner Widerstand, Genosse Hase? Willst du zurück in den Bau?“ Der Hase zuckte zusammen. Wolf Nr. 2 sagte ruhig: „Genosse Hase, einmal den Mund halten kostet dich doch nichts. Zwei mal zwei ist fünf, das ist ein Beschluss unserer Partei. Du weißt als Genosse, dass die Partei immer recht hat.“ „Nein, nein“, sagte der Hase, „zwei mal zwei ist vier.“ Und während Wolf Nr. 1 die Faust drohend hob, bat Wolf Nr. 2: „Genosse Hase, bitte stimme zu! Gib deinen Widerstand auf! Willst du Rückschritt statt Fortschritt? Soll es wieder heißen: „Zwei mal zwei ist sechs?“

[...] 1989 gingen hunderttausende DDR-Bürger mit der Parole „Gegen Wahrheitsmonopol der SED“ auf die Straße. Die Lüge als Herrschaftssystem wurde auch bei den – verlogen Bruderstaaten genannten – Nachbarn im gesamten kommunistischen Machtbereich besiegt. Doch inzwischen hat sich die Lüge – völlig ungeniert – als offizielle Botschaft in einigen Ländern von ihrer Niederlage vor dreißig Jahren wieder erholt. Dem diabolisch-genialen Trick, alle Art von unliebsamer Kritik zu „Fake News“ zu erklären, ist mit Argumenten schwer beizukommen. Ungezählte erliegen der Verlockung politischer Wunschkonzerte und Verschwörungstheorien. [...]

Doch die Lüge, die in der halben Wahrheit steckt, wirkt wie ein Virus weiter. Dagegen steht heute immerhin die an der Realität orientierte Gegenöffentlichkeit, doch sie wird [...] dreist als Lügenpresse beschimpft. Machthaber unserer Zeit nutzen die Erfahrung, dass Menschen vor der nüchternen Wahrheit häufig mehr Angst haben als vor einer gefälligen Lüge. Gegen sichtbare Tatsachen erfand die Lüge „alternative Fakten“. Das ist in der freien Welt von heute die Übersetzung für das, was unter Kommunisten „objektive Wahrheit“ hieß.

Die heutigen Populisten im Westen, die mit Angstparolen oder grotesker Lüge per Twitter herrschen, werden sich eines Tages auch noch als großartige Demokraten feiern lassen, wenn sie ihren Gegnern, den Verbreitern der Wahrheit, huldvoll Amnestie gewähren. Niemand wird gezwungen, den Sprücheklopfern und Hasspredigern zu folgen. Jeder sollte darauf achten, dass er „in der Wahrheit leben“ kann.

Denn nur „die Wahrheit wird ihn frei machen“. 1989 hat die Wahrheit Grenzen gesprengt.

Joachim Jauer, Die Wahrheit, die keine Lüge ist, in: Christ in der Gegenwart 71 (2019) 393 f.

#Jetzthierwir

M 5 Narrative Ethik

Dietmar Mieth (* 1940) gründete das Ethikzentrum der Universität Tübingen und lehrte dort Theologische Ethik.

Das Erzählen und die Interpretation seiner immanenten moralischen Möglichkeiten fasse ich als „narrative Ethik“ auf. Sie leitet dazu an, über das Richtige und das Falsche, über das Gute und Böse unseres Handelns, über die Qualität der Personen und der Institutionen, die wir haben, nachzudenken.

→ Im Erzählen wird deutlich, wer wir sind, was wir hoffen und befürchten: S. 81.

Es geht also um

- die ethisch relevanten Einsichten [...], die uns zu Werteinsichten führen können.
- die erfahrungsmäßigen Vorbedingungen für die Einführung von Werteinsichten in Konfliktsituationen und für die Tugendbildung.

Die Erschließung und die Weitergabe von Werten und Tugenden geschieht nicht nur durch Befehle und Autoritäten, sondern durch die Umwandlung und Übertragung der Erfahrungsgrundlage von ethischem Wissen und durch die Übersetzung eines Erzählvorgangs, in dem das hörende Subjekt respektiert wird. Der Vater befiehlt, der Großvater erzählt, und ich bin sicher, dass das Kind dem Großvater folgen wird. Möglicherweise ist diese Art von Paradigmenwechsel ethischer Weitergabe auch für das Auftreten Jesu wichtig. Jesus gibt keine Befehle, sondern Einsatzzeichen, verheißungsvolle Metaphern, und er erzählt Geschichten. Das berühmte Gleichnis vom barmherzigen Samariter [Lk 10,25-36] zeigt die Umwandlung einer eher kasuistischen Frage „Wer ist mein Nächster?“ in die eher auf konkrete Erfahrung bezogene Frage „Wem bin ich der Nächste?“ Es wird keine allgemeingültige Antwort im Sinne eines überall anwendbaren Imperativs gegeben, selbst wenn es auch um Normen geht wie z. B: „Mache keinen Unterschied zwischen den Menschen!“ [...]

→ Was Gott ist, erschließt sich im Erzählen, vgl. S. 224.

→ Zur Erzähl- und Erinnerungskultur in Deutschland gehört die Schuldgeschichte der Shoah: S. 104 und 213.

Geschichten über unsere Geschichte werden oft in praktischer Absicht erzählt. Geschichtliche Kontinuität und Betroffenheit ist die Voraussetzung für die Weitergabe von Werten und Tugenden. Diese Kontinuität muss nicht konservativ sein und auf Erhaltung zielen. Aber in einem guten Sinne mag sie auch dies sein. Weil wir oft mit Geschichtskonflikten leben, leben wir zugleich in den Spannungen verschiedener Geschichten, die diese Konflikte spiegeln. Erzählen erhöht die Möglichkeit des Verstehens von Konflikten und die Möglichkeit, Erlebnisse in Erfahrungen zu verwandeln. Diese sind dann [...] als Kontrasterfahrungen (so geht es nicht), als Sinnerfahrungen (es leuchtet mir ein) und als Motivationserfahrungen (es geht mich unausweichlich an) moralisch bedeutsam.

Narrative Ethik eröffnet das, was man „Querdenken“ oder „laterales“ Denken nennt. Man folgt nicht nur einer Spur, sondern mehreren zugleich. Dabei zeigt sich, dass es Situationen oder Fälle gibt, in denen die Lösung nicht durch die Alternativen, die vorgeschrieben zu sein scheinen, gegeben wird, sondern [...] durch „Querdenken“ und Phantasie. Narrative Ethik bietet dafür Modelle an.

[...] Das Modell ist der Kurzname für eine Erzählung bzw. ihre Form (wie z. B. der erwähnte Samariter).

Modell heißt, was nicht nur in Konzepten und Begriffen erklärt werden kann, ohne dabei irrational zu werden; [...] ein Modell ist offen für miteinander in Konflikt stehende Interpretationen; [...] ein Modell ist nicht normativ, weil es die Autonomie, die persönliche Wahl und Entscheidung respektiert und weil es nicht moralisch verwirft, sondern Lebensmöglichkeiten anbietet.

Narrative Ethik bevorzugt ein Konzept der Erinnerung und der Therapie des gestörten Lebens durch das erinnernde Erschließen verschütteter Quellen. Dieses Konzept richtet sich jedoch nicht gegen die Anstrengungen der normativen Ethik, Kriterien für gutes und richtiges Handeln zu finden. Es beansprucht lediglich eine notwendige Ergänzungsfunktion. Unsere Überzeugungen und unsere Beweggründe bilden sich auch reflexiv eher an Modellen als an Begriffen. [...]

Dietmar Mieth, Kleine Ethikschule, Freiburg i. Br.: Herder 2004, 108–110.

#Erzählmirmehr

Erzähltheorie
Narrativität
Mimesis
Samariter

M 6 Corona-Zyklus – Gedichte #covid-19 (V)

Jubelt den Hintermännern zu! Nein?
Beklatscht die Weltenzerstörer! Nein?
Johlt mit den Lügnern, den Brandstiftern,
welche
Die Wissenschaft auf den Scheiterhaufen
Stellen. Nein? Nehmt Weihwasser, auf dass
Die böse RNA verschwinde! Nein?
Irgendjemand profitiert, irgendjemand
... genauso unsichtbar wie das Virus.
Und sichtbar:
Seht die Leichentransporte
Seht die Arbeitslosen in den USA
Seht das brennende Amazonien ...
[...]

Markus Pohlmeyer, http://culturmag.de/crimemag/markus-pohlmeyer-corona-zyklus-gedichte-covid-19/125122

Markus Pohlmeyer (* 1969) lehrt Theologie in Flensburg.

1 Im Textauszug M 1 reflektiert Annabelle Erlebnisse, die der Einleitungstext knapp referiert.
a) Beschreiben Sie die Auswirkungen, die das Erlebte auf Annabelles Wahrnehmung der Wirklichkeit, der Ereignisse und ihrer eigenen Rolle darin hat.
b) Nennen Sie selbst Beispiele für den ambivalenten Zusammenhang von Wahrheit und Lüge bzw. die Differenz von Lüge als unerlaubter Falschaussage und sogenannter „Notlüge".

2 Im Roman steht die Verantwortung, die Annabelle auf sich nimmt, im Zentrum. Mehr noch als darum, „die Wahrheit zu sagen", geht es darum, „Dinge in Ordnung zu bringen": die Wahrheit zu tun, richtig zu handeln.
a) Was erfahren Sie in M 1 über ‚Verantwortung'? Vergleichen Sie die Ergebnisse Ihrer Analyse mit Ihren Vorstellungen von ‚Verantwortung'.
b) Annabelle spricht von „wirklichen Lügen, die von wirklichen Ängsten gespeist werden". Diskutieren Sie den Zusammenhang von Angst und Lüge.

3 Die ‚Wolfsschlucht' und der einsame, überlebende ‚Wolf' sind Symbole. Interpretieren Sie: Wofür stehen diese Symbole? Was kommt für Sie dadurch zum Ausdruck, dass Annabelle die Wolfsschlucht beschreibt und sich in einen übrig gebliebenen Wolf einfühlt?

4 Setzen Sie sich mit dem Song von Rio Reiser auseinander M 2.
a) Analysieren Sie im Liedtext M 2 von Rio Reiser den Zusammenhang von Wahrheit, Lüge und Liebe.
b) Hören Sie sich das Lied an und tauschen Sie sich aus über die Emotionen, die es in Ihnen erzeugt.
c) Beschreiben Sie den Zusammenhang von Text und Melodie.
d) Recherchieren Sie die Biografie von Rio Reiser und die Geschichte des Konzerts am 01.10.1988 in Ost-Berlin und seiner Ausstrahlung im DDR-Fernsehen. Die Bedeutung Reisers und seine Rezeption für den Widerstand gegen das Regime kommt auch in dem Foto M 3 zum Ausdruck. Inwiefern?

5 Jauer vergleicht unterschiedliche Umgangsformen mit dem Wahrheitsbegriff M 4.
a) Analysieren Sie in M 4 den Zusammenhang von Wahrheit, Lüge und Freiheit und gehen Sie dabei auf das zitierte Jesuswort ein.
b) Interpretieren Sie die in den Text eingebaute Fabel vor dem Hintergrund Ihrer Analyse.
c) Diskutieren Sie Jauers Verbindung der Diskussion um „alternative Fakten" mit dem Begriff der „objektiven Wahrheit" in den sozialistischen Diktaturen.
d) Entwickeln Sie Kriterien zur Unterscheidung von Wahrheit und Lüge in den „sozialen Medien".

6 Mieth betont die Bedeutung des Erzählens für die Wahrnehmung ethischer Konflikte M 5.
a) Erörtern Sie anhand von Lk 10,25–36, was Mieth unter „narrativer Ethik" versteht.
b) Begründen Sie im Rückgriff auf M 5 die Bedeutung des Ästhetischen für die ethische Kommunikation.

7 Diskutieren Sie:
a) Wie lernen Menschen, nicht nur zur rechten Zeit die richtigen Worte zu finden, sondern auch mit den Lügen (etwa den Fake News) verantwortlich und ehrlich umzugehen?
b) Was gibt Menschen die Kraft zur Verantwortung? Welche Rollen spielen dabei Erfahrungen des Anerkannt- und Geliebtseins sowie die vertraute Umgebung, die Heimat?
c) Was bedeutet das Gefühl, in eine Geschichte von Schuld und Vergebung (wie die der Shoah in Deutschland) eingebettet zu sein?
d) Inwiefern ergänzen Medien der Kunst und ihre ethische Reflexion die Suche nach rationalen Kriterien zur Unterscheidung von richtigem und falschem Handeln? Erörtern Sie diese Frage auch am Beispiel des Gedichtauszugs zur Corona-Krise M 6.
e) Inwiefern ist das achte Gebot mehr als ein Lügenverbot?

Nutzen Sie literarische Texte, Musik und Bilder, um bisher nicht beachtete Dimensionen des Konflikts auszugraben. Überlegen Sie, wie Sie Menschen davon überzeugen können, die Podiumsdiskussion zu besuchen.

Die Suche nach ethischen Kriterien: Mehr als Hirnakrobatik?

Auf dem Spielfeld des Lebens kämpfen die Guten gegen die Bösen – aber sind die Rollen immer so klar verteilt? Nach welchen Kriterien können Handlungen als moralisch richtig oder falsch beurteilt werden? Die Philosophen Johann S. Ach und Ludwig Siep unterscheiden bezüglich der Entwicklung ethischer, d. h. moralphilosophischer Theorien vier beispielhafte Grundorientierungen und ordnen ihnen jeweils einen zentralen Vertreter der Philosophiegeschichte zu. Inwiefern lassen sich diese Grundorientierungen verallgemeinern?

M 1 Karikatur: „Hitlers Nachtgebet"

Die Karikatur erschien unter der Überschrift „Hitlers Nachtgebet" zusammen mit nebenstehendem Gebet „Lieber Gott, mach mich fromm, dass ich zur Regierung komm!" in der Satirezeitschrift „Der wahre Jacob", Berlin, 13. Februar 1932, die nach der Machtergreifung Hitlers 1933 verboten wurde.

Nationalsozialismus
Antisemitismus
Drittes Reich
Mesotes-Lehre
Peripatetiker
Aristotelismus
Scholastik
Kommunitarismus

Max Scheler
Alasdair MacIntyre
Philippa Foot
Martha Nussbaum

M 2 Tugendethik

Die Kernthese der Tugendethik [...] behauptet, dass Tugenden für das gute oder gelingende Leben [...] konstitutiv sind. Tugenden sind Haltungen oder Charakterdispositionen. [...] Die moralische Beurteilung einer Handlung hängt aus tugendethischer Perspektive davon ab, inwiefern die Handlung Ausdruck eines guten Charakters des Handelnden ist. Allerdings zeigt sich ein guter Charakter und eine richtige Haltung auch erst in den richtigen Entscheidungen – aber sie werden nicht schon durch eine oder sehr wenige falsche ‚dementiert' [...].

Aristoteles gilt nicht nur als Begründer der Ethik als einer philosophischen Disziplin, sondern auch als Begründer einer systematisch entfalteten Tugendethik.

[...] Für Aristoteles geht es in der Ethik um das gute Leben, das den Menschen erfüllt und ihm zu innerer Ruhe und zu Unabhängigkeit verhilft. Dazu muss man die richtigen Ziele wählen und einen guten Charakter ausbilden, der zu richtigem Handeln befähigt. ‚Erfüllend' sind Lebensziele, die sich lohnen, die man nicht bereut und die einen zur Übereinstimmung der Kräfte und Neigungen führen. Man muss nach den allgemeinen Lebenserfahrungen fragen, vor allem bei bewundernswerten und lebensklugen Menschen (‚Weisen') und man muss die allgemeinen menschlichen Anlagen erkunden, die solche ‚Glückserfahrungen' verständlich machen. So kommt Aristoteles zu allgemeinen Kriterien des erfüllten Lebens und richtigen Handelns. Das wichtigste davon heißt *Autarkie*, ein schwer zu übersetzender Begriff, der soviel wie ‚Unabhängigkeit', ‚Mangellosigkeit' und ‚Selbstübereinstimmung' bedeutet.

Unabhängigkeit gilt dabei nach innen wie nach außen. Aristoteles zufolge darf man nicht ‚nach innen' von Leidenschaften und Wünschen abhängig sein, durch die man ‚hin und her gerissen', im Extremfall sogar süchtig oder fanatisch wird. Nach außen autark bedeutet für Aristoteles, unabhängig vom Druck der sozialen Umwelt und vom Geltungsbedürfnis zu sein, das nur durch unsichere Mittel und schwankende Meinungen anderer befriedigt werden kann. Das bedeutet freilich nicht, isoliert zu leben; vielmehr mit Freunden zu leben, die es wert sind, und in Gemeinschaften – bis hin zur staatlichen –, die ihrerseits selbstbestimmt sind. Gut in Gemeinschaften zu leben heißt, an sinnvollen Aufgaben teilzunehmen, ‚politisch' zu leben heißt, an öffentlichen Entscheidungen über gerecht und ungerecht mitzuwirken. Dazu muss man aber selber in seinen Gedanken und Emotionen ausgeglichen sein; man muss das rechte Maß treffen zwischen ‚zu viel' und ‚zu wenig'. So ist etwa Tapferkeit die richtige Proportion von Mut und Vorsicht, die irgendwo in der Mitte zwischen Feigheit und Draufgängertum liegt, Großzügigkeit die Mitte zwischen Verschwendung und Kleinlichkeit etc. Aristoteles spricht hier von „Tugend" (*arete*) und er glaubt, dass Menschen nur durch Handeln aus Charakterdispositionen wie Gerechtigkeit, Besonnenheit und Courage die innere Selbstübereinstimmung und Zufriedenheit erreichen, die für ein glückliches Leben die wichtigste Voraussetzung ist. Zwar muss das richtige Maß, die richtige Mischung der gegensätzlichen Emotionen, in jeder Situation neu gefunden werden – für Aristoteles ist die habituelle Einstellung des Charakters dafür aber (zumindest) eine günstige Voraussetzung. Auf diese Weise wird man auch den anderen gerecht. Wer tugendhaft handelt, handelt also keineswegs einfach nur egoistisch, am eigenen Glück interessiert. [...]

Vollständig erfüllt und mangellos ist man allerdings nur in Augenblicken der Einsicht (*theoria*) in die Ordnung der bejahenswerten Welt (*Kosmos*), die für Aristoteles in der Natur existiert, unter Menschen aber nur temporär erreichbar ist.

An der (aristotelischen) Tugendethik ist unter anderem kritisiert worden, dass sie von einer nur schwer begründbaren Vorstellung vom ‚Wesen' eines Menschen ausgehe und dass sich ihre inhaltlichen Bestimmungen nur schlecht für eine universalistische Ethik eignen. [...]

Johann S. Ach/Ludwig Siep: Ethik – Zur Einführung, in: Dies./Kurt Bayertz (Hg.): Grundkurs Ethik. Band 1: Grundlagen, Mentis: Münster 2008, 9–30, 19 f.

#Tugendtrendsetter

M 3 Deontologische Ethik

Deontische oder deontologische Ethiken (abgeleitet von griech: *to deon* = das Gesollte) sind der Auffassung, dass es – neben den Folgen einer Handlung – *intrinsische* Aspekte gibt, die eine Handlung gut oder zu einer Handlung machen, die ‚aus Pflicht' geschieht; dass es also Eigenschaften einer Handlung selbst geben kann, aufgrund derer sie richtig oder falsch ist. Die Folgen einer Handlung spielen für deren Beurteilung in deontologischen Ethiken daher allenfalls eine sekundäre Rolle. Ein Handeln ‚aus Pflicht' ist vielmehr auch dann geboten, wenn die Handlungsfolgen ungünstig sind. Ein viel diskutiertes Beispiel für eine solche These ist Kants Behauptung, Lügen sei in jedem Falle unangesehen der Folgen falsch [...].

Die Vertreterinnen und Vertreter deontologischer Ethikkonzepte stimmen also darin überein, dass es Handlungen bzw. Handlungstypen gibt, die intrinsisch falsch oder schlecht sind. Sie unterscheiden sich jedoch in der Auffassung davon, wie man diese Handlungen oder Handlungstypen erkennt. Während manche deontologisch argumentierenden Ethiker davon ausgehen, dass man die Falschheit (oder Richtigkeit) einer Handlung bzw. eines Handlungstyps direkt erkennen oder bestimmen kann, haben andere [...] eine Art von ‚Testverfahren' entwickelt, das es ermöglichen soll, ethisch verbotene Handlungen als solche zu erkennen. Für Kant spielt dabei der Begriff der Maxime, d. h. einer subjektiven Regel, die unser Wollen und Handeln bestimmt, eine zentrale Rolle. Moralisch falsch sind für ihn solche Handlungen, die einer Maxime folgen, die zu „einem Widerspruch in unserem eigenen Willen" führt. Solchen Maximen zu folgen ist nach Kant irrational, weil selbst-widersprüchlich. Vernunftgemäß handeln heißt deshalb für ihn, die unser Handeln leitenden Maximen einem Test zu unterwerfen und zu prüfen, ob sie in ein System von Gesetzen für alle vernünftigen Wesen passen würden: „Handle nur nach derjenigen Maxime, durch die du zugleich wollen kannst, dass sie ein allgemeines Gesetz werde."

Johann S. Ach (* 1961) leitet das Centrum für Bioethik am Philosophischen Seminar der Universität Münster.

Kantianismus
Praktische Vernunft
Gesinnungsethik
Metaphysik der Sitten
Über ein vermeintliches Recht ...

Karl-Otto Apel
Thomas Nagel
Samuel Scheffler

Ludwig Siep (* 1942) lehrte Philosophie an der Universität Münster.

Immanuel Kant (1724–1804), deutscher Philosoph und einer der wichtigsten Begründer der Aufklärung.

Kant nennt das Gebot, nur nach solchen Maximen zu handeln, die einem solchen Test standhalten, einen *kategorischen Imperativ*. ‚Kategorisch', weil er unbedingt gilt und jedem anderen Motiv oder Gebot übergeordnet ist. Das bedeutet nun sicher nicht, dass stets alle gleichzeitig bestimmte, durch Regeln erlaubte oder gebotene Handlungen ausführen könnten – zum Beispiel einem Hilfsbedürftigen beistehen. Konkrete Regeln müssen mit (zeitlichen und qualitativen) Einschränkungen versehen werden, um in eine mögliche Gesetzgebung für Vernunftwesen zu passen. Aber es gibt allgemeinere Regeln, die für Kant ausnahmslos in jeder Situation gelten, selbst wenn wir Vernunftwesen von anderen Sternen treffen sollten. Ein Beispiel dafür ist das bereits angesprochene Verbot zu lügen.

→ Mehr zu Kants Philosophie: S. 28 f.

Ob allein mithilfe dieses Testverfahrens auch positive Normen, also Gebote (und nicht nur Verbote) gewonnen werden können [...], kann bezweifelt werden. [...] Wie schon Kants *Grundlegung zur Metaphysik der Sitten* zeigt, unterstellt er weitere Prämissen, wie eine durchgehende Zweckmäßigkeit der Natur (etwa beim unbedingten Suizidverbot).
Sieht man von diesen Einwänden jedoch ab, dann hat der Vorschlag Kants zumindest den Vorteil gegenüber anderen deontologischen Positionen, ‚formal' zu sein, d. h. ohne eine inhaltliche oder ‚materiale' Formulierung der moralischen Regeln auszukommen. Das ist eine günstige Bedingung für den Umgang mit einer Pluralität inhaltlicher ethischer Überzeugungen. Und er teilt den Vorzug deontologischer Positionen bzw. Argumentationen in der Ethik, bestimmte Handlungen oder Handlungstypen als grundsätzlich moralisch unzulässig auszuweisen bzw. unverfügbare Grenzen aufzuzeigen [...].

Johann S. Ach/Ludwig Siep: Ethik – Zur Einführung, 20 f.

#Kohärenzpflichtknappen

Regelutilitarismus
Handlungsutilitarismus
Negativer Utilitarismus
Altruismus
Verantwortungsethik

David Ricardo
Max Weber
Peter Singer

M 4 Konsequentialistische Ethik

[...] Abwägungen gehören zum ‚Kerngeschäft' konsequentialistischer Ethiken. *Konsequentialistische* Ethiktheorien behaupten nämlich, dass es ausschließlich die Folgen einer Handlung sind, an denen sich ihr moralischer Wert oder Unwert bemisst – wobei zunächst offen bleibt, ob es sich um Folgen handelt, die einen moralischen Wert oder die einen außermoralischen Wert (z. B. Freude) haben. Zu den konsequentialistischen Theorien gehören auch *teleologische* Ethiken (griech. *telos* = das Ziel) wie der Utilitarismus, die den Wert einer Handlung ausschließlich am außermoralischen Wert messen, der mit der Handlung realisiert wird. Teleologische Ethikkonzeptionen kehren das Begrundungsverhältnis zwischen moralischen und außermoralischen Gütern gegenüber der Deontologie also genau um: Das Rechte ist im Rahmen teleologischer Theorien eine Funktion des außermoralischen Guten.
[...] [Die bekanntesten Vertreter des Utilitarismus] waren Jeremy Bentham, John Stuart Mill und Henry Sidgwick. John Stuart Mill beispielsweise bestimmt die utilitaristische Moral als „die Gesamtheit der Handlungsregeln und Handlungsvorschriften, durch deren Befolgung ein Leben der angegebenen Art (sc. der Freude, *pleasure*) für die gesamte Menschheit im größtmöglichen Umfang erreichbar ist; und nicht nur für sie, sondern, soweit es die Umstände erlauben, für die gesamte fühlende Natur."
Der Utilitarismus ist kein einheitliches [...] Lehrgebäude. Man kann eine Reihe verschiedener Utilitarismus-Versionen unterscheiden. Sie weisen allerdings drei zentrale gemeinsame Charakteristika auf, die bereits im eben genannten Mill-Zitat zum Ausdruck kommen: Es sind teleologische (ergebnis- bzw. folgenorientierte) Theorien, sie favorisieren ein Maximierungsprinzip und teilen den Gedanken der Unparteilichkeit.

John Stuart Mill, 1806–1873

Der moralische Wert oder Unwert einer Handlung hängt für Anhängerinnen und Anhänger utilitaristischer Ethiken allein von deren Folgen ab. In der [...] Frage, welche Folgen einer Handlung für ihre moralische Bewertung maßgeblich sind (Glück vs. Befriedigung von Interessen; ausschließlich negativer vs. auch positiver Nutzen; Gesamtnutzen vs. Durchschnittsnutzen usw.), unterscheiden sich die utilitaristischen Ethiken. Einig sind sie sich jedoch darin, dass das moralisch Richtige eine Funktion eines außermoralisch Guten (z.B. Schmerzfreiheit) ist. Die zweite wichtige Gemeinsamkeit utilitaristischer Ethikkonzeptionen ist das Prinzip der Maximierung. Es verlangt, kurz gesagt, diejenige Handlung auszuführen, die die besten Konsequenzen hat, bzw. mindestens so gute Folgen hat wie jede dem Handelnden offenstehende Alternative. [...] Der dritte für den Utilitarismus zentrale Gedanke schließlich ist der Gedanke der Unparteilichkeit oder Gleichheit, wie er beispielsweise in Benthams Formel „Jeder zählt für einen und niemand für mehr als einen" zum Ausdruck kommt. Ethik nimmt, mit anderen Worten, einen universalen Standpunkt ein. Richtig handeln heißt, die Perspektive eines unparteilichen, aber wohlwollenden Beobachters (*benevolent observer*), eine Art säkularisierter Gottesperspektive, einzunehmen. Der Utilitarismus ist [...] vehement kritisiert worden [...]. Vor allem auf das Problem, welcher Nutzen und wie er zu maximieren sei, reagierten einige Utilitaristen mit dem Übergang vom klassischen ‚hedonistischen' zum ‚Präferenzutilitarismus'. Diese Variante des Utilitarismus beurteilt Handlungen nicht danach, inwieweit sie Lust maximieren und Leid minimieren, sondern nach dem Grad, in dem sie mit den Interessen oder Präferenzen der von einer Handlung Betroffenen übereinstimmen.

Johann S. Ach/Ludwig Siep: Ethik – Zur Einführung, 21–23.

#Interessensingenieure

M 5 Kontraktualistische Ethik

Einen noch einmal anderen Weg haben moderne vertragstheoretische oder *kontraktualistische* Ethikkonzeptionen eingeschlagen. Vertragstheoretische Ethiken sind insbesondere deshalb in modernen Gesellschaften attraktiv, weil sie Moral als etwas verstehen, was im langfristigen Interesse des Einzelnen liegt, obwohl sie von den Verpflichteten etwas fordert, was sie andernfalls nicht tun würden. Die Idee des Vertrags bietet hier einen Ausweg, da Verträge von den Vertragspartnerinnen und Vertragspartnern typischerweise wegen des eigenen Vorteils, der mit dem Vertragsabschluss verbunden ist, geschlossen werden. Verträge dienen also [...] auf indirekte Weise dem Eigeninteresse. Außerdem beruhen sie auf (zumindest hypothetischer) freiwilliger Zustimmung und ‚vergewaltigen' daher niemanden [...]. Den besonderen Vertrag, von dem hier die Rede ist, schließen die Vertragspartnerinnen und Vertragspartner deshalb, weil die Einschränkung der eigenen Freiheit, die ihnen der Vertrag auferlegt, der Preis für die Freiheitsbegrenzung anderer ist. Diese Eingrenzung von Freiheit ist überlebenswichtig. Denn die Menschen besitzen [...] in Bezug auf Selbsterhaltung bzw. wechselseitige Gefährdung eine annähernd gleiche Ausstattung an geistigen und körperlichen Fähigkeiten. Sie haben konkurrierende Interessen und müssen ohne eine unparteiische Schutzmacht primär auf ihre eigenen langfristigen Eigeninteressen, vor allem die Selbsterhaltung, bedacht sein. Der (hypothetische) Zustand ohne einen Gesellschaftsvertrag (Naturzustand) ist daher ein Zustand der Willkürfreiheit und permanenten Gewaltbereitschaft bzw. des ‚kalten Krieges' aller gegen alle [...]. Der Vertragsschluss demgegenüber bietet für den Einzelnen die (einzige) Möglichkeit für ein Leben in Sicherheit und Wohlstand.

contrat social
homo homini lupus
bellum omnia contra omnes

Jean-Jacques Rousseau
Thomas Hobbes
David Gauthier
Jürgen Habermas

Embryonenschutzgesetz
Neonatologie
Tierethik

Frutarier

Die bekannteste Formulierung einer modernen Vertragstheorie, die sich der Mittel der Spiel- und Entscheidungstheorie bedient, ist die *Theorie der Gerechtigkeit* von John Rawls. Kernstück seiner Theorie ist ein Gedankenexperiment, dessen Ziel es ist, festzulegen, welche Grundsätze zur Regulierung unserer Gesellschaft vernünftigerweise in einer Vertragssituation zu akzeptieren wären. Es sind dies, wie Rawls sagt, „diejenigen Grundsätze, die freie und vernünftige Menschen in ihrem eigenen Interesse in einer anfänglichen Situation der Gleichheit zur Bestimmung der Grundverhältnisse ihrer Verbindung annehmen würden". Diese anfängliche Situation der Gleichheit, die gewährleisten soll, dass niemand aufgrund der Zufälligkeit der Natur oder gesellschaftlicher Umstände bevorzugt oder benachteiligt wird, nennt Rawls „ursprüngliche Position" (*original position*). Hergestellt wird diese strikte Form der Unparteilichkeit durch den „Schleier des Nichtwissens" (*veil of ignorance*), hinter dem sich die Parteien befinden, wenn sie die Grundsätze der Gerechtigkeit festlegen. Sie wissen weder, welche konkreten Personen sie sein werden, noch kennen sie ihre oder ihrer Vertragspartner Interessen, Ziele oder Konzeptionen des Guten. Rawls' Behauptung ist es, dass die Menschen in einem solchen Zustand bzw. einer solchen Entscheidungssituation sich vor allem für zwei Grundsätze entscheiden würden: „einmal die Gleichheit der Grundrechte und -pflichten; zum anderen den Grundsatz, dass soziale und wirtschaftliche Ungleichheiten, etwa verschiedener Reichtum oder verschiedene Macht, nur dann gerecht sind, wenn sich aus ihnen Vorteile für jedermann ergeben, insbesondere für die schwächsten Mitglieder der Gesellschaft." Rawls versucht, von diesen Prinzipien aus eine Theorie der Grundrechte, der Verfassung und der sozialen Gerechtigkeit zu entwickeln. [...]

Johann S. Ach/Ludwig Siep: Ethik – Zur Einführung, 23 f.

#Verfahrensverfechter

M 6 Wem gegenüber gibt es moralische Verpflichtungen?

Zwischen den verschiedenen Positionen in der Ethik umstritten [...] ist auch die Frage, *wem* gegenüber wir überhaupt moralische Verpflichtungen haben. Aristoteles hat Menschen, insbesondere die Bürger (Hausväter) der *polis*, im Blick. Für Kant besitzen vernünftige Wesen bzw. Personen eine ‚Würde', im Unterschied zu anderen Entitäten, denen er bloß einen abwägbaren ‚Wert' zugesteht. Mill dagegen bezieht in sein utilitaristisches Moralprinzip ausdrücklich ‚die gesamte fühlende Natur' mit ein. Diskursethiker und Kontraktualisten schließlich räumen nur sprach- oder diskurskompetenten Lebewesen einen moralischen Status bzw. einen intrinsischen Wert ein. Unterscheiden kann man anthropozentrische, pathozentrische, biozentrische und physiozentrische bzw. holistische Positionen. *Anthropozentrische* Positionen schreiben, kurz gesagt, nur (und allen) Menschen, *pathozentrische* Ansätze (schmerz-) empfindungsfähigen Lebewesen, *biozentrische* Modelle der ganzen belebten Natur und *holistische* Konzeptionen über diese hinaus der ganzen Natur und auch kulturellen Entitäten (kulturellen Traditionen und Artefakten) eigene moralische Schutzansprüche zu.

Aristoteles, 384–322 v. Chr.

Die Entscheidung für die eine oder andere dieser Auffassungen hat weitreichende Folgen für den Umgang mit bestimmten Formen menschlichen Lebens (zum Beispiel menschlichen Embryonen), nicht-menschlichen Lebewesen oder der natürlichen Um- bzw. Mitwelt. Wer eine pathozentrische Position für plausibel hält, wird zum Beispiel menschliche Embryonen erst ab ihrer Schmerzempfindlichkeit für schutzwürdig halten. Oder er wird in (schmerz-) empfindungsfähigen Tieren nicht nur eine Ressource für menschliche Zwecke sehen, sondern vielmehr Lebewesen mit eigenen moralischen Interessen oder Ansprüchen. Letzteres kann drastische Auswirkungen auf den Umgang des Menschen mit nichtmenschlichen Lebewesen haben, zum Beispiel im Hinblick auf Tierversuche oder auch im Hinblick auf unsere Essgewohnheiten.

Johann S. Ach/Ludwig Siep: Ethik – Zur Einführung, 24.

#WeristmeinNächster?

1 „Hitlers Nachtgebet" **M 1**

a) Beschreiben und interpretieren Sie die Karikatur in ihrem historischen Kontext.
b) Erörtern Sie: Was darf Gegenstand eines Gebetes sein?
c) Skizzieren Sie eine Ethik des Betens.
d) Formulieren Sie die ethischen Kriterien, nach denen Adolf Hitlers Rassismus und seine Kriegführung als böse und die daraus resultierenden Handlungen als moralisch falsch zu beurteilen sind.

2 2001 machte der Künstler Maurizio Cattelan mit der hyperrealistischen Plastik „Him" Furore, die einen verkleinerten Hitler auf Knieen betend darstellt.

a) Recherchieren und beschreiben Sie das Kunstwerk.
b) Notieren Sie, wie das Kunstwerk auf Sie wirkt, und formulieren Sie Fragen, die sich Ihnen ggf. stellen.
c) Diskutieren Sie im Kurs darüber, warum das Kunstwerk bei einer Auktion 2016 einen Preis von 17,2 Millionen Dollar erzielte.
d) Ein Kurator meinte, Cattelan habe mit der Hitler-Skulptur Tabus gebrochen. Diskutieren Sie diese These. Welche Tabus könnten gemeint sein?
e) In der Ausstellung „Same Difference (The Teddy Bear Project)" stellte Ydesse Hendeles (* 1948) das Kunstwerk zusammen mit einer Auswahl von ihr gesammelter Fotos mit Teddybären aus. Die Tochter von Auschwitz-Überlebenden bezeichnete Hitler als den Teddybären der Deutschen, weil er es geschafft habe, dass sie sich sicher fühlten. Diskutieren Sie das Bild, das Hitler mit einem Bären verbindet.
f) Der Kunstjournalist John Bentley Mays (1941–2016) verbindet die Skulptur „Him" in der Ausstellung „Same Difference" mit dem betenden Jesus in der Nacht vor seinem Tod: „In this realistic, half-size effigy, Cattelan has deployed all the traditional Christian imagery of Jesus in the Garden of Gethsemane. This is how Hitler wished to be seen when in power and after all was lost, how he wished to be remembered." Diskutieren Sie diese These im Blick auf ethische Prinzipien, die Sie Jesus einerseits und Hitler andererseits zuordnen würden.

3 Unterrichten Sie sich gegenseitig im Gruppenpuzzle-Verfahren über die Kriterien zur Unterscheidung zwischen moralisch richtigen und falschen Handlungen aus der Perspektive der vier Grundorientierungen. Erproben Sie Ihr Verständnis der Kriterien an einem Beispiel **M 2**–**M 5**.

4 Vertiefung in den Expertengruppen:

a) Bei Bedarf recherchieren Sie zu **M 2**–**M 5**.
b) Üben Sie das Argumentieren mit den Grundorientierungen, indem Sie konkrete „Gewissensfragen" (etwa über die Kolumne von Johanna Adorján im Magazin der Süddeutschen Zeitung) beantworten.
c) Versuchen Sie, sich auf eine gemeinsame Hitliste ethischer Grundorientierungen zu einigen.
d) Erstellen Sie Standbilder, die die Beziehung der Ethiken untereinander zum Ausdruck bringen oder stellen Sie Vor- und Nachteile der vier Positionen auf einem Plakat dar.
e) Wenden Sie die Kriterien der Ethiken auf Ihre Überlegungen zu 1 c) und das im vorigen Unterkapitel bearbeitete Problem der Lüge an.

5 Nehmen Sie Stellung zu den vier Positionen **M 6** im Blick auf die Frage, wem gegenüber Sie sich selbst verantwortlich fühlen.

6 Diskutieren Sie:

a) Inwiefern prägt die Wahl einer ethischen Grundorientierung das moralische Verhalten von Menschen?
b) Welche ethischen Grundorientierungen spielten in welchem Maße im Verlauf Ihrer Diskurse eine Rolle?
c) Inwiefern ist die philosophische Diskussion über ethische Kriterien mehr als Hirnakrobatik?

Beleuchten Sie den ethischen Konflikt, den Sie für die Podiumsdiskussion ausgewählt haben, aus den vier Perspektiven der ethischen Grundorientierungen **M 2**–**M 5**. Bestimmen Sie möglichst genau, wie der ethische Konflikt jeweils entsprechend der unterschiedlichen Orientierungen bearbeitet werden kann und welche weiteren Konflikte sich aus dem Widerstreit der Orientierungen ergeben können.

Der Sinn des Moralisch-Seins: Mehr als Hintergrundmusik?

Noch hinter der Frage nach den Kriterien von gut und böse bzw. richtig und falsch steht die Frage nach dem Sinn unseres Handelns überhaupt. Warum sollen Menschen moralisch sein? Weil Gott es will? Weil es für die Menschheit insgesamt besser ist? Weil jeder und jede Einzelne davon letztendlich profitiert? Oder weil es objektiv vernünftig ist? Oder gibt es keine überzeugende Antwort auf diese Frage? Häufig bleibt sie unberücksichtigt, wenn wir unser Handeln rechtfertigen. Antworten bleiben unbewusst, obwohl sie wie eine Grundmelodie unser Handeln begleiten und ihm Takt geben.

Amoralismus
Meta-Ethik
Meier-Pagano-Filter

Friedrich Nietzsche
Max Stirner

M 1 Warum moralisch sein?

In der moralphilosophischen Diskussion werden Personen, die einerseits rational sind und moralische Forderungen durchaus als solche verstehen können, sich diese andererseits aber nicht zu eigen machen, häufig als ‚Amoralisten' bezeichnet. [...] Welche Antwort [...] kann die philosophische Ethik dem Amoralisten bzw. einer Person geben, die nicht bereits den ‚Standpunkt der Moral' eingenommen hat? [...] So könnte man sich, um die Frage nach einer Begründung der Ethik als ganzer zu beantworten, auf metaphysische Instanzen wie den Gott der monotheistischen Religionen berufen. [...] Das Problem einer solchen Begründung besteht [...] natürlich darin, dass diese nur jemanden überzeugen wird, der von der Existenz eines selber moralischen (bzw. guten, heiligen) Gottes überzeugt ist. Er sollte allerdings auch eine konsistente Vorstellung eines rational verständlichen, allgütigen und allmächtigen Gesetzgebers haben, was angesichts der Übel in der Welt nicht leicht ist (*Theodizee*-Problem). Für jemanden, der an der Existenz Gottes zweifelt oder diese sogar verneint, ist die Berufung auf einen göttlichen Willen als Urheber des Moralgesetzes kaum überzeugend. Aber selbst aus der Perspektive eines gläubigen Menschen hat diese Begründung als eine prinzipielle rationale Antwort auf die Frage ‚Warum moralisch sein?' erhebliche Mängel: Seine Begründung für das Gebot moralischen Handelns wird ja vielen Menschen, den Ungläubigen nämlich, unverständlich bleiben – und damit gerade jenen, die ihrer seiner Auffassung nach vermutlich am meisten bedürfen.

Eine zweite Antwort auf die externe Begründungsfrage könnte lauten: Man soll moralisch sein, weil dies im besten Interesse aller ist. Dieses Argument wird nicht nur die Anhängerinnen und Anhänger einer kontraktualistischen Ethikkonzeption überzeugen, sondern zum Beispiel auch jene, die aus anderen Gründen eine ‚funktionalistische' Ethiktheorie für richtig halten. Wer Moral im Wesentlichen für eine soziale Institution mit dem Ziel der Kooperationsoptimierung hält, wird diesem Gedanken zumindest offen gegenüberstehen. Fraglich ist jedoch, ob diese Antwort überhaupt eine Antwort auf die externe Begründungsfrage ist. Immerhin muss sich, wer am ‚besten Interesse aller' interessiert ist, bereits eine universalistische Perspektive zu eigen gemacht haben. [...] Ganz gleich also, ob eine Welt, in der es Moral gibt, tatsächlich besser ist als eine Welt ohne Moral, kann der Amoralist mit Recht fragen, ob sie auch *für ihn* die bessere Welt ist. Und es könnte sich durchaus herausstellen, dass eine Welt, in der es Moral gibt, zwar auch für ihn die bessere Wahl wäre; eine Welt aber, in der es Moral gibt, in der *er selbst* sich aber gerade nicht an moralische Forderungen gebunden fühlt, noch besser. Für diesen Amoralisten wäre, mit anderen Worten, Trittbrettfahren die optimale Strategie.

Auf dieses Problem reagiert eine dritte Antwort: Könnte es nicht sein, dass es in meinem eigenen wohlverstandenen Interesse ist, moralisch zu sein? [...] In der Tat scheint es gute Argumente dafür zu geben, dass moralisches Handeln ‚auf lange Sicht und im Allgemeinen' die Chance eines Individuums auf eine Befriedigung seiner Interessen und seines Wohlergehens erhöht. Ob diese Einsicht den klugen Amoralisten jedoch wirklich zufrieden stellen kann, ist wiederum fraglich. Stattdessen wird er sich vielleicht sagen, dass es zwar klug sein mag, im Allgemeinen moralisch zu handeln, dass es aber ebenfalls klug ist, jetzt, wo die Si-

tuation günstig ist, den eigenen Interessen zu folgen. [...]
Schließlich wurde die externe Begründungsfrage auch damit beantwortet, dass es ‚objektiv vernünftig' sei, moralisch zu handeln. Dies war insbesondere die Auffassung von Kant. Vernunftgemäß handeln heißt für Kant, die Maximen des Handelns einem Test zu unterwerfen und zu prüfen, ob sie in ein System von Gesetzen für alle vernünftigen Wesen passen würden. Kant nennt [...] das innere Gebot, nur nach Maximen zu handeln, die einem solchen Test standhalten, einen kategorischen Imperativ. Maximen, die diesen Text nicht bestehen, sagt Kant, kann ich nicht widerspruchsfrei denken bzw. zumindest nicht widerspruchsfrei wollen. [...] Ob die Schlussfolgerung, dass es vernünftig sei, moralisch zu handeln, wirklich überzeugt, ist allerdings ebenfalls wieder fraglich. Offen bleibt auch, ob man nicht irrational (unvernünftig) sein *kann* oder sein *darf* [...].

Johann S. Ach/Ludwig Siep: Ethik – Zur Einführung, 25 f.

#Universalusurpatoren

M 2 Fehlerfreundliche Moral

Eine Moral für alle, welche die Imperfektheit des Menschen, seine Unabgeschlossenheit, seine Geschichtlichkeit und seine Wandlungsfähigkeit einbezieht, bedarf der Quellen der Einsicht in das Imperfekte, also in das, worin wir hinter unseren Kriterien, Kontrollen und Entwürfen zurückbleiben und worin wir uns dennoch als moralische Wesen annehmen können. Diese Moral findet sich weniger in der Philosophie (aber auch dort) als in den Religionen (aber nicht überall). In dieser Moral braucht man Verzeihung und Vergebung. Man braucht eine Selbstannahme jenseits der Bewertung des eigenen moralischen Selbst. Man braucht eine Annahme durch den anderen, die von den eigenen Fehlern nicht eingeschränkt wird. Man braucht einen Blick auf den anderen, in welchem dieser uns in seiner Verletzlichkeit, seiner Fehlerfähigkeit und seiner Sterblichkeit doch so erscheint, dass uns dabei warm ums Herz wird.

Dietmar Mieth, Kleine Ethikschule, Freiburg i. Br. 2004, 180.

#SindwiralleSünderlein?

M 3 „We are the World"

Dionne Warwick (* 1940), Willi Nelson (* 1933) und Al Jarreau (1940–2017)

„We Are the World" ist eine der erfolgreichsten Singles, die je produziert wurden. Michael Jackson (1958–2009) und Lionel Richie (* 1949) schrieben den Song am 22.01.1985. Nur sechs Tage später wurde er zusammen mit 47 bekannten Musikern und Musikerinnen in Hollywood aufgenommen M 3. Der wirtschaftliche Erlös wurde gespendet: zur Linderung der Hungersnot in Äthiopien.

1 Beurteilen Sie die vier Argumentationsstrategien, einem Amoralisten gegenüber zu begründen, warum es wichtig ist, moralisch zu handeln M 1. Welche Strategie bzw. welches Bündel von Strategien führt Ihrer Meinung nach am ehesten zum Erfolg?

2 Eine Moral des Imperfekten M 2: Diskutieren Sie Chancen und Grenzen einer Ethik, die Menschen realistisch einschätzt und ihre Fehler toleriert.

3 Informieren Sie sich über das Lied „We are the World": Lesen Sie den Songtext und hören Sie sich verschiedene Interpretationen an, vor allem die originale Einspielung vom 28.01.1985.

a) Zeigen Sie auf, inwiefern sich im Songtext die vier Argumentationsstrategien M 1 wiederfinden lassen.

b) Beschreiben Sie die Stimmung, die Ihres Erachtens auf dem Foto M 3 zum Ausdruck kommt. Inwiefern steht das Foto exemplarisch für die Aussage des Songs?

4 Diskutieren Sie:

a) Inwiefern begleitet die Sinnfrage bewusst oder unbewusst alle ethischen Diskurse?

b) Warum sollte die Grundmelodie einer Moral für alle Menschen fehlerfreundlich sein?

c) Erzeugt das Nachdenken über den Sinn moralischen Handelns mehr als Hintergrundmusik?

Überlegen Sie, durch welche ‚Hintergrundmusik' Sie vor, während oder nach der Podiumsdiskussion die Sinnfrage einspielen können.

Religion für Ethik – Ethik für Religion: Mehr als Bonbons, um gutes Handeln zu versüßen?

Wie stehen Ethik/Moral und Religion zueinander? Die Meinungen dazu reichen von klarer Abgrenzung über verschiedene Versionen wechselseitiger Befruchtung bis zur ununterscheidbaren Verflechtung. Ist die moralische Autonomie des Menschen mit einer Gesetzgebung durch Gott vereinbar? Ist gar die Gebetspraxis der Religionen ethisch relevant? Welchen Beitrag leistet das „Projekt Weltethos" zum Weltfrieden?

Fritz Oser (1937–2020) lehrte Pädagogik in der Schweiz.

→ Zum viel diskutierten Stufenmodell Osers zur Entwicklung des religiösen Urteils vgl. S. 203.

→ Zu Bonhoeffer S. 104, 255; zu Breitsameter S. 125; zu Mieth S. 132, 141.

Richard Schröder (* 1943) war Pfarrer in der ehemaligen DDR und politisch aktiv im Prozess der Wiedervereinigung. Danach lehrte er evangelische Theologie in Berlin, war Richter am Verfassungsgericht des Landes Brandenburg und Vorstandsvorsitzender der Deutschen Nationalstiftung.

John Milbank (* 1952) war Professor of Religion, Politics and Ethics an der University of Nottingham. Der anglikanische Theologe gilt als maßgeblicher Architekt der Radical Orthodoxy.

M 1 Aussagen zum Verhältnis zwischen Religion und Ethik bzw. Moral

a) Alle großen ethischen Strukturen unserer Zeit kommen ohne Religion aus.

Fritz Oser, aus einem Wortbeitrag zur Podiumsdiskussion I: „Ist Ethik ohne religiöse Grundlagen von konkreter Bedeutung", in: Christof Gestrich (Hg.), Ethik ohne Religion? Beiheft zur Berliner Theologischen Zeitschrift 13 (1996) 65–86, 78.

b) Die etwa im 13. Jahrhundert [...] beginnende Bewegung in der Richtung auf die menschliche Autonomie (ich verstehe darunter die Entdeckung der Gesetze, nach denen die Welt in Wissenschaft, Gesellschafts- und Staatsleben, Kunst, Ethik, Religion lebt und mit sich selbst fertig wird) ist in unsrer Zeit zu einer gewissen Vollständigkeit gekommen. Der Mensch hat gelernt, in allen wichtigen Fragen mit sich selbst fertig zu werden ohne die ‚Arbeitshypothese Gott'. In wissenschaftlichen, künstlerischen, auch ethischen Fragen ist das eine Selbstverständlichkeit geworden, an der man kaum mehr zu rütteln wagt [...].

Dietrich Bonhoeffer, Brief an Eberhard Bethge vom 8.6.1944, in: Ders., Auswahl Bd. 5: Briefe aus der Haft 1943–1945, hg. v. Christian Gremmels und Wolfgang Huber, Gütersloh 2006, 140–146, 141.

c) In ethischen Diskursen [...], die sich auf religiöse Gründe stützen, wird ein Wahrheitsanspruch geltend gemacht, der nicht unabhängig von Inhalten des Glaubens gedacht werden kann (ohne dass damit prinzipiell bestritten ist, dass sich religiöse Gründe in säkular verständliche Vernunftgründe übersetzen lassen). Wenn ethische Überzeugungen in dieser Weise auf religiösen Einsichten beruhen, ist zu beachten, dass die dabei verhandelten Fragen unterschiedliche Geltungsansprüche erheben können, je nachdem, ob die praktischen Konsequenzen eines bestimmten Welt- bzw. Lebensentwurfs nur Gläubige oder auch Andersgläubige oder Nichtgläubige betreffen. Im einen Fall muss eine religiös fundierte ethische Forderung nicht in einer säkular vernehmbaren Sprache begründet werden, im anderen Fall ist sie mit allgemein verständlichen Gründen auszustatten.

Christof Breitsameter, Nur zehn Worte. Moral und Gesellschaft des Dekalogs, Freiburg: Herder 2012, 216 f.

d) Religion geht nicht in Moral auf. Sie ist ein in Gemeinschaft praktiziertes Welt- und Selbstverständnis, Lebenspraxis letzter Antworten auf letzte Fragen. Deshalb geht es dabei immer auch um Gott [...]. Recht und Moral haben zwar, kulturgeschichtlich betrachtet, auch eigenständige Wurzeln, wie z. B. den Bedarf an Konfliktbegrenzung und die Kultur wechselseitiger Anerkennung. Traditionell sind aber Recht und Moral immer religiös verankert gewesen.

Richard Schröder, aus seinem Eingangsstatement zur Podiumsdiskussion II: „Die Rolle der Religion im Rahmen der ethischen Erziehung und Unterweisung", in: Christof Gestrich (Hg.), s. o. unter a), 132.

e) Moralität ist völlig untrennbar von einer spezifischen religiösen Anschauung. Wenn man versucht, Ethik in einer Weise zu lehren, die sich gegenüber den verschiedenen Traditionen neutral verhält, d. h. unter Abstraktion von Traditionen – ich meine nicht, über Ethik zu lehren, was auch sehr wertvoll sein kann, sondern zu versuchen, Ethik zu lehren, in dem Sinne, dass man den Leuten beibringt, was sie tun sollen –, dann landet man bei etwas unglaublich ‚Dünnem', unglaublich ‚Banalem', bei etwas, das außerordentlich wenig Inhalt hat.

John Milbank, aus einem Wortbeitrag der Podiumsdiskussion I: „Ist Ethik ohne religiöse Grundlagen von konkreter Bedeutung", in: Christof Gestrich (Hg.), s.o. unter a), 78.

f) Es besteht kein Zweifel daran, dass auch religiöse und in ihrer Glaubensstärke vorbildliche Menschen moralisch irren. Als Beispiel dafür kann man Augustinus' Verkennung christlicher Gewaltlosigkeit oder Bernhard von Clairvaux' Kreuzzugspredigt nennen. [...] Dort, wo die moralische Richtigkeit nicht zusätzlich zur sinnvollen Wahrheit religiös diskutiert wird, verliert die Religion ihren ursprünglichen Humanismus, den sie verstärken, statt schwächen und beseitigen sollte. Die religiösen Denker müssen daher von der autonomen Vernunftmoral der Philosophen lernen, und, wenn sie klug waren, haben sie das auch immer getan. Religion sollte nie ohne moralische Selbstkontrolle sein; ohne diese ist ihr Beitrag zur Moral nicht glaubwürdig. Die religiösen Beweggründe bedürfen der moralischen Beweisgründe. Umgekehrt gilt, dass die religiös integre Praxis der Lebensführung und menschlichen Anteilnahme die moralische Einsicht positiv beeinflusst. Die Praxis als Erkenntnisort hat zwar keinen Anspruch auf Ausschließlichkeit, aber einen Anspruch auf Nachdenklichkeit. [...] Wahrheit kann eine Krisis praktischer Gewissheit sein, Praxis den Weg zur Wahrheit öffnen. Die Prozesse sind hier nicht anders als dialektisch zu begreifen. Gerade das Nachdenken über strittige Moral öffnet geschlossene Systeme, macht Ethik interdisziplinär, interreligiös und interkulturell.

Dietmar Mieth, Kleine Ethikschule, Freiburg i. Br. 2004, 185 f.

g) Der moderne Mensch „braucht" Gott nicht für die Moral. Gott ist nicht der „Chef der Weltfirma" [...]. Aber Gott ist eine Chance für die Moral. Gerechtigkeit kann ich aushandeln, Zuwendung und Liebe jedoch nicht.

Bruno Schmid/Lothar Kuld, Biblische Dilemmageschichten, in: Katechetische Blätter 127 (2002) 30-34, 34.

#Moralapostelgott

M 2 Autonomie und christliche Ethik

„Autonomie ist der Grund der Würde der menschlichen und jeder vernünftigen Natur" [Immanuel Kant]:

1. Autonomie heißt, dass die menschliche Vernunft *das gesetzliche Prinzip für die menschliche Handlungsordnung* hervorbringt.
2. Autonomie heißt, dass es die *Vernunft des Menschen selbst* ist, die das Handlungsprinzip hervorbringt.
3. Autonomie heißt aber auch, dass *der menschliche Wille sich selbst* an die selbst eingesehene Vernunftregel *bindet*, d.h. verpflichtet, statt sich von seinen wechselhaften Neigungen und Vorlieben, seinem Glücksstreben, hin und her treiben zu lassen.

[...]

Autonomie erscheint als moralische Hybris, als Selbstermächtigung des Menschen und Aufstand gegen Gott. Nicht länger von Gott wolle sich der Mensch in der Neuzeit die moralischen Gebote geben lassen, sondern von der eigenen Vernunft; der Mensch wolle die Moral autonom (griech.: *autos* = selbst, *nomos* = Gesetz), statt theonom (griech.: *theos* = Gott) verstehen. Es geht letztlich um ein Begründungsproblem im Gewand eines Autoritätsproblems: Ist ein moralisches Gebot deshalb gut, weil Gott es befohlen hat? Oder muss man nicht eher annehmen, dass Gott bestimmte Gebote befohlen hat, weil sie moralisch gut sind? Die erstgenannte Argumentation betont die Allmächtigkeit Gottes, die bis zu der Vorstellung ausgedehnt wurde, dass Gott sogar schlechte Gesetze geben könne, wenn er das wolle, weil der absolut freie Gott nicht durch menschliche Vorstellungen von gut und böse eingeschränkt zu denken sei. Solche extremen theologischen Positionen völliger Abhängigkeit des Menschen von der willkürlichen Allmächtigkeit Gottes wurden [...] durchaus vertreten, z.B. durch Wilhelm von Ockham (1285–1349).

Der zweite Vorschlag betont dagegen die Güte anstelle der Allmacht Gottes, durch die eine irreleitende Gesetzgebung nicht denkbar ist. Denn Gott will doch letztlich ein heilvolles und gelingendes Leben der Menschen und all seiner Geschöpfe. Durch eine irreleitende Gesetzgebung würde er sowohl sich selbst als auch seine Geschöpfe dauernd in Selbstwidersprüche verwickeln. Gutsein heißt also zu-

Heike Baranzke (* 1961) ist eine katholische Moraltheologin.

etsi deus non daretur
Radical Orthodoxy

Hugo Grotius
Augustinus
Bernhard von Clairvaux

→ Was heißt Menschenwürde aus unterschiedlichen Perspektiven? S. 28–31, 237 f.

Bruno Schmid (* 1944) und Lothar Kuld (* 1950) sind katholische Theologen und lehrten Religionspädagogik in Weingarten bzw. Karlsruhe.

gleich widerspruchsfrei denkbar und damit der Vernunft zugänglich sein. Wenn also letztlich Gott die sittlichen Gebote gegeben hat, weil sie sittlich gut sind, dann müssen sie zugleich auch der von Gott geschaffenen menschlichen Vernunft zugänglich sein, vermittels der der Mensch sein Leben gut führen soll. Dies trifft dann sogar auf jene Menschen zu, die von dem biblischen Gott und seinen am Sinai dem jüdischen Volk gegebenen Zehn Geboten, dem jüdischen Gesetz, nichts wissen – die gleichfalls von Gott geschaffenen Heiden. Denn offensichtlich finden sich auch unter ihnen Menschen, die sittlich gut handeln. Diese Feststellung machte schon Paulus im Römerbrief 2,14-16, die als Kernstelle für die christliche Lehre vom natürlichen Gewissen gilt: „Wenn Heiden, die das Gesetz nicht haben, von Natur aus das tun, was im Gesetz gefordert ist, so sind sie, die das Gesetz nicht haben, sich selbst Gesetz. Sie zeigen damit, dass ihnen die Forderung des Gesetzes ins Herz geschrieben ist; ihr Gewissen legt Zeugnis davon ab, ihre Gedanken klagen sich gegenseitig an und verteidigen sich – an jenem Tag, an dem Gott, wie ich es in meinem Evangelium verkündige, das, was im Menschen verborgen ist, durch Jesus Christus richten wird." (Röm 2,14–16)

[...]

Theonome Autonomie besagt, dass Autonomie als sittliche Selbstbestimmung des Subjekts ihren Grund im Glauben an Gottes Anspruch an den Menschen hat. [...] Die sittliche Freiheit des Menschen ist im Konzept der ‚theonomen Autonomie' kein Aufbegehren gegen Gott, sondern Ausdruck seiner gottebenbildlichen Würde, in die der Schöpfer alle Menschen eingesetzt hat. [...]

Die freilassende Freiheit Gottes ist ein Angebot, ihn im sittlichen Akt, am ‚Ort' des Gewissens, finden zu *können*, *nicht* zu *müssen*. Atheistische Menschen oder Menschen anderen Glaubens sind nicht per se gewissenlos, wie schon Paulus bemerkt hatte. Gott drängt sich nicht auf, sondern wartet in geduldiger Liebe auf die freie Hinwendung des Menschen, deren Rechte – die Menschenrechte – im zuvorkommenden Geschenk der gottebenbildlichen Würde sittlicher Freiheit gründen und zugleich zur gegenseitigen Achtung und Hilfeleistung verpflichten. [...]

Der Anspruch auf die Gewährung der Menschenrechte ist unabsprechbar und muss weder durch Pflichterfüllung noch durch empirische Leistungsnachweise anderer Art erst verdient werden. Zugleich ermutigt und ermächtigt der christliche Glaube jeden Handelnden zu einem menschenwürdigen Handeln im Angesicht der gottgeschenkten Würde aller Menschen. Der Indikativ des Heils, die Gabe gottebenbildlicher Würde als Grund der Menschenrechte, geht auch hier dem sittlichen Imperativ voran.

Heike Baranzke, Menschenwürde und Menschenrechte, in: Dies. u.a., Handeln verantworten. Grundlagen – Kriterien – Kompetenzen (Theologische Module 11), Freiburg i. Br. 2010, 47–93, 73 f., 80 f., 88–90.

Gewissensfreiheit

Religionsfreiheit

Dignitatis humanae

synderesis

conscientia

Wilhelm von Ockham

#Gottlässtfrei
#Gotteslästerei

M 3 Religiöse Praxis – ethisch relevant!?

a) Wenn dein Friede wie Wasser wäre,
und das Wasser jedem die Füße waschen
würde,
hätte jeder Mensch Frieden.
Aber weil wir das Wasser verschütten,
vergeuden oder verfaulen lassen,
reicht es nicht.
Die Unzufriedenheit breitet sich aus
und einer nimmt dem anderen den Frieden,
weil jeder ihn besitzen will mit allen Mitteln,
koste es, was es wolle.
Herr, wir sind am Ende mit unserer Weisheit,
komme bald,
und gib uns deinen guten Geist.

Anja, 13 Jahre

b) Gib mir den Vater wieder,
gib meine Mutter zurück!
Meine Großeltern und
meine Kinder, gib sie mir wieder!
Gib mich selbst mir zurück
in meinen lieben Verwandten!
Solange es Menschen gibt und die menschliche Welt währt,
Gib mir den unverbrüchlichen Frieden wieder,
gib den Frieden zurück!

Sankichi Toge, nach dem Atombomben-Abwurf auf Hiroshima 1945

Sankichi Toge (1917–1953) war ein japanischer Dichter, der den Atombombenabwurf auf Hiroshima zwar überlebte, aber an den Spätfolgen verstarb.

→ Zur Frage der Gottebenbildlichkeit des Menschen erfahren Sie mehr auf S. 34.

c) Meine Gebete sandte ich hinauf.
Alle unsere Kinder,
auch die, die am Rande der Wildnis leben,
mögen ihre Wege sicher dahinziehen,
mögen Wälder und Busch
ihre wassergeschwellten Arme ausstrecken,
ihre Herzen zu laben;
mögen sie ihre Wege sicher dahinziehen,
dass sie glücklich sind, ohne Hindernisse,
mögen alle Knaben,
mögen alle Mädchen
und die, die ihre Lebenssonne noch vor sich haben,
mögen sie kraftvolle Herzen haben,
einen mutigen Geist;
auf dem Wege zum See der Dämmerung
mögen sie gutes Alter erreichen,
mögen all eure Wege glücklich enden,
möget ihr mit Kraft gesegnet sein,
dass ihr euch wärmt in eures Vaters Sonne,
denn Er gibt Segen auf euren Wegen,
mit Ihm enden glücklich eure Wege!
Gebet der Zuni-Pueblo-Indianer, Neu-Mexiko, 19. Jahrhundert

Franz Rieger (Hg.): Friedensgebete aus aller Welt, Freiburg: Herder 1984, 14 (a) 45 (b), 15 (c)

d) Herr,
unsere Erde ist nur ein kleines Gestirn im großen Weltall.
An uns liegt es, daraus einen Planeten zu machen,
dessen Geschöpfe nicht von Kriegen gepeinigt werden,
nicht von Hunger und Furcht gequält,
nicht zerrissen in sinnlose Trennung
nach Rasse, Hautfarbe oder Weltanschauung.
Gib uns Mut und die Voraussicht,
schon heute mit diesem Werk zu beginnen,
damit unsere Kinder und Kindeskinder einst mit Stolz
den Namen Mensch tragen.
Gebet der Vereinten Nationen, Gotteslob 20,1

e) Möge es vor dir wohlgefällig sein,
Ewiger, unser Gott und Gott unserer Vorfahren,
dass du die Welt von Krieg und Blutvergießen befreist
und stattdessen einen großen und wunderbaren Frieden in der Welt verbreitest,
dass keine Nation mehr das Schwert gegen eine andere Nation erhebt
und keine Nation mehr den Krieg lernt.
Mögen alle Bewohner der Erde nur die volle Wahrheit anerkennen und um sie wissen,
dass wir in diese Welt nicht um des Haders und der Zwietracht willen gekommen sind
– wovor Gott bewahre –
und nicht um des Hasses, der Eifersucht, der Aufreizung und des Blutvergießens willen,
was Gott verbiete.
Vielmehr sind wir in die Welt gekommen,
um dich anzuerkennen und dich zu kennen.
Mögest du gepriesen sein für immer.
Jüdisches Friedensgebet, Gotteslob 20,5

f) Papst Franziskus und weitere religiöse Oberhäupter beim Weltgebetstreffen vor der Basilika San Francesco in Assisi am 20. September 2016

g) Menschen in Hiroshima im stillen Gebet am 6. August 2016 (zum Gedenken an den 71. Jahrestag des Atombombenabwurfs)

Franz Rieger (1923–2005) war ein österreichischer Dichter und Bibliothekar, der als Soldat im Zweiten Weltkrieg schwer verwundet wurde und bis 1946 in den USA in Kriegsgefangenschaft war.

Hiroshima
Nagasaki
Gebet der Vereinten Nationen
Zuñi

Stephen Vincent Benét

Bishwa Ijtema
Taizé
Weltethos
Parliament of the World's Religions

Samuel P. Huntington

h) Muslime beten für den Frieden beim Ijtema, dem größten islamischen Gebetstreffen weltweit, in Tongi (Bangladesch) am 15. Februar 2019.

i) Tausende Katholiken nehmen an der von der Kirche einberufenen Wallfahrt für den Frieden teil, in Managua (Nicaragua) am 28. April 2018.

#Betenverändert
#Friedenspilgern

M 4 Projekt Weltethos

Johannes J. Frühbauer (* 1967) lehrt Ethik/Sozialethik in Augsburg und war von 1996–2001 wissenschaftlicher Mitarbeiter bei der Stiftung Weltethos.

Kein Weltfrieden ohne Religionsfrieden! Mit dieser knappen Sentenz wirbt der Schweizer Theologe Hans Küng (* 1928[–2021]) seit Jahrzehnten für den Dialog und die Verständigung zwischen den Religionen. Als ethisches Fundament und als pragmatische Verständigungsbasis für den interreligiösen Austausch hat Küng einen kulturübergreifenden *Grundkonsens* herausgearbeitet, den er als *Weltethos* bezeichnet. Mit der „Erklärung zum Weltethos" des 1993 in Chicago versammelten Parlaments der Weltreligionen und dessen Konkretionen auf führende gesellschaftliche Institutionen hin in Kapstadt 1999 hat die Idee einer kulturenübergreifenden Wertegemeinschaft eine bis dahin einmalige interreligiöse Affirmation erhalten. Doch die idealistisch eingefärbte ‚Vision eines friedlichen Zusammenlebens' aller Menschen hat sich substanziellen Herausforderungen zu stellen. Zu diesen zählt zunächst der empirisch-geschichtlich belegbare Zusammenhang von Gewalt und Religion. In einer selbstkritischen Auseinandersetzung sind daher die Religionen dazu aufgerufen, sich mit ihren Gewaltpotenzialen in Geschichte und Gegenwart auseinanderzusetzen. Hinzu kommt das nicht allein auf Gemeinsamkeiten zu gründende Verhältnis der Religionen untereinander. Unterschiede, Differenzen, Spannungen dürfen nicht ausgeblendet werden, will man die friedliche Verständigung auf ein tragfähiges Fundament stellen. Der Blick auf die Gemeinsamkeiten, auf das, was verbindet, und nicht auf das, was trennt, wurde zwar zu Recht von der Weltkonferenz der Religionen für den Frieden (WCRP) 1970 in Kyoto programmatisch ins Zentrum gerückt. Sollen aber Konflikte zwischen unterschiedlichen Religionen und Kulturen konstruktiv und zivilisiert bearbeitet werden, bedarf es auch des klarsichtigen Umganges mit konflikterzeugenden Unterschieden. Nur auf diese Weise wird solchen Prognosen wie jener vom „Clash of Civilizations" des US-amerikanischen Politikwissenschaftlers S. P. Huntington (* 1927[–2008]) der Wind aus den Segeln genommen: Denn dann lässt sich der Faktor Religion nicht in vereinfachender Weise zum ausschlaggebenden Differenz- und Motivationsmerkmal in Konflikten stilisieren. Religion spielt allenfalls nur als eine Dimension in Konflikten eine Rolle; sie stellt in der Regel nicht selbst den Konfliktgegenstand dar. Insofern ist es zumeist ein verhängnisvoller Kurzschluss und dient nicht selten plakativen Zwecken, wenn von Religions- oder Glaubenskriegen gesprochen wird, sobald Religionsgemeinschaften und ihre Anhänger in irgendeiner Weise in Konflikte involviert sind. [...]

[D]ie Politisierung von Religionen [ist] eine Folge sozialer und ökonomischer Verelendung [...]. [V]or allem die Anreicherung sozialer und ökonomischer Konflikte mit religiöser Symbolik [macht] diese besonders anfällig für Gewalt. [...]

Je mehr bei den Menschen unterschiedlicher Religionen ein Bewusstsein für Gemeinsamkeiten vorhanden ist, das Unterschiede jedoch nicht ausblendet und um Spannungspotenziale weiß, und je mehr es Prozesse und Institutionen der Verständigung und des Dialoges gibt, desto geringer dürfte die Wahrscheinlichkeit werden, dass sich Religion als Faktor in Konflikten von politischer Seite her instrumentalisieren lässt. Eine notwendige, wenngleich nicht hinreichende Bedingung für einen Frieden zwischen Menschen, Völkern, Nationen ist die Friedens- und Versöhnungsbereitschaft unter den Religionen.

Johannes J. Frühbauer, Konfliktüberwindung und Kultur des Friedens, in: Marianne Heimbach-Steins (Hg.), Christliche Sozialethik. Ein Lehrbuch, Bd. 2: Konkretionen, 163–192, 189 f.

#Gewaltgott

1 Positionieren Sie sich zum Verhältnis von Religion und Moral/Ethik **M 1**.
a) Wählen Sie eine Aussage, der Sie am ehesten zustimmen und eine Aussage, die Sie am meisten ablehnen, und begründen Sie Ihre Entscheidungen.
b) Vergleichen Sie Ihre Positionierungen und formulieren Sie eine Beschreibung des Verhältnisses von Religion zu Moral/Ethik, der möglichst alle zustimmen können.
c) Ordnen Sie die acht Aussagen zum Verhältnis von Religion und Moral/Ethik den drei Positionen: Abgrenzung, Ineinssetzung und wechselseitige Befruchtung zu.

2 Nehmen Sie Stellung zum Verhältnis von Autonomie und Theonomie **M 2**.
a) Vergleichen Sie die beiden Positionen, die Baranzke zum Verhältnis zwischen menschlicher Autonomie und göttlicher Gesetzgebung skizziert.
b) Beschreiben Sie das Konzept einer „theonomen Autonomie“: Wie lässt es sich biblisch fundieren? Inwiefern kann es sowohl den Dialog mit den nichtchristlichen Religionen als auch mit atheistischen Positionen begründen?
c) Erörtern Sie kritisch: Inwiefern hängen das Recht auf Menschenwürde und der Glaube an die Gottebenbildlichkeit des Menschen zusammen?

3 In Gebeten bringen Menschen ihre Beziehung zu Gott zum Ausdruck **M 3**.
a) Vergleichen Sie die fünf Friedensgebete miteinander: Was ist ihnen gemeinsam, wodurch unterscheiden sie sich?
b) Tauschen Sie sich aus: Welcher Gebetstext spricht Sie besonders an oder lässt Sie eher kalt? Würden Sie selbst für den Frieden beten wollen? Welche Bitten wären für Sie besonders wichtig? Recherchieren Sie ggf. weitere Gebete.
c) Diskutieren Sie: Welche Zusammenhänge zwischen Religion und Ethik/Moral werden durch die Gebetstexte deutlich?

4 Informieren Sie sich im Rückgriff auf die Bilder betender Menschen **M 3** über die unterschiedlichen Traditionen, Formen und Anlässe von Friedensgebeten auf der ganzen Welt, beispielsweise in Assisi, Hiroshima, Tongi und Managua, aber auch in Taizé und in vielen deutschen Städten.
a) Wer wird zu den Gebetstreffen jeweils eingeladen?
b) Welche Ziele werden von den Menschen oder Gemeinschaften formuliert, die jeweils ein solches Gebetstreffen organisieren?
c) Formulieren Sie für sich eine Stellungnahme zu einem Gebetstreffen, das Sie besonders angesprochen oder auch abgeschreckt hat.

5 Das „Projekt Weltethos“ **M 4** bündelt die Anliegen unterschiedlicher Religionen und Weltanschauungen, sich für ein gelingendes Miteinander aller Menschen einzusetzen.
a) Erläutern Sie die These „Kein Weltfrieden ohne Religionsfrieden".
b) Recherchieren Sie die 1993 in der „Erklärung zum Weltethos“ festgelegten vier Weisungen und ihre Ergänzung um eine fünfte Weisung in Toronto 2018.
c) Bewerten Sie diesen „Grundkonsens“ eines Weltethos.

6 Diskutieren Sie:
a) Welche Bedeutung haben die Religionen, um neben einem Dialog über die Idealvorstellungen des Weltethos diese Ideale auch in die gelebte Praxis zu übersetzen?
b) Inwiefern tragen die Gebetstreffen in Assisi und an anderen Orten dazu bei, Frieden unter den Religionen zu schaffen?
c) Welche Chancen, Herausforderungen oder Risiken bietet der Dialog der Religionen in ethischer Hinsicht?
d) Inwiefern bieten Religionen für Ethik und Moral mehr als ‚Bonbons‘ im Sinne externer Motivationen?

Recherchieren Sie Stellungnahmen zu Ihrem ausgewählten Konflikt seitens offizieller Vertreter oder Vertreterinnen von Glaubensgemeinschaften. Überlegen Sie, was aus der Perspektive der Ethiken unterschiedlicher Religionen bzw. den Weisungen des Projekts Weltethos zu dem Konflikt gesagt werden könnte.

Klimaangst und Gottvertrauen: Mehr als eine Alternative?

Am Thema „Klimawandel“ zeigt sich die Vernetzung unterschiedlicher ethischer Konflikte wie in einem Brennglas: die strittigen Diskurse um gerechte Verteilung beim CO2-Verbrauch, Konsumverhalten bzw. Massentierhaltung als Ursachen, Klimaflüchtlinge und Artensterben als Folgen, menschengemachter oder natürlicher Klimawandel, politische oder moralische Möglichkeiten und Notwendigkeiten menschlichen Handelns, technische Innovationen mit ihren unerwünschten Nebenfolgen versus eine radikale Umkehr im Lebenswandel der reichen Industrieländer etc., sowie die mediale Kommunikation und die Kommunikation darüber. Karikaturen zeigen die Vielfalt der Bezüge und wie religiöse Symbole zur Verdeutlichung dienen. Eine Enzyklika von Papst Franziskus dient als Argumentationshilfe für eine CO2-Bepreisung. Kann die Angst vor einer Klimakatastrophe der Hoffnung auf Rettung weichen – im Vertrauen auf Gott? Oder müssten wir nicht alle mehr Angst haben? Inwiefern zeigt die Corona-Krise (nicht), dass ‚es auch anders geht‘?

M 1 „Artensterben“, Paolo Calleri

M 3 „Bio-Sprit“, Thomas Plaßmann

M 2 „Küken“, Klaus Stuttmann

M 4 „Auto-Industrie“, Markus Grolik

M 5 „Klimasünder", Erl

M 6 „Klimawandel und Flüchtlinge", JotKa

M 7 „I want you to panic"

„Adults keep saying: ‚We owe it to the young people to give them hope.' But I don't want your hope. I don't want you to be hopeful. I want you to panic. I want you to feel the fear I feel every day. And then I want you to act. I want you to act as you would in a crisis. I want you to act as if the house was on fire. Because it is."

Greta Thunberg, Ende einer Rede anlässlich des Weltwirtschaftsgipfels in Davos am 24. Januar 2019 youtube.com/watch?v=zrF1THd4bUM

M 8 Der Glaube an das Jüngste Gericht

Unsere Zeit hat ein Ende, sie läuft nicht einfach immer so weiter. Das Christentum vertritt ein lineares Weltbild: Wir glauben, dass allein Gott Anfang und Ende, Ursprung und Vollendung der Welt ist. Er ist der Weg und das Ziel. Wir glauben nicht, dass die Welt eines letzten Tages untergeht, sondern wir glauben, dass sie eines ‚jüngsten Tages' durch Christus vollendet wird. Unsere Erde wird also kein schreckliches Ende haben, wie die Apokalyptik behauptet, die unentwegt mit dem Weltuntergang spekuliert. Vielmehr werden Schöpfung, Menschheit und Kirche durch Christus in eine vollendete Gestalt hinübergeführt. Wir brauchen also keine Angst zu haben: Am Ende wird alles gut.

Stefan Jürgens, Ausgeheuchelt! So geht es aufwärts mit der Kirche, Herder: Freiburg i. Br. 2019, 185.

Stefan Jürgens (* 1968) ist Pfarrer im Bistum Münster.

#panichope

M 9 Die päpstliche Enzyklika „Laudato si'" (LS) und ihre Bedeutung für den Klimaschutz

„Die Atmosphäre ist ein globales Gemeinschaftsgut der Menschheit" heißt es in der päpstlichen Umweltenzyklika *Laudato si'*. Diese Aussage enthält gewaltige politische Sprengkraft. Denn die rechtliche Anerkennung der Atmosphäre und des Klimas als globales Gemeinschaftsgut hat potentiell völkerrechtliche Konsequenzen: Im Falle seiner Gefährdung könnte daraus eine Schutzverpflichtung abgeleitet werden. [...]

Greta Thunberg (* 2003) schwedische Klimaschutzaktivistin. Aus ihren ‚Schulstreiks für das Klima' entstand die globale Bewegung „Fridays for Future" (FFF).

> Die päpstliche Verlautbarung „Laudato si' Über die Sorge für das gemeinsame Haus" (abgekürzt: LS) wurde am 18.6.2015 in acht Sprachen veröffentlicht. Erstmals standen die Themen Umwelt- und Klimaschutz im Zentrum einer Enzyklika. Ein solches Lehrschreiben eines Papstes, hier die zweite Enzyklika von Papst Franziskus, richtet sich an die Bischöfe und Gläubigen sowie gelegentlich an alle Menschen guten Willens. Mit einer Enzyklika beansprucht der Papst zwar nicht, sich unfehlbar zu äußern, aber er nimmt doch verbindlich Stellung zu theologischen, pastoralen oder gesellschaftlichen Fragen.

→ Zur christlichen „Naherwartung" vgl. S. 82 f.

Zwar haben sich die Regierungen im Dezember 2018 in Kattowitz auf Regeln verständigt, wie sie das Abkommen von Paris umsetzen wollen. Dennoch sind die Staaten immer noch weit davon entfernt, die Klimaziele von Paris zu erreichen. Der Papst hingegen hat mit *Laudato si'* den Mut bewiesen, den Status der Atmosphäre als globales Gemeinschaftsgut in das kollektive Bewusstsein der Menschheit zu heben und diese zu einer ambitionierten Klimapolitik zu verpflichten. Seine Enzyklika hat

Apokalyptik
Offenbarung des Johannes
Jüngstes Gericht
Potsdam-Klima-Institut (PIK)
Pariser Übereinkommen
CO2-Bepreisung
Klimaskeptiker
Europäisches Institut für Klima & Energie (EIKE)
Apostolisches Schreiben
Schöpfungsspiritualität

→ Das Kriterium der „Nachhaltigkeit“ gehört zu den Prinzipien der christlichen Soziallehre, S. 189.

auch vier Jahre nach ihrer Veröffentlichung immer noch ungebrochene Aktualität. [...]
Die Frage, wie die Beschränkung der Nutzung der Atmosphäre institutionell ausgestaltet werden könnte, lässt die Enzyklika offen. Sie weist jedoch zu Recht auf den ökonomischen Grundsatz hin, dass in Marktpreisen sämtliche soziale Kosten angemessen zum Ausdruck kommen müssen (LS 195). Gerade bei der Nutzung von Kohle, Öl und Gas werden diese Kosten nicht eingerechnet. In der Konsequenz bedeutet dies, dass die Verursacher der Treibhausgase noch mehr dafür zahlen müssten, wenn sie ihre Emissionen in der Atmosphäre ablagern. Ein CO2-Preis begünstigt nicht nur die erneuerbaren Energien, er verteuert zugleich die Nutzung der fossilen Energieträger. Dadurch verschwindet der Anreiz, vermehrt Kohle, Öl und Gas zu nutzen. Sollen die Emissionen also nachhaltig sinken, muss die Politik den Preis für CO2 erhöhen. Dies würde auch dazu beitragen, die globale Wirtschaftsordnung gerechter zu gestalten, wie von *Laudato si‘* gefordert. Für den Papst ist eine Wirtschaftsordnung nur dann gerecht, wenn alle Kosten von ihren Verursachern getragen und nicht auf Dritte abgewälzt werden (LS 195). [...]
Laudato si‘ sieht die Lösung der globalen Krise im Zusammenspiel von internationaler Kooperation, nationalstaatlicher Politik, kommunalem Engagement und der Kraft einer entstehenden bunten Zivilgesellschaft.
Die Enzyklika verlangt als Instrument für die Umsetzung dieser Forderungen die Schaffung einer „Weltautorität“ (LS 175). Damit ist jedoch keine Weltregierung gemeint, sondern die Notwendigkeit internationaler Kooperation und Koordination von Nationalstaaten, um die Globalisierung zu gestalten, statt ihr ausgeliefert zu sein. *Laudato si‘* sieht die Bewegungen der Zivilgesellschaft als Hebel, um Druck auf nationalstaatliche Politik auszuüben. Dabei geht es dem Papst nicht nur um politischen Protest. Er betont, dass mündige Konsumentinnen und Konsumenten sowie Investorinnen und Investoren durch Boykott und Widerspruch auf Märkte Druck ausüben können und sollen (LS 206). Tugendethik und Gesellschaftsreform schließen einander nicht aus, sie bedingen einander. Der durch die Technik ermöglichte Machtzuwachs in der Moderne bedarf eines geschärften individuellen Gewissens und neuer Formen institutioneller Verantwortung.
Zwischen Klimapolitik auf der einen Seite und Armutsbekämpfung auf der anderen besteht nicht notwendigerweise ein Konflikt – im Gegenteil: Eine kluge Klimapolitik kann dabei helfen, aktuelle Probleme zu lösen. So könnten die Einnahmen aus einer CO2-Bepreisung auf dem Niveau, das mit dem Zwei-Grad-Ziel des Paris-Abkommens vereinbar ist, dazu verwendet werden, überall auf der Welt einen Zugang zu grundlegenden Gütern zu ermöglichen. Gerade auch die Ärmsten könnten so von Wasser, Sanitärversorgung und Strom profitieren. Eine solche CO2-Steuerreform kann von nationalen Regierungen durchgeführt werden, wenn diese sich international koordinieren. Damit auch die Menschen in den afrikanischen Ländern südlich der Sahara – dort sind einerseits die Emissionen noch sehr gering, während andererseits der Ausbaubedarf bei der Infrastruktur besonders groß ist – von einer CO2-Bepreisung profitieren, müssen die Einnahmen aus CO2-Preisen international und gerecht verteilt werden. CO2-Bepreisung kann also zur Armutsbekämpfung eingesetzt werden und erfüllt damit eine zentrale Forderung des Papstes: die gleichzeitige Bekämpfung von Klimawandel und Armut. [...]

Ottmar Edenhofer, Die Atmosphäre gehört allen. Die Sprengkraft von Laudato si', in: Katechetische Blätter 144 (2019) 168–171.

Ottmar Edenhofer (* 1961) leitet als Wirtschaftswissenschaftler das Potsdam-Institut für Klimafolgenforschung (PIK).

#Zukunftfüralle

M 10 Die Mühen der Ebenen

Die Stürme werden stärker
die Sommer heißer
der Menschen mehr
der Unmenschen auch
das Elend größer
die Hoffnungen kleiner
die Zukunft wilder
wie Pythia weissagte
den Rauch aus der Erdspalte
inhalierend trotz
der Lungenkrebswarnung.

Angestrengt
verhelfen wir ihren Prophezeiungen
zur Wirklichkeit.

Günter Kunert, Die Mühen der Ebenen, in: Das Gedicht #27: Dichter an die Natur, hg. v. Christoph Leisten und Anton G. Leitner, Weßling 2019, 7.

Günter Kunert (1929–2019) war ein Lyriker und Schriftsteller.

1 Erstellen Sie eine Mindmap zum Thema „Klimawandel".

2 Analysieren Sie die Karikaturen M 1 – M 6.
a) Wählen Sie zwei Karikaturen aus und diskutieren Sie über sie in Partnerarbeit. Achten Sie dabei ggf. auf Bezüge zu religiöser Sprache und charakterisieren Sie, in welcher Weise Religion benutzt wird. Diskutieren Sie: Inwiefern ist das gerechtfertigt, inwiefern nicht?
b) Recherchieren Sie zu den Themen der gewählten Karikaturen in ihrem Bezug zum Klimawandel und ergänzen Sie in Gruppenarbeit Ihre Mindmaps.
c) Vergleichen Sie Ihre Mindmaps im Plenum und stellen Sie eine Mindmap des Kurses her.

3 Hören Sie sich die gesamte Rede von Greta Thunberg an. Diskutieren Sie:
a) Warum möchte Thunberg, dass die Erwachsenen in Panik geraten und die Angst spüren, die sie selbst jeden Tag umtreibt M 7?
b) Was gefällt Ihnen an der Rede und welche Aspekte kritisieren Sie?

4 Setzen Sie sich mit den Karikaturen M 1 – M 6 auseinander.
a) Ordnen Sie die Karikaturen den Aspekten „Klimaangst" und „Gottvertrauen" zu. Nennen Sie ggf. weitere Ordnungskategorien.
b) Beschreiben Sie den Glauben an das Jüngste Gericht M 8 im Kontrast zur Angst vor der Klimakatastrophe und beziehen Sie zu der Gegenüberstellung Position.

5 Soziale Kosten werden bei der Nutzung von Erdöl, Kohle oder Gas nicht einberechnet, so Edenhofer M 9.
a) Erläutern Sie die These Edenhofers. Zeigen Sie auf, wie diese These Aussagen des Papstes in Laudato si' konkretisiert. Recherchieren Sie ggf. konkrete Zahlen.
b) Erläutern Sie die Beziehung zwischen Klimapolitik und Armutsbekämpfung, wie Edenhofer sie sieht, und erörtern Sie seine Lösungsvorschläge.
c) Diskutieren Sie, warum und inwieweit es klimapolitisch gerechtfertigt sein soll, in die Eigentumsrechte von Staaten und Einzelpersonen einzugreifen.
d) Recherchieren Sie Argumente der Skeptiker des menschengemachten (anthropogenen) Klimawandels und untersuchen Sie diese. Nehmen Sie Stellung zu der Überzeugung, die Menschen überschätzten sich selbst und ihren Einfluss auf das Klima.
e) Beurteilen Sie Ihr eigenes Verhalten aus der Sicht Edenhofers.

6 Erklären Sie den Titel des Gedichts von Günter Kunert M 10 und ergänzen Sie es um mögliche Weissagungen Pythias in Bezug auf die Zukunft von Mensch und Erde.

7 Diskutieren Sie:
a) Inwiefern kann der religiöse Glaube dazu beitragen, die ethischen Probleme des Klimawandels wahrzunehmen und sie vernünftig zu bearbeiten?
b) Wo ist für Sie eine Grenze, ab der Religion zu einer gefährlichen Verharmlosung der menschheitlichen Situation führt?
c) Inwiefern sind Gottvertrauen und Klimaangst mehr als eine Alternative? Stellen Sie das Verhältnis dieser beiden Perspektiven in einem Standbild oder einem Gedicht dar.

Finden Sie plakatives Material (z. B. Karikaturen, kurze literarische Texte), oder erstellen Sie solches Material, um für Ihre Podiumsdiskussion zu werben bzw. um Impulse für die Moderation zu gewinnen.

Klima und Leben: Mehr als ein Konflikt?

Das Recht auf Leben in Würde und Maßnahmen zum Klimaschutz können sich widersprechen, aber auch miteinander übereinstimmen.

Nicky Singer (* 1956) lebt als Autorin in Brighton, Großbritannien.

Bevölkerungswachstum
Ökodystopie

Soylent Green
Club of Rome
Ein-Kind-Politik
Sterbehilfe

M 1 Die Nadel nehmen: Ethisch begründete Lebenszeitbegrenzung?

Ein Zukunftsroman über die Welt in dreißig Jahren: Die junge Schottin Mhairi lebt mit ihren Eltern im Sudan. Als die politische Situation aufgrund des Klimawandels und daraus resultierender Verteilungskämpfe um Wasser schwierig wird, will die Familie zurück in die Heimat. Doch ihre Eltern werden noch vor der Grenze zu Ägypten erschossen. Mhairi kann zwar fliehen, wird aber in diversen Flüchtlingslagern festgehalten. Für die schottischen Behörden gilt sie als Rückkehrerin, der ein Zutritt verweigert wird, weil sie mehr als fünf Jahre nicht mehr in ihrem Heimatland war. Sie flieht mit einem kleinen Jungen aus dem Lager und schmuggelt ihn über die Grenze der politisch autarken Inselgruppe, auf der ihre Großmutter lebt. Dort muss sie sich für die Straftat verantworten, einen Fremden eingelassen zu haben – es droht ihr eine Lebenszeitverkürzung …

Die Nadel zu nehmen, sagt Papa, ist eine beinah vernünftige Lösung für ein schwieriges Problem. Dieses schwierige Problem besteht darin, dass es zu viele Menschen auf unserer zu heißen Welt gibt. Im Süden töten Krieg und Hunger. Im kühleren Norden jedoch hängt die Sicherheit von einer gemeinsam getroffenen Vereinbarung ab.

Ich war in deinem Alter, sagte Papa, als zum ersten Mal beschlossen wurde, dass niemand im Norden das Recht haben sollte, über ein bestimmtes Alter hinaus zu leben. Anfangs war das achtzig. Inzwischen ist es vierundsiebzig. Man war der Meinung, dass es die einzige gerechte Möglichkeit sei, die vorhandenen Ressourcen zu strecken. Die einzige Möglichkeit, uns zu ernähren. […]

Zehn Jahre nach der Einführung dieser Global-Life-Limit-Politik und der Lebenszeitbegrenzung wurde die Idee, Lebensjahre zu schenken, Wirklichkeit. Beziehungsweise den Tod zu schenken. Sie entstand aus Liebe. Der Fall Ada und John Mullins. Ada und John […] wussten, sie würden sich lieben bis zum Tod, aber John war zwei Jahre älter als Ada. Und das hieß, wenn er mit vierundsiebzig die Nadel nehmen würde, müsste Ada noch zwei ganze Jahre ohne ihn leben. Was, fragte Ada, wenn ich ihm eins meiner Jahre schenken würde? Was, wenn ich verspräche, die Nadel mit dreiundsiebzig zu nehmen, damit er bis fünfundsiebzig leben kann und wir dann gemeinsam gehen?

Der Fall ging bis vors Oberste Gericht des Nordens. Das Gericht befand, für den Planeten sei es egal, ob zwei Menschen mit vierundsiebzig ausschieden oder einer mit dreiundsiebzig und der andere mit fünfundsiebzig. […] Also wurde dem Gesuch der Mullins […] stattgegeben. Die Ironie des Schicksals bestand darin, dass John in der darauffolgenden Woche bei einem Autounfall ums Leben kam. Da war er erst neunundsechzig, aber Ada hatte schon die ganzen Formulare unterschrieben. Sie hatte natürlich das Recht, bis dreiundsiebzig weiterzuleben, aber sie entschied sich (mit großem Trara und Liveübertragung auf Global News), sofort die Nadel zu nehmen, damit sie gemeinsam begraben werden konnten. Die ganze Sache wurde als Win-win-Geschäft für sie und den Planeten gewertet und markierte den offiziellen Anfang des Tauschhandels mit Lebensjahren.

Die Landesregierungen weiteten das Konzept schnell aus – vor allem auf den Bereich der Gefängnisinsassen. Es war billiger (und dem Gesamtwohl der Menschheit nützlicher), wenn […] Straftäter ihre Schuld in Lebensjahren bezahlten. […]

Nicky Singer, DAVOR und DANACH. Überleben ist nicht genug. Aus dem Englischen von Birgit Salzmann, Hamburg: Dressler 2019, 132–134.

#Nadelzwang

M 2 Im Namen der Tiere

„Dann gedenke ich des Bundes, der besteht zwischen mir und euch und allen Lebewesen." (Gen 9,15)

Meine Kindheit ist ohne die Tiere nicht zu denken; und natürlich gab es neben denen, die sich in Feld, Wald und Bach tummelten, auch die Favoriten zu Hause: Unser – leider erblindeter – Dackel hieß ‚Strolchi', mein grün-gelber Wellensittich ‚Jacky' und die alte Schildkrötendame versehentlich ‚Sir Harry'. Selbstverständlich redete ich mit ihnen und wusste, dass sie mich auf ihre je eigene, nicht-menschliche Weise verstanden; manchmal sogar mehr als mein Bruder. Mit ihnen fühlte ich mich „im Bunde", und dass ich ihnen einen Namen gab, war selbstverständlich. Heute denke ich dabei an Noah und Adam. In diesen biblischen Archetypen bündeln sich tiefe und kostbare Erfahrungen der Menschheit mit ihren schillernden Mitgeschöpfen. Wenn der erste Mensch den Tieren einen Namen gibt, heißt dies, dass er sich in ein Vertrauensverhältnis zu ihnen begeben soll. [...] Das, wofür das Tier steht, soll und kann ich auch in meiner eigenen Erfahrungswelt, meiner ‚inneren Landschaft' entdecken. Manches wird mich dann freuen und über manches werde ich mich erschrecken: dass ich so treu, aber manchmal auch devot und angepasst bin wie ein Dackel; freiheitsliebend und zum Fliegen begabt, aber eingesperrt wie der Wellensittich; zudem äußerst robust, aber abhängig von Außenwärme wie die kaltblütige Schildkröte Sir Harry. [...]

Einen Namen hatten sie allesamt nicht: die allein im Jahr 2009 geschlachteten Tiere: 56 415 489 Schweine, 3 803 554 Rinder, Kälber und Jungrinder, 1 045 718 Schafe und Lämmer, 27 821 Ziegen, 9 413 Pferde. Dazu kommen 584 952 800 männliche und weibliche ‚Gebrauchsküken', 40 Millionen Hahnenküken wurden zudem vergast, geschreddert oder durch Elektroschocks getötet, weil sie für die Eierproduktion unbrauchbar waren. [...]

Wenn wir Christinnen und Christen es mit der Bewahrung der Schöpfung ernst meinen, braucht es einen neuen Lebensstil. Denn die Küken und Jungrinder sind keine Rohlinge der Fleischindustrie, sondern Gottes geliebte Geschöpfe, die zumindest bei ihm allesamt (!) einen Namen haben.

Prophetischer könnte die Kirche werden und die Gemeinden! Denn die Frage, wie die Welt die ökologische Katastrophe überwinden kann, richtet sich an uns Menschen, die menschlichen Bündnispartner Gottes. [...] Wissen Christinnen und Christen, dass ungehemmter Fleischkonsum und das Verlangen nach immer mehr davon zu immer kleineren Preisen führt und auch unsere Landwirtschaft zerstört?

[...] Wie der alte Adam sollte auch der neue Mensch Jesus vor seinem öffentlichen Wirken die Kraft und das Besondere des Tieres am eigenen Leib erfahren: „Er lebte bei den wilden Tieren, und die Engel dienten ihm", heißt es im Markusevangelium (Mk 1,13). Und sein Auftrag gilt: „Verkündet das Evangelium allen Geschöpfen!" (Mk 16,15)

Rainer Hagencord, Noahs vergessene Gefährten. Ein zerrüttetes Verhältnis heilen, Mainz: Grünewald 2010, 97–100.

#livingtogether

→ Unterscheiden sich Mensch und Tier überhaupt? S. 20–23

Massentierhaltung
Schöpfungsfrieden

Rainer Hagencord (* 1961) ist katholischer Priester und Zoologe. Er leitet das Institut für Theologische Zoologie in Münster.

1 Nicky Singer erläutert in ihrer Dystopie einen Lösungsvorschlag zur gerechten Verteilung von Ressourcen **M 1**. Beurteilen Sie die Begründung der Regierung anhand der ethischen Grundorientierungen **M 2**–**M 5**, S. 134–138: Welche Grundorientierung wäre mit dem Vorgehen vereinbar, welche nicht? Nehmen Sie Stellung.

2 Hagencord plädiert seit Langem für Rechte von Tieren.
a) Erzählen Sie sich – analog zu **M 2** – Geschichten über Ihre Tierbeziehungen und diskutieren Sie deren religiöse bzw. theologische Bedeutung.
b) Recherchieren Sie aktuelle Daten zur Massentierhaltung.
c) Arbeiten Sie die Gründe für einen Respekt vor dem Lebensrecht der Tiere heraus, die **M 2** nennt, und ergänzen Sie die Liste der Gründe.

3 Diskutieren Sie:
a) Welche der auf S. 134–138 genannten ethischen Grundorientierungen sind für die ethischen Themen ‚Klimaschutz' und ‚Tierrechte' aus welchen Gründen relevant?
b) Inwiefern sind ‚Klimaschutz' und ‚Tierrechte' ethische Themen, die wie ‚Abtreibung' und ‚Sterbehilfe' Probleme an den Grenzen von Leben und Tod behandeln? Was unterscheidet die genannten Themen voneinander?

Prüfen Sie, ob es das Thema Ihrer Podiumsdiskussion erlaubt, Zusammenhänge zur Frage nach dem Leben und einem für alle Lebewesen zuträglichen „Klima" herzustellen.

Xavier Albó (* 1934)

M 1 Xavier Albó
Jesuit, Linguist, Anthropologe und Freiheitskämpfer in Bolivien

María Eugenia Centellas wurde 1950 in Bolivien geboren. Während ihres Medizinstudiums und danach arbeitete sie als Volontärin bei den Aymara, einem indigenen Volk im Andenhochland Boliviens. In ihren Erinnerungen beschreibt sie ihre Begegnung mit Xavier Albó und zitiert ihn:
Ich weiß nicht, wo ich Xavier kennenlernte [...]. Auf jeden Fall beeindruckte mich sein Auftreten, ein großer Mann und zu Späßen aufgelegt. Er leitete [...] Kurse, aber er hatte auch Tag und Nacht ein Aufnahmegerät dabei. Er sprach stundenlang mit den Leuten. [...] Er machte oft Witze. Er pflegte zu sagen: „Ich bin der einzige Mann in Bolivien, der so viele Frauen auf dem Band hat." – „Uh", antwortete ich. Und er lachte herzlich.
Er sagte auch: „Ich bin zweimal geboren. Einmal in Spanien, dort wurde ich mit Wasser getauft. Das zweite Mal wurde ich in Bolivien geboren, und ich wurde mit Chica (Maisbier) getauft. Dadurch habe ich gelernt, gut Quechua (indigene Sprache in Bolivien) zu sprechen".
Damals lernte ich seine Arbeit zu verstehen: die Kultur in allen ihren Erscheinungsformen zu untersuchen. Seit Jahrzehnten bemühte er sich, die insgesamt sechsunddreißig Sprachen der Ureinwohner zu klassifizieren und ihre Unterschiede und Ähnlichkeiten zu erforschen. Fragen und immer wieder fragen war seine Methode. [...] Xavier setzte hartnäckig seine Forschungsarbeiten fort und schrieb zahlreiche Bücher über Linguistik und Anthropologie. Hier ein kürzlich veröffentlichter Essay, um einen Eindruck von seiner Arbeit zu vermitteln:
‚Die Wiederbegegnung mit dem guten Zusammenleben.
Der Traum vom Buen Convivir (Gutem Zusammenleben) sowie ähnliche gemeinsame alternative Lebensanschauungen haben teilweise die Zurückweisung des herrschenden Gegenmodells zum Inhalt. Diese alternativen Paradigmata beruhen auf mehreren Handlungsdetails. Aber das Buen Convivir versieht alle diese Modelle mit einer Art Spiritualität und Utopie.
Das kommt zum Ausdruck durch sein Beharren auf dem guten anstelle des besseren Lebens. Es beinhaltet Solidarität zwischen allen, wechselseitiges Hilfsverhalten und den Wunsch, ein Gleichgewicht zu erreichen oder wiederherzustellen. ‚Verzeihen' heißt auf Qechua pampachay, sich anpassen, etwas, das auch Johannes der Täufer schon predigte. Es beinhaltet auch, mit allem Notwendigen genügsam zu leben, ohne den Drang, Güter anzuhäufen oder zu speichern. Auf Aymara heißt ‚der Reiche' qamiri, einer, der seinen Besitz teilen kann, und sein Gegenteil, ‚der Arme', heißt auf Aymara und Quechua wajcha, wörtlich der Waise (auch in hohem Alter), weil er niemanden hat, der mit ihm teilt.
Das alles wird umhüllt von einem Leuchtkreis kosmischer Sakralität. Wir sind Teil einer mütterlichen Natur, ebenso lebendig wie wir. Das, was im modernistischen Eifer als irrationaler Animismus primitiver Völker geringgeschätzt wurde, gewinnt jetzt in gewisser Weise unter einem neuen Blickwinkel erneut Beachtung.'
(Xavier Albó, Bolivia – die ersten Schritte zur Demokratie)"

María Eugenia Centellas Pacheco-Rühling, María vor dem Frühling, übersetzt aus dem Spanischen von Andreas Rühling, Stuttgart 2019, 156–160.

1 Charakterisieren Sie die Person Xavier Albó, wie sie in den Erinnerungen von Pacheco-Rühling erscheint.

2 Beschreiben Sie den „Traum vom Guten Zusammenleben", wie er in der indigenen Sprache Boliviens zum Ausdruck kommt.

3 Erörtern Sie Zusammenhänge mit einer „Ethik des Teilens" (M 2, S. 126 f.) und einer religiös motivierten Haltung zum Klimawandel (M 9, S. 149 f.)

4 Diskutieren Sie, welche Impulse Sie für sich aus der genauen Sprachbetrachtung Albós für Ihre eigene Lebensgestaltung gewinnen können.

By the River

Zwanzig auf einmal

„Schmetterlinge!
Tausende Schmetterlinge
Auf Cowpers Paddock!"
Ein paar von uns
laufen hin,
von dem Wunder beflügelt.
Wir stehn wie erstarrt
vor dem Anblick
der gelben, weißen,
schwarzbraunen
und federgrauen Wesen,
die vom Ostwind getragen
über die weiten Flächen schweben
aus wogendem Gras.
Dann treten wir
wie Apostel
mit ausgebreiteten Armen
durchs Himmelstor
in die hauchfeinen Schwaden.
Sie streifen unser Haar
und liebkosen unsere Gesichter.
Ein grauer Schmetterling
landet auf meinem Arm
und bleibt dort,
als ich ihn
durch den Regenbogenwind trage,
bis
Peter Evans
zur Wiese gelaufen kommt,
seinen neuen Tennisschläger schwingt
und zwanzig Schmetterlinge
auf einmal tötet.

Der Wert von Eigentum

Keith,
Johnny Barlow
und ich
werden bestraft
und müssen alle
eine Woche lang
nachmittags
Evans' Lebensmittelladen
putzen,
um so
für den Tennisschläger zu zahlen,
den wir auf einen Baumstumpf
in Cowpers Paddock
geschlagen haben,
so lange,
bis er ähnlich verbogen war
wie Peter selbst,
der heulend nach Hause rannte.
Und weil er
Schuhe trägt,
saubere Sachen
und die Haare
schön brav
genau in der Mitte gescheitelt,
während Keith und ich
ohne Mutter
in einem mit Altöl
beschmierten Haus wohnen
und Johnnys ältester Bruder
im Millthorpe-Gefängnis sitzt,
stehen alle auf Peters Seite
und bringen uns
den Wert von Eigentum bei.
Deshalb kehren, schrubben
und staubwischen
Keith,
Johnny Barlow
und ich
und erlernen den Wert von Eigentum,
indem wir jeder
einen Dauerlutscher
in unsere Taschen schieben,
wenn Mr. Evans
nicht guckt.

Steven Herrick, Ich weiß, heute Nacht werde ich träumen. Aus dem australischen Englisch von Uwe-Michael Gutzschhahn, Stuttgart: Thienemann 2018, 61–64.

Steven Herrick (* 1958) ist ein australischer Lyriker und Autor. Sein Buch „By the River" erschien 2004 und wurde erst 2018 ins Deutsche übersetzt – und erschien unter dem sperrigen Titel: „Ich weiß, heute Nacht werde ich träumen".

Werteversteigerung

Wenn Sie die Werteversteigerung nach der Unterrichtseinheit zur Ethik noch einmal durchführen würden: Was, meinen Sie, würde sich vielleicht verändern? Würden Sie die Werteliste ergänzen wollen? Welche Werte würden weniger und welche würden mehr wertgeschätzt werden? Notieren Sie Ihre Erwartungen und führen Sie ggf. eine zweite Werteversteigerung durch.

Woher kommen die Werte?

Schauen Sie das Kapitel und Ihre Materialien noch einmal durch. Suchen Sie sich einen Satz oder ein Bild, der oder das Sie irgendwie beeindruckt hat, und fertigen Sie dazu ein Foto, ein Gedicht oder ein anderes kreatives Produkt an, zu dem Sie sich angeregt fühlen. Vergleichen Sie dieses Produkt mit dem Text über die drei für Sie bedeutungsvollen Werte, den sie zu Beginn der Reihe geschrieben haben. Tauschen Sie sich über Ihre Erfahrungen mit dem Schreiben und Vergleichen aus.

„Support" (2017)

Betrachten Sie noch einmal das Eingangsbild zu diesem Kapitel. Diskutieren Sie: Inwiefern sehen Sie es nun ‚mit anderen Augen' an – oder mit genau denselben?

Moral/Ethik und Religion

In diesem Kapitel haben Sie sich aus der Perspektive eines konfessionellen Religionsunterrichts mit konkreten Konflikten (Lüge und Klimawandel), mit moralischer Erziehung und ethischer Bildung, mit Überlegungen zur Herkunft der Werte, mit grundlegenden Fragen zur Unterscheidung von richtigem und falschem Handeln, guten und bösen Orientierungen sowie dem Sinn des Moralischseins überhaupt befasst. Nicht nur die religiöse Dimension, auch ästhetische und politische sind neben rechtlichen und pädagogischen Dimensionen für den ethischen Diskurs von Belang. Schauen Sie sich noch einmal das Schaubild an, das Sie zu Beginn der Reihe erstellt haben und ergänzen bzw. korrigieren Sie es aus Ihrer momentanen Einschätzung heraus. Konzentrieren Sie sich jetzt nicht allein auf das Verhältnis von Moral/Ethik und Religion, sondern beziehen Sie nun auch alle anderen Dimensionen mit ein, die Sie zur Lösung ethischer Konflikte für wichtig erachten.

Abschlussaufgabe

- Formulieren Sie auf der Basis Ihrer Erfahrungen im Diskurs ethischer Fragen verschiedene Kriterien, die Sie probeweise auf jedes ethische Problem beziehen (könnten). Diskutieren Sie über eine Rangfolge dieser Kriterien und über den Sinn bzw. die Anwendbarkeit eines solchen Kriterienfächers.
- Diskutieren Sie im Kurs über die Podiumsdiskussion, sofern sie stattfinden oder vorbereitet werden konnte. Was haben Sie inhaltlich gelernt? Was haben Sie bezüglich der Organisation eines solchen Diskurses gelernt? Was konnte das Publikum lernen? Wie wurden die unterschiedlichen Positionen miteinander vermittelt oder auch nicht? Was würden Sie beim nächsten Mal aus welchen Gründen anders machen? Warum sind diese Metareflexionen zur Evaluation der Veranstaltung wichtig?

5 Mehr als ein altes Gebäude?
Nachdenken über die Kirche

Hermann Buss, Überfahrt II

Die Kirche – mehr als ein Gebäude

Erstellen Sie eine Wortwolke mit allen Begriffen, die beschreiben, was Kirche für Sie bedeutet. Sie können die Wolke handschriftlich oder digital erstellen.

Die Kirche – etwas für Schafe?

Lassen Sie das Bild der Eingangsseite auf sich wirken. Erzählen Sie:
Ist die Stimmung im Bild für Sie eher positiv oder eher bedrückend?
Ist die Kirche verfallen oder (bewusst) nie fertig gestellt worden?
Sind die Schafe in dem Boot auf dem Weg zur Kirche oder von ihr weg?
Wofür könnte die Kirche stehen?
Wofür könnten die Schafe, das Boot, das Gras und das Meer stehen?
Wie wirken die Schafe? Wohin geht ihr Blick?
Zu Schafen gehört eigentlich auch ein Hirte, eine Hirtin. Wo ist der Hirte? Wer könnte die Hirtin sein?
Es fehlen Altar, Kanzel, Bänke, Gesangbücher, Taufbecken und vieles mehr. Trotzdem ist das Gebäude als Kirche erkennbar. Nennen Sie Gründe, warum das so ist und was eine Kirche eigentlich ausmacht.
Clustern Sie Ihre Gedanken und formulieren Sie Themen, die sich aus Ihren Erzählungen ergeben. Sammeln Sie die Themen im Kurs und einigen Sie sich auf eine Reihenfolge, die mit den Ihnen wichtigsten Themen beginnt.

Das Bild vom Hirten mit seinen Schafen

Führen Sie eine Umfrage durch, wer für Menschen in Ihrem Umfeld eine „Hirtenfunktion" ausübt. Haben diese „Hirten" oder „Hirtinnen" etwas mit Gott oder Religion zu tun? Sind es Institutionen oder Personen? Was macht eine „Person" zu einem „Hirten", einer „Hirtin"? Was bedeutet es, „Schaf" zu sein? Vergleichen Sie Ihre Ergebnisse.

Eine „verbeulte" Kirche?

Papst Franziskus ist für drastische Metaphern bekannt. In seinem programmatischen Schreiben „Evangelii Gaudium" von 2013 notiert er: „Mir ist eine ‚verbeulte' Kirche, die verletzt und beschmutzt ist, weil sie auf die Straßen hinausgegangen ist, lieber, als eine Kirche, die aufgrund ihrer Verschlossenheit und ihrer Bequemlichkeit, sich an die eigenen Sicherheiten zu klammern, krank ist." (EG Nr. 49) Deuten Sie die Metapher von der verbeulten Kirche und finden (und interpretieren!) Sie weitere.

Was Menschen zur Kirche hin- oder von ihr wegführt

Diskutieren Sie: Was könnten Gründe sein, warum Menschen Kirche attraktiv finden oder sich von ihr entfernen?
Bedenken Sie auch Ihre eigene Geschichte mit der Kirche: Erstellen Sie einen Zeitstrahl und tragen Sie Ihre bisherigen Kontakte zur Kirche ein, die Sie in positiver oder negativer Weise berührt haben (z. B. Sakramente, Gottesdienste, Begegnungen mit Menschen, die sich mit der Kirche identifizieren …).

Kirche im Alltag und in den (digitalen) Medien

Wie Jesus in dem Videospiel „I Am Jesus Christ" wirken; Neuigkeiten und Nachrichten über die katholische Kirche auf der Seite katholisch.de lesen; Aktivitäten der Bischöfe über deren offizielle Twitteraccounts miterleben; Impulse und Informationen der Bistümer über deren Facebook- und Instagram-Seiten wahrnehmen: Die Kirchen nutzen schon lange das Internet als Möglichkeit, um über sich und ihre Arbeit zu informieren. Das gelingt mal mehr, mal weniger gut. Für manche ist Kirche schon modern, weil sie auch im Netz vorkommt. In der Corona-Zeit boomten vor allem digitale Gottesdienste. Manche Zielgruppen werden aber auch im Netz erst gar nicht erreicht. Auf jeden Fall aber gilt: Die digitale Welt eröffnet eine Chance, auch die jüngere Generation zu erreichen und in Interaktion zu treten.

Kirche digital: Das ist nicht nur ein Projekt der großen Kirchen. Digitale religiöse Gemeinschaftsformen mit christlichem Vorzeichen gibt es auch, ohne dass dahinter gleich eine kirchliche Medien- oder Kommunikationsabteilung stünde. Auf Twitter, Facebook, Instagram, TikTok und an vielen weiteren digitalen Orten treffen sich Menschen, um über Religion zu kommunizieren, miteinander zu beten, Gemeinschaft zu werden. Um mitzumachen, muss man kein Mitglied einer Kirche sein. Vielmehr entsteht eine Art Kirchlichkeit im Netz, das Internet wird zum Kirchort. Ihr Kirchturm? Z. B. ein Hashtag: #digitalekirche.
Im Netz spiegeln sich Aufgaben, Chancen, Herausforderungen, Grenzen und Probleme der Kirchen. Manches wird dabei sogar viel deutlicher. Was ist Kirche überhaupt? Wer gehört dazu? Was ist ihr Auftrag? Für wen ist sie da? Wie „geht" Kirche wirklich? Fragen, die in der Ekklesiologie [Lehre von der Kirche] schon lange theologisch verhandelt werden, bekommen im Internet plötzlich neue Relevanz.

Kirche – wer, was, wo ist das eigentlich? Machen Sie sich auf die Suche. Orten Sie Kirchlichkeiten: im Netz, in der analogen Welt, als verfasste Institution und in fluiden Instant-Events. Schärfen Sie Ihren Blick. Profilieren Sie nebenbei Ihr Verständnis von dem, was alles „Kirche" sein kann. Gehen Sie mit offenen Augen durch

die Straßen und schauen, wo Sie Kirche im weitesten Sinne entdecken. Kirche kann Ihnen z. B. auf Postkarten und Kugelschreibern begegnen, auf Werbeplakaten, in Krankenhäusern und Kitas, in Zeitungsartikeln oder auch in den sozialen Netzwerken. Lädt sie Sie ein zu interagieren?

Was erfahren Sie aus Zeitungs- oder Internetartikeln über Kirche? Welche positiven, aber auch negativen Schlagzeilen stechen Ihnen ins Auge? Welche „Kirchorte" entdecken Sie fernab der verfassten Institution?
Machen Sie immer dann, wenn Ihnen Kirche irgendwo begegnet, Fotos, Screenshots etc. und schneiden Sie aus, was Sie hervorheben möchten.

Erstellen Sie dann – entweder nach und nach oder zum Ende der Reihe hin – eine (digitale?) Collage mit allen Bildern, Artikeln, Gegenständen usw., die Sie sich gegenseitig in Ihrem Kurs vorstellen.

Bei diesem Projekt können Sie
... Kirche, ihre Präsenz und ihren Einfluss in Ihrem Umfeld wahrnehmen;
... darstellen, wie Kirche sich nach außen hin präsentiert;
... Interaktionsangebote beurteilen und aufnehmen;
... Neues über Kirche erfahren und Reformbewegungen mitverfolgen.

Kirche heute – unverständlich und überflüssig?

Die Kirche dient der Kommunikation des Evangeliums. Kann sie sich noch verständlich machen?

M 1 Ein ganz normaler Sonntag

Thomas Plaßmann

M 2 Zwischen Gut und Böse

Jörg Heynkes (* 1960) ist gelernter Industrie- und Werbefotograf und arbeitet heute als Unternehmer. Er setzt sich für die Erhaltung der Umwelt und den technologischen Fortschritt ein.

→ In der digitalisierten Welt stellen sich viele neue Fragen wie die nach dem Verhältnis von menschlichem Geist und künstlicher Intelligenz: S.18.

BENE: Welche Rolle kann die christliche Kirche in der digitalisierten Welt noch spielen? Die Zugehörigkeit nimmt bei uns ja seit Jahrzehnten stetig ab.

Heynkes: Ich glaube grundsätzlich nicht, dass die Bedeutung von Kirche abnimmt, nur weil es Digitalisierung und Fortschritt gibt. Kirchen sind ein ganz wichtiger gesellschaftlicher Teil, geben Halt. In Zeiten des Umbruchs spielen Kirchen und Religionen sogar eine noch wichtigere Rolle. Was bringt uns weiter, so wie wir es wollen? Vor diesem Hintergrund ist Kirche ein wesentlicher Gesprächspartner. Sie braucht natürlich die Kompetenz, damit sie dialog-, beratungs- und diskussionsfähig wird. [...] Ich würde mir einen großen Transformationsprozess in der katholischen Kirche wünschen, der von Menschen angeführt wird, die das im Bistum Essen gelernt haben.

BENE: Wie kann dann Kirche konkret im Bistum Essen aussehen?

Heynkes: Entscheidend ist nicht, ob die Leute sonntags in die Kirche kommen. Entscheidend ist, ob die Kirche eine moderne Basis für ein Miteinander findet – und wenn das in einer Facebook- oder WhatsApp-Gruppe passiert, dann gehört auch das dazu. Vielleicht gib es irgendwann digitale Kirche, virtuelle Gottesdienste. All das kann ich mir vorstellen. Die sogenannte „Augmented reality" (erweiterte Realität) wird dazu führen, dass sich ganz viel Bewegung weltweit in virtuellen Räumen abspielt. Das spart Ressourcen, viel Zeit, viel Geld, das wird kommen. Und es muss kein schlechteres Miteinander sein.

BENE: Wir halten dagegen: Virtuelle Begegnungen, egomane Gesellschaft, ständiger Ich-Bezug, schwindendes Mitgefühl. Was wird aus den fundamentalen, im besten Sinne christlich geprägten Werten des Miteinanders in Zukunft?

Heynkes: Vor 200 Jahren haben Menschen 80 bis 100 Stunden gearbeitet, nicht um zu leben, sondern um zu überleben. In Zukunft können uns Algorithmen und Roboter einen Großteil unserer Tätigkeiten abnehmen: 24 Stunden am Tag, 365 Tage im Jahr – und das ohne Krankheit, Urlaube und in viel größerer Geschwindigkeit. Unser Bruttosozialprodukt wird durch die Decke gehen, es gibt eine gewaltig ansteigende Wertschöpfung. Entscheidend ist aber, dass es uns gelingt, dieses so zu organisieren,dass wir als ganze Gesellschaft an dieser Wertschöpfung fair beteiligt werden. Die digitalen Giganten müssen also anfangen, mal dort Steuern zu zahlen, wo der Roboter für das Unternehmen arbeitet – die Wertschöpfung müsste in unsere Gesellschaft fließen, wenn hier auch das Geld verdient wird. [...]

BENE: Raum auch für kluge Theologen?

Heynkes: Ja, die gehören definitiv da mit rein! Die Zukunftsdiskussion wird derzeit von Philosophen und einigen Unternehmern geführt. Das Dilemma ist ähnlich dem in der Politik: Kaum einer der Kirchenführer hat bisher auch nur ansatzweise verstanden, in welch dramatischer Situation wir uns befinden. [...] Aber ich bin optimistisch: Es werden sich die Klugen, die mit Mut und Empathie durchsetzen, neue Modelle entwickeln, und wir werden dann auf einen guten Weg kommen. [...]

BENE: In der schönen neuen Welt – wird Gott darin noch eine Rolle spielen?

Heynkes: Ja, ich glaube schon. Auf unterschiedliche Art und Weise, wie jetzt auch schon. Es wird immer Menschen geben, denen der Glaube hilft, die Religiosität und Spiritualität brauchen.

BENE. Das Magazin des Bistums Essen, Ausgabe Juli/August 2018, S.11–13.

#Godisadigitalnative

M 3 Europäischer Gerichtshof: Kirchen müssen für unerfüllte Gebete haften

Brüssel (dpo) – Schluss mit leeren Versprechungen! Der Europäische Gerichtshof (EuGH) hat in einer Grundsatzentscheidung verfügt, dass Glaubensgemeinschaften wie die evangelische und die katholische Kirche für die unerfüllten Gebete ihrer Anhänger aufkommen müssen. Andernfalls drohen ihnen Sanktionen bis hin zur sofortigen Schließung wegen „unlauteren Wettbewerbs".

In dem wegweisenden Urteil des EuGH heißt es: „Glaubensgemeinschaften und Kirchen werben ihre Mitglieder mit dem Versprechen, dass ein höheres Wesen – in diesem Falle Gott – die Gebete der Gläubigen erhört. Bei Nichterfüllung dieses mündlichen Vertrages haftet daher die jeweilige Institution als Ganze."

Zuvor hatte sich der gläubige Katholik Axel Stepnik aus Berchtesgaden durch alle Instanzen geklagt, nachdem er erfolglos darum gebetet hatte, dass an seinem 30. Geburtstag ein Porsche in seiner Garage stehen möge.

Nun muss die katholische Kirche, deren Oberhaupt sich selbst als Stellvertreter Gottes auf Erden bezeichnet, dem inzwischen 34-Jährigen das gewünschte Fahrzeug (Modell 987 Boxster Spyder) innerhalb einer Woche zukommen lassen.

Die Kirchen, die vergeblich für einen anderen Ausgang des Gerichtsverfahrens gebetet hatten, fürchten jetzt eine wahre Klagewelle durch enttäuschte Gläubige, deren Gebete nicht erhört wurden.

Der auf Kirchenrecht spezialisierte Jurist Dr. Bertram Klausen nennt klagefreudigen *Postillon*-Lesern die wichtigsten Punkte, auf die sie achten sollten, wenn sie Schadenersatz für nicht erfüllte Gebete fordern wollen:

1. Sie müssen nachweisen können, dass Sie Mitglied einer Glaubensgemeinschaft sind. Ein Taufschein und ein Beleg, dass Sie Kirchensteuer zahlen, sind dabei ausreichend. Bekenntnislose und Muslime (juristisch nicht nachweisbar, da keine einheitliche Kirche besteht) gehen also leer aus.
2. Beten Sie laut vor Zeugen oder nehmen Sie Ihr Gebet auf einen Tonträger auf, damit sich die Kirche nicht herausreden kann.
3. Formulieren Sie Ihre Gebete klar und deutlich und setzen Sie idealerweise eine genaue Frist, bis wann der jeweilige Wunsch erfüllt sein sollte.
4. Gebete um Geldbeträge und klar definierte Sachgegenstände können leichter eingeklagt werden als ideelle Forderungen (z.B. körperliche Gesundheit, Weltfrieden, Sieg des Lieblingsvereins, Tod eines Rivalen). Allerdings kann der Schadenersatz bei unbestimmten Forderungen letztlich weitaus höher ausfallen.

Zudem rät der Rechtsanwalt jedem, der die Erfüllung seiner Gebete einklagt, unter Berücksichtigung der Punkte 1-4 darum zu beten, dass die Kirche im unwahrscheinlichen Falle, dass die Klage abgewiesen wird, die Gerichtskosten übernimmt.

Der Postillion, 12. Dezember 2011. https://www.der-postillon.com/2011/12/eugh-grundsatzentscheidung-kirchen.htm

#LieberGottbittekaufmireinenMercedesBenz

Janis Joplin: Oh Lord, won't you buy me

Satire

BlessU-2

1 Dolmetscherkabine statt Beichtstuhl? M 1

a) Beschreiben Sie die Karikatur M 1.

b) Viele Menschen verstehen nicht, was in einem Gottesdienst gesagt wird oder passiert. Formulieren Sie, woran das Ihrer Meinung nach liegen könnte.

c) Stellen Sie dar, was sich ändern müsste.

2 Lesen Sie das Interview M 2.

a) Formulieren Sie die Kernthese von Heynkes.

b) Heynkes spricht die Kompetenz an, die Kirche braucht, um „dialog-, beratungs- und diskussionsfähig" zu werden (Z.15). Beschreiben Sie diese Kompetenz möglichst präzise.

3 Lesen Sie den satirischen Beitrag M 3.

a) Erörtern Sie, wie dort ‚Gebet' verstanden wird und welche Rolle die Kirche dabei übernimmt.

b) Beurteilen Sie den Realitätsgehalt des Textes. Belegen Sie Ihre Meinung mit Beispielen.

c) Verfassen Sie einen eigenen satirischen Beitrag zur digitalen Kirche. Alternativ können Sie eine Karikatur (vgl. M 1) gestalten, die die Digitalisierung der Kirche thematisiert. Reflektieren Sie Ihre Ergebnisse anschließend im Plenum.

Recherchieren Sie Internet-Präsenzen von Pfarrgemeinden. Wie präsentiert sich „die" Kirche? Wer spricht für sie – und wer soll angesprochen werden?

Kirche heute – Kirche für mich!?

Für den christlichen Glauben ist Gemeinschaft (Koinonia) zentral. Aber was für eine Gemeinschaft ist Kirche eigentlich? Wer kann dazugehören? Wer will das überhaupt?

M 1 Heiligen Geist fangen?

„Patina" von Jason Reynolds ist der zweite von vier Bänden einer Romanreihe, die in den USA spielt. Jeder Band handelt von einem jugendlichen Mitglied einer Laufgruppe – im zweiten Band steht das dunkelhäutige Mädchen Patina im Zentrum. Sie lebt seit dem Tod ihres Vaters und der Beinamputation ihrer Mutter zusammen mit ihrer kleinen Schwester Maddy bei ihren weißen Pflegeeltern Momly und Onkel Tony.

Momly und Onkel Tony gingen nie in die Kirche, aber als meine Mutter mit ihnen vereinbarte, dass Maddy und ich zu ihnen ziehen sollten, machte sie zur Bedingung, dass wir keinen einzigen Gottesdienst versäumen durften. Jede Menge langweiliges Gerede über Gnade und Glauben und Barmherzigkeit und Erlösung, was für mich gleichbedeutend war mit Rufen, Klatschen und Singen, und das alles in einem Gebäude, das sich wie eine Sauna anfühlte. [...]

Wegen ihrem Rollstuhl blieb meine Mutter im Gang, während Maddy und ich uns in eine Kirchenbank setzten. Am Anfang des Gottesdiensts spähte Ma dauernd zu uns rüber, um sich zu vergewissern, dass wir uns auch gut benahmen, was echt schwer war, weil wir immer neben den Thomsons saßen, einem Ehepaar, die leider beide furchtbar stanken. Seit ich denken konnte, verströmten Mr. und Mrs. Thomson einen Geruch, als hätten sie gerade eine Ladung Mottenkugeln ausgekotzt. Sie saßen jeden Sonntag in der letzten Reihe, so wie wir, deshalb hockte ich die meiste Zeit über möglichst reglos da und betete zu Gott, dass er mich bitte nicht ersticken ließ. Lieber Gott, bitte schenke ihnen ein Stück Seife. Ein bisschen Parfüm. Irgendwas. Lass ein Wunder geschehen. Oder: Womit habe ich das nur verdient, Herr? Oh himmlischer Vater, warum hast du mich verlassen?

Aber irgendwann kommt ein Teil des Gottesdienstes, wo Ma endlich damit aufhört, sich wie eine Gefängniswärterin aufzuführen. Das ist der Teil, wenn Pastor Carter anfängt zu schwitzen und Schwester Jefferson lacht. Denn wenn das Schwitzen und Lachen anfangen, bedeutet das, dass der Heilige Geist in das Gebäude gekommen ist. Und wenn der Pastor anfängt, mit der Faust auf die Kanzel zu hämmern und einen dieser Bibelsprüche rauszuhauen, die wirklich jeder kennt, so wie: „Und ob ich schon wanderte im finsteren Tal, fürchte ich kein Unglück", ist das der Einsatz für den Organisten Dante, mit der fröhlichen Musik loszulegen. Die klingt ganz ähnlich wie die Musik, die am Anfang von einem Baseballspiel gespielt wird, nur schneller und mit vielen Wiederholungen, immer und immer wieder, bis jede Frau in der Kirche den Geist eingefangen hat. Das bedeutet allerdings nicht, dass man die Hand ausstreckt und ihn packt, als wäre er ein Ball oder so was. Nein, nein. Den Heiligen Geist zu fangen bedeutet eher, dass man von ihm gefangen wird. Und wenn das passiert, fängt man an zu tanzen. Also, ich meine jetzt kein richtiges Tanzen. [...] Eher so, als würde die Kirche plötzlich von Kakerlaken überschwemmt, und es ist deine Aufgabe, sie alle zu zertreten. Als würde man ein Loch in den Boden stampfen wollen. Als würde man versuchen, die Absätze von den weißen Kirchenpumps abzubrechen.

Und Ma liebt das total. Immer schon. Nur kann sie jetzt ja nicht mehr tanzen. Wenn sie also bei dem Teil über die Bank zu uns rüberschaut, will sie eigentlich nur sehen, wie Maddy und ich den Geist einfangen. Im Grunde will sie uns so eine Art Stepptanz machen sehen. Zuschauen, wie sich unsere Beine eine Million Mal pro Minute bewegen. Maddy liebt das total. Sobald sie die Musik hört, hibbelt sie auf ihrem Platz herum, wie wenn ich ihr die Haare flechte. Und ich, na ja, ich kann den Geist eigentlich nicht wirklich fühlen. Aber ich liebe nun mal meine Mutter. Deshalb schaue ich Maddy an, worauf sie sofort mit einem albernen Grinsen auf dem Gesicht aufspringt und wie wild losgroovt. Aber nur eine Minisekunde lang, dann tut sie es den anderen „Heiligen" nach und zieht eine Grimasse, als hätte sie wieder eine Stinkwolke von den Thomsons in die Nase bekommen. Jetzt stehe auch ich auf. Ma rollt mit dem Rollstuhl zurück, damit

wir aus der Reihe schlüpfen können, ohne zu stolpern oder gegen die Rollstuhlräder zu stoßen und unsere Sonntagskleider schmutzig zu machen.
Und sobald wir auf dem Gang sind, oh Mann ... da geht die Party richtig los. Oder besser das Fitnesstraining. Das Ganze erinnert ein bisschen an eine schwarze Riverdance-Aufführung. Oder an die Aufwärmübungen, die der Trainer uns beim Training machen lässt. Knie hoch. Und Fußarbeit. Ma liebt das. Nur kann sie in der Kirche schlecht die Faust recken und brüllen: „Los, Maddy! Los, Patty! Los! Los! Los!" Das wäre irgendwie unpassend. Aber was sie tun kann, ist brüllen: „Ja, Herr! Jaaaaa! Danke, oh Herr! Danke!" Und das ist praktisch das Gleiche.

Jason Reynolds, Patina. Was ich liebe und was ich hasse. Aus dem Englischen von Antje Hansen-Schmidt, München 2018, 28–31.

#GodisaDJ

M 2 Kirche als Ort der Entscheidung?

Hartl: Schon jetzt kommt ein immer größerer Prozentsatz der wenigen, die in ein Priesterseminar eintreten, aus den sogenannten Bewegungen und neuen geistlichen Gemeinschaften. Allerdings werden Menschen, die sich im Zuge einer Bekehrung auf den Weg hin zum geweihten Leben gemacht haben, auch von einem Leitbild pastoralen Arbeitens angezogen, das wiederum persönliche Bekehrungen zum Ziel hat. Ich kenne nicht wenige junge Leute, die das Priesterseminar wieder verlassen oder als Priester resigniert haben, weil sie sagen: Das, was ich gerne tun würde, nämlich Menschen für den Glauben zu begeistern, das darf ich nicht – entweder, weil es nicht dem Leitbild des Bistums entspricht, weil ich ersticke an anderen Aufgaben oder weil das Kirchensteuermodell mich zwingt, an alle Menschen Sakramente auszuteilen, auch wenn bei ihnen kein Glaubensfundament existiert. [...]

Hennecke: Natürlich sagen die wenigsten, die um die Sakramente bitten: Christus ist mein Herr, deswegen möchte ich dieses Sakrament empfangen. Aber umgekehrt ist es ja auch nicht so, dass diese Menschen einfach an nichts glauben. Ob wir da immer die Sakramente feiern müssen oder ob in manchen Situationen auch eine Form des Segens passen würde, kann man sich natürlich fragen. Wir haben die Wirkung der Sakramente seit dem Konzil von Trient im Sinne des ex opere operato verstanden: Der Empfänger muss nur keinen Widerstand leisten, das war das Minimum. Und wir haben dieses Minimum zur Norm gemacht. Das ging auch, weil es in der Volkskirche ja keine Alternative gab. Ich sehe aber in den Kirchengemeinden, in denen ich unterwegs bin, durchaus eine große Sorge um die Weitergabe des Glaubens – aber auch eine Ohnmacht und ein Nichtwissen, wie das gelingen könnte. Einfach die Praxis aus den Gemeinschaften und Bewegungen auf die Gemeinden zu übertragen, wird aber nicht funktionieren: Denn bei den Gemeinschaften ist schon der Zugang mit einer klaren Entscheidung verbunden.

Hartl: Es ist jedenfalls einfach eine Mär, dass wir in Zeiten der Optionalisierung des Glaubens etwas gewinnen, wenn wir unsere Angebote niederschwelliger machen. Das Gegenteil ist der Fall. Natürlich könnte man die Eintrittsschwellen ein bisschen höher ziehen. Das wird mehr Leute anziehen. Man sieht es selbst bei Klöstern: Klöster, die das geistliche Leben stärker betonen und in strengerer Observanz leben, haben in der Regel mehr Nachwuchs. Die Menschen entscheiden sich heute ganz bewusst zu höchst aufwendigen Lebensstilen. Ich denke zum Beispiel an die Bewegung des Veganismus. Ich erlebe selten Veganer, die sagen: Ja, aber wir wollen nicht elitär wirken, da kommt zum Schluss gar keiner mehr, wir wollen niemandem Druck machen, vegan zu werden. [...] Nein, die sind überzeugt davon, was sie tun. Wir erleben weltweit den Trend, dass das, was die Soziologen hot orthodoxy nennen, wächst, quer durch die Religionen und Konfessionen: Ein emotional entschiedenes, freudiges Feststehen in dem, was man glaubt.

Hennecke: Ich bin gegen jede Form eines elitären Christentums. Für mich geht es nicht darum, ob etwas niedrig- oder hochschwellig ist, sondern ob es mich anzieht. Es stimmt, dass Menschen keine kalte Glaubenswirklichkeit wählen. Emotionalität ist wichtig: „Brannte nicht unser Herz", heißt es im Evangelium. Menschen fühlen sich angezogen von Dingen, die sie berühren. Aber es gibt da eine Vielfalt von Stilen und Kulturen in unserer Kirche, die

hot orthodoxy
Gregorianik
Taizé

→ Die Kirche – ein exklusiver Heilsort? S. 234

alle berührend sein können – von Gregorianik bis Taizé.

Johannes Hartl/Christian Hennecke, „Herzen gewinnen", in: Letzter Aufruf. Herder-Korrespondenz Spezial, Oktober 2019, 4–8, 7.

#EmotionsJagd

→ In welcher Beziehung stehen die vier Grundvollzüge zu einem allgemeinen Religionsbegriff? S. 252

M 3 Sozial ist gut. Aber reicht das?

Die Mitgliedschaft in einer **Pfarrgemeinde** wird meistens über das **Territorialprinzip** organisiert: Wer getauft ist, gehört automatisch zur Pfarrei des eigenen Wohnortes. Wie stark sich ein Gemeindemitglied in seiner Pfarrgemeinde engagiert, hängt von dem jeweiligen Mitglied und den Projekten der Gemeinde ab. Im Unterschied dazu beruht die Mitgliedschaft in den vielen – teilweise erst in den letzten Jahren entstandenen – **(neuen) geistlichen Gemeinschaften** auf einer bewussten Entscheidung für eine bestimmte Gemeinschaft und dem Versprechen zu einem Leben gemäß deren Regeln.

Die katholische Kirche kennt sieben **Sakramente**: die Initiationssakramente Taufe, Firmung und Eucharistie, außerdem Weihe, Ehe, Buße und Krankensalbung. Diesen Zeichen kommt eine besondere Bedeutung für die Begegnung mit Jesus Christus zu. Sie wirken nach katholischer Auffassung **ex opere operato**, d.h. durch die vollzogene Handlung. „In Gläubigen, die sie mit der erforderlichen Haltung empfangen, bringen sie Frucht." (KKK 1131)

→ Für den Politiker Heiner Geißler ist Jesus ein wichtiges Vorbild, S. 113.

Thomas Frings (* 1960) ist katholischer Priester. 1987 geweiht, legte er 2016 seinen Dienst als Pfarrer nieder. Nach einem Jahr in einem niederländischen Kloster nahm er seinen Dienst wieder auf und arbeitet seitdem im Erzbistum Köln.

Die christlichen Kirchen haben in einer Zeit schwindenden Glaubens lange noch durch ihre karitativ-diakonische Sendung als Institution überzeugen können, was die geringer werdende Bedeutung als Glaubensgemeinschaften zu überdecken vermochte. Das für ihr Selbstverständnis wesentliche Element der Zuwendung zu den Menschen war stets rückgebunden an die Botschaft Jesu als Sohn Gottes und Erlöser. Diese Rückbindung wird jedoch umgekehrt von der „Welt" nicht zwangsläufig auch so wahrgenommen. Das soziale Engagement der Kirchen steht längst im Wettstreit mit anderen Wohlfahrtsverbänden. Der säkulare Staat und seine Bürger nehmen die Angebote der Kirche gerne in Anspruch, sei es in Form von Kindergärten, Schulen, Krankenhäusern, Bildungs- und Sozialeinrichtungen, doch sie sind nicht das Alleinstellungsmerkmal der Christen. Was uns zu diesem Engagement antreibt, müssen diejenigen, die es in Anspruch nehmen, egal ob Staat oder Nicht-Christen nicht teilen. [...] Kirche begründet sich also nach außen leichter durch ihr gesellschaftliches Engagement als durch ihren Glauben, der Antworten auf die Fragen hat, die Menschen anders beantworten oder gar nicht erst stellen. Wenn aber das Christ-Sein nicht nur Tadition ist, wenn es sich nicht nur darin erschöpft, Gutes zu tun, dann erfordert es die Erkenntnis Jesu Christi als Erlöser und setzt die Suche und Frage danach voraus. Wer diese Frage nicht kennt, dem wird die Botschaft dieses Jesus letztlich in ihrer Tiefe auch verschlossen bleiben, so wie es Hildegard von Bingen beschrieb mit den Worten: „Wo im Menschen die Frage nicht ist, da ist auch nicht die Antwort des Heiligen Geistes."

[...] Jedes soziale Engagement von Kirche wird getragen und umfangen vom Glauben ihrer Mitglieder an Jesus Christus als ihren Messias, der ihnen die Vergebung der Sünden, die Auferstehung der Toten und ein ewiges Leben verheißt. Die Jenseitserwartung ist das Unterscheidende zu Wohlfahrtsverbänden. [...]

Und wie [Jesus] sich allen Menschen zugewandt hat, so gilt auch das christliche Engagement grundsätzlich jedem Menschen, wird er doch als Kind Gottes gesehen und nicht als Objekt, mit dem Ziel, ihn zu missionieren. Der irdische Jesus ist überzeugend in seinem Eintreten für die Menschen und das Leben. Bleibt es dabei, ist er ein vorbildlicher Vertreter für ein gutes, werteorientiertes, zwischenmenschliches Miteinander. Doch dann wäre das Christentum nicht mehr als eine Variante der Allerweltsmoral, wie Menschen gut leben können. Das Engagement bliebe gut, wäre aber seines ursprünglichen Antriebs beraubt, den Menschen zu lieben, weil er ein Kind Gottes ist. Für den Christen hat die Liebe eben auch eine gesellschaftliche und politische Relevanz.

→ Was ist das Jenseits? S. 72–77

Thomas Frings, Gott funktioniert nicht. Deswegen glaube ich an ihn, Herder: Freiburg/Basel/Wien 2019, S. 121–123.

#Jesusmotivation

M 4 Koinonia – Gemeinschaft der Menschen in Christus

Als vierter Grundvollzug des Kirche-Seins [neben Martyria, Leiturgia und Diakonia] wird heute der [...] klassischen Dreiergruppe oft noch die „Koinonia" hinzugefügt (griechisch für „Gemeinschaft"). Sie ist schon im Neuen Testament ein zentraler Begriff für die Kirche. Die Kirche ist dort, wo Menschen zur Gemeinschaft zusammengeführt werden. Dabei ist die Koinonia sowohl „vertikal" gemeint (Gemeinschaft der Menschen mit Gott) als auch „horizontal" (Gemeinschaft der Menschen untereinander).

Wir haben ja gesehen, dass der Glaube an Jesus Christus, die Gemeinschaft mit ihm, zur Gemeinschaft mit anderen Christen und damit zur Gemeinschaft der Menschen untereinander drängt. [...] Die Theologie, die bei Paulus in die Schule gegangen ist, drückt dies oft so aus, dass die Gemeinschaft, welche die Menschen in der Kirche untereinander haben, eine Gemeinschaft in Christus ist.

Wiederum lebt diese Gemeinschaft natürlich auch unabhängig von institutionellen Regeln. Doch auch dieser Grundvollzug drängt gerade zu darauf hin, Form und Struktur zu bekommen, damit er nicht dem Zufall überlassen, sondern ein fester Bestandteil des christlichen Lebens wird.

Siegfried Wiedenhofer, Ekklesiologie, in: Schneider, Theodor, Handbuch der Dogmatik, Band 2, 1999, S. 112.

#Godisrelation

Siegfried Wiedenhofer (1941–2015) war Professor für Fundamentaltheologie und Dogmatik in Frankfurt am Main.

M 5 Jugendkirche Tabgha in Oberhausen, Trommler machen Musik bei der afrikanischen Nacht

#churchforallforever

→ Wie passen Religion und Ethik zusammen? S. 142–144

→ Nachfolge nach biblischem Vorbild: immer in Gemeinschaft und nie alleine! S. 110–113

Praise Break (PB)
Tabgha
Orden

1 Lesen Sie den Romanauszug M 1.
a) Fassen Sie zusammen, wie der Gottesdienst aus Sicht Patinas abläuft.
b) Beschreiben Sie das „Fangen des Heiligen Geistes" (Z. 54).
c) Nehmen Sie Stellung. Spricht Sie der geschilderte Gottesdienst an?

2 Lesen Sie den Gesprächsauszug M 2.
a) Arbeiten Sie die Positionen Hartls und Henneckes thesenartig heraus.
b) Recherchieren Sie zu einer neuen geistlichen Gemeinschaft. Klären Sie dabei das Selbstbild der Gemeinschaft, Formen des Zusammenlebens, Eintrittsvoraussetzungen und Zugehörigkeitsbedingungen.
c) Hennecke spricht sich gegen ein elitäres Christentum und Hartl für ein Entscheidungschristentum aus. Erläutern Sie die jeweiligen Thesen und nehmen Sie Stellung dazu.

3 Lesen Sie den Text von Frings M 3.
a) Arbeiten Sie heraus, was kirchliche Sozialeinrichtungen von anderen Einrichtungen unterscheidet.
b) Erörtern Sie die Bedeutung Jesu für kirchliche Sozialeinrichtungen.

4 Lesen Sie den Text von Wiedenhofer M 4.
a) Finden Sie Beispiele aus Ihrer Alltagswelt, in denen „Gemeinschaft" eine wichtige Rolle spielt.
b) Erklären Sie, was sich verändert, wenn man etwas in Gemeinschaft erlebt.
c) Erstellen Sie einen tabellarischen Überblick über Gemeinschaften innerhalb der katholischen Kirche, ihre jeweiligen Zielgruppen und Aufträge.

5 Recherchieren Sie Angebote, wie die Jugendkirche Tabgha M 5, die Jugendliche ansprechen möchten.
a) Stellen Sie sich gegenseitig unterschiedliche kirchliche Jugendverbände bzw. Jugendprojekte vor.
b) Diskutieren Sie, was Sie an diesen Verbänden bzw. Projekten (nicht) anspricht.

Recherchieren Sie besondere Formen von Kirche in Ihrer Nähe und sammeln Sie entsprechendes Informationsmaterial für Ihre Collage. Gelingt es Ihnen, neue Formen von Kirchlichkeit (z. B. Gebets- oder Gesprächskreise) im Netz ausfindig zu machen? Diskutieren Sie Chancen und Grenzen solcher Gruppen.

Hirtensorge und Schafsgeduld?

Hirten und Schafe – die gibt es nicht nur in der Landwirtschaft, sondern auch in der Kirche. Bis heute versteht die Kirchenleitung ihr Tun als Hirtendienst („Pastoral"). Papst Franziskus' Plädoyer für eine „verbeulte" Kirche wirft ganz neue Fragen auf. Was ist Aufgabe von „Hirten" heute – und wie sehen sich die „Schafe" selbst?

→ Eine Übersicht über verschiedene Milieus in der Gesellschaft bietet die ‚Kartoffelgrafik' S. 123.

M 1 Seelsorger der Wohnungslosen

Nein, einen offiziellen Auftrag hat Willi Schultes nicht. Einzig von Gott fühlt er sich gesandt: Seit seiner Emeritierung vor neun Jahren ist der Pfarrer auf den Straßen Münsters unterwegs, um Ausgegrenzten und Wohnungslosen zu begegnen. Er weiß: „Was ich wahrnehmbar tue, ist in den Augen eines Therapeuten oder Sozialarbeiters eher dilettantisch." Aber er spürt auch: Es ist eine Form von Seelsorge. Vor 17 Jahren hat Willi Schultes [...] sein Pfarrhaus verlassen, um seine Gemeinde neu kennen zu lernen: unverzweckt und unvoreingenommen. 40 Tage lang ist er von einem einfachen Kellerzimmer aus jeden Morgen aufgebrochen, um – ähnlich wie der kleine Bär und der kleine Tiger in Janoschs berühmter Geschichte – sein „Panama" zu finden, den Ort, wo der Himmel die Erde berührt. „Steh auf und geh in die Stadt, dort wird dir alles gesagt werden, was du tun sollst" – die Aufforderung, einst an den heiligen Paulus gerichtet, ist ihm zu einem Leitsatz jener Tage geworden; das „Sakrament der Begegnung" hat sie erfüllt: „Jeder, der mir begegnet, wird mir geschickt; an wen ich denke, an den soll ich denken", war Schultes überzeugt. Damals hat er gelernt, dass die Menschen immer früher und immer öfter heimatlos werden, dass man in vielfacher Weise Geborgenheit und sein Zuhause verlieren kann. [...]

„Niemand hat mich darum gebeten, niemand hat mich beauftragt", sagt er – aber mit den Jahren ist er so zum Seelsorger von Münsters Wohnungslosen geworden. Er geht mit ihnen – oft auch auf dem letzten Weg [...]. Wenn niemand „beisetzungspflichtig" ist, wie es offiziell heißt, steht eigentlich eine anonyme Urnenbestattung an. Um die zu verhindern, versammelt Schultes andere „Freunde der Straße" und feiert mit ihnen im Haus der Wohnungslosen ein würdiges Requiem für den Verstorbenen. Viele, die der Alkohol auf die Straße getrieben hat, sterben schon mit 50, 60 Jahren; Drogenabhängige erleben oft nicht einmal ihren 35. Geburtstag. „Ich bin traurig", sagt Schultes, als er sich an diesem Morgen auf seinen Weg durch die Stadt macht: „Viele meiner Freunde sind in den letzten Jahren gestorben." [...] Willi Schultes denkt an Bombenernie und Boxerdieter, an Bayernmax, Münzentheo oder Kalle mit der Kelle. Er weiß genau, wo sie „Platte gemacht", wo sie nachts geschlafen haben: ein Fahrradunterstand, ein Treppenaufgang oder eine Nische mit Lüftungsschacht. In die Lage dieser Verstecke eingeweiht zu werden, ist für einen Außenstehenden ein großer Vertrauensbeweis – schließlich stellen sie das Intimste dar, was ein Wohnungsloser vorweisen kann. „Wer von uns würde einem Fremden schon sein Schlafzimmer präsentieren?", gibt Schultes zu bedenken. Der 73-Jährige ist in Münsters Obdachlosenszene längst kein Fremder mehr. „Da kommt der abgehalfterte Pfaffe", wird er schon von weitem begrüßt – und ist über diese schnoddrige Anrede alles andere als verärgert: „Da hat sich doch jemand Gedanken über mich und meine Situation gemacht."

Natürlich – er ist in den vergangenen Jahren auch „verarscht und reingelegt" worden, es hat auch Männer gegeben, die seine Gutmütigkeit und Menschenliebe ausgenutzt haben. „Ich bin ja nicht blauäugig", will er nichts beschönigen, sagt aber auch: „Das nehme ich in Kauf." Gerade gegenüber Menschen, die vielleicht schon in Kinder- und Jugendjahren und dann immer wieder enttäuscht worden sind, sei es wichtig, Geduld zu zeigen, ihnen die Treue zu halten. [...]

Viele sind vor allem froh, in Willi Schultes ein Gegenüber gefunden zu haben, das zuhören kann, das sie ernst nimmt und nicht vorschnell abstempelt. Seine einfache, intelligente Art kommt an, er begleitet die Männer auch bei Behördengängen oder besucht sie, wenn es mal für eine Zeit „in den Bau" geht. Und ist selbst immer wieder erstaunt, wie tiefe Gedanken sich viele von seinen Gesprächspartnern machen: „Auch wenn sie das nie so sagen würden: Sie sind religiös." Günter etwa, der gern in einen Orden eingetreten wäre, aber nirgendwo Aufnahme gefunden hat, geht jeden Abend zum Gottesdienst in die Lambertikirche. [...] Eines Tages hat er die Geschichte vom reichen Jüngling gehört: „Verkaufe alles, was du hast und gib es den Armen." Ein Auftrag, der ihm sehr nahe gegangen ist. Ein paar Tage später spricht er den Seelsorger auf seiner Runde an: „Ich hab das versucht – aber keiner will meine Plastiktüten!" Meinolf, ein schizophrener Verkäufer der Obdachlosen-Zeitung, fühlt sich in Kirche und Gesellschaft wenig angenommen und aufgehoben. Er hat das Gefühl, immer nur auf Forderungen zu treffen, denen er von vornherein nicht genügen kann. Und auf die meisten seiner Glaubens- und Lebensfragen kann ihm niemand konkrete Antworten geben. „Die Fragen, die du stellst, hat Gott auch", erklärt Schultes und diskutiert mit seinem Gesprächspartner über das Gottesbild unserer Tage: „Was für einen allmächtigen Muskelprotz haben wir nur aus Gott gemacht?", klagt der Theologe, um sich dann wieder seinem Gegenüber zuzuwenden: „Meinolf, du bist der verkleidete Gott!"

Wenn Schultes seine Runde durch die Domstadt macht, dann lässt er sich oft nur treiben [...]. Trotzdem freut er sich natürlich, wenn aus den zwanglosen Begegnungen tiefere Erfahrungen wachsen – so ist er von zwei „Freunden der Straße" gebeten worden, sie zu taufen und unter den besonderen Schutz Gottes zu stellen. Ronald, einer der beiden, war vor dem angesetzten Tauftermin allerdings so aufgeregt, dass er sich erst einmal Mut antrinken musste – und anschließend nicht mehr zu „gebrauchen" war. Also ein zweiter Versuch. Erneut war alles für die Taufe vorbereitet; die brennende Osterkerze stand neben dem Taufbrunnen. Als Schultes die tiefere Symbolik der Kerze und ihrer fünf Wundmale erklärte, fand sich Ronald in diesen Zeichen wieder und bat darum, die Wundnägel noch einmal in die Kerze stecken zu dürfen: Wie viele Wunden und Verletzungen waren ihm zeit seines Lebens zugefügt worden? Und wie viele Wunden hatte er bei anderen aufgerissen? Auf einmal wusste er ganz sicher: Dieser Jesus, der würde ihn verstehen ... [...]

Jan Magunski, in: Kirche + Leben vom 30.08.2008.

#MeetJesus

M 2 Wann ist Praxis pastoral?

[...] Die „Pastoral", die im üblichen kirchlichen Sprachgebrauch quasi die Gesamtheit kirchlichen Handelns bezeichnet und in diesem Feld auch in einer Fülle von Komposita auftaucht – Pastoralentwicklung, Pastoralplan, Pastoralrat, pastoraler Raum, Pastoralteam u. v. a. m. –, ist eine verblasste Metapher. Der metaphorische Charakter des Wortes ist [...] im alltäglichen Sprachgebrauch in den Hintergrund getreten. [...] Wer aber der Geschichte des Wortes folgt [...] gelangt über das lateinische pastor bzw. griechische ποιμήν (poimén) zu Hirtinnen und Hirten im eigentlichen Sinne, trifft auf Hirtenkulturen, wie sie in Resten bis heute bestehen – und gelangt damit zuletzt zu einer der einschneidendsten Veränderungen in der Menschheitsgeschichte. Denn das Hirten-Bild und damit die Pastoral-Metapher wurzeln in der Erfahrung der neolithischen Revolution. Ab dem 12. Jahrtausend v. Chr. endet im Nahen Osten im sogenannten „Fruchtbaren Halbmond" eine alte und entsteht eine neue Welt. [...] Es endet die Welt der Sammler und Jäger mit ihrer ausschließlich aneignenden Lebensweise, und es beginnt die Welt produzierenden Wirtschaftens. Mit der Fähigkeit, wildes Getreide, wilde Oliven und wilde Trauben veredeln wie auch Tiere domestizieren zu können, entsteht jene Welt, in der wir – vom Grundansatz her – auch heute noch leben.

Wo aber Tiere einer Hirtin folgen, da muss die Nahrung nicht anderswo gesammelt und erjagt werden, [...] da gibt es sich vermehrende Nahrung in greifbarer Nähe. [...] Ich habe einen Hirten, nichts wird mir fehlen. Von daher ist auch nicht verwunderlich, dass „Hirt" in der Welt und Umwelt Israels ein Würdetitel war, der Königen und Göttern beigelegt wurde. Niemand kann größer sein, als wer Leben sichern kann.

Allerdings ist dabei die Ambivalenz des Pastoralen nicht zu verschweigen. In der Verbindung, die Mission und Kolonialismus eingegangen sind, und in dem Ausmaß an sexueller Gewalt in pastoralen Kontexten und Beziehungen, das sich seit den 1990er Jahren bis heute immer mehr enthüllt, zeigt sich die gewaltige Fallhöhe zwischen Anspruch und Wirklichkeit. Die Bibel selbst beleuchtet die Abgründe, die sich im Zeichen des Hirten auftun. Denn Geschöpfe müssen sterben, werden geschlach-

neolithische Revolution
Ambivalenz

→ Zur Diskretion Gottes vgl. S. 224.

Jan Magunski (* 1970) ist römisch-katholischer Pfarrer und Schulseelsorger in Münster.

→ Wie handelt Gott in Christus eschatologisch? S. 66–69

tet, auf dass andere leben (vgl. Ps 44,23 und Gen 9,2 f.). Da sind die Könige, die „Hirten", die nicht Leben geben, sondern es rauben: David, der Batseba missbraucht und ihren Mann Urija in den Tod schickt, um es zu vertuschen (vgl. 2 Sam 11,1–27), und Ahab, der zusammen mit seiner Frau Isebel einen Justizmord an Nabot herbeiführt, um dessen Weinberg in seinen Besitz zu bringen (vgl. 1 Kön 21,1–16). Da sind die Könige, die „Hirten", die das Volk politisch in die Irre führen (vgl. Jer 2,8; 10,21; 12,10; 23,1 f.; 50,6) [...]. Deshalb liegt auch die kritische Brisanz der Pastoral-Metapher darin, dass Gott diese Hirten ablöst:

„So spricht GOTT, der Herr: Siehe, nun gehe ich gegen die Hirten vor und fordere meine Schafe aus ihrer Hand zurück. Ich mache dem Weiden der Schafe ein Ende. Die Hirten sollen nicht länger sich selbst weiden: Ich rette meine Schafe aus ihrem Rachen, sie sollen nicht länger ihr Fraß sein. [...] Wie ein Hirt sich um seine Herde kümmert an dem Tag, an dem er inmitten seiner Schafe ist, die sich verirrt haben, so werde ich mich um meine Schafe kümmern [...]." (Ez 34,10.12)

Der berühmte Psalm 23 beginnt mit dem Jubelruf: Mein Hirte ist der HERR – so fehlt mir nichts.

Daran knüpft die Bildrede vom guten Hirten in Joh 10,1-21 an, dehnt das Bild aber zugleich bis zum Zerbrechen, indem jetzt nämlich der Hirt, Jesus, für die Herde den Tod findet. Weil er der ist, der gerade nicht kommt, „um zu stehlen, zu schlachten, zu vernichten", sondern damit die ihm Anvertrauten „das Leben haben und es in Fülle haben", setzt er sein Leben für sie ein. So verkündet das Neue Testament Jesus als den messianischen Hirten, der den verlorenen Schafen nachgeht (vgl. Mt 10,6; 15,24) und der auch Gericht über alle halten wird (vgl. Mt 25,31–46), der jedoch – wie Paulus schreibt – sein Gott-gleich-Sein nicht festhielt, sondern sich entäußerte und Knechtsgestalt annahm (vgl. Phil 2,6 f.). Die „Pastoral"-Metapher hält insofern auch die Differenz offen zwischen dem geschichtlichen Handeln von Menschen und dem eschatologischen Handeln Gottes in Jesus Christus. [...]

pastorale, dogmatische Konstitution

Lumen gentium

Gaudium et spes

Einschlägig für das gegenwärtige Verständnis von „pastoral" ist [...] die vom II. Vatikanischen Konzil ursprünglich gar nicht vorgesehene pastorale Konstitution über die Kirche in der Welt von heute, Gaudium et spes. Doch bereits in der anderen, der ein gutes Iahr zuvor beschlossenen dogmatischen Konstitution über die Kirche, Lumen gentium, wird die entscheidende Weichenstellung vorbereitet, und zwar schon in ihren allerersten Worten, die in der offiziellen deutschen Übersetzung lauten: „Christus ist das Licht der Völker."

Für einen Text, der von der Kirche handeln will, ist das ein bemerkenswerter Einstieg. Denn in diesem kommt die Kirche zunächst einmal gar nicht vor. Zwar ist von ihr bereits unmittelbar im Anschluss die Rede, aber es bleibt dabei: Anhebend, über die Kirche zu sprechen, nimmt das Konzil zunächst zwei andere Größen in den Blick – Jesus Christus und „die Völker", im Klartext: die Menschheit. Mit anderen Worten, die Kirche lebt nicht aus sich selbst heraus, sondern empfängt sich ganz von Jesus Christus her; und sie lebt nicht für sich selbst, sondern ist in allem für die Menschen da. Was die Kirche gleichwohl als eine partikulare Größe und unterscheidbare Religionsgemeinschaft ausmacht, als die sie ja konkret in Zeit und Geschichte existiert: das steht, das muss im Dienst stehen der Beziehung des Christus zu allen Menschen – und nicht: aller Menschen zur Kirche.

Um diesen in seiner Bedeutung gar nicht zu überschätzenden Auftakt zu unterstreichen, möchte ich auf einen [...] Fund hinweisen. Wassilowsky hat in den Konzilsakten von Karl Rahner den Entwurf jener Vorlage gefunden, den die deutschen und österreichischen Bischöfe in die Beratungen zur späteren dogmatischen Konstitution über die Kirche eingebracht haben. Es ist ein maschinenschriftlicher Text, der mit den handschriftlichen Eintragungen und Streichungen Rahners versehen ist, und interessant ist da wirklich der Anfang. Ursprünglich hieß es in der Vorlage nämlich: „Lumen gentium cum sit Ecclesia ... – Da das Licht der Völker die Kirche ist ..." Rahner korrigierte dies, indem er im Entwurf handschriftlich die „Ecclesia" zur „Ecclesia Christi" ergänzte. Wenn schon von der Kirche gesprochen werden sollte, musste für Rahner nicht von irgendeiner Versammlung, sondern von der Kirche Christi die Rede sein. Doch irgendwann streicht er den Zusatz „Christi" wieder, aber auch das Wort „Ecclcsia" und schreibt: „Lumen gentium cum sit Christus … – da Christus das Licht der Völker ist …“ Diese kleine Korrektur birgt in gewisser Weise die gesamte Weichenstellung des Konzils; und dass die Rahnersche Formulierung am Ende die vom II. Vatikanischen Konzil beschlossene Konstitution eröffnet, belegt dessen pastoralen Charakter. Freilich nicht in dem Sinne, dass das Konzil nur „weichere“ oder „erbauliche“ Verlautbarungen ohne verbindlichen Charakter hervorgebracht habe, sondern dass es den Anstoß gegeben hat, Pastoralität neu zu verstehen. Was „pastoral“ ist, wird nun von der Relation her gedacht, mit der Lumen gentium anhebt: Die Pastoral ist „pastoral“, wenn in ihr wahr- und ernst genommen wird, wenn in ihr dargestellt und bezeugt wird, dass das Evangelium für alle da ist […]. Gaudium et spes wird das in Lumen gentium Begonnene fortführen; und seitdem ist diese Kirche auf dem Weg, pastoral zu werden. Denn „pastoral“ ist jenes Handeln von Menschen an Menschen, welches das Handeln Gottes an allen Menschen bezeugt. […]

Reinhard Feiter, Wann ist Praxis pastoral – und was lässt sich aus ihr für die Praxis lernen?, in: Ulrich Feeser-Lichterfeld/Kai G. Sander (Hg.): Studium trifft Beruf. Praxisphasen und Praxisbezüge aus Sicht einer angewandten Theologie, Mainz 2019, S. 97–108, 100–104.

#borderlesspastoral

M 3 Pastoral? Restaurant „Glückseligkeit“ in ehemaliger Kirche

#churchbarhotel

M 4 Gemeinsam Kirche sein

„Die Kirche ist ja in Christus gleichsam das Sakrament, das heißt Zeichen und Werkzeug für die innigste Vereinigung mit Gott wie für die Einheit der ganzen Menschheit“ (LG 1). Mit dieser Spitzenaussage zeigt „Lumen gentium“ gleich im ersten Absatz den gesamten Horizont auf, in den die Kirche gestellt ist. Als das Grundsakrament, das Jesus Christus mit seinem Lebensweg sichtbar macht, gibt es die Kirche deshalb, weil Gott in Jesus von Nazaret Mensch geworden ist. Im Leben und Handeln der Kirche soll sich fortsetzen, was Jesu Lebenswerk war, nämlich die Gemeinschaft mit Gott allen Menschen anzubieten. In der Nachfolge Jesu Christi wird und wächst die Kirche darum bis zu ihrer eschatologischen Vollendung in der Gemeinschaft Gottes mit allen Menschen. […] An diesem sakramentalen Kirchesein nimmt jeder Gläubige durch die Taufe teil. Gottes Geist erfüllt den ganzen Leib der Kirche und bewegt die Getauften zur Hingabe und zum Dienst aneinander und an der Welt. Diese Hingabe und Sendung des gesamten Volkes Gottes, die Christus in seiner Hingabe vergegenwärtigt, ist gemeint, wenn vom gemeinsamen Priestertum aller Getauften die Rede ist.

Die deutschen Bischöfe, Gemeinsam Kirche sein, 2015, S. 29.34.

#churchdamage

M 5 Für die Hilflosen gebaut

GROSSER GOTT! Wie oft bin ich in eine Kirche gegangen, wenn es mir schlecht ging und ich nicht wusste, wie ich mich von meinen Lähmungen befreien sollte! Der Gang in eine Kirche half mir beinahe immer, vor allem, wenn es eine alte Kirche war. Ich setze mich ins Dunkel, in eine der hintersten Reihen, und ich warte, bis mich die Jahrhunderte einholen und aufnehmen. Seit endlos erscheinender Zeit, denke ich, sind Menschen in genau diese Kirche gegangen, wenn sie nicht weiterwussten. Kirchen sind Räume, die nicht für die Starken, sondern für die Hilflosen gebaut wurden. Niederknien, den Kopf senken, ein Gebet sprechen – unabhängig davon, ob ich alles glaube und teile, was von den Priestern in einer Kirche gepredigt wird, haben solche Gesten der Hilflosigkeit zunächst einmal etwas Beruhigendes.

→ Die Kirche stellt dar, dass das Reich Gottes für alle da ist: vgl. S. 96 und 113.

Reinhard Feiter (* 1956) ist Professor für Pastoraltheologie und Religionspädagogik an der Katholisch-Theologischen Fakultät der Westfälischen Wilhelms-Universität Münster.

Mit ihnen nehme ich mich zurück und gebe mir selbst zu erkennen, dass meine Sorgen und Probleme nicht weltbewegend sind und dass ich nicht der Einzige bin, der Sorgen und Probleme hat.
Und wenn dann die anderen Gläubigen kommen und sich ebenfalls hinknien und beten und wenig später in den Gesang des Priesters einstimmen, finde ich meine zuvor noch so ausgelöscht erscheinende Stimme wieder. Ich brauche nur mitzubeten und mitzusingen und schon gehöre ich ganz selbstverständlich zu dieser Gemeinschaft. Ich reihe mich ein in den Chor, ich spreche und murmle das mit, was die anderen ebenfalls sprechen und murmeln – und jedes Mal erstaunt es mich, wie heilsam so etwas ist. Das gemeinsame Sprechen und Singen hebt die bittere Empfindung der Vereinsamung auf und gibt mir das Gefühl, dazuzugehören. Für etwa eine Stunde bin ich aufgehoben in diesem Kreis der Beter und Sänger, und wenn ich die Kirche verlasse, erscheint mir die Umgebung weniger kalt und feindlich.
Hanns-Josef Ortheil, Das Kind, das nicht fragte, München 2012, 108 f.

#leavingchurch

M 6 Sinnstiftendes Ehrenamt

Wie angesehen ist denn die Tätigkeit im kirchlichen Ehrenamt derzeit?
Hottenbacher: Momentan ist es überhaupt nicht leicht zu sagen, dass man ehrenamtlich in der katholischen Kirche aktiv ist. Das ist ein Hemmnis. Ich merke das bei mir selbst. Wenn ich mich in meinem Beruf mit meinen Patienten drüber unterhalte, was ich am Wochenende mache, werde ich oft erstaunt angeschaut und gefragt, wie ich das denn aushalte, in der katholischen Kirche oder in einem katholischen Jugendverband aktiv zu sein. Warum machst du das noch, lautet die Nachfrage.
Und was antworten Sie dann?
Hottenbacher: Ich antworte, dass ich mich gerne für die vielen Kinder und Jugendlichen, die vor Ort aktiv sind, einsetzen möchte. Damit dieses Ehrenamt weiter möglich ist und es für viele Kinder die Möglichkeit gibt, so tolle Erfahrungen zu machen, wie ich sie selbst gemacht habe. Ich habe so viel gelernt in meiner Verbandsarbeit, was mir auch beruflich viel weiterhilft. Das habe ich in keinem anderen Feld, egal ob in der Schule oder in der Familie zuhause, erfahren. Jetzt auf Bundesebene für Kinder und Jugendliche eine Stimme zu sein und ihre Arbeit, die sie leisten, als wertvoll und unverzichtbar anerkennen zu können, ist mir unheimlich wichtig.
Und wenn Ihre Patienten dann dagegenhalten: Das geht aber doch nicht, weil die Kirche beispielsweise gegen Homosexuelle ist ...?
Hottenbacher: Dann sage ich: Mein katholischer Jugendverband ist nicht gegen Homosexuelle. Wir sind als Jugendbewegung nahe an den Kindern und Jugendlichen dran und leisten dort eine wichtige Arbeit. Manche Jugendliche beschäftigt das Thema vielleicht auch, weil sie selbst homosexuell sind [...], sich aber gar nicht trauen, zuhause oder mit Freundinnen und Freunden darüber zu sprechen. Ein Jugendleiter oder eine Jugendleiterin, die ein Vertrauensverhältnis zu den Kindern hat, kann da eine wichtige Ansprechperson sein. Hier offen ins Gespräch zu gehen und da zu sein, zu sagen, dass das ganz normal und nichts Abnormales ist, ist wichtig. Jugendliche dabei zu unterstützen, ihre eigene Identität zu finden, ist für mich ein christlicher Kerngedanke. Wir tragen als Jugendverband, aber auch jeder Jugendleiter und jede Jugendleiterin, eine Verantwortung dafür, Kinder und Jugendliche, die homosexuell sind und sich outen wollen, auf diesem Weg zu unterstützen und ihnen keine Steine in den Weg zu legen. Vor allem dürfen wir ihnen nicht sagen: Du bist so nicht von Gott gewollt.
Interview mit der ehrenamtlichen BDKJ-Bundesvorsitzenden Daniela Hottenbacher. „Wir müssen uns nicht verstecken", in: Herderkorrespondenz 8/2021, 19–22, 20.

Daniela Hottenbacher (* 1991) ist seit 2021 ehrenamtliche Vorsitzende des BDKJ (Bund der deutschen katholischen Jugend). Sie ist ausgebildete Physiotherapeutin.

M 7 Osterpredigt 2021

[...] die Kirche ist der weite Raum, in dem sich [die] Beziehung zwischen Menschen und dem lebendigen Christus ereignen kann. [...] Darum liebe ich sie und verdanke ihr so viel. Darum leide ich an der Kirche, wenn sie durch Skandale gläubige Menschen ins Wanken bringt oder durch erstarrte Strukturen und mangelnde Veränderungsbereitschaft vielen den Zugang zum Glauben blockiert. Es schmerzt mich sehr, wenn mir ein junger Mann zur Begründung für seinen Kirchenaustritt schreibt: „Ich bedaure das alles zutiefst. Aber, was man nicht mehr in sich spürt, was man nicht verändern kann, und was selbst nicht in der Lage ist umzukehren, das sollte man verlassen." Ja, das kann ich nachvollziehen. Und ich bedaure es, dass wir als Kirche ein solches Bild abgeben. [...]

Der Bischof von Limburg, Dr. Georg Bätzing, Predigt am Ostersonntag, 4. April 2021.

M 8 Willkommen

In unserer Kirche, im Morgen,
wird das Wort Jesu nicht nur verkündet sondern auch gelebt.
Wird der Mensch,
jeder so, wie er ist,
geliebt.
Wird getanzt und gelacht und gefeiert.
Wird das Brot geteilt und das Leid.
Wird der Wein geteilt und die Freude.
In dieser Kirche, im Morgen,
siegen Mut und Liebe, Barmherzigkeit und Mitgefühl
über Angst und Machtgier, Ausgrenzung und Selbstmitleid.
In dieser Kirche, im Morgen,
sind
Frau und Mann
Kind und Greis
Homo und Hetero
arm und reich
gebunden und ungebunden
zusammen und allein.
Willkommen an jedem Ort und willkommen in jeder Berufung.
Willkommen als lebendiger Widerschein von Gottes liebendem Blick.

Andrea Voß-Frick
https://www.mariazweipunktnull.de

Gemeinsam Kirche sein
Maria 2.0
Kirchenaustritt
Kirchenaustrittsstudie
EKD-Mitgliedschaftsstudie

Andrea Voß-Frick hat zusammen mit anderen Frauen in der Münsteraner Pfarrei Heilig Geist nach der Lektüre der Schrift „Evangelii Gaudium" von Papst Franziskus 2019 die Bewegung Maria 2.0 angestoßen. 2021 trat sie aus der katholischen Kirche aus.

1 Beschreiben Sie die Bedeutung, die Schultes für die Obdachlosen hat und die die Obdachlosen für ihn haben M 1.

2 Lesen Sie den Beitrag von Reinhard Feiter M 2.
a) Definieren Sie den Begriff „Pastoral" und erörtern Sie, wann eine Praxis „pastoral" ist.
b) Lesen Sie Ps 23 und erläutern Sie den Vers: „Mein Hirte ist der HERR – so fehlt mir nichts" (Z. 78 f.).
c) Lesen Sie die biblischen Texte zum Hirtenamt von Königen und Propheten nach (Z. 53–63) und beziehen Sie die Beispiele auf das Verhalten kirchlicher „Hirten" heutzutage.
d) Rekonstruieren Sie, wie der Anfang der Konstitution „Lumen gentium" entstanden ist (Z. 144 ff.) und stellen Sie die Veränderungen im Verhältnis von Christus und Kirche in zwei Standbildern dar.
e) Erläutern Sie, welche Konsequenzen sich aus der Vorordnung Christi vor die Kirche ergeben M 2, M 4.
f) Erklären Sie, warum man das, was Schultes tut, als „pastorale Praxis" bezeichnen kann M 1, M 2.

3 Die Theologie bezeichnet Jesus manchmal als das Ursakrament, die Kirche als Grundsakrament (vgl. M 4). Erläutern Sie diese Unterscheidung und verdeutlichen Sie sie grafisch.

4 Kirchengebäude – pastorale Orte? M 3, M 5
a) Bilden Sie Gruppen und recherchieren Sie, wie geschlossene Kirchen umgenutzt werden.
b) Bewerten Sie anschließend, welche Umnutzungen Sie als geeignet und welche als weniger oder gar nicht geeignet empfinden. Begründen Sie Ihre Meinung.
c) Recherchieren Sie ehemalige Kirchen in Ihrer Nähe, die eine neue Funktion bekommen haben. Tauschen Sie sich darüber in Ihrem Kurs aus.
d) Erörtern Sie Folgen von Kirchenschließungen für Sozialräume, Seelsorgerinnen und Seelsorger und Kirchengemeinden.

5 Setzen Sie die Aussagen von Bischof Bätzing in Beziehung zu dem Gedicht von Andrea Voß-Frick. Lesen Sie das Gedicht dazu als Text einer Frau, die aus der Kirche ausgetreten ist, und beantworten Sie es aus der Perspektive eines Menschen, der in der Kirche bleiben will M 7, M 8.

6 Untersuchen Sie den Interviewauszug M 6.
a) Arbeiten Sie die Position von Hottenbacher differenziert heraus.
b) Zeigen Sie auf, wie sich ehrenamtliches Engagement zum Auftrag der Kirche M 2, M 4 verhält.
c) Formulieren Sie eigene Interviewfragen an Menschen, die sich ehrenamtlich engagieren. Erörtern Sie, ob sich die Fragen verändern sollten, je nachdem, ob es sich um kirchliches oder nichtkirchliches Engagement handelt.

7 Verfassen Sie, inspiriert durch M 5 und/oder M 8, einen eigenen Text: „In der Kirche ..."

Kirche – Zeichen der Nähe Gottes?!

Ist Kirche „ein von Christus eingesetzte[s] sichtbare[s] Zeichen einer unsichtbaren Wirklichkeit, in denen Christen die heilende, verzeihende, nährende, stärkende und zur Liebe befähigende Gegenwart Gottes erfahren können"? So lautet die klassische Definition des Wortes „Sakrament" im „Youcat", einer Einführung in die Glaubenslehre für Jugendliche.

Leonardo Boff (* 1938) war Franziskaner. Er ließ sich nach Konflikten mit der römischen Kongregation für die Glaubenslehre 1992 in den Laienstand versetzen. Danach übernahm er den für ihn geschaffenen Lehrstuhl für Ethik und Spiritualität in Rio de Janeiro.

M 1 Gegenwart der Sakramente

Ein Zeichen, das erklärt werden muss, ist kein Zeichen. Was aber erklärt werden soll, ist nicht das Zeichen, sondern das Geheimnis, das im Zeichen enthalten ist. Wegen dieser Mumifizierung der Riten steht der moderne, säkularisierte Mensch argwöhnisch vor der Welt der christlichen Sakramente. Möglicherweise empfindet er die Anwandlung, sich des religiösen Symbols gänzlich zu entledigen. Wer aber solches tut, schiebt nicht nur einen bedeutenden Reichtum innerhalb der Religion beiseite, sondern schließt zugleich auch Fenster seiner eigenen Seele, denn das Symbolische und Sakramentale bilden tiefgreifende Dimensionen der menschlichen Wirklichkeit. [...]

Sakrament ist das, was immer schon lebte und was alle Menschen erleben, was ich aber nicht wusste und was nur wenige wissen. Ich begann, die Landschaft der Dinge in Augenschein zu nehmen, die schon immer vor meiner Nase lagen. Jeder Tag steckt voller Sakramente. In den Tiefenschichten des Alltäglichen gedeihen lebendige, erlebte und wirkliche Sakramente. Sakramente sind der Trinkbecher in unserer Familie, Mutters Polenta, der letze Stummel einer Strohzigarette, den Vater hinterließ und den ich liebevoll aufbewahre, der alte Arbeitstisch, eine dicke Weihnachtskerze, die Blumenvase auf dem Tisch, ein Stück des Gebirgszuges, der alte, steinige Weg, das alte elterliche Haus ... All diese Dinge sind nicht einfach mehr Sachen. Menschen sind sie geworden. Sie sprechen zu uns und wir sind in der Lage, ihre Stimme und ihre Botschaft zu vernehmen. Sie besitzen Innenleben und Herz, Sakramente sind sie geworden. Mit anderen Worten: Sie sind Zeichen, die eine andere von ihnen zu unterscheidende, in ihnen aber präsente Wirklichkeit enthalten, darstellen, an sie erinnern, sie sichtbar machen und vermitteln. Moderne Menschen leben zwar umgeben von Sakramenten, verfügen aber nicht über den offenen Blick, der notwendig ist, um sie reflektiert wahrzunehmen. Dinge werden als Dinge gesehen, das heißt: nur von außen betrachtet. Wer sie aber von innen her anschaut, entdeckt eine Spalte, durch die ein höheres Licht in sie hineinfällt. Das Licht beleuchtet die Dinge, macht sie transparent und durchsichtig. [...]

Wenn ich eine Sache von innen her betrachte, konzentriere ich mich nicht auf sie selbst, sondern auf Wert und Sinn, die sie für mich darstellt. Dann ist die betreffende Sache nicht mehr einfach eine Sache. Stattdessen wird sie zu einem Zeichen und Symbol, das mich auf etwas hinweist (e-vocar), mich herausfordert (pro-vocar) und mich zusammen mit anderen Menschen für Situationen, Erinnerungen und Sinngehalte zusammenruft (con-vocar), das die Sache konkretisiert und darstellt. Sakrament bedeutet präzise jene Wirklichkeit der Welt, die – ohne aufzuhören, Welt zu sein – von einer anderen Welt spricht, d. h. von der menschlichen Welt tiefgreifender Erfahrungen, nicht hinterfragbarer Werte und erfüllender Sinngehalte des Lebens.

Leonardo Boff, Kleine Sakramentenlehre, Patmos: Ostfildern [18]2010, S. 13, 23 f., 27.

#Alltagssakrament
#Zigarettenstummelerinnerung

M 2 Sakramente: Passagen vom Gegebenen zum Fehlenden

Die Plausibilität und die Wirkkraft der Sakramente ist wesentlich daran gebunden, dass sie ‚Passagen' vom Gegebenen zum Fehlenden und Passenden ermöglichen. Ohne diesen Grundzug des ‚Metaphorischen' verfehlen sie sowohl ihre anthropologische Relevanz als auch ihren Transzendenzcharakter. Dieser Sachverhalt ist in einem langen Prozess in die Definition dessen eingegangen, was ein Sakrament ausmacht. Zu seinen Bestimmungsgrößen gehört stets ein aus der Alltagswelt des Menschen kommendes sinnenhaftes Element [später „materia" genannt], das durch das hinzutretende ‚Wort Gottes' [die „forma"] über alles Gegenständliche und Sinnenhafte auf das Fehlende und Passende ‚hinausgeführt' wird. [...] Für eine ‚metaphorologisch' [also Metaphern erschließend] arbeitende theologische Ästhetik und Sakramententheologie ist der Umstand entscheidend, dass den für ein Sakrament konstitutiven ‚Dingen' der Charakter von Interpretamenten [Deutungen] eigen ist. Sie haben für den Menschen bereits eine symbolische Bedeutung, ehe sie in einen theologischen Kontext gesetzt werden. Der ‚Materia' eines Sakramentes kommt eine Basissymbolik zu, die in einem zweiten Schritt übersetzt und übertragen wird ins Theologische. So ist z. B. die Basissymbolik des Brotes mitkonstitutiv für die Aussage, dass Jesus selbst zur ‚Nahrung' für den Glauben wird. Die theologische Dimension eines Sakramentes kann wiederum nur so erschlossen werden, dass dies in der ‚Rückbezugnahme' auf die Basissymbolik der ‚Materia' des Sakramentes erfolgt und – um im Bild zu bleiben – der Glaube als ‚Lebensmittel' besonderer Art gedeutet wird. [...] Wichtig ist ebenfalls, dass die Basissymbolik über einen Vollzug aufgeschlossen wird, der in ‚Tateinheit' mit der ‚Spendeformel' eines Sakramentes ausgeführt wird. Die spezifische ‚Materia' kommt jeweils als Handlungssymbol ins Spiel. So ist bei der Taufe nicht bloß das Wasser das materiale Element des Sakramentes, sondern das Eintauchen des Täuflings bzw. das Übergießen oder Besprengen mit Wasser. Bei der Firmung und Krankensalbung kommt es auf den Akt der Salbung mit geweihtem Öl an. Bei der Eucharistie ist ebenso entscheidend wie die Bereitstellung und Konsekration (Wandlung) von Wein und Brot das Essen und Trinken der eucharistischen Gaben (was durch die Spendeformel nochmals eigens unterstrichen wird: „Nehmt und trinkt – nehmt und esst! Tut dies zu meinem Gedächtnis!").

Nach amtlichem katholischem Verständnis setzt die **Teilnahme an der Eucharistie** in der Regel die **Kirchengemeinschaft** voraus (KKK 1396; 1399–1401). Diese Kirchengemeinschaft zeigt sich besonders in der wechselseitigen Anerkennung des Weiheamtes.

M 3 Sakramente – das Evangelium nicht nur lesen, sondern tun

Die Sakramente der Kirche lassen sich [...] verstehen als das Ausbuchstabieren der von Jesus erschlossenen und mit seinem Tod keineswegs ‚erledigten' Möglichkeit, sich zugunsten der Menschen ganz von Gott her zu verstehen und darin die Erfüllung der Existenz zu finden. Der ‚Text' der Sakramente ist das im Evangelium bezeugte Menschenverhältnis Gottes. Dieses Verhältnis wollen sie lebensweltlich und biographisch ‚kontextuieren'. Sie stehen für die Möglichkeit eines erfüllten Lebens ein, in dem einem Menschen nichts an Not und Angst erspart bleibt, aber auch nichts an Hoffnung und Sinn vorenthalten wird. Sie tun dies angesichts des immer wieder vernehmbaren Einspruchs, dass inmitten der menschlichen Lebensverhältnisse und -verhängnisse wohl nur in der Weise des Vermissens erkennbar ist, was an die Stelle von Not und Angst zu setzen ist. Darum sind die Sakramente stets mit menschlichen Kontingenzerfahrungen verknüpft; meist haben sie ihren Ort an biographischen Knoten- und Wendepunkten, wo ungewiss ist, wie sich der Mensch des ‚fehlenden Passenden' vergewissern kann. [...] Die Sakramente machen Ernst damit, dass man den Text des Evangeliums nicht zureichend versteht, wenn er bloß der ‚Lektüre' dient. Sie begreifen das Evangelium als ‚Partitur', die gespielt und inszeniert werden will. Wie wichtig dieser Handlungsaspekt ist, wird am Buß-, Ehe- und Weihesakrament deutlich, deren materiale Elemente nichts ‚Dingliches', sondern die Sprechakte des Bereuens, Versprechens und Erbittens sind. Handlungstheoretisch lassen sich diese Sprechakte als ‚performative' Äußerungen definieren (engl. „to perform": verrichten, leisten, ausführen, vollziehen, bewerkstelligen). Hierbei werden keine physischen Realitäten beschrieben oder geschaffen, sondern Wirklichkeiten realisiert bzw. in eine neue Sphäre der Bedeutung übertragen. Der Satz: „Ich bekenne mich schuldig" oder: „Ich verzeihe dir" ist keine Tatsachenfeststellung, sondern macht den Sprecher bzw. Angesprochenen zu einem Anderen, als er vorher war. Performative Sprechakte haben somit nicht nur eine Hinweis-, Wahrnehmungs- und Darstellungsfunktion. Sie lassen das, wovon sie reden, Ereignis werden. Was hier Ereignis wird,

→ Kontingenzerfahrungen konfrontieren mit den Grenzen des Lebens: S. 54.

→ Religionen machen Transzendenz erfahrbar: S. 44.

Hans-Joachim Höhn (* 1957) lehrt Systematische Theologie und Religionsphilosophie in Köln.

hat keine andere Möglichkeit, als sich in und über diese Form des Handelns in und mit Sprache zu ereignen. Daher trägt auch die ‚Spendeformel' eines jeden Sakramentes die Merkmale performativer Sprechakte.
[...] Die Ästhetik der Sakramente ist [aber] nicht nur eine Angelegenheit der Sprache. Vielmehr sind neben dem Hören und Sagen auch die übrigen Sinne zu beteiligen, ohne die es unmöglich ist, die Basissymbolik der ‚Materie' eines Sakramentes wahrzunehmen. [...] Dabei gilt es, Korrelationen herzustellen zwischen dem existentiellen Lebensbezug eines Sakramentes und seiner Sinnintention, zwischen der Sinnlichkeit, der ‚materia', und dem Interpretament, der ‚forma'.

M2 und M3: Hans-Joachim Höhn, spüren. Die ästhetische Kraft der Sakramente, Würzburg 2002, S. 50–53.

#onceinalifetime
#faithperformance

M 4 Schalen mit Hostien am 8. Juni 2019 auf dem Petersplatz am Vatikan

#Massenspeisen

M 5 Gegenwart Christi im Brot

Wie kann man erklären, dass Jesus in den Himmel aufgefahren ist und gleichzeitig gegenwärtig wird in der Gestalt des Brotes? [...] Mein Versuch, diese Fragen in der Kommunionvorbereitung zu beantworten, sah so aus: Ich habe den Kommunionkindern und deren Eltern einen Brief gezeigt, den meine Mutter mir geschrieben hatte. Auf Papier mit Tinte. Ich sagte zu den Kindern: „Stellt euch vor, ich gehe mit dem Brief draußen über eine Wiese spazieren und lese ihn. Was passiert, wenn ich nicht aufpasse?" Die Kinder kamen sehr schnell auf die Antwort und sagten: „Wenn du nicht aufpasst, dann trittst du in einen Hundehaufen."

„Stimmt [...]. Aber das ist jetzt gar kein Problem, denn ich habe den Brief und mit dem kann ich meine Schuhe sauber machen ..."
Sofort erscholl lautstarker Protest: „Das darfst du nicht machen, du kannst mit dem Brief deiner Mutter doch nicht deine Schuhe abputzen!"

„Richtig, aber warum kann ich das nicht machen? [...] Ein Brief ist doch nur ein Stück Papier mit etwas Tinte darauf."

„Das ist richtig, was du sagst, aber das geht trotzdem nicht! In dem Brief ist deine Mutter drin!"

„Da soll meine Mutter drin sein? Wie kann ich das denn bitte verstehen? Meine Mutter wohnt in Kleve am Niederrhein und wenn ich jetzt mein Handy raushole und sie anrufe, dann geht sie ans Telefon. Wie kann sie dann bitteschön gleichzeitig in dem Brief sein?"

„Deine Mutter wohnt in Kleve, aber sie hat sich in den Brief irgendwie reingegeben, mit ihren Gedanken, ihren Worten und ihrer Schrift. Sie ist da irgendwie jetzt drin in dem Brief!"

„Wenn ich den Brief also zerreiße, kann ich meine Mutter dann darin sehen?"

„Nein!"

„Sie ist also darin, aber sie ist nicht zu sehen. Das ist merkwürdig, aber ich kann euch verstehen! Was ist aber, wenn meine Mutter mir öfter einen Brief schreibt? Ist die dann in jedem Brief drin?"

„Ja, sie ist dann in jedem Brief."

„Ihr habt recht. Aber warum schreibt meine Mutter mir überhaupt einen Brief?"

„Weil sie nicht da wohnt, wo du wohnst. [...] Würde sie bei dir wohnen, dann bräuchte sie dir nicht zu schreiben."

„Aber ist sie mir nicht auch nahe, wenn sie mir nicht schreibt? Fühlen wir uns nicht auch verbunden ohne Briefe?"

„Doch, ihr könnt auch aneinander denken, aber mit so einem Brief hast du was in den Händen. Der ist doch viel persönlicher und ein sichtbares Zeichen der Verbundenheit."

„Richtig! Vielleicht könnt ihr jetzt verstehen, was in der Messe geschieht. Weil Jesus bei seinem Vater im Himmel ist, gibt er uns ein anderes Zeichen seiner Nähe und Gegenwart. Er schreibt uns nicht einen Brief, sondern er ‚schreibt' seinen Namen auf das Brot, das wir essen, er gibt sich da hinein, und so kommt er uns noch näher, als das mit einem Brief möglich ist. Wir feiern diese Form der Kommunion, der Gemeinschaft mit ihm, weil er gleichzeitig im Himmel beim Vater ist. Also eine Messe feiern, in der Jesus körperlich anwesend ist, wäre so merkwürdig, wie wenn meine Mutter mir einen Brief schreiben würde, obwohl wir im selben Haus wohnen. Wenn der Brief meiner Mutter aus Versehen zerrissen wird, dann ist sie doch in jedem Teil irgendwie drin, egal wie groß das Stück ist. Dasselbe gilt auch für die Größe oder Anzahl der Brotstücke, in jedem Stück ist Jesus ganz ‚irgendwie drin'. In jedem Teil des Brotes aus der Messe tritt jeder Christ, der es empfängt, mit Jesus in Verbindung, in jeder Kirche der Welt. So wie meine Mutter in jedem Brief ist, so ist Jesus in jedem Stück Brot in jeder Kirche auf der ganzen Welt und das zur gleichen Zeit."

#Gottesbriefgeschenk

M 6 Kommunion für Ungläubige?

Doch der Versuch, das Wunder der Verwandlung zu erklären, ist an der Stelle nicht zu Ende. Denn was passiert, wenn ich den Brief meiner Mutter zufällig verliere? Er fällt mir aus der Tasche und bleibt auf der Wiese liegen. Nun kommt ein Mensch aus einem anderern Land über die Wiese, der unsere Sprache weder sprechen noch lesen kann. Auch er tritt in den Hundehaufen. er nimmt den Brief, den er nicht lesen kann und der für ihn nur ein Stück Papier ist, und er macht damit seine Schuhe sauber. Das sei zwar nicht gut, meinten die Kinder, aber da er es ja nicht mit Absicht tut, könne man ihm sein Verhalten ja auch nicht vorwerfen, er wisse ja nicht, was auf dem Papier steht. Er kenne weder den Absender noch den Empfänger. Bei den Kindern nachgefragt, ob das meiner Mutter weh tue, verneinten sie dies. [...] So unerklärlich, wie ihre Gegenwart in dem Brief sei, so könne er doch nur von dem richtig verstanden werden, der die gleiche Sprache spricht wie die, in der es geschrieben ist. Und das Besondere: Eigentlich könnten nur die einen Brief richtig verstehen, die sich lieben und nicht nur die Worte lesen können, sondern auch deren Bedeutung richtig verstünden. [...] Was passiert also, wenn jemand zur Kommunion geht, der nicht weiß, worum es geht, der weder Jesus noch unsere Gemeinschaft kennt und nicht weiß, was wir feiern? Empfängt so jemand dann überhaubt Jesus in der Kommunion? Die Kinder meinten spontan: „Nein, der kann mit Jesus ja gar nicht richtig kommunizieren, weil er die Sprache von Jesus nicht versteht, weil er nicht weiß, wer Jesus ist." Was solch ein Mensch dann bei der Kommunion empfängt, das wollten die Kinder nicht sicher sagen. Immerhin hätte Jesus sich ja in das Brot hineingegeben, auch wenn der die Kommunion empfangende Mensch nicht mehr sieht als ein Stück Brot. Sicher aber waren sich die Kinder: Um wirklich mit Jesus kommunizieren zu können, muss der Mensch Jesus erst kennengelernt haben. So, wie man die Sprache und die Schrift des Briefeschreibers kennen muss, um zu verstehen, was er geschrieben hat. Eine Verwandlung des Brotes findet also statt durch den Willen Jesu, aber eine Kommunion mit diesem Jesus findet erst dann statt, wenn der Mensch seinen eigenen Beitrag dazu geleistet hat. Die Verwandlung vonseiten Gottes ist eine 100-prozentige und dennoch bedarf sie noch der glaubenden Anerkennung, damit daraus in der Kommunion eine Communio, eine Gemeinschaft mit ihm wird. Bei Gott gibt es eben das Unglaubliche, dass das 100-Prozentige von Gott auch noch nach dem Beitrag des Menschen verlangt. Kinder sind nicht die schlechtesten Theologen, wenn es darum geht, einem Geheimnis auf die Spur zu kommen. Und ich fragte weiter: Was ist denn mit den Menschen, die geistig nicht in der Lage sind, das bisher Gesagte zu verstehen? Da waren die Kinder der Meinung, dass diese Menschen als Teil der Gemeinschaft, die an Jesus in der Kommunion glaubt, doch etwas von dem erspüren können, was gefeiert wird. Im Übrigen wären sie durch die Taufe ein Teil der Kirche und auch das wären sie doch, ohne es richtig verstanden zu haben. Deshalb dürften diese Menschen, ob jung oder alt, mit zur Kommunion gehen. Verstehen könne, so die Kinder, nicht das entscheidende Kriterium sein, wenn nach den Wandlungsworten in der Messe im Hinblick auf das Geschehen eben auch gesagt wird: „Geheimnis des Glaubens!"

M5 und M6: Thomas Frings, Gott funktioniert nicht.

Joachim Kügler (* 1958) lehrt Neutestamentliche Wissenschaften an der Universität Bamberg.

Deswegen glaube ich an ihn, Herder: Freiburg/Basel/Wien 2019, M 5: S. 131–133; M 6: S. 133–135.

#Allesindgeladen!

M 7 Kommunion für Nichtchristen – eine komplementäre Sicht

Und was ist mit den Nichtchristen? Wenn man die universale Ausrichtung der Königsherrschaft Gottes ernst nimmt, müssten doch alle Menschen eingeladen sein, auch die, die nicht zu einer christlichen Kirche gehören. Prinzipiell ist das so. Praktisch wird sich das Problem nicht stellen, weil die äußere Attraktivität des Mahlsakraments ja nicht so hoch ist, dass wir einen Ansturm von Ungläubigen oder Andersgläubigen zu erwarten haben. [...]

Wenn es richtig ist, dass es nicht die Aufgabe der Kirchen ist, Bedingungen für die Zulassung zum Mahlsakrament aufzustellen, dürfen dann alle Menschen einfach an diesem Mahl teilnehmen? Wenn sie wissen, was sie damit tun, ja.

Es ist Aufgabe der Kirchen, die Bedeutung des Herrenmahls so zu verkünden, dass klar ist: Wer an diesem Mahl teilnimmt, bekennt sich als schuldig, vertraut auf Gottes Barmherzigkeit und will zu Christus gehören.

Wer als Nichtchrist/-in an der Eucharistie teilnimmt, muss wissen, dass er/sie sich damit zu Christus bekennt. Wer so zu Christus gehören will, ist durch die Teilnahme am Mahl dann logischerweise Mitglied der christlichen Gemeinde, auch wenn vorher keine eigene Taufe stattgefunden hat. Die theologische Tradition der „Begierdetaufe" ließe sich hier sicher anwenden. Die verbreitete Angst, man könnte etwas Heiliges an Hinz und Kunz verschleudern, ist überflüssig. Sie resultiert zum einen aus dem Umstand, dass wir bei der üblicherweise weitgehend anonymen Kommunionausteilung oft nicht wissen, wer diese Menschen sind, die das Sakrament empfangen wollen. Würde man wirklich Mahl feiern, erübrigte sich dieses Problem.

Ein weiterer Angstfaktor ist die Vorstellung, dass man das Heilige nur würdigen Personen geben dürfe. Wenn das Heilige auf Unheiliges trifft, dann siegt, so die Vorstellung, stets das Unheilige. Der sündige Mensch macht das Mahlsakrament zunichte. Der Gedanke, dass ein Sakrament ein wirksames Zeichen ist, könnte hier helfen. Stellen wir uns doch nur für einen Moment vor, das Sakrament könnte auch Schuldbeladene heiligen. Wäre dieser Gedanke nicht gut katholisch?

Joachim Kügler, Hungrig bleiben!? Warum das Mahlsakrament trennt und wie man die Trennung überwinden könnte, Würzburg 2010, 70–71.

Begierdetaufe
Orientuerungshilfe: Mit Christus gehen

#PerlenvordieSäue?!

M 8 Anton Raphael Mengs (1728–1779), Salvator Mundi (lat: Retter der Welt), 1771–1773

#menschgewordeneGottesliebe

M 9 Leiturgia – Gottes Gegenwart feiern

Die Feier des Gottesdienstes ist ein weiterer Grundvollzug der Kirche. Griechisch sagt man dazu „Leiturgia" (wörtlich: „öffentlicher Dienst"), was zu unserem Fremdwort „Liturgie" führte. Jesus Christus hat das Evangelium, auf Deutsch übersetzt „frohe Botschaft" gebracht, das ist ein Grund zum Feiern. [...]

Diese Feier von Gottes Gegenwart im Gottesdienst strukturiert den Rhythmus der Zeit. Die so genannten Tagzeitengebete strukturieren den Tageslauf. Die sonntägliche Eucharistiefeier strukturiert den Wochenrhythmus. Der christliche Festkalender setzt Fixpunkte im Jahreslauf; und schließlich gibt es christliche Übergangsriten, die das menschliche Leben als Ganzes im Blick haben: Taufe, Firmung, Ehe, Ordination, Sterberiten.

Auch die Feier von Gottes Gegenwart kann außerhalb des institutionellen Rahmens geschehen, im persönlichen Gebet des einzelnen und überall, „wo zwei oder drei versammelt sind" im Namen Jesu Christi (Mt 18,20). Doch es ist auch deutlich zu sehen, dass die Kirche in ihrer institutionellen Verfasstheit wichtig ist, damit dieser Grundvollzug des Kirche-Seins zu seiner vollen Blüte kommen kann. Die Sakramente etwa [...] werden nicht willkürlich von irgendjemandem vollzogen, der sich gerade dazu berufen fühlt, sondern von Menschen, die dazu einen kirchlichen Auftrag haben.

Siegfried Wiedenhofer, Ekklesiologie, in: Schneider, Theodor, Handbuch der Dogmatik, Band 2, 1999, S. 111.

#Ursakrament(s)mensch

Siegfried Wiedenhofer (1941–2015) war Professor für Fundamentaltheologie und Dogmatik in Frankfurt am Main.

1 Lesen Sie den Text von Leonardo Boff **M 1**.

a) Nennen Sie einen Gegenstand aus Ihrem Alltag, der für Sie einen sakramentalen Gehalt hat. Begründen Sie Ihre Wahl, indem Sie Boffs Kriterien für Sakramente aufgreifen.

b) Vergleichen Sie Boffs Sakramentenkonzept mit der Definition im „Youcat“ (Einleitungstext).

2 Taufe und Eucharistie/Abendmahl sind die zentralen Sakramente in allen christlichen Konfessionen.

a) Erläutern Sie, z. B. über Recherchen im ‚Gotteslob‘ Nr. 570–592, „Form“ (Deutewort) und „Materie“ (**M 2**, Z. 20 ff.) bei den beiden Sakramenten.

b) Arbeiten Sie heraus, was jeweils die „Basissymbolik“ (Z. 21 f.) ist, die sakramental transformiert wird.

3 Lesen Sie den Text von Hans-Joachim Höhn **M 3**.

a) Höhn spricht vom „fehlenden Passenden“ (Z. 24), um die Zugänglichkeit der Sakramente für Menschen zu charakterisieren. Erklären Sie, was er damit meint, und nennen Sie mindestens ein Beispiel dafür.

b) Stellen Sie dar, welche Funktion „performative Sprechakte“ (Z. 47) haben. Nennen Sie Beispiele.

4 Die Eucharistie **M 4** ist wohl das Sakrament, das Christen in ihrem Leben am häufigsten empfangen.

a) Recherchieren Sie, welche Sakramente mehrfach, einmalig oder ggf. nie zu empfangen sind.

b) Notieren Sie Erinnerungen an einen für Sie relevanten Sakramentenempfang bzw. ein religiöses Ritual und tauschen Sie sich über diese Erinnerungen aus.

c) Das Bild **M 4** deutet auf eine Eucharistiefeier mit sehr vielen Mitfeiernden hin. Nehmen Sie Stellung: Ist eine solche Feier der „Partitur“ (**M 3**, Z. 29) der Eucharistie angemessen?

5 Lesen Sie den Text von Thomas Frings **M 5**.

a) Oft sind sakramentale Handlungen mit bestimmten Ereignissen im Lebenslauf verbunden. Ordnen Sie die Sakramente, wenn möglich, bestimmten Lebensaltern zu, und erörtern Sie Ihre Zuordnungen.

b) Erinnern Sie sich an Ihre Kommunionvorbereitung oder wie Sie in andere religiöse Rituale eingeführt wurden: Wer hat Sie vorbereitet, welche Themen wurden besprochen, wie wurde das Ritual gefeiert? Vergleichen Sie Ihre Erinnerungen im Kurs.

c) Vergleichen Sie Ihre Erinnerungen damit, wie Frings den Kommunionkindern die Gegenwart Christi in der Eucharistie erläutert, und beurteilen Sie seine Vorgehensweise.

6 Frings **M 6** und Kügler **M 7** fragen, was passiert, wenn Menschen das Sakrament der Eucharistie empfangen, die nicht an Christus glauben.

a) Geben Sie wieder, wie nach Frings Kinder diese Frage beantworten.

b) Arbeiten Sie Küglers Sicht heraus und stellen Sie sie der Meinung von Frings gegenüber.

c) Fassen Sie die Argumente zusammen, warum und wie die Eucharistie als sakramentale Gabe allen Menschen dient, und nehmen Sie begründet Stellung zur Frage. Berücksichtigen Sie die Position des Lehramtes, die Nicht- oder Andersgläubige von der Eucharistie ausschließt.

d) Vergleichen Sie das Verständnis der Eucharistie bei Frings und Kügler mit der Auffassung von Höhn **M 2**, **M 3**. Markieren Sie sinnvolle wechselseitige Ergänzungen sowie bleibende Unterschiede.

7 Mengs Christusbild **M 8** lässt sich als Versuch interpretieren, eine „Passage“ darzustellen **M 2**. Erläutern Sie.

8 „Ich brauche keine Kirche und keine Gottesdienste. Ich kann auch so an Gott glauben.“

a) Nehmen Sie mithilfe von **M 9** begründet Stellung zu dieser Aussage.

b) Gehen Sie dabei auch auf Mt 18,20 ein (Z. 21 f.) und erschließen Sie von dieser Aussage her die Bezeichnung Jesu als „Ursakrament“.

Erläutern Sie die Bedeutung Jesu als Ursakrament im Blick auf **M 1**–**M 9** und sammeln Sie Material für Ihre Collage, das ähnlich **M 8** diese Besonderheit Jesu für Sie zum Ausdruck bringt.

Priester sein?!

Alle Christinnen und Christen sind Priester. Sie sind auch Könige und Propheten. In der Taufe wird ihnen diese dreifache Würde zugesagt. Die katholische Kirche unterscheidet dieses gemeinsame Priestertum vom Priestertum des Dienstes, das durch die Priesterweihe verliehen wird. Dieses Priestertum kann nach Auffassung der römisch-katholischen und der orthodoxen Kirchen nur von Männern ausgeübt werden, weil nur sie Jesus Christus, der als Mann Mensch wurde, sakramental repräsentieren können. Dieses amtliche Priestertum ist in vielen Ländern in der Krise. Welche Priester werden gebraucht?

→ Priester sein: nicht nur Beruf, sondern auch Berufung? S. 106 und 194

M 1 Priesterweihe im Petersdom

Priesterweihe im Petersdom

M 2 Bist du bereit?

Das sogenannte Weiheversprechen leitet die eigentliche Weihehandlung (Handauflegung durch den Bischof) ein:

Der Bischof spricht folgende Formeln, der Kandidat gibt jeweils die Antwort: „Ich bin bereit."

Bist du bereit, das Priesteramt als zuverlässiger Mitarbeiter des Bischofs auszuüben und so unter der Führung des Heiligen Geistes die Gemeinde des Herrn umsichtig zu leiten?

Bist du bereit, in der Verkündigung des Evangeliums und in der Darlegung des katholischen Glaubens den Dienst am Wort Gottes treu und gewissenhaft zu erfüllen?

Bist du bereit, die Mysterien Christi, besonders die Sakramente der Eucharistie und der Versöhnung, gemäß der kirchlichen Überlieferung zum Lobe Gottes und zum Heil seines Volkes in gläubiger Ehrfurcht zu feiern?

Bist du bereit, zusammen mit dem Bischof im Gebet, das uns aufgetragen ist, Gottes Erbarmen für die dir anvertraute Gemeinde zu erflehen?

Bist du bereit, den Armen und Kranken beizustehen und den Heimatlosen und Notleidenden zu helfen?

Christus, unser Hoherpriester, hat sich um unseretwillen dem Vater dargebracht. Bist du bereit, dich Christus, dem Herrn, von Tag zu Tag enger zu verbinden und so zum Heil der Menschen für Gott zu leben?

Auf folgende Frage antwortet der Kandidat mit: „Ich verspreche es."

Versprichst du mir (dem Ortsbischof) und meinen Nachfolgern (Zufügung bei Ordensangehörigen: und deinem Oberen) Ehrfurcht und Gehorsam?

Liturgische Institute Salzburg Trier Zürich (Hg.), Pontifikale für die katholischen Bistümer des deutschen Sprachgebietes. Band 1: Die Weihe des Bischofs, der Priester und der Diakonie, Verlag Herder, [2]1994, S. 101–103.

🌐 Souverän
Dogma
Maria 2.0

Siegfried Wiedenhofer (1941–2015) war Professor für Katholische Dogmatik in Frankfurt.

#paraparaparia

M 3 Martyria – Zeugnis geben

Kirche ist dort, wo die frohe Botschaft verkündigt wird, wo Menschen Zeugnis ablegen von ihrem Glauben an Jesus Christus. Diesen Grundvollzug nennt man griechisch „Martyria", übersetzt „Zeugnis" (von diesem griechischen Wort leitet sich auch „Märtyrer" ab, was wörtlich „Zeuge" heißt).

Verkündigung und Zeugnis geschehen innerhalb der Kirche ebenso wie gegenüber der Welt. Verkündigung „nach innen" geschieht zum Beispiel in der Predigt, im Religionsunterricht. Verkündigung „nach außen" geschieht traditionell in der Mission, die heute wegen fragwürdigen Entwicklungen in Verruf geraten ist. Trotzdem gehört der missionarische Aspekt auch heute zur Sendung der Kirche in die Welt (missio = Sendung). Verkündigung nach außen vollzieht sich heutzutage besonders bei öffentlichen Auftritten, im Dialog mit Menschen anderen Glaubens und in der Medienarbeit.

Verkündigung und Zeugnis geschieht im institutionellen Rahmen, durch kirchliche Amtsträgerinnen und Amtsträger, in festen Strukturen. Sie vollzieht sich aber auch im Alltag, im nichtinstitutionalisierten Gespräch zwischen einzelnen. Wenn ein Mensch einem anderen von seinem Glauben, von seinen Erfahrungen in der Kirche erzählt, dann hat dieser Mensch dadurch Anteil an der Verkündigung und am Zeugnis der Kirche. [...] Doch ist auch festzuhalten, dass die Möglichkeiten des Einzelnen, den Auftrag von Verkündigung und Zeugnis wahrzunehmen, sehr beschränkt sind. Eine Kirche, die dafür Ämter und Strukturen ausbildet, kann diesen Auftrag wirkungsvoller umsetzen.

Siegfried Wiedenhofer, Ekklesiologie, in: Theodor Schneider, Handbuch der Dogmatik, Band 2, 1999, S. 110.

#missionimpossible

M 4 Diakonia – Dienst am Nächsten

„Eine Kirche, die nicht dient, dient zu nichts", so lautet ein schöner Merkspruch. Dieser Dienst am Nächsten folgt dem Vorbild Christi, der Kranke geheilt und Hungernde gespeist hat. Griechisch heißt das „Diakonia", ein Wort, von dem sich das Wortfeld Diakonie, Diakon/Diakonin, diakonisch etc. ableitet.

Diakonisch handelt die Kirche, wenn sie sich um Kranke und Einsame kümmert, wenn sie Notleidenden hilft (materiell und spirituell). Dies geschieht im Kleinen wie im Großen, nah und fern. [...]

Auch Diakonie geschieht nach innen wie nach außen, wobei es aber zum Wesen der Diakonie gehört, dem Menschen ohne Vorbedingung zu helfen, das heißt auch: unabhängig davon, ob er zur eigenen Kirche gehört oder nicht.

[...] Die Kirche handelt auch dann diakonisch, wenn sie sich gegen ungerechte Strukturen einsetzt, wenn sie für fairere Rahmenbedingungen einsteht, damit jemand gar nicht mehr in Not gerät. Zur Diakonie gehört also auch „Lobby-Arbeit".

[...] Wenn immer ein Mensch aus dem Bewusstsein, dass dies sein christlicher Auftrag ist, einem anderen Menschen hilft, so vollzieht sich darin der diakonische Auftrag der Kirche – ob der betreffende Mensch nun Amtsträger ist oder nicht. Doch wiederum ist klar, dass der Einzelne rasch an Grenzen stößt, wenn er diesen Auftrag wahrnehmen will, während die Kirche als Institution dafür mehr Möglichkeiten hat.

Siegfried Wiedenhofer, Ekklesiologie, in: Schneider, Theodor, Handbuch der Dogmatik, Band 2, 1999, S. 112.

#churchaschurchcan

M 5 Was sich in Kirche ändern muss

„Was muss sich eigentlich in der Kirche ändern?" Das fragte ein Reporter Mutter Teresa von Kalkutta. Die Antwort der ‚Mutter der Armen': „Sie und ich!" Damit hatte der Reporter wohl nicht gerechnet. [...] Er hatte wohl gedacht: „Jetzt zählt sie bestimmt die ganzen kritischen Themen auf. Alles, was die Leute von der Kirche erwarten. Reformen und so." Aber Mutter Teresa ahnte wohl, was er im Schilde führte.

Was sich also in der Kirche ändern muss, sind Sie und ich. [...] Wir müssen anpacken, damit sich etwas bewegt. Da, wo wir leben, müssen wir uns einbringen. [...] Lamentieren nützt nichts. Draufhauen frustriert nur. Allerdings: Man darf auch nicht zu allem Ja und Amen sagen. Wie soll man auf die Glaubens- und Kirchenkrise reagieren? [...] Viele leiden still. [...] Manche ziehen sich resigniert zurück, sie interessieren sich einfach nicht mehr für Kirche. Andere treten sogar aus der Kirche aus.

[...] Ich bleibe in der Kirche um Jesu Christi und der Menschen willen. [...]

Im Glaubensbekenntnis heißt es: „Ich glaube die heilige katholische Kirche." Kann ich das so einfach sagen? Ich habe damit kein Problem, trotz allem. Denn Kirche ist ja nicht bloß ein Verein. Wir alle sind Kirche. Und die Mitte ist Jesus Christus. Die Kirche ist nicht der Verein der Perfekten, sondern eine Gemeinschaft der Sünder. Jedem wird Vergebung geschenkt, jeder darf neu anfangen. Und das erste, das sich in dieser Kirche ändern muss, sind Sie und ich!

Was und wer muss sich außerdem ändern? [...] Wir brauchen eine Sprache und Liturgie, die verständlich sind und lebensrelevant. Theologie und Spiritualität müssen reflektiert und mystisch (nicht mythisch!) sein, praxisnah und ästhetisch ansprechend. Die Verantwortlichen in den Pfarreien und überschaubaren Gemeinden vor Ort müssen erreichbar sein und

weitherzig. In der Ökumene brauchen wir einen sichtbaren Fortschritt im Miteinander. Im Dialog mit den Religionen müssen wir lernen, auf Augenhöhe zu bleiben und den anderen wirklich verstehen zu wollen. Der kirchliche Apparat muss demokratischer werden, seine Entscheidungen nachvollziehbar und transparent, um die faktische Kirchenspaltung zwischen Leitung und Basis zu überwinden. Hierzu gehört auch, Frauen eine deutlichere Stimme und verlässliche Einflussmöglichkeiten zu geben – auf dem Weg zur Zulassung zu allen Weihämtern. Amtsträger müssen jetzt schon lernen, nicht nur aufzutreten wie noch bis vor hundert Jahren, sondern einzutreten für die ihnen hier und jetzt anvertrauten Menschen. Das geht nicht ohne aufmerksames Zuhören, Wertschätzen und Ernstnehmen.
Wir brauchen ein neues christliches Selbstbewusstsein, ein Taufbewusstsein. Sprechen wir nicht von Ehrenamtlichen, sondern von Getauften! Sonst entsteht der Eindruck, es ginge in der Kirche doch nur um Dienste und Ämter, um Einfluss und Macht, um Titel und Pöstchen. Es geht um Jesus Christus und sein Evangelium! [...]
Pastoral- und Gemeindereferenten sollen und wollen nicht nur Ersatz für fehlende Priester sein, sondern ein eigenes Berufsbild ausprägen. Dazu müssen die Gemeinden ihre Fixierung auf das Weiheamt, ja auf den leitenden Pfarrer als ‚Chef' überwinden und selber glauben und denken, reden und handeln.

Stefan Jürgens, Ausgeheuchelt! So geht es aufwärts mit der Kirche, Freiburg/Basel Wien 2019, 160–163.

Stefan Jürgens (* 1968) wurde 1994 zum Priester geweiht. Er war Jugendseelsorger, Leiter eines Exerzitienhauses und sprach von 2004–2008 das „Wort zum Sonntag" in der ARD. Seit 2019 ist er Pfarrer in Ahaus.

#changingchurch

M 6 Rückbesinnung auf Jesus Christus?

Klerus
viri probati
Ordinatio Sacerdotalis
Amazonassynode
Laienapostolat
Pastoralreferent/in
Gemeindereferent/in
Katechismus der katholischen Kirche

Über Jahrhunderte hinweg blieb der Gleichheitsgedanke, den Jesus so stark vorlebte, durch die wechselvolle Kirchengeschichte verschüttet, bis das Zweite Vatikanische Konzil einen Paradigmenwechsel brachte und die Gleichheit von Mann und Frau in den Konzilskonstitutionen theologisch begründete - sowohl aufgrund der Schöpfungs- als auch der Erlösungsordnung. „Jede Form einer Diskriminierung in den gesellschaftlichen und kulturellen Grundrechten der Person [z. B.] wegen des Geschlechts [...], muss überwunden und beseitigt werden, da sie dem Plan Gottes widerspricht." (Gaudium et spes 29). So formulierten es die Konzilsväter vor über 50 Jahren. Ein revolutionärer Schritt für die katholische Kirche, der bis heute wenig Auswirkungen auf die Stellung der Frau in der Kirche hat. [...] Um diesem zentralen Anliegen des Zweiten Vatikanischen Konzils zum Durchbruch zu verhelfen, bedarf es einer weltweiten, geistgewirkten Bewegung, ja eines Aufstands, der von Frauen und Männern getragen sein muss. Neben den unzähligen Frauengruppen in der Kirche gibt es auch sehr viele Männer, welche die Anliegen der Frauen tatkräftig unterstützen. Ebenso unterstützen viele Priester weltweit die Forderung nach dem Frauenpriestertum.
Nach dem Zweiten Vatikanischen Konzil verfolgten die Päpste Johannes Paul II. und Benedikt XVI. einen betont restaurativen Kurs. Papst Johannes Paul II. verhängte gar ein Rede- und Schreibverbot und suchte damit jegliche Diskussion über die Gleichstellung der Frau in der Kirche zu unterbinden. So legte er in seinem Apostolischen Schreiben Ordinatio sacerdotalis (1994) fest, dass die Kirche keinerlei Vollmacht habe, Frauen die Priesterweihe zu spenden. Alle Gläubigen der Kirche hatten sich diesem päpstlichen Verbot zu fügen. [...] Obwohl das katholische Lehramt in den 1990er Jahren versuchte, die Diskussion über Frauen in kirchlichen Ämtern „endgültig" (Formulierung von Johannes Paul II. in Ordinatio sacerdotalis aus dem Jahre 1994) zu beenden, gelang ihm dies nicht ganz. Jahrelang wurde zwar der Deckel auf den kochenden Topf gedrückt, aber irgendwann ging auch dem obersten Lehramt die Kraft und mithin auch die theologischen Argumente aus. Frauen ließen es sich nicht mehr gefallen, zwar als „Menschen mit gleicher Würde, aber nicht mit gleichen Rechten" anerkannt zu werden, und erhoben ihre Stimmen. Die Frauen von Maria 2.0, die im Frühsommer 2019 in Deutschland protestierten und ein großes mediales Echo hervorriefen, zeigten, dass sie mit dem kirchlich-patriarchalen Frauenbild unzufrieden sind und auf eine grundlegende Änderung der Geschlechterverhältnisse hinwirken möchten.

Jacqueline Straub, Warum ich für die Weihe von Frauen in der katholischen Kirche eintrete, Lebendige Seelsorge 71 (2020), 162–166, 164 f.

#womenforpriests

M 7 Abschaffen? Neu begründen!

Der Vorsitzende der Deutschen Bischofskonferenz, Bischof Georg Bätzing, hat zur Debatte über die Zukunft von Priestern in der katholischen Kirche Stellung genommen. Niemand denke daran, das Priesteramt abzuschaffen. Das betonte er am Samstag auf einer Pressekonferenz in Frankfurt zum Abschluss des katholischen Reformprojekts Synodaler Weg. „Es kann keine katholische Kirche geben ohne Priesteramt und es wird sie nicht geben", sagte Bätzing.

Der Limburger Bischof äußerte sich mit Blick auf die zuvor beendete Synodalversammlung und die dortige Beratung eines Grundlagen-Textes mit dem Titel „Priesterliche Existenz heute". Mit 95 zu 94 Stimmen sprachen sich die Teilnehmenden für eine Debatte darüber aus, ob es Priester braucht.

Nicht zuletzt wegen der Missbrauchskrise gebe es Fragen an die Rolle von Priestern innerhalb der katholischen Kirche, erläuterte Bätzing.

Deswegen gelte es zu begründen, „warum und wo die Stellung des priesterlichen Dienstes mitten im Gottesvolk ist". Dieses Ansinnen habe die Synodalversammlung in der Beratung zum Ausdruck bringen wollen.

https://www.domradio.de/themen/reformen/2021-10-03/es-kann-keine-katholische-kirche-geben-ohne-priesteramt-baetzing-begruendet-diskussion-beim (KNA-Artikel)

1 Betrachten Sie das Foto **M 1**.

a) Recherchieren Sie Berichte über oder Porträts von kürzlich zu Priestern geweihten Männern.

b) Recherchieren Sie im offiziellen „Katechismus der Katholischen Kirche" die Aussagen zum Amtspriestertum, bes. die Nummern 1546–1551. Erarbeiten Sie davon ausgehend eine Art „Stellenbeschreibung" für katholische Priester.

c) Untersuchen Sie das Weiheversprechen **M 2** und die Lebenszeugnisse von Priestern oder Priesterkandidaten: Gehen die Darstellungen auf das Weiheversprechen ein? Lassen sich ggf. Schwerpunktsetzungen erkennen?

d) Entwickeln Sie Ideen für eine Werbekampagne für den Priesterberuf und diskutieren Sie diese. Bringen Sie unterschiedliche Perspektiven ein **M 3**, **M 4**, **M 5**, **M 6**.

2 Lesen Sie die Texte von Wiedenhofer zur Martyria **M 3** und zur Diakonia **M 4**.

a) Erklären Sie den Unterschied zwischen „Verkündigung nach innen" und „Verkündigung nach außen". Berücksichtigen Sie dabei auch, wer jeweils dafür zuständig ist.

b) Recherchieren Sie, welche Angebote diakonische Institutionen wie die Caritas (katholisch) und die Diakonie (evangelisch) haben. Erklären Sie, inwiefern die jeweiligen Dienste „Dienst am Nächsten" sind.

c) Jesus hat gesagt: „Liebe deinen Nächsten wie dich selbst." Erläutern Sie mithilfe von Lk 10,25–37, wer mit „Nächster" gemeint sein könnte.

3 Lesen Sie den Text von Stefan Jürgens **M 5**.

a) Bewerten Sie die überraschende Antwort von Mutter Teresa auf die Frage des Reporters (Z. 1 f.) und wenden Sie sie auf sich selbst an.

b) Halten Sie die Forderungen des Priesters zu notwendigen Veränderungen (Z. 34 ff.) in einer Tabelle fest und erläutern Sie mit eigenen Worten, was damit jeweils gemeint ist. Ergänzen Sie die Tabelle ggf. um weitere Aspekte.

4 Lesen Sie **M 6**.

a) Arbeiten Sie die Argumente heraus, die für Straubs Gedankengang zentral sind.

b) Antworten Sie auf das Statement von Straub oder verfassen Sie einen Kommentar. Recherchieren Sie dazu, wo Frauen gegenwärtig in der Kirche Verantwortung übernehmen.

c) Diskutieren Sie: Welche Priester braucht die Kirche? Welche Priester braucht die Welt **M 7**?

Recherchieren Sie die weitere Diskussion der Ämterfrage beim Synodalen Weg **M 7**. Dokumentieren Sie die zentralen Argumente.

Kirchentrennung – Ärgernis und Chance

Es war ein besonderes Fest: Katholiken und Protestanten begingen die 500-Jahr-Feier der Reformation gemeinsam. War es ein frohes Jubiläum oder ein erinnerndes Gedenken? Dahinter steht eine zentrale Frage: Was verbindet die Kirchen, was trennt sie – nicht nur bei der Einordnung der Reformation? Beim Reformationsgedächtnis wurde klar: So schmerzhaft die Trennung bleibt, so bedeutsam und bereichernd sind die in beiden Kirchen aufbewahrten Traditionen.

M 1 „Konfession: katholisch" – alles klar?

Wie wahrscheinlich so manchen KatholikInnen wird mir regelmäßig die Frage gestellt, weshalb ich denn (noch immer) katholisch sei. Implizit wird damit zum Ausdruck gebracht, dass eine Person, die nicht konservativ und weltfremd zu sein scheint, nicht katholisch sein könne. Ich beantworte diese Frage meistens so: „Luther hatte recht, aber ich finde die protestantischen Kirchbauten zu kahl." Da diese Antwort die meisten nicht zufriedenstellt, ganz abgesehen von der humorvollen Konnotation, werde ich manchmal aufgefordert, mich näher zu erklären. Für mich als Holländerin, also geboren und erzogen in einem zumindest sehr religionskritischen und manchmal sogar religionsfeindlichen Umfeld, sind solche Fragen nicht ungewohnt, daher stehe ich gerne Rede und Antwort. [...]

Ich komme mir in Bezug zu diesen kritischen Anfragen regelmäßig so vor, als befände ich mich in der Position einer Muslimin, die gefragt wird, warum sie denn ein Kopftuch trägt. Hinter dieser Frage versteckt sich die unausgesprochene Annahme, dass sie entweder vom islamischen Patriarchat unterdrückt werden müsse oder dass sie unmöglich eine emanzipierte und selbstbewusste Frau sein könne. Hinter der Frage nach meiner katholischen Konfession verstecken sich wahrscheinlich auch häufig genau solche Annahmen. Insbesondere Protestantinnen verstehen oftmals nicht, wieso jemand wie ich, offensichtlich emanzipiert, sich noch hartnäckig zu dieser Konfession bekennt. Ich muss ehrlich gestehen, dass es mir selbst oftmals wie eine Gratwanderung vorkommt. [...] Dennoch bleibe ich katholisch, weil ich katholisch bin. Das mag sich wie eine schlechte Argumentation anhören, es ist aber wahr. So unmöglich es für mich ist, mein Holländischsein aufzugeben, so unmöglich ist es mir, mein Katholischsein aufzugeben: Selbstverständlich könnte ich einen deutschen Personalausweis beantragen, aber das würde nichts an der Tatsache ändern, wie ich mich selbst wahrnehme oder von anderen wahrgenommen werde. Katholisch bin ich, obgleich Luther recht hatte; Argumentationen sind eben nicht immer ausschlaggebend. Für eine evangelische Kollegin war das fast unmöglich zu glauben: Kulturkatholizismus pur! [...] Definitiv scheinen die Zeiten vorbei zu sein, in denen es möglich war, aufgrund einer formalen Konfessionszugehörigkeit auf eine erkennbar konfessionelle religiöse Praxis zu schließen. Inzwischen sind die Unterschiede innerhalb der Konfessionen manchmal größer als zwischen der großen Mehrheit der Konfessionen. Gleichwohl ist es alles andere als einfach egal, was meine religiöse Identität ausmacht. In Analogie dazu könnte gesagt werden, dass jemandem vielleicht manches an seinem Elternhaus missfällt: Die Eltern waren zu streng, es gab zu wenig Freiheit, aber dennoch kann nicht geleugnet werden, dass man Kind dieser Eltern ist und davon sehr beeinflusst ist, sowohl im Negativen als auch im Positiven. [...]

Dass sich eine Kulturkatholikin, wie ich es bin, vom Protestantismus inspirieren lässt, steht außer Frage. Abt Johannes XI., besser bekannt als protestantische Persönlichkeit Hanns Lilje, schreibt in seinem Lutherbuch aus dem Jahre 1965: „Die Einzigartigkeit und Unwiederholbarkeit des geschichtlichen Phänomens Martin Luther wird daran erkennbar, dass niemand auf der Welt deutsch spricht, schreibt oder liest, der nicht von Luthers geistigem Erbe angerührt wäre, welchem kirchlichen Bekenntnis er auch angehört". [...] Mir geht es hier darum, dass es in einer vom Protestantismus geprägten Kultur fast unmöglich ist, mich nicht von den „Protestanten" inspirieren zu lassen. [...]

In der Dogmatischen Konstitution über die Kirche, Lumen Gentium, Kap. II, wird die Kluft zwischen Laien und Klerus einigermaßen aufgehoben, indem die Idee des allgemeinen

Priestertums betont wird. Es ist schwierig, eine Kausalität zwischen Luthers Nachdruck auf dem gemeinsamen Priestertum und der Wiederentdeckung des gemeinsamen Priestertums im Zuge des II. Vatikanums zu beweisen. Dennoch kann nicht verneint werden, dass sich die hierarchische katholische Kirche durch den progressiven Geist des Zweiten Vatikanischen Konzils von einer stärker egalitären Idee der Kirche im Sinne des Protestantismus hat inspirieren lassen. Dass die Idee des allgemeinen Priestertums eine gewisse Emanzipation der Rolle der Frau in der katholischen Kirche bedeutet […], lässt sich nicht von der Hand weisen. Aber auch für die katholische Liturgie ist die Reformation nicht ohne positive Folgen geblieben. Nicht nur das Übersetzen der Bibel in die Landessprache führte zu einem stärker egalitären Verhältnis und der verbesserten Möglichkeit, den Glauben verstehen zu können; auch der Kleine Katechismus führte zu einer Emanzipation der Gläubigen. Diese evangelischen Glaubensrevolutionen wie auch das Liedgut der Reformatoren ermöglichten eine aktivere Teilnahme der Gläubigen an der Liturgie. […] Aber führt diese positive Bewertung des Protestantismus dazu, dass ich jetzt konvertieren soll oder möchte? Sowenig wie Luther konvertieren wollte, möchte ich dies tun, obwohl ich mir oftmals, genau wie Luther, einige Reformen wünsche. […] Vielleicht mache ich aber das, was ich immer versuche, durch meine Arbeit zu tun, und was eigentlich auch Martin Luther vor Augen hatte: nach meinem eigenen Gewissen mich darum zu bemühen, Änderungen zu bewirken, seien sie noch so klein. Um auf die eingangs gestellte Frage zurückzukommen […]: Wenn ich meine Tradition verlassen würde, könnte ich innerhalb dieser Tradition nur noch schwerlich etwas Positives bewirken. Als Außenseiterin hätte ich weniger Schlagkraft als in der Mitte des Geschehens. Ich möchte aber ein Bild von der katholischen Kirche zeichnen, wie es in Übereinstimmung mit meinem eigenen Gewissen sein kann: dass Katholizismus nicht gleichzusetzen ist mit Konservatismus oder Klerikalismus, sondern mit Kosmopolitismus!

Kim de Wildt, „Konfession: katholisch" – alles klar?, in: Katechetische Blätter 141 (2016) 263–266.

#cultureclub

Kim de Wildt (* 1975) arbeitet als wissenschaftliche Mitarbeiterin am Centrum für Religionswissenschaftliche Studien (CERES) in Bochum.

Der Begriff **„allgemeines Priestertum"** (Z. 90 f.) wird zwar häufig gebraucht, ist aber missverständlich. Gemeint ist hier das **„gemeinsame Priestertum"**, das jeder Getaufte innehat. Abzugrenzen davon ist das **„Priestertum des Dienstes"**, das Männer durch die Priesterweihe erlangen.

M 2 Schlussgottesdienst des Deutschen Evangelischen Kirchentags

Im Fußballstadion Signal Iduna Park in Dortmund am 23. Juni 2019 mit Einladung zum 3. Ökumenischen Kirchentag in Frankfurt 2021 mit (v. l. n. r.): Georg Bätzing, Bischof von Limburg; Bettina Limperg, Präsidentin des Bundesgerichtshofs und evangelische Präsidentin des 3. Ökumenischen Kirchentags in Frankfurt; Volker Jung, Kirchenpräsident der Evangelischen Kirche in Hessen und Nassau (EKHN); Thomas Sternberg, Präsident des Zentralkomitees der deutschen Katholiken (ZdK).

#prayingtogether

M 3 Ökumenisch Zukunft gestalten

Wir stehen gemeinsam vor der Herausforderung, wie wir in einem zunehmend säkularen, pluralen und multireligiösen gesellschaftlichen Umfeld unsere kirchliche Arbeit neu so ausrichten können, dass Menschen darin für sich Angebote gelingenden Lebens entdecken können. […] Wir wollen die Herausforderungen zusammen bearbeiten, die sich in unseren Kirchen in gleicher Weise stellen. Hierbei haben wir insbesondere die konfessionsverbindenden Ehepaare mit ihren Familien im Blick. […]

Wir empfehlen den Gemeinden, die vielfältigen Möglichkeiten ökumenischer Zusammenarbeit als Entlastung und gegenseitige Ermutigung wahrzunehmen. Konkret empfehlen wir:

+ Formen der geistlichen Ökumene zu intensivieren und fest im Alltag der Gemeinden zu verankern, die dabei helfen, gemeinsam aus der Heiligen Schrift als Grundlage unseres Glaubens zu leben; zum Beispiel regelmäßig ökumenische Gottesdienste zu feiern, in der Advents- und Fastenzeit gemeinsam Akzente zu setzen; in der Firm- und Konfirmationsvorbereitung ökumenische Begegnung und ökumenisches Lernen zu ermöglichen;
+ wo es sinnvoll und möglich ist, Vereinbarungen über die gemeinsame Nutzung von Kirchen und Gemeindehäusern zu treffen;
+ die Abstimmung über pastorale Schwerpunkte vor Ort zu suchen und inhaltliche Kooperationen überall dort einzugehen, wo die Voraussetzungen dafür gegeben sind und nicht Gründe des Glaubens oder größere Zweckmäßigkeit dem entgegenstehen [...];
+ „Ökumenische Gemeindepartnerschaften" als verbindlichen Rahmen der Zusammenarbeit abzuschließen. [...]

Die wachsende Kluft zwischen Arm und Reich in unserem Land, die Fragen nach Gerechtigkeit, Frieden und Bewahrung der Schöpfung fordern die christlichen Kirchen heute ebenso dauerhaft zum gemeinsamen Handeln heraus wie die Flucht- und Migrationsbewegungen und neu aufkommender Antisemitismus und Islamfeindlichkeit. Daher wollen wir in unserem Einsatz für eine solidarische, friedliche, tolerante und umweltbewusste Gesellschaft noch enger zusammenarbeiten.

Konkret soll in unserer Arbeit:
+ die Bildung von Initiativen und Gruppen angeregt bzw. die Arbeit von bestehenden Gruppen gefördert werden, die sich für Gerechtigkeit, Frieden, Bewahrung der Schöpfung sowie die Überwindung von Gewalt einsetzen;
+ eine enge Zusammenarbeit in der Flüchtlingsarbeit einschließlich der Kirchen anderer Sprache und Herkunft gesucht und vereinbart werden;
+ die Begegnung und der Austausch mit dem Judentum als unseren älteren Geschwistern sowie die Begegnung und das interreligiöse Gespräch mit Muslimen intensiv fortgesetzt und öffentlich immer wieder Position gegen Antisemitismus, Fremdenfeindlichkeit und Rassismus bezogen werden;
+ eine Zusammenarbeit von Diakonie und Caritas in den Blick genommen und zukünftig gefördert bzw. verstärkt werden.

Ökumenisch Zukunft gestalten, Gemeinsamer Aufruf des Erzbistums Paderborn, der evangelischen Kirche von Westfalen und der Lippischen Landeskirche aus Anlass des Reformationsfestes 2017, Dortmund 2017.

#togetherwe'restrong

M 4 Die Frage nach dem kirchlichen Amt – ökumenisch

Soziologisch betrachtet haben die christlichen Konfessionen durchaus vergleichbare institutionelle Strukturen. Überall gibt es, wenn auch mit verschiedenen Bezeichnungen, Ämter und Gremien, die vor Ort oder überregional Leitungs- oder Beratungsfunktionen wahrnehmen. Die theologische Begründung der Ämter, die den Amtsträgern zugeschriebenen Funktionen und Vollmachten und die Frage der Zulassung zu einem kirchlichen Amt differiert dabei zumindest teilweise zwischen den Konfessionen. Seit einiger Zeit ist zur Erklärung dieser Unterschiede von Kirchen unterschiedlichen Typs die Rede: Die Kirchen der vorreformatorischen Tradition, also orthodoxe, römisch-katholische, aber auch anglikanische und altkatholische Kirchen, seien sakramental strukturiert: Denn hier versteht man die Ordination als Sakrament, das dem Amtsträger besondere Vollmachten, besonders zur Sakramentenspendung, Kirchenleitung und Glaubenslehre, überträgt und im Gegenüber von Amtsträger und Gemeinde ein Bild des Gegenüber von Christus und Kirche sieht.
Dass Kirche ihrem apostolischen Ursprung treu bleibe, garantiere die apostolische Sukzession der Bischöfe. Demgegenüber seien die Kirchen der reformatorischen Tradition sehr viel stärker von der Verkündigung des Wortes Gottes geprägt, das allem kirchlichen Handeln normativ vorgeordnet und gegenübergestellt ist. Apostolizität sei hier weniger eine institutionelle als eine inhaltliche Kategorie: Die Kirche ist apostolisch, sofern ihr Glaube in Kontinuität zum Ursprung steht, sofern also das Wort Gottes tatsächlich entsprechend dem Zeugnis der Apostel verkündet wird. Diese typologische Gegenüberstellung hat einiges für sich, tendiert aber dazu, prinzipielle Differenzen, sogar grundsätzliche Unvereinbarkeiten,

zwischen den Konfessionen zu behaupten, die weder der Theologie noch der Empirie der jeweiligen Ordinationen und der Wortverkündigung gerecht werden. Selbstverständlich will auch die katholische Kirche eine „Kirche des Wortes“ sein und natürlich kennen auch evangelische Kirchen eine liturgische Ordination, d.h. eine Amtsübertragung.

Julia Knop in: Julia Knop/Stefanie Schardien, Heute christlich glauben. Der Leitfaden für die Ökumene im Alltag. Herder, Freiburg, S. 98 f.

#Typenfalle

M 5 Die Frage nach dem kirchlichen Amt – evangelisch

Zum evangelischen Verständnis der Kirche gehört sehr wesentlich die Überzeugung, dass ihre Leitung nicht durch einzelne Menschen und vor allem nicht nur durch Pfarrerinnen und Pfarrer allein ausgeübt werden soll. Die evangelischen Landeskirchen stützen sich darum in ihrer Leitung auf mehrere Säulen. Bei allen leicht unterschiedlichen Strukturen oder Bezeichnungen bleibt die Idee dahinter grundsätzlich dieselbe: Wesentliche Entscheidungsbefugnisse haben die Synoden, die sich als „Kirchenparlamente“ aus delegierten, z.T. berufenen theologischen und nichttheologischen Mitgliedern zusammensetzen. [...] Ein Grundanliegen des evangelischen Synodalwesens besteht darin, in der kirchlichen Leitung die Vielfalt ihrer Mitglieder und den Willen ihrer Gemeinden abzubilden. Alle evangelischen Christinnen und Christen haben darum die Möglichkeit, an der Gestaltung ihrer Kirche mitzuwirken, Verantwortung zu übernehmen und vor allem auch Leitungsfunktionen auszuüben. Pfarrerinnen und Pfarrer müssen Allrounder sein: Von der Leitung der Gottesdienste und Feier der Kasualien über die Seelsorge, Präsenz in allen Gruppen und Kitas bis zu praktischen Aufgaben in Personalführung und Bauwesen. Früher war die „Arbeitsplatzbeschreibung“ kürzer: Nach dem Augsburger Bekenntnis (1530) hat das Predigtamt die Aufgabe, durch die Verkündigung des Wortes und die Verwaltung der Sakramente den Glauben zu wecken (Confessio Augustana, V. 1530). Weil der Heilige Geist im Wort und im Sakrament den Glauben weckt und ihn stärkt, müssen sich die Gemeinden um regelmäßige und geordnete Gottesdienste sorgen. Entsprechend gilt es, Menschen damit zu beauftragen. Dieses Amt versteht sich nur von dem her, was es leisten und welche Funktion es ausüben soll. Aus evangelischer Sicht macht die Ordination aus den Pfarrerinnen und Pfarrern, die dazu in einem Gottesdienst berufen, gesegnet und in ihren Dienst gesandt werden, keine anderen Menschen mit etwa engerem Draht zu Gott oder besonderer Macht.
Eine theologische Ausbildung wird verlangt, damit die notwendigen Aufgaben auch ordentlich erfüllt werden. Herausgehoben aus der Gemeinde ist das Amt theologisch betrachtet nur dadurch, dass es an einen bestimmten Dienst gebunden ist.

Stefanie Schardien in: Julia Knop/Stefanie Schardien, Heute christlich glauben, S. 112–114.

#gleichsein

Neben der evangelischen **Landeskirche** gibt es noch zahlreiche **Freikirchen**. Während die Landeskirchen territorial gegliedert sind und sich in der EKD, der Evangelischen Kirche in Deutschland, zusammengeschlossen haben, sind Freikirchen unabhängige Gemeinschaften. Angesichts der Pluralität evangelischer Kirchen ist die Rede von der evangelischen Kirche missverständlich.

M 6 Die Frage nach dem kirchlichen Amt – katholisch

Das Weiheamt gliedert sich in der katholischen Kirche heute in drei Stufen: den Diakon („Diakonat“), den Priester („Presbyterat“) und den Bischof („Episkopat“). Der Diakonat wurde im Anschluss an das II. Vatikanische Konzil als eigenständige Weihestufe wiederhergestellt, sichtbar im sogenannten „ständigen“ Diakon, der den Dienst des Diakons nicht nur auf seinem Weg zum Priesteramt eine Zeit lang übernimmt, sondern dauerhaft. Während Priester und Bischof zölibatär leben, bleibt der „ständige“ Diakon in dem Lebensstand, in dem er geweiht wurde: verheiratet oder zölibatär. [...]
Die sakramentale Weihe wird durch Gebet und Handauflegung des Bischofs vollzogen. Der Priester empfängt in der Weihe die Vollmacht, „in persona Christi“ zu handeln: die Sakramen-

Julia Knop (* 1977) lehrt katholische Dogmatik in Erfurt.

Stefanie Schardien (* 1976) lehrte Systematische Theologie und Ökumene in Hildesheim. Seit 2019 ist sie als Pfarrerin im „Wort zum Sonntag“ der ARD zu sehen.

Dominus Iesus
EKD
VELKD
BEFG
Charta Oecumenica

te zu spenden, die Gemeinde zu unterweisen und zu leiten. Diese Vollmacht ist keine persönliche Auszeichnung und auch kein Freibrief für machtverliebte Alphatiere. „Selbstdarsteller“ sind im Priesteramt (eigentlich) nicht gefragt. Denn der Priester repräsentiert in der Feier der Sakramente nicht sich selbst, sondern Jesus Christus. Im Gegenüber von Amt und Gemeinde soll strukturell sichtbar werden, was für die Kirche als ganze gilt: der Vorrang Christi, des Hauptes der Kirche, die sich das, woraus sie lebt – seine Gnade, sein Heil – nicht selbst geben kann. Dieses Verständnis geistlicher Vollmacht ist durchaus entlastend: „Güte“ und Kraft eines Sakraments hängen nicht vom Charisma, von der Rhetorik oder schlimmstenfalls der Tagesform des Amtsträgers ab. Diese „Entlastung“ entbindet den Geweihten natürlich nicht von der Herausforderung, seinem Glauben und seiner Rolle eine authentische, glaubwürdige Gestalt zu geben. Hier haben die sogenannten „evangelischen Räte“ (Armut, Keuschheit. Gehorsam) ihren Ort, aber auch eine gute theologische Ausbildung und die „ars celebrandi“, die Kunst bzw. Kompetenz, einem Gottesdienst gut vorzustehen. […].

Julia Knop, in: Julia Knop/Stefanie Schardien, Heute christlich glauben, S. 116 f.

#anderssein

M 7 Versöhnungsgottesdienst mit Christuskreuz 2017

Landesbischof Heinrich Bedford-Strohm, Vorsitzender der Evangelischen Kirche in Deutschland (EKD), und Kardinal Reinhard Marx, damaliger Vorsitzender der katholischen Deutschen Bischofskonferenz (DBK). Thema des ökumenischen Buß- und Versöhnungsgottesdienst am 11. März 2017 in der Michaeliskirche Hildesheim war: „Erinnerung heilen (Healing of memories)“. Im Vordergrund das „Christuskreuz 2017“ zum Reformationsgedenken.

M 8 Die wahre Kirche

Traditionell werden im katholischen Kontext drei Kriterien genannt, an denen sich Verwandtschaft und Verbundenheit zwischen verschiedenen Kirchen ablesen lassen: Gemeinschaft 1. im Bekenntnis des apostolischen Glaubens, 2. in der Feier der Sakramente und 3. in der kirchlichen Leitung in sakramentaler Nachfolge der Apostel (Papst und Bischofskollegium). Sind sie voll gegeben, spricht die katholische Kirche von „Kirche“ im Vollsinn. In dem Maß, in dem diese drei „kirchenbildenden“ Merkmale gegeben sind, bemisst man Verwandtschaft und Verbundenheit zwischen den Kirchen. Kirchen, die all diese Merkmale erfüllen, werden entsprechend als Teil- bzw. Schwesterkirchen der einen Kirche anerkannt. Die Kirchen des Ostens sind in dieser Terminologie „echte Teilkirchen“, weil sie den apostolischen Glauben überliefern, die Sakramente feiern und das sakramentale Leitungsamt in apostolischer Sukzession haben, auch wenn zwischen ihnen und der römisch-katholischen Kirche keine Einheit in Bezug auf den Primat des Papstes besteht.
Dass die evangelischen Kirchen nicht „Kirche im eigentlichen Sinn“ seien, also im Sinn der katholischen Kirchen-Definition die genannten drei Kriterien von „Kirche“ nicht (voll) erfüllen, hat nach Erscheinen von Dominus Iesus verständlicherweise zu einer Woge der Entrüstung geführt. Das aus katholischer Sicht 3. kirchenbildende Element der Verbundenheit im sakramentalen Amt in apostolischer Nachfolge wurde als überzogener konfessioneller Anspruch und Rückfall in die sogenannte Rückkehr-Ökumene gedeutet. Immerhin hatte Johannes Paul II., der die Veröffentlichung von Dominus Iesus angeordnet

hat, fünf Jahre zuvor in seiner Ökumene-Enzyklika [...] auch angeregt, neu über eine Gestalt des Petrus-Dienstes nachzudenken, die kein ökumenischer Störfaktor ist, sondern sichtbar macht, wozu das Papstamt in erster Linie da ist: der Einheit aller Christen zu dienen und sie symbolisch zu repräsentieren.

Julia Knop, in: Julia Knop/Stefanie Schardien, Heute christlich glauben, S. 107 f.

#PapstderEinheit

1 Lesen Sie den Text von Kim de Wildt M 1.

a) De Wildt sagt zwar: „Luther hatte recht" (Z. 8), dennoch steht sie zu ihrem Katholischsein. Fassen Sie zusammen, welche Gründe sie hierfür nennt, und bewerten Sie diese Gründe.

b) Kim de Wildt sieht „positive Folgen" (Z. 103 f.) der Reformation auch für die katholische Kirche. Sammeln Sie solche Folgen und nehmen Sie zu de Wildts Beurteilung Stellung.

c) Nehmen Sie Stellung zur Aussage de Wildts: „Wenn ich meine Tradition verlassen würde, könnte ich innerhalb dieser Tradition nur noch schwerlich etwas Positives bewirken" (Z. 125 ff.).

2 Der Abschlussgottesdienst zum Deutschen Evangelischen Kirchentag 2019 fand ökumenisch in einem Fußballstadion statt M 2.

a) Fußball und Religion stehen in einem spannungsreichen Verhältnis (vgl. Kap. 7, S. 253). Benennen Sie mögliche Konflikte und Chancen, die sich aus dem Zusammentreffen von Stadion und Gottesdienst ergeben können.

b) Ein Stadiongottesdienst ist bei kirchlichen Großereignissen wegen der großen Zahl der Mitfeiernden praktisch notwendig. Diskutieren Sie Chancen und Grenzen einer solchen Feier – für die Feier des Glaubens und das Miteinander verschiedener Konfessionen.

c) Nehmen Sie Stellung zur These: Die Feier des Gottesdienstes im Fußballstadion ist ein Bild für den Ort der Kirchen in der deutschen Gesellschaft.

3 M 3 empfiehlt konkrete Möglichkeiten, Ökumene in den Gemeinden umzusetzen und zu leben. Nennen Sie Bereiche, in denen es schwierig sein könnte, zusammenzuarbeiten. Erläutern Sie mögliche Vorbehalte.

4 Die Soziologie untersucht die Kirchen nicht theologisch, sondern als gesellschaftliche Wirklichkeit. Sie interessiert sich z. B. für geschichtlich gewachsene Strukturen, aber auch für inhaltliche Fragen. Belegen Sie die soziologische These einer großen Ähnlichkeit der Kirchenstrukturen der christlichen Kirchen, indem Sie Ämter und Aufbau ausgewählter Kirchen recherchieren und vergleichen M 4. Markieren Sie dabei auch inhaltliche Differenzen, auf die Sie ggf. stoßen.

5 Das Amtsverständnis bei Katholiken und Protestanten unterscheidet sich trotz einiger Gemeinsamkeiten M 4 – M 6.

a) Stellen Sie Gemeinsamkeiten und Unterschiede tabellarisch dar.

b) Das unterschiedliche Amtsverständnis gilt als das größte Hindernis zur kirchlichen Einheit. Recherchieren Sie Chancen und Herausforderungen einer baldigen Kircheneinheit.

6

a) Erläutern Sie die Bezeichnung „Kirche im Vollsinn" M 8 (Z. 10).

b) Nehmen Sie Stellung zur Kritik vieler Vertreter und Vertreterinnen evangelischer Kirchen an der Aussage, keine „Kirche im eigentlichen Sinn", sondern nur eine kirchliche Gemeinschaft zu sein.

c) Das Zu- und Miteinander der Konfessionen ist gerade für die Gesellschaft in Deutschland bedeutsam. Beurteilen Sie die Differenzierungen aus einer Außenperspektive.

d) Die wechselseitige Zulassung zu den Sakramenten, besonders zu Eucharistie/Abendmahl, ist eine zentrale ökumenische Herausforderung. Analysieren Sie diese Herausforderung aus der kirchlichen Binnen- wie einer gesellschaftlichen Außenperspektive.

7 Beim Versöhnungsgottesdienst in Hildesheim hatte das sog. „Christuskreuz" einen besonderen Platz M 7. Gestalten Sie das Kreuz dreidimensional nach und betrachten Sie es aus verschiedenen Perspektiven. Entwickeln Sie anschließend eine Interpretation, die es im Kontext der Reformation und ihres Gedenkens erläutert.

Entwerfen Sie ein Werbeplakat für ein ökumenisches Kirchenprojekt, das später Teil Ihrer Collage sein könnte.

Glaub-Würdig? Kirche zwischen Anspruch und Wirklichkeit

Viele Christinnen und Christen sind überzeugt: die Botschaft Jesu, wie sie die Kirchen überliefern, ist aller Mühen wert, denn das Evangelium dient allen Menschen. Gut sichtbar wird das an der Soziallehre. Eine Frage wird da um so drängender: Wird die Kirche ihrem eigenen Anspruch, den sie in der Soziallehre zum Ausdruck bringt, gerecht?

M 1 Prinzipien christlicher Sozialethik

In der traditionellen Soziallehre der Kirche sind vier klassische Sozialprinzipien zu finden: Personalität, Gemeinwohl, Solidarität und Subsidiarität. Im Kontext der ökologischen Frage ist das Prinzip der Nachhaltigkeit hinzugefügt worden. [...]

Solidarität
Subsidiarität
Hilfestellungsprinzip

→ Wie unterscheiden sich Sozial- und Individualethik? S. 124

Als Maßstab für gesellschaftliche Verhältnisse will das Personalitätsprinzip sicherstellen, dass die Menschen in allen sozialen Beziehungen und gesellschaftlichen Institutionen immer als Träger eigener Würde respektiert werden: „Nach dem obersten Grundsatz dieser Lehre muss der Mensch Träger, Schöpfer und das Ziel aller gesellschaftlichen Einrichtungen sein." (Johannes XXIII., Mater et magistra, 1961, Nr. 219). In freiheitlich-demokratischen Gesellschaften ist eine Gefährdung der Personenwürde vor allem in totalen gesellschaftlichen Institutionen mit Zwangscharakter zu finden. Dies gilt etwa für das Militär mit seinem strikten Prinzip von Befehl und Gehorsam, dies gilt für geschlossene Einrichtungen der Heimerziehung und der Unterbringung von psychisch Kranken, für Gefängnisse (für deren Insassen) sowie für Einrichtungen der Alten- und Pflegehilfe, in denen Personen nicht mehr selbst entscheidungsfähig sind. In anderen Gesellschaften kann die Verletzung der Personenwürde sich auf Strukturen im Wirtschaftsleben wie im öffentlichen Leben beziehen. Mit dem Personalitätsprinzip kann man also an gesellschaftliche Verhältnisse, Strukturen bzw. Institutionen mit der Frage herangehen, ob sie in jeder Beziehung die Würde der menschlichen Person achten.

Da Menschen nur in Gemeinschaft ihre Ziele realisieren können, gibt es bestimmte gesellschaftliche Zielvorstellungen, die von allen jeweils einer Gemeinschaft zugehörigen Menschen vernünftigerweise angestrebt werden und zu deren Erreichung sie einen Beitrag leisten sollten. Diese gemeinsamen Ziele werden als Gemeinwohl bezeichnet. Das Gemeinwohl kann sich auf verschiedene Vergemeinschaftungsebenen der Menschen beziehen, so dass es ein Gemeinwohl einer Gemeinde oder Stadt, eines Bundesstaates, ganzer Nationen, Europas bzw. der EU und auch der gesamten Menschheit (Weltgemeinwohl) gibt. [...]

Das dritte Sozialprinzip ist das Solidaritätsprinzip. Der Solidaritätsbegriff wird in verschiedenen Kontexten gebraucht, etwa auch bei persönlichen und überschaubaren Gruppen, wo es ein freiwilliges Einstehen füreinander gibt. [...] Solidarität betrifft zum einen ein Verhalten, das das gemeinschaftliche Erreichen der Gemeinwohlziele fördert und nicht gefährdet. Solidarität bedeutet zum anderen auch, dass finanzielle Lasten für gemeinschaftliche Institutionen übernommen werden, wobei jeder nach seinen Fähigkeiten und Möglichkeiten einzutreten hat. Solidarität verlangt zudem, dass man Solidarleistungen anderer nicht unnötiger- und unberechtigterweise in Anspruch nimmt.

Während die bisher genannten drei Prinzipien [...] als Zielprinzipien menschlichen Zusammenlebens bezeichnet werden können, kann man das Subsidiaritätsprinzip als Organisationsprinzip ansehen. [...] Es besagt, dass im institutionellen Kontext im Zweifel jeweils kleinere Einheiten Vorrang vor größeren Einheiten haben. Das Anstreben von Gemeinwohlzielen und die damit verbundenen Solidaritätspflichten sind möglichst dezentral zu organisieren. Die Verlagerung von Kompetenzen auf höhere Ebenen ist damit jeweils beweispflichtig. Das Subsidiaritätsprinzip fragt somit, ob diese Kompetenzen dieser Ebene zugeordnet sein müssen oder ob sie nicht bürgernäher organisiert sein können. Subsidiarität steht damit im Dienst des Personalitätsprinzips, weil Partizipationschancen des Einzelnen umso größer sind, je dezentraler gesellschaftliche Institutionen organisiert sind.

[...] Angesichts der Bedeutung von intergenerationellen Fragen und des Eigenwertes der Natur im Verhältnis zur Frage der Interaktion zwischen Menschen erscheint es [...] nicht als sinnvoll, diese lediglich als Teilbereich oder Anhängsel der klassischen Sozialprinzipien zu behandeln. Vielmehr sollte ihre Bedeutung durch ein eigenes Sozialprinzip, das die vier klassischen ergänzt, unterstrichen werden, nämlich durch das Prinzip der Nachhaltigkeit. Der Gedanke der Nachhaltigkeit besagt, dass heutiges Handeln nur dann ethisch gerechtfertigt ist, wenn es längerfristig durchhaltbar ist und sich auf lange Sicht als ethisch tragfähig erweist. Damit würde dieses Prinzip Verhaltensweisen kritisieren, die zwar kurzfristige Vorteile bieten, aber – als Raubbau an natürlichen Ressourcen oder durch Ablagerung von Schadstoffen – gleiche Lebenschancen von zukünftigen Generationen gefährden.

Joachim Wiemeyer, Keine Freiheit ohne Gerechtigkeit. Christliche Sozialethik angesichts globaler Herausforderungen, Freiburg, Herder 2015, 117–119.

#Vielfaltmachtstark

→ Bei der Diskussion um den „Klimawandel" ist das Kriterium der „Nachhaltigkeit" zentral, S. 149 f.

Joachim Wiemeyer (* 1954) lehrt Christliche Gesellschaftslehre in Bochum.

M 2 Die Zeitenwende der Kirche

Zeitenwenden haben es in sich. Danach ist nichts mehr wie zuvor. Eine solche Zeitenwende erleben wir in der Kirche, seitdem der Missbrauchsskandal immer größere Wellen schlägt. Das Entsetzen ist groß und die Nachrichten über weitere Skandale reißen nicht ab. Die Glaubwürdigkeit unserer Kirche ist dabei erschüttert, viele haben das Vertrauen in unsere Kirche verloren, besonders aber das Vertrauen zu uns Bischöfen und Priestern. Dabei sind wir bis ins Mark getroffen, erleben aber zugleich auch eine Freimütigkeit des Denkens und Redens, wie wir sie in unserer Kirche lange nicht gekannt haben. Es wird heftig gestritten, Vieles infrage gestellt, nach Reformen gerufen. Vor allem diejenigen, die vom Missbrauch, von sexueller Gewalt und/oder geistlichem Missbrauch betroffen sind, wollen gehört und gesehen werden. Aber auch die Menschen, die in Mitleidenschaft gezogen sind, kommen hinzu. Schließlich gibt es auch die vielen Generationen, deren Seelen oft und tief verletzt sind, weil sie lange mit Lebensverboten, moralischen Verurteilungen und seelischem Druck aufgewachsen sind, die ihr Leben dauerhaft beeinträchtigen. Das Leid vieler Menschen schreit zum Himmel und beschämt mich sehr. Es ist höchste Zeit, dass wir uns fragen, wie es sein kann, dass die Kirche so viel menschliches Leid hervorruft. Wir lernen vor allem, dass die Kirche immer wieder neu für die Menschen da sein und ihnen dienen muss. Sie ist kein Selbstzweck. Darum ist auch eine neue Aufmerksamkeit für die Sehnsüchte und Bedürftigkeiten vieler Menschen gewachsen, leidenden Menschen beizustehen und alles Mögliche zu tun, um weiteres Unheil zu verhindern, weil die Kirche keine Quelle von Leid sein darf, sondern ein Ort sein muss, an dem Menschen leben dürfen und Heil an Leib und Seele erfahren. Die Zeitenwende, die uns aufgegeben ist, verlangt eine gründliche Umkehr, weg von der Institution, hin zu den einzelnen Menschen und deren Nöten.

Bischof Franz-Josef Overbeck, Predigt im Pontifikalamt zum Oktavtag von Weihnachten – Hochfest der Gottesmutter Maria, 1. Januar 2020, Essen, S. 1 f. (https://www.bistum-essen.de/fileadmin/relaunch/Bilder/Bistum/Bischof/Texte_Ruhrbischof/20200101_Predigt_Neujahr.pdf)

#KirchefürdieMenschen

→ Die Wechselwirkung von Kirche und Welt beleuchtet auch S. 234 ff.

Franz-Josef Overbeck (* 1964) ist seit 2009 Bischof von Essen.

1 Befassen Sie sich mit der christlichen Sozialethik **M 1**.

a) Erläutern Sie die Prinzipien der christlichen Sozialethik und nennen Sie jeweils Beipiele.

b) Visualisieren Sie das Zueinander der Prinzipien.

2 Legen Sie die Sozialprinzipien Personalität, Gemeinwohl, Solidarität, Subsidiarität und Nachhaltigkeit als Maßstäbe an aktuelle gesellschaftliche Fragen (z. B. soziale Gerechtigkeit, Bioethik) an. Recherchieren Sie aktuelle kirchliche Stellungnahmen zu diesen Fragen und untersuchen Sie, ob und wie die Sozialprinzipien bedeutsam werden.

3 Bischof Overbeck spricht von einer „Zeitenwende" **M 2**.

a) Erläutern Sie diese Aussage des Bischofs.

b) Formulieren Sie thesenartig Konsequenzen aus der Forderung nach einer „Zeitenwende", die auch die Umsetzung der Sozialprinzipien berücksichtigt.

Kirche: Reformbedürftig und reformfähig?

Ein Brief von Klaus Mertes, damals Rektor des Canisiuskollegs, einer katholischen Schule in Berlin, vom 19. Januar 2010 machte einen bis heute nicht vollständig aufgearbeiteten Skandal öffentlich: Jahrzehntelang war es an der Schule zu sexualisierter Gewalt gegen Minderjährige gekommen. Niemand hatte den Betroffenen geglaubt und sie geschützt. Und die Schule ist kein Einzelfall. Die Forschung, etwa die sogenannte „MHG-Studie", spricht inzwischen von systemischen Ursachen in der Kirche, die Machtmissbrauch bis hin zu sexualisierter oder körperlicher Gewalt begünstigen. Solche Gewalt kommt auch in anderen Bereichen der Gesellschaft, gerade auch in Familien, vor. Wegen ihres hohen Anspruchs wiegt das Versagen der Kirche aber besonders schwer. Ist sie zu Reformimpulsen nach innen wie außen fähig?

M 1 Wo wir stehen: mitten in der Krise, mitten in der Welt, mitten in der Kirche

Auszug aus dem Entwurf für eine Präambel für das Abschlussdokument des Synodalen Weges, wie er im Sommer 2021 öffentlich zur Diskussion gestellt wurde.

„Der Herr sprach: Was hast du getan? Das Blut Deines Bruders erhebt seine Stimme und schreit zu mir vom Erdboden" (Genesis 4,10). Diese Frage Gottes trifft auch uns. Wir haben die sexualisierte Gewalt in unserer Kirche jahrzehntelang nicht ernst genug genommen. Das bis heute fortdauernde Leid der Betroffenen haben wir nicht ausreichend wahrgenommen. [...]

Wir sehen in dieser schweren Krise aber auch ermutigende Zeichen der Hoffnung: Gerade das entschiedene Engagement der Betroffenen, Opfer, Überlebenden für Aufklärung, Aufarbeitung und Veränderung bezeugt ein Vertrauen auf den freimachenden Gott, den keine Macht der Welt endgültig zum Verstummen bringen kann – auch nicht in seiner Kirche. Deshalb ist die Stimme der Opfer nicht nur ein hilfreicher Rat in hilfloser Lage. Ihre Stimme ist die mahnende Stimme Gottes auf dem Weg unserer eigenen Evangelisierung.

https://www.synodalerweg.de/fileadmin/Synodalerweg/Dokumente_Reden_Beitraege/2.2_SV-II-Praesidium-Praeambeltext-Lesung1.pdf

MHG-Studie
Gemeinsame Erklärung über verbindliche Kriterien und Standards für eine unabhängige Aufarbeitung
Prävention sexualisierter Gewalt
Schutzkonzept

Zartbitter
Wildwasser

M 2 „Ihr macht uns die Kirche kaputt"

Etwas ist zerbrochen, und dieses Etwas lässt sich an der Missbrauchskrise festmachen. [...] Die Kirche hat offenbar ihre wichtigste Ressource verspielt, die Glaubwürdigkeit. Denn das, was unter keinen Umständen passieren durfte, ist geschehen. Nicht nur bei den anderen, sondern hier, mitten in der eigenen Kirche. Man kann nichts verdrängen, etwa indem man auf andere Länder zeigt. Und es ist nicht nur einmal passiert, sondern immer wieder – und geschieht wahrscheinlich fortlaufend, wie die Forscher der Studie zum Missbrauch an Minderjährigen durch katholische Priester, Diakone und männliche Ordensangehörige (die sogenannte „MHG"-Studie) sagen.

[...] Ich finde es befremdlich, dass so viele Katholikinnen und Katholiken ihre ganze Hoffnung auf Papst Franziskus richten. Einer, der da ganz oben, soll es nun richten! Was aber, wenn er anderes tut oder äußert, als man es von ihm erhofft? Oder wenn der Papst wechselt und das kommende Pontifikat andere Ziele verfolgt als das aktuelle? Wie vermessen und unrealistisch überhaupt ist die Erwartung, von einer einzigen Person, die noch dazu innerhalb eines fest gefügten institutionellen Systems agiert, könne die grundlegende Wende ausgehen? Es ist, so drastisch muss man wohl formulieren, eine in sich nochmals autoritär strukturierte Erwartung, die viele katholische Kirchenmitglieder da umtreibt.

[...] „Ihr macht uns die Kirche kaputt!", das ist nicht motiviert durch Häme oder den Spaß an der Kritik von Macht und Institution. Es ist ein Weckruf aus eigener Betroffenheit. Die Kritik ist deshalb so fundamental, weil es mich beschäftigt, welche Art von Kirche meine Kinder heute und morgen erleben können, um ihren Glauben zu entwickeln. [...] Sie fragen mich heute schon: Was tust du als Theologe, damit es anders wird? Ich muss für das kämpfen, was mir wichtig ist – auch in der Kirche.

Daniel Bogner, Ihr macht uns die Kirche kaputt ... doch wir lassen das nicht zu!, Freiburg i. Br. 2019, 10 f., 14, 16 f.

Daniel Bogner (* 1971) lehrt Moraltheologie in Fribourg.

M 3 Die Machtfülle des Bischofs

Christoph Schönborn: Ich möchte noch auf eine Schwierigkeit hinweisen, die mich existenziell sehr belastet. Ich bin als Bischof in einer Doppelfunktion, es gibt keine Gewaltenteilung: Ich bin Hirte für die Gläubigen und auch für die Priester, und ich bin Richter. Das kann einem das Herz zerreißen, weil ich natürlich zuerst an die Opfer denke, aber dann auch den Menschen sehe, der zwar das Leben anderer schwer, manchmal lebenslang belastet hat, der aber selber auch ein Mensch ist. Ich bin deshalb sehr dankbar für die Kommission, die aus Experten besteht und mir sagt: „Lieber Bischof, diese Person kannst du nicht mehr pastoral einsetzen, auch wenn es dir wehtut, aus Gerechtigkeit den Opfern gegenüber, aber auch aus Sicherheit für die Zukunft.“ Wir lassen dazu immer ein forensisches Gutachten anfertigen mit der Frage: Ist ein pastoraler Einsatz noch verantwortbar oder nicht?

Doris Wagner: Ich bin sehr froh, dass Sie die Gewaltenteilung ansprechen, denn ich denke, dass ein Teil dieser verfahrenen Situation, in der die Kirche aktuell steckt, auch daran liegt, dass Bischöfe aufgrund der fehlenden Gewaltenteilung in einer unmöglichen Situation sind. Es wäre deshalb ein Ausweg, wenn viele Bischöfe die Größe hätten – oder auch ermutigt oder vielleicht sogar verpflichtet wären –, das aufzulösen. [...] Damit wäre der Bischof eben nicht mehr für alles und für alle zuständig, müsste nicht immer das letzte Wort haben.

Christoph Schönborn: Das ist die Funktion des kirchlichen Gerichts, sei es des römischen für die schweren Delikte – und alle Fälle von Missbrauch von Minderjährigen sind schwere Delikte – oder auch des Diözesangerichts: Ich bin an deren Entscheidungen gebunden. Auf das Verfahren und die Entscheidung habe ich keinen Einfluss. Das ist insofern schon ein Element von Gewaltenteilung. [...] Und dennoch weiß ich aus eigener Erfahrung: Im Bischof sind zu viele Funktionen kumuliert.

M 4 Was Missbrauchs-Opfer sich von der Kirche wünschen

Mich hat vor Kurzem eine Dame gefragt, welche Musik ich assoziiere mit Missbrauch und mit Befreiung. Ich hatte darüber noch nie nachgedacht. Meine Antwort hat die Dame dann jedenfalls sehr überrascht, weil sie erwartet hatte, dass ich mit Missbrauch bedrohliche Orgeltöne oder was auch immer assoziieren würde. Doch ich assoziiere mit Missbrauch sehr begeisternde und emotionale Musik, die sehr manipulativ eingesetzt werden kann, und vor allem auch Texte in Liedern, die suggerieren, Selbstaufgabe sei toll. Diese Musik, in der der Einzelne nicht mehr vorkommt, durch die alles vereinnahmt und das Leben ausgeklammert wird, die übertrieben emotional ist – die assoziiere ich mit Missbrauch. Für mich – und ich glaube, das gilt für viele Opfer – hat Befreiung eigentlich begonnen mit Trauer. Das erste Mal dieses Gefühl zulassen: Ich leide und es ist richtig dunkel in meinem Leben. Und es gibt Musik, es gibt kirchliche Musik oder religiöse Musik oder auch eben Texte in der Bibel, Psalmen, die das transportieren, dass man sich verlassen fühlt, dass man sich zerstört fühlt und dass man schreit nach Gott, dass man ihn anklagt, dass man einen Hass hat auf diesen Gott, der einem das zugemutet hat. Das ist für viele Betroffene der Anfang von Befreiung, und es ist erschütternd, wenn das dann von Menschen in der Kirche wahrgenommen wird als Angriff. Denn das ist es nicht. Diese Wut der Opfer darf nicht als Angriff wahrgenommen werden, sondern als der erste Schritt wiederzuerkennen, dass man einen Selbstwert hat und dass dieser verletzt worden ist, und dass diese Wut darüber einen Platz finden muss. [...] Erst wenn man diesen Schritt gegangen ist, kann man weitere Schritte setzen. [...] Ich will noch einmal betonen, dass das, was Opfer hören müssen, ist: „Was braucht ihr von uns?“ Und: „Ihr bedeutet uns etwas, wir wollen euch geben, was ihr von uns braucht.“

M 3 und M 4: Doris Wagner/Christoph Schönborn, Schuld und Verantwortung. Ein Gespräch über Macht und Missbrauch in der Kirche, Freiburg i. Br. 2019, M 3: 85 f., M 4: S. 114 f.

Christoph Kardinal Schönborn (* 1944) ist Erzbischof von Wien und war von 1998–2020 Vorsitzender der Österreichischen Bischofskonferenz. Er sucht das Gespräch mit Menschen, die Opfer kirchlicher Gewalt geworden sind, und setzt sich für die Aufklärung dieser Fälle ein.

Doris Reisinger, geb. Wagner (* 1979) ist Theologin. Sie wurde als Nonne mehrfach missbraucht und von einem Priester vergewaltigt. Über diese Erfahrung berichtet sie in ihren Büchern und fordert Gehör und Gerechtigkeit für Opfer, denen ebenfalls Gewalt seitens der Kirche angetan wurde.

M 5 Cover des Buches Schuld und Verantwortung"

M 6 Reform: einst und jetzt

„Wir wissen, dass es an diesem Heiligen Stuhl schon seit einigen Jahren viele gräuliche Missbräuche in geistlichen Dingen und Exzesse gegen die göttlichen Gebote gegeben hat, ja, dass eigentlich alles pervertiert worden ist. So ist es kein Wunder, wenn sich die Krankheit vom Haupt auf die Glieder, das heißt von den Päpsten auf die unteren Kirchenführer, ausgebreitet hat. Wir alle – hohe Prälaten und einfache Kleriker – sind abgewichen, ein jeder sah nur auf seinen eigenen Weg, und da ist schon lange keiner mehr, der Gutes tut, auch nicht einer."

Diese Formulierungen [...] stammen vielmehr von einem Papst, von Hadrian VI., und bilden den Mittelpunkt seines bemerkenswerten, aber weitgehend vergessenen Schuldbekenntnisses vom November 1522. [...] Der Papst reagierte damit, nachdem Martin Luther 1521 auf dem Wormser Reichstag vor Kaiser und Reich zu Wort gekommen war, auf die Herausforderungen der beginnenden Reformation und die drohende Kirchenspaltung. Er versuchte, der reformatorischen Kritik an der katholischen Kirche im Allgemeinen und an der Römischen Kurie im Besonderen den Wind aus den Segeln zu nehmen, indem er die vielfältigen Missstände als Perversion der göttlichen Gebote beim Namen nannte und einräumte, dass sie sich von Rom aus wie ein Krebsgeschwür über die ganze Kirche ausgebreitet hätten. [...] Wie radikal es Hadrian VI. in seinem Schuldbekenntnis 1522 eigentlich um die Reform der Kirche ging, macht ein Vergleich mit dem zweiten bekannten Schuldbekenntnis eines Papstes in der Kirchengeschichte deutlich, der Bitte um Vergebung Johannes Pauls II. aus dem Heiligen Jahr 2000. In den sieben Vergebungsbitten vom 12. März 2000 [...] geht es in erster Linie um innere, geistliche Umkehr und spirituelle Reinigung. Von konkreten praktischen strukturellen Reformen und äußeren kirchenpolitischen Veränderungen ist hier dagegen keine Rede. Wenn man den Text genauer analysiert, fällt außerdem auf, dass bei Schuld, Sünde und notwendiger Umkehr immer nur von einzelnen „Gliedern" der Kirche, von den „Gläubigen", von „nicht wenigen Christen" oder den „sündigen Kindern" der Kirche gesprochen wird. [...]

Ganz anders bei Hadrian VI. im Jahr 1522: Nicht nur einzelne Gläubige bedürfen der Umkehr, sondern zuerst und vor allem der Papst und seine Kurie. [...] Die Hirten hätten die Herde zu vergifteten Weideplätzen geführt. So wie der sprichwörtliche Fisch vom Kopf her stinkt, so sei – wie Hadrian VI. betont – das ganze Übel von der Römischen Kurie und zuletzt auch von den Päpsten ausgegangen.

Hadrian VI. dürfte seine unmittelbaren Vorgänger [...] im Blick gehabt haben. Die Päpste und die von ihnen geschaffenen korrupten Strukturen der Kurie, ihre herrschaftliche, verschwenderische Hofhaltung sowie ihre militärischen und sexuellen Exzesse hatten den Gläubigen den Blick auf Christus, den Erlöser am Kreuz, verstellt. Ein bloß spirituelles Schuldbekenntnis und eine rein geistliche Umkehr reichten daher nicht aus. Sie waren vielmehr die Voraussetzung für eine äußerlich sichtbare, grundlegende Umgestaltung von Kirche und Kurie. Eine [...] Reform der Kirche an Haupt und Gliedern stand an – und sie musste am Kopf beginnen, in Rom. [...]

Auch heute sind Missstände zu beklagen, die vom sexuellen Missbrauch von Kindern und Jugendlichen durch Priester und Ordensleute über das undurchsichtige Finanzgebaren der Vatikanbank und die Vatileaks-Affäre bis hin zum Limburger Prunkbau reichen. Außerdem hat sich bei vielen Gläubigen angesichts des römischen Zentralismus, der die Anliegen von Ortskirchen und Laien immer mehr marginalisiert, eine tiefe Enttäuschung breitgemacht. Die extrem hohen Austrittszahlen sprechen eine eindeutige Sprache. [...] Eine große Reform der Kirche an Haupt und Gliedern steht in der Tat an. Denn heute, in der von ganz unterschiedlichen Seiten konstatierten Kirchenkrise des beginnenden einundzwanzigsten Jahrhunderts, gilt wie damals zu Beginn der Reformation, „dass die ganze Welt eine solche Reform sehnlichst begehrt".

Hubert Wolf, Krypta. Unterdrückte Traditionen der Kirchengeschichte, München, S. 9–14.

Hubert Wolf (*1959) lehrt Kirchengeschichte in Münster.

#throwback

M 7 Vertrauensbildende Maßnahmen

„Es braucht einen neuen Stil der Vereinbarungskultur in der Kirche, um möglichst viele Menschen auf den Weg der Veränderung mitzunehmen. Solche Vereinbarungskultur wird

jedoch nur gelingen mit tragfähigen Maßnahmen zur Vertrauensbildung.
a) Unbedingte Transparenz [...]. Jede Vermutung, dass hinter verschlossenen Türen verschiedene Akteure „Strippen ziehen“, ist kontraproduktiv. Es gehört dazu, klarzumachen, wer (welche Personen) beauftragt ist, konkrete Entscheidungen vorzubereiten, festzulegen, welche Expertise und Beratung dazu angebracht ist, wie und wann Resonanzen eingeholt werden, wer Entscheidungen trifft, und wie diese Entscheidungen vertraglich gesichert werden und ihre Wirksamkeit im Monitoring prüfbar sind.
b) [...] Kommunikationsstrategie, in der ehrenamtlich Engagierte wie Hauptberufliche mit ihrem Wissen eingebunden werden und in der ihre Expertise Wertschätzung erfährt. [...]
c) [...] Maßnahmen, die den Mandatsträger*innen in den verschiedenen kirchlichen Gremien zeigen, wie ihre Entscheidungskompetenz gefragt ist und abgerufen werden kann. Gremien, die nichts entscheiden, sehen sich zu Recht abgewertet.
d) [...] Atmosphäre, in der Menschen in verschiedenen Rollen und Funktionen „auf Augenhöhe“ kommunizieren [...].
e) [...] Plattformen, die ermöglichen, die vorhandenen Ungleichheiten zu bearbeiten: So kann aufgedeckt werden, welches Wissen (in Theorie und Empirie) genutzt wird, welche Zeitkategorien wirken, welche kulturellen Hintergründe mitschwingen, welches Verwaltungswissen trägt.
f) [... G]emeinsame Zuwendung zum Sendungsauftrag der Kirche, der das Evangelium allen Menschen nahebringen soll und auf das Wirken des Geistes hofft.
g) [...] Gelassenheit, Unterschiede und Differenzen zuzulassen (Ambiguitätstoleranz).
Die Bereitschaft dazu wird gefördert durch die Annahme der Taufberufung zum „Gemeinsam Kirche Sein“.

Richard Hartmann, Strategie oder Vereinbarung: Auf dem Weg zu einem neuen Pfarrei-Konzept, Theologie und Glaube 111 (2021) 195–204, 202 f.

Richard Hartmann (* 1958) ist Professor für Pastoraltheologie und Homiletik in Fulda.

1 „Die Stimme der Opfer ... ist die Stimme Gottes“ M 1. Erläutern Sie diesen Satz.

2 Die Kirche habe ihre Glaubwürdigkeit verloren, schreibt Bogner M 2, Z. 4.
a) Erläutern Sie diese Diagnose und nehmen Sie Stellung.
b) Bogner beklagt „eine in sich nochmals autoritär strukturierte Erwartung, die viele katholische Kirchenmitglieder da umtreibt“ (M 2, Z. 29–31). Erklären Sie diese Aussage.
c) Vergleichen Sie die Diagnosen Bogners mit denen des Synodalen Wegs M 1.

3 D. Bogner M 2 äußert den Appell „Ich muss für das kämpfen, was mir wichtig ist – auch in der Kirche“.
a) Diskutieren Sie in der Lerngruppe diesen Appell und Möglichkeiten der Umsetzung.
b) Diskutieren Sie in der Lerngruppe die Kapitelfrage: *Kirche: Reformbedürftig und reformfähig?*

4 Untersuchen Sie die Auszüge aus dem Gespräch zwischen Reisinger und Schönborn M 3/M 4.
a) Erläutern Sie das Dilemma, in dem sich laut Schönborn der Bischof befindet M 3.
b) Erörtern Sie Reisingers Zuordnung von Missbrauch und Musik. Recherchieren Sie dazu ggf. im Bereich der sog. „Worship“-Musik Texte und Lieder.
c) Interpretieren Sie das Buchcover der Veröffentlichung des Gesprächs aus dem Jahr 2019 M 5.

5 Lesen Sie den Text von Hubert Wolf M 6.
a) Fassen Sie zentrale Aussagen thesenartig zusammen.
b) Die Kirche – sündige Institution oder Institution aus Sündern? Erläutern Sie die Unterscheidung und zeigen Sie jeweils Konsequenzen auf.
c) Erörtern Sie: Wäre ein Bischofsrücktritt (vgl. M 1) oder ein Schuldbekenntnis ein Reformschritt?

6 Richard Hartmann plädiert für eine neue Vereinbarungskultur M 7.
a) Klären Sie die einzelnen Vorschläge und finden oder entwickeln Sie Beispiele.
b) Diskutieren Sie Chancen und Grenzen sowie die Realisierungschancen der Umsetzung der Vorschläge.
c) Vertrauensbildende Maßnahmen – auch in anderen Einrichtungen? Wenden Sie die Vorschläge auf ein anderes soziales System an, z. B. Ihre Schule.

7 Diskutieren Sie in der Lerngruppe: Hat die Kirche Zukunft? Braucht die Zukunft die Kirche?

Katharina von Siena (1347–1380)

→ Weiterlesen?
Gerda Riedl: Ikone Christi – Katharina von Siena, in: Michael Langer (Hg.): Die theologische Hintertreppe. Die großen Denker der Christenheit, München 2005, S. 157–169.

Katharina von Siena gilt als eine der größten Frauen der Kirchengeschichte. Ihr Engagement bewirkte Reformen in der männerdominierten Kirche.
Katharina von Siena wurde als das zweitjüngste von 25 Kindern als Caterina Benincasa geboren. Ihre Familie war zwar adlig, aber verarmt. Katharina wuchs in Zeiten von Bürgerkriegen, Machtkämpfen, Familienfehden und Pestepidemien auf. Ihre Zwillingsschwester starb kurz nach der Geburt, wie viele ihrer Geschwister.
In der Überlieferung des Lebens Katharinas spielen Visionen, ekstatisch-traumhafte Erlebnisse, eine wichtige Rolle. Eine erste soll sich im Alter von sechs Jahren mitten auf der Straße ereignet haben: Sie habe Jesus im Papstgewand vor sich gesehen – neben ihm Petrus, Paulus und Johannes. Ein Jahr später legte sie das Gelübde der Jungfräulichkeit ab und lebte asketisch. Mit zwölf Jahren sollte sie nach dem Willen ihrer Eltern verheiratet werden, doch sie weigerte sich. Der Streit mit den Eltern endete vorerst – der Vater soll über Katharinas Kopf eine weiße Taube schweben gesehen haben ...
Nachdem ihr Gesicht von Pockennarben entstellt worden war, lebte Katharina zurückgezogen zu Hause, fastete, betete, geißelte sich selbst und schlief wenig. Im Alter von 16 Jahren trat sie in den Orden der Dominikaner ein und studierte das Stundengebet und Heiligenlegenden.
Ihre besondere Lebensweise und radikale Gottsuche zog Menschen in ihre Nachfolge. Nach einer erneuten Vision, in der sich Jesus mit ihr vermählte, beendete sie ihr zurückgezogenes Leben und widmete sich der Pflege von Armen, Alten und Kranken. 1374 steckte sie sich mit der Pest an. Es gibt einige Legenden um Wunder, die sie in dieser Zeit gewirkt haben soll.
Neben der karitativen Arbeit setzte sie sich für Reformen der Kirche ein. Sie diktierte teilweise mehreren Sekretären gleichzeitig Briefe an hochgestellte Persönlichkeiten, in denen sie den Sittenverfall im Klerus und bei den Bischöfen anprangerte. Sie forderte dazu auf, zur Reinheit und Armut kirchlicher Ursprünge zurückzukehren. Der Klerus sollte sich wieder mehr der Seelsorge zuwenden. Gegen die herrschende Korruption fand sie drastische Worte: „Was Christus am Kreuz erwarb, wird mit Huren vergeudet." – „Im Garten der Kirche müssten die faulenden Pflanzen ausgerissen und durch frische, duftende neue Pflanzen ersetzt werden."
Wegen solcher Äußerungen musste sie sich vor den Oberen ihres Ordens rechtfertigen; es wurde ihr sogar Ketzerei vorgeworfen. Der Vorwurf wurde jedoch für nichtig erklärt, und von diesem Zeitpunkt an durfte sie im offiziellen Auftrag der Kirche handeln, ihre Schriften veröffentlichen und reisen.
1375 erschienen an Katharinas Körper vor einem Kreuz in Pisa die Wundmale Jesu – sie waren allerdings nur von Katharina selbst zu erkennen. 1376 reiste Katharina nach Avignon und überzeugte Papst Gregor XI. davon, nach Rom zurückzukehren. Sie gründete ein Reformkloster für Frauen, unterstützte den neuen Papst Urban VI. und seine Reformideen und wurde zur päpstlichen Ratgeberin.
Jedoch erfüllten sich ihre Hoffnungen auf die Kirchenreformen durch Urban VI. nicht. Im Alter von nur 33 Jahren starb sie an einer schweren Krankheit. Sie hinterließ ein umfangreiches theologisches Werk. 1461 wurde sie heilig gesprochen; 1970 zur Kirchenlehrerin ernannt.

1 Visionen sind starke subjektive Erlebnisse. Im Mittelalter wurden sie oft als objektives Widerfahrnis dargestellt. Recherchieren Sie Visionen Katharinas und deuten Sie deren Wirkung für ihr Leben.

2 Recherchieren Sie die kirchlichen Entwicklungen zur Zeit der genannten Päpste, u. a. das „große abendländische Schisma", und beurteilen Sie die Bedeutung Katharinas vor diesem Hintergrund.

3 Katharina erlebte die Begegnung mit Jesus Christus und der Kirche als Berufung.
a) Erläutern Sie das Konzept „Berufung" am Beispiel Katharinas.
b) Nennen Sie Beispiele, wo Menschen heute einer Berufung folgen. Erörtern Sie jeweils die Bedeutung des Begriffs „Berufung".
c) Diskutieren Sie: Ist Katharina eine Orientierungshilfe für Menschen heute?

Kirche kontrovers betrachten

Der belgische Konzeptkünstler Wim Delvoye (* 1965) polarisiert durch seine umstrittenen Kunstwerke. Z. B. tätowiert er auf seiner Farm in China Schweine, um sie nach ihrem Tod auszustopfen und in Museen auszustellen. Auch entwickelte er eine Maschine, in die Lebensmittel eingegeben werden, die dann – durch chemische Prozesse – „verdaut", ausgeschieden und eingeschweißt zum Verkauf angeboten werden.

2007 entstand das Kunstwerk Chapelle, ein drei Meter hohes gotisches Kirchenmodell aus fein gelasertem Edelstahl.
Auf den ersten Blick hat dieses Modell nichts Provozierendes an sich. Schaut man jedoch genauer hin, entdeckt man, dass die Bilder aus kleinen Röntgenbildern bestehen. Die Bilder zeigen z. B. Darmwindungen, sich küssende Menschen, Ferkel, Kinder und verschiedene menschliche Knochen und Köpfe. Die Röntgenaufnahmen sind jeweils kunstvoll arrangiert und koloriert, so dass sie zunächst lediglich als bunte Kirchenfenster wahrgenommen werden. Die Darstellungen biblischer Szenen oder von Heiligen mussten hier anderen Motiven weichen ...
Für das Museum Mudam in Luxemburg hat Delvoye eine Chapelle entworfen und gebaut, die knapp zehn Meter hoch, etwa fünf Meter breit und begehbar ist. Über dieses Kunstwerk findet man auch ein Video im Internet.
In einem Interview äußerte sich Delvoye zu seiner Intention bezüglich der Röntgenbilder in den Kirchenfenstern seiner Chapelle: „Wo ist der Mensch? Auf den Bildern sieht man Menschen bei der Liebe, bei einer Fellatio oder in der Position 69. Also, wo ist da die Seele? Und man stellt sich diese Frage, gerade weil die Bilder in einem gotischen Fenster installiert sind, in einem Kirchenfenster, und jedes dieser Fenster dich eigentlich davon überzeugen will, dass es einen Gott und ein Leben nach dem Tod im Paradies gibt. Deshalb verspricht die Kirche dir ja, dass du eine Seele hast. Die Röntgentechnik beweist, dass es keine Seele gibt. Das ist die Frage, die in diesen Fenstern gestellt wird."
https://www.kunstforum.de/artikel/der-ikonenmacher-wim-delvoye/

M 1 Delvoye und sein Kunstwerk Chapelle, 2009

Die Kirche – mehr als ein Gebäude

Betrachten Sie Ihre zu Beginn der Reihe erstellte Wortwolke. Welche Begriffe würden Sie nun ergänzen? Gibt es Begriffe, die Sie umformulieren oder sogar wegstreichen wollen? Erstellen Sie ggf. eine neue Wortwolke bzw. überarbeiten Sie Ihre bestehende.

Die Kirche – etwas für Schafe?

Lassen Sie das Bild der Eingangsseite erneut auf sich wirken.
Haben sich Ihre Eindrücke von dem Bild im Vergleich zum Beginn der Reihe verändert?
Reflektieren Sie die erarbeiteten Materialien dieses Kapitels und überlegen Sie, ob und wenn ja, wie sich Ihr Bild von Kirche verändert hat. Verfassen Sie schriftlich eine Deutung des Bildes, in die Sie Ihre neuen Erkenntnisse einfließen lassen.

Das Bild vom Hirten mit seinen Schafen

Schreiben Sie einen kreativen Text (z. B. Gedicht, Essay, Lied- oder Rap-Text), in dem es um eine oder mehrere Personen geht, die für Sie eine Hirtenfunktion haben. Machen Sie auch deutlich, woran das liegt und worin sich das zeigt.

Eine „verbeulte" Kirche?

Das Plädoyer von Papst Franziskus für eine „verbeulte Kirche" meint nicht den Missbrauchsskandal, sondern den Auftrag der Kirche. Erproben Sie die Tragweite der Metapher, indem Sie einen Kommentar zur Rolle der Kirche heute verfassen mit der Überschrift: Nachdenken über eine „verbeulte Kirche".

Was Menschen zur Kirche hin- oder von ihr wegführt

Erstellen Sie eine Pro-Contra-Liste, was für und was gegen die Mitgliedschaft in der Kirche sprechen könnte. Markieren Sie, was davon für Sie persönlich relevant ist. Was müsste sich ändern, damit die Kirche wieder attraktiv wird, und wer könnte für diese Veränderungen verantwortlich sein? Begründen Sie Ihre Meinung.

Abschlussaufgabe

Stellen Sie Ihre Collagen zur Präsenz von Kirche in der Gesellschaft fertig. Präsentieren Sie sich gegenseitig Ihre Ergebnisse und vergleichen Sie sie. Diskutieren Sie in Ihrem Kurs das Verhältnis Ihrer Erwartungen zur Präsenz der Kirche mit dem, was die Collagen zeigen: Inwiefern hat Sie die die Art der Präsenz überrascht, enttäuscht oder bestätigt? Erläutern Sie, wie sich der Prozess des Erstellens der Collage auf Ihr Bild von Kirche ausgewirkt hat.

6 Mehr als notwendig: Gott denken, erfahren und ansprechen

Gott ist größer als Höhen und Tiefen

Das Einstiegsbild dieses Kapitels zeigt die Vorlage für ein Tattoo aus einem Tattoostudio. Die Hauptaussage besteht aus nur wenigen Zeichen: G>^v
Man kann die Aussage so deuten wie in der Überschrift über diesem Arbeitsimpuls. Erörtern Sie die Vor- und Nachteile der zeichenhaften Sprache eines Tattoos. Nehmen Sie Stellung, ob Sie ein solches Tattoo für angemessen halten.

Geht Gott unter die Haut?

Im Bereich der Tattoos gibt es verschiedene religiöse Symbole und Zeichen. Recherchieren Sie zu diesem Thema und systematisieren Sie Ihre Ergebnisse.

Gott ist ...

Führen Sie den Satzanfang fort. Sammeln Sie in der Lerngruppe die Aussagen und erstellen Sie eine Mindmap.

Jugend ohne Gott?

Für eine repräsentative Studie wurden im Jahr 2018 mehr als 7000 Jugendliche und junge Erwachsene zu ihren Einstellungen zu Glaube, Kirche und Religion befragt. Mehr als die Hälfte der befragten Jugendlichen (52%) gab an, an Gott zu glauben. Dabei gehen diese Jugendlichen mehrheitlich von einem Gott als Gegenüber aus. Dreiviertel der Jugendlichen beten gelegentlich oder häufig, Gründe für das Beten sind Kummer oder Dankbarkeit. Als „religiös" würden sich 22% der Jugendlichen bezeichnen; fast doppelt so viele (41%) sagen von sich, „gläubig" zu sein.
Halten Sie für sich schriftlich Ihre Antworten zu den genannten Aspekten fest. Kommen Sie miteinander ins Gespräch über die Ergebnisse der Studie. Sie können dazu auch weitere Ergebnisse der Studie recherchieren (Titel der Studie: Jugend – Glaube – Religion). Notieren Sie Fragen, die sich aus Ihrem Gespräch ergeben.

Gottes-Bilder

Tragen Sie zusammen: Welche Arten von Darstellungen Gottes kennen Sie? Bringen Sie Beispiele für diese Darstellungen mit in den Unterricht und erstellen Sie gemeinsam eine „Ausstellung".
Benennen Sie, welche Darstellung Sie anspricht, welche Sie erstaunlich finden, fragwürdig oder auch schwierig.

Gott leuchtet

Der Künstler Via Lewandowsky hat die Licht-Installation „Good God" 2018 geschaffen. Die Skulptur lässt abwechselnd die Worte O GOOD GOD aufleuchten. Im Sommer 2019 wurde eine vergrößerte Nachbildung der Installation mit einer Länge von zehn Metern zwischen den Türmen des Bamberger Doms in 60 Metern Höhe aufgehängt. So war das Werk über die gesamte Stadt hinweg sichtbar (M 3, S. 218).
Tauschen Sie sich aus über diese Idee, Gott heute anzusprechen. Sammeln Sie Vorschläge, wie in einer säkularen Gesellschaft Gott angesprochen werden kann.

„Wie heißt Gott?“ – Unsagbares sagen

Das Projekt in diesem Kapitel richtet sein Augenmerk darauf, wie wir von Gott und wie wir zu Gott sprechen.
Dabei geht es auch um die Bedeutung von Namen: Es geht um Namen und Bezeichnungen, die Menschen Gott geben. Es geht um den Namen, mit dem Gott sich dem Mose vorstellt. Und es geht um Vorstellungen und Bilder, die durch Namen erzeugt und hervorgerufen werden.
Andreas Knapp, Gefängnisseelsorger und Autor, schreibt:

Unsere moderne Welt fasziniert durch die immer weiter ausgefeilten technischen Möglichkeiten. Und sehr schnell übernehmen wir dann auch Begriffe aus der Technik, um uns selbst zu deuten. So haben wir uns etwa angewöhnt, die Vorgänge im menschlichen Gehirn mit Begriffen aus der Computertechnologie zu beschreiben. Die Begriffe „Abspeichern“ oder „Speichern“ ersetzen in der Alltagssprache mehr und mehr den Begriff des „Sich-Erinnerns“.
Abspeichern bedeutet: eine Erinnerung auf eine Datenmenge reduzieren. Demgegenüber sind unsere Erinnerungen viel komplexer. [...] Sie enthalten all die Stimmungen, Atmosphären, Gefühle, Gerüche, Bilder, die wir mit Menschen oder Ereignissen verbinden. Wir können den Namen eines Menschen abspeichern oder wir können uns an seinen Namen erinnern. Das sind zwei völlig unterschiedliche Vorgänge.
Der Sprache der Technik geht es um eine größtmögliche Eindeutigkeit. Die Abläufe sollen optimal und reibungslos funktionieren. Ähnliches gilt für die Sprache der Verwaltung: Der Name eines Menschen dient zur Identifikation, wie eine Nummer. Der Name bringt allerdings mehr zum Ausdruck als nur eine verwaltungstechnische Zuordnung: Wenn ich den Namen eines mir lieben Menschen nenne, dann klingt und schwingt ein ganz anderer Reichtum mit. Ein Name ist keine Sachbeschreibung, sondern ein Rufwort. Auch das Wort „Gott“ ist kein Sachwort, sondern ein Name. Mit Gott meinen wir ja keinen Sachverhalt, den wir beschreiben könnten, sondern jemanden, zu dem wir schreien können. „Gott“ ist ein Wirkwort: Die Nennung seines Namens will uns nicht informieren, sondern erschüttern, beglücken, bekehren. Das Wort „Gott“ ist ein sakramentales Wort, das nicht etwas erklären, sondern bewirken will. Es ist ein Wort, das verwandelt – oder es ist ein sinnloses Wort.

Andreas Knapp, Haben wir für Gott noch Worte?, in: Johannes Röser, Gott? Die religiöse Frage heute, Freiburg im Breisgau, 2018, 282–284.

Was bewirkt das Wort „Gott“? Was meint dieser Name? Was besagt eine Bezeichnung?
Die islamische Tradition kennt die „99 Namen Gottes“, die dem Geheimnis Gott gerade durch diese Vielfalt der Namen nahezukommen versuchen. Im Gebet werden die Namen rezitiert und so zu einer Meditation. Das Sprechen unterstützt das Meditative – ebenso wie der Gesang das tun kann.
Aus dem Nachdenken über „Gott“ kann eine „Namen-Gottes-Litanei“ entstehen:
Eine Litanei ist eine Gebetsform, bei der unterschiedliche Anrufungen (z. B. der Heiligen) von einem Vorbeter/einer Vorbeterin gesprochen und mit gleichbleibenden Bittrufen von der Gemeinde beantwortet werden. Litaneien werden vor allem bei Wallfahrten oder Prozessionen gebetet oder gesungen. So sind sie Gebete, die einen meditativen Charakter haben. Beispiele für Litaneien finden Sie auch im Gotteslob.
Lassen Sie aus den Gedanken und Fragen, die Ihnen während der Erarbeitung dieses Kapitels wichtig werden, eine „Namen-Gottes-Litanei“ entstehen.

Dieses Projekt lädt Sie ein
... über die Bedeutung von Namen nachzudenken;
... die Vielfalt des Redens von Gott wahrzunehmen;
... sich der Begrenztheit allen Sprechens von Gott bewusst zu werden und diese Begrenztheit wiederum selbst sprachlich zum Ausdruck zu bringen;
... Gotteserfahrungen in Worte zu fassen.

Gott ...?

Die Beziehung zwischen Gott und Sophia war schon immer kompliziert. Doch auch wenn Gott keine Lesebestätigung für Gebete schickt, ist da eine Sehnsucht nach Antworten.

M 1 Gott hat mir nie das Du angeboten

Ich weiß, wie oft man das sagt: Ich wünschte, wir hätten uns zu einem anderen Zeitpunkt kennengelernt. Ich wünschte, wir hätten uns an einem anderen Ort kennengelernt.

Das gilt auch für meine Beziehung zu Gott. Ich hätte Gott gerne später kennengelernt. Ich hätte ihn gerne für mich entdeckt, wie eine schöne Parkbank, auf der man schon mindestens vier Mal geweint hat. Ich würde mit Gott gerne einen Bezugspunkt teilen oder eine Tradition, die natürlich gewachsen ist, wie Redensarten zwischen einem alten Ehepaar.

Ich wünschte, ich könnte mich an meine Taufe erinnern, aber damals war ich noch zu jung. Vielleicht wäre das mit der Taufe ja auch später möglich gewesen. Das Gewissen bildet sich ja erst ab dem Alter von drei Jahren langsam aus, und ich glaube nicht, dass ich vor meinem Gewissen einen Gott gebraucht hätte. An meine Taufe erinnern mich nur die Fotos in unserem Familienalbum.

Zwischen mir und meinem Glauben an die Liebe standen immer die Leute, die mir Gott erklärten und dann nicht wie die Liebe handelten. Zwischen mir und Gott standen immer Menschen, die mir meine Fragen nicht ausreichend beantworten konnten.

Ich hätte Gott lieber in einem Wind erkannt, als von dem Fegefeuer im Alten Testament zu hören. Und ich wünschte, ich hätte Gott nicht über konkrete Geschichten vermittelt bekommen, die immer irgendwas mit Feuer und Genitalien, Vergebung, Goldketten und Blut zu tun hatten. Ich wünschte, ich müsste meinen Gott der Liebe nicht mit Traditionen teilen, mit Unterdrückung, mit Gier und Machtdemonstration, mit Kirchenbänken und Beichtstühlen.

→ Ein Beispiel solcher negativen Auswirkungen finden Sie auf S.191f.

Wenn jemand von Gott spricht, denke ich inzwischen immer an Schadensbegrenzung. Wenn jemand Christ ist, bete ich innerlich ein Mantra runter: Bitte sei in keiner Sekte, bitte diskriminiere keine anderen Menschen, bitte entschuldige nicht dein schlechtes Verhalten mit Gottes Anweisung, bitte Nächstenliebe, bitte Vergebung, aber auch Probleme ansprechen, bitte Gemeinschaft, aber ohne Heuchelei, bitte Gleichberechtigung, bitte keine Sexualstörung, bitte.

Menschen haben mich enttäuscht. Die Antworten von Menschen auf meine Fragen an Gott haben mich enttäuscht. Gott selbst nicht. Gott hat mich auch noch nie stolz gemacht. Das Einzige, was mich stolz gemacht hat, waren Menschen, die aufgrund ihrer Vorstellung von Gott besser gehandelt haben.

Die Beziehung zwischen Gott und mir war immer schon kompliziert. Aber eine schlechte Beziehung ist immer noch eine Beziehung und man kann vielleicht auch mit Gott nicht nicht kommunizieren. Ich glaube, ich würde mit Gott erst meinen Frieden finden, wenn ich mit ihm endlich unabhängig von anderen Menschen kommunizieren könnte.

Ich wünschte, ich könnte mit Gott einmal ganz allein reden, ohne auf die Stimmen der Anderen zu hören. Beim Beten kann ich nicht aufhören, das Draußen mit nach drinnen zu bringen. Ich versuche in mich zu gehen, aber die Gerüche kommen mit, die Gespräche, meine Fingerspitzen, der Zigarettenrauch. Ich war noch nie ganz alleine mit Gott, und vielleicht bin ich mir deshalb nicht sicher, ob es ihn gibt. Gott ist das Anhängsel. Gott ist das Plus One auf der Gästeliste. Gott ist die Begleitung von XY, und du hoffst, dass die Person, die sie mitgebracht hat, nicht auf die Toilette geht, weil du nicht mit dem Plus One alleine im Gang hängen bleiben willst. Ich würde Gott gerne kennenlernen. Aber nicht als Plus One. Nicht als Anhängsel der Kirche, nicht an Orden gebunden oder Gebete oder Praktiken.

Gott muss auch unabhängig davon existieren können, und für mich muss Gott sich unabhängig davon beweisen können – nicht, um das Recht zu haben, existieren zu dürfen, sondern um in unserem Leben einen Unterschied machen zu können.

Wenn Gott nur die Machtstrukturen unterstützt, die wir um ihn herum aufgebaut haben, wenn ich ihn nie selbst reden höre, sondern immer nur andere Menschen über ihn reden höre, die ihn als Entschuldigung, als Rechtfertigung, als Untermauerung einer Ideologie benutzen, dann möchte ich nicht, dass er Einfluss auf mein Leben hat.

Das Plus One von einer Freundin rufe ich nicht an, um mit ihm Kaffee zu trinken. Ich möchte einmal allein mit Gott einen Kaffee trinken gehen. Und dann wünsche ich mir, dass er mir das Du anbietet.

Sophia Fritz, Gott hat mir nie das Du angeboten, Freiburg 2019, 49–52.

#beingalonewithGOD

M 2 Mein Internet ist schneller als Gott

Ich bin nicht gut im Glauben.

Ich ertappe mich dabei, wie ich mir einen Gott wünsche, als Zeuge meiner Begegnungen, aus einer Verlustangst heraus, als Zeuge meines Lebens. Ich ertappe mich also dabei, wie ich mir Gott als eine große iCloud-Mediathek wünsche, mit genügend Datenvolumen für alle meine Erinnerungen in Farbe und in der bestmöglichen Auflösung.

An diese Vorstellung von Gott kommt mittlerweile mein Handy am nächsten ran. Mein Handy ist da, wenn ich mich vor dem Alleinsein fürchte, wenn ich unruhig oder traurig bin, gelangweilt oder frustriert. Es sorgt für Ablenkung von meinen Gefühlen. Nur bei meinem Handy habe ich eine hundertprozentige Erfolgschance, dass der gewünschte Zustand sofort eintritt. Ich gehe einfach ins Internet und suche mir aus, welches Gefühl ich gerade hervorrufen möchte.

Mein Drang, lieber zum Handy als zu Gott zu greifen, ist alles andere als respektlos. Ich habe zu viel Respekt vor Gott, als dass ich ihn bei meinen eigenen Problemen um Hilfe fragen würde. Also sitze ich in Ehrfurcht vor dem Nichts, ich sitze in Schweigen und bekomme keine Reaktion.

Wenn Gott wie mein Handy funktionieren würde, würde ich öfter beten. Aber mit Gott ist es komplizierter. Gott gibt mir keine Ablenkung. Bevor ich anfange mit Gott zu reden, muss ich erst selbst zur Ruhe kommen.

Mein Internet ist schneller als Gott, nur: Ich möchte wieder nicht mehr erreichbar sein. Ich möchte wieder Zeit für Langsamkeit haben.

Sophia Fritz, Gott hat mir nie das Du angeboten, Freiburg 2019, 16 f.

#freiGottfrei

Sophia Fritz (* 1997) studiert an der Hochschule für Fernsehen und Film München „Drehbuch".

1 Lesen Sie den Text von Sophia Fritz M 1.

a) Stellen Sie – als Text oder als Infografik – dar, wie Fritz ihr Verhältnis zu Gott beschreibt.

b) Benennen und erläutern Sie die Gottesbilder, die Fritz anführt. Ordnen Sie diese Bilder – soweit möglich – biblischen Gottesbildern zu.

c) Fritz schreibt: „Ich hätte Gott gerne später kennengelernt." (Z. 5 f.) Erörtern Sie, ob das möglich wäre. Falls nein, warum nicht? Falls ja, inwiefern?

2 Nehmen Sie Stellung: Inwiefern können Sie die Gedanken und die Kritik, die Fritz äußert M 1, nachvollziehen? Oder aus welchen Gründen sind sie Ihnen eher fremd?

3 Auf einen Kaffee mit Gott (M 1, Z. 98 ff.)? Skizzieren Sie eine Filmszene zu diesem Satz von Fritz.

4 Lesen Sie den zweiten Textauszug von Sophia Fritz M 2.

a) Stellen Sie dar, welche Gottesvorstellung Fritz in dem Vergleich Gottes mit dem Handy entwirft.

b) Erarbeiten Sie aus dem Text, welche Problematisierung dieser Gottesvorstellung Fritz selbst vornimmt.

„Gott ist das Anhängsel: Gott ist das Plus One auf der Gästeliste." (M 1, Z. 74 f.)
Suchen Sie eigene Sprachbilder für Ihre Gottes-Gedanken.

Gott lernen?

Woher stammt das Nachdenken über Gott? Woher der Begriff Gott? Diese Fragen lassen sich stellen in Bezug auf die Menschheitsgeschichte, aber auch in Bezug auf den einzelnen Menschen.

M 1 Wie „Gott" in den Kopf kommt

Menschliches Leben ist Entwicklung.

Es beginnt mit der paradiesischen Einheit von Mutter und Kind. [...] Die Mutter ist ohne Unterscheidung die ganze Welt des Kindes. Dann aber beginnt das Drama: die Wahrnehmung der Trennung von der Mutter. Menschliche Entwicklung zeigt sich als ein Wechsel von Symbiose und Trennung. Dies beginne – sagen Psychologen – bereits im ersten Lebensjahr und sei die ersten beiden Jahre hindurch ein ziemlich genau beschreibbarer Prozess. Am Ende des zweiten Lebensjahres komme diese Entwicklung zu einem Abschluss, bei dem eine erste psychisch stabile Struktur erreicht werde. [...] Wir sehen, wie Kinder in den ersten Lebensmonaten – wenn sie gut versorgt sind – in der Geborgenheit einer sie rundum bemutternden Gegenwart leben. Die Welt wird in dieser Zeit ausschließlich in Form personaler Zuwendung erlebt. Die Art und Weise dieser Zuwendung ist entscheidend; sie bildet die Ur-Erfahrung des Menschen: Mein erstes Gegenüber ist eine Person, die für mein Leben sorgt. So kann die Mutter als der „erste Gott des Kindes" verstanden werden oder – weniger missverständlich – als erstes Symbol für Gott. Diese Geborgenheitserfahrung ändert sich nach dem siebten Lebensmonat massiv. Das Kind hat Angst, wenn es allein ist, und braucht Brücken, um Trennung auszuhalten: eine Hand, die es hält, eine Umarmung, die es schützt, einen Gegenstand, der in gleichem Maße wie die Mutter, von der es getrennt ist, sich warm und kuschelig anfühlt. [...]

→ Warum eigentlich Gott lernen? Vielleicht, weil Religion eine wichtige Funktion erfüllt? S. 252 f.

→ Religion – ein vielschichtiges Phänomen: S. 254 f.

[...] In meinem Religionsunterricht habe ich Schülerinnen und Schüler Erinnerungen aufschreiben lassen. Das Ergebnis ist interessant: Viele erinnern sich an den Baum an Weihnachten, an den Gottesdienst mit der Oma, an Kerzen und Bilder, den Duft bestimmter Räume, an das Tischgebet, das Abendgebet, den Nikolaus, an Lieder und die feierliche Stimmung, die von Liedern ausging. Kaum jemand erinnert sich an dogmatische Sätze. In das Gedächtnis kommen Räume, Figuren, Gestalten, Melodien, Atmosphärisches, Gegenstände und Dinge, die in der Vorstellung des Kindes etwas ganz Besonderes waren, mehr waren als nur ein Ding. [...] Das heißt: Kinder geben Dingen Bedeutung. Sie sind Sinn und Bedeutung schaffende Wesen. So entsteht das Weltbild des Kindes. Und so werden Gegenstände zu Bedeutungsträgern. Sie lösen Gefühle aus, stellen Verbindungen her, sie schaffen Geborgenheit, Nähe und Gemeinschaft, sie umhüllen ein Geheimnis, sie halten manchmal die Angst vor der Nacht in Schach, kurz: sie wirken. [...] Nichts anderes geschieht in der Religion, wenn wir Religion als eine Weise verstehen, der Welt deutend zu begegnen.

In den Jahren zwischen vier und sechs, also etwa zu Beginn der Grundschulzeit, verändert sich die kindliche Wahrnehmung und Deutung der Welt. Nachdem das Kind längst weiß, dass es Dinge gibt, die man nicht sehen kann und doch da sind, entwickelt es nun genauere Vorstellungen vom Unsichtbaren. [...]

Die Frage der Unsichtbarkeit beschäftigt Kinder bis ins Grundschulalter hinein. Sie [...] sprechen von einer verborgenen Sichtbarkeit. Kinder argumentieren konkret, Erwachsene eher abstrakt. Kinder entwickeln die weitaus bildkräftigeren Vorstellungen.

Auf die Frage, wie sie sich Gott vorstelle, malt mir die siebenjährige Felica eine Wolke. Darüber eine leuchtend gelb ausgemalte Gestalt ohne Gesicht, darunter ein Mädchen mit langen Haaren, ihr selbst nicht unähnlich. Als ich frage, ob das Bild so schon fertig sei, weil ja die Figur da über den Wolken gar keine Augen habe, sagt Felica: „Weil der nicht sehen kann, ich kann den ja auch nicht sehen." – „Und wo ist der?", will ich wissen, „da oben im Himmel?" – „Nicht in diesem Himmel, sondern in dem auch die Raketen fliegen. In den kann man nicht hineinsehen." – Ich finde das erstaunlich. Felica gibt sich mit dem real sichtbaren Himmel nicht zufrieden. Sie meint eine Gestalt, die man nicht sehen kann, und auch einen Himmel, den man nicht sehen kann. Ihre Vorstellung von Gott ist einerseits menschenähnlich, „anthropomorph", wie die Experten sagen, und andererseits paradox. Das Bild zeigt etwas, was man nicht sehen kann. [...] Es ist meines Erachtens nicht richtig, wenn man die Gottesbilder von Kindern als naiv bezeichnet. Sie zeigen verschiedene Facetten und je nachdem, wie man fragt, bekommt man verschiedene Auskünfte. Das zeigt auch Alinas Bild. Alina ist acht. Sie malt Gott als ein flügelartiges Wesen und erklärt, Gott sei auf der Grenze zwischen Oben und Unten, zwischen Himmel und Erde, und seine Strahlen gingen dahin und dorthin, also in den Himmel und auf die Erde. – Beeindruckend.

Vermutlich verstehen wir die Vergegenständlichung der Kinder falsch, wenn wir sie für bare Münze nehmen. Alina und auch Felica haben Gott gemalt, weil ich sie darum gebeten habe. Von sich aus hätten sie vielleicht Gott überhaupt nicht gemalt. Nun aber haben beide eine Gestalt entworfen, die man, wie sie sagen, nicht sehen kann. Die Unsichtbarkeit Gottes, nicht sein Aussehen ist hier das Thema. Die weitere Entwicklung verläuft dann häufig so, dass aus dieser Gestalt über den Wolken eine Gestalt im Menschen wird. Der Gottesort verlagert sich in den Menschen.

[...] Der Religionspädagoge Fritz Oser hat den Prozess religiöser Entwicklung vielfach untersucht, und zwar unter der Frage, wie Menschen Gott und das Geschehen in der Welt miteinander in Verbindung bringen. Herausgekommen ist ein Stufenmodell religiöser Entwicklung. *„Ein Kind versteht Gott zunächst als eine Macht, die unbeeinflussbar alles tut und wirkt – wie ein ‚Deus ex machina', ein ‚Gott aus einer Maschine'. Demnach geschehen die Dinge eben oder sie geschehen nicht, und zwar allein, weil Gott es so will. Auf einer zweiten Stufe – im Grundschulalter – erleben Kinder Gott als ein Gegenüber, mit dem man wechselseitig Handel treiben kann, ein Gottesverhältnis auf Gegenseitigkeit: Bin ich gut und lieb zu Gott, ist Gott auch gut und lieb zu mir. Dieses Konzept wird in dem Maße erschüttert, wie das Selbstbewusstsein und das Wissen um die eigenen Möglichkeiten wachsen. Hier beginnt die Stufe 3. Das Kind erlebt sich zusehends als Individuum und sagt sich: Es sind die Menschen, die die Dinge in der Welt machen und bewirken, und nicht Gott. Dies ist eine einschneidende Trennungserfahrung. Gott ist zwar nicht einfach weg, aber man kann sich nicht – oder nicht mehr – vorstellen, dass er in das Weltgeschehen eingreift. Gott tut, und der Mensch tut. Jeder für sich. Gott wird nicht geleugnet, aber welchen Einfluss er auf das Leben der Menschen und auf die Welt hat, das kann man sich nicht so richtig vorstellen. Die alte Mythologie funktioniert nicht mehr. Wer vorher mühelos glauben konnte, gerät nun in eine Glaubenskrise. Diese Krisenerfahrung empfinden viele als das Ende ihrer Kindheit."*

[...] Glauben ist nicht die allgemeine Übernahme vorgegebener Wahrheiten. Glaubenswissen muss an bestimmte Lebenserfahrungen anknüpfen können. Und genau dahin führen auch die Ergebnisse des Stufenmodells: Auf der vierten Stufe nämlich, in der Regel nicht vor dem Erwachsenenalter, komme es – so stellt Oser fest – zu einer neuen dialogischen Beziehung zwischen Gott und Mensch: Gott wirke nun durch das Tun des Menschen. Der Mensch handele, weil es für ihn einen letztgültigen Grund gebe. Die Krise führt zur Entdeckung einer neuen Selbständigkeit. Das Ergebnis ist ein Leben aus einem selbstbestimmten Glauben.

→ Ist ein Ort Gottes im Menschen seine Seele? S. 64 f.

Ludger Verst, Wie die Idee Gott in den Kopf kommt, www.deutschlandfunkkultur.de, 24.5.2015.

#GottverlierenGottgewinnen

Ludger Verst (* 1959) ist freier Journalist, Lehrer und Seelsorger.

1 Kinder seien „Sinn und Bedeutung schaffende Wesen", schreibt Ludger Verst (M 1, Z. 50 f.). Erklären Sie, wie die allgemeine kindliche Entwicklung und die Entstehung einer Vorstellung von Gott zusammenhängen.

2 Fritz Oser und Paul Gmünder haben ein Modell religiöser Entwicklung mit fünf Stufen erarbeitet M 1.
- **a)** Geben Sie das Stufenmodell religiöser Entwicklung mit eigenen Worten wieder.
- **b)** Recherchieren Sie die im Text nicht angesprochene Stufe fünf.

3 Diskutieren Sie:
- **a)** Ist das Fragen nach Gott anerzogen?
- **b)** Ist es möglich ohne Religion aufzuwachsen?

Bringen Sie Kinderbibeln mit (von zuhause, aus der Bücherei, von Verwandten oder Freunden ...).
- **a)** Untersuchen Sie: Wie wird von Gott erzählt, wie wird er dargestellt? Halten Sie Darstellung bzw. Redeweise für angemessen? Begründen Sie.
- **b)** Erstellen Sie mit den gesammelten Gottes-Bildern eine Instagram-Story und so eine „Litanei der Bilder".

Gott – eine menschliche Idee?

Die Kritik an Religion ist alt. Auch wenn jahrhundertelang Religion und Glaube weit selbstverständlicher waren als heute, gab es doch auch schon in der Antike Menschen, die die Existenz eines Gottes bzw. der Götter infrage stellten.
Die Begründungen für die Kritik an Religion sind unterschiedlich. Als Beispiel wird hier die „Projektionstheorie" Ludwig Feuerbachs vorgestellt. Die Texte sind Auszüge aus seinem Werk „Das Wesen der Religion".

Ludwig Feuerbach (1804–1872) war Philosoph und einer der wichtigsten Religionskritiker des 19. Jahrhunderts.

→ Auch zeitgenössische Atheisten greifen auf Feuerbachs Projektionsthese zurück, vgl. S. 40 f.

→ Dass die Projektionsthese schon uralt ist, zeigt S. 216.

M 1 Das Wesen der Religion

Die Religion, wenigstens die christliche, ist das Verhalten des Menschen zu sich selbst oder richtiger: zu seinem Wesen, aber das Verhalten zu seinem Wesen als zu einem anderen Wesen. Das göttliche Wesen ist nichts anderes als das menschliche Wesen oder besser: das Wesen des Menschen, abgesondert von den Schranken des individuellen, d. h. wirklichen, leiblichen Menschen, vergegenständlicht, d. h. angeschaut und verehrt als ein anderes, von ihm unterschiedenes, eigenes Wesen alle Bestimmungen des göttlichen Wesens sind darum Bestimmungen des menschlichen Wesens.

Die Religion ist die Entzweiung des Menschen mit sich selbst: Er setzt sich Gott als ein ihm entgegengesetztes Wesen gegenüber. Gott ist nicht, was der Mensch ist der Mensch nicht, was Gott ist. Gott ist das unendliche, der Mensch das endliche Wesen; Gott vollkommen, der Mensch unvollkommen; Gott ewig, der Mensch zeitlich; Gott allmächtig, der Mensch ohnmächtig; Gott heilig, der Mensch sündhaft. Gott und Mensch sind Extreme: Gott das schlechthin Positive, der Inbegriff aller Realitäten, der Mensch das schlechtweg Negative.

Das Abhängigkeitsgefühl des Menschen ist der Grund der Religion; der Gegenstand dieses Abhängigkeitsgefühls, das, wovon der Mensch abhängig ist und abhängig sich fühlt, ist aber ursprünglich nichts anderes als die Natur. Die Natur ist der erste, ursprüngliche Gegenstand der Religion, wie die Geschichte aller Religionen und Völker sattsam beweist.

Der Mensch glaubt Götter nicht nur, weil er *Phantasie* und *Gefühl* hat, sondern auch weil er den *Trieb hat, glücklich zu sein.* Er glaubt ein seliges Wesen, nicht nur, weil er eine Vorstellung der Seligkeit hat, sondern weil er selbst selig sein will; er glaubt ein vollkommenes Wesen, weil er selbst vollkommen zu sein wünscht; er glaubt ein unsterbliches Wesen, weil er selbst nicht zu sterben wünscht. Was er selbst nicht ist, aber zu sein wünscht, das stellt er sich in seinen Göttern als seiend vor; *die Götter sind die als wirklich gedachten, die in wirkliche Wesen verwandelten Wünsche des Menschen*; ein Gott ist der in der Phantasie befriedigte Glückseligkeitstrieb des Menschen. Hätte der Mensch keine Wünsche, so hätte er trotz Phantasie und Gefühl keine Religion, keine Götter. Und so verschieden die Wünsche, so verschieden sind die Götter und die Wünsche sind so verschieden, als es die Götter selbst sind. Der Trieb, aus dem die Religion hervorgeht, ihr letzter Grund ist der *Glückseligkeitstrieb, also der Egoismus.*

Unser Verhältnis zur Religion ist kein nur verneinendes, sondern ein kritisches; wir scheiden nur das Wahre vom Falschen obgleich allerdings die von der Falschheit ausgeschiedene Wahrheit immer eine neue, von der alten wesentlich unterschiedene Wahrheit ist. Die Religion ist das erste Selbstbewusstsein des Menschen. Heilig sind die Religionen, eben weil sie die Überlieferungen des ersten Bewusstseins sind. Aber was der Religion das Erste ist, Gott, das ist, wie bewiesen, an sich, der Wahrheit nach das Zweite, denn er ist nur das sich gegenständliche Wesen des Menschen, und was ihr das Zweite ist, der Mensch, das muss daher als das Erste gesetzt und ausgesprochen werden. Die Liebe zum Menschen darf keine abgeleitete sein; sie muss zur ursprünglichen werden. Dann allein wird die Liebe eine wahre, heilige, zuverlässige Macht. Ist das Wesen des Menschen das höchste Wesen, so muss auch praktisch das höchste und das erste Gesetz die Liebe des Menschen zum Menschen sein. Homo homini deus est – dies ist der oberste praktische Grundsatz, dies der Wendepunkt der Weltgeschichte.

Textauszüge entnommen aus: Werner Trutwin (Hrsg.), Forum Religion 5. An Gott glauben, Düsseldorf 2000, 92.

#IllusionweilProjektion?
#WorandudeinHerzhängstdasistdeinGott

M 2 Gott – ein Teil des Menschen?

M 3 Gott ist anders

Wenn dir der Gedanke kommt,
dass alles, was du über Gott gedacht hast,
verkehrt ist und
dass es keinen Gott gibt,
so gerate darüber nicht in Bestürzung.
Es geht allen so.
Glaube aber nicht,
dass dein Unglaube daher rührt,
dass es keinen Gott gibt.
Wenn du nicht mehr an Gott glaubst,
an den du früher glaubtest,
so rührt das daher,
dass in deinem Glauben etwas verkehrt war,
und du musst dich bemühen,
besser zu begreifen,
was du Gott nennst.
Wenn ein Wilder an seinen hölzernen Gott zu
glauben aufhört,
so heißt das nicht,
dass es keinen Gott gibt,
sondern nur,
dass er nicht aus Holz ist.

Leo Tolstoi, Gott ist anders, in: Klaus Vellguth (Hrsg.), Gott sei Dank bin ich Atheist. Gott als Thema in der Literatur des 20. Jahrhunderts, Lahr-Stuttgart 2001, 87.

#denfalschenGottzerschlagen
#Tempelreinigungheute

Leo Tolstoi (1828–1910) war ein russischer Schriftsteller.

Projektionstheorie
Ikonoklasmus
Bilderstreit
Götzenzerstörung in der Kaaba
Religionskritik
Nietzsche – Gott ist tot
Marx – Opium des Volkes
Freud – Gott ist eine Illusion

→ Richard Dawkins betrachtet Gott als Abfallprodukt der Evolution, S. 40 f.

→ Hinweise zu Gottesvorstellungen nichtchristlicher Religionen finden Sie auf den Seiten 240 ff. und 246 ff.

1 Stellen Sie die Projektionstheorie Feuerbachs M 1 grafisch dar. Sie können sich dabei an M 2 orientieren. Berücksichtigen Sie Ursachen sowie Konsequenzen von Religion.

2 Würdigen Sie die Theorie Feuerbachs kritisch.
a) Erörtern Sie die These: „Die Religion ist das erste Selbstbewusstsein des Menschen." (M 1, Z. 63 ff.)
b) Vergleichen Sie das Gottesbild, das der Theorie Feuerbachs zugrunde liegt, mit Gottesbildern, die Ihnen aus verschiedenen Religionen vertraut sind.
c) Beziehen Sie das Gedicht von Tolstoi M 3 auf den Ansatz Feuerbachs.

Gott denken

Menschen setzen sich auseinander mit der Frage nach Gott. Zu allen Zeiten. Damals wie heute. Einige Buchtitel zeigen – beispielhaft – aktuelle Positionen und Fragestellungen an.

M 1 Reza Aslan, Gott

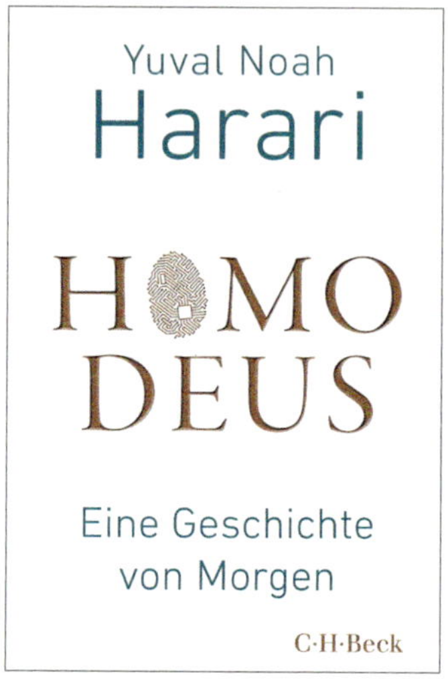

M 2 Yuval Noah Harari, Homo Deus

M 3 Thomas Frings, Gott funktioniert nicht

→ Einen Auszug aus dem Buch von Thomas Frings finden Sie auf S. 174–176.

Blaise Pascal (1623–1662) erfand die erste Addiermaschine, der Mathematiker, Physiker und Philosoph war Mitbegründer der Wahrscheinlichkeitsrechnung. 1654 trat er nach einem mystischen Erlebnis in ein Kloster ein. Sein wichtiges theologisches Werk, in dem er auch die „Wette" entwickelte, heißt „Pensées sur la religion et sur quelques autres sujets" (posthum veröffentlicht 1670).

M 4 Johannes Röser (Hg.), Gott

M 5 Die Wette (nach Blaise Pascal)

Gibt es Gott?

Die Frage nach der Existenz Gottes hat Menschen immer beschäftigt. So gibt es in der Theologiegeschichte verschiedene Ansätze, die Existenz Gottes rational zu begründen.

Blaise Pascal geht einen anderen Weg in dem von ihm entworfenen Dialog zwischen zwei Personen, von denen die eine an Gott glaubt, die andere nicht. Pascal verwendet das Motiv der Wette.

Das von Pascal hinterlassene Textfragment, welches für die Lesbarkeit aufbereitet wurde, trägt die Überschrift „infini rien" („unendlich nichts").

A: Ob es Gott gibt oder nicht, kann man nicht sicher entscheiden. Stimmst du dem zu?
B: Ich stimme zu.
A: Also können wir die Frage auf sich beruhen lassen.
B: Nein, ich glaube trotzdem an Gott.
A: Aber kannst du an etwas glauben, was du nicht beweisen kannst? Ich glaube nämlich, dass es keinen Gott gibt.
B: Aber wie kannst du das glauben, wenn du es auch nicht beweisen kannst?

A: So kommen wir nicht weiter. Ich habe ja gleich gesagt, dass man die Frage nicht entscheiden kann.

B: Ich bin einverstanden. Deshalb schlage ich dir ein anderes Verfahren vor. Wir wollen wetten.

A: Wieso wetten?

B: Nun, ein Spiel –, aber ein Spiel mit Folgen, ein Spiel am Abgrund! – Ich wette, dass es einen Gott gibt.

A: Gut, ich wette also, dass es keinen Gott gibt! Und was bekomme ich, wenn ich gewinne?

B: Nichts!

A: Nichts?

B: Ja, wenn du nämlich gewinnst, hast du zwar Recht: Es gibt dann keinen Gott. Aber im Grunde hast du verloren! Und ich habe auch verloren. Wenn es keinen Gott gibt, ist unser Leben sinnlos und leer.

A: Und wenn du gewinnst?

B: Nun, dann habe ich doppelten Gewinn: Ich habe Recht behalten: Es gibt einen Gott! Damit gibt es zugleich Glück und Zukunft für den Menschen – auch für mich. Für dich aber auch. Du hast also mit mir gewonnen.

A: Das sehe ich ein. Aber wir sind immer noch nicht weitergekommen. Ob es Gott wirklich gibt, ist genauso ungewiss wie vorher.

B: Ja und nein. Es ist doch immerhin klar geworden, dass du dich entscheiden musst und dass die Entscheidung Folgen hat.

A: Und du meinst, deshalb schon sollte ich mich für den Glauben an Gott entscheiden?

B: Ja sicher. Bedenke doch: Du musst zwischen zwei Antworten wählen, die sich ausschließen, die aber mit gleicher Wahrscheinlichkeit richtig sind. Eine Antwort hat gute Folgen, die andere schreckliche. Wie kannst du da noch zögern?

A: Aber wenn ich mich dabei irre?

B: Dann hast du nichts verloren. Du hast eine Illusion geglaubt, gewiss. Aber im anderen Fall hättest du das Nichts gewählt, das kann dich auch nicht glücklich machen.

A: Du meinst also, ich muss eigentlich an Gott glauben.

B: Nein, du musst nicht. Aber es ist deine einzige Chance.

Gebhard Neumüller/Franz Wendel Niehl, Konzepte 2. Gott und Gottesbilder, München 1977, 18.

#Gottbeweisen?
#Wettkönigsein

1 Recherchieren Sie arbeitsteilig zu den Buchtiteln **M 1**–**M 4**: Was sind die Fragestellungen des jeweiligen Werkes? In welche Richtungen gehen die Antworten?
Stellen Sie sich Ihre Ergebnisse im Plenum vor.

2 Recherchieren Sie andere einschlägige Titel des Büchermarkts. Wie ist von Gott die Rede?

3 Überlegen Sie, ob Sie – allein oder als Kurs – ein Werk im Unterricht näher thematisieren möchten **M 1**–**M 4**.

4 Existiert Gott? Sammeln Sie Argumente **M 5**.

5
a) Arbeiten Sie heraus, wie die Wette gedanklich aufgebaut ist.
b) Erklären Sie, inwiefern man beim Ergebnis der Wette von „praktischer Vernünftigkeit" reden kann **M 5**.

6 Nehmen Sie begründet Stellung, inwiefern Sie den Gedankengang plausibel bzw. überzeugend finden. Gibt es innerhalb des gedanklichen Aufbaus Schlussfolgerungen, die Sie für falsch halten **M 5**?

Halten Sie Anfragen und Positionen aus den vorgestellten Werken in prägnanten Formulierungen fest.

Die Frage nach Gott aus unterschiedlichen Perspektiven wahrnehmen

Über Gott nachdenken – das kann man aus ganz unterschiedlichen Perspektiven. Dabei ergeben sich markante Änderungen, aufschlussreiche Ergänzungen – möglicherweise aber auch Widersprüche.

M 1 Wer ist das eigentlich – Gott?

Diese Frage ist verständlich, ja notwendig. Denn Gott ist, wie (der jüdische Religionsphilosoph) M. Buber in einem vielzitierten Wort feststellt, „das beladenste aller Menschenworte".

Bevor man also fragt: „Existiert Gott?" und bevor man antwortet: „Gott existiert" oder behauptet: „Gott existiert nicht", muss man wissen, was mit dem vieldeutigen Wort „Gott" überhaupt in Frage steht. Ohne einen klaren Begriff oder zumindest einen Vorbegriff sind solche Fragen nicht zu beantworten und entsprechende Antworten reine Leerformeln. Die Frage ist deshalb: Wie können wir zu einem solchen Vorbegriff von Gott kommen? Womit sollen wir in der Theologie einsetzen? Sicherlich nicht damit, dass wir scheinbar voraussetzungslos mit einem Gottesbeweis beginnen. Denn wer einen Gottesbeweis unternimmt, muss bereits eine Ahnung von dem haben, was er beweisen will; jede sinnvolle Frage setzt ein gewisses Vorverständnis des Erfragten voraus; auch ein Gottesbeweis setzt einen Vorbegriff von Gott voraus. Allgemeiner formuliert: Es gibt gar kein voraussetzungsloses Erkennen. Alles menschliche Erkennen geschieht im Medium der Sprache, die uns immer schon Symbole und Schemata der Wirklichkeitsdeutung vorgibt. Wir können darum auch in der Theologie nicht anders beginnen, als dass wir fragen, was die Religionen und was die theologische Tradition unter Gott verstanden haben. Wir müssen die Geschichte des Redens von Gott befragen, um uns so erst das Problem aufschließen zu lassen, um das es in dem Wort Gott überhaupt geht.

Martin Buber
dialogisches Prinzip
Katechismus

Fünf Wege
Gottesbeweis

→ Zur islamischen Perspektive vgl. S. 257.

Beginnen wir mit einem großen Meister der Theologie, mit Thomas von Aquin (1225–1274). Er gibt zu Beginn einer theologischen Summe (Summe = zusammenfassende Darstellung) gleich mehrere Umschreibungen dessen, was „alle" meinen, wenn sie von Gott sprechen: Gott ist der letzte, selbst grundlose Grund aller Wirklichkeit, der alles trägt und bewegt; Gott ist das höchste Gut, an dem alle endlichen Güter teilhaben und das sie alle begründet; Gott ist das letzte Ziel, das alles lenkt und ordnet.

Ganz anders ist die Definition, die Luther im „Großen Katechismus" gibt. Sie ist ganz unphilosophisch und bringt den existentiellen Ernst des Gottesverständnisses zum Ausdruck: „Was heißt einen Gott haben oder was ist Gott? Antwort: Ein Gott heißet das, wozu man sich versehen soll alles Guten und Zuflucht haben in allen Nöten." „Worauf du Dein Herz hängest und verlassest, das ist eigentlich Dein Gott". Aus dem notwendigen „Sein" der Definition bei Thomas von Aquin ist bei Luther der Notwendende geworden, der den Menschen in seiner Existenznot trägt und hält, derjenige, auf den unbedingter Verlass ist, auf den man seine Existenz bauen kann. Kein Zweifel, dass damit Grundmotive des biblischen Gottesglaubens gültig benannt sind.

Alle diese Definitionen zeigen, so verschieden sie im einzelnen auch sind, eines: Das Wort Gott, so wie es in der Tradition verstanden wird, will nicht eine Frage neben anderen Fragen beantworten. Gott ist für die Tradition nicht eine Wirklichkeit neben oder über der sonstigen Wirklichkeit. Es ist kein Gegenstand des Fragens und des Wissens wie andere Gegenstände. Gott gibt es nicht so, wie es Menschen und Dinge gibt. Gott ist vielmehr die Antwort auf die Frage in allen Fragen, er ist die Antwort auf die Fraglichkeit des Menschen und der Welt schlechthin. Mit Gott wird eine alles andere umgreifende und übergreifende Antwort gegeben.

Die alles andere umfassende und übergreifende Antwort, die mit dem Wort „Gott" gegeben wird, trifft exakt die Grundsituation des Menschen. Im Unterschied zu allen übrigen Lebewesen ist der Mensch ja exakt das Wesen, das nicht instinktsicher und insofern fraglos in eine bestimmte Umwelt eingepasst ist. Der Mensch ist das Wesen, das – wie die Anthropologen sagen – weltoffen ist. Er lebt nicht in naturwüchsiger Harmonie mit sich und seiner Umwelt; er muss sich und seine Umwelt selbst gestalten. Er ist sich selbst gegeben und aufgegeben. Der Mensch kann deshalb fragen, und er ist mit seinen Fragen stets unterwegs. Dieses Fragen können ist die Größe des Menschen, der Grund seiner Transzendenz, d.h. seines alles übersteigenden und überschreitenden Wesens, der Grund auch seiner Freiheit. Das Fragenkönnen ist aber auch das Elend des Menschen. Der Mensch ist das einzige Wesen, das sich langweilen kann, das unzufrieden und unglücklich sein kann. Seine Erfüllung findet der auf das Ganze der Welt hin offene Mensch nur, wenn er eine Antwort weiß auf den Sinn seines Seins und den Sinn der Wirklichkeit überhaupt. Nach der Überzeugung der religiösen Überlieferung ist die mit dem Wort Gott gemeinte Wirklichkeit diese Antwort.

Walter Kasper, Der Gott Jesu Christi, Mainz 1983, 13 ff.

#esgibtihnesgibtihnnichtesgibtihn…

Walter Kasper (* 1933) ist emeritierter Kurienkardinal und ehemaliger Präsident des Päpstlichen Rates zur Förderung der Einheit der Christen. Zuvor war er von 1989 bis 1999 Bischof von Rottenburg-Stuttgart.

M 2 Da wohnt ein Sehnen tief in uns

Text und Musik: Anne Quigley
dt. Text: Eugen Eckert

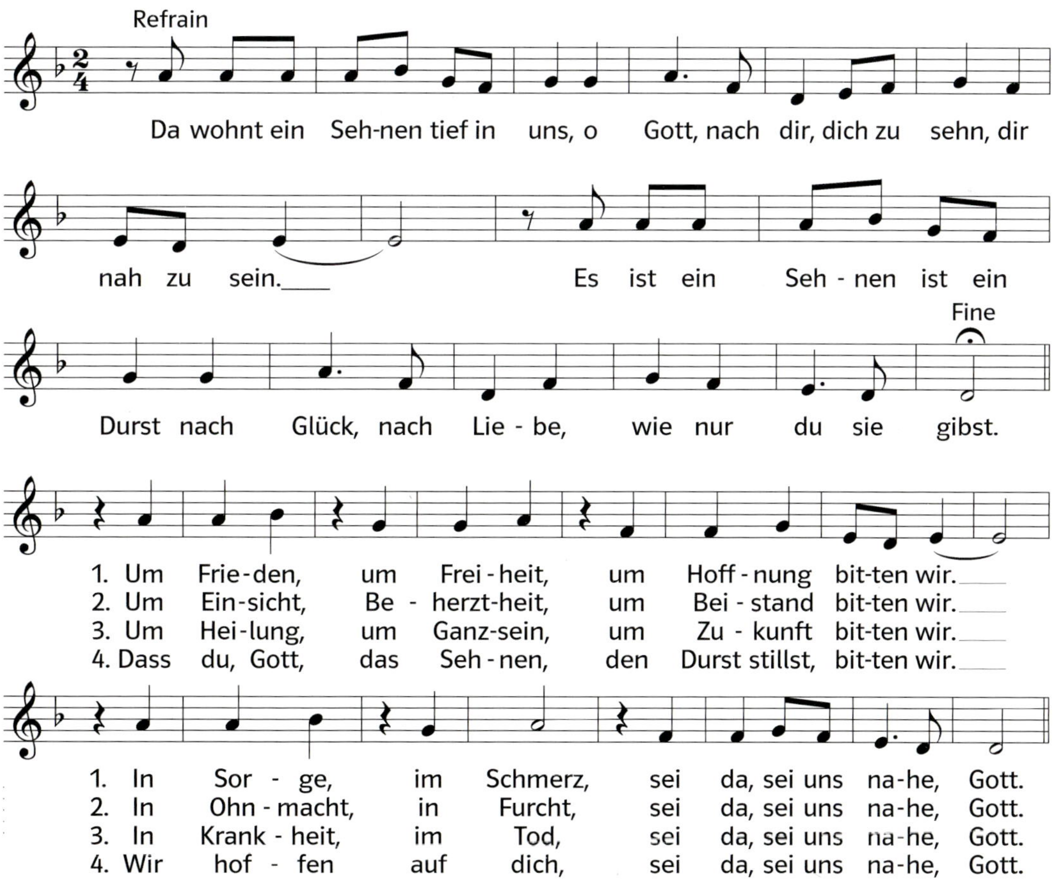

→ Zum Menschen als Wesen der Sehnsucht S. 38–43 und S. 66–69.

Originaltitel: There is A Longing

M 3 Wirklich ist, was wirkt – und was wir wahrnehmen

„Ich benötige die Gott-Hypothese nicht, um das Universum zu erklären, und habe keine Verwendung für den Begriff ‚Gott'." Mit diesen Worten eröffnete einer meiner Kollegen aus der Astrophysik eine Podiumsdiskussion zum Thema „Gottes Werk oder Zufall?" Kausalität und Zufall sind die allgemein akzeptierten Mittel, um wissenschaftliche Resultate zu erklären. Mein Doktorvater in Astrophysik mahnte mich: „Publiziere keine neuen Resultate ohne Erklärung, sonst macht es ein anderer, der weniger davon versteht."

In der Öffentlichkeit ist die Vorstellung verbreitet, dass es in der Naturwissenschaft Lücken gibt, für die es mit bestem Willen einfach keine Erklärung gibt. Dies trifft nicht zu. Selbstverständlich sind nicht alle naturwissenschaftlichen Erklärungen „gut erklärt". Das heißt, sie sind nicht bestätigt durch weitere Messungen. So gibt es zum Beispiel für die Beschleunigung von energiereichen Teilchen in Sonneneruptionen verschiedene Erklärungen. Die Entstehung von erdähnlichen Planeten ist noch schlecht, die Natur der dunklen Materie noch schlechter, die kosmische Feinabstimmung nur sehr spekulativ, der Urknall nur hypothetisch, die quantenmechanische Unschärfe kontrovers erklärt. Jede Theorie kann falsch sein.

Die Folge davon ist wichtig für das Gespräch mit Physikern und physikalisch denkenden Zeitgenossen: Schlecht erklärte Phänomene sind keine Türöffner zur religiösen Frage. Diese Erscheinungen sind interessante wissenschaftliche Probleme, haben aber nichts mit Religion oder Gott zu tun. Im Dialog von Naturwissenschaft und Theologie ist der „Lückenbüßergott" aus der Mode gekommen. Im Bereich einer natürlichen Theologie, in der von der menschenfreundlichen Natur auf Gott geschlossen wird, ist jedoch die Gefahr groß, dass er durch eine Hintertür wieder hereinkommt. Ein physikalisch denkender Mensch versteht diese Vermischung leicht als einen unausgesprochenen Versuch, die Existenz Gottes naturwissenschaftlich zu beweisen. Es wäre eine schlechte Theologie, wenn sie auf den Naturwissenschaften aufbauen würde. Und doch ist dieser Ansatz immer wieder zu hören, besonders in der anglo-amerikanischen Welt. Entsprechend heftig ist dort dann auch die Reaktion von Neuatheisten.

Hier stellt sich nun aber die noch fundamentalere Frage: „Wie kann man heute mit einem Physiker überhaupt von Gott sprechen?" Es ist die Frage, die hinter meinen theologischen Texten steht. Ich ringe damit, sie für meine Leser, aber auch für mich selbst zu beantworten. Für physikalisch Denkende stellt sich die Frage nach der Wirklichkeit, auf die der Begriff „Gott" zielt. Wirklich ist, was wirkt. Wie wird Gottes Wirken wahrgenommen? Viele ziehen die ontologische Frage vor: Wo würde Gott in mein Weltbild passen, falls er existiert? Die meisten Physiker sind jedoch Realisten, und für sie ist die Frage nach der Wahrnehmung vorrangig. Die Ontologie, die Seinsfrage, kommt später. Damit unterscheiden sie sich von den griechischen Philosophen und heutigen philosophisch denkenden Menschen. Es geht zunächst nicht um die Frage, ob Gott existiert, sondern ob und wie er erfahren wird. Damit löst sich die Existenzfrage von selbst.

In der Bibel wird von einer Vielfalt religiöser Erfahrungen berichtet. Es sind meistens außergewöhnliche Ereignisse in einer Sprache, die heute nicht leicht zu verstehen ist. Von religiösen Wahrnehmungen, die vielleicht nicht so weit, aber in die gleiche Richtung gehen, wird auch heute berichtet. Sie schließen Spiritualität, Visionen, mystische Erlebnisse, Gebetserhörungen und Fügungen im Leben ein. Es sind oft alltägliche Erfahrungen, die erst im Nachhinein und dank eines gewissen kulturellen Hintergrunds als „religiös" gedeutet werden. Allen gemeinsam ist, dass sie nicht objektive und reproduzierbare Ereignisse im Sinne der Naturwissenschaften sind. Trotzdem haben Erfahrungen dieser Art das Leben von Menschen verändert und waren für sie im wahrsten Sinne wirklich. Religiöse Wahrnehmungen gehören allerdings nicht zu jener Wirklichkeit, die von den Naturwissenschaften erfasst wird, denn die Betroffenen nehmen mittels Gefühlen, Stimmung, Vorgeschichte und körperlicher Verfassung an den Geschehnissen Anteil. Gewiss spielen sich diese nicht-objektiven, teilnehmenden Wahrnehmungen auf einer materiellen Basis ab wie Hirnströmen, Hormonen und über den ganzen Körper verteilten Neuronen. Doch sind die messbaren Erscheinungen nur peripher. Es ist das Selbst des Menschen, das direkt wahrnimmt und nicht auf objektive Fakten reduzierbar ist.

Die Antwort an physikalisch Denkende sollte sein: Von Gott spricht, wer mehr von der Wirklichkeit erfahren hat als durch die Naturwissenschaft. Es gibt andere Wege, die Welt wahrzunehmen, als die objektive Naturwissenschaft. Dazu gehören zum Beispiel auch die Kunst, Liebe und Poesie. Obwohl wir glauben, dass es nur eine Wirklichkeit gibt, unterscheiden sich wissenschaftliche und teilnehmende Wahrnehmungen grundsätzlich in ihrem Inhalt. Die Art, aber auch Sprache, Methodik und kritische Reflexion sind verschieden. In der früheren Sicht, die auf Aristoteles und noch weiter zurückgeht, beginnt die Metaphysik dort, wo die Physik endet. Heute ist die Grenze der Naturwissenschaft nicht irgendwo im entfernten Universum, am Ereignishorizont von Schwarzen Löchern oder im Urknall, wo die himmlische Sphäre beginnt. Der Bereich der Naturwissenschaft ist vielmehr durch die Auswahl der Wirklichkeitserfahrungen begrenzt, die in Betracht gezogen werden. Teilnehmende Wahrnehmungen wie religiöse Erfahrungen gehören nicht dazu und werden durch die Naturwissenschaft nicht wirklich erfasst. Die Grenze der Naturwissenschaft ist mit der Auswahl und mit der Beschränkung auf objektive, messbare Fakten gegeben.

Naturwissenschaft und Religion sind zu verschieden, um miteinander zu verschmelzen. Sie können jedoch in eine gemeinsame Sicht gebracht werden. Die beiden Perspektiven können sich zum Beispiel im Staunen über die großartige Funktionalität des Universums treffen. In einer sternklaren Nacht spüre ich manchmal etwas wie eine Resonanz zwischen unserem begrenzten Wissen über die Dynamik des Universums und einer Ahnung von Gnade für die ganze Welt. Selbst Zufall und Gesetzmäßigkeiten in der Natur sind dann nicht einfach selbstverständlich, sondern ein Grund zur Dankbarkeit.

Ein Dialog zwischen Naturwissenschaft und Theologie muss diesen anderen Erfahrungsgrund der Religion beachten. Nur so wird klar, dass Religion mehr ist als dogmatische Annahmen und unbeweisbare Behauptungen. Andernfalls können physikalisch Denkende nicht folgen, werden missverstehen oder wenden sich ab. Ein neuer Dialogansatz ist notwendig. Dieser neue Dialog mag unverständlich sein für einige der heutigen Atheisten, die in den früheren Kontroversen steckengeblieben sind. Aus der Sicht der Religion scheint es mir aber besser, nicht verstanden als missverstanden zu werden.

Arnold Benz, Wirklich ist, was wirkt – und was wir wahrnehmen, in: Johannes Röser (Hg.), Gott? Die religiöse Frage heute?, Freiburg i.Brsg. 2018, 180–182.

#nichtWahlstattMisswahl
#Lückenbüßergottillusion

→ Welche Erfahrungen fordern den Glauben? S. 42 f.

Metaphysik
Aristoteles
Kausalität

Arnold Benz, Astrophysiker, ist tätig am Institut für Teilchen- und Astrophysik der Eidgenössischen Technischen Hochschule Zürich in den Fachbereichen Sonnenphysik und Sternentstehung.

1 Erarbeiten Sie aus dem Text **M 1** die Antwort, die der Autor auf die Frage der Überschrift gibt.

2 Das Lied **M 2** auf dieser Seite wird in vielen katholischen und evangelischen Gemeinden gesungen. Stellen Sie einen Bezug her zu den Aussagen Walter Kaspers. Berücksichtigen Sie auch die musikalische Gestaltung des Liedes.

3 Walter Kasper zitiert am Beginn seiner Ausführung **M 1** den Religionsphilosophen Martin Buber. Erklären Sie das Zitat.

4 „Es geht zunächst nicht um die Frage, ob Gott existiert, sondern ob und wie er erfahren wird. Dann löst sich die Existenzfrage von selbst." (**M 3**, Z. 70 ff.) Erklären Sie diese Aussage des Autors.

5 Erläutern Sie, was der Autor unter „teilnehmende Wahrnehmung" (**M 3**, Z. 128) versteht.

6 Vergleichen Sie die Sichtweise des Physikers **M 3** auf die Gottesfrage mit den Perspektiven des Theologen **M 1**. Ziehen Sie zudem die Perspektive des Philosophen (**M 5**, S. 206) heran.

7 Gott: Ansichtssache? Nehmen Sie differenziert Stellung.

Sammeln Sie Formulierungen und Aussagen über Gott aus Liedern und Songs. (Sie können dazu auch das Gotteslob nutzen.)

Menschliches Leiden: Anfrage und Anklage Gottes

Menschen erfahren Leid. Zu allen Zeiten. In ganz unterschiedlichen Gestalten und Weisen. Und sie fragen: „Warum?" Manche fragen auch: „Warum, Gott?"
Die Frage nach Gott angesichts menschlichen Leidens wird mit einem Begriff des Philosophen G. W. Leibniz (1646–1716) „Theodizeefrage" genannt. Aber geht es darum, Gott zu rechtfertigen, oder nicht eher den Menschen?

M 1 Das Leiden annehmen – gegen das Leiden kämpfen

Herbert Vorgrimler (1929–2014) war katholischer Priester und Professor für Dogmatik in Münster. Außerdem war er viele Jahre als Klinikseelsorger tätig.

Frühere Zeiten haben dem Christentum wiederholt vorgeworfen, geradezu süchtig auf das Leiden zu sein, das Kreuz und das Martyrium zu begehren, sich allzuschnell mit dem eigenen und dem fremden Leiden abzufinden. Ganz ohne Grund waren die Vorwürfe nicht. [...]

Allzuschnell waren gläubige Menschen bereit, die Vorkommnisse des Lebens, gute wie böse, dem Willen Gottes zuzuschreiben. [...]

Und da gibt es das mehrfach wiederkehrende Jesus-Wort im Evangelium, das für Christen besonders eindringlich klingen musste: „Wer nicht sein Kreuz nimmt und mir nachfolgt, ist meiner nicht wert" (Mt 10,38 par). [...]

Worin besteht nun dieses Kreuz des Lebens, das allen Menschen beschieden ist? [...] Es hat so viele Gesichter, wie es Menschengesichter gibt. Aber es lässt sich bei allen Menschen auf einen gemeinsamen inneren Kern zurückführen: Die Mitte des Lebens ist Leiden. Das Zentrum eines jeden Lebens kann als Kreuz bezeichnet werden. [...] Was allem Leiden gemeinsam ist, das ist die letztlich grausame Unbegreiflichkeit des Lebens, die geheime Zerstörung, die in allem sitzt, die Vergänglichkeit. [...]

Der Sohn Gottes war mit allen solidarisch, die jäh von der grausamen Unbegreiflichkeit des Lebens überfallen wurden, und er ist ihnen vorangegangen.

Auch er hat Gott nicht mit der Frage nach dem „Warum?" verschont. Er hat sich darauf verlassen, dass Gott das Leben will und nicht den Tod; dass Gott Licht und Freude will und nicht Nacht und Tränen. Er unterstellte seinem Gott nicht, dass er Wohlbehagen am Leiden und an den Schmerzen seiner Kreatur habe. Er hielt seinen Vater nicht für blutgierig. Aber der Anschein des Lebens und seine eigene Passion sprachen auch bei ihm gegen sein Vertrauen. Er hat sein Vertrauen durchhalten können bis in den Tod hinein – es wurde bestätigt in der Auferweckung. Ostern ist der Grund der vertrauensvollen Hoffnung, der Grund auch dafür, Leiden und Kreuz nicht auf den Willen eines grausamen Gottes zurückzuführen.

So ist die eine Seite unseres Themas vielleicht deutlich geworden. Das Leiden anzunehmen, sein Kreuz auf sich zu nehmen, heißt, sein Leben zu akzeptieren und aus ihm einen Weg hinter Jesus her zu machen, in der Haltung des Grundvertrauens, das darum weiß, wer diesen Weg mitgeht und wo dieser Weg in sein Ziel mündet, ein Weg grausamer Unbegreiflichkeit. [...] Diese grundsätzliche Annahme des Leidens bedeutet nun aber nicht, dass wir auch die konkreten Gestalten oder Gesichter des Leidens annehmen müssten. Es gehört zum tapferen Gehen des Weges, dass das Lebensfeindliche und das Liebesfeindliche nach Kräften bekämpft werden. Im Sinn der Bergpredigt Jesu gilt das natürlich in erster Linie von der Not der Mitmenschen. Es wäre eine perverse Form von Christentum, den Hungernden und Versklavten, den brutal Unterdrückten und den ihrer Menschenwürde Beraubten zu sagen, sie hätten eben ihr Kreuz auf sich zu nehmen und so dem Gekreuzigten nachzufolgen. Wer in Wort und Tat in dieser Weise Unrecht hinnimmt, der setzt sich dem richtenden Wort aus „Das habt ihr mir getan oder mir nicht getan" (vgl. Mt 25). [...]

Das Leiden darf und soll auch bekämpft werden, wenn es das persönliche, eigene Leiden ist. Wir kennen manchmal die Ursachen von zerstörerischen Krankheiten, von bitteren menschlichen Enttäuschungen, von Katastrophen im Straßenverkehr und in der Natur; manchmal kennen wir sie auch nicht. In keinem Fall ist es gestattet, sich auf die Erklärung zurückzuziehen: Diese Schmerzen, diese Tränen, diese Zerstörungen hat Gott gewollt. Ein so verstandener Gott wäre nicht der Vater Jesu Christi und aller Menschen. [...]

Das Leiden annehmen – gegen das Leiden kämpfen: Das ist für Menschen, die sich an Jesus orientieren, keine Alternative, kein Entweder-Oder. Beides soll sein: Leiden und Kreuz, das Unbegreifliche an diesem Leben sollen angenommen und mit Jesus zu einem Weg zu Gott verwandelt werden; die vielerlei Leiden sollen mit allen Kräften bekämpft werden, weil Gott sie nicht will. Erst ganz am Ende ist eine Antwort darauf zu erwarten, warum es sie überhaupt gab und gibt.

Herbert Vorgrimler, Auf dem Weg zum göttlichen Geheimnis. Meditationen und theologische Besinnungen, Kevelaer 2000, S. 101–106.

M 2 Berg von Koffern und Taschen, im Konzentrationslager Auschwitz gefunden

M 3 Das Schweigen Gottes und die Fragen nach seiner Rechtfertigung

Die Fragen nach Gott sind angesichts der Ungeheuerlichkeit der Schoa (des „Holocaust“) gewiss nicht die vordringlichsten Probleme. Wichtiger sind das Bleiben der Erinnerung, der anhaltende Kampf gegen das Vergessen. Wichtiger sind zuverlässige historische Untersuchungen. Damit ist nicht ein „Aufarbeiten“ gemeint, denn die Schoa lässt sich nicht aufarbeiten. [...]

Das alles vorausgesetzt, hat das Thema des Schweigens Gottes dennoch Bedeutung. Dass Gott stumm geblieben ist, muss diejenigen, die sich im Glauben auf ihn verlassen, und diejenigen, die professionell von ihm reden, in tiefste Verlegenheit stürzen. Von ihr, von dieser Ratlosigkeit, und nicht von einer etwaigen Antwort, soll im folgenden die Rede sein. [...]

Sollte Gott mit der Einstiftung der menschlichen Freiheit in seine Schöpfung auf jegliche Beeinflussung dieser Freiheit verzichtet haben? Sollte Gott den Dingen ihren Lauf lassen, so dass sie so werden, wie Menschen sie zurichten? Sollte er alle Kreaturen menschlichen Zugriffen überlassen, sich selber in die Rolle eines gleichgültigen Zuschauers begeben haben? Solche Gedanken widersprechen nicht nur wesentlichen Inhalten der biblischen Selbsterschließung Gottes, vor allem den Bekundungen seiner fürsorglichen Natur. Ein prinzipiell apathischer Gott, der eingreifen könnte, wegen seiner Gefühllosigkeit aber nicht eingreift, wäre ein amoralisches Monster. Mit dem Gott der biblischen Offenbarung hat er nichts gemein.

Die „Erklärung“, Gott praktiziere eben eine für Menschen unbegreifliche Geduld und Langmut, und sein Nichteingreifen bedeute nicht Nichtstun, diese Antwort wäre um nichts besser. Denn Grauel und Horror können solche Ausmaße annehmen, dass die Begriffe „Geduld“ und „Langmut“ jeden Sinn verlieren. In ähnlicher Weise nicht nachvollziehbar ist die Redensart von der „Zulassung“ des Bösen durch Gott: Wenn Gott Gott ist und Böses geschehen lässt, obwohl er es verhindern könnte, dann bleiben nur zwei Möglichkeiten: Entweder ist er dem Bösen gegenüber gleichgültig [...] oder er bejaht das Böse direkt und führt es durch seine willentliche Zustimmung mit herbei. [...] Welche moralische Qualität käme einem solchem Gott zu? [...] Die Frage wäre auch dann zu stellen, wenn Gott das Böse nicht selber bewirkte, sondern durch Abwenden seines Angesichts, durch Verstummen und Nichtstun kreatürliche Gräuel einfach geschehen ließe. Angenommen, die Absichten Gottes mit seiner Schöpfung seien misslungen, insbesondere die Ausstattung seines Geschöpfes Mensch mit einer Freiheit, die bis zum planmäßig betriebenen Völkermord reicht; angenommen weiterhin, aufgrund dieses Misslingens seiner Absichten habe Gott sich von seiner Schöpfung abgekehrt, dem verbrecherischen Treiben der Kreatur Mensch freien Lauf gelassen, wie könnte dann im Ernst noch von Gott die Rede sein? Ein anderer Erklärungsversuch des Schweigens Gottes angesichts der Schoa vereint manche jüdische und christliche Stimmen: Gott sei selber in der Situation des Mit-Leidenden, damals und heute. Das Thema des Leidens Gottes führt dann, konsequent weitergedacht, zu der Meinung, Gott sei damals wie heute ohnmächtig. Die Göttlichkeit Gottes wird zum Teil dadurch zu retten versucht, dass man seine Ohnmacht auf einen freiwilligen Machtverzicht zurückführt oder indem gesagt wird, Gott sei – ohnmächtig in das Leiden seiner Kreaturen verstrickt – selber der Erlösung bedürftig und werde erst „am Ende" dasjenige gewinnen, was man seine „Allmacht" nennt. Abgesehen davon, dass dieser Gott jedenfalls einmal so mächtig gewesen sein muss, seine Menschengeschöpfe mit Vernunft und Freiheit zu begaben und daher jeglichen Missbrauch und alle Perversionen von Vernunft und Freiheit in Kauf zu nehmen: Wie ließe sich wirkliche Ohnmacht Gottes damit vereinbaren, dass Gott in den biblischen Zeugnissen als Fels, sicherer Hort und feste Burg gepriesen und ihm die Rettung aus allen Gefahren zugetraut wird? [...]

Bei christlichen Theologinnen und Theologen ist schließlich, wo alle anderen Erklärungen versagen, die Zuflucht zu Jesus von Nazaret zu erwarten. Übergangen sei hier jeder Versuch, mit Vergleichen des schlechterdings Unvergleichbaren zu operieren, so wenn gesagt wird, Auschwitz sei das Golgatha unserer Zeit. Nein, weder Jesus noch in späterer Zeit den Christen ist ein Auschwitz widerfahren. [...]

→ Die Monstrosität des Menschen kann sich auch hinter dem schönen Schein verstecken, S. 191 f.

Die Schoa oder – nochmals mit dem Schlüssel- und Symbolwort gesagt – Auschwitz war der entsetzliche Anlass dafür, dass den christlichen Theologien alle Argumente einer „Theodizee", einer Rechtfertigung Gottes im Angesicht der Leiden seiner Kreaturen, abhanden gekommen sind [...]. Und noch mehr: Es hat sich gezeigt, dass Fragen offen sind, denen gegenüber die unbeschwert positive Gottesrede, das Gottesbild, das „heile" Gottesverständnis der christlichen Tradition nicht bestehen können. Vermutlich wird sich der Glaube der Zukunft, um überhaupt weiter existieren zu können, viel mehr an seinen Hoffnungs- und Verheißungscharakter erinnern müssen, statt sich auf Macht- und Wundertaten Gottes in Vergangenheit und Gegenwart zu berufen.

Ist die durch „Auschwitz" an den Tag getretene Gottes- und Glaubenskrise voll bewusst geworden, und ist jeder Versuch, die Schoa einzuordnen und mit anderen Massenmorden in der Geschichte zu vergleichen, bekämpft und widerlegt, dann darf, ganz von fern und leise, daran erinnert werden, dass die christlichen Theologien von allem Anfang an ihre Augen vor einem Leiden verschlossen haben, vor dem sie immer schon ihre Gottesrede hätten rechtfertigen müssen: vor der Existenz des Todes und vor allem der konkreten Leidensformen des menschlichen Sterbens. Wie viele Worte sie auch gemacht haben, sie haben keine Antwort gefunden [...]. Es gibt keine Antwort.

Herbert Vorgrimler, siehe M 1, 107–112.

#KeineAntwortistdieAntwort?

M 4 Trauer am Frankfurter Bahnhof: ein psychisch kranker Mensch, der nicht schuldfähig war, hatte einen Jungen vor einen einfahrenden Zug gestoßen.

M 5 Die Würde des Klagens im Angesicht des göttlichen Du

In der Sammlung jener biblischen Gebete, die man Psalmen nennt, steht ein eindrucksvoller Text, mehr als zweitausend Jahre alt, der Psalm 88:

Du, Gott meiner Befreiung! Tagsüber schreie ich, in der Nacht auf dich zu. Mein Bitten kommt vor dich, neige dein Ohr meinem Jammern!
Denn gesättigt ist meine Seele mit Übeln, mein Leben berührt schon die Unterwelt. Ich zähle zu denen, die ins Grab fahren, ich wurde zum kraftlosen Mann, ein unter die Toten Entlassener wie die Erschlagenen, die im Grab liegen, derer du nicht mehr gedenkst, sind sie doch von deiner Hand abgeschnitten.
Du hast mich in die unterste Grube gebracht, in Finsternisse, in abgründige Tiefen. Auf mir lastet dein Grimm, und mit all deinen Brechern tauchst du nicht unter.
Meine Bekannten hast du von mir entfernt, hast mich ihnen zum Abscheu gemacht. Ich bin eingekerkert, kann nicht hinaus. Mein Auge verschmachtet im Elend.
Ich rufe dich alle Tage. Ich breite zu dir meine Hände. Wirst du an den Toten Wunder tun, oder werden Gespenster aufstehen, dir danken? Wird von deiner Huld im Grab erzählt, von deiner

Treue im Totenreich? Wird dein Wunder in der Finsternis erkannt, im Land des Vergessens deine Bewährung?
Ich aber, zu dir stöhne ich, Du, am Morgen empfängt dich mein Gebet.
Warum, Du, verabscheust du mich, versteckst du dein Antlitz vor mir?
Gebeugt bin ich und ein Sterbender von jung auf, ich muss deine Schrecken tragen, ich bin zerrüttet.
Über mich sind deine Zorngluten gefahren, deine Schrecknisse machten mich stumm. Sie umfluten mich den ganzen Tag wie Wasser, sie schlagen über mir zusammen.
Entfremdet hast du mir Freunde und Genossen, meine Bekanntschaft ist die Finsternis.
(Übersetzung nach M. Buber)

Zwei Personen kommen hier vor. Der, den wir in unserer Sprache „Gott" nennen, ist das „Du" in diesem Gebet. Die andere Person ist das Ich, der Betende. [...] Noch im Abgrund hält er an Gott fest, bekennt er Gottes Existenz, indem er zu ihm ruft. Der Sprecher des Psalms ist ein Glaubender. Aber dieses Ich hält am Gottesglauben nicht fest wegen einer fürsorglich waltenden Vorsehung, nicht wegen der Erfahrung, dass einer „alles so herrlich regieret", noch wegen der Betrachtung der Wunder der Natur, in der „die Himmel des Ewigen Ehre rühmen". Nur eine schmächtige Hoffnung ist ihm geblieben, die Hoffnung er möge nicht umsonst geboren sein. Nur in einem Beiwort findet dieses kleine Stück Hoffnung Ausdruck: „Gott meiner Befreiung". Der Rest ist Klage.

[...] Das Gebet der Klage, die Klage als Gebet findet den prägnantesten Ausdruck in einem einzigen Wort, in dem an Gott gerichteten „Warum?". „Mein Gott, warum hast du mich verlassen?" heißt es in jenem Psalm 22, der im christlichen Verständnis die Klage Jesu am Kreuz wiedergibt. „Warum versteckst du dich vor mir?" fragt der Sprecher unseres Psalms 88. Die Kühnheit des Klagenden wird hier noch radikaler. Was ist das für ein Gott, der sich vor den Menschen versteckt? [...]

Das Gebet der Klage, ja sogar der Anklage, ist vielleicht die einzige Form, in der Menschen die Situation wirklich sinnlosen Leidens religiös und ehrenvoll bestehen können. [...] In der Klage wird das Du ernst genommen, das einen eigenen, unbekannten und unerfassbaren Willen hat. Aber auch das Ich nimmt sich ernst, das sich mit den Grausamkeiten des Daseins nicht einfach abfinden, das sich nicht knechtisch unterwerfen kann und darf und dem als letztes Recht das Recht der Frage bleibt: „Warum?"

Herbert Vorgrimler, siehe M 1, 112–116.

#heilsamklagen

→ Biblische Texte, die Buber und Rosenzweig übersetzten, finden sich neben S. 218 auch auf S. 240 f.

Theodizee

- Gottesbegriff nach Auschwitz
- Hans Jonas
- memoria passionis
- Johann Baptist Metz
- Gottfried Wilhelm Leibniz
- Moralisches Übel
- Physisches Übel
- Metaphysisches Übel
- Ijob/Hiob

1 Fassen Sie die Überlegungen Vorgrimlers M 1 und M 3 thesenartig zusammen.

2 Der Dichter Georg Büchner hat in „Dantons Tod" das Leiden als „Fels des Atheismus" bezeichnet.
a) Erklären Sie den Satz Büchners.
b) Gestalten Sie durch die Form einer Collage oder einer Wortwolke, worunter Menschen leiden.
c) M 4 zeigt die Frage „Warum?" Die Frage nach Gott kommt hier gar nicht mehr vor. Diskutieren Sie, ob sich die Gottesfrage angesichts der Macht des Leids wie in M 2 nicht längst erledigt hat.

3 Theodizee heißt übersetzt: „Rechtfertigung Gottes".
a) Erarbeiten Sie die von Vorgrimler dargestellten Antwortversuche auf die Theodizee-Frage M 3.
b) Ergänzen Sie Vorgrimlers Darstellungen durch Recherchen zur Theodizee-Problematik, etwa bei Leibniz.
c) Erörtern Sie Chancen und Grenzen einer „Rechtfertigung Gottes".

4 Als frühes Dokument zur Theodizee-Frage wird bis heute das biblische Buch Ijob gelesen.
a) Untersuchen Sie am Beispiel von Ijob 4,7 f.; 5,17 f.; 36,21 Antwortversuche auf die Frage nach dem Leiden.
b) Ijob 19,25–27 gilt als Beleg für eine Hoffnung Ijobs, die stärker ist als seine Erfahrung eines brutalen und ungerechten Gottes. Erläutern Sie.

5 Lesen Sie – für sich oder laut – Psalm 88. Beschreiben Sie die Lage des Beters: Welche Gefühle bringt er zum Ausdruck? Wie spricht er zu Gott?

6 Gott anzuklagen ist nicht verboten.
a) Erarbeiten Sie aus M 5 die Bedeutung der Klage.
b) Setzen Sie sich mit der Frage auseinander, ob die Klage eine Antwort auf die Theodizeefrage sein kann.

Überlegen Sie, wie Sie die „Warum?"-Frage und die Sprachlosigkeit angesichts dieser Frage in Ihre Litanei einbeziehen wollen.

Wie die Bibel von Gott spricht

Grundlage und Bezugspunkt des christlichen Redens von Gott ist die Bibel. Für Christinnen und Christen sind die biblischen Texte Offenbarung Gottes. Es sind Texte, in denen Menschen davon sprechen, dass und wie ihnen Gott begegnet ist.
Und sie erzählen in sehr unterschiedlichen Bildern von Gott.

M 1 Phantombild Gott

„Im Anfang war das Wort ... und das Wort war Gott", so beginnt das Johannesevangelium. Jesus, der Sohn Gottes, ist dieses Wort, der Logos. Manchmal kommt mir jedoch der Verdacht: Wenn die Bibel heute geschrieben würde, stünde dort „Im Anfang war das Bild". Wer heutzutage kommuniziert, tut dies mit Bildern. Urlaubsfotos werden gepostet, Snapchat und Instagram senden Bilder mit maximal drei Worten Erklärungstext. Und sogar in ehemals rein textbezogenen Medien wie E-Mails werden Emojis eingefügt, statt die eigene Stimmung zu beschreiben – ein Bild sagt mehr als tausend Worte – kurz, prägnant, auf den Punkt gebracht. Aber auf welchen Punkt? Lässt sich etwas so Komplexes wie die eigene Gefühlswelt, für die manche Dichter einen ganzen Roman benötigen, in ein Emoji pressen? Und noch schwieriger: Lässt sich der biblische Gott in ein Bild pressen?

Wort gegen Bild

„Du sollst dir kein Kultbild machen und keine Gestalt von irgendetwas am Himmel droben, auf der Erde unten oder im Wasser unter der Erde" (Ex 20,4). Das wird im Buch Exodus geboten. Das Buch Deuteronomium verschärft das noch: Der „Sprache" Gottes, die vom Menschen gehört werden kann, steht sein Bild, das nicht gesehen werden kann, gegenüber: „Eine Stimme, Worte habt ihr gehört, eine Gestalt habt ihr nicht gesehen, nur Donnerstimme war da ... Lauft nicht in euer Verderben und macht euch kein Kultbild, das irgendetwas darstellt ..." (Dtn 4,12.16). Seither flammt die Diskussion darum immer wieder auf, ob an diesen Stellen lediglich ein Verbot von Götzenbildern oder ein generelles Verbot von Abbildungen des Göttlichen gemeint war. [...]

Stereotype Gottesdarstellung

Die Bilderfreunde sind geblieben. Seither wird Gott auf einige wenige Bildmotive reduziert. Große Kunstwerke wurden geschaffen, die Gott ins Bild bringen. Und die meisten davon zeigen ihn als weißbärtigen alten Mann im fließenden Gewand, ganz oben im Bild, höchstens noch mit einer Taube über ihm. Während Darstellungen von Christus eine gewisse Bandbreite aufweisen, bleibt Gott Vater (was genau genommen ebenfalls schon ein Sprachbild ist) bildlich durchaus stereotyp. [...]

Neue Gottesbilder?

Vor rund einem Jahr wurde jedoch eine Befragung veröffentlicht, wie sich in Amerika die Menschen heute Gott vorstellen. Die befragten Personen mussten sich schrittweise immer wieder zwischen zwei Möglichkeiten entscheiden, etwa: weißhäutig oder schwarzhäutig, gelockte Haare oder glatte Haare und so weiter. Mittels der Antworten wurde ein Phantombild von Gott entworfen. Und siehe da: Mag es dem Jugendkult geschuldet sein oder nicht: Heraus kam das Bild eines relativ jungen (!) und bartlosen (!) Mannes. Traditionell entschieden sich die Befragungsteilnehmer/innen aber dann in einer anderen Frage: Nicht nur ist Gott weiterhin männlich – er ist auch weiß.
Das scheint Xenophanes recht zu geben, der ja in seiner fundamentalen Religionskritik gerade darauf abzielt, dass das Gottesbild mehr über den Ersteller selbst als über Gott aussagt: „Doch wenn die Ochsen, Pferde und Löwen Hände hätten oder mit ihren Händen malen könnten und Werke bilden wie die Menschen, so würden die Pferde rossähnliche, die Ochsen ochsenähnliche Göttergestalten malen und solche Körper skulptieren, wie jede Art gerade selbst das Aussehen hätte."

Gottesbilder und Gotteskonzepte

Darüber hinaus formen Bilder im Kopf auch Konzepte. Hinter einem bestimmten Gottesbild entwickelt sich ein bestimmtes Konzept von Gott. Wenn dieses verabsolutiert wird, kann es Gott nicht mehr gerecht werden. [...]

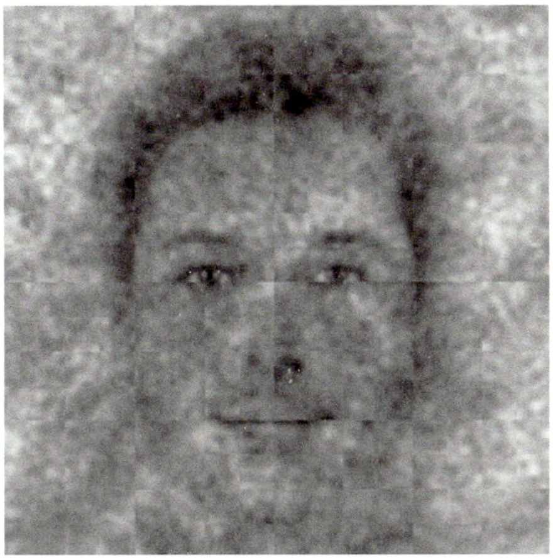

M 2 Phantombild Gott: Ein Team von Psychologen der Universität North Carolina wollte wissen, wie sich Christen Gott vorstellen. 500 US-amerikanische Christen nahmen an der Umfrage teil. Sie bekamen je zwei Bilder zur Auswahl, immer verfremdet mit einem Rauschfilter. So entstand die Ähnlichkeit mit Phantombildern. Insgesamt 300 Mal mussten sich die Teilnehmer zwischen zwei Bildern entscheiden: Welches sieht eher wie Gott aus? Das Durchschnittsergebnis der Studie ist das abgebildete „Phantombild".

Das verhüllte Aussehen Gottes

Das Problem an den Abbildungen des biblischen Gottes ist gerade, dass es keine genaue Beschreibung Gottes gibt und jedes Bild ihn somit nur verfehlen kann. Jan Assmann bringt es auf den Punkt: „Da man Gott nicht abbilden kann, weil man nicht weiß, wie er aussieht, weil man auch bei seiner Offenbarung nur eine Stimme gehört hat, darum ist jedes Bild automatisch ein anderer Gott."

Der biblische Gott in seiner Vielschichtigkeit dagegen wird nicht durch Bilder, sondern durch Worte beschrieben, und das in sehr vielen und unterschiedlichen Sprachbildern. Allen gemeinsam ist, dass sie auf Gottes Wirken abzielen und nicht auf sein Aussehen. Indem sie unterschiedliche Eigenschaften und Wirkweisen Gottes enthüllen, verhüllen sie das Aussehen Gottes sogar noch.

Am Beginn der Erzählung vom Garten Eden formt Gott wie ein Töpfer den Menschen aus Lehm. Liebevoll bearbeitet er ihn, bis ihm das Werk gefällt (Gen 2,7). Gleich darauf pflanzt er wie ein Gärtner den Garten Eden (Gen 2,8), er betätigt sich als leidenschaftlicher Kämpfer ebenso wie als barmherziger Vater, als fürsorgliche Hebamme wie als weiser König, als liebende Mutter wie als guter Hirt, als Bärin oder Löwin und vieles mehr.

→ Apokalyptische Bilder vom Ende erhoffen das rettende Eingreifen Gottes, vgl. S. 79 f.

Sich kein Bild zu machen, ist vielleicht genau deshalb ein sehr sinnvolles Gebot. Denn welches Bild könnte all diese Bilder fassen? Oder gerade im Gegenteil: Es müsste mehr, viel mehr und viel unterschiedlichere Bilder von Gott geben, Bilder von ihm in all seinen Wirkweisen – dann entstünde ein facettenreiches Spektrum, das, zusammengenommen, eine Ahnung von der Komplexität Gottes bieten könnte.

Elisabeth Birnbaum, Phantombild Gott, 30. Juli 2019, in: www.feinschwarz.net/phantombild-gott/

Elisabeth Birnbaum (* 1969), Dr. theol., Direktorin des Österreichischen Katholischen Bibelwerks.

#IstGotteinMann?
#HerrGott
#FrauGott

1 Nennen Sie Gottesbilder, die Sie aus der Bibel kennen.

2 Lesen Sie nach in der Bibel (evtl. zum wiederholten Mal, aber so wie sich das Gottesbild im Laufe des Lebens verändert, verändert sich auch der Blick auf die biblischen Texte): Jes 66,13; Ps 84,12; Ex 15,26; Lk 11,2; Joh 1,1.14; Zef 3,17; Ps 23,1; Mt 25,31–33; Ps 7,12; Ex 15,1–3.
Halten Sie die markanten Begriffe und Bilder fest, in denen die Bibel hier jeweils von Gott erzählt.
Alternativ oder ergänzend: Stellen Sie in Standbildern dar, wie die Bibel hier jeweils von Gott erzählt.

3 Phantombild Gott
a) Geben Sie mit eigenen Worten das Problem wieder, das Elisabeth Birnbaum **M 1** beschreibt.
b) Erläutern Sie die Grafik **M 2** vor dem Hintergrund der Ausführungen Birnbaums **M 1**.

4 Erklären Sie die Bedeutung des biblischen Bilderverbots.

5 Nehmen Sie Stellung: Sind nicht all diese biblischen Bilder veraltet? Bräuchte es heute andere Bilder und Begriffe?

Setzen Sie die Anregung Birnbaums um: Fügen Sie Ihrer Litanei möglichst viele „Gottesbilder" hinzu.

Gott – der Kennstdudoch-Wirstschonsehn?

Die Bibel erzählt von Gott in sehr unterschiedlichen Bildern der beiden Testamente. Sie erzählt auch davon, dass Gott dem Mose seinen Namen nennt. Doch was bedeutet das?

M 1 Gott stellt sich vor (Ex 3,14)

Da antwortete Gott dem Mose: Ich bin, der ich bin.
(Einheitsübersetzung 2016)

Da antwortete Gott dem Mose: Ich bin der „Ich-bin-da“.
(Einheitsübersetzung 1980)

Gott sprach zu Mose: Ich werde sein, der ich sein werde.
(Lutherübersetzung 2017)

Gott erwiderte Mose: Ich bin da, weil ich da bin.
(Bibel in gerechter Sprache 2006)

Gott sprach zu Mosche: Ich werde dasein, als der ich dasein werde.
(jüdische Übersetzung von Martin Buber und Franz Rosenzweig, 1929)

→ In welchem Zusammenhang offenbart Gott seinen Namen? S. 240

M 2 Heilig-Kreuz-Kirche Münster

M 3 Installation am Bamberger Dom von Via Lewandowsky, Sommer 2019

M 4 „Gestatten, ich bin …“

„Guten Tag, mein Name ist Kennstdudoch-Wirstschonsehn, ich bin für die nächste Zeit Ihre Reisebegleitung.“ So ähnlich müssen wir uns die angebliche Namensmitteilung Gottes im Buch Exodus vorstellen. Mose bekommt von Gott am brennenden Dornbusch den Auftrag, der Anführer Israels zu sein. Gott will sein Volk aus Ägypten, wo sie als Sklaven schuften müssen, befreien.

Mose hat mehrere Einwände gegen dieses Projekt. Erst fragt er: „Wer bin ich (dass ich das schaffen könnte)?“ Gott versichert ihm: „Ich bin mit dir“ – und verheißt ihm ein Zeichen (Ex 3,11–12). Dann fragt Mose: „Wer bist *du*?“ – nein, etwas umständlicher: „Gut, ich werde also zu den Israeliten kommen und ihnen sagen: Der Gott eurer Väter hat mich zu euch gesandt. Da werden sie mich fragen: Wie heißt er? Was soll ich ihnen sagen?“ (Ex 3,13) Merkwürdig: Die Israeliten wissen nicht, wie der Gott ihrer Väter heißt, den sie doch kennen sollten. Diese Unstimmigkeit lenkt unsere Aufmerksamkeit sowohl in die Vergangenheit (was war das mit den Vätern?) als auch in die Zukunft: Wird Gott auf die Provokation des Mose eingehen?

Tatsächlich stellt sich Gott dem Mose vor: „Ich bin, der ich bin“ (Ex 3,14). Im Hebräischen lautet der Satz ähjä aschär ähjä. Gott sieht diese Worte als eine Art „Name“ an: „So sollst du zu den Israeliten sagen: Der ‚Ich-bin‘ (ähjä) hat mich zu euch gesandt.“ Das hebräische Wort heißt auf Deutsch „sein“, und die Form bezeichnet eigentlich etwas „Nicht-Abgeschlossenes“. Die Gottesbezeichnung JHWH in Ex 3,15 (wiedergegeben mit „der HERR“) wird traditionell darauf zurückgeführt, auch wenn es keine direkte Verbindung gibt. Durch die Kombination von Ex 3,14 mit 3,15 wird überall, wo in der Bibel JHWH/der HERR steht, an den Rätselsatz von Ex 3,14 erinnert: ähjä aschär ähjä – ich bin, der ich bin.

Man könnte diesen Satz tautologisch deuten („zweimal dasselbe“): „Ich bin der, der ich bin“ – mehr Informationen gibt es nicht, Schluss. Damit bliebe Gott ein Unbekannter und Unerkennbarer. Man kann den Satz aber auch so auffassen, dass die zweite Verbform etwas Neues sagt: „Ich bin, der ich sein werde“, oder:

„Ich bin der, als der ich mich erweisen werde“. Das Wortspiel fordert die Leser heraus, einen brauchbaren Sinn zu konstruieren. Die Einheitsübersetzung von 1980 hat daraus das vielen lieb gewordene „Ich bin der Ich-bin-da“ gemacht. Aber diese Wendung setzt voraus, dass man heimlich ein „für dich“ (oder für wen auch immer) ergänzt, das nicht dasteht. Außerdem ist es mit dem bloßen Dasein Gottes nicht getan. Wir hoffen doch (wie damals die Israeliten), dass Gott nicht einfach nur da ist, sondern etwas tut!
Genau darum geht es: Der Gott, der mit Mose spricht, ist kein Unbekannter, sondern der Gott Abrahams, Isaaks und Jakobs, der Gott der Väter, der schon eine *Geschichte* mit dem Volk hat. Dieser Gott ist nun vor Mose *gegenwärtig*, und dieser Gott hat mit ihm und dem Volk einen Plan für die *Zukunft*. Gott wird sich als derjenige erweisen, der sein Volk aus dem Sklavenhaus Ägypten befreien wird, der es in ein gutes Land führen und ihm eine lebensförderliche Weisung (Tora) geben wird. Die ganze Geschichte, von den Vätern über die Gegenwart in Ägypten bis hin zur Befreiung und zur Gabe des Landes und der Weisung, steckt in dem „Gottesnamen“. [...] Die Einheitsübersetzung von 2016 übersetzt „Ich bin, der ich bin“. Das ist gut so, weil man damit nicht so leicht fertig (leichtfertig?) ist. Gott ist nicht einfach der „Ich bin da“ (und gut is'), sondern aktiv in der Geschichte, die man daher auch kennen (und lesen) muss. Mit dem Satz „Ich bin der, als der ich mich erweisen werde“ sind wir als Lesende schon auf die Zukunft, die kommenden Ereignisse des Auszugs und auf noch mehr bis in unsere Tage verwiesen. Diese ganze Geschichte mit seinem Volk und mit allen, die an Gott glauben, gehört zu diesem Gott dazu – bis heute. Jeder Mensch, der im Glauben (heran)wächst, kann sein Leben vor Gott deuten: Du kennst IHN doch (aus der Vergangenheit), und du wirst schon seh'n (auch in deinem Leben).

Thomas Hieke, „Gestatten, ich bin …“, in: Bibel heute 1/2018, 8 f.

→ Wie ist das Verhältnis zwischen Gott und seinem Volk Israel? S. 242

Thomas Hieke (* 1968) ist Professor für Altes Testament an der Katholischen Fakultät der Universität Mainz.

G'tt
Haschem
99 Namen Gottes

#lustaufübersetzungslast

M 5 unser vater

[...]
2
dein name werde geheiligt
dein name möge kein hauptwort bleiben
dein name werde bewegung
dein name werde in jeder zeit konjugierbar
dein name werde tätigkeitswort
[...]

Kurt Marti, Vaterunser, 1980, 22, in: Bibel heute 1/2018, 19.

1 Namenswahl und Zufall – wie passt das zusammen?
a) Beschreiben Sie: Welche Bedeutung hat Ihr (Vor-) Name für Sie? Wissen Sie, warum Sie diesen Namen bekommen haben?
b) Diskutieren Sie über die Bedeutung von Namen. Was kommt in den Namen zum Ausdruck? Schall und Rauch? Etwas vom Wesen des mit dem Namen Bezeichneten? Ein Omen für die Zukunft?

2 Übersetzen heißt interpretieren.
a) Lesen Sie in einer Bibel Ex 3,1–15.
b) Erarbeiten Sie den literarischen Kontext von Ex 3,14: In welche Situation hinein sagt Gott seinen Namen?
c) Vergleichen Sie die unterschiedlichen Übersetzungen des Verses 14 aus dem 3. Kapitel des Exodusbuches M 1. Diskutieren Sie, welche Übersetzung Ihnen aus welchen Gründen am besten gefällt.

3 Erläutern Sie, inwiefern Ex 3,1–15 dem Bilderverbot (z. B. in Ex 20,4 f.) entspricht.

4 Beschreiben Sie die Wirkung der Installation an der Heilig-Kreuz-Kirche in Münster M 2 und vergleichen Sie sie mit der Installation am Bamberger Dom M 3.

5 Erarbeiten Sie aus dem Text von Thomas Hieke die Dimensionen, die Exodus 3,14 in sich birgt M 4.

6 Der Gottesname JHWH kommt in der Bibel 6.823-mal vor. Die Einheitsübersetzung von 2016 übersetzt alle Stellen mit HERR. Erörtern Sie Konsequenzen dieser Übersetzung.

7 Deuten Sie die Strophe von Kurt Marti, die aus seinem Gedicht „unser vater“ stammt M 5.

Eine „Namen-Gottes-Litanei“ ist das Thema des Projektes. Fügen Sie Ihrer Litanei nun auch den Namen hinzu, mit dem sich Gott dem Mose vorstellt. Wählen Sie eine der Übersetzungen von Ex 3,14 aus.

Gott wird Mensch

**Jesus ist der Sohn Gottes: So formulieren und bekennen Christinnen und Christen. Aber was bedeutet das? Was ist gemeint mit dem Begriff „Sohn"? Was wollten Menschen vor vielen Jahrhunderten mit der Aussage „Gottes Sohn" zum Ausdruck bringen?
Gott wird Mensch. In Jesus. Und zeigt so sein Wesen. Gottes Wesen.**

→ Zur biblischen Grundlage der Jesusbilder und der christologischen Entwicklung vgl. S. 92 f. und 102 f.

M 1 Wie kann Jesus Gottes Sohn sein?

Einmal im Ohr, will es so schnell nicht wieder raus: „Stille Nacht, heilige Nacht" – ein sehr altes Weihnachtslied und weltweit verbreitet. Weihnachten ohne „Stille Nacht", das können sich viele gar nicht vorstellen. Dabei geht der Text ziemlich eindeutig mit theologischen Aussagen um und versieht den Säugling in der Krippe mit einer besonderen Verwandtschaft. In der dritten Stophe heißt es nämlich: „Stille Nacht, heilige Nacht, Gottes Sohn, oh wie lacht Lieb aus deinem göttlichen Mund ..."
Die Vorstellung [...] vom Gottessohn ist sehr bedeutsam für den christlichen Glauben, doch nicht in jeder der biblischen Weihnachtsgeschichten hat sie ein gleich großes Gewicht. Der Evangelist Matthäus zum Beispiel wählt lieber die Formulierung, Maria habe das Kind vom Heiligen Geist empfangen.
Es war nach der Taufe des erwachsenen Jesus im Jordan, dass eine Stimme aus dem Himmel rief: „Du bist mein lieber Sohn, an dir habe ich Wohlgefallen" (Markus 1,11). Genau diese Himmelsstimme, in der Religionsgeschichte kein ungewöhnliches Phänomen, war möglicherweise der Ursprung aller ähnlichen Erzählungen über Jesus als Sohn Gottes. Es geht hier um eine liebevolle Zuwendung Gottes.
Die Bezeichnung wurde schließlich ein zentrales Bekenntnis im Urchristentum. Und bis heute wird Jesus Christus so genannt. Beim Segen sprechen Christen die Worte: „Im Namen des Vaters und des Sohnes und des heiligen Geistes", und im Apostolischen Glaubensbekenntnis: „Ich glaube an Gott [...]. Und an Jesus Christus, seinen eingeborenen Sohn.
Gottessöhne gab es auch in anderen antiken Kulturen. Schon bei Homer ist von den „Söhnen des Zeus" die Rede („Odyssee" 11,568), Zeus ist der „Vater der Menschen und Götter" (Ilias 1,544). Alexander der Große gilt als Sohn des Ammon. In der römischen Kaiserzeit breitete sich die Vorstellung von den Gottessöhnen über den ganzen Kulturkreis aus. Römische Kaiser schmückten sich mit dem Titel „Divi filius" – Sohn des Göttlichen, Ärzte nannten sich Söhne des Gottes Asklepius. All dies sollte ihre überirdischen Kräfte beziehungsweise ihren Herrschaftsanspruch betonen.
Das christliche Bekenntnis zum Sohn Gottes unterscheidet sich davon deutlich: Es unterstreicht keinen weltlichen Herrschaftsanspruch, sondern dass sich Gott aus Liebe für das Wohl der Menschen einsetzt. Wichtiger als Jesu Ankunft sind seine Kreuzigung und Auferstehung. Erst von hier aus fällt der Blick zurück auf seine Geburt, und erst vor diesem Hintergrund bekommt der Titel „Sohn Gottes" seine eigentliche Bedeutung. Er deutet auf ein besonderes Vertrauensverhältnis, eine besondere Nähe zwischen „Vater" und „Sohn". Da spielen geradezu familiäre Vorstellungen mit hinein, wie sie auch im Gebet Jesu an seinen „Abba", seinen Vater, deutlich werden. Ein solch inniges Verhältnis zu Gott legte Jesus auch seinen Anhängern nahe. Deshalb lehrte er sie das Vaterunser, das Gebet, das er, der fromme Jude, selber sprach.
Neben diesen familiären Vorstellungen gab und gibt es viele andere. Im hellenistischen Christentum, dem des griechisch sprechenden Weltreichs, galt Jesus auch als „Abbild" des unsichtbaren Gottes. Der Apostel Johannes spricht von einem schon immer existenten, Fleisch gewordenen „Wort" (Logos). Bei Paulus, dem Autor zahlreicher Briefe, überwiegt das Jesus-Attribut „Herr", ohne dass er dem Titel „Sohn Gottes" seine Bedeutung absprechen würde.
Jede Zeit findet und formuliert neue Sprachbilder für die Nähe Gottes zu den Menschen. Der Glaube der Menschen entwickelt sich weiter. Der evangelische Theologe Wolfgang Huber zum Beispiel prägte – in Anlehnung an Joseph Ratzinger – den Satz: „Jesus bringt den Menschen Gott." Von einer physischen Abstammung Jesu ist hier nicht die Rede. Es ist eine in ihrer Offenheit wunderbare Formulierung, offen für eine Vielzahl neuer Formulierungen,

Henning Kiene (* 1959) ist evangelischer Theologe und arbeitet als Pastor auf Usedom.

offen für die unterschiedlichsten Anknüpfungspunkte im Leben Jesu.

Henning Kiene, Religion für Einsteiger: Wie kann Jesus Gottes Sohn sein?, in: Chrismon 12/2015.

#gottessohninflation

M 2 Jesus Christus in einem modernen Mosaik

M 3 Jesus: Gott tun

Wenn wir sagen: Der einzig-wahre Gott ist uns in Jesus erschienen, so meinen wir: Alles Charakteristische dieses Gottes haben wir in Jesus gesehen. Ihn sahen wir „so gut wie Gott" sein – Gott tun.

Im Evangelium wird von ihm erzählt, dass er sich taufen ließ. Wie viele andere Menschen in jenen Tagen in seinem Land erklärte er mit diesem Zeichen, dass er auf dem Weg des Gottes Israel gehen und dessen Wort tun wolle. [...] Als er dort im Wasser stand, nackt wie ein Neugeborener, da riss der Himmel auf, da öffnete sich Gottes Verborgenheit. Und Gottes Atem-und-Lebenskraft stieg wie ein Vogel aus dem Himmels-Abgrund herab über Jesu Haupt, wie ein Falke in der Luft. Da erklang eine Stimme – die Stimme, die schon so viele Menschen vor ihm gerufen hatte, zu Menschen in Not zu gehen – und sprach: Ich liebe dich. Ich bin auf dir. Ich bin auf dir mit meinem Geist, mit der Fülle meiner Kraft (Markus 1,9–11).

Das ganze neutestamentliche Zeugnis über Jesus besagt: Er war wie Gott, der sieht und hört und gedenkt und weiß. Er hat uns vorgelebt, was wir tun sollen: das Elend der Elenden sehen, hören, unsere Augen öffnen, unser Herz nicht abwenden. Und aus dieser Einsicht heraus leben: die Seite der Entrechteten wählen – solidarisch werden mit allen, die sich aus ihrem menschenunwürdigen Leben aufzurichten versuchen. Gott ist der, in dessen Namen wir solidarisch sind mit allen Niedergedrückten. Für diesen Gott war Jesus der Sprecher, der Gewährsmann, und ist es noch. Er hat Gott getan. „Er hat sich selbst gegeben", sagt das Evangelium über ihn (1 Timotheus 2,6). Als Brot gegeben, um gegessen zu werden, um Lebenskraft, Überlebenskraft in anderen zu werden. Was wir Eucharistie/Abendmahl nennen, ist davon das Erinnerungszeichen. Das heißt „Gott tun": Brot sein wollen für die Hungrigen, dein Leben für andere preisgeben – solidarisch bis zum Ende. Nichts weniger meinen wir, wenn wir Brot brechen „zu seinem Gedächtnis" (Lukas 22,19).

Im Laufe einer langen, unübersichtlichen Geschichte ist Jesus, dieser prophetische Lehrer aus Nazaret, für uns der Dolmetscher und Zeuge der jüdischen Glaubensgeschichte geworden, Zeuge eines Gottes, der sieht und hört und Menschen ruft, um Menschen zu retten. Jesu Deutung der Tora hat in den Tagen seines sterblichen Lebens Gehör gefunden – bei vielen? Bei ganz gewöhnlichen Menschen, unter ihnen Arme, Kranke, Besessene und „Sünder". Auch als er tot war, gekreuzigt wie ein Sklave, wurde seine Deutung erkannt und geglaubt, in einer Gemeinde von „Auf seinen Namen Getauften", Menschen, die durch ihn und mit ihm und in ihm die Stimme aus dem Himmel vernommen und die den Geist von Auszug und Befreiung empfangen hatten.

Huub Oosterhuis, Alles für alle. Ein Glaubensbuch für das 21. Jahrhundert, Ostfildern 2018, 61–63.

#GottVaterGottMutter

→ Inwiefern zeigt sich in Jesus die unschätzbare Barmherzigkeit Gottes? S. 99

Inkarnation
Christologie
Hoheitstitel
de deo uno
de deo trino

Huub Oosterhuis (* 1933) ist katholischer, niederländischer Theologe und Dichter. Er ist Gründer der Gemeinde „Ekklesia Amsterdam" und der Stiftung „Lehrhaus und Liturgie" und Initiator zahlreicher Projekte im sozialpolitischen und kulturellen Bereich.

→ „Sohn Gottes" gehört zu den sog. Hoheitstiteln Jesu. Ein anderer Titel ist z. B. „Messias", S. 92.

1 Erklären Sie das christliche Bekenntnis „Sohn Gottes", indem Sie den historischen Kontext dieses Begriffs anhand des Textes von Henning Kiene **M 1** darstellen.

2 Geben Sie wieder, wie Huub Oosterhuis **M 3** das Verhältnis von Gott und Jesus beschreibt. Erläutern Sie besonders, was es heißt Gott zu „tun" (Z. 42).

3 Diskutieren Sie, ob sich die alten (Sprach-)Bilder – das Sprachbild des Sohnes oder die Form des Mosaiks – eignen, um heute verständlich und mit erkennbarer Relevanz von Gott zu reden **M 1**–**M 3**.

Notieren Sie Worte und Namen, die für Sie zu Jesus gehören.

Gott – dreieins

Gott ist dreifaltig – Gott ist einer. Die christliche Gottesvorstellung ist spannungsreich.

→ Plurale Bilder vom Selben: S. 251.

M 1 Unbekannter Meister, Tirol, 18. Jh.

M 2 Dreifaltigkeit denken

Julia Knop (* 1977) ist Professorin für Dogmatik an der Katholisch-Theologischen Fakultät der Universität Erfurt.

[...] Im Namen des Vaters und des Sohnes und des Heiligen Geistes. So heißt es, wenn man sich bekreuzigt. Wenn ein Gottesdienst beginnt. Wenn ein Kind getauft wird. [...] Diese Formulierungen kennen alle Christen. Sie sind typisch christlich. Juden und Muslime würden sie nicht verwenden. Das entspräche nicht ihrem Gottesbild. Aber für Christen ist es ganz wesentlich. [...] Wer an den dreieinen Gott glaubt, kann Christ werden. Er wird im Namen des Vaters, des Sohnes und des Heiligen Geistes getauft. Das trinitarische Glaubensbekenntnis ist ein zutiefst ökumenisches Bekenntnis. Es unterscheidet nicht zwischen katholischen, evangelischen und orthodoxen Christen. Es unterscheidet zwischen Christen und Nichtchristen. Dabei klingt es nach reiner Theorie. Nach Glasperlenspiel. Es wirkt unnötig kompliziert, unverständlich und unlogisch. Jedes Grundschulkind weiß schließlich, dass eins nicht drei ist und drei nicht eins.

[...] Es geht nicht um Zahlen und nicht um Mathematik. Ginge es im Glauben um Mathematik, wäre Trinität – auf Deutsch: Dreieinigkeit – schlichtweg Unsinn. Gott als dreieinen zu glauben bedeutet nicht, die Gesetze der Logik außer Kraft zu setzen. [...] Offenbar geht es um etwas anderes als um ein Rechenspiel.

Wenn Christen Gott trinitarisch nennen, meinen sie: Gott ist als Vater der Schöpfer der Welt, der Ursprung von allem, was ist. In Jesus von Nazareth hat dieser Gott menschliche Gestalt angenommen. Jesus ist Gott, der Sohn. Für uns Menschen und zu unserem Heil ist er in diese Welt gekommen. Und: Durch den Heiligen Geist handelt Gott in der Welt. Gottes Geist schafft Frieden und Versöhnung. Er weckt Glaube, Liebe und Hoffnung.

Wie kam es zu diesem Gottesbild?

Die Bibel kennt noch keine ausgefeilte Theorie über die göttliche Dreifaltigkeit. Das hat einen einfachen Grund: Die Bibel [...] theoretisiert nicht über Gott. Sie erzählt: Die Bücher des Alten und des Neuen Testaments sprechen von Gott – und von Erfahrungen, die Menschen mit Gott gemacht haben. Die Evangelien bekunden, wie man Jesus von Nazareth erlebt hat, was er gesagt und getan hat und wie man das verstanden hat. In den Briefen, die Paulus und andere an die jungen Gemeinden geschrieben haben, kommen frühchristliche Jesus-Deutungen zum Ausdruck: Wer war dieser Mensch? Wieso erscheint Gott so nah, wenn man es mit Jesus zu tun bekommt? [...] Besonders das Johannesevangelium ist eine Steilvorlage für den Glauben an Gott als Vater, Sohn und Geist. Der Evangelist überliefert Jesus-Worte, die eine Reihe von Fragen aufwerfen und nach einer Interpretation verlangen. Jesus bezeichnet sich als Sohn – und Gott als seinen Vater. In ihm, dem Sohn, werde Gott, der Vater, sichtbar. Wer von Gottes Geist erfüllt sei, könne das erkennen.

[...] Jesus spricht von sich selbst als Sohn. Er spricht von Gott, seinem Vater, und vom Geist, den der Vater als Beistand senden wird. Hier liegt der Grundstein für den Glauben an die Dreifaltigkeit. Dennoch: Von einem durchgearbeiteten trinitarischen Gottesbild kann im Neuen Testament noch keine Rede sein. Bis es soweit ist, vergehen noch fast 300 Jahre.

[...] Die entscheidenden Klärungen bringt das 4. Jahrhundert. Nach Jahren der Verfolgung

und Diaspora hat sich das Christentum etwas konsolidiert. Es ist in neue kulturelle und geistige Kontexte hineingewachsen. Die Welt, in der das Christentum inzwischen Wurzeln geschlagen hat, ist philosophisch gesättigt. In dieser Welt will man den Dingen auf den Grund gehen. Man will wissen, was Sache ist und wie es sich mit Gott verhält. Man will Gott nicht nur glauben, sondern auch denken. Protagonist des Konflikts, an dessen Ende eine ausgearbeitete Trinitätstheologie steht, ist Arius. [...] Er will die biblischen Erzählungen in philosophische Kategorien übertragen. Dabei denkt er platonisch. Gott, genauer: das Göttliche, ist für ihn schlechthin eins, eine abstrakte geistige Größe jenseits der Welt, unberührt von Mensch und Geschichte. Jesus mag ein besonderes Geschöpf gewesen sein, ein Vorzeigemensch, ein Prophet und womöglich sogar etwas zwischen Gott und Mensch. Aber er konnte nicht Gott gewesen sein. [...]
Widerspruch gegen die Gottesvorstellung des Arius kam interessanterweise nicht von den Gebildeten, sondern von den normalen Gläubigen. Die philosophische Lösung war ihnen zu glatt. Sie entsprach nicht ihren Gebeten. Sie passte auch nicht zu dem, was die Bibel von Jesus erzählt. Arius dachte Gott zu abstrakt und Jesus zu klein. Der Gott der Bibel war den Gläubigen näher als der Gott der Philosophen. Auch Jesus kannten sie anders. Sie glaubten ihn größer als Arius ihn dachte. Schon im 4. Jahrhundert zeigte sich: Die Deutung Jesu entscheidet über das christliche Gottesbild. Wer in Jesus einen guten Mann sieht, ein moralisches oder religiöses Vorbild oder eine der großen Gestalten der Weltgeschichte, der braucht in der Tat keine Trinitätstheologie. Wer in ihm aber Gott sieht, muss das herkömmliche Gottesbild aufbrechen und weiterdenken.

Der Konflikt schaukelte sich hoch. Die Kirche drohte auseinanderzubrechen. Schließlich ergriff Kaiser Konstantin die Initiative, um den Streit zu befrieden. Im Jahr 325 trat in Nicäa in der Nähe des heutigen Istanbul das erste Konzil der Kirchengeschichte zusammen. Im Jahr 381 folgte das Konzil von Konstantinopel. Auf diesen beiden Konzilien entstand das trinitarische Glaubensbekenntnis, das so genannte Nicaeno-Konstantinopolitanum. Seither bekennen sich alle Christen aller Konfessionen zum einen Gott in drei Personen: [...] Sie glauben an Gott, der Mensch geworden ist. An einen Gott in drei Personen, der dadurch schon in sich selbst Liebe und Beziehung ist. [...] „Wo es die Liebe gibt, gibt es eine Dreifaltigkeit: einen Liebenden, einen Geliebten und eine Quelle der Liebe. Wenn du die Liebe siehst, siehst du die Dreifaltigkeit." So, wie es der heilige Augustinus hier formuliert, legt das Nachdenken über die Liebe eine Spur zum Verständnis der Dreifaltigkeit. Gott ist in sich Liebe. [...]

Julia Knop, Wie kann man sich die Dreifaltigkeit vorstellen?, www.deutschlandfunkkultur, 27.5.2018.

#1+1+1=1
#St.PatrickunddasKleeblatt
#GebärdefürGott

M 3 Kloster Volkenroda, Christuspavillon, Kammer Trinität, Expo 2000

1 Erarbeiten Sie aus dem Text M 2, wie die Vorstellung von der Dreieinigkeit Gottes historisch entstanden ist. Legen Sie dazu einen Zeitstrahl an.

2 Untersuchen Sie die Trinitätsdarstellungen M 1 und M 3, und recherchieren Sie weitere (z. B. das Kleeblatt oder den sog. Gnadenstuhl): Wie wird Trinität dargestellt? Nehmen Sie begründet Stellung: Welche Darstellung halten Sie für angemessen, welche eher für problematisch?

3 Erläutern Sie den Begriff Dreifaltigkeit M 2. Recherchieren Sie ggf. im Katechismus der Kath. Kirche (z. B. KKK 232–234). Visualisieren Sie Ihre Ergebnisse.

„Gott ist die Liebe" – eine oft genutzte Aussage über Gott, die kaum noch Aufmerksamkeit weckt. Die Theologin Sabine Pemsel-Maier spricht deshalb von Gott als „Beziehungskommune". Sammeln Sie für Ihre Litanei weitere Beziehungsbegriffe für Gott.

Gott geschieht

Gott – ein Name? Gott – ein Wirkwort? Gott ...?
Verschiedene Perspektiven und Zugänge innerhalb dieses Kapitel wollen ein Nachdenken über das Geheimnis Gott eröffnen.
Die letzte Doppelseite nimmt das grundsätzliche Fragen nach Gott wieder auf, im Sinne des bereits zitierten Andreas Knapp (vgl. S. 199): „Das Wort ‚Gott' ist ein sakramentales Wort, das nicht etwas erklären, sondern bewirken will. Es ist ein Wort, das verwandelt – oder es ist ein sinnloses Wort."

Dorothee Sölle (1929–2003) war eine evangelische Theologin und Dichterin.

M 1 Wer ist unser Gott?

Gott wird nicht gefunden wie ein kostbarer Stein oder die blaue Blume, sondern Gott ereignet sich. Gott geschieht. God happens. An diesem Dienstagnachmittag passierte Gott mit mir – das ist ein sinnvoller Satz, ein Versuch, die Erfahrung, die Begegnung, die uns in Beziehung setzt, zu benennen. Das Suchen wird dann nachträglich oft als Irrweg verstanden. Gerade der Alltag, gerade die realen unscheinbaren Beziehungen waren uns allzu grau. Was in der Gottesbegegnung geschieht, ist nicht, dass das Suchen durch Finden beendet wird, sondern durch Gefundenwerden. Gott stand schon immer hinter mir, auch als ich in die andere Richtung raste.
Eine theologische Konsequenz aus diesem Ansatz vom begegnenden Gott ist die Sprachform, in der wir Gott mitteilen können. Sie kann nur in zweiter Linie der Lehrsatz, das Dogma sein. Religiöse Sprache zerstört sich selber, wenn sie im Ich-Es-Verhältnis über Gott redet. Die mögliche Gottessprache ist das Gebet oder die Erzählung. In den Erzählungen des Neuen Testaments erscheint Gott, ereignet sich Gott. Wenn wir Gottesgeschichten erzählen und die narrative Form bemühen, so erzählen wir, was Gott tut oder wie er sich verbirgt, wie Gott handelt. Und im Gebet bitten wir Gott, all das Erzählwürdige zu tun, zu erscheinen, die gute Macht zu beweisen, uns zu verändern. In diesen beiden Sprachformen sprechen wir von Gott eher als einem Ereignis als einer Substanz. Wir reden aus und zu Gott, statt „über" ihn.

→ Erzählungen sind auch für die Ethik wichtig, S.132.

Mir scheint die oft gestellte Frage: Glaubst du an Gott? meistens oberflächlich. Wenn es nur bedeutet, dass in deinem Kopf ein Extrafach ist, wo Gott sitzt, dann ist Gott keineswegs ein Ereignis, das dein ganzes Leben verändert, wie Buber es über die wirkliche Offenbarung, aus der ich nicht unverwandelt herauskomme, sagt. Wir müssten eigentlich fragen: Lebst du Gott? Das entspräche der Realität der Erfahrung.

Dorothee Sölle, Gott denken. Einführung in die Theologie, Stuttgart 21990, 242.

M 2 Erfahrung

Die Wirklichkeit Gottes liegt auch jenseits des Wortpaares anwesend – abwesend. Das ist eine Erfahrung vieler gläubiger Menschen, dass Gott ihnen gerade dort am stärksten gegenwärtig sein kann, wo er schmerzlich vermisst ist. Die Frage nach „Gott" ist vielleicht bereits die deutlichste Form seiner Gegenwart, und wo er vollmundig bekannt wird, kann er ferner sein denn je.

Christian Lehnert, Der Gott in einer Nuß. Fliegende Blätter von Kult und Gebet, Berlin 2017, 21.

M 3 Mittagessen mit Gott

Ein kleiner Junge wollte Gott treffen. Er packte einige Coladosen und Schokoladenriegel in seinen Rucksack und machte sich auf den Weg. In einem Park sah er eine alte Frau, die auf einer Bank saß und den Tauben zuschaute. Der Junge setzte sich zu ihr und öffnete seinen Rucksack. Als er eine Cola herausholen wollte, sah er den hungrigen Blick seiner Nachbarin. Er nahm einen Schokoriegel und gab ihn der Frau. Dankbar lächelte sie ihn an – ein wundervolles Lächeln! Um dieses Lächeln noch einmal zu sehen, bot ihr der Junge auch eine Cola an. Sie nahm sie und lächelte wieder, noch strahlender als zuvor. So saßen die beiden den ganzen Nachmittag im Park. Als es dunkel wurde, verabschiedete sich der Junge. Zu Hause fragte ihn seine Mutter: „Was hast du denn heute Schönes gemacht, dass du so fröhlich aussiehst?" Der Junge antwortete: „Ich habe mit Gott Mittag gegessen – und sie hat ein wundervolles Lächeln!"

Auch die alte Frau war nach Hause gegangen, wo ihr Sohn sie fragte, warum sie so fröhlich aussehe. Sie antwortete: „Ich habe mit Gott Mittag gegessen – und er ist viel jünger, als ich dachte.“

Andere Zeiten e.V. (Hg.), Oh! Noch mehr Geschichten für andere Zeiten, Hamburg 2010, 46.

#Ikonen:GottgeschiehtimBild
#Poesie:SpracheGottes
#Schweigen

Laila Shawa (* 1940) ist eine palästinensische Künstlerin. Sie nutzt in ihren Werken auch christliche und islamische Motive.

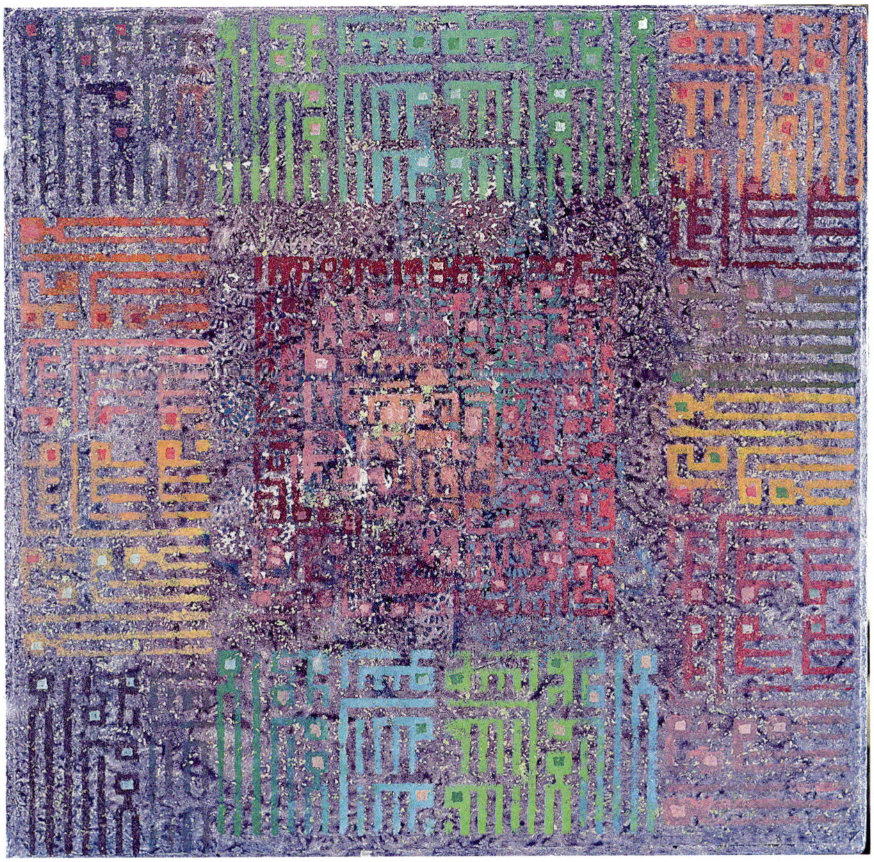

M 4 Laila Shawa, There is no God but God, 1999

1

a) Geben Sie die zentralen Aussagen des Textes von Dorothee Sölle wieder.

b) Erläutern Sie ausgehend vom Text Sölles, warum die Frage „Glaubst du an Gott?“ nicht identisch ist mit existentiellem Fragen nach Gott M 1.

2

a) Erläutern Sie, welche Bedeutung nach Lehnert die Frage nach Gott hat M 2.

b) Stellen Sie einen Bezug her zwischen den Aussagen Sölles und Lehnerts.

3

a) Entfalten Sie die Aussage der Erzählung M 3.

b) Inwiefern entspricht die Erzählung Aussagen des Textes von Sölle?

4

a) Betrachten Sie mit Ruhe das Werk von Laila Shawa M 4. Was nehmen Sie wahr? Beschreiben Sie.

b) Beschreiben Sie die Wirkung, die das Bild auf Sie hat.

c) Setzen Sie das Bild in einen Bezug zu seinem Titel.

d) Erklären Sie, inwiefern das Werk von Laila Shawa dem Bilderverbot entspricht.

e) Nehmen Sie Stellung: Ist das Bild für Sie ein „Gottes-Bild“?

Überlegen Sie, welche Aspekte, Aussagen oder Formulierungen der Materialien dieser Doppelseite Sie für Ihre Litanei festhalten möchten.

Teresa von Ávila (1515–1582)

Teresa von Ávila, einer Ordensfrau des 16. Jahrhunderts, bis heute als Heilige und Kirchenlehrerin verehrt, wird folgendes Gebet zugeschrieben:

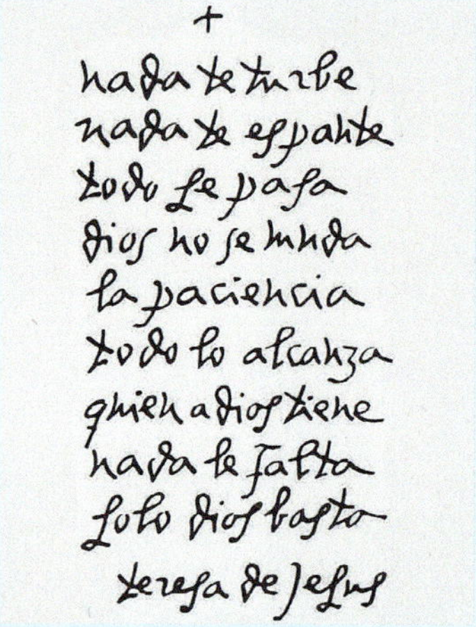

M 1 Gebetstext aus dem Brevier von Teresa von Ávila

→ Wie kommen nach Teresa Gott und Mensch zusammen? S. 107

Gott nur genügt

Nichts soll dich verstören,
nichts dich erschrecken,
alles vergeht,

Gott ändert sich nicht.
Geduld
erlangt alles;

wer Gott hat,
dem fehlt nichts:
Gott nur genügt.
(durch Teresa von Ávila überliefert)

Als Teresa von Ávila starb, fand man in ihrem Brevier ein kleines, dreimal dreizeiliges Gedicht, das mit den Worten endet: „Sólo Dios basta – Gott nur genügt." […] Man kann diesen Text eigentlich nicht „erklären"; er erschließt sich erst, wenn man es wie Teresa macht: wenn man mit ihm lebt. Für sie wurden diese Zeilen im Brevier zu einem „Kernwort". Sie hat sich damit Mut gemacht, hat sich daran in Erinnerung gerufen, woher sie die Kraft bekommt, ihren Weg zu suchen und zu gehen. Sie hat sich dadurch erst erinnert, was man gerade dann „vergessen hat, wenn man es braucht: dass Gott da ist, dass er den Weg weiß, wo ich keinen mehr sehe, dass er Atem hat, wo mir der Atem ausgeht, dass er der Meister ist, ich (nur) der Jünger, dass die Welt, selbst wenn sie aus den Angeln fiele, nicht aus seinen Händen fallen kann …" Unglücklicherweise wurde die letzte, die am bekanntesten gewordene Zeile im Deutschen mit „Gott allein genügt" übersetzt. Häufig verstand man dieses Kernwort der karmelitanischen Spiritualität dann so, als brauche der Mensch nur Gott, nichts weiter, oder gar als habe er sich allein um Gott zu sorgen und den Blick von allem Menschlichem und Geschöpflichem abzuwenden. Das „solo" ist adverbial, nicht adjektivisch zu lesen. Es meint: erst Gott reicht aus, um wirklich Erfüllung zu schenken; hätte ich alles, was das Leben bieten kann, aber die Gemeinschaft mit Gott nicht – es wäre alles flach, leer, ungenügend, wie ein „Nichts". Gerade die hier gemeinte Erkenntnis, dass erst Gott – also „Gott nur" – dem Menschen entspricht, gibt allem Sinn und Wert, Tiefe und Größe: Die Liebe dieses Gottes und das Leben mit ihm verleihen den Dingen Schönheit, dem Nächsten Größe, der Freundschaft und Partnerschaft Tiefe und ewige Endlosigkeit.

www.karmelocd.de/geschichte-und-spiritualitaet, abgerufen am 4.11.2019

Brevier: Gebetbuch der Kleriker und Ordensleute mit den täglichen Stundengebeten.
karmelitanisch/Karmeliten: Orden, in den Teresa als junge Frau eintrat.

1
a) Genügt nur Gott? Beschreiben Sie die innere Haltung, die dieses Gebet zum Ausdruck bringt.
b) Nehmen Sie Stellung: Ist es möglich bzw. angemessen, sich „von außen" Gebetstexten zu nähern?

2 Machen Sie sich auf die Suche nach Ihrem Kernwort: Was müsste es enthalten? Haben Sie vielleicht bereits eines? Möchten Sie sich darüber austauschen?

Gott steht auf der Seite der anderen – Sechzehn Tweets von gegenüber (Andreas Benk)

Prof. Dr. Andreas Benk, Theologe und Religionspädagoge.

1. Biblische Gottesgeschichten sind Hoffnungsgeschichten. Aber nicht für uns.
2. Der biblische Gott ist ein befreiender Gott: solidarisch mit Verfolgten, Ausgebeuteten und Vergessenen – solidarisch gegen das Sklavenhaus Ägypten und menschenverachtende Profiteure in den eigenen Reihen.
#exodus #prophetie
3. „So spricht Gott: Ich hasse eure Feste, ich verabscheue sie und kann eure Feiern nicht riechen. Weg mit dem Lärm deiner Lieder! Dein Harfenspiel will ich nicht hören, sondern das Recht ströme wie Wasser, die Gerechtigkeit wie ein nie versiegender Bach" (Amos 5,16.21.23 f.).
#ethikistwichtigeralsreligion
4. Jesus schlägt in dieselbe Kerbe: „Weh euch, ihr Reichen; denn ihr habt euren Trost schon empfangen! Weh euch, die ihr jetzt satt seid; denn ihr werdet hungern. Weh, die ihr jetzt lacht, denn ihr werdet klagen und weinen" (Lukas 6,24 f.).
#gerechtigkeit
5. Für die anderen ist Jesu Botschaft von Gottes Reich eine gute Nachricht: „Selig, ihr Armen, denn euch gehört das Reich Gottes. Selig, die ihr jetzt hungert, denn ihr werdet gesättigt werden. Selig, die ihr jetzt weint, denn ihr werdet lachen" (Lk 6,20 f.).
#evangelium
6. Jesu Versprechen zielt nicht in die Ferne. „Dein Reich komme!" (Matthäus 6,10) – hierher, ganz bald, schon jetzt.
#diesseits #politischeTheologie
7. Jahrhunderte später, im christlichen Bekenntnis, ist vom befreienden Gott nicht mehr die Rede. Auch Prophetie und Wirken Jesu finden dort keinen Platz. Gott ist allmächtiger Schöpfer – GREAT! Auferstehung der Toten – GREAT! Ewiges Leben – GREAT!
#konstantinischeWende #StaatundKirche
8. –
#negativeTheologie
9. Wir sind Ägypten, Assur und Babylon, wir sind Profiteure im globalen Apartheidsystem: eingebunden in mörderische ökonomische Strukturen, verstrickt in weltweite Vernichtungsprojekte.
#globalesLernen #LaudatoSi'
10. Die Gebote Gottes für unsere Zeit sind die Menschenrechte.
#standup4humanrights
11. Ich bin Theologe: weiß, Mann, heterosexuell, lebenszeitlich verbeamtet, jenseits der 60 und mit satter Pensionserwartung. Wie kann ich es wagen, biblische Gottesgeschichten für mich in Anspruch zu nehmen?
#privilegientest
12. Gott steht auf Seite der anderen.
13. Dort steht das muslimische Kind aus Jemen, seine Eltern von deutschen Waffen zerfetzt.
#rüstungsexporte
14. Dort steht die pakistanische Frau, die mein Hemd näht, als die Decke bricht.
#textilproduktion
15. Dort steht der senegalesische Fischer, dem unsere Fangflotte den Lebensunterhalt raubt.
#fluchtgründe
16. Gott hat uns verlassen. Gott ist mit den anderen. Wer auf unserer Seite noch Gott vertraut, leistet Widerstand, sagt NEIN!, desertiert, läuft über.
Oder verkriecht sich.

Andreas Benk, Gott steht auf der Seite der anderen – Sechzehn Tweets von gegenüber, in: Johannes Röser, Gott? Die religiöse Frage heute, Freiburg i. Brsg., 2018, 373–375.

Gott ist größer als Höhen und Tiefen

Die Tattoovorlage auf dem Einstiegsbild dieses Kapitels „spricht" von Höhen und Tiefen. Um Widersprüchliches, Offenes, Unsagbares ging es auch in diesem Kapitel. Beurteilen Sie, ob sich Ihr Zugang zu diesem Tattoomotiv verändert hat: Sehen Sie es nun neu bzw. anders?

Geht Gott unter die Haut?

Betrachten Sie die gesammelten Tattoos: Was sind die religiösen Themen der Tattoos? Welche bringen Gott zur Sprache? Welche Bildsprache wird verwendet?

Gott ist ...

Ergänzen Sie die von Ihnen erstellte Mindmap. Oder vielleicht wollen Sie sie auch grundsätzlich verändern und anders gestalten?

Jugend ohne Gott?

Setzen Sie sich mit den Fragen auseinander, die Sie als Ergebnis Ihres Gesprächs zu der Studie „Jugend – Glaube – Religion" notiert hatten: Haben Sie Antworten gefunden? Formulieren Sie sie.
(Welche neuen Fragen haben sich Ihnen gestellt?)

Gottes-Bilder

Greifen Sie zurück auf die Darstellungen, die Sie eingangs zusammengetragen haben. Betrachten Sie zudem Bilder und Darstellungen innerhalb dieses Kapitels. Nehmen Sie Stellung: Wie stehen Sie zu Darstellungen Gottes? Welche halten Sie für angemessen, welche für hilfreich, welche für problematisch ...?

Gott leuchtet

Wie beurteilen Sie nun die Idee der Installation am Bamberger Dom? Haben Sie neue Ideen, wie Gott in unserer säkularen Gesellschaft angesprochen werden kann?

Abschlussaufgabe

„Unsagbares sagen – Wie heißt Gott?": Sammeln Sie aus den Projektaufträgen Ihre Worte, Ihre Formulierungen, Ihre Begriffe. Was sind „Ihre Namen Gottes"? Welche Gedanken und Aspekte sind Ihnen während der Beschäftigung mit der „Frage nach Gott" wichtig geworden? Welche Fragen bleiben oder sind neu aufgeworfen? Gestalten Sie aus all dem eine Litanei. Zu der gehört auch ein auf jeden Litaneivers „antwortender" Ruf. Die Gebetssprache nutzt oft Antwortverse wie „Herr, erbarme dich". Prüfen Sie, ob Sie diese Tradition aufgreifen oder lieber den Antwortruf frei gestalten wollen. Der Ruf darf auch Distanzierungen, Fragen oder Anklagen zum Ausdruck bringen. Tragen Sie die fertige Litanei vor bzw. rezitieren Sie sie. Durch welche Gesten, tänzerischen oder musikalischen Elemente können Sie die Ausdruckskraft der Worte unterstreichen?

7 Mehr als du wahr*nimmst.

Das Religiöse und die Religionen

Gisbert Baarmann, Ring for Peace

Vgl. einen Bericht über die Weltversammlung „Religions for Peace" auf S. 258 f.

Innen und Außen

Der auf der Vorderseite abgebildete „Ring for Peace" ist eine Skulptur des Künstlers Gisbert Baarmann. Aus 36 Hölzern aus aller Welt hat er ein Möbiusband gestaltet. Der „Ring for Peace" wurde zur 10. Weltversammlung von „Religions for Peace" in Lindau im Jahr 2019 errichtet.
Das Möbiusband ist eine räumliche Figur, die scheinbar zwei Seiten hat, dabei aber innen und außen sowie oben und unten ineinander überführt. Während es leicht z. B. aus Papier selbst herzustellen ist, bildet das Möbiusband eine sehr ungewöhnliche Geometrie und kann als vielseitiges Symbol religiöser Identität und des religiösen Miteinanders gedeutet werden. Auch religiöse Individuen fühlen sich selbst oft gleichzeitig inner- und außerhalb einer Gemeinschaft oder zweifelnd und doch irgendwie überzeugt von einer Weltanschauung. Auch andere Religionen oder Bekenntnisse werden oft in einer schwer zu trennenden Mischung aus Ähnlichkeit und Verschiedenheit wahrgenommen. So ist (nicht nur) die religiöse Existenz häufig durch ein Oszillieren zwischen Identität und Fraglichkeit, Einfachheit und Komplexität, Statik und Dynamik charakterisiert.

- Welche Überzeugungen und Zweifel, welche Zugehörigkeiten und Fremdheiten, welche Heimatgefühle und welches Fernweh beobachten Sie bei sich selbst und bei anderen? Tauschen Sie sich mit Ihren Mitschülern und Mitschülerinnen über Ihre Gedanken zu dem skizzierten Spannungsfeld aus.
- Gestalten Sie selbst ein Möbiusband und beschriften Sie es mit Stichworten, die religiöse oder lebensweltliche Identitäten und Fraglichkeiten zum Ausdruck bringen.

Wegweiser

In Ihrem Leben und im Religionsunterricht haben Sie schon vielfältiges Wissen zu und Erfahrungen mit anderen Religionen gesammelt. Bei der Beschäftigung mit ihnen ist solches Vorwissen ein wichtiger Wegweiser.
Tauschen Sie sich über Ihr Vorwissen zu nichtchristlichen Traditionen aus und sammeln Sie besonders interessant erscheinende Themen oder Fragen, die Sie in den folgenden Unterrichtsstunden bearbeiten möchten, auf einem Plakat oder in einer Mindmap.

Wahrheit und Wahrheiten

Religionen beanspruchen in der Regel, dass ihr Weltverständnis „wahr" sei. Diskutieren Sie, warum so etwas wie „Wahrheit" für Menschen eine Rolle spielt und wann wir etwas als „wahr" erleben oder empfinden.
Dabei können Sie sich z. B. mit folgenden Statements auseinandersetzen:

- „Wahrheit ist, wenn ich von etwas vollkommen überzeugt bin."
- „Es gibt keine Wahrheit, bei allem kann es verschiedene Meinungen geben."
- „Das wichtigste Kriterium sollte nicht sein, ob etwas wahr ist, sondern ob es gut für die Menschen ist."
- „Wahrheit ist, wenn alle derselben Meinung sind."
- „Die Wahrheit wird euch frei machen."

Landkarte der Religionen und Weltanschauungen

Erstellen Sie eine religiöse Landkarte Ihrer Region. Verschiedene religiöse und nichtreligiöse Traditionen prägen die Menschen in der Region, in der Sie leben. Tragen Sie Ihr Wissen zusammen und recherchieren Sie, welche interessanten „Orte" es in Ihrer Stadt oder Region gibt, das heißt, welche religiösen Gemeinden, Gruppen und andere weltanschauliche Kulturen, Zentren oder Bewegungen sich finden lassen.

Entscheiden Sie dann, welche „Orte" Sie durch einen Besuch persönlich kennenlernen möchten. Organisieren Sie den Besuch und führen Sie ihn durch.

Verständigen Sie sich auf Leitperspektiven, unter denen Sie die Orte und Menschen kennenlernen möchten. Solche Perspektiven können z. B. sein:

- Was fasziniert mich an dieser Religion oder diesem Ort?
- Wie stellt sich die Gemeinschaft selbst dar?
- Welche persönlichen Zeugnisse begegnen mir?
- Wie klingt der Ort? Nehmen Sie Lieder, Gebete und Geräusche auf, falls erlaubt.
- Wie riecht der Ort und wie sieht er aus? Beschreiben Sie Gerüche und fotografieren Sie, wenn es erlaubt ist, was Ihnen auffällt.
- Nehmen Sie gegebenenfalls Anregungen aus der weiteren Bearbeitung des Kapitels im Verlauf des Projektes auf, indem Sie Ihre Themen, Leitperspektiven oder Ziele erweitern.

Entscheiden Sie sich für ein Produkt, durch das Sie Ihre Erkundung für andere erlebbar machen und das Lust macht, selbst auf Begegnungstour zu gehen.
Ein Produkt könnte zum Beispiel sein:

- Eine digitale Umsetzung als interaktive Landkarte, in der an den jeweiligen Orten Informationen, Bilder, Videos, Interviews, Originaltöne etc. abrufbar sind.
- Eine Ausstellung für das Schulgebäude, die ebenfalls verschiedene Medien nutzen kann.
- Ein interaktiver Reisebericht, durch den Sie Menschen auf Ihre Reise mitnehmen und zugleich durch deren Kommentare und Reaktionen Neues lernen.

Beachten Sie, wenn Sie Menschen zitieren und Bilder, Ton- oder Videoaufnahmen verwenden, die allgemeinen Persönlichkeitsrechte, wie das Recht am eigenen Bild und Ton.
Beachten Sie auch die Grundregel, andere immer mit Wertschätzung darzustellen und eine Gemeinschaft oder Gruppe so zu präsentieren, dass ein Anhänger oder eine Anhängerin die Darstellung bejahen könnte.

M 1 Die Yavuz Sultan Selim Moschee und die Liebfrauenkirche in Mannheim liegen in unmittelbarer Nachbarschaft.

Bei diesem Projekt können Sie
... Ihre Heimat besser kennenlernen;
... Neues erleben und Neugier ausleben;
... anderen begegnen und in einen kommunikativen Prozess eintreten;
... Orientierung über sich und Ihre Umwelt in Bezug auf religiöse und andere weltanschauliche Einflüsse gewinnen;
... zum Verständnis und friedlichen Zusammenleben zwischen unterschiedlichen Menschen und Kulturen beitragen.

Religion aktuell

In der medialen Berichterstattung und unserer persönlichen Umgebung begegnet das Phänomen „Religion" vielfältig, etwa in Schrift, Symbolen und Bildern. Aber handelt es sich jeweils um Ausdrucksformen von Religion?

M 1 Religion aktuell

Millionen Menschen können das jetzige Leben nur in der Hoffnung auf ein besseres Leben ertragen.
Heiner Geißler, „Mich packt der Zorn", Interview in DIE ZEIT, 31. März 2017.

Wir haben gerade Religion genug, um einander zu hassen, aber nicht genug, um einander zu lieben.
Jonathan Swift in: Swift's und Arbuthnot's vorzüglichste prosaische Schriften, satyrischen, humoristischen und andern Inhalts. Leipzig 1798, 218.

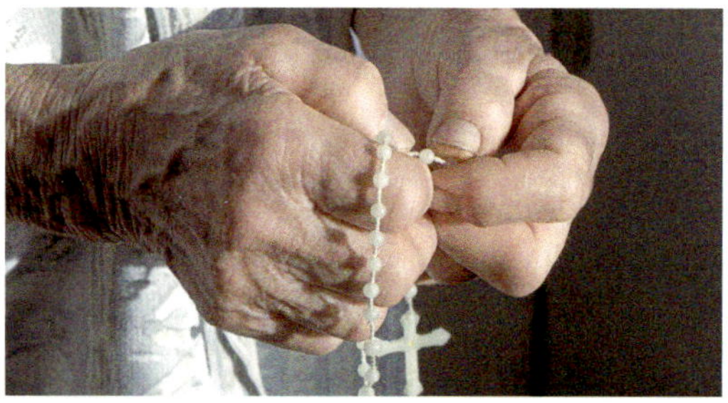

Hände einer alten Frau im Gebet

Mann mit Kippa

Buddha-Figur

Schülergottesdienst zum Beginn des Deutschen Katholikentags 2018 in Münster

Religion ist Liebe der Schönheit.
Friedrich Hölderlin, Hyperion, Kapitel 33.

Deutschland, Baden-Württemberg, Stuttgart, 16.05.2020: Menschen demonstrieren in Stuttgart gegen Corona-Beschränkungen. Aufgerufen hatte die Initiative Querdenken711.

Schülerin mit Kopftuch

In einem Devotionalienladen

In der Befragung gaben 49 % an, Gott sei für sie „etwas, das Sicherheit gibt", und 47 % meinten, Gott sei „jemand, zu dem man sprechen kann". [...] 37 % der Befragten geben an, dass sie nicht an Gott glauben, 52 % bejahen für sich den Glauben an Gott, während 11 % sich unentschieden zeigen.

Jugend – Glaube – Religion: Eine Repräsentativstudie zu Jugendlichen im Religions- und Ethikunterricht, 2018.

In dunklen Zeiten wurden die Völker am besten durch die Religion geleitet, wie in stockfinstrer Nacht ein Blinder unser bester Wegweiser ist; er kennt Wege und Stege besser als ein Sehender. – Es ist aber töricht, sobald es Tag ist, noch immer die alten Blinden als Wegweiser zu gebrauchen.

Heinrich Heine, Gedanken und Einfälle, Kapitel 2.

Holi-Fest der Farben

Junger Mann mit Kreuz

#diversitymatters

1 Setzen Sie sich mit den Bildern und Texten **M 1** auseinander. Beschreiben Sie, wie und wo „Religion" begegnet und welche Bedeutung und Funktion sie annehmen kann.

2 Religionen in den Medien

a) Nicht nur in Verbindung mit Schlagworten wie „Fundamentalismus", „Gewalt" und „Rückkehr der Religionen" sind Religionen medial präsent. Recherchieren Sie Themen, Bilder, Zitate und Geschichten, wie Religionen in den Medien vorkommen. Präsentieren Sie Ihr Rechercheergebnis als Collage.

b) Erkunden Sie die verschiedenen Collagen in einem „Museumsrundgang". Besprechen Sie die Frage miteinander, wie man das Phänomen „Religion" erkennen oder darstellen kann. Berücksichtigen Sie dabei, dass Ihre Wahrnehmung von religiösen oder weltanschaulichen Überzeugungen beeinflusst wird.

c) Religiöse Symbole begegnen auch als Schmuck oder Deko-Element. Nehmen Sie dazu Stellung.

d) Halten Sie ein vorläufiges Fazit fest: Was ist eigentlich Religion? Ergänzen Sie Ihr vorläufiges Fazit um eine Recherche zum Begriff „Religion".

In dieser Einheit haben Sie Erkenntnisse gewonnen über die visuelle und mediale Repräsentation von Religion(en). Überprüfen Sie in diesem Licht die in Ihrer interreligiösen Landkarte gewählten Bilder und Fragestellungen und gestalten Sie sie bewusst und passend zum Gegenstand und der von Ihnen intendierten Aussage.

Einander wahrnehmen – miteinander leben

Die Pluralität religiöser und weltanschaulicher Bekenntnisse führt zur Frage nach der Wahrheit. Doch ist auch diese Frage Ausdruck einer „konfessorischen" Perspektive?

→ Die Kirche – Sakrament des Heils: S. 172 und 190.

M 1 Außerhalb der Kirche ist kein Heil

Sie [die Kirche] glaubt fest, bekennt und verkündet, dass „niemand, der sich außerhalb der katholischen Kirche befindet, nicht nur keine Heiden", sondern auch keine Juden oder Häretiker und Schismatiker, des ewigen Lebens teilhaft werden können, sondern dass sie in das ewige Feuer wandern werden, „das dem Teufel und seinen Engeln bereitet ist" (Mt 25,41), wenn sie sich nicht vor dem Lebensende ihr angeschlossen haben, und dass die Einheit mit dem Leib der Kirche eine solch große Bedeutung hat, dass nur denen, die in ihr verharren, die Sakramente der Kirche zum Heil gereichen und Fasten, Almosen und die übrigen Werke der Frömmigkeit und Übungen des christlichen Kriegsdienstes ewige Belohnungen zeitigen. „Und niemand kann, wenn er auch noch so viele Almosen gibt und für den Namen Christi sein Blut vergießt, gerettet werden, wenn er nicht im Schoß und in der Einheit der katholischen Kirche bleibt."

Konzil von Florenz (1438–1445), Bulle: Cantate Domino, 4. Februar 1442. Text nach: DH 1351 Heinrich Denzinger/Peter Hünermann: Kompendium der Glaubensbekenntnisse und kirchlichen Lehrentscheidungen, Freiburg u.a. 1997. Die nicht ausgewiesenen Zitate beziehen sich auf Fulgentius von Ruspe: De fide seu de regula fidei ad Petrum, Kapitel 38f.

M 2 Nostra Aetate – eine herausragende Weichenstellung

2. [...] Die katholische Kirche lehnt nichts von alledem ab, was in diesen Religionen wahr und heilig ist. Mit aufrichtigem Ernst betrachtet sie jene Handlungs- und Lebensweisen, jene Vorschriften und Lehren, die zwar in manchem von dem abweichen, was sie selber für wahr hält und lehrt, doch nicht selten einen Strahl jener Wahrheit erkennen lassen, die alle Menschen erleuchtet. [...]

5. Wir können [...] Gott, den Vater aller, nicht anrufen, wenn wir irgendwelchen Menschen, die ja nach dem Ebenbild Gottes geschaffen sind, die brüderliche Haltung verweigern. Das Verhalten des Menschen zu Gott dem Vater und sein Verhalten zu den Menschenbrüdern stehen in so engem Zusammenhang, dass die Schrift sagt: „Wer nicht liebt, kennt Gott nicht" (1 Joh 4,8).

Zweites Vatikanisches Konzil (1965): Erklärung Nostra Aetate über das Verhältnis der Kirche zu den nichtchristlichen Religionen, 2 und 5.

M 3 Eine Sitzung auf dem II. Vatikanischen Konzil

M 4 Der Heilswille Gottes

Diejenigen endlich, die das Evangelium noch nicht empfangen haben, sind auf das [christliche] Gottesvolk auf verschiedene Weise hingeordnet. In erster Linie jenes Volk, dem der Bund und die Verheißungen gegeben worden sind und aus dem Christus dem Fleische nach geboren ist (vgl. Röm 9,4–5), dieses seiner Erwählung nach um der Väter willen so teure Volk: die Gaben und Berufung Gottes nämlich sind ohne Reue (vgl. Röm 11,28–29). Der Heilswille umfasst aber auch die, welche den Schöpfer anerkennen, unter ihnen besonders die Muslime, die sich zum Glauben Abrahams bekennen und mit uns den einen Gott anbeten, den barmherzigen, der die Menschen am Jüngsten Tag richten wird. Aber auch den anderen, die in Schatten und Bildern den unbekannten Gott suchen, auch solchen ist Gott nicht ferne, da er allen Leben und Atem und alles gibt (vgl. Apg 17,25–28) und als Erlöser will, dass alle Menschen gerettet werden (vgl. 1 Tim 2,4). Wer nämlich das Evangelium Christi und seine Kirche ohne Schuld nicht kennt, Gott aber aus ehrlichem Herzen sucht, seinen im Anruf des Gewissens erkannten Willen unter dem Einfluss der Gnade in der Tat zu erfüllen trachtet, kann das ewige Heil erlangen. Die göttliche Vorsehung verweigert auch denen das zum Heil Notwendige nicht, die ohne Schuld noch nicht zur ausdrücklichen Anerkennung Gottes gekommen sind, jedoch, nicht ohne die göttliche Gnade, ein rechtes Leben zu führen sich bemühen. Was sich nämlich an Gutem und Wahrem bei ihnen findet, wird von der Kirche als Vorbereitung für die Frohbotschaft und als Gabe dessen geschätzt, der jeden Menschen erleuchtet, damit er schließlich das Leben habe.

Zweites Vatikanisches Konzil (1964): Dogmatische Konstitution Lumen Gentium über die Kirche, 16.

M 5 Gemeinsame Erklärung zur Geschwisterlichkeit aller Menschen

Im Jahr 2019 haben Papst Franziskus und der Kairoer Großimam Ahmad Mohammad Al-Tayyeb in Abu Dhabi ein Dokument veröffentlicht, das neben einem Bekenntnis zum Dialog auch die Ablehung von Gewalt und die Anerkennung von Religionsfreiheit und Menschenrechten ausdrücklich formuliert.

Der Glaube lässt den Gläubigen im anderen einen Bruder sehen, den man unterstützt und liebt. [...]

Aus diesem brüderlichen und aufrichtigen Austausch, den wir hatten, und aus der Begegnung voller Hoffnung [...], entstand die Idee dieses „Dokuments über die Brüderlichkeit aller Menschen". [...]

Im Namen Gottes, der alle Menschen mit gleichen Rechten, gleichen Pflichten und gleicher Würde geschaffen hat [...]. Im Namen der unschuldigen menschlichen Seele [...]. Im Namen der Armen, Notleidenden, Bedürftigen und Ausgegrenzten [...]. Im Namen der Waisen, Witwen, Flüchtlinge [...]. Im Namen der Völker, die der Sicherheit, des Friedens und des gemeinsamen Zusammenlebens entbehren und Opfer von Zerstörung, Niedergang und Krieg wurden. [...] Im Namen der Freiheit, die Gott allen Menschen geschenkt hat. [...] Im Namen Gottes und all dieser erklären Al-Azhar al-Sharif – mit den Muslimen von Ost und West – und die Katholische Kirche – mit den Katholiken von Ost und West – gemeinsam, dass sie die Kultur des Dialogs als Weg, die allgemeine Zusammenarbeit als Verhaltensregel und das gegenseitige Verständnis als Methode und Maßstab annehmen wollen. [...]

Ausgehend von einer tiefen Reflexion über unsere gegenwärtige Realität, in Achtung vor ihren Erfolgen und im Miterleben ihrer Leiden, ihrer Unglücke und Katastrophen, kommt diese Erklärung zu der Überzeugung, dass Hauptursachen für die Krise der modernen Welt ein betäubtes menschliches Gewissen und eine Entfremdung von religiösen Werten sowie die Dominanz von Individualismus und materialistischen Philosophien ist, die den Menschen vergöttlichen und weltliche wie auch materielle Werte an die Stelle der höchsten und transzendenten Prinzipien setzen. [...]

Die Geschichte macht deutlich, dass religiöser wie nationaler Extremismus und Intoleranz in der Welt, sowohl im Westen als auch im Osten, etwas hervorgerufen haben, was man als Anzeichen eines »stückweisen Dritten Weltkriegs« bezeichnen könnte. [...] Wir bekräftigen auch, dass die heftigen politischen Krisen, die Ungerechtigkeit und das Fehlen einer gerechten Verteilung der natürlichen Ressourcen – von denen nur eine Minderheit Reicher auf Kosten der Mehrheit der Erdbevölkerung profitiert – eine enorme Anzahl an Kranken, Bedürftigen und Toten hervorgebracht haben. [...]

Ebenso erklären wir mit Festigkeit, dass die Religionen niemals zum Krieg aufwiegeln und keine Gefühle des Hasses, der Feindseligkeit, des Extremismus wecken und auch nicht zur Gewalt oder zum Blutvergießen auffordern. Diese Verhängnisse sind Frucht der Abweichung von den religiösen Lehren, der politischen Nutzung der Religionen und auch der Interpretationen von Gruppen von religiösen Verantwortungsträgern, die in gewissen Geschichtsepochen den Einfluss des religiösen Empfindens auf die Herzen der Menschen missbraucht haben. [...]

Gott, der Allmächtige, hat es nicht nötig, von jemandem verteidigt zu werden; und er will auch nicht, dass sein Name benutzt wird, um die Menschen zu terrorisieren.

Dieses Dokument bekräftigt [...]: Die Freiheit ist ein Recht jedes Menschen: ein jeder genießt Bekenntnis-, Gedanken-, Meinungs- und Handlungsfreiheit. Der Pluralismus und die Verschiedenheit in Bezug auf Religion, Hautfarbe, Geschlecht, Ethnie und Sprache ent-

Zweites Vatikanisches Konzil
Nostra Aetate
Abu-Dhabi-Dokument

Inklusivismus
Exklusivismus
Pluralismus
Relativismus
Religionstheologie

Papst Franziskus, mit bürgerlichem Namen Jorge Mario Bergoglio SJ (* 1936 in Buenos Aires), seit 2013 Bischof von Rom und damit Papst.

Ahmad Mohammad al-Tayyeb (* 1946 in Luxor, Ägypten), ägyptischer Islamgelehrter, seit 2010 Imam der al-Azhar-Moschee und eine wichtige religiöse Autorität des sunnitischen Islams.

sprechen einem weisen göttlichen Willen, mit dem Gott die Menschen erschaffen hat. [...] Deshalb wird der Umstand verurteilt, Menschen zu zwingen, eine bestimmte Religion oder eine gewisse Kultur anzunehmen wie auch einen kulturellen Lebensstil aufzuerlegen, den die anderen nicht akzeptieren. [...] Es ist unbestreitbar, dass die Beziehung zwischen dem Westen und dem Osten von gegenseitiger Notwendigkeit ist. [...] Es ist wichtig, den religiösen, kulturellen und historischen Unterschieden Aufmerksamkeit zu schenken, die ein wesentlicher Bestandteil in der Bildung der Persönlichkeit, der Kultur und der Zivilisation des Ostens sind. Es ist auch wichtig, die allgemeinen gemeinsamen Menschenrechte zu festigen, um dazu beizutragen, ein würdiges Leben für alle Menschen im Westen und im Osten zu gewährleisten, wobei der Rückgriff auf eine doppelte Politik vermieden werden muss.

Dokument über die Geschwisterlichkeit aller Menschen für ein friedliches Zusammenleben in der Welt. Zitiert nach: https://www.vaticannews.va/de/papst/news/2019-02/papst-franziskus-abu-dhabi-gemeinsame-erklaerung-grossimam.html

M 6 Religionstheologische Modelle

Fünf religionstheologische Grundmodelle wurden im Laufe der christlichen Ideengeschichte entwickelt [...], mit denen man die Frage nach dem Wahrheitsanspruch der eigenen Religion in Bezug auf den Wahrheitsanspruch anderer Religionen verdeutlicht. [...]

Erstes Modell: Exklusivismus

Die traditionelle Position ist eindeutig: Nur in der Kirche beheimatete christlich Gläubige haben Anteil an der ewigen Wahrheit und am Heil. [...] Wie lebt man, wenn man von dieser Wirklichkeitsdeutung tief durchdrungen ist? Nur mein Weg ist der richtige, alle anderen führen nicht nur in die Irre, sondern in das sichere Verderben! Menschen mit dieser Überzeugung müssen [...] versuchen, so viele andere wie möglich von der eigenen Wahrheit zu überzeugen. Der Weg sogar hin zu einer auch gewaltsamen Missionierung ist zwar nicht zwangsläufig, legt sich aber nahe. [...] Der Blick auf die Weltreligionen hat in solchen Konzeptionen entweder gar keinen Platz, oder er erfolgt im Blick darauf, die Irrtümer dieser Religionen offenzulegen [...].

→ Fehlformen religiöser Praxis in der Kirche: z. B. S. 192 f.

Zweites Modell: Skeptizismus

Manche Zeitgenossen würden sicherlich ein anderes Modell favorisieren, das des Skeptizismus. Die zugrunde liegende Skepsis bezieht sich ganz allgemein auf die Erkennbarkeit der Existenz einer letzten Wahrheit [...]. Es gibt schlicht keine vom Menschen erkennbare ewige Wahrheit. [...]

Drittes Modell: Relativismus

Im Zeitalter der Postmoderne und der Pluralität von Weltanschauungen auf dem breiten Markt der Möglichkeiten kommt dem dritten Modell mehr und mehr Bedeutung zu. Relativismus, das heißt: Verschiedene Ansprüche auf Wahrheit oder Erkenntnis, divergierende Angebote von Heilswegen stehen nicht in Konkurrenz zueinander, ergänzen und relativieren sich vielmehr gegenseitig, bieten Möglichkeiten zur Auswahl, zur letztlich freien Kombinierbarkeit. Dem liegt folgende Überzeugung zugrunde: Alle Religionen seien in gewisser Hinsicht gleich – sei es im Ursprung, sei es im letzten Ziel, sei es im tatsächlichen Wahrheitsanspruch, sei es nur im illusionären Aufbauen von Vorstellungen, denen letztlich nichts entspricht. [...]

Viertes Modell: Inklusivismus

Den großen binnenchristlichen Gegenentwurf zum über Jahrhunderte hindurch unhinterfragt geltenden Modell des Exklusivismus nennt man ‚Inklusivismus', weil Menschen anderer Religionen in die Heilsgeschichte des Christentums inkludiert, also hinein genommen werden. [...] Erst hier wird aus christlicher Binnensicht die Möglichkeit zum interreligiösen Lernen eröffnet. Religionsunterricht ist zwar nach wie vor konfessionell gebunden zu erteilen – weil das Christentum die einzige im Vollsinn wahre Religion bleibt – aber andere Traditionen sind mit Respekt [...] zu betrachten. Dabei lassen sich zwei grundlegende Ziele des interreligiösen Lernens innerhalb des Modells Inklusivismus unterscheiden: zum Ersten das respektvolle Kennenlernen dessen, was von der eigenen Tradition abweicht; zum Zweiten das Herausfiltern jener Strahlen der Wahrheit, welche diese Religionen mit dem Christentum verbinden, das Entdecken der „Samenkörner jenes Wortes und Strahlen jenes Lichtes", das der eigenen Überzeugung nach „in Jesus Christus ihre einzige und unerreichbare Fülle gefunden" habe. Was in diesem

Modell nach wie vor undenkbar bleibt, ist ein offenes interreligiöses Lernen in dem Sinn, dass bei anderen Traditionen Neues, in anderem Verständnis Wahres zu entdecken sein könnte. Die volle Wahrheit bleibt ja im Raum des Christentums verwirklicht, andere Traditionen können nur deren Abglanz enthalten. [...] Den Schritt über diese Vorgabe hinaus vollzieht das – binnenchristlich heftig umstrittene – fünfte [...] Modell.

Fünftes Modell:
(Theozentrischer) Pluralismus.

[...] Zum Ansatzpunkt wurde eine Kritik an den inklusivistischen Vorstellungen, obwohl der epochale Fortschritt dieses Modells gegenüber allen exklusivistischen Positionen immer positiv hervorgehoben wird. Aber bleibt es nicht ein Ausdruck kultureller Überheblichkeit, der eigenen Tradition eben doch die letztlich alleinige Erkenntnis und Wahrheit und den einzigen voll legitimen Heilsweg zuzuschreiben? Der Katholik Knitter verdeutlicht die Position: „Können und müssen Christen auch weiterhin behaupten, dass Jesus von Nazareth tatsächlich und universal das Mysterium Gottes vermittelt [...], so schöpft er dieses Mysterium doch nicht aus. So gewiss Jesus ein Fenster ist, durch das wir auf das Universum des göttlichen Mysteriums schauen können und müssen, so kann es doch auch andere Fenster geben. Wenn man sagt, Jesus ist ganz Gott (totus Deus), so bedeutet das noch nicht, dass er das Ganze Gottes (totum Dei) hervorbringt."
Die Offenheit für den interreligiösen Dialog ergibt sich so aus dem Vertrauen heraus, selbst in der Wahrheit zu sein, diese aber niemals vollends ausschöpfen zu können. Vom Anderen lässt sich tatsächlich substantiell Neues über Gott, Heil und Wahrheit lernen, das die bisherige Sicht bestätigen, aber auch potentiell erweitern kann.

Georg Langenhorst, Interreligiöses Lernen? Religionstheologische Modelle und ihre didaktischen Konsequenzen, in: KRGB-Rundbrief 1/2016, S. 5–12.

Georg Langenhorst (* 1962) ist Professor für Religionspädagogik an der Universität Augsburg.

#myreligionyourreligion

M 8 Religionsfreiheit

Das Menschenrecht auf Religionsfreiheit umfasst folgende Aspekte, die sowohl Individuen als auch Religionsgemeinschaften in den Schranken des Rechts zu gewähren sind:
1.) Freiheit des Glaubens als Freiheit der inneren Überzeugung, eine frei gewählte Religion haben zu dürfen (positive Glaubensfreiheit), keine Religion haben zu müssen (negative Glaubensfreiheit) sowie die Religion wechseln zu dürfen;
2.) Bekenntnisfreiheit als Befugnis, religiöse sowie religiös motivierte Überzeugungen in der Öffentlichkeit (forum externum) zu vertreten;
3.) Freiheit des Gewissens (forum internum) eines jeden Menschen, sein Denken und Handeln vermittels der Wertmaßstäbe „gut" und „böse" jeweils selbst zu entwerfen und vor sich zu verantworten;
4.) Kultusfreiheit als Gewährleistung ungestörter Religionsausübung;
5.) Religiöse Vereinigungsfreiheit als Befugnis, Religionsgemeinschaften und religiöse Vereine zu gründen.
Insofern insbesondere theistische Religionen die Rückbindung des Menschen an Gott als entscheidend für das Heil des individuellen und sozialen Lebens betrachten, stellt die um-

Erklärung der Menschenrechte
Syllabus Errorum
Pacem in Terris
Dignitatis Humanae
Redemptor Hominis 17

M 7 Interreligiöses Friedensgebet, ausgerichtet vom Rat der Religionen in München am 10. Oktober 2019 in der Jüdischen Gemeinde als Zeichen des Gedenkens für die Opfer des Anschlages vor der Synagoge in Halle an der Saale am Vortag und als gemeinsames Zeichen der Solidarität mit der jüdischen Gemeinde.

→ Was bedeutet „Menschenwürde"? S. 28–31
Warum ist „Autonomie" für sie zentral? S. 143 f.

fassende Religionsfreiheit den ins Mark des religiösen Selbstverständnisses treffenden ‚Ernstfall der Menschenrechtsrezeption' [...] in den religiösen Institutionen dar. [...] Die Herausforderung für religiöse Institutionen besteht darin, die Gottesbeziehung eines jeden Menschen als seinen innersten, unvertretbaren Person- und Freiheitskern anzuerkennen. Zu diesem Schritt haben sich die christlichen Kirchen erst durchringen müssen. Die Römisch-Katholische Kirche hat erst während des Zweiten Vatikanischen Konzils in der Erklärung über die Religionsfreiheit ‚Dignitatis Humanae' (DH) 1965 das Menschenrecht auf Religionsfreiheit in allen seinen Dimensionen und Konsequenzen akzeptiert [...]
In ‚Dignitatis Humanae' hat die Katholische Kirche den Schritt zur Anerkennung der negativen Glaubensfreiheit als derjenigen Dimension des Menschenrechts auf Religionsfreiheit getan, der religiösen Gemeinschaften und Institutionen am meisten abverlangt: die Anerkennung eines unverfügbaren Willenskerns menschlicher Individuen. Der Mut zu dieser Selbstrelativierung des eigenen Machtanspruchs gründet in der Einsicht, dass Gott selbst die Freiheit des Menschen als freie Zuwendung zu seinem Heilsangebot will, die sogar die Möglichkeit der Abkehr von Gott – theologisch Sünde genannt – einschließt. So zeigt sich besonders am Menschenrecht der Religionsfreiheit die aus Würde der Person entspringende Freiheit des menschlichen Willens als Voraussetzung selbstverantwortlicher Lebensführung [...].

Heike Baranzke, Menschenwürde und Menschenrechte, in: Dies. u.a., Handeln verantworten. Grundlagen – Kriterien – Kompetenzen, Freiburg i. Br. 2010, 47–93, 61–63.

Heike Baranzke (* 1961), Lehrbeauftragte für Moraltheologie an der Universität Wuppertal.

🌐 To Do the Will of Our Father in Heaven

Dabru Emet

#feelfreeforreligion

M 9 Religionsbegegnung im Sinne der Komparativen Theologie

Jan Woppowa (* 1974) ist Professor für Religionsdidaktik an der Universität Paderborn.

Mit den [...] Zielbestimmungen komparativer Theologie gehen verschiedene Grundhaltungen für den interreligiösen Dialog einher [...]. Da ist erstens die *konfessorische Verbundenheit mit der eigenen Tradition* zu nennen, die seitens der Dialogpartner „klare Standpunkte und eine gewisse Treue zu der eigenen Tradition" garantieren soll. [...] Entscheidend für die Komparative Theolgie ist der zweifache Blick sowohl auf die Bedeutungen religiöser Überzeugungen als auch auf die Lebensformen und die Praxis der sie artikulierenden Menschen [...].
Eine für den interreligiösen Dialog und die Komparative Theologie unerlässliche Grundhaltung liegt in der *Fähigkeit und Bereitschaft zur Empathie mit dem Fremden*. Es ist wohl unmittelbar einsichtig, dass ohne ein gewisses Maß an kognitiver und affektiver Bereitschaft, sich auf den anderen und seine religiösen Überzeugungen einzulassen, weder ein authentischer Dialog noch eine echte Anerkennung und Wertschätzung des anderen überhaupt möglich ist. Das impliziert allerdings keinesfalls, dass diese fremden Überzeugungen zugleich zu übernehmen und für wahr zu halten wären. In engem Zusammenhang damit steht die dritte und hier zuletzt benannte Haltung der *Gastfreundschaft für die mögliche Wahrheit des anderen*. Es gehe darum, sich „dem Fremden zu öffnen und ihm als Gast ein Wohnrecht im eigenen Denken einzuräumen", woraus durchaus eigene Umorganisationen und Neuausrichtungen resultieren können.
Zusammenfassend lässt sich Komparative Theologie verstehen als „ein konstruktives und nicht berechenbares Projekt, in dem Theologen versuchen, die Bedeutung und Wahrheit der eigenen Tradition tiefer zu verstehen, indem sie sich anderen religiösen Traditionen annähern und in den interreligiösen Dialog einsteigen." [...]
[Für interreligiöses Lernen sind] die folgenden Aspekte bzw. Lernschritte [zentral]:

- durch Begegnung lernen: der „Königsweg" interreligiösen Lernens,
- die bleibende Fremdheit und Andersheit des Anderen respektieren,
- in eine existenzielle Auseinandersetzung verwickeln und das Nachdenken über den eigenen religiösen Standpunkt anregen.

Die hier exemplarisch benannten Ziele und Aufgaben interreligiösen Lernens in der Schule sind innerhalb des religionsdidaktischen Diskurses wohl durchaus konsensfähig [...]. Allerdings wird man mit Blick auf die Realität religiösen Lernens im schulischen Religionsunterricht an deutliche Grenzen stoßen [...].

Jan Woppowa: Das Konfessorische als Stein des Anstoßes. Aspekte eines kritisch-konstruktiven

Gesprächs zwischen Komparativer Theologie und Religionsdidaktik. In: Komparative Theologie: Herausforderung für die Religionspädagogik. Hg. von Rita Burrichter u.a. Paderborn 2015, 15–30, 20–22.

M 10 Symbole bedeutender Religionen

#allthesameandquitedifferent

Kein Zwang in der Religion

Leute der Schrift

Noachidische Gebote

Die blinden Männer und der Elefant

1

a) Arbeiten Sie aus **M 1**–**M 5** verschiedene Positionen heraus, wie Vertreter der katholischen Kirche andere Religionen zu verschiedenen Zeiten wahrgenommen haben, und was die theologischen Gründe für die jeweiligen Positionen waren.

b) Entwickeln Sie zu jeder Position ein Bild, das das Verhältnis der Religionen in dieser Sichtweise zum Ausdruck bringt, oder schreiben Sie zu jeder Position einen inneren Monolog, welche Gedanken sich jeweils ein gläubiger Christ bzw. eine gläubige Christin, angesichts eines Andersgläubigen machen könnte.

c) Jüdische Theologinnen und Theologen haben auf die u.a. durch das Dokument „Nostra Aetate" **M 2** angestoßene Neubewertung des Judentums mit Anerkennung reagiert. Sie haben ihrerseits Texte formuliert, die das Verhältnis des Judentums zum Christentum reflektieren. Recherchieren Sie das Dokument mit dem Titel *To Do the Will of Our Father in Heaven* (2015) und erläutern Sie seine Aussagen über das christlich-jüdische Verhältnis. Ordnen Sie das Dokument in Ihr Bild zu **M 4** ein und beschreiben Sie ggf. erkennbare Differenzen.

2

a) Beschreiben und erläutern Sie die in **M 6** genannten fünf Modelle der interreligiösen Wahrnehmung mit eigenen Worten.

b) Ordnen Sie den Texten aus **M 1**–**M 5** das jeweils passende Modell zu.

c) Entscheiden Sie, welches Modell Sie am meisten überzeugt, und begründen Sie Ihre Haltung.

3 Die Religionsfreiheit ist ein Menschenrecht, das auch die katholische Kirche erst lernen musste **M 8**.

a) Erklären Sie anhand von Beispielen das Menschenrecht auf Religionsfreiheit.

b) Informieren Sie sich über historische und aktuelle Haltungen der katholischen Kirche zu den Menschenrechten.

c) Erörtern Sie die These: Die katholische Kirche bekennt sich zur „Freiheit des Menschen" (Z. 55) auch da, wo diese sich gegen Gott oder die Kirche entscheidet.

4 In vielen größeren Städten in Deutschland gibt es einen Runden Tisch oder einen Rat der Religionen vgl. z.B. **M 7**. Informieren Sie sich über Ziele, Organisation und Aktivitäten solcher Institutionen.

5 Erarbeiten Sie unter Einbeziehung von **M 9** Herausforderungen und Leitperspektiven des interreligiösen Dialogs, wie er sich aus den Zielen der komparativen Theologie ergibt.

a) Erläutern Sie „Grundhaltungen für den interreligiösen Dialog" (**M 9**, Z. 2 f.).

b) Erörtern Sie Chancen und Grenzen des interreligiösen Dialogs in der Schule.

c) Zeigen Sie auf, was den eher inklusivistisch argumentierenden Ansatz der komparativen Theologie vom Konzept des Pluralismus **M 6** unterscheidet.

6 Die Collage **M 10** setzt in einer regelmäßigen Ordnung die Symbole verschiedener bedeutender Religionsgemeinschaften nebeneinander. So wird der Versuch unternommen, möglichst umfassend die Religionen unserer Welt darzustellen.

a) Finden Sie heraus, zu welchen Religionen die dargestellten Symbole gehören.

b) Setzen Sie sich mit dieser Darstellung des Neben- oder Miteinanders der Religionen auseinander und entwerfen Sie eine Concept-Map, die aus Ihrer Sicht wichtige Religionsgemeinschaften symbolisch visualisiert und in Beziehung setzt.

Beachten Sie bei Ihrer religiösen Landkarte historische und aktuelle Verflechtungen der Religionsgemeinschaften. Wo gab oder gibt es Konflikte? Wo gab oder gibt es wechselseitige Unterstützung und Kooperation? Fragen Sie die von Ihnen besuchten Akteure, welches Interesse sie am interreligiösen Dialog haben, wie sie diesen von ihrer Religion her beurteilen und an welchen Dialoginitiativen sie ggf. teilnehmen.

Vielfalt erkunden – in Judentum und Islam

Die religiösen Traditionen der Welt ringen mit verwandten Fragen und formulieren in verschiedenen Zeiten immer neue Antwortversuche. Im Christentum steht das in Jesus Christus Fleisch gewordene Freundschaftsangebot Gottes (vgl. Dei Verbum 2) im Zentrum. Im Judentum spielt dabei die Tora und ihre Auslegung eine wichtige Rolle. Im Islam ist die Hörbarkeit Gottes zentral. Ist er dabei nur eine Stimme unter vielen?

Dei Verbum Offenbarung

M 1 Der mit meinen Vorfahren war und dasein wird (Ex 3,5–15)

Martin Buber (1878–1965), Judaist und jüdischer Religionsphilosoph.

→ Weitere Übersetzungen von Buber/Rosenzweig finden Sie auf S. 215, 218; Martin Buber ist ein wichtiger Gesprächspartner für christliche Theologen und Theologinnen, vgl. S. 208 f., 224.

Franz Rosenzweig (1886–1929), jüdischer Philosoph.

→ Zur Bedeutung des geoffenbarten Gottesnamens vgl. S. 218 f.

Er aber sprach: Nahe nicht herzu, streife deine Schuhe von deinen Füßen, denn der Ort, darauf du stehst, Boden der Heiligung ists. Und sprach: Ich bin der Gott deines Vaters, der Gott Abrahams, der Gott Jizchaks, der Gott Jaakobs. Mosche barg sein Antlitz, denn er fürchtete sich, zu Gott hin zu blicken. ER aber sprach: Gesehn habe ich, gesehn die Bedrückung meines Volks, das in Ägypten ist, ihren Schrei vor seinen Treibern habe ich gehört, ja, erkannt habe ich seine Leiden. Nieder zog ich, es aus der Hand Ägyptens zu retten, es aus jenem Land hinaufzubringen nach einem Land, gut und weit, nach einem Land, Milch und Honig träufend, nach dem Ort des Kanaaniters und des Chetiters, des Amoriters und des Prisiters, des Chiwwiters und des Jebussiters. Nun, da ist der Schrei der Söhne Jissraels zu mir gekommen, und gesehn auch habe ich die Pein, mit der die Ägypter sie peinigen: nun geh, ich schicke dich zu Pharao, führe mein Volk, die Söhne Jissraels, aus Ägypten! Mosche sprach zu Gott: Wer bin ich, dass ich zu Pharao gehe, dass ich die Söhne Jissraels aus Ägypten führe! Er aber sprach: Wohl, ich werde dasein bei dir, und dies hier ist dir das Zeichen, dass ich selber dich schickte: hast du das Volk aus Ägypten geführt, an diesem Berg werdet ihr Gotte dienstbar. Mosche sprach zu Gott: Da komme ich denn zu den Söhnen Jissraels, ich spreche zu ihnen: Der Gott eurer Väter schickt mich zu euch, sie werden zu mir sprechen: Was ists um seinen Namen? – was spreche ich dann zu ihnen? Gott sprach zu Mosche: Ich werde dasein, als der ich dasein werde. Und er sprach: So sollst du zu den Söhnen Jissraels sprechen: ICH BIN DA schickt mich zu euch. Und weiter sprach Gott zu Mosche: So sollst du zu den Söhnen Jissraels sprechen: ER, der Gott eurer Väter, der Gott Abrahams, der Gott Jizchaks, der Gott Jaakobs, schickt mich zu euch. Das ist mein Name in Weltzeit, das mein Gedenken, Geschlecht für Geschlecht.

Die Schrift. Aus dem Hebräischen verdeutscht von Martin Buber gemeinsam mit Franz Rosenzweig, Stuttgart 2006.

#barfußGottnahesein

M 2 Gott spricht im „verschwebenden Schweigen" (1 Kön 19,1–16)

Achab meldete Isabel alles, was Elijahu getan hatte, über alles, wie er all die Künder mit dem Schwert umgebracht hatte. Isabel sandte einen Boten zu Elijahu mit dem Spruch: So mögen die Götter tun, so hinzufügen, ja, morgen zur Stunde mache ich deine Seele der Seele eines von jenen gleich! Als ers ersah, erhob er sich und ging fort um seine Seele. Als er nach Berscheba kam, das schon in Jehuda ist, ließ er seinen Knaben dort bleiben, er selber aber ging in die Wüste hinein, einen Tagesweg. Wie er so weit gekommen war, setzte er sich unter einen einsamen Ginsterbusch. Er wünschte seiner Seele zu sterben, er sprach: Nun ists genug, DU, nimm meine Seele, ich bin ja nicht besser als meine Väter. Er legte sich hin und entschlief unter dem einsamen Ginsterbusch. Da rührte ein Bote ihn an, der sprach zu ihm: Erheb dich, iss. Er blickte sich um, da, zu seinen Häupten ein Glühsteinback und ein Krug Wasser. Er aß und trank, dann legte er sich wieder hin. Aber SEIN Bote kehrte wieder, zum zweitenmal, und rührte ihn an, er sprach: Erheb dich, iss, genug noch hast du des Wegs. Er erhob sich, aß und trank, dann ging er in der Kraft dieser Atzung vierzig Tage und vierzig Nächte bis zum Berge Gottes Choreb. Dort kam er in die Höhle, dort wollte er nächtigen. [...] Es sprach: Heraus, steh hin auf den Berg vor MEIN Antlitz! Da vorüberfahrend ER: ein Sturmbraus, groß und heftig, Berge spellend, Felsen malmend, her vor SEINEM Antlitz: ER im Sturme nicht – und nach dem Sturm ein Beben: ER im Beben nicht – und nach dem Beben ein Feuer: ER im Feuer nicht –, aber nach dem Feuer eine Stimme verschwebenden Schweigens. Es geschah, als Elijahu hörte: er verhüllte sein Antlitz mit seinem Mantel, er trat hinaus, stand am Einlass der Höhle. Da, eine Stimme an ihn, es sprach: Was willst du hier, Elijahu? Er sprach: Eifrig geeifert habe ich für DICH, den Umscharten Gott, – verlassen ja haben die Söhne Jissraels deinen Bund, deine Schlachtstätten haben sie zerscherbt, deine Künder mit dem Schwert umgebracht, ich allein bin übrig so trachten sie mir nach der Seele, sie hinwegzunehmen. ER sprach zu ihm: Geh, kehr um auf deinen Weg, bis nach der damaskischen Wüste, kommst du hin, salbe Chasael zum König über Aram, und Jehu Enkelsohn Nimschis aber sollst du salben zum König über Jissrael, und Elischa Sohn Schafats aus Abel Mechola sollst du salben zum Künder statt deiner!

Die Schrift. Siehe **M 1**.

#ausTodessehnsuchtherausGottinderStille

M 3 Die mündliche Tora

Neben der Hebräischen Bibel, dem Tanach, prägt der Talmud mit seinen beiden Textteilen, der Mischna und der Gemara, das heutige Judentum. Im Talmud ist die Tradition der sogenannten „mündlichen Tora" festgehalten. Diese begleitet und gestaltet den Bund Gottes mit dem Judentum seit der Offenbarung der sog. „schriftlichen Tora" (das sind die fünf Bücher Mose) am Berg Sinai als in jeder Zeit aktualisiert zu formulierende Weisung.

Moses erhielt die Tora vom Sinai und übergab sie Josua (bin Nun); Josua den Ältesten; die Ältesten den Propheten und die Propheten übergaben sie den Männern der großen Versammlung. Sie sagten drei Dinge: Seid zurückhaltend im Gericht, stellt viele Schüler auf und macht einen Zaun um die Tora. Schimon der Gerechte gehörte zu den letzten der großen Versammlung. Er pflegte zu sagen: Auf drei Dingen ruht die Welt, auf der Tora, auf dem Dienst [d .i. Gottesdienst und profane Arbeit] und der Liebestätigkeit.

Avot. Väter, bearbeitet von Frank Ueberschaer und Michael Krupp. Die Mischna. Textkritische Ausgabe mit deutscher Übersetzung und Kommentar herausgegeben von Michael Krupp. Jerusalem 2003, 2.

#ToraweitertragenmitZaun?

M 4 Der Streit um den Schlangenofen

Der Talmud besteht überwiegend aus Diskussionen der Rabbiner aus den ersten sechs Jahrhunderten über religions- und profangesetzliche Regelungen. Anhand der Frage, wie ein Ofen in einer bestimmten Bauform im kultischen Sinn „unrein" werden könne, entwickelt sich ein Konflikt, in den sogar Gott direkt eingreift und der den Charakter der Offenbarung der Tora im Verständnis der Rabbinen deutlich macht.

Dort haben wir gelernt: Hat man ihn [den Ofen] in einzelne Ringe geschnitten und Sand zwischen die Ringe getan, so ist er nach R.[abbi] Eliezer nicht verunreinigungsfähig und nach den Weisen verunreinigungsfähig; das ist der Schlangenofen. [...] Es wird gelehrt: An jenem Tage machte R. Eliezer alle Einwendungen der Welt, man nahm sie aber von ihm nicht an. Hierauf sprach er: Wenn die Halakha [das Religionsgesetz] wie ich ist, so mag dies dieser Johannisbrotbaum beweisen! Da rückte der Johannisbrotbaum hundert Ellen von seinem Orte fort [...]. Sie aber erwiderten: Man bringt keinen Beweis von einem Johannisbrotbaume. Hierauf sprach er: Wenn die Halakha wie ich ist, so mag dies dieser Wasserarm beweisen! Da trat der Wasserarm zurück. Sie aber erwiderten: Man bringt keinen Beweis von einem Wasserarme. Hierauf sprach er: Wenn die Halakha wie ich ist, so mögen dies die Wände des Lehrhauses beweisen! Da neigten sich die Wände des Lehrhauses [und drohten] einzustürzen. Da schrie sie R. Jehoschua an und sprach zu ihnen: Wenn die Gelehrten einander in der Halakha bekämpfen, was geht dies euch an! Sie stürzten hierauf nicht ein, wegen der Ehre R. Jehoschuas, und richteten sich auch nicht gerade auf, wegen der Ehre R. Eliezers; sie stehen jetzt noch geneigt. Hierauf sprach er: Wenn die Halakha wie ich ist, so mögen sie dies aus dem Himmel beweisen! Da erscholl eine Hallstimme und sprach: Was habt ihr gegen R. Eliezer; die Halakha ist stets wie er. Da stand R. Jehoschua (auf seine Füße) auf und sprach: „Sie ist nicht im Himmel." [Dtn 30,12] – Was heißt: sie ist nicht im Himmel? R. Jirmeja erwiderte: Die Tora ist bereits vom Berge Sinaj her verliehen worden. Wir achten nicht auf die Hallstimme, denn bereits hast du am Berge Sinaj in die Tora geschrieben: „nach der Mehrheit zu entscheiden" [Ex 23,2]. R. Nathan traf Elijahu und fragte ihn, was der Heilige, geprie-

Mischna
Gemara
Talmud
Halakha/Halacha
Meet a Jew

sen sei er, in dieser Stunde tat. Dieser erwiderte: Er schmunzelte und sprach: meine Kinder haben mich besiegt, meine Kinder haben mich besiegt.

Der Babylonische Talmud. Neu übertragen durch Lazarus Goldschmidt. Bd.7: Baba Qamma/Baba Mecia, Berlin 1933, 637f.

#wennGottschmunzelt

M 5 Die genaue Bauart des in der Diskussion stehenden antiken Ofens ist bis auf die Hinweise aus dem Text unbekannt. Das Bild zeigt einen gegenwärtigen Lehmofen in der marokkanischen Wüste.

Michael Wyschogrod (1928–2015), jüdischer Religionsphilosoph.

M 6 Gott und Volk Israel

Wenn man sagt, HaSchem wohnt im jüdischen Volk, vergöttert man damit das jüdische Volk nicht mehr, als es die Steine des Tempels vergöttern würde, wenn man sagt, HaSchem wohnt im Tempel von Jerusalem. Die Steine bleiben nicht unbeeinflusst. Jeder, der einmal beobachtet hat, wie Juden die Steine der Klagemauer küssen, erkennt, dass Steine heilig sein können, ohne dass es sich um Idolatrie handelt. Und wenn Steine heilig werden können, weil HaSchem in ihnen oder in ihrer Nähe weilt, wie viel mehr muss das dann auf das Volk Israel zutreffen. Die Israeliten sind keine Steine. Sie sind Nachkommen Abrahams, den Gott liebte und mit dem er in einen immerwährenden Bund eingetreten ist. Israeliten tragen HaSchems Gegenwart in die Geschichte und werden für seinen heiligen Namen getötet. Daher sind sie ein heiliges Volk. [...] Israel ist nicht HaSchem. Aber es ist der Wohnort von HaSchem.

Dies heißt nicht, dass Israel nicht sündigen kann. Es meint nicht, dass der Einzelne oder die Nation als Ganze keine falsche Richtung einschlagen könnte. [...] Während Sünde eine Realität ist, macht die ewige Erwählung Israels eine größere Realität aus. Wie katastrophal die Folgen der Sünde auch sein mögen – und sie sind häufig katastrophal –, sie bewirken keine grundlegende Veränderung. Sie zerreißen nicht die Verbindung zwischen HaSchem und Israel. Sie ändern nicht das endgültige Ergebnis der Geschichte, die sich auf die Erlösung Israels und der ganzen Menschheit zubewegt. Das Band zwischen HaSchem und Israel ist ewig und kann nicht durch Israels Taten durchtrennt werden. [...] Die göttliche Verheißung, Abrahams Nachkommen zu einer großen Nation zu machen, ist eine durch keine Handlung Abrahams verdiente göttliche Entscheidung. Und genau wie die anfängliche Erwählung nicht durch irgendeine Tat Abrahams verdient ist, so kann die Erwählung nicht durch irgendwelche Taten Israels zunichte werden. Israels Erwählung ist eine Gabe HaSchems, und da HaSchem ein treuer Gott ist, wird sie niemals rückgängig gemacht werden. Hier sehen wir die Grenze der menschlichen Freiheit. Diese Grenze besteht aus der Unfähigkeit des Menschen, das grundlegende Programm abzuändern: die Erwählung und Erlösung Israels und der ganzen Menschheit durch Israel. Was Israel – oder eigentlich eher die übrige Menschheit – tut, kann das tatsächliche Datum der Erfüllung des göttlichen Plans aufschieben, aber es kann ihn nicht dauerhaft umändern. [...] HaSchems Einwohnung in Israel ist keine Inkarnation wie im Christentum, welche zu einem sündlosen Christus führt. HaSchems Einwohnung in Israel ereignet sich „inmitten ihrer Unreinheit".

Michael Wyschogrod, Gott und Volk Israel. Dimensionen jüdischen Glaubens. Stuttgart 2001, 187f.

#GottwohntimVolk
#GottesVolksein

M 7 Studenten in einem Jüdischen Lehrhaus an einer Berliner Synagoge studieren und diskutieren den Talmud.

M 8 Gott offenbart: in den Propheten

163 Wir haben Dir offenbart, ' wie Wir Noah offenbart und den Propheten nach ihm. ' Und Wir haben offenbart Abraham, Ismael, Isaak, Jakob, ' den Stämmen, Jesus, Hiob, Jonas, Aaron und Salomo. ' Und Wir haben David einen Psalter gegeben. 164 Es sind Gesandte, ' von denen Wir dir bereits berichtet, ' und Gesandte, von denen Wir dir nicht berichtet. ' Und Gott hat wahrhaftig mit Mose gesprochen. 165 Gesandte, Verkünder und Warner, ' dass die Menschen keinen Beweisgrund gegen Gott haben ' nach den Gesandten. ' Und Gott ist der unübertrefflich Erhabene, ' der Weise. 166 Aber Gott bezeugt durch das, was Er dir herabgesandt, ' Er hat es mit Seinem Wissen herabgesandt. ' Und die Engel bezeugen es. ' Gott genügt als Zeuge.

Sure 4:163–166 Die Frauen (al-nisā'), Geoffenbart in Medina. Übersetzung nach: Der Koran. Vollständig und neu übersetzt von Ahmad Milad Karimi. Freiburg u.a. 2014.

#Zeugen(be)zeugen

M 9 Gott ist Licht

35 Gott ist das Licht der Himmel und der Erde. ' Das Gleichnis von Seinem Lichte: Eine Nische, ' in der eine Leuchte. ' Die Leuchte in einem Glas. ' Das Glas gleicht einem Stern, einem funkelndem. ' Angezündet von einem Baum, einem gesegneten, ' einem Ölbaum, ' nicht östlich und nicht westlich, ' dessen Öl leuchtet beinahe, ' ohne dass es berührt hätte das Feuer. ' Licht über Licht. ' Gott leitet zu Seinem Licht, ' wen Er will. ' Und Gott prägt Gleichnisse für die Menschen. ' Und Gott ist alle Dinge wissend.

Sure 24:35 Das Licht (al-nūr), Geoffenbart in Medina. Siehe M 8

#GleichdemGleichnis!

M 10 Ein Besucher der Beerdigung des Boxers Muhammad Ali liest in einem Buch aus der islamischen Tradition.

M 11 Der allgegenwärtige, der verborgene und der nahe Gott

Im Namen Gottes, des Barmherzigen, des Erbarmers 1 Was in den Himmeln und was auf der Erde, ' preist Gott. ' Und Er ist der unübertrefflich Erhabene, der Weise. 2 Sein die Herrschaft der Himmel und der Erde. ' Er macht lebendig und lässt sterben, ' und Er ist aller Dinge mächtig. 3 Er ist der Erste und der Letzte, ' der Offenbare und der Verborgene, ' und Er ist alle Dinge wissend. 4 Er ist es, ' der erschaffen die Himmel und die Erde in sechs Tagen, ' dann sich gesetzt auf den Thron. ' Er weiß, was eingeht in die Erde ' und was herauskommt aus ihr, ' was vom Himmel kommt hernieder ' und was aufsteigt in ihn. ' Und Er ist mit euch, wo ihr auch seid. ' Und Gott sieht wohl, was ihr tut.

Sure 57:1–4 Das Eisen (al-hadid), Geoffenbart in Medina. Siehe M 8.

#Gottallwissend

M 12 Islamische Traditionen

→ Gleichnisse erzählt auch Jesus: S. 96 f.

„Der Islam" ist kein monolithischer Block, es gibt innerhalb des Islam weltweit unterschiedliche Glaubensrichtungen, Bekenntnisse, Mentalitäten, Riten und Überlieferungen sowie unterschiedlich intensiv gelebte Religiosität von Muslimen. Allein in Deutschland hat der Islam ca. 70–80 Organisationen und Strömungen. Deshalb verbietet es sich, generalisierend von „dem" Islam und „den" Muslimen zu sprechen. [...]

Muslime und ihre Religion, der Islam, präsentieren sich nicht nur in Deutschland vielfältig. Gleichwohl gibt es für alle Muslime gemeinsame religiöse Quellen, die sich im Koran als Gottes unmittelbare Offenbarung manifestieren. Der Koran wird von gläubigen Muslimen als verbindliche Rechtleitung, Belehrung, Urteilshilfe, praktische Anweisung und als „Zusammenfassung aller religiösen Lehren aller Zeiten" angesehen. Hinzu kommt als zweite Offenbarungsquelle die Sunna al-Mutahhara, „die heilige Lebensart des Propheten". Sie versammelt Aussprüche, Anordnungen und Handlungen des Propheten, deren Überlieferung auf seine Gefährten (Šahâba) zurückgeführt wird. Wegen der vielen Regeln für das tägliche Leben, die Gläubige zu befolgen haben, haben diese Hadîthe häufig größeren Einfluss auf das Leben von Muslimen als der Koran.

Klaus Spenlen, Ist der Islam mit europäischen Werten und Lebensweisen vereinbar?, in: Heiner Barz/Klaus Spenlen (Hg.), Islam und Bildung, Wiesbaden: Springer 2019, 229–250,229.233.

M 13 Ein Hadith

Die folgende Erzählung stammt aus der Hadith-Sammlung von al-Buchari (810–870), die bis heute hohes Ansehen genießt.

Aischa (R a), die Mutter der Gläubigen, berichtet: Al-Harit Ibn Hischam (R a) fragte den Gesandten Gottes (S): „O Gesandter Gottes, wie erreicht dich die göttliche Offenbarung?“ Der Gesandte Gottes (S) erwiderte: „Manchmal kommt sie über mich wie Glockengeläute. Das ist für mich die beschwerlichste Art der Offenbarung. Sie bricht ab, wenn ich vernommen habe, was offenbart wurde. Manchmal erscheint mir der Engel in Gestalt eines Mannes. Er spricht zu mir, und ich präge mir seine Worte ein.“ [...]

Später redete er mit Khadija und erzählte ihr, was geschehen war. Er schloß seinen Bericht mit den Worten: „Ich hatte schreckliche Angst!“ Khadija entgegnete: „Aber nein, bei Gott! Niemals wird Gott dir Schaden zufügen! Du hast doch ein gutes Verhältnis zu deiner Verwandtschaft und behandelst die Menschen stets wohlwollend; du unterstützt den Bedürftigen, bewirtest den Gast und stehst denen bei, die sich in einer unglücklichen Lage befinden.“

Nach diesem Gespräch ging Khadija mit dem Gesandten Gottes (S) zu Waraqa Ibn Naufal Ibn Asad Ibn Abduluzza, ihrem Cousin, der in vorislamischer Zeit zum Christentum übergetreten war. Dieser Mann pflegte in hebräischer Schrift zu schreiben und hatte das Evangelium eingehend studiert.

Zu jener Zeit war Waraqa bereits ein sehr alter Mann, dessen Augenlicht erloschen war. Khadija sagte zu ihm: „O Cousin, höre, was deinem Neffen widerfahren ist!“ Waraqa wandte sich an den Propheten (S) und fragte: „Was ist passiert, o mein Neffe?“ Da erzählte ihm der Gesandte Gottes (S), was er erlebt hatte. Waraqa sagte: „Das war der Erzengel Gabriel, den Gott auch zu Moses geschickt hat. Ach, wäre ich doch ein junger Mann, könnte ich doch erleben, wie dein Volk dich vertreibt!“ Der Gesandte Gottes (S) fragte: „Werden sie mich davonjagen?“ – „Ja! Niemals wurde ein Mann, der etwas Ähnliches vorbrachte wie du, nicht feindselig behandelt. Wenn ich diesen Tag noch erleben darf, werde ich dich tatkräftig unterstützen!“

Sahih al Buhari, Nachrichten von Taten und Aussprüchen des Propheten Muhammad. Ausgewählt, aus dem Arabischen übersetzt und herausgegeben von Dieter Ferchl. Stuttgart 1991, 23 ff. Die Transkription arabischer Namen wurde einer einfacheren Lesbarkeit angepasst.

#mitEngelszungen

Hadith

Basmala
al-Fatiha
Aischa
Khadija
Ahl-al-Bait
Salawat

M 14 Am Tag der offenen Moschee am 3. Oktober wird in einer Moschee aus dem Koran vorgetragen.

M 15 Der Unterschied von Hören und Sehen

Ins Offene gebracht, wird mit dem Koran offenbar, was nicht sichtbar ist. Was mit dem Koran erklingt, ist Gottes Wirklichkeit. Denn der Koran setzt entgegen der seit Platon kultivierten Position der abendländischen Philosophie nicht auf die Sichtbarkeit, sondern auf die Hörbarkeit (Gottes). Während die Erkenntnistraditionen des Abendlandes visuell geprägt sind, lässt sich im Islam [...] eine Erfahrung nachvollziehen, die im Akt des Hörens das zu Denkende ins Offene bringt.

Glauben, Hören und Denken führen dabei ein Wechselspiel, das im Koran inszeniert ist. Die Gegenwart Gottes ereignet sich in einem ästhetischen Akt, der das, was zu denken gibt, offenlegt. Indem der Koran in der Rezitation und zugleich im Hören derselben an Realität gewinnt, ereignet sich die Offenbarung. Der Koran wird erst zum Koran, wenn er rezitiert und gehört wird. Der Koran oder genauer im Koran ist nicht die Rede von Gott in einer abgekühlten, formalen oder gar metaphysischen Hinsicht; im Koran ist die Rede von Gott derart, dass diese Rede den Menschen angeht, den Menschen berührt, trägt und tröstet.

Ahmad Milad Karimi, Warum es Gott nicht gibt und er doch ist. Freiburg 2018, 126 f.

#GottimWorthören

Die Hochkommata in der **Koranübersetzung** erläutert der Übersetzer folgendermaßen: „Um den koranischen Rhythmus in Ansätzen nachzuempfinden, wurde versucht, die jeweiligen Wortarten im Deutschen nachzubilden, so dass beim Vortrag des Textes eine Art Taktrhythmus entsteht, der durch Stimmabsatzzeichen (') die gesamte Übersetzung begleitet."

Ahmad Milad Karimi (* 1979) lehrt islamische Philosophie in Münster.

1 Die jüdischen Theologen Martin Buber und Franz Rosenzweig haben eine poetische und eng am hebräischen Original orientierte Übersetzung des Tanachs, der Hebräischen Bibel, erstellt. An welchen Stellen irritieren oder beeindrucken die Textauszüge **M 1** und **M 2**?
Vergleichen Sie die Textauszüge mit anderen Ihnen zugänglichen Bibelübersetzungen und tauschen Sie sich aus, welche Wirkung die jeweils unterschiedlichen Formulierungen auf Sie haben.

2 Jüdisches Offenbarungsverständnis im Wandel
- a) Beschreiben Sie anhand von **M 1** und **M 2**, wie das Offenbarwerden Gottes im Tanach dargestellt wird.
- b) Erläutern Sie – ggf. ergänzt durch weitere Recherchen – das Konzept des „Zauns um die Tora" (vgl. **M 3**, Z. 7).
- c) Untersuchen Sie den Streit um den Schlangenofen **M 4** und erläutern Sie das darin narrativ entfaltete Offenbarungsverständnis.
- d) Vergleichen Sie die Vorstellungen. Erläutern Sie, was Sie an den verschiedenen Konzepten überzeugt.

3 Setzen Sie sich mit den Positionen des jüdischen Theologen Michael Wyschogrod zur Präsenz Gottes im jüdischen Volk auseinander **M 6**. Arbeiten Sie seine Argumente heraus und diskutieren Sie die Bedeutung seines Konzepts für heute lebende Jüdinnen und Juden und für Christinnen und Christen.

4 Offenbarungsverständnis im Islam
- a) Erläutern Sie das koranische Offenbarungsverständnis **M 8**, **M 9** und **M 11**.
- b) Erklären Sie die Textgattung „Hadith" anhand von **M 12** und **M 13**.
- c) Erläutern Sie das Offenbarungsverständnis von Hadith **M 13**. Setzen Sie es in Beziehung zu den Koransuren in **M 8**, **M 9** und **M 11**.
- d) **M 12** betont zunächst die Vielfalt der islamischen Traditionen (Z. 1), spricht aber doch von dem Islam, als es um die gemeinsamen Quellen dieser Religion geht (Z. 13). Diskutieren Sie, ob und wie die Pluralität einer jeden Religion auch dann zum Ausdruck gebracht werden kann, wenn von dem gesprochen wird, was sie als eine bestimmte Religion von anderen unterscheidet.

5 „Der Koran wird erst zum Koran, wenn er rezitiert und gehört wird." (**M 15**, Z. 18 ff.)
- a) Erläutern Sie diesen Satz.
- b) Formulieren Sie im Sinne der komparativen Theologie Fragen an die islamische Theologie.

6 In vielen Situationen findet religiöses Lernen statt.
- a) Beschreiben Sie, wie sich in den Bildern **M 7**, **M 10** und **M 14** religiöses Lernen vollzieht.
- b) Erzählen Sie von weiteren Situationen, die Sie mit religiösem Lernen verbinden.

7 Viele Religionen ringen um die Deutung der menschlichen Geschlechtlichkeit. Dieses Ringen wirkt sich bis in Lern- und Studiensettings aus. Recherchieren Sie Beispiele für z. B. ausschließlich Männern vorbehaltene Lernorte in verschiedenen Religionen. Suchen Sie nach Begründungen, die für ein solches Lernsetting jeweils vorgetragen werden, und nehmen Sie Stellung.

- a) Erkunden Sie, wo es in der Umgebung Ihrer Schule oder Ihres Wohnortes die nächste aktive jüdische Gemeinde gibt und was die gegenwärtige Situation der Gemeinde und ihre Anliegen sind.
- b) Recherchieren Sie, welche jüdischen Gemeinden es in Ihrer Stadt oder Region vor der nationalsozialistischen Judenvertreibung und -vernichtung gab und welche Biografien einzelne Gemeindemitglieder hatten.
- c) Erkunden Sie, welche verschiedenen islamischen Gemeinden es in Ihrer Stadt oder Region gibt.
- d) Fügen Sie ggf. jüdische oder islamische Orte Ihrer religiösen Landkarte hinzu.
- e) Befragen Sie jüdische oder islamische Gesprächspartner und -partnerinnen bei einem Besuch zu ihrem Offenbarungsverständnis und zu den Texten und Konzepten **M 1**–**M 15**.

Vielfalt erkunden – in den östlichen Religionen

Während jüdische und islamische Überlieferungen eng mit christlichen verwandt und verflochten sind, gibt es auch einflussreiche religiöse Traditionen, die einen sinn- oder heilvollen Zusammenhang der Welt auf ganz eigenen Wegen erschließen. Hierzu gehören z. B. hinduistische, buddhistische oder taoistische Lehren. Bis heute prägen sie viele Menschen. Sie standen immer und stehen auch heute in einem wirtschaftlichen und kulturellen Austausch mit Europa. Einige Einblicke in diese religiöse Vorstellungswelt finden sich auf den folgenden Seiten.

→ So spricht die Bibel über Jesus: S. 91.

M 1 Das Brahman, die Götter und die Welt

Die Welt war anfangs Brahman. Es schuf die Götter und nach ihrer Schöpfung setzte es sie einzeln in die Welten ein, in diese Welt den Agni, den Vayu in den Luftraum, an den Himmel die Sonne.

In die Welten, welche höher als diese (drei) waren, setzte es die Götter ein, welche höher als diese (drei) waren. [...]

Das Brahman aber selbst ging [...] mittels zweier Dinge, nämlich mittels Name und Gestalt in sie wieder hinab. [...]

Das sind die beiden großen Mächte Brahmans. Wer diese beiden Mächte Brahmans kennt, wird zur großen Macht. [...] Von diesen beiden ist eins das wichtigere, die Gestalt. Denn auch was Name ist, ist Gestalt.

Satapatha Brahmana, 11,2,3,1 ff. Nach: Upanishaden. Übertragen und eingeleitet von Alfred Hillebrandt, Kreuzlingen 2001, 42.

M 2 Der Gott Krishna als Wagenlenker im Gespräch mit Arjuna.

M 3 Krishna zu Arjuna: Seine Erkenntnis

Höre, wie du mich ohne jeden Zweifel vollkommen erkennen wirst, Pritha-Sohn, in mich versunken, Yoga übend, auf mich gestützt!

Ich werde dir diese Erkenntnis und das unterscheidende Wesen restlos erklären.

Wenn man das erkannt hat, gibt es in dieser Welt nichts weiter zu erkennen.

Unter Tausenden von Menschen strebt kaum einer nach Vollkommenheit und unter denen, die nach Vollkommenheit streben, kennt kaum einer mich wirklich.

Erde, Wasser, Feuer, Wind, Raum (Äther), Denken, Vernunft und Ich-Bewusstsein: so ist meine achtfach aufgeteilte Natur.

Das ist meine niedere Natur. Wisse aber, dass ich noch eine andere, höhere Natur habe. Sie besteht aus lebendiger Wesenheit, durch die das Universum erhalten wird, Starkarmiger. [...]

Im Wasser bin ich der Geschmack, Kunti-Sohn; ich bin das Licht von Mond und Sonne, die Silbe OM in allen Vedas, im Raum der Klang, in den Männern die Manneskraft;

Und in der Erde der angenehme Duft; in der Sonne bin ich die Strahlkraft, das Leben in allen Wesen; und ich bin die Glut in den Asketen.

Bhagavad Gita 7,1-9, nach: Bhagavad Gita. Mit einem spirituellen Kommentar von Bede Griffiths, aus dem Sanskrit übersetzt, eingeleitet und erläutert von Michael von Brück, München 1993, 173–180.

#achwiegutdasskeinerweiß
#IchbinderDuftderErde

M 4 Krishna Tempel in Lalitpur, Nepal

M 5 Aus einer Predigt Buddhas: Alles aus Nichtwissen

Was, o Mönche, ist die ursächliche Entstehung? Aus dem Nichtwissen als Ursache, o Mönche, (entstehen) die Gestaltungen; aus den Gestaltungen als Ursache (entsteht) das Bewusstsein; aus dem Bewusstsein als Ursache (entstehen) Name und Form; aus Name und Form als Ursache (entstehen) die sechs (Sinnes-)Bereiche; aus den sechs Bereichen als Ursache (entsteht) Berührung; aus der Berührung als Ursache (entsteht) Empfindung; aus der Empfindung als Ursache (entsteht) der Durst; aus dem Durst als Ursache (entsteht) das Ergreifen; aus dem Ergreifen als Ursache (entsteht) das Werden; aus dem Werden als Ursache (entsteht) die Geburt; aus der Geburt als Ursache entstehen Alter, Sterben, Kummer, Wehklage, Schmerz, Unmut und Unrast. So ist dieser ganzen Leidensmasse Ursprung.

Samyuttanikaya 12,2, nach: Die vier edlen Wahrheiten. Hg. von Klaus Mylius. Augsburg 2000, 239.

#LeidensmasseLeidensmaß

M 6 Erlösung aus Wissen: Buddha spricht mit seinem Schüler Rahula (Majjhimanikaya)

„Was meist du, Rahula? Ist das Auge ewig oder vergänglich?“

„Vergänglich, o Herr!“ [...]

„Was meist du, Rahula? Was da in Abhängigkeit von der Berührung des Denkens (mit der Außenwelt) an Empfindungen entsteht, an Wahrnehmung, an Vorstellung, an Bewusstsein – ist das nun ewig oder vergänglich?“

„Vergänglich, o Herr!“

„Was aber vergänglich ist, ist dies Leid oder Glück?“

„Leid, o Herr!“

„Was aber vergänglich, leidvoll, der Veränderung unterworfen ist – geht es wohl an, das (so) zu betrachten: ‚Das ist mein, das bin ich, das ist mein Selbst!‘?“

„Nein, das geht nicht, o Herr!“

„(Es) so sehend, o Rahula, wird der gebildete, edle Jünger des Auges überdrüssig, er wird der Formen überdrüssig, er wird des Sehbewusstseins überdrüssig, er wird der Sehberührung überdrüssig; was da in Abhängigkeit von der Sehberührung entsteht an Empfindungen, an Wahrnehmungen, an Vorstellungen, an Bewusstsein – dessen wird er ebenfalls überdrüssig. [...] Des Geistes wird er überdrüssig [...]. Und was da in Abhängigkeit von der Denkberührung entsteht, an Empfindung, an Wahrnehmung, an Vorstellung an Bewusstsein – auch dessen wird er überdrüssig. Überdrüssig macht er sich (davon) frei. Frei gemacht findet er Erlösung. ‚Im Erlösten ist Erlösung!‘, dieses Wissen entsteht (in ihm). ‚Beseitigt ist die Geburt, vollendet der heilige Wandel, getan das Werk; nicht gibt es etwas auf dieses Dasein Folgendes!‘; (das) erkennt er.“

Majjhimanikaya 147,siehe M 5, 237 f.

#ErlösungdurchErkenntnis

M 7 Shakyamuni Buddha predigt seinen fünf Schülern, Vung Tau, Vietnam.

Brahman
Atman
Veda
Upanishaden
Bhagavad-Gita
Krishna
Pritha (= Kunti)
Arjuna
Yoga
OM

M 8 Der Weg zum Wissen und zur Aufhebung des Leidens

Und welches, o Mönche, ist dieser mittlere Pfad, der vom Vollendeten entdeckt worden ist und der Sehen bewirkt, Wissen bewirkt, zur Beruhigung, zur Einsicht, zur Erleuchtung, zum Erlöschen hinführt? Es ist dieser edle, achtgliedrige Weg, nämlich: rechte Einsicht, rechter Entschluss, rechte Rede, rechte Tat, rechter Wandel, rechtes Streben, rechte Wahrheit, rechte Versenkung.

Samyuttanikaya 56,11, siehe M 5, 242.

#WerkommtinsNirvana?

M 9 Universale Erlösung

🌐 Boddhisattva
Mahayana
Vajrayana
Theravada
Asura
Shakya
Kalpa
Duhkha/Dukkha
Nirvana/Nirwana
saha world

Einer, der im Fahrzeug des Bodhisattva aufgebrochen ist, Subhuti, soll folgendermaßen einen Gedanken hervorbringen: „So viele Wesen, wie im Universum der Wesen, in jedem nur erdenklichen Universum von Wesen sind und unter dem Ausdruck ‚Wesen' begriffen werden – seien sie aus dem Ei geboren,* aus dem Schoß geboren, aus Feuchtigkeit geboren oder durch Verwandlung geboren, seien sie mit oder ohne Form, mit Wahrnehmung oder ohne Wahrnehmung oder weder mit Wahrnehmung noch mit Nicht-Wahrnehmung –, sie alle sollen von mir zum Nirvana geführt werden, in den Bereich des Nirvana, das nichts übrig lässt. Und doch. Mögen auch unzählige Wesen auf diese Weise zum Nirvana geführt worden sein, so ist doch nicht eines zum Nirvana geführt worden." Warum? Wenn es in einem Bodhisattva zur Wahrnehmung von ‚Wesen' kommt, kann man ihn nicht ‚Bodhi-Wesen' nennen. Als Bodhi-Wesen ist der nicht zu bezeichnen, in dem es zur Wahrnehmung von Ich oder Wesen oder zur Wahrnehmung einer Seele oder Person kommt.

Diamant-Sutra, Dennis Lingwood, Das Buddha-Wort. Das Schatzhaus der „heiligen Schriften" des Buddhismus. Übers. v. Jochen Eggert. Barth, Bern 1992, S. 200.

#wahrNehmungistNichtWahrNehmung

M 10 Bodhisattva: Erleuchtung zum Mitleiden

Weil alle Wesen krank sind, bin ich krank. Und warum? Ein Bodhisattva nimmt um aller Lebewesen willen Geburt und Tod auf sich; wo Geburt und Tod sind, da ist auch immer Krankheit. Wären alle Wesen frei von Krankheit, so wäre auch beim Bodhisattva keine Krankheit mehr. Wenn der einzige Sohn eines reichen Kaufmanns krank wird, werden auch die Eltern (aus Sorge) krank, und wird er gesund, so genesen auch sie. Und wie Eltern ihren einzigen Sohn lieben, so liebt ein Bodhisattva alle Wesen. Solange alle Wesen krank sind, ist er krank; gewinnen sie ihre Gesundheit zurück, so genest auch er. Da du also nach der Ursache meiner Krankheit fragst: Die Krankheit eines Bodhisattva ist durch nichts anderes als sein großes Erbarmen verursacht.

Die Belehrung des Vimalakīrti, siehe M 9, 218.

#Krankandir

M 11 Porträt von Vimalakirti

M 12 Erleuchtung Buddhas vor aller Zeit

Alle Welten, Götter, Menschen und Asuras bekunden: „Nun hat Shakyamuni-Buddha, vom Ort des Shakya-Clans stammend und am Ort der Erleuchtung unweit der Stadt Gaya sitzend, vollkommene Erleuchtung erlangt." Aber, ihr Söhne, in Wirklichkeit wurde ich Buddha zu einer Zeit, seit der unendliche, unermessliche, Hunderte, Tausende, Zehntausende Kotis, Nayutas von Kalpas vergangen sind. Von dieser Zeit an lehre und predige ich unablässig in dieser Saha-Welt und führe und umsorge die anderswo in Hunderten, Tausenden, Zehntausenden, Kotis, Najutas von Welten ohne Zahl lebenden Wesen.

Lotus-Sutra 15, siehe M 9, 168.

#foreverbuddha

M 13 Yin und Yang sind Begriffe der chinesischen Philosophie für zwei entgegengesetzte und dennoch aufeinander bezogene Kräfte, die einander ergänzen.

M 14 Von Zusammenhängen und Paradoxien

Ein früher Text des Taoismus

40 Rückkehr ist die Bewegung des Tao. Nachgeben ist der Weg des Tao. Alle Dinge entstammen dem Sein. Das Sein entstammt dem Nichtsein.

41 Wenn ein großer Mensch vom Tao hört, beginnt er sofort danach zu leben. Wenn ein Durchschnittlicher vom Tao hört, so glaubt er halb, halb zweifelt er. Wenn ein Törichter vom Tao hört, lacht er laut heraus. Würde er nicht lachen, wäre es nicht das Tao.

Demgemäß sagt man: Der Weg ins Licht scheint dunkel zu sein, der Weg nach vorn scheint zurückzuführen, der kürzeste Weg scheint lang zu sein, wahre Kraft scheint schwach zu sein, wahre Reinheit scheint befleckt zu sein, wahre Standhaftigkeit scheint wankelmütig zu sein, wahre Klarheit scheint unklar zu sein, die größte Kunst scheint ungekünstelt zu sein, die größte Liebe scheint gleichgültig zu sein, die größte Weisheit scheint kindisch zu sein.

Das Tao ist nirgendwo zu finden. Doch es nährt und vollendet alle Dinge.

Laotse, Tao Te King. Eine zeitgemäße Version für westliche Leser. München 2003, S. 50 f.

#SeinscheinScheinsein

1 Lesen Sie die Texte dieser thematischen Einheit.

a) Suchen Sie sich einen Text aus, der Sie anspricht, und einen, der Sie irritiert. Kommen Sie in Ihrer Lerngruppe darüber ins Gespräch.

b) Arbeiten Sie jeweils heraus, wie in diesen Traditionen ein Mensch, ggf. ohne einen persönlichen Gott als Gegenüber, Einsicht in religiöse Wahrheiten erlangt und welche Konsequenz diese Einsicht für das Leben des Menschen und das Zusammenleben hat.

c) Vergleichen Sie die von Ihnen ausgewählten Texte miteinander. Arbeiten Sie Entwicklungen, Übereinstimmungen und Unterschiede heraus.

d) Die Vielfalt östlicher Traditionen fasziniert und irritiert. Nehmen Sie dazu Stellung.

2 Die vorangegangenen beiden Einheiten haben in verschiedenen Religionen Zeugnisse zusammengetragen zur Frage, wie Gott bzw. ein sinnvoller Zusammenhang der Welt von Menschen erkannt werden kann und wie er für Menschen gegenwärtig ist. Das Christentum kennt bereits in Gestalt der vier Evangelien eine innere Pluralität. Erörtern Sie, wie diese Pluralität mit dem Streben nach klarer, verbindlicher Erkenntnis zusammenpasst.

3 Bilder sind in jeder Religion wichtig.

a) Erörtern Sie Gemeinsamkeiten und Unterschiede der Bilder **M 2** und **M 7**.

b) „Der Leib des Menschen ist ein Tempel." Beziehen Sie auf Basis dieser Aussage die scheinbar unvergleichlichen Bilder **M 4** und **M 11** aufeinander.

c) Das Symbol **M 13** ist auch in westlichen Gesellschaften inzwischen verbreitet. Erörtern Sie die These, es greife eine Sehnsucht oder ein Defizit der modernen westlichen Gesellschaft auf.

d) Diskutieren Sie, warum kaum eine Religion ohne Bilder auskommt.

4 Religionen sind viel komplexer, als dies kurze Textauszüge und Bilder darstellen können. Belegen Sie diese These an einer Ihnen bekannten religiösen Tradition, indem Sie weiter zu deren innerer Pluralität recherchieren. Stellen Sie sich die Ergebnisse gegenseitig vor. Diskutieren Sie, wie sich religiöse Pluralität innerhalb einer Religion, aber auch in der Vielfalt der Religionen zu den Wünschen nach Eindeutigkeit und Wahrheit verhalten.

Welche Rolle spielen die in dieser Einheit vorgestellten östlichen Religionen in Ihrer Region? Suchen Sie, auch wenn es keine Gemeinden oder Gruppen mit einem entsprechenden Bekenntnis gibt, regionale Spuren dieser Traditionen. Erkunden Sie dazu z. B. die Regale in Buchhandlungen; befragen Sie Menschen, die aus östlichen Ländern stammen oder in diesen gereist sind; befragen Sie Menschen, die asiatische Sportarten oder andere körperliche und geistige Übungen aus Fernost praktizieren.

Vielfalt erkunden – in der Person

Nicht nur die verschiedenen voneinander abgrenzbaren religiösen Traditionen sind vielfältig. Auch innerhalb von Traditionen begegnet eine Vielzahl von ganz unterschiedlichen Deutungsansätzen und Erklärungen zu einzelnen theologischen Phänomenen. Diese Unübersichtlichkeit macht selbst vor dem Individuum nicht halt, das eine solche religiöse Tradition lebt.
Wir halten verschiedene Geschichten zum Sinn unseres Lebens nebeneinander aus und können ihnen je unterschiedliche Botschaften abgewinnen. Wir sind in der Lage, sogar logische Widersprüche in den Erklärungsansätzen zum Zusammenhang der Welt bis zu einem gewissen Grad zu integrieren. Wir sind offensichtlich „vielheitsfähig"?

Wolfgang Welsch (* 1946) ist ein deutscher Philosoph und lehrte als Professor an zahlreichen Universitäten.

Ambiguitätstoleranz
Postmoderne
Matrix
Matrix Reloaded

M 1 Das vielheitsfähige Subjekt

Ich will mich [...] auf die *Transformation* des Subjekts konzentrieren und versuchen, einige Bestimmungsstücke des Typs von Subjektivität zu geben, der mir unter heutigen Bedingungen geboten zu sein scheint. [...] Der objektive Problemfokus ist m. E. durch „Pluralität" (das Schlüsselwort der Postmoderne) bezeichnet. [...] Die postmoderne Pluralität [...] bezieht sich [...] auf Phänomene *einschneidender* Pluralität, also beispielsweise auf die Vielheit und Heterogenität von Lebensformen oder Orientierungsweisen und Sinnzusammenhängen. Solche Pluralität besteht heute zunehmend nicht mehr nur *zwischen* den Kulturen, sondern bereits *innerhalb* ihrer. Die Einsicht in die Faktizität, Legitimität und Unüberschreitbarkeit dieser unterschiedlichen sozialen und kulturellen Formen (mitsamt ihrer Konflikthaftigkeit) prägt das postmoderne Bewusstsein.

Unter den Bedingungen dieser objektiven Pluralität muss nun – so meine These – das Leben der Subjekte selbst ein „Leben im Plural" werden [...]. Die objektive Pluralisierung also [...] induziert und ernötigt die subjektive Pluralisierung, den Übergang zum vielheitsfähigen Subjekt. Zugespitzt wird meine Frage daher lauten: Wie ist der Subjekttypus verfasst, der eines solch internen „Lebens im Plural" fähig ist? [... Nur] der intern Pluralisierte vermag auch externer Pluralität wirklich gerecht zu werden. [...] Handlungskompetenz hat in einer Situation faktischer Pluralität just derjenige, der auf diese Vielheit einzugehen, der *mit* ihr zu handeln vermag [...], weil die unterschiedlichen Konzeptionen ja nicht bloß legitim sind, sondern offenkundig veritable Lebensmöglichkeiten und Wahrheitsformen darstellen, so dass es keine prinzipiellen Distanzen und letzten Gründe mehr gibt, so und nicht anders zu sein. Oder: Es gibt vielleicht noch gute Gründe, *so* zu sein, aber es gäbe ebenso gute Gründe, auch *anders* zu werden. [... Es] gibt größere und kleinere Affinitäten und eine fließende *Gemengelage* und Wechselwirtschaft zwischen unterschiedlichen Identitäten [...], und man entdeckt – mit einem Gefühl der Überraschung und Befreiung –, dass man auch anders sein könnte. [... Es] gilt zu begreifen, dass die Einzelnen, da sie in sich plural verfasst sind, von vornherein durch Überschneidungen mit Gehalten auch anderer Subjekte und Kommunitäten charakterisiert sind [...]; die Subjekte sind von vornherein schon in sich ‚gesellschaftlich' verfasst. [...]

Formelhaft kann man diesen Unterschied als den von starkem (altem) und schwachem (neuem) Subjektideal fassen. Die beiden unterscheiden sich vor allem durch ihr Verhältnis zur Pluralität. Das starke Subjekt versucht die Pluralität zu bändigen, zu meistern, zu bewältigen. Das schwache Subjekt hingegen sucht ihr gerecht zu werden, mit ihr zu leben. [...]

Wenn die Verabschiedung der Herrschaftlichkeit zu Vielheitsbereitschaft und -kompetenz führt, wie schafft man es dann, diese Vielheit zusammenzuhalten, zu verbinden, mit ihr umzugehen? Meine These [...] lautet: Subjektivität ist das Vermögen der Differenzierung und des Übergangs. Subjektivität bedeutet primär nicht ein Vermögen der Bewältigung *vorgegebener* Differenzen, sondern ein Vermögen genuiner *Differenzbildung* und des *Übergehens* zwischen dem Differenten. [...]

Das kann man sich gerade in bezug auf kulturelle Sinngebilde klarmachen. Die Schwierigkeit liegt offenbar darin, dass im Übergang von einer Sinnkonstellation zu einer anderen nicht bloß einzelne Auffassungen und Erfahrungen sich verschieben, sondern dass die gesamten *Grundlagen* sich verändern. Das macht – im

→ Die Suche nach sich selbst und nach Orientierung: S. 16 und S. 122.

→ Postmoderne – das meint auch einen Lebensstil: S. 123.

→ Zum Kontingenzbegriff vgl. S. 54.

Unterschied zur oberflächlichen Buntheitsfreude – die eigentliche Anstrengung (und den Anspruch) solcher Übergänge aus. […]
Nietzsche hat das Tun des Menschen einmal als das eines Baumeisters auf schwankenden Fundamenten charakterisiert: „Man darf hier den Menschen wohl bewundern als ein gewaltiges Baugenie, dem auf beweglichen Fundamenten und gleichsam auf fliesendem Wasser das Aufthürmen eines unendlich complicirten Begriffsdomes gelingt; freilich, um auf solchen Fundamenten Halt zu finden, muss es ein Bau, wie aus Spinnefäden sein, so zart, um von der Welle mit fortgetragen, so fest, um nicht von dem Winde auseinander geblasen zu werden." Genau darum geht es: auf schwankenden Fundamenten etwas Rechtes zustande zu bringen. Die damit verbundene Vergänglichkeit […] gälte es auszuhalten.

Wolfgang Welsch, Subjektsein heute. Überlegungen zur Transformation des Subjekts. In: Deutsche Zeitschrift für Philosophie. 1991 (39), 347–356.

Friedrich Wilhelm Nietzsche (1844–1900) war ein deutscher Philologe, Schriftsteller und Philosoph.

M 2 Das vielheitsfähige Subjekt?

#ichbinviele
#ichbineine/r

1 Fassen Sie den Text von Welsch **M 1** in eigenen Worten zusammen. Vervollständigen Sie ggf. dazu Ihr Verständnis des Textes im Austausch untereinander.

2 Vielheitsfähig? **M 1**
a) Erläutern Sie, wie Welsch die Postmoderne beschreibt.
b) Ordnen Sie der postmodernen Lebenserfahrung zu, was Welsch „schwache(s) Subjekt" (Z. 62) nennt.
c) Belegen Sie Welschs These eines schwachen oder vielheitsfähigen Subjektes mit Beispielen.
d) Nehmen Sie Stellung: Erleben Sie die Vielzahl der Sinnperspektiven eher als bereichernd oder als belastend? Gehen Sie dabei auch auf religiöse Pluralität ein.

3 Entwerfen Sie eine Collage, die die verschiedenen Einflüsse, Überzeugungen, Ambivalenzen und Fragen im Leben eines Menschen heute zum Ausdruck bringt. Berücksichtigen Sie dabei das Bild des Domes auf „schwankenden Fundamenten" (**M 1**, Z. 86 f., 97 f.).

4 In dem Film Matrix Reloaded (2003) kann der digitale Geheimagent Agent Smith seine Person in beliebig viele identische Kopien vervielfältigen. Er sagt dazu: „The best thing about being me: there's so many mes". Erläutern Sie, inwiefern das ebenfalls ein passendes Bild für Personen in der postmodernen Welt sein kann, und arbeiten Sie Unterschiede zum Konzept von Welsch heraus.

5
a) Beschreiben und interpretieren Sie das Bild **M 2**.
b) Entwerfen Sie ein persönliches Bild oder eine Fotomontage, die Ihre eigene Subjektivität als „Leben im Plural" zum Ausdruck bringt.

6 Wenden Sie die Subjekttheorie Welschs auf religiöse Gemeinschaften an. Erörteren Sie dazu vor dem Hintergrund der vorangegangenen thematischen Einheiten, inwiefern es sachgemäß oder auch nicht sachgemäß ist, von „dem Judentum", „dem Islam", „dem Buddhismus" oder „dem Christentum" etc. zu sprechen.

7 Entwicklen Sie Gedanken dazu, wie unter den Bedingungen eines pluralen Subjektes im Sinne Welschs „religiöses Bekenntnis" aussehen müsste oder könnte.

Was ist Religion? Von außen betrachtet

Das Phänomen der Religion wird von verschiedenen Wissenschaften in den Blick genommen und analysiert. Dabei kann die Religion in einzelne Vollzugsebenen zerlegt und beschrieben oder ihre „horizontale" Funktion für die Gesellschaft herausgearbeitet werden.

Rudolf Englert (* 1953) lehrte Religionspädagogik in Duisburg-Essen.

Hubert Knoblauch (* 1959) lehrt Soziologie in Berlin.

→ Was bedeutet diese „äußere Schicht" im Christentum? S. 162 f., 177

→ Religion – die kann man nicht nur beschreiben, sondern auch kritisieren: S. 204.

M 1 Die Schichten der Religion

Welches Bild bietet sich nun, wenn man Religion anatomisch zu sezieren versucht? Johannes van der Walt sieht Religion aus sechs Schichten bestehen:

Religion hat eine direkt beobachtbare äußere „Schicht", die kultischer oder ritueller Natur ist (griechisch leitourgia, lateinisch officia, englisch service, duty, ministry).

Eng verbunden mit dieser ersten „Schicht" ist die zweite: die eines Sinns für die Ehrfurcht und den Respekt, die Gott oder den Göttern geschuldet sind (griechisch eusebia, lateinisch reverentia, englisch reverence oder worship).

Religionen tendieren dazu, eine theologische, dogmatisch und konfessionelle „Schicht" zu haben (griechisch dogma, abgeleitet von dokein, gut erscheinen lateinisch confessus, abgeleitet von confiteri, eingestehen).

Religionen haben auch eine philantrophische oder caritative „Schicht", (griechisch philanthropia, philadelphia, lateinisch humanitas, caritas, englisch love oder humanity, brotherly love, charity).

Religionen haben eine Glaubens-, bzw. eine „pistische" Dimension (griechisch pistis, lateinisch pietas, englisch faithfullness, loyality).

In einer gewissen Tiefe haben Religionen eine spirituelle „Dimension" (griechisch pneuma, lateinisch spiritus, englisch breath oder spirit).

Abgekürzt könnte man eine rituelle (1), eine emotionale (2), eine dogmatische bzw. konfessionelle (3), eine praktische, z. B. caritative oder ethische (4), eine relationale, auf Beziehung/„Bund", Vertrauen und Glauben beruhende (5) und eine spirituelle Schicht (6) unterscheiden.

Rudolf Englert, Was wird aus Religion? Ostfildern 2018, 29 f.

#ReligionhatSubstanz

M 2 Definitionsversuche

Wie schon erwähnt, gibt es zahllose Versuche, Religion zu definieren. Diese Versuche werden oftmals in zwei Kategorien unterteilt, wobei jedoch zu erwähnen ist, dass sich bei manchen Definitionen Elemente und Kombinationen beider Kategorien finden lassen. [...] Religion wird einmal funktional definiert, also dadurch, welche Wirkungen oder Funktionen sie mit Bezug auf Probleme in der Alltagswelt hat. Auf der anderen Seite kann sie inhaltlich als Substanz definiert werden, also durch bestimmte Gottesvorstellungen, Transzendenzen oder Gehalte religiöser Erfahrungen. Salopp formuliert wird Religion funktional durch das definiert, was sie innerweltlich leistet, und substantial durch das, was ihr Inhalt ist.

Substantiale Definitionen der Religion suchen die Eigenheit des Religiösen selbst zu bestimmen, etwa durch Bedeutungen wie „Gott", „übernatürliche Wesen", „jenseitige Welten" oder „überempirische Mächte". [...]

Der psychologisch orientierte substantiale Religionsbegriff betont, dass es besondere Erfahrungen gibt, denen kraft ihres Inhalts etwas Religiöses anhaftet. Das, was erfahren wird, kann dabei ganz unterschiedlich bezeichnet werden: als das Numinose, das Heilige, die Höhere Macht. Es unterscheidet religiöse Erfahrungen aber in jedem Falle deutlich von normalen, alltäglichen Erfahrungen. [...]

Funktionale Definitionen [...] sind meist Mischtypen aus verschiedenen Erklärungen. Sie zeichnen sich dadurch aus, dass sie das Religiöse „an bestimmten Wirkungen (etwa Angstbewältigung) oder durch Bezogensein auf bestimmte Probleme (z. B. Kontingenzbewältigung) [...] identifizieren." Auch wenn oftmals verschiedene Funktionen miteinander verbunden und einzelne Funktionen hervorgehoben werden, lassen sich auch hier mehrere Kategorien unterscheiden. Zum einen erfüllt Religion besondere psychologische Funktionen [...]:

- kognitive Funktion: die Religion dient dazu, Unbekanntes begreifbar zu machen, es geistig zu bewältigen;
- affektive Funktion: Religion ermöglicht den Umgang und die Bewältigung von besonderen emotionalen Zuständen;

- pragmatische Funktion: die Religion ermöglicht die Bewältigung besonderer Krisensituationen und stellt Mittel und Wege zu ihrer Behandlung bereit.

[...] Die wichtigsten soziologischen Funktionen der Religion veranschaulicht die folgende Übersicht:

- Fundierungsfunktion: Religion begründete ultimative Werte für Individuen, Gruppen und Gesellschaften.
- Integrationsfunktion: Religion stellt einen gemeinsamen Kern von Werten bereit, der Kulturen zusammenhält.
- Legitimationsfunktion: Die mehr oder weniger autonome Religion dient zur Rechtfertigung der Herrschaft zum einen der religiösen Experten oder auch anderer Gruppen, etwa des Adels.
- Kompensationsfunktion: Religion stellt einen Ausgleich für Leiden, Mangel, fehlendes Prestige o. ä. dar mittels der Vorstellung einer anderen Welt.

[...] Während funktionale Definitionen die Ähnlichkeit von Religionen (und anderen ideologischen Systemen) hervorheben, betonen substantiale ihre Unterschiede. Funktionale Definitionen neigen dazu, das Spezifische der Religion aus den Augen zu verlieren. Wird Religion funktional definiert, fällt oft die Abgrenzung des Religiösen vom Nichtreligiösen schwer.

Hubert Knoblauch, Religionssoziologie. Berlin 1999, S. 114–116.

#Religionfunktioniert

Religions-wissenschaft
Religions-philosophie
Religions-psychologie
Rudolf Otto
Joachim Wach
Mircea Eliade

→ Zur Rolle von Religion in der ethischen Reflexion: S. 142–147.

M 3 Fußballspieler

1 Setzen Sie sich mit den von Rudolf Englert in Anlehung an Johannes van der Walt beschriebenen sechs Schichten von Religion auseinander M 1.
Geben Sie dazu die sechs Schichten in eigenen Worten wieder und erläutern Sie beispielhaft, wie die jeweilige Schicht in einer Ihnen bekannten Religion für eine religiöse Person von Bedeutung sein kann.

2 Substantial und funktional M 2
a) Arbeiten Sie den Unterschied zwischen einer substantialen und einer funktionalen Betrachtungsweise von Religion heraus.
b) Erläutern Sie alle von Knoblauch genannten Inhalte und Funktionen von Religion anhand von Beispielen.

3
a) Beschreiben Sie eine Religionsgemeinschaft Ihrer Wahl, indem Sie Beispiele für ihre „Schichten" M 1, für ihre Funktionen und ihre Inhalte M 2 geben.
b) Diskutieren Sie, welche Schichten, Inhalte und Funktionen einer Religion aus Ihrer Sicht besonders relevant oder wichtig für die religiöse Praxis ihrer Anhänger sind und begründen Sie Ihr Urteil.
c) Bewerten Sie die Funktionen dieser Religionsgemeinschaft mit Blick auf Kriterien wie: Wahrung und Förderung der Menschenrechte, Einsatz für nachhaltige Entwicklung, Umgang mit Zufälligkeiten des Lebens (Kontingenzen).

4 „Wird Religion funktional definiert, fällt oft die Abgrenzung des Religiösen vom Nichtreligiösen schwer" (M 2, Z. 74 ff.). So lässt sich bspw. Fußball als „religiöses" Phänomen beschreiben M 3.
a) Untersuchen Sie anhand der von Knoblauch beschriebenen Funktionen von Religion, inwiefern der Fußball so etwas wie eine Religion sein könnte.
b) Recherchieren Sie Texte zum Zusammenhang von Fußball und Religion und stellen Sie Ihre Einsichten einander vor.
c) Welche anderen nichtreligiösen Institutionen oder Praktiken erfüllen heute in unserer Gesellschaft die beschriebenen Funktionen von Religion?

In welcher Organisation gelingt es den religiösen Gemeinschaften vor Ort, konkret die beschriebenen Funktionen zu erfüllen? Tragen Sie Beispiele zusammen und erläutern Sie sie. Nehmen Sie diese Vollzugsformen des Religiösen ggf. in Ihre religiöse Landkarte auf.

Was ist Religion? Von innen betrachtet

Hubertus Halbfas (* 1932), katholischer Theologe und Religionspädagoge.

Paul Tillich (1886–1965), protestantischer Theologe und Religionsphilosoph.

Philip Larkin (1922–1985), englischer Dichter.

Julian Barnes (* 1946), englischer Schriftsteller.

Karl Rahner SJ (1904–1984), deutscher katholischer Theologe, der maßgeblichen Einfluss auf theologische Entwicklungen des 20. Jh. und auf das Zweite Vatikanische Konzil hatte.

→ Dieses Verständnis von Offenbarung hat Auswirkungen auf das Selbstverständnis der Kirche: S. 169.

→ Zu Gott als „Horizont" und „Garant" radikaler Liebe: S. 208 f., S. 222 f.

Der analytische oder soziologische Blick von außen entspricht oft nicht der Innenperspektive von religiösen Individuen oder Gemeinschaften. Diese erleben und beschreiben gegenüber der zerlegenden Analyse von außen auch den Zusammenhang der Schichten und eine „vertikale" Richtung, die in das innerste Selbst hineingeht und dieses mit Gott oder einem Weltsinn verbindet.

M 1 In Gott liegt Tiefe des Lebens

Der Name dieser unendlichen Tiefe und dieses unerschöpflichen Grundes alles Seins ist Gott. Jene Tiefe ist es, die mit dem Wort Gott gemeint ist. Und wenn das Wort für euch nicht viel Bedeutung besitzt, so übersetzt es und sprecht von der Tiefe in eurem Leben, vom Ursprung eures Seins, von dem, was euch unbedingt angeht, von dem, was ihr ohne Vorbehalt ernst nehmt. Wenn ihr das tut, werdet ihr vielleicht einiges, was ihr über Gott gelernt habt, vergessen müssen, vielleicht sogar das Wort selbst. Denn wenn ihr erkannt habt, dass Gott Tiefe bedeutet, so wisst ihr viel von ihm. [...] Wer um die Tiefe weiß, der weiß auch um Gott.

Paul Tillich, Die verlorene Dimension. Hamburg 1962, 106.

M 2 Religion ist uns gegeben

Gott hat in seiner Güte und Weisheit beschlossen, sich selbst zu offenbaren und das Geheimnis seines Willens kundzutun: dass die Menschen durch Christus, das fleischgewordene Wort, im Heiligen Geist Zugang zum Vater haben und teilhaftig werden der göttlichen Natur. [...] Das Offenbarungsgeschehen ereignet sich in Tat und Wort, die innerlich miteinander verknüpft sind: die Werke nämlich, die Gott im Verlauf der Heilsgeschichte wirkt, offenbaren und bekräftigen die Lehre und die durch die Worte bezeichneten Wirklichkeiten; die Worte verkündigen die Werke und lassen das Geheimnis, das sie enthalten, ans Licht treten.

Zweites Vatikanisches Konzil (1965), Dogmatische Konstitution Dei Verbum über die göttliche Offenbarung, 2.

M 3 Religion legt menschliches Dasein aus

Gibt es Gründe, religiös zu sein, so liegen sie nicht in den objektiven Gegebenheiten der Welt. Sie unterstehen keinen wissenschaftlichen Erkenntnissen oder Beweisführungen. Da sie allein im Menschen liegen, müssen sie auch von ihm her entwickelt werden. [...] Religion ist keine *Lehre* von Gott, keine Welterklärung aus göttlicher Perspektive, sondern der Versuch, sich als Mensch zu verstehen und sich vor dem Absoluten selbst zu bestimmen.

Hubertus Halbfas, Religionsunterricht nach dem Glaubensverlust. Ostfildern 2012, 61.

M 4 Religion ist Ernsthaftigkeit

Philip Larkin geht in eine leere Kirche und überlegt, was wohl passiert, wenn „Kirchen einmal völlig außer Gebrauch kommen". [...] Larkin kommt zu dem Schluss, dass diese verlassenen Stätten uns weiterhin – immer – anziehen werden, weil „irgendwer ewig einen jähen Hunger nach mehr Ernst in sich verspürt". [...]

Die Religion bot Trost für die Mühen des Lebens und an dessen Ende eine Belohnung für die Gläubigen. Doch über diese Annehmlichkeiten hinaus stellte sie das Leben des Menschen in einen größeren Zusammenhang und sorgte damit für Ernsthaftigkeit. [...] Die Welt wurde von Gott erschaffen, und daher war alles, was darin geschah, entweder Ausdruck des göttlichen Ratschlusses oder eine Folge dessen, dass Gott seine Geschöpfe mit einem freien Willen ausgestattet hatte.

Julian Barnes, Nichts, was man fürchten müsste. Köln 2010, 80–82.

M 5 Religion als Wagnis

Der Mensch kommt nur wirklich in echtem Selbstvollzug zu sich, wenn er sich radikal an den anderen wegwagt. Tut er dies, ergreift er (unthematisch oder explizit) das, was mit Gott als Horizont, Garant und Radikalität solcher Liebe gemeint ist, der sich in Selbstmitteilung (existenziell und geschichtlich) zum Raum der Möglichkeit solcher Liebe macht. Diese Liebe ist intim und gesellschaftlich gemeint und ist in der radikalen Einheit dieser beiden Momente Grund und Wesen der Kirche.

Karl Rahner, Grundkurs des Glaubens. Freiburg 1984, 437.

M 6 Über Gott verneinend sprechen

a) Im dunklen Bechergrund
Erscheint das Nicht des Lichts.
Der Gottheit dunkler Schein
Ist so: das Licht des Nichts.

Wilhelm Weischedel, verfasst kurz vor seinem Tod, zitiert nach: Bernhard Welte: Das Licht des Nichts. Kevelaer 2015, 54.

b) Und wir können nicht redlich sein, ohne zu erkennen, dass wir in der Welt leben müssen – ‚etsi deus non daretur' [als ob es Gott nicht gäbe].

Dietrich Bonhoeffer, Widerstand und Ergebung, hg. v. Eberhard Bethge. Gütersloh 1985, 177.

c) Im Islam ist Gott nicht einfachhin gegeben. Vielleicht deshalb, weil, wie Lévinas einmal sagte, Gott sei, „ohne zu sein". Aber alles, was gegeben ist, gibt es, weil Gott ist. Wie ist aber Gott? Der Anfang der Einsicht in die Existenz Gottes findet im Islam aus einer eigentümlichen Perspektive eine Darstellung. Es ist die Einsicht, die darin besteht, dass es keinen Gott gibt. In aller Entschiedenheit bezeugen Muslime: Es gibt keinen Gott. [...] Wer sagen will, dass es einen Gott gibt, der hat vielmehr zunächst zu sagen, dass es keinen Gott gibt. Erst aus dieser maximalen Entfernung von Gott, aus der tiefen Leugnung seiner Existenz heraus erwächst die Einsicht, dass Gott ist. [...] Die Negation, die gesetzte Verneinung, lässt eine Leere im Menschen entstehen, die den Glauben erst ermöglicht. Der Glaube an den einen Gott wird damit nicht als eine Addition zu all dem anderen, was auch geglaubt wird, begriffen.

Ahmad Milad Karimi, Warum es Gott nicht gibt und er doch ist. Freiburg 2018, 112.

d) Denn, liebst du Gott, wie er ‚Gott', wie er ‚Geist', wie er ‚Person' und wie er ‚Bild' ist, – alles das muss weg. [...] Du sollst ihn lieben, wie er ist: ein Nicht-Gott, ein Nicht-Geist, eine Nicht-Person, ein Nicht-Bild ist, mehr noch: wie er ein lauteres reines, klares Eines ist, abgesondert von aller Zweiheit. Und in diesem Einen sollen wir ewig versinken vom Etwas zum Nichts. Dazu helfe uns Gott. Amen

Meister Eckharts Predigten. Bd. 3. Hg. von Josef Quint. Stuttgart 1976, 586.

#Neingott

Wilhelm Weischedel (1905–1975) lehrte Philosophie in Berlin.

Dietrich Bonhoeffer (1906–1945), lutherischer Theologe und Vertreter der Bekennenden Kirche.

Ahmad Milad Karimi (* 1979) lehrt islamische Philosophie in Münster.

Mystik
Negative Theologie
Fundamentaltheologie

Meister Eckhart (1260–1328), Theologe und Philosoph des Spätmittelalters.

1 Die Zeugnisse M 1–M 6 sprechen auf ganz unterschiedliche Weise davon, wie es ist religiös zu sein. Lesen Sie die Textpassagen durch, wählen Sie einen Text aus, der Sie besonders anspricht oder irritiert. Setzen Sie sich mit seinen Aussagen auseinander, indem Sie die Thesen des Textes erläutern und diskutieren. Sie können aber auch den Text meditierend abschreiben, verändern oder eine durch den Text inspirierte eigene Textskizze verfassen.

2 Religion sorge „für Ernsthaftigkeit", schreibt Julian Barnes (M 4, Z. 14).
a) Erklären Sie diese Aussage.
b) Belegen Sie sie durch Beispiele aus dem Alltag, wie dem Besuch einer Kirche, von dem Barnes spricht, oder ethischer Herausforderungen.
c) Erörtern Sie – z. B. mit Blick auf Ihre Beispiele aus dem Alltag – die Bedeutung des religiösen Ernstes im Vergleich zu einer Haltung, die Leben und Welt als Produkt des Zufalls oder anonymer Naturgesetze versteht.

3 Religionen haben oft mystische Traditionen, die sich dem Erleben einer Einheit mit dem Göttlichen verdanken. Aus diesen Erfahrungen entwickelten sich theologische Spekulationen ebenso wie religiöse Vollzüge in Musik, Tanz und Meditation.
a) Arbeiten Sie aus M 6 erste Einsichten in die Gedankenwelt der Mystik heraus, und recherchieren Sie Details zum Leben und Wirken eines christlichen, jüdischen, islamischen oder östlichen Mystikers oder einer Mystikerin.
b) Geben Sie jedem Textauszug eine kurze Überschrift.

4 Schreiben Sie einen Essay, der die Herausforderungen und Chancen beschreibt, denen sich Menschen heute in ihrer Lebensgestaltung und Sinnsuche gegenüber sehen. Neben der religiösen Tradition können Sie z. B. Ihr privates Lebensumfeld, Bücher, Filme oder andere Kulturerzeugnisse, aktuelle Nachrichten etc. aufgreifen.

5 Setzen Sie Aspekte der Binnenperspektive religiöser Weltsicht in Beziehung zu Funktionen von Religion, wie sie in der vorangegangen Einheit in M 2 (S. 252 f.) beschrieben wurden.

Fragen Sie Ihre Gesprächspartner oder -partnerinnen „was Religion ist", und nehmen Sie deren Aussagen in Ihre Dokumentation auf.

Politik, Gewalt und Gewaltüberwindung

Religiöse Traditionen beinhalten nicht nur Potential zu Liebe und Toleranz, sondern können auch Intoleranz und Gewalt bewirken. Gerade in der medialen Berichterstattung dominiert die Darstellung von religiösem Fundamentalismus und Gewalt. Wie lässt sich das friedensstiftende Potential von Religionen zur Geltung bringen?

M 1 Terroranschlag am 11. September 2001 auf das World Trade Centre in New York

Thomas Assheuer (* 1955), deutscher Journalist.

Samuel Huntington (1927–2008), US-amerikanischer Politikwissenschaftler und Berater des US-Außenministeriums.

M 2 Kampf der Kulturen?

Anfangs stand hinter dem Titel noch ein scheues Fragezeichen. „The Clash of Civilizations?" hieß der Aufsatz, den der amerikanische Politikwissenschaftler Samuel P. Huntington im Sommer 1993 in der Zeitschrift Foreign Affairs veröffentlichte und mit dem der angesehene Forscher auf einen Schlag in der breiten Öffentlichkeit berühmt wurde. Tatsächlich schien der Harvard-Professor den Schlüssel zur Erklärung der Weltlage gefunden zu haben: Im 21. Jahrhundert, so behauptete er, werde der alte Staatenkonflikt vom „Kampf der Kulturen" verdrängt. Während sein Kollege Francis Fukuyama noch fröhlich das „Ende der Geschichte" und den unblutigen Sieg von Marktwirtschaft und Liberalismus ausrief, tauchte Huntington das Weltgeschehen ins düster flackernde Licht von Konflikt, Kampf und Krieg. Sieben oder acht civilizations würden künftig in der globalen Arena aufeinander stoßen – eine westliche, konfuzianische, japanische, islamische, hinduistische, slawisch-orthodoxe, lateinamerikanische und vielleicht auch eine afrikanische. Diese Großeinheiten seien durch Sprache, Geschichte und Religion radikal voneinander geschieden, zutiefst unverträglich und zudem Feinde Amerikas. „The rest against the West."

Das Echo auf Huntingtons These war überwältigend, aber gespalten. [...] Huntington selbst ließ sich nicht beirren und machte aus einer klappernden These ein dickes Buch. Kampf der Kulturen hieß es in der deutschen Übersetzung – diesmal ohne Fragezeichen.

Das Werk hat seine Wirkung nicht verfehlt. Nach jedem islamistischen Anschlag, [...] fragte die Öffentlichkeit, ob Huntington nun Recht bekomme und der „Kampf der Kulturen" beginne. Seltsam nur, dass der kämpferische Gelehrte von diesem Anfangsverdacht nicht viel wissen will. In der Terrorattacke auf das World Trade Center erkennt er keinen Kulturkampf, sondern „den Angriff gemeiner Barbaren auf die zivilisierte Gesellschaft der ganzen Welt". Eindringlich warnte Huntington vor dem Irak-Krieg, weil dieser Geister herbeiriefe, die der Westen so schnell nicht wieder loswürde. „Ein solcher Angriff würde zu einem Krieg ganz anderer Art führen. Er würde große Teile der Bevölkerung und der Regierungen in der moslemischen Welt aufbringen, die jetzt die internationale Koalition gegen den Terror unterstützen."

Doch warum die plötzliche Zurückhaltung, die Angst des Zauberlehrlings vor der magischen Formel? Möglich, dass Huntington inzwischen klüger ist als manche, die sich triumphierend auf ihn berufen. Er scheint verstanden zu haben, dass Religion oft nur eine Maske ist, mit deren Hilfe brutale Anerkennungs- und Verteilungskonflikte getarnt werden. Vielleicht hat Huntington sogar eingesehen, dass der Fundamentalismus ein ganz und gar modernes Phänomen ist und erst mit der Kolonisierung entstand. Deshalb kommen die islamistischen Killer auch nicht aus dem Mittelalter oder einer vollends fremden und unverständlichen Kultur; sie kommen aus der Mitte der modernen Weltgesellschaft – und gerade das lässt uns am tiefsten erschrecken.

Ohnedies ist die Rede vom „Kampf der Kulturen" eine sehr gefährliche Falle. Wer sein politisches Handeln nach ihr ausrichtet, führt genau den Zustand herbei, dessen Schrecken er beschwört. Damit würde die Formel vom

„Kampf der Kulturen" zu einer Diagnose, die sich selbst erfüllt. Inzwischen warnt Huntington selbst davor, den Kampf gegen den Terror auf dem Minenfeld der Kultur auszutragen, zum Beispiel als Kampf Gut gegen Böse, Licht gegen Finsternis. Er hat Recht. Nicht der Islam darf bekämpft werden, sondern nur das Verbrechen, das in seinem Namen verübt wird. Alles andere wird den Hass nur weiter anstacheln, Feindbilder bestätigen, den Hochmut zementieren und die Spirale der Gewalt weitertreiben, auf allen Seiten.

Thomas Assheuer, Eine sehr gefährliche Falle. DIE ZEIT 09.02.2006 Nr. 7.

#MakeLoveNotWar

M 3 Wiederkehr der Religionen

Die dramatische weltweite Rückkehr der Religionen und ihrer Bedeutung als öffentliche Macht hat die meisten von uns überrascht, ob wir nun Sozialwissenschaftler sind oder nicht. Wir glaubten alle mehr oder weniger zu wissen, dass ein solches Wiedererstarken von Religion nicht möglich sei. Denn der westliche Modernisierungsmythos hatte uns gelehrt, einen fortschreitenden Trend in Richtung einer Säkularisierung und Privatisierung von Religionen zu erwarten. Es gab verschiedene Optionen für die Religion in der modernen Welt, aber weder ihre Rückkehr als politische Kraft und Kennzeichen sozialer Identität noch ihre Fähigkeit, Menschen nach ihrem eigenen Ethos zu formen, befanden sich darunter. Gewiss erwarteten nur wenige, dass Religion völlig verschwinden würde. Die meisten wiesen ihr einen legitimen Platz in der Privatsphäre zu. Andere nahmen an, dass religiöse Institutionen einen Prozess der internen Säkularisierung durchmachen und sich dabei unter Beibehaltung moderner Organisationsstrukturen und Kultur anpassen würden. Manche erwarteten, dass nationale Ideologien oder Zivilreligionen religiöse Traditionen funktional ersetzen würden. Andere Theorien prognostizierten, dass moderne Gesellschaften zwar nicht die traditionellen religiösen Formen bewahren, dafür aber von religiösen Werten durchdrungen würden. Aber nur wenige waren auf eine weltweite Revitalisierung von Religion als einer Macht gefasst, die erfolgreich religiöse Subjekte formt und öffentlichen Einfluss gewinnt. Besonders irritierend wirkte es auf uns westliche Intellektuelle, dass es sich dabei häufig nicht um sozialpolitisch oder kulturell „progressive" Formen der Religion handelte, wie die lateinamerikanische Befreiungstheologie mit ihrer Synthese von Christentum und Marxismus, sondern um konservative oder fundamentalistische Formen mit starker Betonung patriarchalischer Autorität und Sozialmoral. […]

Im Gegensatz zu Huntingtons These führt dieser Kulturkampf keineswegs zur Herausbildung zivilisatorischer Blöcke, die untereinander in Konflikt geraten, sondern spaltet Gesellschaften in eine Vielzahl von Kulturmilieus, die oft mehr Affinität zu vergleichbaren Milieus in anderen Gesellschaften und „Zivilisationen" haben, als zu feindlichen Milieus innerhalb der eigenen Gesellschaft und „Zivilisation".

Martin Riesebrodt, Die Rückkehr der Religionen. Fundamentalismus und der „Kampf der Kulturen". München 2000, 9 ff.

#rollbackreligion

M 4 Missbrauch der Religion

Gott scheint in Verruf geraten zu sein. Oder ist vielleicht eher die Weise, wie wir von ihm sprechen, wie wir ihn nennen und bekennen, unglaubwürdig geworden? Vielleicht zu Recht, aber vielleicht ertragen wir es auch nicht mehr, gestehen zu müssen: Gott ist da. Ist das nie endende Leid in der Welt, das andere Gesicht des Menschen, der Schritt für Schritt seine Stellung im Kosmos verliert, nicht Grund genug zu sagen: Es gibt keinen Gott? Und wenn es ihn doch gibt, dann leugnen wir ihn erst recht. Ist das Mantra der Wiederkehr der Religion nicht in Wahrheit eine Verblendung, weil wir in die Leere, die wir selbst erschaffen haben, nicht hineinblicken können? Ist das Unheil, das im Namen der Religion geschieht, nicht Anlass für den endgültigen Abschied, den Abschied von der Religion und vor allem den Abschied von Gott?

Die Politisierung der Religion wird immer dort negativ wirksam, wo sich darauf Herrschaftsformen bilden. Wer die Religion zweckentfremdet, der sammelt Religion, um, als Religionskapitalist, mit immer mehr Religion auch immer mehr herrschen zu können. Sie tun

Säkularisierungsthese
Entzauberung der Welt

Max Weber
Peter L. Berger

Martin Riesebrodt (1948–2014), deutsch-amerikanischer Professor für Soziologie und Religionssoziologie.

Ahmad Milad Karimi (* 1979) lehrt islamische Philosophie in Münster.

→ Einen Gott, den es gibt, gibt es nicht. Vgl. S. 208 f.

alles, was sie tun, mit der Religion, aber nicht aus der Religion. [...] Im Kern geht es hier also nicht um die Religion, sondern um Macht und Einflussnahme. Was damit manifestiert wird, ist nicht die Religion, sondern allein die Ohnmacht der Religion, die sich gegen Missbrauch nicht wehren kann, weil ihre Subjekte, die „religiösen“ Menschen, den Tausch zwischen der Religion und der Macht vollzogen haben. [...] Allem Terror, der in ihrem Namen verübt wird, zum Trotz: Die Religion gehört ganz elementar zum modernen Menschen – entgegen der Prophezeiung, dass wachsende Aufklärung zu schwindender Religiosität führen wird. Der Islam ist eine Religion der Liebenden. Der Glaube ist wild und nicht disziplinierbar. Der Koran ist schön als ein lebendiges Liebesereignis. Und Gott erhebt den Menschen zum Schönen. So erblickt der Prophet Muhammad Gott im Schönen, dem er verschrieben war. [...] Und was ist mit Gott? Gott ist Sehnsucht oder: Gott bleibt eine Frage, vielleicht die Frage des Menschen. Was tun wir, wenn wir glauben? Wir hadern mit Gott – unaufhörlich. Denn diese Hingabe zu Gott befreit uns als Menschen. Und wenn es Gott nicht gibt?

→ Zur ethischen Bedeutung von Religion: S. 142–147.

Ahmad Milad Karimi, Warum es Gott nicht gibt und er doch ist. Freiburg u.a. 2018, 9 ff.

#EsgibtkeinenGott #AußerGott

M 5 Besucher des Welttreffens „Religions for Peace" in Lindau 2019

M 6 Religions for Peace in Lindau, 2019

Evelyn Finger (* 1971), deutsche Journalistin.

Schwester Agatha sagt von sich, sie sei eine Konvertitin: übergetreten vom Zorn zur Versöhnung, vom Misstrauen zum Vertrauen, vom Religionshass zum Religionsfrieden. Dieser Frieden ist in Deutschland ein Sonntagsredenthema, er ist zwar auch hierzulande noch gefährdet, aber als Wunsch ist er weitgehend Konsens. In Schwester Agatha O. Chikelues Heimat Nigeria dagegen ist der Religionsfrieden in den letzten Jahren zu etwas Unglaublichem geworden, eine ziemlich unrealistische Hoffnung – seit die islamistische Terrorgruppe Boko Haram das Land tyrannisiert. Damals begann die Ordensfrau den Islam zu fürchten, sagt sie. Wie viele nigerianische Christen habe sie plötzlich alle Muslime als Feinde angesehen, obwohl diese auch vom Terror betroffen waren. Darin bestehe die wahre Gefahr, die Boko Haram den Nigerianern gebracht habe: eine Spaltung entlang der Glaubensgrenzen. Schwester Agatha gehörte zu den fast tausend Religionsvertretern, die vergangene Woche zum Welttreffen „Religions for Peace“ an den Bodensee reisten. Sie kam mit der „Cardinal Onaiyekan Foundation for Peace“ und mit einer der eindrucksvollsten Delegationen: nigerianischen Christen und Muslimen, die nicht müde wurden, einander Brüder und Schwestern zu nennen – so demonstrativ, wie das sonst nur Angehörige derselben Konfession tun.

Das war kein Schauspiel, sondern erforderte Mut. Denn in blutigen Konflikten, in die heute Religionsgemeinschaften verwickelt sind, kann es lebensgefährlich sein, mit der jeweils anderen Seite befreundet zu sein. Manchmal reicht es schon, mit den „anderen“ nur zu reden, um sein Leben zu riskieren. [...] Schwester Agatha berichtete in Lindau auch, was sie praktisch gegen den Religionshass getan hat, nämlich „Räume für den Dialog geschaffen“. Im Klartext: Gläubige haben sich getroffen, um offen zu reden über die Anschläge, die Vergewaltigungen und Morde. „Wir sprachen über unseren Schmerz und unsere Angst. Christen und Muslime schrien sich an, beschuldigten einander, wüteten und weinten.“ Erst als alles gesagt war, sei Verständnis für den jeweils anderen möglich gewesen. Sei man zu der Einsicht gelangt, dass Misstrauen nur noch mehr Gewalt erzeugt. Heute bildet die Friedensstiftung, deren Vizepräsidentin Agatha O. Chikelue ist, Religionsführer zu Mediatoren aus: „Wir bringen ihnen bei, wie man gewaltlos über Gewalt spricht.“ Wer die Ordensfrau in Lindau erlebt hat, eine große und stolze Person, die die meisten der Bischöfe, Imame, Rabbiner, Brahmanen überragte, der merkte, dass der Religionsfrieden nicht nur eine Floskel ist.

[...] Halimat Jibril von der Federation of Muslim Women's Association zum Beispiel, eine Partnerin von Schwester Agatha, berichtete, wie sie in Nigeria muslimische Mütter schule, damit die ihre Kinder gegen den Einfluss der Islamisten immunisieren. Die Botschaft der nigerianischen Muslime: Was Boko Haram tut, ist das Gegenteil dessen, was unser Glaube tatsächlich gebietet. Du sollst nicht töten! Du sollst heilige Orte nicht attackieren! Du sollst niemanden als Selbstmordattentäter missbrauchen!

Das Besondere an dem Netzwerk Religions for Peace ist ja, dass die Beteiligten sich in dem halben Jahrhundert seit der Gründung angewöhnt haben, Klartext zu sprechen und sich nicht mit Umarmungen zu begnügen. So erzählten Muslime aus Nigeria auch, wie es sie geschmerzt und empört habe, als christliche Nachbarn plötzlich ihren Kindern verboten, mit den muslimischen Kindern befreundet zu sein und in deren Haus zu kommen. Aber auch, wie sie daraufhin nicht beleidigt geschwiegen, sondern die Nachbarn angerufen hätten: Ihre Kinder seien auch weiterhin sicher bei ihren bisherigen muslimischen Freunden.

Religions for Peace ist heute das weltgrößte multireligiöse Netzwerk, eine Art UN-Versammlung des Glaubens. Die gewalttätigen Konflikte, in denen Mitglieder vermittelt haben, füllen mittlerweile dicke Broschüren. [...] Tatsächlich kann Religions for Peace nicht alles gleichzeitig leisten. Frieden zwischen den Gläubigen stiften, Gemeinsamkeiten der Religionen politisch nutzen – und den inneren Modernisierungsprozess der Glaubensgemeinschaften vorantreiben. Die Methode ist: Sprich die Religionsführer dort an, wo sie ansprechbar sind, formuliere das Gemeinsame, arbeite praktisch zusammen – mehr gegenseitige Toleranz ergibt sich dann von selbst.

Religions for Peace: Zum Frieden kann man konvertieren. Von Evelyn Finger, in: DIE ZEIT Nr. 36/2019.

#peacemaking

Religions for Peace
Projekt Weltethos

1
a) Lesen Sie den Artikel von Assheuer **M 2** und wählen Sie eine Textstelle aus, die Sie gerne in der Kursgruppe diskutieren möchten.
b) Tauschen Sie sich über den Text und die damit verbundenen politischen und religionsbezogenen Fragen und eigenen Einschätzungen aus.
c) Arbeiten Sie heraus, was in Assheuers Text über das Verhältnis der Kulturen in der Welt ausgesagt wird, welche Rolle hier die Religionen spielen und was die Kernthese des Autors ist.
d) Recherchieren Sie (in Kleingruppen nach Jahreszahlen aufgeteilt), welche aus religiösem Fundamentalismus motivierten Anschläge es seit 2001 **M 1** gegeben hat und beschreiben Sie Auswirkungen dieser terroristischen Akte auf die öffentliche Wahrnehmung von Religion und das Zusammenleben der Kulturen.
e) Wählen Sie darunter ein konkretes Beispiel aus und diskutieren Sie (in der Kleingruppe), welche Auswirkungen diese terroristischen Akte auf die öffentliche Wahrnehmung von Religion und das Zusammenleben der Kulturen haben. Teilen Sie Ihre Ergebnisse im Plenum mit.

2 Lesen Sie den Text von Riesebrodt **M 3**.
a) Erläutern Sie welche Verbindung von moderner und religiöser Haltung Sie für angemessen halten.
b) Beschreiben Sie politisch relevante Milieus in der deutschen oder globalen Gesellschaft; seien sie progressiv oder konservativ, liberal oder fundamentalistisch.
c) Diskutieren Sie Riesebrodts These, dass diese Milieus „mehr Affinität zu vergleichbaren Milieus in anderen Gesellschaften [...] haben, als zu feindlichen Milieus innerhalb der eigenen Gesellschaft" (Z. 50 ff.).

3 Ahmad Milad Karimi beschreibt sowohl Krise und Missbrauch des Islam als auch Anküpfungspunkte für eine zeitgemäße Interpretation der Religion **M 4**.
a) Arbeiten Sie seine Argumente heraus.
b) Schreiben Sie eine ähnliche Abwägung mit Blick auf andere „Bekenntnisse", z. B. das Christentum oder die moderne Wissenschaft.

4 Eine interreligiöse Tagung **M 5** und **M 6**
a) Erörtern Sie ausgehend von dem Tagungsbericht, inwiefern Religion Menschen eher zusammenführt oder trennt.
b) Entwickeln Sie zur Tagung eine Schlagzeile und einen Kommentar.

Augustin Kardinal Bea SJ (1881–1968)

Er war Beichtvater des Papstes während des Zweiten Weltkriegs, prägte die kirchliche Neuausrichtung in der Ökumene und im Verhältnis zum Judentum und wurde zum Namensgeber für eine Apfelsorte.

Augustin Kardinal Bea 1966

Augustin Bea hatte bereits ein bewegtes Leben hinter sich, als seine Biografie nochmals eine entscheidende Wende nahm. Obwohl hochbetagt, wurde er zum entscheidenden Vordenker der Ökumene auf dem Zweiten Vatikanischen Konzil – beseelt von der Idee des „aggiornamento“.

Geboren wurde er am 28. Mai 1881 im südbadischen Riedböhringen bei Donaueschingen. Es waren einfache Verhältnisse, aus denen der spätere Kardinal stammte: Sein Vater war Zimmermann und Landwirt im Nebenerwerb. Schon früh zeigte sich die besondere Begabung Beas, daher schickten seine Eltern ihr einziges Kind auf die Gymnasien in Konstanz und Rastatt. [...] Nachdem er 1900 das Abitur mit Bestnoten abgelegt hatte, begann er mit dem Studium der katholischen Theologie an der Universität Freiburg. 1902 schloss er sich dem Jesuitenorden an [...]. Nach der Wiederzulassung der Jesuiten in Deutschland wurde Augustin Bea 1921 erster Provinzial der oberdeutschen Jesuitenprovinz mit Sitz in München.

In dieser Zeit lernte er den Apostolischen Nuntius Eugenio Pacelli kennen, für den er ein wichtiger Ratgeber in biblischen Fragen wurde. Als jener Pacelli 1939 als Pius XII. den Papstthron bestieg, wurde Bea [...] sein Beichtvater. [...] Mit dem Amtsantritt Papst Johannes' XXIII. im Jahr 1958 nahm Beas Leben nochmals eine entscheidende Wendung: Der Roncalli-Papst, wie Augustin Bea ein Bauernsohn, ernannte den Jesuiten 1959 zum Kardinal und übertrug ihm 1960 den Vorsitz des „Sekretariats für die Förderung der Einheit der Christen“, das im Hinblick auf das bevorstehende Zweite Vatikanische Konzil neu errichtet wurde. In dieser Funktion hatte Bea maßgeblichen Einfluss auf den Verlauf des Konzils [...].

Beas Hauptanliegen auf dem Konzil waren das Verhältnis zu den protestantischen Kirchengemeinschaften und das Verhältnis zum jüdischen Volk, das auf eine neue theologische Grundlage gestellt werden sollte. So gehen unter anderem das Ökumenismusdekret „Unitatis redintegratio“ sowie die Erklärung „Nostra Aetate“ über das Verhältnis der Kirche zum Judentum und den nichtchristlichen Religionen auf das Einheitssekretariat zurück. [...]

Bei der Neubestimmung des Verhältnisses der Kirche zum Judentum war für Bea entscheidend, dass [...] Gott gegenüber seinem Erwählungs- und Bundeshandeln treu ist. [...]

Die geistige Lebendigkeit, Wachsamkeit und Flexibilität bis ins hohe Alter gehören zu den verblüffendsten Aspekten im Leben Beas. Zu Lebzeiten hatte er verfügt, dass er seine letzte Ruhestätte nicht in Rom, sondern in seiner Heimat finden wollte – an der Seite seiner Eltern. Etwas spitzbübisch soll der Kardinal bemerkt haben, man werde dort mehr für ihn beten als in Rom.

Matthias Altmann: Kardinal Augustin Bea: Der Großvater des Konzils. In: katholisch.de. 16.11.2018.

1 Recherchieren Sie, was mit dem Begriff des Aggiornamentos zum Ausdruck gebracht wurde.

2 Augustin Bea sagte zum Oberrabbiner von Rom, Elio Toaff, dass er als gebürtiger Deutscher die ganze Last des Bösen und des Leides fühle, das sein Volk den Juden angetan habe. Bea erkannte, dass die theologischen Konsequenzen seiner Erfahrungen die Kirche verändern mussten. In einer Zeit, in der er Einfluss auf den Weg der Kirche nehmen konnte, ließ er diese Erkenntnis wirksam werden. Zeigen Sie am Beispiel des Klimas auf, wo wir heute durch unsere Lebensweise und Einstellungen in Schuld oder Leid verstrickt sind. Diskutieren Sie, welche Weichen man zum Guten stellen könnte.

3 Der Weg der Umsetzung seiner Ziele war auch für Bea nicht ohne Hindernisse. Recherchieren Sie den Verlauf und die verschiedenen Interessen rund um die Entstehung der Konzilserklärung Nostra Aetate.

Der Dataismus

In seiner „Geschichte von Morgen" lässt Yuval Noah Harari einen neuen Glauben und einen neuen Gott am Horizont unserer technischen und gesellschaftlichen Entwicklungen aufscheinen. Genügt es, wenn Gott besser rechnet oder Probleme löst, als Menschen es können?

Nun könnte die Technologie des 21. Jahrhunderts allerdings dafür sorgen, dass externe Algorithmen die Menschheit „hacken" und viel besser über mich Bescheid wissen, als ich selbst. Sobald das der Fall ist, wird der Glaube an den Individualismus zerbrechen, und die Macht wird von den einzelnen Menschen auf vernetzte Algorithmen übergehen. Die Menschen werden sich nicht mehr als autonome Wesen betrachten, die ihr Leben entsprechend eigenen Wünschen führen, sondern viel eher als eine Ansammlung biochemischer Mechanismen, die von einem Netzwerk elektronischer Algorithmen ständig überwacht und gelenkt werden. Damit es soweit kommt, bedarf es keines externen Algorithmus, der mich durch und durch kennt und nie irgendwelche Fehler macht, es reicht, wenn dieser externe Algorithmus mich besser kennt als ich mich selbst und weniger Fehler begeht als ich. Dann nämlich wird es tatsächlich sinnvoll sein, diesem Algorithmus immer mehr meiner Beschlüsse und Lebensentscheidungen zu übertragen. [...] Persönlich kann man zu diesen Fragen unterschiedliche Ansichten haben. Aus historischer Sicht aber steht fest, dass im Moment Dinge von großer Tragweite geschehen. Das erste humanistische Gebot – hör auf dich selbst! – ist nicht mehr selbstverständlich. [...]

Wir werden mit solchen Technologien niemals zurechtkommen, solange wir glauben, dass der menschliche Wille und die menschliche Erfahrung die höchste Quelle von Autorität und Sinn sind.

Doch eine kühnere Techno-Religion ist bestrebt, die humanistische Nabelschnur ganz zu durchtrennen. Sie träumt von einer Welt, in der es nicht um die Wünsche und Erlebnisse irgendwelcher menschengleicher Wesen geht. [...]

Dem Dataismus zufolge besteht das Universum aus Datenströmen, und der Wert jedes Phänomens oder jedes Wesens bemisst sich nach seinem bzw. ihrem Beitrag zur Datenverarbeitung. [...] Wo aber kommen diese großen Algorithmen her? Das ist das Geheimnis des Dataismus. So wie viele Menschen laut Christentum Gott und seinen Plan nicht verstehen können, so behauptet der Dataismus, das menschliche Gehirn könne die neuen Masteralgorithmen nicht begreifen. Im Moment werden die Algorithmen natürlich überwiegend von menschlichen Computerfreaks geschrieben. Doch die wirklich wichtigen Algorithmen – wie etwa der Suchalgorithmus von Google – werden von riesigen Teams entwickelt. Jeder Beteiligte versteht nur einen Teil des Puzzles, und niemand begreift den Algorithmus als Ganzen so richtig. Überdies entwickeln sich mit dem Aufkommen des maschinellen Lernens und künstlicher neuronaler Netzwerke immer mehr Algorithmen unabhängig, indem sie sich selbst verbessern und aus ihren eigenen Fehlern lernen. [...] Der Ausgangsalgorithmus mag zunächst von Menschen entwickelt worden sein, aber wenn er heranwächst, verfolgt er seinen eigenen Weg und geht dorthin, wo noch nie ein Mensch war – und wohin ihm kein Mensch folgen kann.

Yuval Noah Harari, Homo Deus. Eine Geschichte von Morgen, München 2017, 445, 493, 495, 497, 531.

Yuval Noah Harari (* 1976) ist ein israelischer Historiker und Professor an der Hebräischen Universität Jerusalem. Zunächst beschäftigte er sich mit Forschungen zur Militärgeschichte, bevor er universalhistorische Thesen entwickelte und mit seiner populärwissenschaftlichen Monographie „Eine kurze Geschichte der Menschheit" einen internationalen Bestseller schrieb.

Außen und Innen

„Religiös sein bedeutet heute unausweichlich interreligiös sein."
(Christoph Gellner: Der Glaube der Anderen. Düsseldorf 2008, 10.)
Sie haben in diesem Kapitel andere religiöse Traditionen erkundet und erlebt, wie vielfältig die menschlichen Erfahrungen und Formulierungsversuche in Bezug auf Religion und einen Gottesbezug sind. Auf diese Weise haben Sie die Dynamik religiöser Existenz im Oszillieren zwischen Fraglichkeit und Identität, zwischen Einfachheit und Komplexität weiterverfolgt.
Bleiben Sie in Bewegung. Notieren Sie dazu

- eine Erkenntnis: Welcher Gedanke oder Text aus einer anderen Tradition hat Sie besonders angesprochen?
- eine Irritation: Bei welchem Gedanken oder Text hat sich ein Gefühl des Widerspruchs oder der Empörung geregt?
- ein Vorhaben: Was möchten Sie noch genauer kennenlernen? Welche religiöse Gemeinschaft oder Institution möchten Sie gern einmal besuchen, z.B. wenn Sie in einer anderen Stadt oder einem anderen Land sind?

Wegmarken

Die religiösen Bekenntnisse sind in der Moderne vielfältig herausgefordert. Im Inneren zeigt sich eine große Vielfalt. Mit Blick auf die Gesellschaft werden sie durch nichtreligiöse Erklärungsmodelle der Welt, säkulare Institutionen und Gesellschaftsordnungen und den wissenschaftlichen und technischen Fortschritt mit seinen guten wie auch problematischen Seiten angefragt. Die moderne Weltsicht prägt europäische Menschen zuinnerst. Die Integration dieser Weltanschauung in das religiöse Bekenntnis ist eine bleibende Herausforderung.
Untersuchen Sie, welche Konkurrenz, wechselseitige Beeinflussung oder auch Unterstützung und Kooperation zwischen religiösen und nichtreligiösen „Bekenntnissen" besteht, und entwickeln Sie Gedanken dazu, wie dieses Gegenüber sinnvoll gestaltet werden kann.

Wahrheiten und Wahrheit

Wenn ein Christ auf die Mannigfaltigkeit an religiösen Traditionen und Sichtweisen trifft, löst diese Begegnung Prozesse auch für das eigene Bekenntnis aus. Auf welche Weise verändert diese Pluralitätserfahrung Ihr eigenes Bekenntnis zu Jesus Christus? Diskutieren Sie, ggf. im Rückgriff auf Ihnen bekannte Konzepte der Christologie, wie sich das Bekenntnis, dass in Christus die ganze Welt erlöst ist, verbinden lässt mit der Größe und Vielfalt der Welt.

Abschlussaufgabe

Betrachten Sie das Möbiusband und seine symbolische Bedeutung, wie es zu Beginn des Kapitels eingeführt wurde.
Erkunden Sie für sich selbst und im Gespräch in Ihrer Lerngruppe, wie Sie zurzeit die Frage beantworten würden, was es bedeutet, religiös zu sein. Dazu können Sie z.B. von folgendem Begriffsfeld ausgehen: Zugehörigkeit, Fremdheit, Überzeugung, Zweifel, Fernweh, Heimat, Misstrauen, Vertrauen, Sehnsucht. Erweitern Sie das Begriffsfeld ggf. und erläutern Sie die von Ihnen ausgewählten Begriffe mit Beispielsituationen.

Anhang

Stichwortverzeichnis

R

S

T

V

W

Z

Quellennachweis

Bildquellennachweis

Umschlag ShutterStock.com RF (iulias), New York, NY; **4.1** Artothek, Spardorf (c) VG Bild-Kunst, Bonn 2020 [Mathias Waske: Waskes Iphigenie II. 1981]; **4.2** Voßhenrich, Dr. Tobias, Münster; **5.1** Florian Wagner, Oberammergau [Tobias Haseidl: Auferstehende]; **5.2** Alamy stock photo, Matthias Scholz, Abingdon, Oxon [Lorenzo Quinn: Support]; **6.1** Hermann, Buß, www.hermannbuss.info, Norden [Überfahrt I, 155 x 145 cm]; **6.2** ddp media GmbH (Tammie Arroyo / AFF), Hamburg; **7** imago images, epd, Berlin [Gisbert Baarmann: Ring of Peace]; **11** Artothek, Spardorf (c) VG Bild-Kunst, Bonn 2020 [Mathias Waske: Waskes Iphigenie II. 1981]; **13.1** stock.adobe.com (PackShot), Dublin; **13.2** ShutterStock.com RF (NazArt), New York, NY; **14.1** stock.adobe.com (contrastwerkstatt), Dublin; **14.2** stock.adobe.com (contrastwerkstatt), Dublin; **15.1** stock.adobe.com (Fotos 593), Dublin; **15.2** Getty Images Plus (Image Source), München; **15.3** stock.adobe.com (alesgon), Dublin; **15.4** ShutterStock.com RF (Carla Nichiata), New York, NY; **15.5** Alamy stock photo (Zoonar / Klaus Willig (kw-blen.de)), Abingdon, Oxon; **15.6** akg-images, Berlin; **15.7** Getty Images Plus (iStock / photographereddie), München; **15.8** Picture-Alliance (Photoshot), Frankfurt; **15.9** stock.adobe.com (L.S.), Dublin; **16.1** ShutterStock.com RF (Spirit Boom Cat), New York, NY; **16.2** Getty Images Plus (The Image Bank / Fadil Aziz /Alcibbum Photograph), München; **17** ShutterStock.com RF (Iconic Bestiary), New York, NY; **18** stock.adobe.com (Jason Stitt), Dublin; **19** CartoonStock Ltd (Peter Kuper), Bath; **20** Alamy stock photo (Philip Scalia / Alamy Stock Foto), Abingdon, Oxon; **21.1** akg-images (Science Photo Library), Berlin; **21.2** ShutterStock.com RF (Dmitriy Domino), New York, NY; **22.1** ShutterStock.com RF (Kozlik), New York, NY; **22.2** Picture-Alliance (dpa / Oliver Killig), Frankfurt; **23** ShutterStock.com RF (Sabelskaya), New York, NY; **24** Getty Images Plus/Microstock (DigitalVision Vectors / FrankRamspott), München; **25** akg-images, Berlin; **26** Picture-Alliance (Ikon Images), Frankfurt; **27** ShutterStock.com RF (Fabio Berti), New York, NY; **28.1** ShutterStock.com RF (roseed abbas), New York, NY; **28.2** Alamy stock photo (Imaginechina), Abingdon, Oxon; **29** stock.adobe.com (Manuel Schönfeld), Dublin; **30.1** ShutterStock.com RF (Alexandros Michailidis), New York, NY; **30.2** ShutterStock.com RF (Undrey), New York, NY; **30.3** stock.adobe.com (doom.ko), Dublin; **31.1** stock.adobe.com (SciePro), Dublin; **31.2** stock.adobe.com (Photographee.eu), Dublin; **32** Picture-Alliance (dpa-Bildarchiv), Frankfurt; **33** ShutterStock.com RF (Macrovector), New York, NY; **34** dreamstime.com (Edwardgerges), Brentwood, TN; **35** BPK, RMN - Grand Palais / Gérard Blot, Berlin (c) VG Bild-Kunst, Bonn 2020 [Marc Chagall: Die Erschaffung des Menschen]; **36** akg-images, Berlin [Paul Klee: Das Auge, 1938, 315 (T. 15). Pastellkreide und Kleisterfarbe auf Jute, 45/46 × 64, 5/66, 5 cm. Schweiz, Privatsammlung]; **37.1** imago images (epd), Berlin; **37.2** Getty Images (Lucas Oleniuk / Kontributor), München; **38** Alamy stock photo (Derek Teo), Abingdon, Oxon; **39** ShutterStock.com RF (StunningArt), New York, NY; **40** Alamy stock photo (Mouka Studio), Abingdon, Oxon; **41.1** stock.adobe.com (evannovostro), Dublin; **41.2** Alamy stock photo (Michael Siluk), Abingdon, Oxon; **42** Alamy stock photo, Jenny Matthews, Abingdon, Oxon [Dismaland installation: Wasted Rita (vier Poster links), Ian Stevenson (Poster rechts)]; **43** ShutterStock.com RF (Bruno Mameli), New York, NY; **44** Alamy Stock Photo, ukartpics, Abingdon, Oxon (c) VG Bild-Kunst, Bonn 2020 [Ryan Gander: Come up on different streets, they both were streets of shame Or Absinth blurs my thoughts, I think we should be moving on, 2009]; **45** Picture-Alliance (dpa / AFP Europe-Afrique), Frankfurt; **46.1** Alamy stock photo (Archivah), Abingdon, Oxon; **46.2** Bedřich Fritta, »Für Tommy zum dritten Geburtstag in Theresienstadt 22.1.1944«, 1943/44, Tusche, Feder und Pinsel, Aquarell, 22,5 x 31,5 x 3,3 cm Stiftung Jüdisches Museum Berlin © Leihgabe von Thomas Fritta-Haas, Foto: Jens Ziehe; **46.3** Bedřich Fritta, »Für Tommy zum dritten Geburtstag in Theresienstadt 22.1.1944«, 1943/44, Tusche, Feder und Pinsel, Aquarell, 22,5 x 31,5 x 3,3 cm Stiftung Jüdisches Museum Berlin © Leihgabe von Thomas Fritta-Haas, Foto: Jens Ziehe; **47** Alamy stock photo (AS / Alamy Stock Foto), Abingdon, Oxon; **49** Voßhenrich, Dr. Tobias, Münster; **51** Alamy stock photo (Art Collection 3), Abingdon, Oxon; **52** Alamy stock photo (WENN Rights Ltd), Abingdon, Oxon; **53** Hans-Joachim Höhn: Gott - Offenbarung - Heilswege. Fundamentaltheologie. echter Verlag GmbH, Würzburg 2011, S.90, ISBN 978-3-429-03447-4; **55** Alamy stock photo (GL Archive), Abingdon, Oxon; **56.1** Peter Erdmann: Jugend und Jenseits. Eine empirische Untersuchung zu den Vorstellungen von Schülerinnen und Schülern. (c) Aschendorff Verlag, Münster, 2017, ISBN 978-3-402-13099-5; **56.2** Peter Erdmann: Jugend und Jenseits. Eine empirische Untersuchung zu den Vorstellungen von Schülerinnen und Schülern. (c) Aschendorff Verlag, Münster, 2017, ISBN 978-3-402-13099-5; **56.3** Peter Erdmann: Jugend und Jenseits. Eine empirische Untersuchung zu den Vorstellungen von Schülerinnen und Schülern. (c) Aschendorff Verlag, Münster, 2017, ISBN 978-3-402-13099-5; **56.4** Peter Erdmann: Jugend und Jenseits. Eine empirische Untersuchung zu den Vorstellungen von Schülerinnen und Schülern. (c) Aschendorff Verlag, Münster, 2017, ISBN 978-3-402-13099-5; **60.1** ShutterStock.com RF (mark reinstein), New York, NY; **60.2** stock.adobe.com (Xavier), Dublin; **60.3** Michaela Voss: Die heiligste Eucharistie, Himmel auf Erden, In der Liturgie der Erde die Liturgie des Himmels finden, Heavens-Presents / Agnus-Dei-Verlag 2010, Roßhaupten, ISBN 978-3941390003; **60.4** ShutterStock.com RF (melazerg), New York, NY; **62.1** CartoonStock Ltd (Mike Baldwin), Bath; **62.2** Alamy stock photo (PRISMA ARCHIVO), Abingdon, Oxon; **65.1** stock.adobe.com (Bits and Splits), Dublin; **65.2** Voßhenrich, Dr. Tobias, Münster; **65.3** iStockphoto (Pascal Le Segretain), Calgary, Alberta; **66** Alamy stock photo (The Picture Art Collection), Abingdon, Oxon; **67** Voßhenrich, Dr. Tobias, Münster; **69** Alamy stock photo (Artokoloro), Abingdon, Oxon; **72** Alamy stock photo (The History Collection), Abingdon, Oxon; **73** Köhl, Doris,; **74** Picture-Alliance (dpa), Frankfurt; **77** akg-images, Berlin; **78.1** L'Apocalypse selon Magda, de C. Vollmer-Lo et C. Maurel © Editions DELCOURT, 2016. Deutsche Ausgabe: Magdas Apokalypse, Übersetzung: Monja Reichert, Splitter Verlag, Bielefeld; **78.2** L'Apocalypse selon Magda, de C. Vollmer-Lo et C. Maurel © Editions DELCOURT, 2016. Deutsche Ausgabe: Magdas Apokalypse,

Übersetzung: Monja Reichert, Splitter Verlag, Bielefeld; **79** L'Apocalypse selon Magda, de C. Vollmer-Lo et C. Maurel © Editions DELCOURT, 2016. Deutsche Ausgabe: Magdas Apokalypse, Übersetzung: Monja Reichert, Splitter Verlag, Bielefeld; **80** L'Apocalypse selon Magda, de C. Vollmer-Lo et C. Maurel © Editions DELCOURT, 2016. Deutsche Ausgabe: Magdas Apokalypse, Übersetzung: Monja Reichert, Splitter Verlag, Bielefeld; **82.1** Alamy stock photo, PictureLux / The Hollywood Archive, Abingdon, Oxon [Filmplakat von dem Film: "Marvel's The Avengers", USA, 2012, Regie: Joss Whedon, Drehbuch: Joss Whedon, Zak Penn (Story) mit Robert Downey Jr., Chris Evans, Scarlett Johansson u.v.m.]; **82.2** Picture-Alliance (dpa / Friso Gentsch), Frankfurt; **84.1** United States Holocaust Memorial Museum, courtesy of Belarussian State Archive of Documentary Film and Photography; **84.2** Picture-Alliance (AP / Darron Cummings)), Frankfurt; **85** Prinz, Julia, San Francisco, CA 94110; **87** Florian Wagner, Oberammergau [Tobias Haseidl: Auferstehende]; **89** ShutterStock.com RF (lazyllama), New York, NY; **91** Artothek (La Collection / Domingie & Rabatti), Spardorf; **96.1** Alamy stock photo (UtCon Collection), Abingdon, Oxon; **96.2** (c) VG Bild-Kunst, Bonn 2020 [Roland Peter Litzenburger: Die Sünderin]; **98** Artothek (ALINARI), Spardorf; **100** akg-images, Bildarchiv Monheim / Florian Monheim, Berlin (c) VG Bild-Kunst, 2020 [Janet Brooks-Gerloff: Apostel am leeren Grab]; **101** akg-images, Berlin (c) VG Bild-Kunst, Bonn 2020 [Michael Triegel: Auferstehung (Der Auferstandene), 2006]; **103** Artothek (Christie's Images Ltd), Spardorf; **105** Alamy stock photo (Godong), Abingdon, Oxon; **106** (c) KNA-Bild (Julia Steinbrecht), Bonn; **108** Alamy stock photo (Azoor Photo), Abingdon, Oxon; **109** Bridgemanimages.com (Godong), Berlin; **110.1** akg-images (Science Source), Berlin; **110.2** akg-images (Roland and Sabrina Michaud), Berlin; **111** akg-images (Roland and Sabrina Michaud), Berlin; **112.1** Picture-Alliance (dpa / Corinna Kern), Frankfurt; **112.2** Picture-Alliance (dpa / Corinna Kern), Frankfurt; **114.1** Hauf, Ute, Tübingen; **114.2** ShutterStock.com RF (Atjanan Charoensiri), New York, NY; **115** Hauf, Ute, Tübingen; **116** Picture-Alliance (dap / Bernd von Jutrczenka), Frankfurt; **119** Alamy stock photo, Matthias Scholz, Abingdon, Oxon [Lorenzo Quinn: Support]; **121** stock.adobe.com (THANANIT), Dublin; **124** toonpool.com (Pfohlmann), Berlin; **130** imago images (Sportfoto Rudel), Berlin; **134** BPK - Bildarchiv Preußischer Kulturbesitz (Bayerische Staatsbibliothek | Archiv Heinrich Hoffmann), Berlin; **135** Thinkstock (iStock/PanosKarapanagiotis), München; **136** Thinkstock (iStockphoto), München; **137** ShutterStock.com RF (Everett Historical), New York, NY; **141** laif (Polaris / Sam Emerson), Köln; **145.1** (c) KNA-Bild (CNS photo / Paul Haring), Bonn; **145.2** laif (UPI / Keizo Mori), Köln; **146.1** laif (Polaris / Suvra Kanti Das), Köln; **146.2** Latinphoto.org (Oscar Enrique Navarrete Aguilar), Olten; **148.1** toonpool.com (Paolo Calleri), Berlin; **148.2** Plaßmann, Thomas, Essen; **148.3** laif (Klaus Stuttmann), Köln; **148.4** toonpool.com (Markus Grolik), Berlin; **149.1** toonpool.com (Erl), Berlin; **149.2** toonpool.com (JotKa), Berlin; **154** imago images (Agencia EFE), Berlin; **157** Hermann, Buß, www.hermannbuss.info, Norden [Überfahrt I, 155 x 145 cm]; **159** Plaßmann, Thomas, Essen; **160** Plaßmann, Thomas, Essen; **165** (c) KNA-Bild, Bonn; **169** epd-bild (Norbert Neetz), Frankfurt; **174** (c) KNA-Bild (Cristian Gennari / Romano Siciliani), Bonn; **176** Artothek (Christian Mitko), Spardorf; **178** (c) KNA-Bild (Paolo Galosi/Romano Siciliani), Bonn; **183** (c) KNA-Bild (Harald Oppitz), Bonn; **186** (c) KNA-Bild (epd /Jens Schulze), Bonn; **192** akg-images, Album, Berlin [Egon Schiele: Kardinal und Nonne ("Liebkosung")]; **194** ShutterStock.com RF (Stefano Borsa), New York, NY; **195** Bridgemanimages.com, Olivia Droeshaut & Yves Dethier / Dyod photography / Opale, Berlin (c) VG Bild Kunst, Bonn [Wim M G Delvoye: Chapelle, 2019]; **197** ddp media GmbH (Tammie Arroyo / AFF), Hamburg; **205** stock.adobe.com (Artur), Dublin; **206.1** (c) Gütersloher Verlagshaus in der Verlagsgruppe Random House GmbH; **206.2** Johannes Röser (Herausgeber): Gott? Die religiöse Frage heute; Herder Verlag, Freiburg, 2018; **206.3** stock.adobe.com, Dublin; **206.4** Yuval Noah Harari: Homo Deus; Eine Geschichte von Morgen. Übersetzt von Andreas Wirthensohn, Verlag C.H.Beck, München, 2017, ISBN 978-3-406-70402-4; **206.5** Thomas Frings: Gott funktioniert nicht; Deswegen glaube ich an ihn; Verlag Herder, Freiburg, 2019; **213** akg-images (Michael Teller), Berlin; **214** imago images (Ralph Peters), Berlin; **217** Jackson, Joshua Conrad,; **218.1** Werner, Oliver, Münster; **218.2** Pressestelle Erzbistum Bamberg/Dominik Schreiner (c) VG Bild-Kunst, Bonn [Via Lewandowsky: Good, Installation Bamberger Dom]; **221** stock.adobe.com (fauk74), Dublin; **222** akg-images, Berlin; **223** akg-images (Schütze / Rodemann), Berlin; **225** Bridgemanimages.com, Berlin [Laila Shawa: There is no God but God, 1999]; **226** gemeinfrei,; **229** imago images, epd, Berlin [Gisbert Baarmann: Ring of Peace]; **231** Picture-Alliance (Matthias Ernert), Frankfurt; **232.1** stock.adobe.com (lobseDeSiGn), Dublin; **232.2** (c) KNA-Bild (Julia Steinbrecht), Bonn; **232.3** ShutterStock.com RF (Renata Sedmakova), New York, NY; **232.4** Alamy stock photo (Handout), Abingdon, Oxon; **232.5** ShutterStock.com RF (ColorMaker), New York, NY; **232.6** stock.adobe.com (kasparart), Dublin; **233.1** Getty Images Plus (E+ / Juanmonino), München; **233.2** ShutterStock.com RF (iStock / Getty Images Plus / josanmu), New York, NY; **233.3** ShutterStock.com RF (Iakov Filimonov), New York, NY; **233.4** Getty Images Plus (iStock / XiXinXing), München; **234** Picture-Alliance (ANSA), Frankfurt; **235** iStockphoto (neneos), Calgary, Alberta; **237** Alamy stock photo (ZUMA Draht / Sachelle Babbar), Abingdon, Oxon; **239** Getty Images Plus (DigitalVision Vectors / Rakdee), München; **242.1** Getty Images Plus (iStock / pixinoo), München; **242.2** Picture-Alliance, Frankfurt; **243** Picture-Alliance (REUTERS / John Sommers II), Frankfurt; **244** Getty Images Plus (E+ / mustafagull), München; **246** Getty Images Plus (iStock / Getty Images Plus / mcmorabad), München; **247.1** stock.adobe.com (Aleksandar Todorovic), Dublin; **247.2** Bridgemanimages.com (Godong), Berlin; **248** Alamy stock photo (The Print Collector), Abingdon, Oxon; **249** stock.adobe.com (Georgios Kollidas), Dublin; **251** ShutterStock.com RF (Axel Bueckert), New York, NY; **253** Alamy stock photo (Hero Images Inc.), Abingdon, Oxon; **256** akg-images (Jason Hook), Berlin; **258** Picture-Alliance (dpa / Karl-Josef Hildenbrand), Frankfurt; **260** akg-images, Berlin; **261** Getty Images Plus (iStock/Sefa Kart), München

Sollte es in einem Einzelfall nicht gelungen sein, den korrekten Rechteinhaber ausfindig zu machen, so werden berechtigte Ansprüche selbstverständlich im Rahmen der üblichen Regelungen abgegolten.

Textquellennachweis
Quellennachweis

15 Matthias Hülsmann: Theologisches Basiswissen. RPI, Loccum 2016, S. 51f.; **17** Arnold Gehlen: Anthropologische Forschung. Rowohlt, Reinbek 1961, S. 47f.; **17** Ulrich Lüke: Das Säugetier von Gottes Gnaden. Evolution, Bewusstsein, Freiheit. Herder, Freiburg 2006, S. 140f.; **18** Regine Kather: Weltoffenheit und symbolische Intelligenz. In: Von der Perspektive der Philosophie. Beiträge zur Bestimmung eines philosophischen Standpunkts in einer von den Naturwissenschaften geprägten Zeit. Hrsg. v. Reinhard Zecher u. Matthias Koßler. Kovač, Hamburg 2002, S. 233f.; **18** Frank Surral: Ethik der Lebensformen. In: Handbuch der Evangelischen Ethik. Hrsg. v. Wolfgang Huber, Torsten Meiris u. Hans-Richard Reuter. C. H. Beck, München 2015, S. 454ff.; **19** Ulrich Lüke: Das Säugetier von Gottes Gnaden. Evolution, Bewusstsein, Freiheit. Herder, Freiburg 2006, S. 72-29; **20** Günter Rager: Mensch sein. Grundzüge einer interdisziplinären Anthropologie. Verlag Karl Alber, Frankfurt/M. 2017, S. 104-112; **23** Erich Fried: Warngedichte. Hanser, München 1964; **24** Julia Decker: Mein Wille geschehe? In: Fluter: Alles ist möglich – Das Freiheits-Heft, Nr. 15/2005, S. 9-11; **25** Julia Decker: Mein Wille geschehe? In: Fluter: Alles ist möglich – Das Freiheits-Heft, Nr. 15/2005, S. 9-11; **26** Hans Goller: Sind wir bloß ein Opfer unseres Gehirns? In: Stimmen der Zeit, Heft 07/2005, S. 451-454; **26** Peter Bieri: Das Handwerk der Freiheit. Über die Entdeckung des eigenen Willens. Fischer TB, Frankfurt/M. 2005, S. 230; **27** Wolfgang Prinz: Der Mensch ist nicht frei. In: Hirnforschung und Willensfreiheit. Zur Deutung der neuesten Experimente. Hrsg. v. Christian Geyer. Suhrkamp, Franfkurt/M. 2004, S. 22; **27** Günter Rager: Mensch sein. Grundzüge einer interdisziplinären Anthropologie. Verlag Karl Alber, Frankfurt/M. 2017, S. 135; **28** Martin G. Weiß: Was heisst „Die Würde des Menschen ist unantastbar?" (13.11.2016) Unter: https://www.philosophie.ch/artikel/was-heisst-die-wuerde-des-menschen-ist-unantastbar (Zugriff 27.01.2020, gek.); **29** Mathias Metzner: Schutz der Menschenwürde. (18.08.2017) Unter: http://www.bpb.de/izpb/254383/schutz-der-menschenwuerde (Zugriff 27.01.2020, gek.); **30** Julia Knop: Wie geht katholisch? Eine Gebrauchsanleitung. Herder, Freiburg 2013, S. 16-19; **30** Die Bibel. Einheitsübersetzung. © 1984 Katholische Bibelanstalt GmbH, Stuttgart; **31** Eberhard Schockenhoff: Ethik des Lebens. Grundlagen und neue Herausforderungen. Herder, Freiburg 2013, S. 226-236; **32** Peter Bieri: Eine Art zu leben. Über die Vielfalt menschen Würde. Hanser, München 2013, S. 24-31; **34** Bettina Eltrop: Wie wörtlich die Bibel lesen? Vom gerechten Umgang mit der Schrift anhand des Beispiels Gen 1,1-2,3. Unter: https://www.bibelwerk.de/fileadmin/verein/Bilder/Methoden/Zugaenge_zur_Bibel_allgemein/Fundamentalistische_Bibellektuere__Vortrag_Eltrop__.pdf (Zugriff 27.01.2020, gek.); **35** Esther Brünenberg: Im Anfang eine Liebesgeschichte. Bibelarbeit 01/2005 unter www.kirchensite.de. Zit. nach: https://docplayer.org/26636249-Im-anfang-eine-liebesgeschichte.html (Zugriff 27.01.2020, gek.); **36** Dorothee Sölle: Gott denken. Einführung in die Theologie. Piper, Stuttgart 2002, S. 77-79; **36** Herbert Schnädelbach: Der Fluch des Christentums. In: Geburtsfehler? Vom Fluch und Segen des Christentums. Streitbare Beiträge. Hrsg. v. Robert Leicht. Wichern, Berlin 2001, S. 15; **38** Sinnsuche: Worauf es wirklich ankommt. Wilhelm Schmid über das wahre Glück im Leben. In: GEO kompakt Nr. 58/2019, S. 42-48; **40** Ulrich Schnabel: Die Vermessung des Glaubens. Forscher ergründen, wie der Glaube entsteht und warum er Berge versetzt. Pantheon, München 2008, S. 356-360; **42** Christian Schüle: Warum wir glauben müssen. In: ZEIT Wissen Nr. 1/2013. Unter: https://www.zeit.de/zeit-wissen/2013/01/Glaube-Religion-Psychologie (Zugriff 04.02.2020, gek.); **44** Hans Küng: Was ich glaube. Piper, München 2019, S. 119-158; **46** Bedřich Fritta: Für Tommy zum dritten Geburtstag in Theresienstadt. Hrsg. v. Walter Koschmal. Pustet, Regensburg 2015, S. 3; **47** Ludger Schulte: Gott suchen - Mensch werden. Vom Mehrwert des Christseins. Herder, Freiburg i.Br. 2007, S. 20; **47** Bronnie Ware: 5 Dinge, die Sterbende am meisten bereuen. Einsichten, die Ihr Leben verändern werden. Übers. v. Wibke Kuhn. Goldmann, München 2013; **52** Hans-Joachim Höhn: Der fremde Gott. Glaube in postsäkularer Kultur. Echter, Würzburg 2008, S. 166-174; **52** An den Tag. T: Julia Engelmann © Songreiter Musikverlag Alexander Zuckowski/Budde Music Publishing GmbH; **54** Emil M. Cioran: Vom Nachteil, geboren zu sein. Übers. v. François Bondy. Suhrkamp, Frankfurt/M. 1981; **54** Henning Luther: Religion und Alltag. Bausteine zu einer Theologie des Subjekts. Radius, Stuttgart 1992, S. 160–182; **57** Im Sterbezimmer. Corina Caduff im Gespräch mit Heike Gudat Keller. In: Wozu Vergänglichkeit? Elf Gespräche über Atome, Tod und schwarze Löcher. Hrsg. v. Corina Caduff. Kadmos, Berlin 2018, S. 91-113; **57** Eberhard Jüngel: Tod. Kreuz, Stuttgart 1971, S. 145, 155, 171; **58** Tod, wo ist dein Stachel? Todesfurcht und Lebenslust im Christentum. Hrsg. v. Thomas A. Seidel u. Ulrich Schacht. Evangelische Verlagsanstalt, Leipzig 2017, S. 226; **59** Benjamin von Stuckrad-Barre: Festwertspeicher der Kontrollgesellschaft - Remix 2. Kiepenheuer & Witsch, Köln 2004; **60** Mutter Teresa, Zitat. In: Heidemarie Kern, Emmanuel Jungclaussen: Individuelle Sterbebegleitung. Lambertus, Freiburg 2015, S. 120; **61** Walter Benjamin: Thesen über den Begriff der Geschichte. In: Walter Benjamin: Gesammelte Schriften. Bd. 1/2: Abhandlungen. Hrsg. v. Hermann Schweppenhäuser u. Rolf Tiedemann. Suhrkamp Frankfurt/M. 1980, S. 704; **61** Der Islam. Erschl. u. komm. v. Peter Heine. Patmos, Düsseldorf 2007, S. 66f.; **62** Henning Wrogemann: Religionen im Gespräch. Ein Arbeitsbuch zum interreligiösen Lernen. Calwer, Stuttgart 2008, S. 69–78; **64** Dirk Evers: Heute von der Seele reden ... Evangelische Akademie im Rheinland, Bonn, 5. März 2006. Unter: https://www.theologie-naturwissenschaften.de/fileadmin/user_upload/Evers_HeutevonderSeelereden.pdf (Zugriff 28.01.2020, gek.); **65** Eberhard Jüngel: Tod. Kreuz, Stuttgart 1971, S. 152; **65** Youcat: Jugendkatechismus der Katholischen Kirche. Hrsg. v. Christoph Schönborn. Pattloch, München, Nr. 62, 63; **65** Siegfried Kettling: Wo sind unsere Toten?. In: Akzente für Theologie und Dienst Nr. 6/1987; **65** Joseph Ratzinger -Benedikt XVI.: Eschatologie. Tod und ewiges Leben. Pustet, Regensburg 2007, S. 219; **66** Joachim Dachsel: An jenem Tage. In: Wilhelm Bruners, Wolfgang Schwarz: Und es kam die Zeit. Ein Weg durch das Lukas-Evangelium. Beerenverlag, Frankfurt/M. 2000; **67** Die Bibel. Einheitsübersetzung der Heiligen Schrift. Gesamtausgabe © Katholisches Bibelwerk, Stuttgart 2016; **67** Die Bibel. Einheitsübersetzung der Heiligen Schrift. Gesamtausgabe ©

Katholisches Bibelwerk, Stuttgart 2016; **67** Die Bibel. Einheitsübersetzung der Heiligen Schrift. Gesamtausgabe © Katholisches Bibelwerk, Stuttgart 2016; **67** Andreas Knapp, Melanie Wolfers: Glaube, der nach Freiheit schmeckt. Eine Einladung an Zweifler und Skeptiker. Herder, Freiburg 2011, S. 305–313; **67** Tobias Voßhenrich: Weltgericht. In: Willkommen im Paradies. Arbeitshilfe Religionspädagogik. Hrsg. v. Bischöfliches Generalvikariat Münster. dialogverlag, Münster 2014, S. 61–63; **68** Gotthard Fuchs: Gerichtsverlust. Von der christlichen Kunst, sich recht ängstigen zu lehren. In: KatBl 120/1995, S. 160; **70** Johanna Rahner: Einführung in die christliche Eschatologie. Herder, Freiburg 2016, S. 245ff.; **70** Johanna Rahner: Einführung in die christliche Eschatologie. Herder, Freiburg 2016, S. 243f.; **70** Ist Hitler 'im Himmel'? (Maria/01.04.2000) Unter: https://www.wer-weiss-was.de/t/ist-hitler-im-himmel/193161 (Zugriff 28.01.2020); **71** Johannes B. Brantschen: Die Macht und Ohnmacht der Liebe. Randglossen zum dogmatischen Satz: Gott ist unveränderlich. In: Freiburger Zeitschrift für Philosophie und Theologie Nr. 27/1980, S. 239; **71** Jan-Heiner Tück: In die Wahrheit kommen. Das Gericht Jesu Christi: Annäherungen an ein eschatologisches Motiv. In: Zu den letzten Dingen. Neue Perspektiven der Eschatologie. Hrsg. v. Thomas Herkert u. Matthias Remenyi. WBG, Darmstadt 2009, S. 114f.; **72** Papst Benedikt XVI.: Generalaudienz am 12.01.2011 - Hl. Katharina von Genua. Unter: http://www.vatican.va/content/benedict-xvi/de/audiences/2011/documents/hf_ben-xvi_aud_20110112.html (Zugriff 28.01.2020, gek.); **72** Katechismus der Katholischen Kirche. Kompendium. Pattloch, München, Nr. 210; **73** Martin Dürnberger: Die Heterotopie des Fegefeuers. Über das Befreiende im Schrecklichen. Gott im Kommen. Hrsg. v. Gregor Maria Hoff. Tyrolia, Innsbruck 2006, S. 276ff.; **74** Christoph Schlingensief: So schön wie hier kanns im Himmel gar nicht sein! Tagebuch einer Krebserkrankung. Kiepenheuer & Witsch, Köln 2009, S. 247f.; **76** Johanna Rahner: Einführung in die christliche Eschatologie. Herder, Freiburg 2016, S. 79f.; **76** Herbert Vorgrimler, Wiederkehr der Hölle? In: KatBl 120/1995, S. 158f.; **76** Edward Schillebeeckx im Gespräch. Hrsg. v. Francesco Strazzari. Übers. v. Karl Pichler. Ed. Exodus, Luzern 1994, S. 125; **78** Michael Tilly: Kurze Geschichte der Apokalyptik. (11.12.2012) Unter: https://www.bpb.de/apuz/151302/kurze-geschichte-der-apokalyptik (Zugriff 08.04.2012, gek.); **79** Herbert Vorgrimler, Art. Apokalyptik. In: Neues Theologisches Wörterbuch. Herder, Freiburg 2000, S. 5f.; **80** Die Bibel. Einheitsübersetzung der Heiligen Schrift. Gesamtausgabe © Katholisches Bibelwerk, Stuttgart 2016; **81** Grundkurs Bibel - Altes Testament. Werkbuch für die Bibelarbeit mit Erwachsenen, Bd. 2. Hrsg. v. Barbara D. Leicht. Katholisches Bibelwerk, Stuttgart 2003, S. 11f.; **82** Johann Baptist Metz: Zeit der Orden? Zur Mystik und Politik der Nachfolge. Herder, Freiburg 1977, S. 78f., 83f.; **82** Johanna Rahner: Einführung in die christliche Eschatologie. Herder, Freiburg 2016, S. 161f.; **84** Jochen Buchsteiner, Holocaust-Überlebende Eva Kor „Ein Opfer hat das Recht, frei zu sein", FAZ.Net v. 24.04.2015, unter: https://www.faz.net/aktuell/politik/ausland/holocaust-ueberlebende-eva-kor-sie-nannten-mich-eine-verraeterin-13557291.html; **85** Julia D. E. Prinz: Augenblick: Fragen zu Zeit und Mystik. In: Theologie in gefährderter Zeit. Stichworte von nahen und fernen Weggefährten für Johann Baptist Metz zum 90. Geburtstag. Hrsg. v. Hans-Gerd Janßen, Julia D.E. Prinz, Michael J. Rainer. LIT, Berlin 2018, S. 380f., 382; **85** Die Bibel. Einheitsübersetzung der Heiligen Schrift. Gesamtausgabe © Katholisches Bibelwerk, Stuttgart 2016; **86** Andreas Knapp: Brennender als Feuer. Geistliche Gedichte- Echter, Würzburg 2004, S. 30; **88** Die Bibel. Einheitsübersetzung der Heiligen Schrift. Gesamtausgabe © Katholisches Bibelwerk, Stuttgart 2016; **89** Plakatwerbung Bündnis 90/Die Grünen. Unter: https://kress.de/news/detail/beitrag/138635-christ-und-welt-mit-plakativer-idee-wenn-jesus-als-bundeskanzler-kandidieren-wuerde.html (Zugriff 31.08.2020); **89** Wahlplakate: Jesus for Kanzler. In: DIE ZEIT Nr. 39/2017. Unter: https://www.zeit.de/2017/39/wahlplakate-werbeagenturen-jesus-parteien (Zugriff 26.08.2020, gek.); **89** Bischofssynode. XV. Ordentliche Generalversammlung. Die Jigendlichen, der Glaube und die Erkenntnis der Berufung. Instrumentarium Laboris.

(Vatikanstadt 2018) Unter: http://www.vatican.va/roman_curia/synod/documents/rc_synod_doc_20180508_instrumentum-xvassemblea-giovani_ge.html (Zugriff 08.04.2020, gek.); **90** Walter Kasper: Jesus der Christus. Matthias-Grünewald-Verlag, Mainz 1992, S. 14; **90** Die vier Evangelien: Matthäus, Markus, Lukas, Johannes. Übers. v. Walter Jens. Radius, Stuttgart 1998, S. 361f.; **92** Klaus Wengst: Mirjams Sohn – Gottes Gesalbter. Mit den vier Evangelisten Jesus entdecken. Gütersloher VH, Gütersloh 2016, S. 627-629; **93** Klaus Wengst: Mirjams Sohn – Gottes Gesalbter. Mit den vier Evangelisten Jesus entdecken. Gütersloher VH, Gütersloh 2016, S. 631f.; **94** Pfarrer Norbert Winner: Predigt über Matthäus 5,3. (03.02.2008/Pfarrgemeinde St. Johannes, Neumarkt). Unter: https://www.predigtpreis.de/predigtdatenbank/predigt/article/predigt-ueber-matthaeus-53.html (Zugriff 04.02.2020, gek.); **94** Thomas Heller: Bergpredigt (Mt 5-7), bibeldidaktisch, Sekundarstufe. (02/2017) Unter: https://www.bibelwissenschaft.de/stichwort/100260/ (Zugriff 27.01.2020, gek.); **95** Selig seid ihr, wenn ihr einfach lebt. T: Friedrich Karl Barth, Peter Horst, M: Peter Janssens © Peter Jannssens Musik Verlag, Telgte-Westfalen; **96** Pfarrerin Angelika Volkmann: Predigt über Matthäus 25,1-13 (22.11.2009/Dietrich-Bonhoeffer-Kirche Tübingen). Unter: https://www.bonhoeffer-gemeinde.de/predigt_2009_11_22.html (Zugriff 04.02.2020, gek.); **96** Walter Kasper: Jesus der Christus. Matthias-Grünewald-Verlag, Mainz 1992, S. 117; **96** Walter Kasper: Jesus der Christus. Matthias-Grünewald-Verlag, Mainz 1992, S. 104, 108f.; **98** Otto Hermann Pesch: Katholische Dogmatik aus ökumenischer Erfahrung. Bd. 2: Die Geschichte Gottes mit den Menschen. Matthias-Grünewald-Verlag, Ostfildern 2010, S. 828; **98** Otto Hermann Pesch: Katholische Dogmatik aus ökumenischer Erfahrung. Bd. 1: Die Geschichte der Menschen mit Gott. Matthias-Grünewald-Verlag, Ostfildern 2010, S. 550f.; **99** Ottmar Fuchs: Wer's glaubt, wird selig ... Wer's nicht glaubt, kommt auch in den Himmel. Echter, Würzburg 2012, S. 38–40; **100** Wolfgang Huber: Mitten wir im Leben sind mit dem Tod umfangen. In: Über den Trost. Für Johann Baptist Metz. Hrsg. v. Tiemo Rainer Peters, Claus Urban. Matthias Grünewald, Ostfildern 2008, S. 155f.; **100** Gerhard Lohfink: Das Zeitproblem und die Vollendung der Welt, in: Gisbert Greshake, Ders.: Naherwartung Auferstehung Unsterblichkeit. Herder, Freiburg 1978, S. 138; **101** Roland Peter Litzenburger, Zitat. In: Friedhelm Mennekes, Rainer Frisch: Konfrontation und Annäherung. Erfahrungen mit der

Bildkunst Roland Peter Litzenburgers in der Gemeinde. Aus: Geist & Leben, Nr. 54/1981, S. 456; **102** Stefan Schreiber: Die große Frage: Ist Jesus der Messias? In: Welt und Umwelt der Bibel, Nr. 2/2017, S. 11; **102** Stefan Schreiber: Die große Frage: Ist Jesus der Messias? In: Welt und Umwelt der Bibel, Nr. 2/2017, S. 14, 16; **102** Stefan Schreiber: Die große Frage: Ist Jesus der Messias? In: Welt und Umwelt der Bibel, Nr. 2/2017, S. 11; **103** Heinrich Denzinger: Kompendium der Glaubensbekenntnisse und kirchlichen Lehrentscheidungen. Übers. v. Heinrich Denzinger u. Helmut Hoping. Hrsg. v. Peter Hünermann. Herder, Freiburg 1997, S. 142; **103** Heinrich Denzinger: Kompendium der Glaubensbekenntnisse und kirchlichen Lehrentscheidungen. Übers. v. Heinrich Denzinger u. Helmut Hoping. Hrsg. v. Peter Hünermann. Herder, Freiburg 1997, S. 42f.; **104** Robert McAfee Brown: Elie Wiesel. Zeuge für die Menschheit. Übers. v. Reinhold Boschert. Herder, Freiburg 1990, S. 184; **104** Dietrich Bonhoeffer: Werke. Bd. 12: Berlin 1932–1933. Hrsg. v. Carsten Nicolaisen u. Ernst-Albert Scharffenorth. Kaiser, Gütersloh 1997, S. 350ff.; **105** Edmund Arens: Kritisch, kirchlich, kommunikativ. In: Glaubensverantwortung im Horizont der „Zeichen der Zeit". Hrsg. v. Christoph Böttigheimer u. Florian Bruckmann. Herder, Freiburg 2012, S. 453; **106** Sozialethikerin Ursula Nothelle-Wildfeuer sieht Rolle rückwärts. „Das ‚Mission Manifest' bedeutet eine Versektung der Kirche". Interview v. Madeleine Spendier. (10.10.2018) Unter: https://www.katholisch.de/artikel/19168-das-mission-manifest-bedeutet-eine-versektung-der-kirche (Zugriff 29.01.2020, gek.); **106** Michael Prüller, Markus Wittal, P. Karl Wallner OCist, Sophia Kuby, Maximilian Oettingen, Marie-Sophie Maasburg, Johannes Hartl, Bernhard Meuser, Martin Iten, Katharina Fassler-Maloney, P. Hans Buob Sac: Mission Manifest. Die Thesen für das Comeback der Kirche. Hrsg. v. Johannes Hartl, Karl Wallner u. Bernhard Meuser. Herder, Freiburg 2018; **107** Anselm Grün: Einführung in die christliche Mystik (24.03.2018). Aus „Sonntagsblatt. 360 Grad evangelisch" (https://www.sonntagsblatt.de/artikel/mystik/spiritualitaet-mystik/anselm-gruen-einfuehrung-die-christliche-mystik), Evangelischer Presseverband für Bayern e.V.; **107** Teresa von Avila: Seelen-Burg oder die sieben inneren Wohnungen der Seele. Sprachl. aktual. v. Ludger Hohn-Morisch. Hrsg. v. Christian Feldmann. Herder, Freiburg 1999, S. 21-23; **108** Jonah Sievers, Zitat. In: Gerhard Naber: Drei Sichtweisen zum Tod Jesus aus dem Judentum. Aus: Religion 5–10, Nr. 20/2015: Was hat das Kreuz mit mir zu tun?, S. 28; **108** Schalom Ben-Chorin: Ein Leben für den Dialog. Hrsg. v. Walter Homolka. Gütersloher VH, Gütersloh 1999, S. 46; **109** Jewish-Christian RelationsInsights and Issues in the ongoing Jewish-Christian DialogueZwischen Jerusalem und Rom: Die gemeinsame Weltund die respektierten Besonderheiten. Reflexionen über50 Jahre von Nostra Aetate. (31.03.2017) Übers. v. Hans-Hermann Henrix/JCR. Unter: http://www.jcrelations.net/Zwischen_Jerusalem_und_Rom___Die_gemeinsame_Welt_und_die_respektierten_Besonderhe.5647.0.html?L=2&pdf=1 (Zugriff 29.01.2020, gek.); **110** Fateme Rahmati, Dunja El Missiri: Jesus im islamisch-theologischen Verständnis. Aus: Religion 5–10, Nr. 33/2018: Wer ist Jesus für mich? Friedrich Verlag, Hannover, S. 32; **110** „Lasst uns auch beten für die Juden ...". Die Entwicklung der Karfreitagsfürbitte seit 1570 (07.02.2008) Unter: https://www.domradio.de/print/themen/judentum/2008-02-07/die-entwicklung-der-karfreitagsfuerbitte-seit-1570 (Zugriff 29.01.2020, gek.) © KNA; **111** Mouhanad Khorchide, Klaus von Stosch: Der andere Prophet. Jesus im Koran. Herder, Freiburg 2018, S. 295–297; **112** Rafael Seligmann: Respekt des Glaubens: Die Abnahme der Kreuze durch Reinhard Marx und Heinrich Bedford-Strohm in Jerusalem. In: Herder Korrespondenz, Heft 12/2016. Herder. Freiburg, S. 6; **113** Beatrix von Storch, Zitat. (29.04.2018) Unter: https://twitter.com/Beatrix_vStorch/status/990631113046585346 (Zugriff 26.08.2020, gek.); **113** Heiner Geißler: „Der Gott der christlichen Theologie kann es auf keinen Fall sein". Moderation Kirsten Dietrich. (12.03.2017) Unter: https://www.deutschlandfunkkultur.de/detail-religionen.1278.de.html?dram:article_id=381059%2Fheiner-geissler-der-gott-der-christlichen-theologie-kann-es.1278.de.html%3Fdram%3Aarticle_id%3D381059 (Zugriff 29.01.2020, gek.); **114** Der Berg der Kreuze. Nationalheiligtum nahe Siauliai mit magischer Wirkung. Unter: https://www.dreizackreisen.de/berg-der-kreuze-siauliai-nationalheiligtum (Zugriff 29.01.2020, gek.); **115** Simon Roppel: „Herzschlag": Kirche für Jugendliche – von Jugendlichen. (11.06.2018) Unter: https://www.jesus.de/kirche-fuer-jugendliche-von-jugendlichen/ (Zugriff 29.01.2020, gek.); **116** Einjährige Freiwilligendienste im Ausland. Unter: https://www.asf-ev.de/ueber-uns/geschichte/ (Zugriff 30.01.2020, gek.); **116** „Wir bitten um Frieden"* – zur Geschichte von Aktion Sühnezeichen Friedensdienste. Unter: https://www.asf-ev.de/ueber-uns/geschichte/ (Zugriff 29.01.2020, gek.); **117** Das Testament des P. Christian. Aus: Von Menschen und Göttern. Arbeitsheft zum Film. Hrsg. v. Katholisches Filmwerk GmbH, 2011. Unter: http://www.materialserver.filmwerk.de/arbeitshilfen/AH_vonmenschenundgoettern.pdf (Zugriff 30.01.2020, gek.); **122** Marc Calmbach, Silke Borgstedt, Inga Borchard, Peter Martin Thomas, Berthold Bodo Flaig: Wie ticken Jugendliche 2016? Lebenswelten von Jugendlichen im Alter von 14 bis 17 Jahren in Deutschland. Springer Fachmedien, Wiesbaden 2016, S. 26; **123** Marc Calmbach, Silke Borgstedt, Inga Borchard, Peter Martin Thomas, Berthold Bodo Flaig: Wie ticken Jugendliche 2016? Lebenswelten von Jugendlichen im Alter von 14 bis 17 Jahren in Deutschland. Springer Fachmedien, Wiesbaden 2016, S. 26; **124** Thomas Hausmanninger: Problemgeschichte philosophischer Ethik. In: Christliche Sozialethik. Ein Lehrbuch. Bd. 1: Grundlagen. Hrsg. v. Marianne Heimbach-Steins. Pustet, Regensburg 2004, S. 163f.; **125** Christof Breitsameter: Handeln verantworten. In: Heike Baranzke, Christof Breitsameter, Ulrich Feeser-Lichterfeld, Martin Heyer, Beate Kowalski: Handeln verantworten. Grundlagen – Kriterien – Kompetenzen. Theologische Module 11. Herder, Freiburg 2010, S. 7; **126** Bernhard Pörksen: Die große Gereiztheit. Wege aus der kollektiven Erregung. Hanser, München 2018, S. 186-190; **128** Dietmar Mieth: Kleine Ethikschule. Herder, Freiburg 2004, S. 190; **128** Die Bibel. Einheitsübersetzung der Heiligen Schrift. Gesamtausgabe © Katholisches Bibelwerk, Stuttgart 2016; **128** Lauren Wolk: Das Jahr in dem ich lügen lernte. Übers. v. Birgitt Kollmann. Hanser, München 2017, S. 7f., 266f.; **129** Alles Lüge. T: Rio Reiser © SPMG Publishing (Germany) GmbH, Berlin; **130** Joachim Jauer: Die Wahrheit, die keine Lüge ist. In: Christ in der Gegenwart 71/2019, S. 393f.; **132** Dietmar Mieth: Kleine Ethikschule. Herder, Freiburg 2004, S. 108–110; **133** Markus Pohlmeyer: Corona-Zyklus. (01.05.2020) Unter: http://culturmag.de/crimemag/markus-pohlmeyer-corona-zyklus-gedichte-covid-19/125122 (Zugriff 26.08.2020, gek.);

134 Johann S. Ach, Ludwig Siep: Ethik – Zur Einführung. In: Grundkurs Ethik. Bd. 1: Grundlagen. Hrsg. v. Johann S. Ach, Ludwig Siep, Kurt Bayertz. Mentis, Paderborn 2008, S. 19f.; **136** Johann S. Ach, Ludwig Siep: Ethik – Zur Einführung. In: Grundkurs Ethik. Bd. 1: Grundlagen. Hrsg. v. Johann S. Ach, Ludwig Siep, Kurt Bayertz. Mentis, Paderborn 2008, S. 21-23; **137** Johann S. Ach, Ludwig Siep: Ethik – Zur Einführung. In: Grundkurs Ethik. Bd. 1: Grundlagen. Hrsg. v. Johann S. Ach, Ludwig Siep, Kurt Bayertz. Mentis, Paderborn 2008, S. 23f.; **137** Johann S. Ach, Ludwig Siep: Ethik – Zur Einführung. In: Grundkurs Ethik. Bd. 1: Grundlagen. Hrsg. v. Johann S. Ach, Ludwig Siep, Kurt Bayertz. Mentis, Paderborn 2008, S. 20f.; **138** Johann S. Ach, Ludwig Siep: Ethik – Zur Einführung. In: Grundkurs Ethik. Bd. 1: Grundlagen. Hrsg. v. Johann S. Ach, Ludwig Siep, Kurt Bayertz. Mentis, Paderborn 2008, S. 24; **140** Johann S. Ach, Ludwig Siep: Ethik – Zur Einführung. In: Grundkurs Ethik. Bd. 1: Grundlagen. Hrsg. v. Johann S. Ach, Ludwig Siep, Kurt Bayertz. Mentis, Paderborn 2008, S. 25; **141** Dietmar Mieth: Kleine Ethikschule. Herder, Freiburg 2004, S. 180; **142** Dietrich Bonhoeffer: Brief an Eberhard Bethge vom 8.6.1944. Aus: Ders.: Dietrich-Bonhoeffer-Auswahl. Bd. 5: Brief aus der Haft 1943-1945. Hrsg. v. Christian Gremmels u. Wolfgang Huber. Gütersloher VH, Gütersloh 2006, S. 141; **142** Fritz Oser: Ist Ethik ohne religiöse Grundlagen von konkreter Bedeutung. In: Berliner Theologische Zeitschrift, Nr. 13/1996. Beiheft „Ethik ohne Religion?", hrsg. v. Christof Gestrich, S. 78; **142** Christof Breitsameter: Nur zehn Worte. Moral und Gesellschaft des Dekalogs. Herder, Freiburg 2012, S. 216f.; **142** Richard Schröder: Die Rolle der Religion im Rahmen der ethischen Erziehung und Unterweisung. In: Berliner Theologische Zeitschrift, Nr. 13/1996. Beiheft „Ethik ohne Religion?", hrsg. v. Christof Gestrich, S. 132; **142** John Milbank: Ist Ethik ohne religiöse Grundlagen von konkreter Bedeutung. In: Berliner Theologische Zeitschrift, Nr. 13/1996. Beiheft „Ethik ohne Religion?", hrsg. v. Christof Gestrich, S. 78; **143** Bruno Schmid, Lothar Kuld: Biblische Dilemmageschichten. In: KatBl 127/2002, S. 34; **143** Dietmar Mieth: Kleine Ethikschule. Herder, Freiburg 2004, S. 185f.; **143** Heike Baranzke: Menschenwürde und Menschenrechte. In: Heike Baranzke, Christof Breitsameter, Ulrich Feeser-Lichterfeld, Martin Heyer, Beate Kowalski: Handeln verantworten. Grundlagen – Kriterien – Kompetenzen. Theologische Module 11. Herder, Freiburg 2010, S. 73f., 80f., 88-90; **144** Die Bibel. Einheitsübersetzung der Heiligen Schrift. Gesamtausgabe © Katholisches Bibelwerk, Stuttgart 2016; **144** Anja, Gebet. In: Friedensgebete aus aller Welt. Hrsg. v. Franz Rieger. Herder, Freiburg 1984, S. 14; **144** Toge Sankichi: Gib mir den Vater wieder. In: Friedensgebete aus aller Welt. Hrsg. v. Franz Rieger. Herder, Freiburg 1984, S. 45; **145** Gotteslob. © Katholische Bibelanstalt GmbH, Stuttgart 2013; **145** Gotteslob. © Katholische Bibelanstalt GmbH, Stuttgart 2013; **145** Gebet der Zuni-Pueblo-Indianer, Neu-Mexiko (19. Jhr.). In: Friedensgebete aus aller Welt. Hrsg. v. Franz Rieger. Herder, Freiburg 1984, S- 15; **146** Johannes J. Frühbauer: Konfliktüberwindung und Kultur des Friedens. In: Christliche Sozialethik. Ein Lehrbuch. Bd. 2: Konkretitionen. Hrsg. v. Marianne Heimbach-Steins. Pustet, Regensburg 2005, S. 189f.; **149** Greta Thunberg: ‚Our house is on fire'. (25.01.2019) Unter: https://www.theguardian.com/environment/2019/jan/25/our-house-is-on-fire-greta-thunberg16-urges-leaders-to-act-on-climate (Zugriff 13.02.2020, gek.); **149** Stefan Jürgens: Ausgeheuchelt! So geht es aufwärts mit der Kirche. Herder, Freiburg 2019, S. 185; **149** Ottmar Edenhofer: Die Atmosphäre gehört allen. Die Sprengkraft von Laudato si'. In: KatBl 144/2019, S. 168; **151** Papst Franziskus: „Enzyklika Laudato si' – Über die Sorge für das gemeinsame Haus" (Rom, 24. Mai 2015). Unter: http://w2.vatican.va/content/francesco/de/encyclicals/documents/papa-francesco_20150524_enciclica-laudato-si.pdf (Zugriff 26.08.2020, gek.); **151** Günter Kunert: Die Stürme werden stärker. In: Das Gedicht. Zeitschrift für Lyrik, Essay und Kritik , Heft 27, 1/2019. Hrsg. v. Anton Leitner u. Christoph Leisten. Anton G. Leitner Verlag, Weßling, S. 7; **152** Die Bibel. Einheitsübersetzung der Heiligen Schrift. Gesamtausgabe © Katholisches Bibelwerk, Stuttgart 2016; **152** Rainer Hagencord: Noahs vergessene Gefährten. Ein zerrüttetes Verhältnis heilen. Matthias Grünewald, Ostfildern 2010, S. 97–100; **152** Nicky Singer: DAVOR und DANACH. Überleben ist nicht genug. Übers. v. Birgit Salzmann. Dressler, Hamburg 2019, S. 132–134; **153** Die Bibel. Einheitsübersetzung der Heiligen Schrift. Gesamtausgabe © Katholisches Bibelwerk, Stuttgart 2016; **153** Die Bibel. Einheitsübersetzung der Heiligen Schrift. Gesamtausgabe © Katholisches Bibelwerk, Stuttgart 2016; **154** María Eugenia Centellas Pacheco-Rühling: María vor dem Frühling. Übers. v. Andreas Rühling. Verrai, Stuttgart 2019, S. 156–160; **155** Steven Herrick: Ich weiß, heute Nacht werde ich träumen. Übers. v. Uwe-Michael Gutzschhahn. Thienemann, Stuttgart 2018, S. 61–64; **160** Unsere Zukunft. Zwischen Gut und Böse. Jutta Laege im Gespräch mit Jörg Heynkes. In: BENE. Das Magazin des Bistums Essen, Ausgabe Juli/August 2018, S. 11–13; **161** Europäischer Gerichtshof: Kirchen müssen für unerfüllte Gebete haften . (12.12.2011) Unter: https://www.der-postillon.com/2011/12/eugh-grundsatzentscheidung-kirchen.html (Zugriff 09.04.2020, gek.); **162** Jason Reynolds: Patina. Was ich liebe und was ich hasse. Übers. v. Anja Hansen-Schmidt. dtv, München 2018, S. 28–31; **163** Autor(en): Johannes Hartl und Christian Hennecke; **164** Thomas Frings: Gott funktioniert nicht. Deswegen glaube ich an ihn. Herder, Freiburg 2019, S. 120–123; **165** Siegfried Wiedenhofer: Ekklesiologie. In: Handbuch der Dogmatik. Bd. 2: Gnadenlehre, Ekklesiologie, Mariologie, Sakramentenlehre, Eschat. Hrsg. v. Theodor Schneider. Matthias-Grünewald, Ostfildern 1999, S. 112; **166** Jan Magunski, in: Kirche+Leben v. 30.08.2008; **167** Reinhard Feiter: Wann ist Praxis pastoral – und was lässt sich aus ihr für die Praxis lernen? Studium trifft Beruf. Praxisphasen und Praxisbezüge aus Sicht einer angewandten Theologie. Hrsg. v. Ulrich Feeser-Lichterfeld u. Kai G. Sander. Matthias Grünewald, Mainz 2019, S. 100–104; **169** Daniel Bogner: Ihr macht uns die Kirche kaputt... ... doch wir lassen das nicht zu! Herder, Freiburg 2019, S. 122-124; **170** Austritt aus der katholischen Kirche: „Ich habe mich für meine Kirche geschämt". Michael Halbfas im Gespräch mit Christiane Florin. (27.12.2019) Unter: https://www.deutschlandfunk.de/austritt-aus-der-katholischen-kirche-ich-habe-mich-fuer.886.de.html?dram:article_id=466642 (Zugriff 14.04.2020, gek.); **172** Leonardo Boff: Kleine Sakramentenlehre. Patmos, Ostfildern 2010, S. 13, 23f., 27; **172** Hans-Joachim Höhn: Spüren. Die ästhetische Kraft der Sakramente. Echter, Würzburg 2002, S. 50–53; **174** Thomas Frings: Gott funktioniert nicht. Deswegen glaube ich an ihn. Herder, Freiburg 2019, S. 131-133; **175** Thomas Frings: Gott funktioniert nicht. Deswegen glaube ich an ihn. Herder, Freiburg 2019, S. 133-135; **176** Siegfried Wiedenhofer:

Ekklesiologie. In: Handbuch der Dogmatik. Bd. 2: Gnadenlehre, Ekklesiologie, Mariologie, Sakramentenlehre, Eschat. Hrsg. v. Theodor Schneider. Matthias-Grünewald, Ostfildern 1999, S. 111; **176** Joachim Kügler: Hungrig bleiben!? Warum das Mahlsakrament trennt und wie man die Trennung überwinden könnte. Echter, Würzburg 2010, S. 70f.; **178** Daniel Bogner: Ihr macht uns die Kirche kaputt… … doch wir lassen das nicht zu! Herder, Freiburg 2019, S. 23, 25, 29f., 33–35; **179** Stefan Jürgens: Ausgeheuchelt! So geht es aufwärts mit der Kirche. Herder, Freiburg 2019, S. 160-163; **179** Siegfried Wiedenhofer: Ekklesiologie. In: Handbuch der Dogmatik. Bd. 2: Gnadenlehre, Ekklesiologie, Mariologie, Sakramentenlehre, Eschat. Hrsg. v. Theodor Schneider. Matthias-Grünewald, Ostfildern 1999, S. 112; **179** Siegfried Wiedenhofer: Ekklesiologie. In: Handbuch der Dogmatik. Bd. 2: Gnadenlehre, Ekklesiologie, Mariologie, Sakramentenlehre, Eschat. Hrsg. v. Theodor Schneider. Matthias-Grünewald, Ostfildern 1999, S. 112; **180** Daniel Bogner: Ihr macht uns die Kirche kaputt… … doch wir lassen das nicht zu! Herder, Freiburg 2019, S. 101-103; **182** Kim de Wildt: „Konfession: katholisch" – alles klar? In: Katechetische Blätter 141. Matthias Grünewald Verlag, Ostfildern 2016, S. 263–266; **183** Ökumenisch Zukunft gestalten. Gemeinsamer Aufruf des Erzbistums Paderborn, der evangelischen Kirche von Westfalen und der Lippischen Landeskirche aus Anlass des Reformationsfestes 2017, Dortmund 2017. (29.09.2017) Unter: https://www.erzbistum-paderborn.de/wp-content/uploads/sites/2/D6kumenisch-Zukunft-gestalten-Paderborn_170929-END.pdf (Zugriff 14.04.2020, gek.); **184** Julia Knop, Stefanie Schardien: Heute christlich glauben. Der Leitfaden für die Ökumene im Alltag. Herder, Freiburg, S. 98f.; **185** Julia Knop, Stefanie Schardien: Heute christlich glauben. Der Leitfaden für die Ökumene im Alltag. Herder, Freiburg, S. 116f.; **185** Julia Knop, Stefanie Schardien: Heute christlich glauben. Der Leitfaden für die Ökumene im Alltag. Herder, Freiburg, S. 112-114; **186** Julia Knop, Stefanie Schardien: Heute christlich glauben. Der Leitfaden für die Ökumene im Alltag. Herder, Freiburg, S. 107f.; **188** Joachim Wiemeyer: Keine Freiheit ohne Gerechtigkeit. Christliche Sozialethik angesichts globaler Herausforderungen. Herder, Freiburg 2015, S. 117–119; **189** Bischof Dr. Franz-Josef Overbeck: Predigt im Pontifikalamt zum Oktavtag von Weihnachten – Hochfest der Gottesmutter Maria – 63. Gründungstag des Bistums Essen. (01.01.2020) Unter: https://www.bistum-essen.de/fileadmin/relaunch/Bilder/Bistum/Bischof/Texte_Ruhrbischof/20200101_Predigt_Neujahr.pdf (Zugriff 14.04.2020, gek.); **190** Daniel Bogner: Ihr macht uns die Kirche kaputt… … doch wir lassen das nicht zu! Herder, Freiburg 2019, S. 10f., 14, 16f.; **190** Burkhard Hose: Warum wir aufhören sollten, die Kirche zu retten. Für eine neue Vision von Christsein. Vier-Türme-Verlag, Münsterschwarzach 2019, S. 11f., 16f.; **191** Doris Wagner, Christoph Schönborn: Schuld und Verantwortung. Ein Gespräch über Macht und Missbrauch in der Kirche. Herder, Freiburg, S. 114f.; **191** Doris Wagner, Christoph Schönborn: Schuld und Verantwortung. Ein Gespräch über Macht und Missbrauch in der Kirche. Herder, Freiburg, S. 85; **192** Hubert Wolf: Krypta. Unterdrückte Traditionen der Kirchengeschichte. C. H. Beck, München, S. 9–14; **194** Katharina von Siena, Zitat. Unter: https://www.heiligenlexikon.de/BiographienK/Katharina_von_Siena.htm (Zugriff 26.08.2020); **195** Der Ikonenmacher Wim Delvoye. Ein Gespräch mit Fabian Stech. Unter: https://www.kunstforum.de/artikel/der-ikonenmacher-wim-delvoye/ (Zugriff 14.04.2020, gek.); **199** Andreas Knapp: Haben wir für Gott noch Worte? In: Gott? Die religiöse Frage heute. Hrsg. v. Johannes Röser. Herder, Freiburg 2018, 282–284; **200** Sophia Fritz: Gott hat mir nie das Du angeboten. Herder, Freiburg 2019, S. 49–52; **201** Sophia Fritz: Gott hat mir nie das Du angeboten. Herder, Freiburg 2019, S. 11-17; **202** Ludger Verst: Wie die Idee Gott in den Kopf kommt. (24.05.2015) Unter: https://www.deutschlandfunkkultur.de/kinder-wie-die-idee-gott-in-den-kopf-kommt.1124.de.html?dram:article_id=320654 (Zugriff 04.02.2020, gek.); **204** Forum Religion 5. An Gott glauben. Hrsg. v. Werner Trutwin. Patmos, Düsseldorf 2000, S. 92; **205** Leo Tolstoi: Der Lebensweg - ein Werk von Leo Tolstoi. Ein Buch für Wahrheitssucher. Übers. v. Dr. Adolf Heß.; **206** Gebhard Neumüller, Franz W. Niehl: Konzepte. Heft 2: Gott und Gottesbilder. Diesterweg, Frankfurt/M. 1977, S. 18; **208** Walter Kasper: Der Gott Jesu Christi. Matthias Grünewald, Mainz 1983, S. 13ff.; **209** Da wohnt ein Sehnen tief in uns. Original-T u. M: Anne Quigley, dtsch. T: Eugen Eckert © 1992 OCP Publications/Small Stone Media BV. Für D,A,CH: Small Stone Media Germany GmbH; **210** Arnold Benz: Wirklich ist, was wirkt – und was wir wahrnehmen. In: Gott? Die religiöse Frage heute. Hrsg. v. Johannes Röser. Herder, Freiburg 2018, S. 180-182; **212** Herbert Vorgrimler: Auf dem Weg zum göttlichen Geheimnis. Meditationen und theologische Besinnungen. Butzon & Bercker, Kevelaer 2000, S. 101-106; **213** Herbert Vorgrimler: Auf dem Weg zum göttlichen Geheimnis. Meditationen und theologische Besinnungen. Butzon & Bercker, Kevelaer 2000, S. 100–112; **214** Die Schrift. Aus dem Hebräischen verdeutscht v. Martin Buber gem. mit Franz Rosenzweig © Deutsche Bibelgesellschaft; **214** Herbert Vorgrimler: Auf dem Weg zum göttlichen Geheimnis. Meditationen und theologische Besinnungen. Butzon & Bercker, Kevelaer 2000, S. 112-116; **216** Elisabeth Birnbaum: Phantombild Gott. (31.07.2019) Unter: http://www.feinschwarz.net/phantombild-gott/ (Zugriff 04.02.2020, gek.); **216** Die Bibel. Einheitsübersetzung der Heiligen Schrift. Gesamtausgabe © Katholisches Bibelwerk, Stuttgart 2016; **216** Die Bibel. Einheitsübersetzung der Heiligen Schrift. Gesamtausgabe © Katholisches Bibelwerk, Stuttgart 2016; **218** Thomas Hieke: „Gestatten, ich bin …" In: Bibel heute 1/2018. Hrsg. v. Katholisches Bibelwerk, Stuttgart, S. 8f.; **218** Die Schrift. Aus dem Hebräischen verdeutscht v. Martin Buber gem. mit Franz Rosenzweig © Deutsche Bibelgesellschaft; **218** Lutherbibel 2017 © Deutsche Bibelgesellschaft, Stuttgart; **218** Bibel in gerechter Sprache © 2006 Gütersloher Verlagshaus, Gütersloh; **218** Die Bibel. Einheitsübersetzung. © 1984 Katholische Bibelanstalt GmbH, Stuttgart; **218** Die Bibel. Einheitsübersetzung der Heiligen Schrift. Gesamtausgabe © Katholisches Bibelwerk, Stuttgart 2016; **219** Kurt Marti: Grenzverkehr. Ein Christ im Umgang mit Kultur, Literatur u. Kunst. Neukirchener Verlag, Neukirchen-Vluyn 1976, S. 157ff.; **220** Henning Kiene: Religion für Einsteiger: Wie kann Jesus Gottes Sohn sein? In: Chrismon 12/2015; **220** Lutherbibel 2017 © Deutsche Bibelgesellschaft, Stuttgart; **221** Huub Oosterhuis: Alles für alle. Ein Glaubensbuch für das 21. Jahrhundert. Hrsg. v. Cornelis Kok, übers. v. Frank Bestebreurtje. Patmos, Ostfildern 2018, S. 61–63; **222** Julia Knop: Vater, Sohn und Heiliger Geist. Wie kann man sich die Dreifaltigkeit vorstellen? (27.05.2018) Unter: https://www.deutschlandfunkkultur.de/vater-sohn-und-heiligergeist-wie-kann-man-sich-die.1124.de.html?dram:article_id=418816 (Zugriff 04.02.2020, gek.); **224** Oh! Noch mehr Geschichten für andere Zeiten. Hrsg. v. Andere Zeiten e. V., Hamburg 2010, S. 46; **224** Christian Lehnert: Der Gott in einer Nuß. Fliegende Blätter von Kult und Gebet. Suhrkamp, Berlin 2017, S. 21; **224** Dorothee Sölle: Gott denken. Einführung in die Theologie. Piper, Stuttgart 2002, S. 242; **226** Gott nur genügt. Durch Teresa von Ávila überliefert. Unter: https://www.karmelocd.de/geschichte-und-spiritualitaet/gott-nur-genuegt.html (Zugriff 27.01.2020, gek.); **226** Teresa von Ávila: Gott nur genügt. Unter: https://www.karmelocd.de/geschichte-und-spiritualitaet/gott-nur-genuegt.html (Zugriff 27.01.2020); **227** Andreas Benk: Gott steht auf der Seite der anderen – Sechzehn Tweets von gegenüber. In: Gott? Die religiöse Frage heute. Hrsg. v. Johannes Röser. Herder, Freiburg 2018, S. 373–375; **232** Friedrich Hölderlin: Hyperion oder Der Eremit in Griechenland. 1799, Kapitel 33; **232** Heiner Geißler: „Mich packt der Zorn". (31.03.2017) Unter: https://www.zeit.de/2017/14/heiner-geissler-glauben-alter-interview (Zugriff 28.01.2020, gek.); **232** Jonathan Swift, John Arbuthnot: Swift's und Arbuthnot's vorzüglichste prosaische Schriften, satyrischen, humoristischen und andern Inhalts. Weygand, Leipzig 1798, S. 218; **233** Heinrich Heine: Gedanken und Einfälle, Kap. 2. In: Letzte Gedichte und Gedanken von Heinrich Heine. Hrsg. v. Adolf Strodtmann, Hoffmann u. Campe, Hamburg 1869; **233** Friedrich Schweitzer, Golde Wissner, Annette Bohner, Rebecca Nowack, Matthias Gronover, Reinhold Boschki: Jugend - Glaube - Religion. Eine Repräsentativstudie zu Jugendlichen im Religions- und Ethikunterricht. Waxmann, Münster 2018; **234** Lutherbibel 2017 © Deutsche Bibelgesellschaft, Stuttgart; **234** Dogmatische Konstitution: Limen Gentium. Über die Kirche. Zweites Vatikanisches Konzil v. 21.11.1964. Unter: http://www.vatican.va/archive/hist_councils/ii_vatican_council/documents/vat-ii_const_19641121_lumen-gentium_ge.html (Zugriff 04.02.2020, gek.); **234** Erklärung Nostra Aetate über das Verhältnis der Kirche zu den nichtchristlichen Religionen. Zweites Vatikanisches Konzil v. 28.10.1965. Unter: http://www.vatican.va/archive/hist_councils/ii_vatican_council/documents/vat-ii_decl_19651028_nostra-aetate_ge.html (Zugriff 28.01.2020, gek.); **234** Konzil von Florenz (1438–1445), Bulle: Cantate Domino, 4. Februar 1442. Übers. in: Heinrich Denzinger: Kompendium der Glaubensbekenntnisse und kirchlichen Lehrentscheidungen. Übers. v. Heinrich Denzinger u. Helmut Hoping. Hrsg. v. Peter Hünermann. Herder, Freiburg 1997, S. 433; **235** Die gemeinsame Erklärung zur Geschwisterlichkeit aller Menschen. (04.02.2019) Unter: https://www.vaticannews.va/de/papst/news/2019-02/papst-franziskus-abu-dhabi-gemeinsame-erklaerung-grossimam.html (Zugriff 04.02.2020, gek.); **236** Georg Langenhorst: Interreligiöses Lernen? Religionstheologische Modelle und ihre didaktischen Konsequenzen. In: KRGB-Rundbrief 1/2016, S. 5–12. Unter: http://www.krgb.de/index.php/krgb-landesverband/krgb-rundbriefe (Zugriff 04.02.2020, gek.); **237** Heike Baranzke: Menschenwürde und Menschenrechte. In: Heike Baranzke, Christof Breitsameter, Ulrich Feeser-Lichterfeld, Martin Heyer, Beate Kowalski: Handeln verantworten. Grundlagen – Kriterien – Kompetenzen. Theologische Module 11. Herder, Freiburg 2010, S. 747–93, 61–63; **238** Jan Woppowa: Das Konfessorische als Stein des Anstoßes. Aspekte eines kritisch-konstruktiven Gesprächs zwischen Komparativer Theologie und Religionsdidaktik. In: Komparative Theologie: Herausforderung für die Religionspädagogik. Hg. v. Rita Burrichter, Georg Langenhorst, Klaus von Stosch. Schöningh, Paderborn 2015, S. 20–22; **240** Die Schrift. Aus dem Hebräischen verdeutscht v. Martin Buber gem. mit Franz Rosenzweig © Deutsche Bibelgesellschaft; **240** Die Schrift. Aus dem Hebräischen verdeutscht v. Martin Buber gem. mit Franz Rosenzweig © Deutsche Bibelgesellschaft; **241** Die Mischna. Textkritische Ausgabe mit deutscher Übersetzung und Kommentar. Bearb. v. Frank Ueberschaer und Michael Krupp. Lee Achim Sefarim. Jerusalem 2003; **241** Der Babylonische Talmud. Bd. 7: Baba Qamma/Baba Mecia. Neu übertr. durch Lazarus Goldschmidt. Jüdischer Verlag, Berlin 1933, S. 637f.; **242** Michael Wyschogrod: Gott und Volk Israel. Dimensionen jüdischen Glaubens. Übers. v. Annerose Karkowski u. Wolfgang Stegemann. Kohlhammer, Stuttgart 2001, S. 187f.; **243** Der Koran. Vollst. u. neu übers. v. Ahmad Milad Karimi. Hrsg. v. Bernhard Uhde. Herder, Freiburg 2014; **243** Der Koran. Vollst. u. neu übers. v. Ahmad Milad Karimi. Hrsg. v. Bernhard Uhde. Herder, Freiburg 2014; **243** Sahih al-Buhari, Nachrichten von Taten und Aussprüchen des Propheten Muhammad. Ausgew., übers., hrsg. v. Dieter Ferchl. Reclam, Stuttgart 1991, S. 8f.; **244** Ahmad Milad Karimi: Warum es Gott nicht gibt und er doch ist. Herder, Freiburg 2018, S. 126f.; **244** Sahih al-Buhari, Nachrichten von Taten und Aussprüchen des Propheten Muhammad. Ausgew., übers., hrsg. v. Dieter Ferchl. Reclam, Stuttgart 1991, S. 23ff.; **244** Der Koran. Vollst. u. neu übers. v. Ahmad Milad Karimi. Hrsg. v. Bernhard Uhde. Herder, Freiburg 2014; **246** Bede Griffiths: Bhagavad Gita. Mit einem spirituellen Kommentar. Übers. u. erl. v. Michael von Brück. Kösel, München 1993, S. 173–180; **246** Upanishaden. Übers. u. eingel. v. Alfred Hillebrandt. Diederichs, München 2001, 42.; **247** Die vier edlen Wahrheiten. Texte des ursprünglichen Buddhismus. Hrsg. v. Klaus Mylius. Reclam, Stuttgart 1988; **247** Die vier edlen Wahrheiten. Texte des ursprünglichen Buddhismus. Hrsg. v. Klaus Mylius. Reclam, Stuttgart 1988; **248** Dennis Lingwood: Das Buddha-Wort. Das Schatzhaus der „heiligen Schriften" des Buddhismus. Übers. v. Jochen Eggert. Barth, Bern 1992; **248** Dennis Lingwood: Das Buddha-Wort. Das Schatzhaus der „heiligen Schriften" des Buddhismus. Übers. v. Jochen Eggert. Barth, Bern 1992; **248** Dennis Lingwood: Das Buddha-Wort. Das Schatzhaus der „heiligen Schriften" des Buddhismus. Übers. v. Jochen Eggert. Barth, Bern 1992; **248** Die vier edlen Wahrheiten. Texte des ursprünglichen Buddhismus. Hrsg. v. Klaus Mylius. Reclam, Stuttgart 1988; **249** Laotse: Tao Te King. Eine zeitgemäße Version für westliche Leser. Übers. v. Peter Kobbe. Hrsg. v. Stephen Mitchell. Goldmann, München 2003; **250** Wolfgang Welsch: Subjektsein heute. Überlegungen zur Transformation des Subjekts. In: Deutsche Zeitschrift für Philosophie, Heft 39/1991, S. 347–356; **252** Hubert Knoblauch: Religionssoziologie. de Gruyter, Berlin 1999, S. 114–116; **252** Rudolf Englert: Was wird aus Religion? Beobachtungen, Analysen und Fallgeschichten zu einer irritierenden Transformation. Matthias Grünewald, Ostfildern 2018, S. 29f.; **254** Karl Rahner: Grundkurs des Glaubens. Einführung in den Begriff des Christentums. Herder, Freiburg 1984, S. 437; **254** Julian Barnes: Nichts, was man fürchten müsste. Übers. v. Gertraude Krueger. Kiepenheuer & Witsch, Köln 2010, S. 80–82; **254** Hubertus Halbfas: Religionsunterricht nach dem Glaubensverlust. Eine Fundamentalkritik. Patmos, Ostfildern 2012, S. 61; **254** Dogmatische Konstitution: Dei Verbum. Über die göttliche